后浪出版公司

MONUMENTS DE L'ÉGYPTE ET DE LA NUBIE

埃及和努比亚的遗迹

商博良埃及考古图册

— 下卷 —

Jean-François Champollion

[法] 让-弗朗索瓦·商博良 著　高伟 译

湖南美术出版社

埃及和努比亚的遗迹

在商博良的指导下实地绘图

下卷图片说明

埃及（续）

图二〇一

1 和 2，画面延续图二〇〇，描绘美伊阿蒙法老和他的家人。法老和孩子们正在嬉戏的场景。

3. 头戴战盔的法老正在和王后下棋。

4 和 5，详细刻画了被法老俘获的亚洲人（图 5）和非洲人（图 4）。

上图全部来自底比斯麦地那哈布的遗迹。

图二〇二

1 和 2，描绘了被埃及征服的外族首领，非洲人和亚洲人被交替排列在画面中。源自底比斯麦地那哈布的拉美西斯 – 美伊阿蒙的小神殿。

图二〇三

与上图的地点和题材相同，描绘了被埃及征服的亚洲部落的首领。

图二〇四

普塔 – 索卡里斯神向正在击打敌人的拉美西斯 – 美伊阿蒙递上短剑。他手中的锁链锁住了三名亚洲蛮族。法老脚下是另外十名同样是亚洲人形象的俘虏，排成一排。

图二〇五

拉美西斯 – 美伊阿蒙法老在疾驰的战车上向阵脚大乱的敌人射箭。象征胜利的秃鹫在国王头顶盘旋。在画面前方，埃及战士或在战车上或在马下奋战。

图二〇六

从本图开始至图二一八，均来自第十九王朝法老拉美西斯 – 美伊阿蒙在底比斯麦地那哈布建造的神殿。

法老坐在战车里，由侍者掌扇，侍从牵马。法老面前的官员正在清点从敌人身上砍下来的手，由书吏负责记录。铭文中给出了三千这个数字。两位王子，同时也是军队的首领，和埃及士官一起押解着被俘的犯人。

图二〇七

头戴战盔的国王驾驶战车，押解一队亚洲的俘虏凯旋。画面前方描绘的是正在行进的埃及军队，并有意为他们配上了各式各样的武器。

图二〇八

法老拉美西斯 – 美伊阿蒙向神殿里的阿蒙 – 拉神和穆特女神献上俘虏。

图二〇九和二一〇 合为一图

国王坐在一座装饰有两位特美伊女神（公平和真理）的神殿或小神庙里；他的前方是各司其职的文武官员。吹鼓手和其他乐者开道。神殿由军官抬着向前行进，在他们当中有国王的子嗣。我们还能看到一名官员高声宣读国王的功绩，身旁有一名侍者熏香。四名年轻的侍从和其他官员跟随在国王身后，共同组成了一队随行人员。

图二一一

这是前两幅图的后续画面。阿蒙 – 拉以繁衍之神的形象出现在国王凯旋的画面里，国王在神的面前点燃香薰，并为他献上丰盛的祭品。

图二一二和二一三

接图二一一。国王头戴下埃及王冠，站立在象征阿蒙 – 拉神的白色圣牛身后。一名祭司为圣牛熏香。女王出现在画面的上方。一名祭司正在阅读神谕，其他祭司手执神圣的旗帜、罐子和桌案，他们的肩上还有拉美西斯 – 美伊阿蒙法老之前的七名法老的塑像。他们的名字注在图像旁边，美伊阿蒙的名字被多次提及。最后还有国王头戴上埃及王冠的全身立像。（字母 a、b、c、d 是图像连接的指示点）

图二一四甲

国王向神殿中的阿蒙 – 拉神（繁衍之神的形象）献上供品并进行浇祭。九名先王的塑像排在头戴战盔的国王身后。画面左侧，国王正在用金镰割一束农作物。在这场庆典场景中，还有一头圣牛，王后和皇室的司礼官也出现在画面中。

图二一四乙和丙

这两幅图共同描述了一个场景。拉美西斯 – 美伊阿蒙从亚洲凯旋之后，颂扬索卡尔 – 奥西里斯神。队伍由一名祭司开道（图二一四乙的上方），他衣着祭司长袍，双手合并祈祷。刮净的头发和在旁边标出的“纯洁”的符号是祭司队伍的特征。他们在庆典中各司其职，肩上的太阳舟装着各式物品，一些祭司手中握有标记信物，另一些举着旗帜。年轻的祭司则匍匐在地。国王走在队伍的最后，周围有祭司陪伴，其中一名祭司为他焚香。

这幅浮雕来自底比斯的麦地那哈布拉美西斯 – 美伊阿蒙宫殿第一庭院东侧和南侧长廊的上半部分。

图二一五

1. 衣着盛装手持特色标志的王后像。
2、3、4，拉美西斯 – 美伊阿蒙的前三位王子，后图继续。

图二一六

1 和 2，拉美西斯 – 美伊阿蒙的第四和第五位王子衣着盛装的全身立像。竖排铭文描述了他们的名字和官职。如此被刻画的王子共有十位，他们的浮雕位于麦地那哈布宫殿庭院一条长廊的下方。
3. 描述另外五名王子的铭文，我们认为他们的形象无须重复出现，所以没有复制。
4. 一名王子全身立像，衣着的细节刻画入微，手中持一根饰有鸵鸟羽毛的权杖。

图二一七、二一八、二一九、二二〇甲和二二〇乙

行进中的埃及军队，司号官在队伍的最前方，阿蒙 – 拉神的战车排在战车队伍的首位，接着是国王的战车。另一幅图中，国王的发型为精心编织的辫子，他向跪在面前的军官们发表演说。跟随军号的指示，向士兵发放武器。国王驾车在军队中间行进。与亚洲部落血战的场景，国王在队伍中间向敌人射箭。

图二二一

第十九王朝的法老拉美西斯 – 美伊阿蒙驾车带领埃及军队途经有狮群的地区。一头狮子已经被国王猎杀，第二头狮子身中数箭。画面的下方是各兵种的队伍。

图二二二

埃及水军对抗印度样貌民族的船战场景。埃及水军将敌人围困在岸边，拉美西斯 – 美伊阿蒙法老和陆上部队在岸上，向头盔上插有羽毛的敌人射箭。埃及战船通过帆和桨操控。桅楼上有弓箭手，船头的装饰是公羊头。画面前方是埃及军官押解着战俘，我们认为这些俘虏可能是印度人。
画面取自拉美西斯四世宫殿的大庭院里。

图二二三

上图的后半部分。

图二二四

法老拉美西斯 – 美伊阿蒙站在观礼台上，接见埃及军官。他们将战俘的断手摆到法老脚下；一名书吏正在清点记录。还有一些战俘被带到法老面前。

图二二五

底比斯麦地那哈布宫殿一幅军事题材浮雕的局部。法老拉美西斯 – 美伊阿蒙的侍卫看守着他的战车；其他人向法老鞠躬施礼；在画面的下方，不同兵种和宫殿的侍从面朝同一个方向。

图二二六

法老拉美西斯 – 美伊阿蒙头戴战盔，将两队战俘献给阿蒙 – 拉神。阿蒙 – 拉神端坐在神殿中，后面跟随着穆特神和孔苏神。战俘的衣着有亚洲民族和印度民族的特点。

图二二七

法老拉美西斯 – 美伊阿蒙和他的军队正在攻打一座亚洲城池，城墙上的守军已无力抵抗。一名守军在罐子中点燃火把，似乎代表着投降。——画面取自同一座宫殿。

图二二八

另一座有护城河包围的城池。埃及士兵通过云梯发起进攻。法老拉美西斯 – 美伊阿蒙站在战车上，关注着战场上的情况。敌人被逼到城池顶端被迫求饶，下面的埃及司号官吹响了战斗胜利的号角。

图二二九

1 和 3，泰提王后的全身立像和胸像。
2 和 4，伊瑟王后的全身立像和胸像。

图二三〇甲

1. 乌特奥夫王后胸像。
2 和 4，塔蒙迈伊王后的全身立像和胸像。
3. 哈斯王后的胸像。

图二三〇乙

在岩石上雕刻的带檐石碑，上面装饰有羽翼，位于底比斯的王后谷。哈托尔女王正在哺育一名男童，荷鲁斯神站在他的身旁，手中持有庆典权杖。在另一场景中，手中同样握有庆典权杖的阿蒙 – 拉神，向刚刚成年的王子递上一把短剑。这两幅图介绍了一名国王如何在神明庇佑下受教养成。
这是一幅埃及古迹中常见的场景，用来描述国王的生平。
原画中缺少铭文记录。

图二三一

1. 阿奥特夫王后胸像。
2. 安提王后胸像，塞索斯特里斯之女。
3. 塔蒙迈伊王后敬拜端坐在神殿中的奥西里斯神和哈托尔神。
前三页图全部来自底比斯王后谷内的墓葬。

图二三二

1. 第十八王朝法老阿蒙诺菲斯三世胸像。
2. 该国王更大尺寸的头像，根据巴黎皇家图书馆馆藏原件描绘。该肖像有黑人特征，据说他的母亲是一名埃塞俄比亚人。
3 和 4，同一位国王向阿蒙 – 拉神和女神塔蒙献祭。

图二三三

1 和 4，王后塔乌斯拉的胸像和全身立像，她是法老希普塔的妻子。
2. 第十八王朝法老乌利 – 阿蒙迈伊的胸像。
3. 第十八王朝法老希普塔的全身立像。

图二三四

1. 蒙内普塔 – 希普塔胸像。
2. 乌利 – 阿蒙迈伊的全身立像。
3. 丧葬场景。一具木乃伊被放置在床上，下面有四个罐子，被称作卡诺匹斯罐，它们被放置在棺材上。女神伊西斯和奈芙提斯也出现在画面中。

图二三五

1. 浅浮雕形式的符号。
2. 牛头神明。
3. 王后塔乌斯拉向荷鲁斯神献祭，铭文中刻有她的名字。
4. 两个涂满釉彩的罐。

图二三六

1. 第十八王朝法老拉美西斯一世（拉美苏）的全身立像。

2. 拉美西斯一世的胸像。
3. 神化的法老形象。荷鲁斯神和其他众神明与法老携手，将他带到奥西里斯面前，进行最终审判。

图二三七

1. 接上图。拉美西斯一世被荷鲁斯神引荐至阿努比斯面前。
2. 画面中多次出现第十八王朝法老蒙内普塔一世的形象。这是一幅宗教画面，法老身着国王或祭司的服饰。
3. 自图二三二起的图像，全部来自底比斯比班莫鲁克的墓葬内。

图二三八 二三九 二四〇

该图展示了当时埃及人观念里的世界四大民族。
在2的最左边，荷鲁斯手执权杖在督促一支队伍前进，距离神最近的是埃及人自己的形象。在他们前面（1）是四个亚洲民族的形象。再前面四个是非洲民族（图二三九中的2）；他们的面貌特征可见头像1。最后一组是欧洲人，图二四〇。他们身材高挑，白皮肤，高鼻梁微微隆起，身上有文身。他们的面貌细节可见头像1。
这幅图可追溯至公元前十六世纪，来自底比斯比班莫鲁克的墓葬内。

图二四一

1和2，蒙内普塔一世法老墓中描绘的四个外族之一的胸像和全身立像。这一族是亚洲人，埃及语叫“纳姆”。
3. 象征性的场景。代表天空的神牛下面有一众托举着它的神明。在他们当中，身材最高大的神名字叫作乔姆（赫丘利）。（这幅画来自同一座墓葬中）

图二四二

来自同一座墓葬中的彩绘神明形象。
1. 佩戴红白双冠的荷鲁斯，伊西斯女神之子。
2. 奈特，神明之母。
3. 伊西斯。
4. 阿努比斯。
以上这些名字分别被刻在图像的旁边。

图二四三至二四八

图像来自蒙内普塔一世的墓葬，他是拉美西斯二世、拉美西斯三世塞索斯特里斯的父亲。这些图像共同组成了一幅内容丰富的国王丧葬主题的画轴，指引他进入神的世界。
在第一幅图中（图二四三，左边），国王衣着套装，右手持权杖，站立在台上，带有他名字的王名圈在他一旁，里面的奥西里斯头衔，暗示他已逝世。画轴中接下来的四十八幅图中，国王的形象都保持一致。
两名执行人员以不同的形象出现在画中。他们是较次要的官员，按照命名顺序分别为赫伯和萨姆。他们几乎出现在所有的场景中。开始的场景是洗礼和向国王进献供品。赫伯手里始终拿着写字板，萨姆好像更换了多套不同的服饰，在第十二个场景中（图二四四），萨姆穿着的是豹皮祭祀服装。在随后的场景里，国王左手里开始握有生命之符，代表他刚刚获得了神圣的生命。
从第十二幅图开始，萨姆一直穿着不同的服饰站在国王身旁，赫伯也在旁边，手里始终握有写字板。
宰牲（牛）的时候（图二四五），牛的大腿被运到国王的葬礼上，由萨姆献给国王（图二四六），赫伯跟随在一旁。
图二四七和二四八的内容依旧是国王的葬礼，萨姆和赫伯来到了画面前方，向国王献上祭品和敬意。在最后一个场景中，赫伯手中握的鞭子或者叫连枷，还有钩子，都是国王被神化之后最重要的标志。

图二四九

蒙内普塔一世的墓葬中其他的丧葬和象征场景。主要刻画的是被众人牵引着的阿蒙–拉太阳舟，象征太阳地上和地下（白天和黑夜）的运行轨道。

图二五〇

蒙内普塔一世，塞索斯特里斯之父，由鹰头荷鲁斯引荐给坐在宝座上的奥西里斯神，女神哈托尔站在他的身后。画面被放置在石碑形的框内，上方装饰有头顶太阳圆盘的圣蛇。这幅画装饰丰富且精美，源自底比斯比班莫鲁克的蒙内普塔一世墓葬中。

图二五一

1. 哈托尔女神正在哺育年幼的蒙内普塔一世。
2. 哈托尔神守护蒙内普塔一世，她身着带有菱形装饰的长袍，菱形内画有国王的姓名。国王的衣着质地上乘，并且轻薄、闪亮而透明。
3. 国王被头上装饰有一只鹅的神明亲切接见。
4. 上图来自蒙内普塔一世墓葬。（比班莫鲁克）

图二五二甲

鹰头弗雷神，头饰戴有圣蛇的太阳圆盘，将生命之符给予第十八王朝的法老蒙内普塔二世。二十四王朝法老佩图巴斯特在塔尼斯和希尔西里斯的建筑中也有同样的场景。（源自佩图巴斯特在比班莫鲁克的墓葬）

图二五二乙

1. 蒙内普塔二世胸像。
2. 该国王祭司服全身立像。
3. 蒙内普塔三世胸像。
4. 该法老世俗装的全身立像，向一位神明献上特美伊女神（公平和真理）像。
以上四个形象源自这两位国王的墓葬。

图二五三

一些被神化的人物向众神献祭的场景。来自拉美西斯四世墓葬内的宗教绘画。他是第十九王朝的法老，别称为美伊阿蒙（意为敬爱阿蒙的人）。左边第一个人物是被拟人化的上尼罗河的形象。第二排右数第二个人物是代表孟菲斯地区的女性化形象。祭品中包括了土地和水中的物产。

图二五四

1. 接上图的献祭场景。
2. 一名被细致刻画的非洲人形象。
3. 拉美西斯四世的头像和他的王名圈。

图二五五

1和2，尼罗河上的皇家游船。船帆上有绘制或者绣制的装饰图案。船中间的房间周围布满了彩色玻璃装饰。在位于船头的小神殿上，能看到拉美西斯四世美伊阿蒙的名字。第二幅图的船甲板上有一把椅子。（来自同一座墓葬内）

图二五六

1. 另外一只游船；驶船的人蹲在船舱顶上，船帆被收了起来。船头小神殿上依然是拉美西斯四世的名字。

2. 两只船扬起风帆，同向航行。（同一座墓葬内）

图二五七

1. 构造较简单的船。
2. 亚洲人的形象。根据原图的颜色，他们脸色较深，长着鹰钩鼻、黑眼睛、茂密的胡须，并且衣着华丽。和亚述建筑里刻画的亚述人相似。拉美西斯四世墓中的彩色浮雕体现出了公元前十五世纪亚述帝国和埃及帝国之间的密切联系。

图二五八 彩图

家具与器皿：象牙、罐子、椅子、质地精良的凳子。它们造型丰富而精美，并且带有历史信息的装饰纹样。

图二五九

各种器形的器皿，绘制在拉美西斯四世美伊阿蒙墓室的一间屋里。

图二六〇 彩图

普塔－索卡里斯神端坐在宝座上，后面跟随着伟大的母亲之神伊西斯，拉美西斯－美伊阿蒙在向他们献祭。——浮雕源自底比斯比班莫鲁克的拉美西斯四世墓葬中。

图二六一 彩图

演奏竖琴的两位祭司。图像来自第十九王朝首位法老拉美西斯四世的墓室中。该图忠于原图，第一次展示了竖琴弦的数量和服饰的配色。

图二六二 彩图

各式武器和旗帜：鞭子、锁子甲、矛、盔、箭筒等。该场景出现在第十九王朝法老拉美西斯四世墓葬的侧室里，公元前十五世纪，位于底比斯比班莫鲁克河谷。

图二六三 彩图

接上图。内容与地点均相同。（比班莫鲁克）

图二六四 彩图

箭筒、弓、矛、盾、短剑、弧刃弯刀等不同种类的埃及武器。出现在同一座墓室内。

图二六五

内容来自比班莫鲁克墓葬区。
1. 哈托尔女神维纳斯和克努菲斯给予图特摩西斯四世的妻子特摩赫姆瓦王后生命之符。（她的王名圈内缺少一个圣船的符号）
2. 蒙内普塔－希普塔和王后塔乌斯拉向一位埃及神明献上大量的祭品，包括香薰、鲜花和牲畜等。
3. 塔施亚女王头像，她是第二十王朝法老拉美西斯八世的母亲。
4. 拉美西斯八世的全身立像，他的右臂呈弯曲状。

图二六六 彩图

图象来自比班莫鲁克地区第十八王朝末法老蒙内普塔－希普塔的墓葬内，描绘了太阳在地下运行的场景。

图二六七

1. 非洲人的形象。
2. 寺美伊奥特墓室内的亚洲人的形象。

图二六八

1. 第十九王朝法老拉美西斯六世的头像。
2. 该法老戎装全身立像，他向一位神明献上火种。
3. 第十九王朝法老拉美西斯七世的头像。
4. 该法老的全身立像。

图二六九

1. 第十九王朝法老拉美西斯八世的胸像。
2. 该法老戎装献祭图。
3. 第十九王朝法老拉美西斯九世佩戴华美胸饰的胸像。
4. 该法老全身立像，头戴索卡尔神头饰，向神献上一尊特美伊像。

图二七〇

不同年龄的人物形象。画面中拉美西斯九世的王名圈，为这一特别的图像确定了年代。

图二七一

雕刻在拉美西斯五世墓葬门楣上的浮雕。公羊头的太阳神站在日盘中间，旁边是一只象征重生的大圣甲虫。右侧，也就是东侧，是女神奈芙提斯；左侧，也就是西侧，是女神伊西斯。她们象征着太阳神在地上运行轨迹的两个端点。国王在日盘两侧，屈膝跪拜。

图二七二甲

冥界之神奥西里斯的灵魂审判场景。有罪的灵魂将会变成动物，被遣返回人间。不同的动物代表不同的罪，图中的母猪代表贪食罪。来自拉美西斯五世法老的墓中。

图二七二乙丙丁戊

这四页内容为底比斯比班莫鲁克拉美西斯五世墓葬内的星座表（详见《小商博良埃及信函》（*Lettres écrites d'Egypte par Champollion le jeune*），第二三九页）。表中按月份排列，指出每小时的上升星座。例如，图二七二丙，表10第一行：图比月（Tobi）下旬，猎户星座主左耳。第二行：第一小时，猎户星座上升于左臂。第八行：第七小时，天箭星座上升于左目。第十三行和最后一行：母猪脚座上升于左臂。
这张公元前十五世纪的星座表值得学者认真研究。我们尚不知晓埃及星座的符号，但今日公布的这一表格详细记录了天箭、母猪脚等埃及星座的名称。

图二七三

图像来自同一处墓葬内。
1. 埃及人知道的其他亚洲人形象。（对比图二五七中图2与解释）
2. 比班莫鲁克的西谷斯卡伊墓室内墓主人的全身立像。一八二九年由安吉莱利绘制，小商博良于同年解读（埃及信函第十三封，五月）。国王的头顶装饰有自己的名字。
3. 一名盛装的埃及公主，衣服上绣满了装饰纹样。

图二七四

1. 头顶星辰的二十四人象征一天二十四小时。十二个向端坐的太阳神走去的男人，象征白天的十二小时；十二个向鳄鱼走去的女人，鳄鱼尾巴代表黑暗，象征夜晚的十二小时。
2. 太阳神弗雷向阿蒙诺菲斯一世递上生命之符，王后塔伊阿跟在身后。
3. 一名埃及王后的胸像，她的耳朵上佩戴着圣蛇耳环。

图二七五和二七六

这两幅图共同描绘的内容为：一名将画面三边占满的女性，在神话中她代表天空。头代表西方，对面是太阳圆盘。它将在天空中巡航，暗示了星体在地上地下的运行轨迹。根据埃及历法书写的圣书体记录了特定日期太阳的升起和其他相关星座。图像来自底比斯比班莫鲁克的皇家墓葬。

图二七七

1. 第二十二王朝法老塔克龙提丝面见阿蒙神，后面跟随的祭司向神献上代表公平真理的特美伊像。这幅图对称重复了两次，时间记录在右侧：国王统治的第十一年，图比月的第一天。

2. 哈托尔女神哺育年幼的奥索尔康一世；已经成为国王的他面见公羊头神。

3. 同一王朝的法老舍尚克在祭司的陪同下，向阿蒙－拉神献祭，并从神的手中接过庆典权杖。

图二七八

1. 第二十二王朝法老舍尚克一世胸像。他头戴红冠，象征对下埃及的统治权。

2. 佩戴克努夫－拉神头饰的舍尚克一世胸像。

3. 一位埃及女神左手拿弓箭和箭筒，右手押解着亚洲战俘。锯齿名牌内为领地的名称。

4. 第二十二王朝奥索尔康二世的胸像。他头戴红冠，象征对下埃及的统治权。

图二七九

1. 阿蒙神接见国王和他身后的一位王子，国王向阿蒙神献上代表公平真理的特美伊像。原图并没有铭文说明。

2. 向阿蒙神献上一座金字塔。

3. 阿蒙神热情迎接第二十二王朝法老塔克龙提丝。法老之子奥索尔康是王位的继承者，拥有神的第一祭司和弓箭部队首领的头衔。他穿着王子的服装，向阿蒙－拉神献上特美伊像。铭文里有他们的名字。

4. 第二十二王朝法老舍尚克从阿蒙－拉神的手中接过庆典权杖，他的儿子乌施奥普特身穿豹皮跟在他的身后。乌施奥普特同样拥有神的第一祭司和弓箭部队首领的头衔。

这四幅图内容类同，来自底比斯卡尔纳克神庙区。

图二八〇

1. 一位年轻女士的胸像。她的名字叫“阿提尔星”，我们认为她是法老费施阿姆的女儿，是献给阿蒙－拉神的女神或者叫守护女神。

2. 一位年轻女士的胸像。她的名字叫“神圣之星”，身世和职位与上一位相同。

3. 阿蒙－拉神大祭司费施阿姆的胸像。他也是第二十王朝最后一位法老。从发型上看他属于祭司阶层。

4. 第二十八王朝法老阿密尔特的胸像，他与波斯王朝在同一时代。

图二八一

1. 阿提尔星女祭司的全身立像，上图已出现过她的形象。她双手均握有叉铃。

2. 神圣之星女祭司的全身立像，同样上图已展示。

这两位女祭司还都拥有公主的头衔。

3. 第二十王朝的法老，也是大祭司的费施阿姆的全身立像。

4. 众神之王阿蒙－拉神的大祭司，即弓箭部队首领，献上香薰和圣水。

图二八二

1. 第二十六王朝法老阿玛西斯的胸像。他头戴白冠，象征对上埃及的统治。

2. 第二十六王朝法老普萨美提库斯一世的胸像。他头戴装饰着圣蛇的皇室头带。

3. 普萨美尼特的胸像，他是第二十六王朝最后一位法老，被冈比西斯赶下王位。头饰如1。

4. 亚历山大大帝的继承者，腓力·阿里达乌斯的胸像。他的发饰和1、3类似。

图二八三

1. 托勒密王朝的第三位法老，托勒密－伊凡杰特一世的胸像，他头戴红冠。

2. 女王贝蕾妮丝的胸像。她是伊凡杰特一世的妻子，她的头饰华美，颈部佩戴了双层项链。

3. 第一八王朝首位法老阿蒙诺菲斯的胸像。

4. 第二十九王朝普萨姆提斯法老的胸像，他处在被波斯统治的埃及。

图二八四和二八五

这两页里共有一百二十个椭圆框，框内并不是国王的名字，而是被法老舍尚克征服的外族的名字。底比斯主神阿蒙－拉和象征埃及胜利的标志一起将被征服的民族带到法老面前。

图二八六

1. 孔苏神的全身立像，头部为荷鲁斯的鹰头，右手执笔。

2. 第二十王朝法老拉美西斯十一世向阿蒙－拉神献上象征真理的特美伊像。天空女神穆特站立在阿蒙－拉身旁。

3. 另一幅孔苏神全身立像，手执神的标志：右手握生命之符和连枷，左手执神圣权杖。

4. 第二十王朝法老费施阿姆向孔苏神献上圣火和鲜花。

图二八七

第十八王朝法老拉美西斯三世在荷鲁斯、克努菲斯、托特和孟图神陪伴下，撒网捕捉水禽。

编号为图二七八和二八六的浮雕图像来自底比斯卡尔纳克神庙区的孔苏神庙。

图二八八

1. 第十九王朝法老拉美西斯五世向阿蒙－拉神和孔苏神献上一个符号组合，意为太阳守卫公平。同时这组符号也是该法老名字的一部分。

2. 第十八王朝法老蒙内普塔一世向阿蒙－拉神和哈托尔女神献上一尊珍贵的雕像。雕像的造型是向神明献祭的姿势。

3. 蒙内普塔一世向阿蒙－拉神和哈托尔女神献祭。

4. 拉美西斯二世向他的父亲蒙内普塔一世献上葬俗供品。后者站在神殿里，死后被当作神明供奉。

图二八九

椭圆框内是被蒙内普塔一世所征服的民族的名字。

图二九〇

1. 第十八王朝法老蒙内普塔一世，头饰是精心编织的辫子，站在战车上俯射敌军。敌军向树林里溃逃。

2. 法老从战车上下来，接见一位埃及王子，后者让被俘的亚洲士兵在树林里伐木。

图二九一

同一位法老押解着一队亚洲战俘，腋下还夹着四名战俘。战车停在他的前方。

图二九二

同一位法老在战车上押解着前方两队亚洲战俘，向有鳄鱼的河流行进（尼罗河）。河流中间只有一座桥，通向建筑林立的对岸。

图二九三

第十八王朝法老蒙内普塔一世向端坐在宝座上的阿蒙－拉神献上两队战俘，还同时献上大量的器皿。该浮雕的年代为公元前十五世纪。

图二九四甲和二九四乙

这两幅图的题材相同。
蒙内普塔一世左手抓住来自亚洲和非洲的敌人，右手举起权杖呈击打的姿势。阿蒙－拉神站立在画面中，向法老递上战斗用的弧刃弯刀。神的左手押解着十八名战俘，代表着被法老征服的民族。齿状框内刻写着他们的名字。画面下方有一名女神，她押解着三十二名战俘，像画面上方一样，他们的名字也被刻写在身下的齿状框内。其他民族的形象被刻在第一幅图的最下方。

图二九四丙

同一位法老，头戴红冠，正在用权杖击打来自亚洲和非洲的敌人的象征形象。

图二九五

蒙为普塔一世驰骋战车射穿了敌人的防线，他们向树林里溃败。在画面角落，一名牧民见势不妙急忙将一群牛赶到树丛中。

图二九六

图二八四的后续内容。

图二九七

1. 蒙内普塔一世驾车冲进敌军，一名敌军首领近在眼前，难逃法老的致命一击。
2. 同一位法老击打和踩踏倒在地上的敌人。

图二九八

蒙内普塔一世押解着战俘驾车凯旋，象征胜利的秃鹫在他的头顶盘旋。

图二九九

这两幅图的题材相同。阿蒙－拉神端坐在神殿内（画面下方），女神穆特和孔苏神站在身后。蒙内普塔一世将战俘押解至神明面前。神殿前方的祭坛和供桌上供品丰盛，珍贵的瓶子内盛满金粉。象征胜利的秃鹫在法老的头顶盘旋。
图二九〇和二九九来自底比斯卡尔纳克神庙区的蒙内普塔一世神殿。

图三〇〇

同一位国王击败亚洲各个部落的战斗场面。我们注意到许多战败的士兵骑马逃跑，马匹是用来驾车的，并没有马鞍。

图三〇一

法老蒙内普塔一世俘获了在上图战斗场景中描述的敌人。他手中握着战车的缰绳和被捆的战俘，战俘的面目特征为亚洲民族。

图三〇二

法老蒙内普塔一世向底比斯的阿蒙－拉神献祭。阿蒙神端坐在宝座上，后面跟随着穆特、孔苏和特美伊。他向众神献上战俘、大量供品及盛满金粉的袋子，有可能是缴获的战利品。

图三〇三

1. 第二十九王朝又称蒙代斯王朝，法老普萨姆提斯向阿蒙－拉神和孔苏神献祭。孔苏神穿着像普塔神一样的紧身长袍。
2. 第十八王朝的蒙内普塔三世跪拜端坐的阿蒙－拉神和站立的特阿蒙女神。向他们献上纸莎草花束。
3. 第二十六王朝法老普萨美提库斯二世的妻子，乌赫纳斯王后，向阿蒙－拉神、穆特女神和荷鲁斯献上一尊正义真理女神特美伊像。
4. 第二十六王朝法老阿玛西斯，向端坐的阿蒙神和穆特神献上美酒。

图三〇四

1. 两位埃及神明在向王子传授军事技能。王名圈内的名字残破不全。
2. 第十八王朝荷鲁斯法老的胸像。
3. 阿蒙－拉神将弯刀递给第二十二王朝法老奥索尔康二世。
4. 在阿蒙神和特阿蒙女神庇佑下的幼童，亚历山大大帝之子腓力·阿里达乌斯。

图三〇五

1. 托勒密－伊凡杰特一世胸像。
2. 托勒密家族一名王后的胸像。
3. 犹大王国国王罗波安被法老舍尚克一世俘获。（《圣经·列王纪上》第三章第十四节）
4. 阿尔西诺伊女王胸像。
5. 阿蒙－拉神和穆特女神。

图三〇六

1. 哈托尔女神像和描述她的铭文。
2. 第十九王朝法老拉美西斯四世胸像。
3. 第二十一王朝首位法老曼都夫特普统治时期的宗教场景。
4. 王名圈内的内容为：太阳神曼都奥特之子。画面取自底比斯卡尔纳克的蒙内普塔一世的神殿内。

图三〇七

卡尔纳克孔苏神庙前厅的三行圣书体铭文（左侧檐壁），为赞颂第二十王朝阿蒙神大祭司阿蒙瑟佩霍尔的内容。

图三〇八

1. 第二十王朝法老兼祭司阿蒙瑟佩霍尔手持纸莎草花束像。
2. 第二十八王朝的奠基法老阿密尔特，他成功赶走了入侵的波斯人，在埃及的土地上重建国家政权。他正在向鹰头的孔苏神献上香薰。
3. 法老兼祭司佩霍尔的胸像。
4. 佩霍尔端坐在画面中间，接受埃及神明给他的代表王权的标志。
5. 第二十王朝法老拉美西斯十五世，向阿蒙－拉神和跟随在身后的穆特女神，献上特美伊女神像。

图三〇九

本图和接下来的图三一〇来自卡尔纳克遗址。
1. 一位国王向阿蒙－拉神和一旁的穆特神献上美酒或者其他饮品。和这一场景相关的铭文保存的状况较差。

2. 第三十王朝的国王内克塔内布向阿蒙和穆特献上鲜花和一尊代表正义和真理的特美伊像。
3. 第二十九王朝国王普萨姆提斯向阿蒙－拉神和孔苏神献上一座金字塔。
4. 战败哀求的亚洲人形象。

图三一〇

1. 第十八王朝法老蒙内普塔一世，头戴克努夫－拉神冠，向女神帕赫特或者布巴斯提斯献上圣水圣火及鲜花水果。
2. 头戴双冠的国王和戴阿提尔冠的王后站立在普塔神和哈托尔神面前。
3. 托勒密－伊凡杰特一世，头戴双冠，在王后贝蕾妮丝的陪伴下，接受神明交给他的庆典权杖。国王的外套显得有些特别。
4. 同一位国王面见其中一位先王的场景。铭文缺失。

图三一一

1. 卡尔纳克同一处建筑上的浮雕残片。图特摩西斯时代向繁育形象的阿蒙神进献供品的场景。
2. 向阿蒙神献上一座方尖碑，后面跟随一位女神。王名圈中并没有提及姓名。
3. 第二十六王朝最后一位法老普萨美提库斯三世，后被波斯人打败。他从阿蒙－拉神那里接过生命之符。
4. 托勒密国王接受老国王托勒密－埃皮法那的洗礼。画面中的女性为头戴哈托尔冠的克里奥帕特拉女王。

图三一二和三一三

矗立在卡尔纳克第二庭院的这座方尖碑，是第十八王朝的第二位法老图特摩西斯一世建造的。方尖碑每一面的中间一列铭文，是最初建造方尖碑时撰刻的铭文，两边的铭文大都是继任者因建造了新的建筑而在方尖碑上添加的纪念铭文。

图三一四和三一五

卡尔纳克第二庭院的另一座方尖碑，是由阿蒙瑟王后建造的。她是图特摩西斯二世的妹妹，图特摩西斯三世莫里斯的母亲。这座方尖碑的两面仅保留有最初的铭文。这座宏伟的建筑要比巴黎的方尖碑高很多。

图三一六和三一七

这两幅图的主题相同。第十八王朝法老图特摩西斯三世，又称莫里斯，站立在画面一端。他向端坐在另一端的底比斯阿蒙－拉神献上丰厚而精美的供品。这些供品除去两座方尖碑外，还包括用珍贵木材制作的匣子、权杖、项链、金银戒指、镜子、调色板、小型供桌、桌子、雕像、稀有物品等，尤其是大量的形制各异的器皿。浮雕所展现的器物的丰富程度、精美程度，早于古希腊类似场景约十个世纪。每个物品下面标注的数字，表明了它们在皇家供品中的数量。

图三一八

从这幅图开始介绍底比斯卢克索神庙建筑。
巴黎的粉红色花岗岩方尖碑。北侧面对香榭丽舍，图像一分为二，由 A、B 点标记出连接处。东侧朝向玛德莱纳区，同样地由 C、D 点标记出连接处。

图三一九

继续巴黎方尖碑的介绍。南侧朝向杜勒里区，两部分由 A、B 点连接。西侧朝向众议院，两部分由 C、D 点连接。
西侧的方尖碑装饰着塞索斯特里斯神殿的入口，或称拉美修姆（以拉美西斯三世命名，又称塞索斯特里斯），它位于底比斯的卢克索。过去法国学者来此地游览时，建筑的一部分仍埋在地下。此次由商博良实地清理，并补充绘制完成。
一八三三年，商博良－菲雅克在《历史、叙事及考古的概论》（*Historique, descriptive et archéologique*）一书中，发表过这座方尖碑稍小尺寸的图。

图三二〇

本图描绘了仍然矗立在拉美修姆前面的第二座方尖碑的两个侧面。年代和材质与前一座相同。起初由拉美西斯二世建造，最终由他的弟弟拉美西斯三世完成。皇家铭文最后有残破。

图三二一

该方尖碑的另外两个侧面。

图三二二

1. 宗教场景：特美伊女神面见阿蒙－拉神。
2. 非洲战俘和亚洲战俘。
这两幅图像是位于卢克索神庙入口处左侧巨型石像立柱上的装饰浮雕。

图三二三和三二四

这两幅图描绘了卢克索神庙塔门左侧的浮雕。驾驶战车的法老塞索斯特里斯占据了画面的主要位置，他正在碾压溃败的敌军。敌人逃向一座有城墙和守卫的城池。该场景发生在亚洲。

图三二五

手执弓箭和棍棒的埃及士兵押解着来自亚洲的战俘。画面中有四座带锯齿型防御工事的城池。

图三二六

接上图。战俘的背后是被埃及士兵占领的城池。一名埃及军官正在揪住一名战俘的胡子不放。

图三二七甲

同一主题的内容。画面左侧是军营内的场景，困倦的马匹、训练中的士兵、军事惩罚、守护国王狮子的人等。右侧画面是前后被骑兵包围住的步兵方阵。

图三二七乙

拉美西斯三世（塞索斯特里斯）坐在兵营正中间的王座上，接见军官和远征国外的军队。军营中其他细节，比如行李、帐篷等，还有用各种武器装备的部队。

图三二八、三二九和三三〇

卢克索（底比斯）的塞索斯特里斯神庙主要入口塔门右侧的浮雕，由国王亲自指挥对抗亚洲民族的战斗场面。埃及军队把敌人驱赶到河边尽力俘获，战场上尸横遍野。画面右下方一名敌军军官因为溺水被头部朝下倒置进行抢救。与此同时，城池被埃及军队攻破。被俘的人是来自亚洲的一支名叫舍托（Schéto）的部落。字母 A、B、C、D 标记出了画面的连接点。

图三三一

云梯攻城图。投降的标志已经在城池最高处的塔上升起，而此时埃及军队进攻的态势仍未减弱。国王的四名王子已带兵冲到城下。国王在画面的另一侧占据了主要的位置，他从战车上向敌人射箭。还有两名王子在人群中血战。敌人在他们的剑下屈服，一名妇女面对埃及士兵的威胁，张开双臂，护住她的孩子。战败者依然来自舍托部落。

图三三二

拉美西斯 – 美伊阿蒙向阿蒙 – 拉神献上从亚洲战场上带来的战俘。战俘的面貌和服饰特征似印度人。

图三三三

1. 亚历山大二世国王，罗克珊娜之子，头戴神冠，站立在阿蒙 – 拉神和孔苏神面前。
2. 阿蒙 – 拉神在穆特女神的陪伴下，端坐在神殿中。塞索斯特里斯从他的手中接过象征冲动与克制的弯刀、连枷和钩子。

图三三四

本图同样来自底比斯的卢克索建筑，塞索斯特里斯神庙或称拉美修姆。拉美西斯三世，头戴奥西里斯 – 索卡里斯头饰，坐在生命之树下面。特穆和书写女神萨什姆埃，正在这棵树的果实上书写国王的名字。托特神手持庆典权杖来参加这个神圣的仪式。

图三三五

1. 特阿蒙是阿蒙 – 拉神的女性形象，这里的装束接近奈特女神。
2. 在卢克索神庙浮雕上的罐子。
3. 手执生命之符的诺菲尔 – 特穆的形象。
4. 法老阿蒙诺菲斯三世献祭的场景。
5. 同一位国王向阿蒙 – 拉神、特阿蒙女神和穆特神献祭。

图三三六

1. 第十八王朝法老阿蒙诺菲斯三世胸像。
2. 王后特玛乌赫娃胸像。她是阿蒙诺菲斯三世的母亲，图特摩西斯四世的妻子。
3. 亚历山大二世胸像。他是罗克珊娜之子，亚历山大大帝在埃及的继任者。
4. 第二十九王朝奈夫罗斯国王全身立像。

图三三七

1. 哈托尔女神拥抱第二十五王朝国王沙巴卡，代表对他的庇佑。
2. 这位国王的胸像。
3. 特阿蒙女神拥抱这位国王。
4. 沙巴卡手持船桨和角尺，大步走向繁育形象的阿蒙神和手中有水流出的特阿蒙女神。

图三三八

1. 位于卢克索拉美修姆塔门上塞索斯特里斯的献祭铭文。
2. A 和 B，刻在柱顶下楣的阿蒙诺菲斯七世的献祭铭文。（卢克索）
3. 花岗岩圣所上的亚历山大二世的献祭铭文。（卢克索）

图三三九

1. 第十八王朝国王阿蒙诺菲斯三世正在阿蒙神面前宰杀一头羚羊，旁边是一张供桌，桌上方有一个储藏各种供品的橱柜。
2. 身着哈托尔女神服饰的王后特玛乌赫娃，正在认真倾听托特神的教诲。
3. 端坐在宝座上的阿蒙 – 拉神将年幼的阿蒙诺菲斯三世抱在怀中，哈托尔女神陪在一旁。穆特女神将庆典权杖递给这名新生儿。

图三四〇

坐在王座上的王后特玛乌赫娃，刚产下王子阿蒙诺菲斯三世，许多女侍者在协助产妇。这一场景发生在一张巨型的装饰有狮子的床上。床的下方，一排神明为祝福新生儿递上生命之符。

图三四一

王后坐在一张大床上，由两名奶妈哺乳阿蒙诺菲斯三世和一名幼儿。在床的下方，有两头奶牛在哺乳另外两名幼儿。

图三四二

1. 年幼的阿蒙诺菲斯三世（第十八王朝）正在接受特穆神和孟图神的洗礼。
2. 坐在王座上的阿蒙诺菲斯三世位于一个古埃及符号上面，抬着他的是两名鹰头人和两名狼头人。托特神和萨什姆埃女神也出现在了画面中。

图三四三

阿蒙诺菲斯三世国王头戴战盔，站立在阿蒙 – 拉圣舟后面。抬圣舟的祭司为光头，后面跟随两名掌扇侍者。站在圣舟前面的是同一位国王，正在焚香祭祀。

图三四四

1. 阿蒙诺菲斯三世国王头戴奥西里斯 – 索卡里斯头饰，手牵四头小牛献给阿蒙 – 拉神。在画面右侧的阿蒙 – 拉神正在对这位年轻的国王讲话。
2. 同一位国王向阿蒙 – 拉神献上其他供品。
3. 弗雷神带领阿蒙诺菲斯三世国王面见阿蒙 – 拉神。国王向端坐在神殿中的阿蒙 – 拉神行跪拜礼。

图三四五

阿蒙诺菲斯三世向端坐的阿蒙 – 拉神献祭。不同职位的祭司或者官员在国王身后排成两排。我们在供品中发现一尊国王的塑像，正在做焚香的动作。

图三四六

接上图。献给神的箱子形制多样。国王的右手举起权杖，守护他的是象征胜利的秃鹫。

图三四七

1. 该图由两个场景构成：国王阿蒙诺菲斯三世将双手放在阿蒙 – 拉神的羽毛头饰上面。同一位国王将华美的圣甲虫项链和托盘的另一件物品献给神明。
2. 同一位国王行跪拜礼，从阿蒙 – 拉神手中接过权杖和生命之符。画面中还有两名手执庆典权杖的女神。
3. 国王站在生命之树前面，阿蒙 – 拉神正在国王手中的果实上书写符号。
4. 小亚历山大，亚历山大大帝的儿子，向阿蒙 – 拉神和女神献祭。

图三四八甲

1. 亚历山大国王的斯芬克斯像成休息姿势立在天空之主，阿蒙 – 拉神的神殿前方。
2. 同样的主题。王名圈内是亚历山大国王的名字。
3. 亚历山大国王头戴奥西里斯发饰，向他的父亲阿蒙 – 拉神献上圣火。
4. 同一位国王向阿蒙 – 拉神献上带羽毛的头饰、鲜花及圣水。

图三四八乙

1. 拉美西斯三世头戴索拉里斯头饰，跪在阿蒙 – 拉神面前，接受庆典权杖。在身后保护他的神明有托特、孟图和哈尔西耶斯。
2. 阿蒙内姆赛斯胸像，年代可能为第二十王朝时期。
3. 法老阿蒙诺菲斯三世在阿蒙 – 拉神和女神特阿蒙面前祭祀。

图三四九甲

一名祭司集团成员的丧葬铭文，上面记录了在他之前的十六代家族成员。他逝世的时间是早于第十八王朝的一位法老统治期的第三年。刻有这篇铭文的石块来自卢克索遗址，曾经被当作建造神庙的石材。
这些图像全部来自卢克索遗址。

图三四九乙

丹德拉星座图或称星盘。该图根据遗址原物绘制，星盘的部分保存在巴黎。在两列圣书体铭文之间的女人形象保存在丹德拉。铭文末端各有一个空缺的王名圈，并没有罗马皇帝的名字。
这幅图在目前关于这个遗址的出版物中还原度最高。

图三四九丙

丹德拉星盘。该图是在假设天花板是透明的前提下，由上至下的视角。虚线圈、星座名和附加信息是比奥特先生对该星座图的解读。

图三四九丁

1. 托勒密－恺撒里昂和她的母亲克里奥帕特拉，正在向众神献祭。
2. 宗教场景，其中的神明是伊西斯和哈尔索托、伊西斯和哈尔哈特、伊西斯。
3. 画面后续部分。这三幅图来自丹德拉神庙。
4. 军事训练场景。（利科波利斯的墓葬）

图三五〇 彩图

中埃及地区贝尼哈桑卡迪姆墓葬彩绘壁画中的鸟类。图像清晰明快，色彩鲜艳，旁边注有圣书体的名称。画面右上方的那只鸟是一只鹮。

图三五一 彩图

这幅彩图和相同主题的彩图内容来自中埃及地区贝尼哈桑卡迪姆的两座墓葬内。墓葬属于两个非常显赫的家族，族长名叫内沃特普和蒙诺特普。墓葬厅内的装饰壁画题材丰富，有日常生活、手工工艺、航行、狩猎、体育运动和军事训练等。这些壁画采用水粉画技术。总体上讲，笔触细致，色彩明快。动物被描绘得栩栩如生，以至于法国的自然学家可以不假思索地叫出它们的学名。
值得一提的是，本书的彩页采用了英格曼的彩色石印术，是目前最好的上色技术。图三五一共描绘了十二种鸟类，每种都附有相应的古埃及名称。

图三五二 彩图

续接两座墓葬中的鸟类壁画，共九种。（贝尼哈桑的内沃特普墓和蒙诺特普墓）

图三五三 彩图

贝尼哈桑墓葬中的鸟类水粉壁画。

图三五四 彩图

续接贝尼哈桑墓葬中的鸟类壁画。

图三五五

同样来自贝尼哈桑卡迪姆的墓葬。
1. 罐子、祭坛和其他生活用具。
2. 伐木工人和吃草的山羊。

图三五六

1. 一名埃及人坐在一乘四人抬的装饰豪华的轿子里。第五名侍者拿着一个专门遮阴的用具站在后面服侍。
2. 正在造船的工人们。
这幅图和后面两幅图来自贝尼哈桑的内沃特普墓。

图三五七

1. 一名洗衣女工。
2. 固定在柱子上的天平。
3. 水果丰收图。

图三五八

1. 摘无花果的人和树上的猴子。
2. 浇灌和采摘洋葱。

图三五九

兽医图。
1. 生病的大鹅。
2. 接受治疗的羚羊。（内沃特普墓）

图三六〇

1 和 2，内容相同。生病的牛和羊。（内沃特普墓）
3. 两个牧民试图把两只争斗的牛分开。
4. 一群山羊和公羊。铭文上表明每个种类有一千头。（内沃特普墓）

图三六一和三六二 彩图

中埃及地区贝尼哈桑卡迪姆，内沃特普墓中的壁画。这十五名外国俘虏中，有男有女，也有儿童。他们是白种人，高鼻梁，面貌特征和服饰很像希腊人。随身携带的标枪和竖琴也有希腊风格。内沃特普掌管着中埃及东部地区。他的儿子俘虏了他们，一名皇家书吏（图三六一中的第二幅图）以他的名义，将希腊人押解至内沃特普面前。同时，这名书吏还呈上手中的纸莎草弓卷，上面记录着俘虏共三十七名，时间为第十六王朝法老奥索尔塔森统治的第六年，早于特洛伊战争十个世纪。

图三六三甲

1. 一名长官在一个可移动的神殿里给两名手下发号施令。
2. 雕刻木像或者石像的雕塑师。
3. 两名牧民和羊群（母羊）。
4. 一名长官拉着一名仆人去见两名书吏或者总管。（贝尼哈桑）

图三六三乙 彩图

贝尼哈桑的内沃特普墓中的动物壁画，有飞禽走兽、蝴蝶等昆虫。

图三六四

1. 摔跤图。
2. 弓箭手训练。
3. 射箭练习，在一个可移动的防护罩下面练习攻城锤。（内沃特普墓）

图三六五

1. 农业场景。
2. 斗牛图。
3. 盥洗或者是运动场景。
4—7，手工作坊场景。

图三六六

位于贝尼哈桑的一名军事长官罗特依的墓。这幅图中的手工作业场景，几乎都与纺织相关。

图三六七

由女性参与的球类运动和训练场景。同样来自罗特依的墓。

图三六八

这幅图的场景来自同一座墓。在标号 1、2 和 3 的图画中，人们拿着小件的物品或者盥洗用具，还有作战用的弓。
4. 月锯和斧做木工的场景。

图三六九

继续手工业的主题。
1. 细木工活和家具制造。
2. 木制家具彩绘。
3. 家居场景：两种颜色棋子的棋类游戏。
4. 其他的细木工活。

图三七〇

1. 手工业和动物相关的内容。
2. 蝙蝠形象。
3 和 4，烧陶和冶炼金属。
5. 称量贵金属，一旁的书吏认真记录结果。

图三七一

罗特依墓里面其他的彩绘内容。
1 和 2，狩猎或看管两头羚羊。
3. 猎野鸭和猎鹤。

图三七二

各式各样的摔跤和平衡训练，其中不乏独特的动作。

图三七三

图中有十六组对练摔跤的场景。图中的动作或许比当下常用的动作还要丰富。

图三七四

与上一幅图内容相似。画面里共有十八组对练动作。

图三七五

与上一幅图的内容和地点都相似，是贝尼哈桑的罗特依墓中的壁画。

图三七六

接上图，相同的题材。

图三七七甲

接上图。

图三七七乙

用网捕野鹅。

图三七七丙

1. 歌者和乐师。
2. 带顶篷的船和通过窗户向外望的女性形象。

图三七七丁

两艘带桨的尼罗河河船。坐在第一艘船上的是长官内沃特普和他的手下。第二艘船上则没有桅杆。

图三七八

贝尼哈桑罗特依墓中练习摔跤的壁画，接续前面几幅相同主题的图。

图三七九

1. 一座齿形防御工事的兵营的攻防图。进攻者采用弓箭和攻城锤，并在地上垒起土方以便达到守城人的高度。
2 和 3，埃及军队不同兵种的军事训练。他们的武器装备有棍棒、矛、弓箭、斧和不同尺寸不同形状的盾。
贝尼哈桑地区的墓葬年代久远。上文描述的场景无疑展现了文明和技术的先进程度。时代要远早于特洛伊之战。

图三八〇

1 和 2，操控棍棒、矛等各种兵器的军事训练。
3. 人们用篮子采摘水果，手扶杆子用脚踩果子，再用布榨汁，最后封存入罐。一名书吏，耳朵上别着第二支笔，正在记录收成情况。（罗特依墓）

图三八一甲

男人参与的游戏场景。打手游戏、麦秆游戏和划拳。

图三八一乙

1 和 2，男人和女人的形象。
3. 矮人的形象。
4. 两位织布的女工。（罗特依墓，贝尼哈桑卡迪姆）

图三八一丙

1、2 和 3，不同的游戏和训练场景。
4. 将谷物搬运至陶制或木制的储藏罐内。

图三八二

1. 射箭练习。
2. 羚羊交配。
3 和 4，豹子和神兽。（蒙诺特普墓）

图三八三

这幅图中被编号的八只动物有羚羊、鹿、不同品种的羊、长耳兔、尾巴卷起来的豺或者狐狸。内容来自上文提到的军事长官蒙诺特普的墓。

图三八四

其他动物，有牛、豹、狐狸等。原作位于蒙诺特普墓内。

图三八五

1. 一位国王面见狮头女神。
2. 一名王子坐在她母亲的腿上。
3. 一位托勒密国王向荷鲁斯神行敬拜礼。
4. 一位国王接受阿蒙 – 拉神的教诲。

图三八六

1. 一头带着特殊面具的狮子形象。
2. 手工业场景。

3. 用杠杆工具挤榨果汁。
4. 编制麻布的女人。
5. 为雕像上色，可能是木制雕像。（蒙诺特普墓）

图三八七

1. 纺织女工。
2 和 3，力量训练或敏捷训练。
4、5 和 6，皮革制作和其他手工业。

图三八八

继续手工业的内容。
1. 细木工。
2. 冶炼黄金和其他金属。
3. 金属铸块称重并保存在柜子中。
4. 不同军种的埃及士兵，他们手中的武器有棍棒、弹弓、斧头和弓箭。（蒙诺特普墓，贝尼哈桑卡迪姆）

图三八九

1. 许多人使用绳子在沙子上拖拽一座木制带门的神殿。另有一人专门负责在沙子上洒水以固定沙子，方便拖拽。
2. 五名工人采用杠杆的方式，将包裹着果实的布袋挤压出果汁。
3. 用布过滤一种经过加热的液体。
4. 另一种压榨的工具，固定架子的一端上安装有金属部件。
上两幅图的内容来自蒙诺特普墓。

图三九〇

同一座墓中的内容。
1. 一名书吏正在记录仆人们给他展示的物品，主要是饰品、器皿和工具。
2. 孩童和牛犊一起喝奶牛的牛乳。
3. 一名学校的老师和两名学生。
4. 这幅图和后图 1 相关。

图三九一

1、2 和上图的 4，表现了一名拿着手杖的族长正在统计他的家畜数量，书吏在一旁记录。他共饲养了二百五十头牲畜，而家丁只带来了二百四十头，因此受到了问责，挨了棍打的惩罚。
3. 一位牧民正在分开争斗中的两头牛。
4. 一个正在捆牛的人。
5 和 6，驴群和看驴的人。（同一座墓葬）

图三九二

1、2 和 3，分别是游戏或练习、体罚、书吏或者制作调色板的人。
4 和 5，制陶的工序及轮制陶罐。（同一座墓葬）

图三九三甲

1 和 2，用陶轮制作陶器和烧陶的工序。
3. 木条制作。
4. 放牛人牵着牛和牛犊。牛角被有意地削短。（同一座墓葬）

图三九三乙 彩图

图像来自贝尼哈桑卡迪姆的内沃特普墓。
1. 两位步行的旅人和在他们身前驮货的驴子。两人的体貌服饰，及竖琴、武器等随身物件具有明显的希腊特征。但这幅埃及壁画的年代比已知最早的希腊壁画还要久远。
2. 非洲野兽。

图三九四

1. 用网捕猎水鸟。一个人藏在纸莎草丛中，给同伴发出收网的信号。系网的绳子一端被绑在了木桩上。
2. 公猴和母猴以及它背上的一只小猴。
3 和 4，其他用于贸易的食品或物品的制作。（和上图相同的墓葬）

图三九五

1. 准备洋葱和水果。
2. 收获粒状的果实。
3. 两名持不同武器的战士。
4. 贝尼哈桑墓葬中和生命相关的铭文，墓葬的主人名叫阿蒙依 – 赫姆乔姆。

图三九六

1. 练习射箭。
2 和 3，练习使用斧子、棍棒和各种矛等兵器。（同一座墓葬）

图三九七

室内场景：女侍者们手拿镜子、小瓶子、项链、奁盒、扇子、叉铃和其他衣着或盥洗相关的物品。有的拍手歌唱，有的演奏竖琴。奁盒内盛有首饰和镜子，上面写着女主人的名字。（同一座墓葬）

图三九八

1. 将粮食储藏进双层粮仓内。
2. 加工肉类食品。
3. 不同类型的犁。（同一座墓葬）

图三九九

阿蒙依 – 赫姆乔姆墓葬门口的铭文，位于贝尼哈桑卡迪姆。铭文第一行被框在一个形状罕见的王名圈内，里面的名字属于第十六王朝法老奥索尔塔森。（见图三九五）

图四〇〇

1. 用锯齿镰刀收割。
2. 用牛来碾压麦捆。主人在旁边手拄一根长棍正在监督工作。（贝尼哈桑卡迪姆）

图四〇一

1. 献祭各种不同的牲畜。
2. 一座埃及式房子的正面图。楼体的左右两边的一楼和二楼都是开放的长廊。
3. 竖琴手。
4. 收割纸莎草。（扎乌依特迈泰墓葬）
5. 书吏收割庄稼。

图四〇二

1 和 2，用木头制作弓和矛。
3. 羊群。
4. 牛群。
5. 水上比拼。两队分别站在两只小船上，各执一长竿互相触击，把对方击落水中者获胜。（同样的地点）

图四〇三甲

1. 牛群。
2. 牛耕。
3. 一艘停泊的船。
4. 牧羊人。

图四〇三乙

一艘靠帆和桨行驶的船，我们可以看到里面听号令划船的人。
另一艘船，没有船帆，靠岸时，两名船员用木槌将停靠用的木桩固定到岸边。
其他没有装备帆缆索具的船，内部有工头在给水手喊号子。
图像均来自中埃及地区的库姆阿玛尔墓葬。

图四〇四甲

1. 看管马车的车夫；手拿一块厚木板的人；一名骑马的长官带领着后面的队伍；一位卖水的小贩。
2. 残缺不全的狮子形象。
3. 用六头牛来运输放在橇上的一块大石块。（亚历山大港，托拉和玛萨拉的采石场）

图四〇四乙

这幅图和后面的一幅图，虽然它们与法老的年代表和宗教信仰无关，但依然有很高的研究价值。这些画面反映的是埃及人的市井生活和日常生活，家庭所需品，体育锻炼和游戏娱乐。它真实地填补了历史的空白。这些画面取自萨卡拉地区的浮雕。
1、2、3和4，一队妇女带来了丰富的食品，有小牛、鹅、蔬菜和水果等。

图四〇五

1. 一名书吏，腋下夹着写字板，手中拿着一页莎草纸。
2和3，卖鹅的人。
4. 猎到的长耳野兔和羚羊。

图四〇六

1、2和4，不同品种的鹅。
3. 鹤。（地点同上）

图四〇七

1—5，屠宰牛的场景。
这两幅图和下一幅图都来自萨卡拉地区的梅诺弗雷墓。

图四〇八

1. 排队运送水果和禽类。
2. 挤奶工。（同样的地点）
3. 赶牛的牧人，牛的脖子上挂着牛铃。
4. 另外两头红白相间的牛，左腿处印有标记，表明属于皇家财产，并且标有编号，一头为43号，另一头是96号。牛背上方的符号是“牛”的意思。（靠近金字塔的萨卡拉地区，梅诺弗雷墓，年代可以追溯至古埃及最早的时期）

图四〇九

1、2、3、4，不同品种的鹅。（萨卡拉地区的梅诺弗雷墓）
5. 音乐场景：一名演奏竖琴的乐师，其他人跟随节拍拍手。5和后面的四幅画面来自吉萨地区的埃美依墓。

图四一〇

1. 竖琴手。
2. 用扁担运送货物。
3. 捕猎水鸟。
4. 加工水果、肉类和鱼类。

图四一一

图像来自埃美依的墓葬，他的墓葬开凿于吉萨地区附近的山体内。
1. 抬供桌的两名仆人。
2. 有许多劳作场面的画面。
3. 正在处理鹅的人。
4. 两个人正在帮助母牛生产。

图四一二

1. 制作床和箱子等家具的木工坊。
2. 五名男子抓着头上的绳索，压榨的葡萄汁被存进木桶里。
3. 采摘水果。
4. 不同形状和不同材质的罐子。

图四一三

1. 盛满酒的坛子被放进储藏室。
2和4，鹅的加工和烹调。
3. 两名牧羊人，画面下方是四名正在耕地的人。

图四一四

1和2，地面上的体育运动。
3. 在河面上，站在船上打斗的游戏。

图四一五

1和2，木乃伊的制作。
3. 画面上方是乐师，下方是音乐课和写作课。

图四一六

这幅图和后两幅图来自孟菲斯附近金字塔的墓葬区。
1和2，猎手们带着不同种类的野生山羊或家养山羊，一名书吏在记录山羊的数量。

图四一七

收割麻和小麦，然后将它们扎成捆。

图四一八

1. 装满鲜花和水果的船型罐。下方的盘子装着水果和鱼。
2. 一名竖琴手。
3和5，水果的加工，用布榨出的果汁应该会被储存进罐子里。
4. 吹笛子的课程。

图四一九、四二〇和四二一

这三幅图描绘了一大批不同形状、材质各异、用途多样的容器。图像的原型有的来自卢浮宫埃及博物馆的收藏或其他私人收藏，有的来自古代埃及的壁画。

图四二二

继续器皿的主题。这幅图描绘了大量容器。它们可以追溯至埃及最辉煌的时期，其时代远远早于希腊的精美艺术品，但其精美程度至今仍未被超越。遵皇帝旨意，其中一些精美的器型由色福尔皇家造办处进行复制生产。

图四二三和四二四

继续器皿收藏的主题。这些特殊的器型很可能和它们的使用方式有关。编号 28 的小罐来自中国，但在埃及发现。器物腹部中文字体的年代不算特别古老。编号 24 的容器上有一位法老的名字，他是埃及最早的统治者之一。

图四二五

其他的埃及器皿。原件所拥有的丰富颜色增加了器型和材质所彰显的华贵，这些颜色在我们的线图上无法展示。画面下方的脚杯有一层彩色的釉，腹部有第十八王朝法老莫里斯的王名圈。而女性形象的器物，则是一件硬木的宗教用品，制作非常精美。

图四二六 彩图

1. 弓箭狩猎图。
2、4 和 6，不同品种的狗。
3. 另一种狗，这只狗被拴上了绳子。
5. 运送货物的人，其中一人配有一张弓和许多支箭。

图四二七

这幅图中所描绘的动物几乎都是非家养的品种，内容来自中埃及的墓葬。这些壁画似乎证明了墓葬主人对野兽的特殊喜好。动物上方的圣书体文字是它们的埃及名称。

图四二八甲

继续动物形象的内容。这幅图介绍了许多不同种类的狗。对每个品种细致入微的描绘有助于动物学家的研究。

图四二八乙

神兽的形象。这些形象同样来自中埃及的墓葬内。右侧那只方耳朵的怪兽，经常以卧姿出现在圣书体文字中。

图四二八丙 彩图

继续动物的形象。例如猴子、山猫等不同种类的四脚兽。

图四二八丁 彩图

其他的四脚动物形象。原图来自中埃及墓室内的壁画。

图四二九 彩图

1—7 是不同样式的埃及床。床腿被装饰成动物的腿，一侧的靠背被装饰成牛头、狮头或者神兽的头。样式 1、2 和 3 的床带有床垫，样式 6 和 7 的床上有木枕，人们可以把头部枕到弧形的位置。

图四三〇

各式家具和器物。这个主题系列意在促进对埃及人室内用具的研究。本图描绘了一把装饰有天鹅头的折叠椅、一张狮头榻、一张圆桌和不同样式的座椅，极尽装饰的同时，又展现了很好的品位。所有的家具材质均为国外的硬木，并经过精细打磨和抛光。

图四三一

继续家具和室内用品主题。这幅图展现的是不同样式、装饰丰富的篮、筐和一些带（或不带）托架的容器。

图四三二

和上图主题相同。本图展现了一些由黄金、宝石或釉质加工而成的胸饰。鸵鸟或其他鸟类羽毛制成的凉扇，也有一束纸莎草样式的凉扇。刻有皇室铭文的盥洗用具。

图四三三

这幅图所描绘的物品全部属于日常家用物品，包括藤编且区分左右脚的鞋子、书写板、裁纸刀、吹奏乐器和带标记的弹拨乐器、木制的椅子和脚凳。其中一些器具上刻有其使用者的王名圈。

图四三四

戒指、项链、镜子、流苏长袍、小瓶、罐子和笔等。其中一件器物刻有王名圈，可能属于“永远的美惠女神”，即第十八王朝王后阿蒙瑟。

图四三五

彩绘装饰及雕刻丰富的家具和箱柜。

图四三六

宗教祭坛上装满供品的各式篮子和容器，还有肉、鲜花和水果。在画面右侧，一名名叫孟图霍特普的书吏，手持写字板，正在详细记录由一男一女献上的供品。

这两幅图所记录的物品根据实际文物或墓葬壁画绘制而成。

图四三七甲乙丙丁

墙壁上的彩绘装饰纹样。图像取自不同地点的壁画，丰富且细腻的色彩凸显了纹饰的精美。

图四三八

战车和套车配件。

1 号战车原物保存在佛罗伦萨博物馆。

2 号战车根据古代浮雕绘制而成。

3. 带有王名圈的军用腰带，挂着国王使用的短剑。

图四三九

一块来源不明的浮雕残片。许多人背负一根长木，一位骑马的人（在古埃及遗迹中罕见的形象）在前面领路。在手拿棍子的监工的位置，还有一名卖水的小贩。图像上方只能看到两名看车人和一个奔跑状的男子，他们的衣着和下方的工人一样。他们是国外的战俘吗？此处并没有铭文能解释这一问题。（见图四〇四）

图四四〇

与图四〇四内容相同。

图四四一

普萨美提库斯时代的萨姆祭司正在向一名头上装饰有星星的女神献祭。

图四四二

与上图内容相同。图像均来自朱迈尔先生在孟菲斯附近发掘的墓葬。

图四四三

1. 法老普萨美提库斯二世向一座塔门献词。浮雕图像来自孟菲斯某座古建筑的一块砂岩石块。石块后被用于建造开罗城墙。

2. 内克塔内布向一位神明献上一尊斯芬克斯雕像。图像残缺并且呈圆形的原因是阿拉伯人曾把整块带有完整浮雕的石材切割，用于建造开罗萨拉丁宫殿的石柱。

图四四四

亚历山大港方尖碑。曾由第十八王朝法老图特摩西斯三世莫里斯将它立在赫利奥珀里斯的太阳神庙门前。方尖碑四面的铭文中，位于中间的铭文属于图特摩西斯三世时期，而两侧的铭文则献给同一朝代的拉美西斯三世塞索斯特里斯。

这座方尖碑和另一座在图四四五和四四六中有更细致描绘的方尖碑，它们在希腊国王统治时期被从赫利奥珀里斯运送至亚历山大港，用来装饰亚历山大大帝所建造的新的埃及都城。这还体现在埃及式的碑体被安放在了一座希腊式的三阶的基座上。

图四四五和四四六

另一座亚历山大方尖碑的四面，中间一列刻有莫里斯的名字，两侧铭文中有塞索斯特里斯的名字。

上文图四四四中的内容涉及这两座公元前十八世纪的古迹，托勒密国王在十四个世纪之后将它们从赫利奥珀里斯运至亚历山大港。

后来这两座方尖碑中的一座一直屹立在基座上，另一座曾倒塌被埋藏于地下。

图二〇一

底比斯麦地那哈布

1

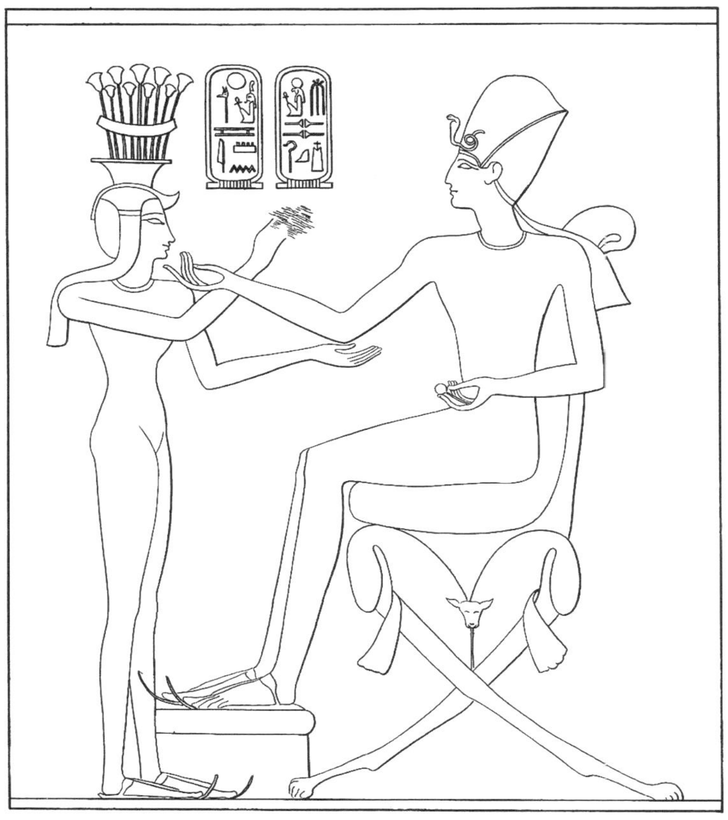

2

3

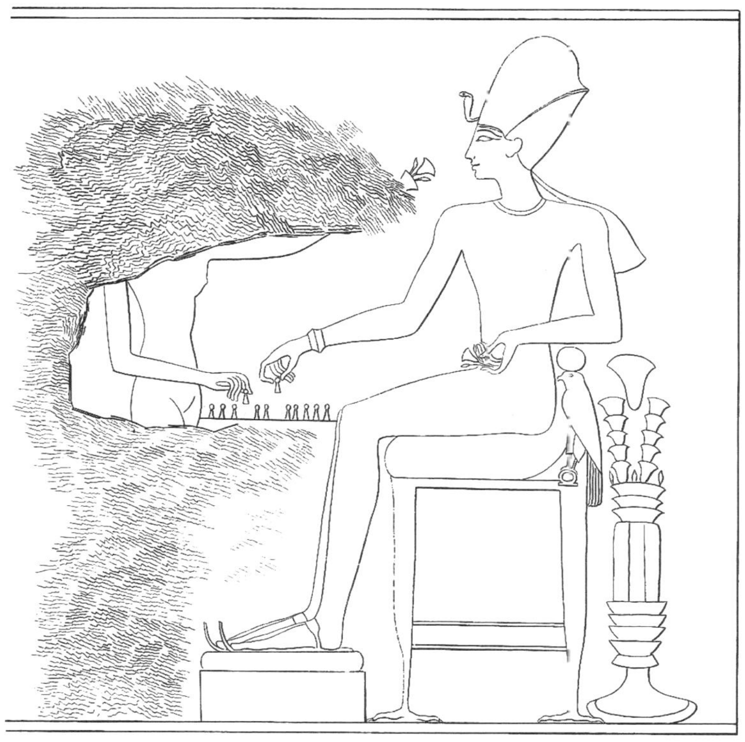

4

5

1、3、4、5，拉美西斯四世的小神殿。

图二〇二

底比斯麦地那哈布

1

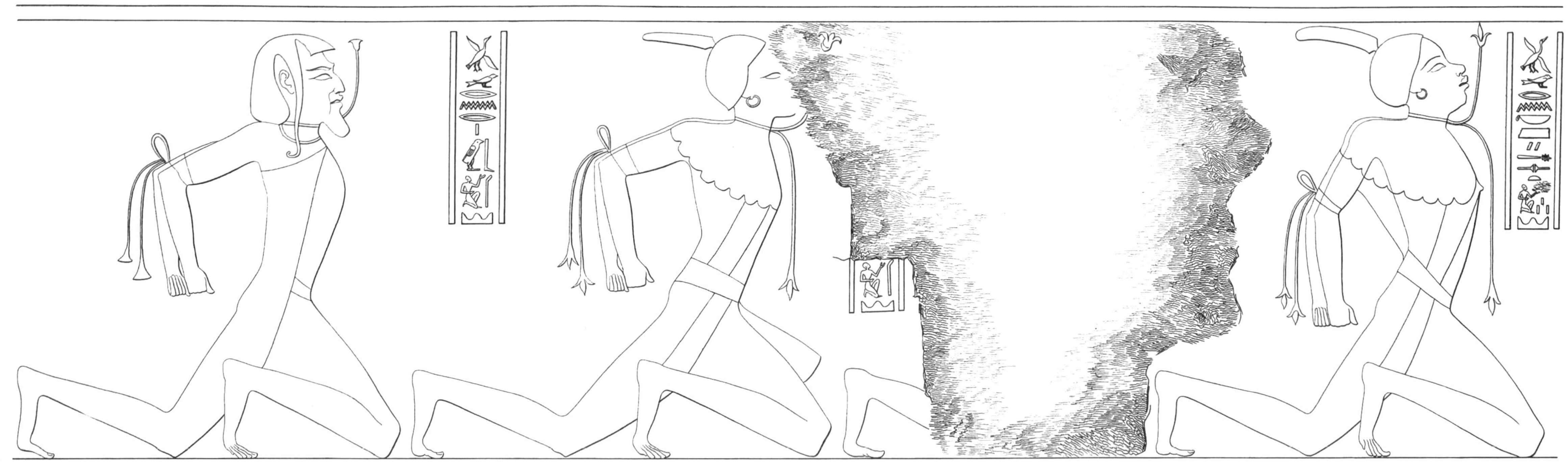

2

1. 美伊阿蒙的小神殿，右侧台基的前面。2. 接上图。

图二〇三

底比斯麦地那哈布

1

2

1. 美伊阿蒙的小神殿，左侧台基的前面。2. 接上图。

图二〇四

底比斯麦地那哈布

拉美西斯四世神殿，第一座塔门的左侧台基。

图二〇五

底比斯麦地那哈布

拉美西斯四世神殿，第二庭院东侧长廊下半部分的第一幅图。

底比斯麦地那哈布

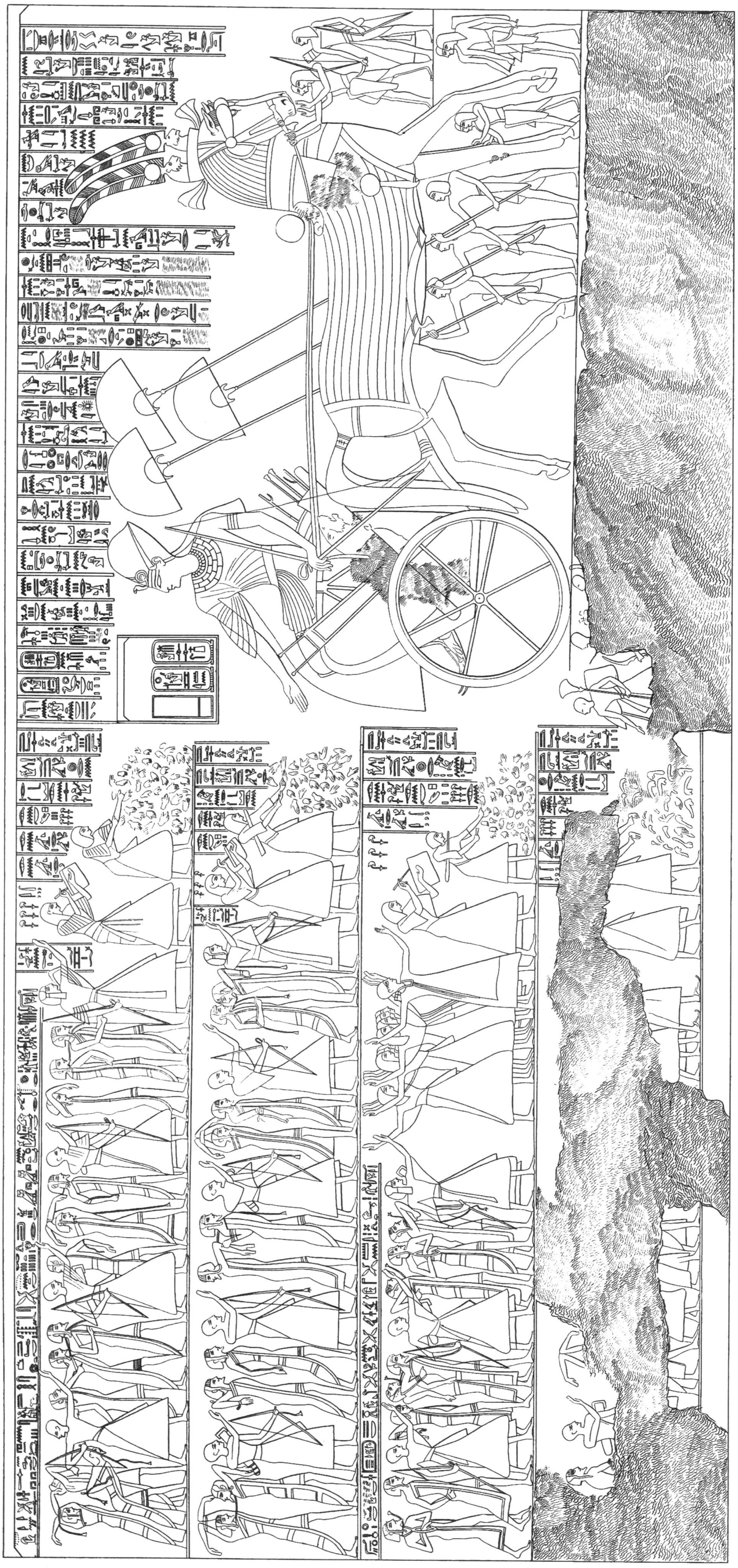

图二〇六

拉美西斯四世神殿，第二庭院南侧长廊下半部分的第二幅图。

底比斯麦地那哈布

图二〇七

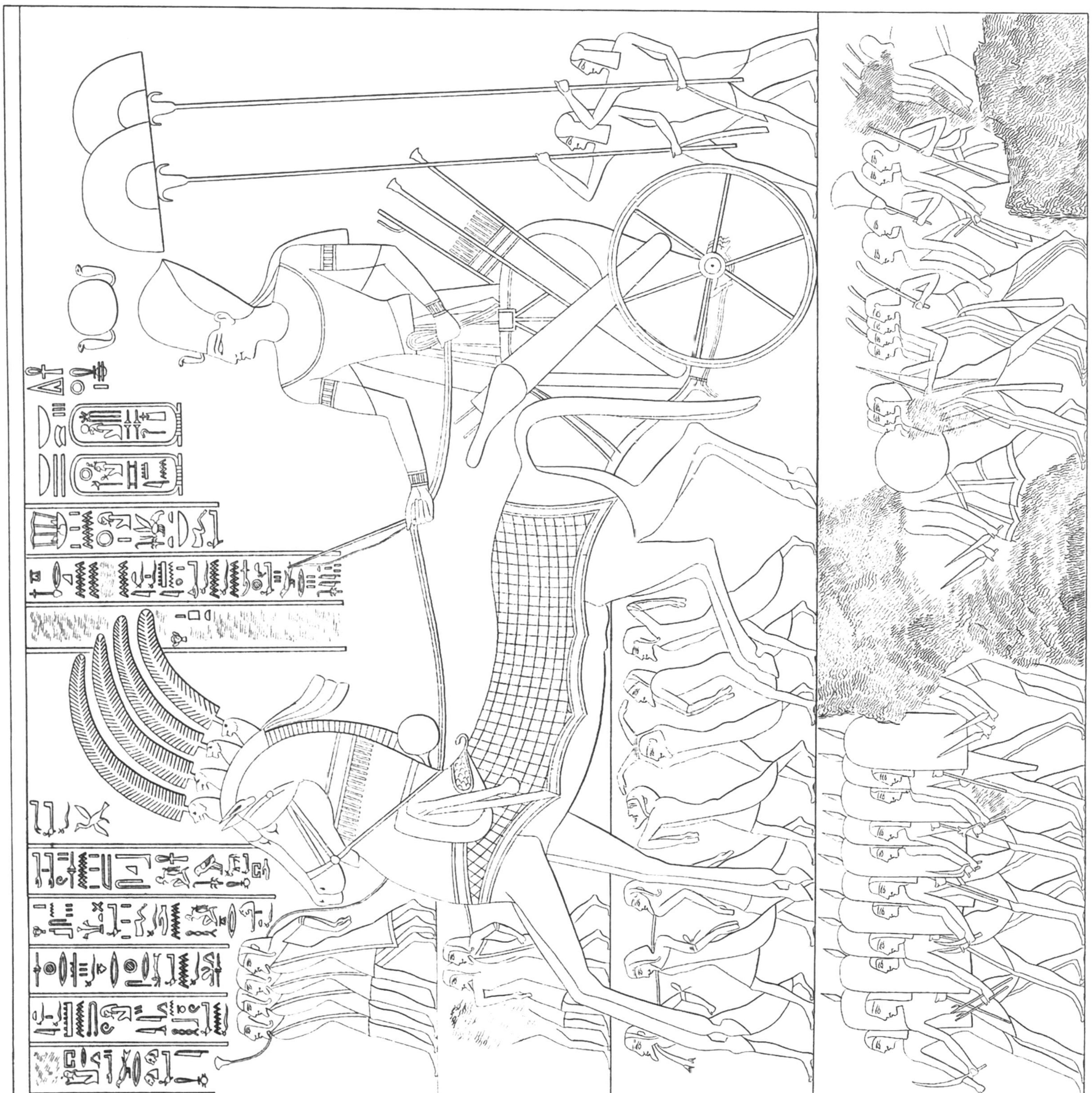

拉美西斯四世神殿，第二庭院东侧长廊下半部分的第三幅图。

图二〇八

底比斯麦地那哈布

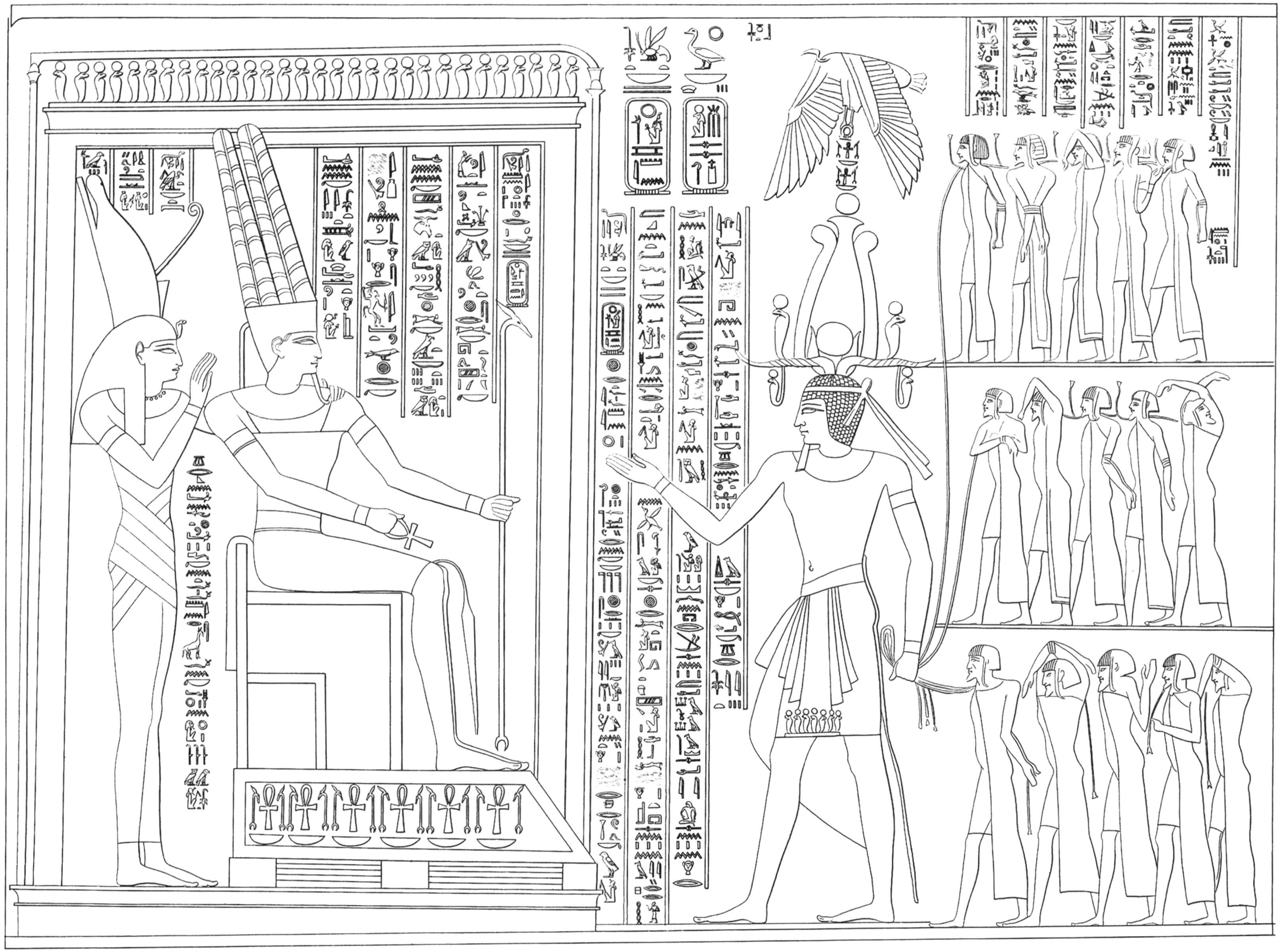

拉美西斯四世神殿，第二庭院东侧长廊下半部分的第四幅图。

图二〇九

底比斯麦地那哈布

拉美西斯四世神殿，第二庭院北侧长廊上半部分的第一幅图。

图二一〇

底比斯麦地那哈布

拉美西斯四世神殿，上图续。

图二一一

底比斯麦地那哈布

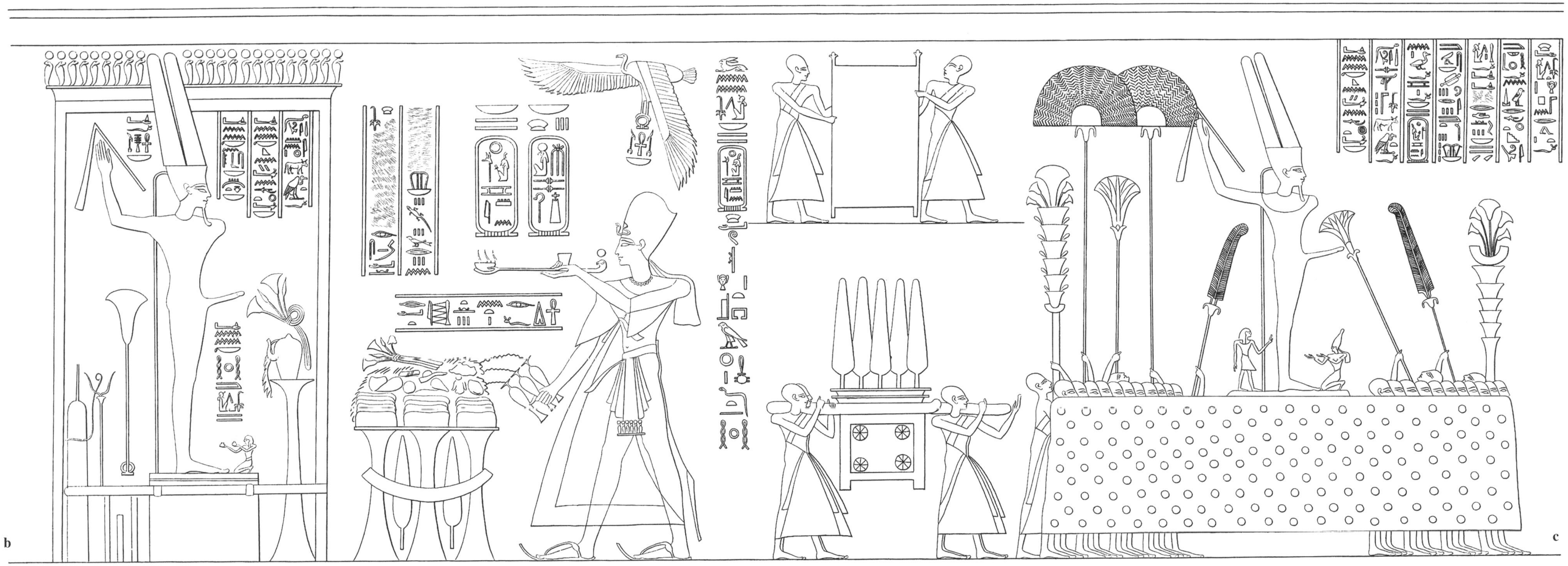

拉美西斯四世神殿，第二庭院北侧长廊，接上图。

图二一二

底比斯麦地那哈布

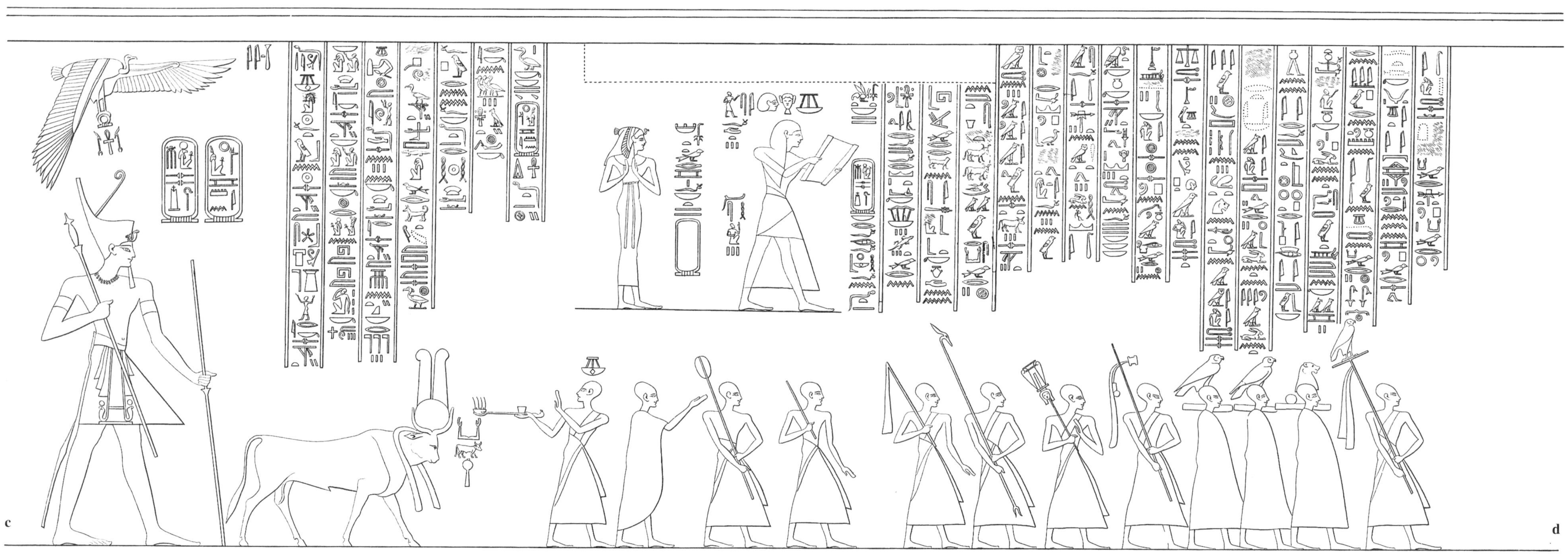

拉美西斯四世神殿，接上图。

图二一三

底比斯麦地那哈布

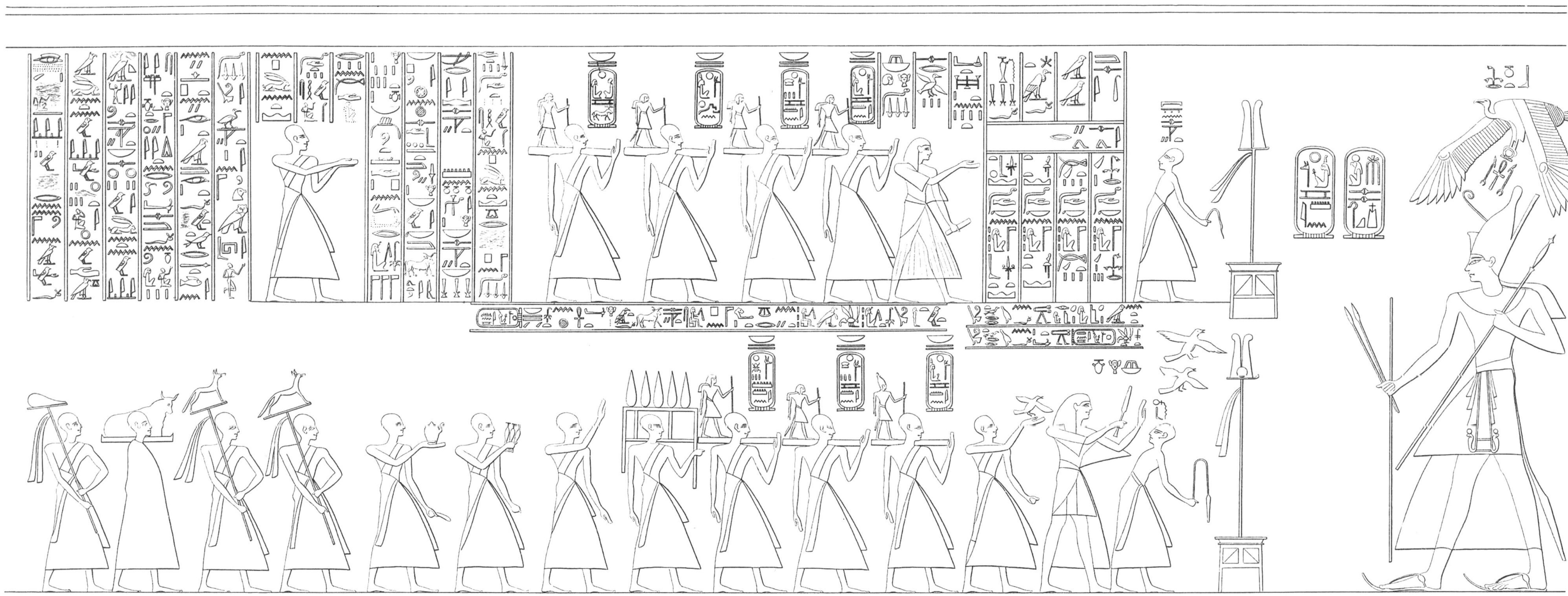

拉美西斯四世神殿，第二庭院，和上图为同一场景。

图二一四甲

底比斯麦地那哈布

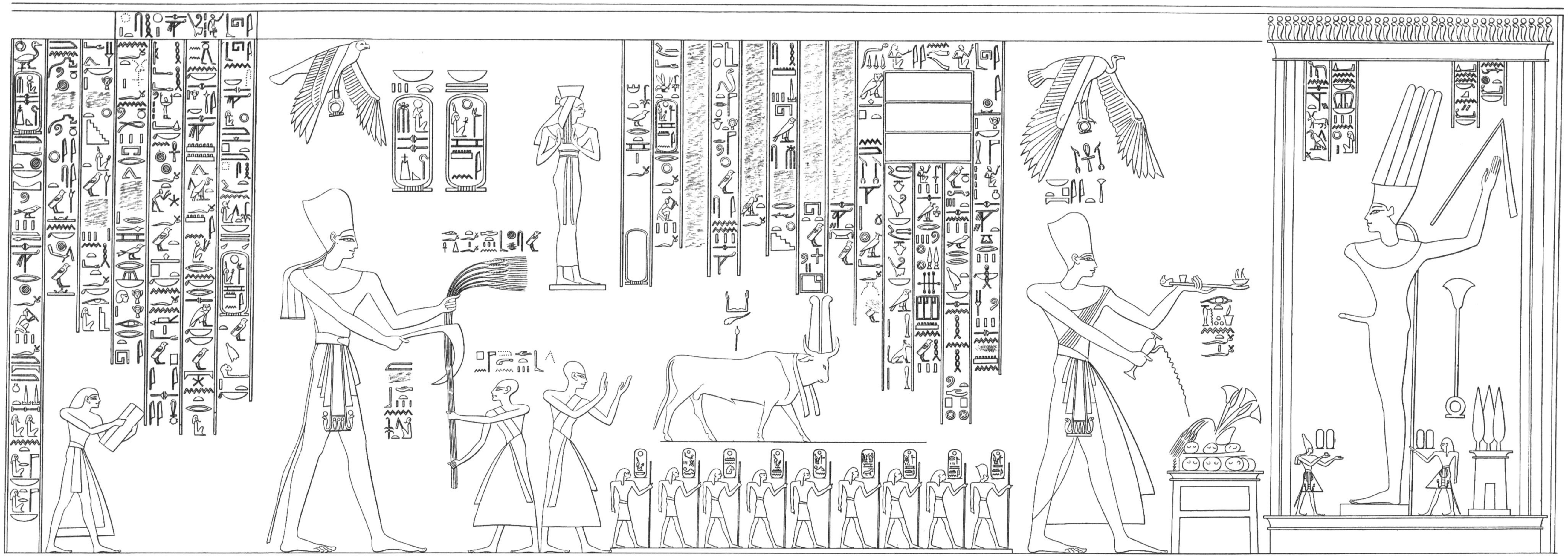

拉美西斯四世神殿，第二庭院，接上图。

图二一四乙

底比斯麦地那哈布

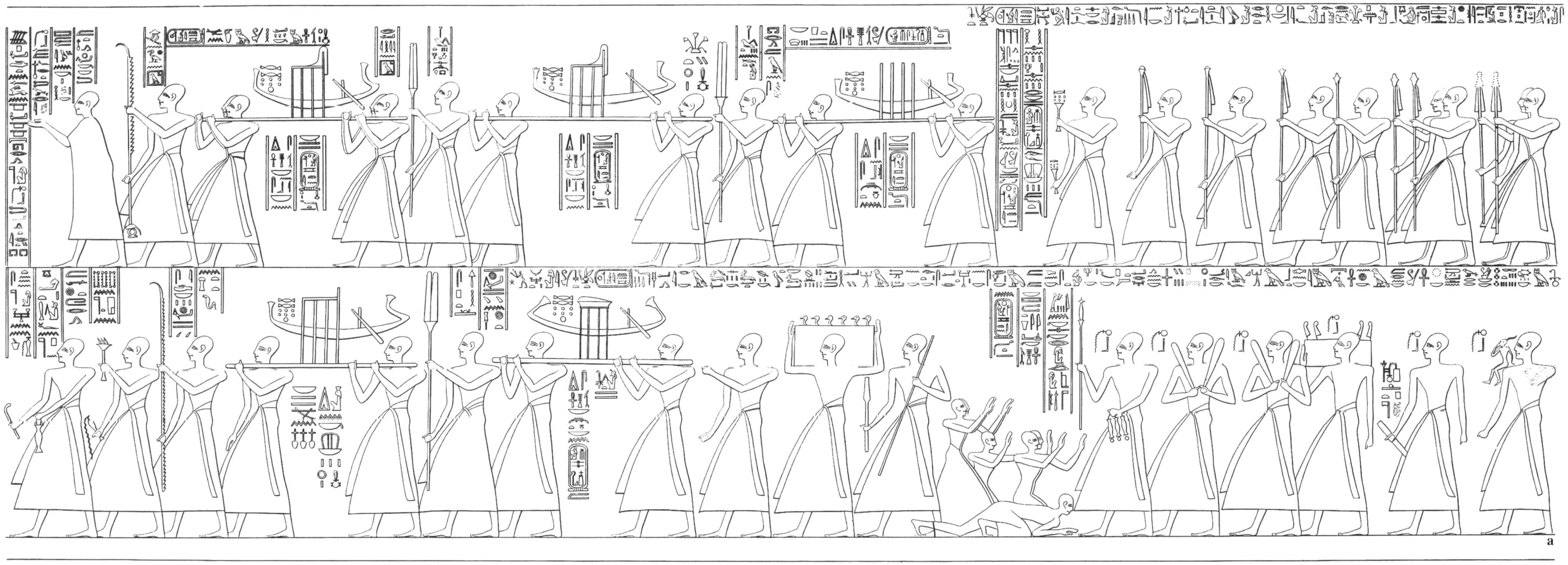

拉美西斯四世神殿，第二庭院东侧长廊大门左侧墙壁。

图二一四丙

底比斯麦地那哈布

拉美西斯四世神殿，上图的结尾。

图二一五

底比斯麦地那哈布

1

2

3

4

拉美西斯四世神殿，第二庭院里面墙壁的下方基座。

图二一六

底比斯麦地那哈布

1

2

3

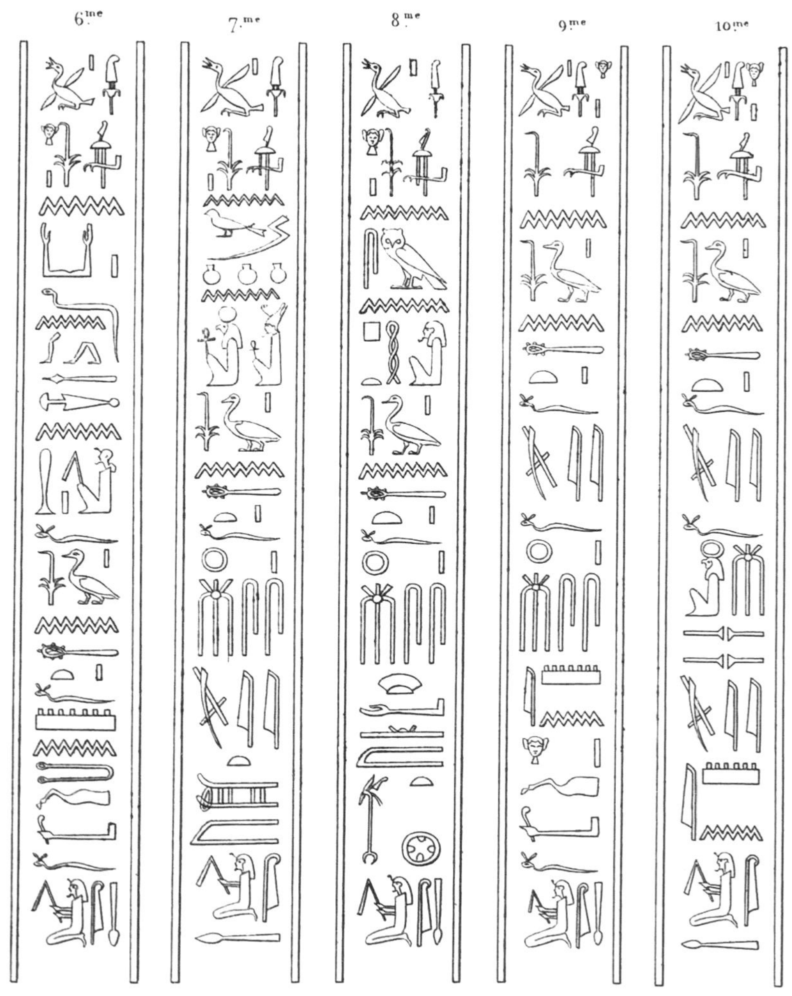

4

拉美西斯四世神殿，接上图。

图二一七

底比斯麦地那哈布

拉美西斯四世神殿，北围墙外侧墙壁第一幅图。

图二一八

底比斯麦地那哈布

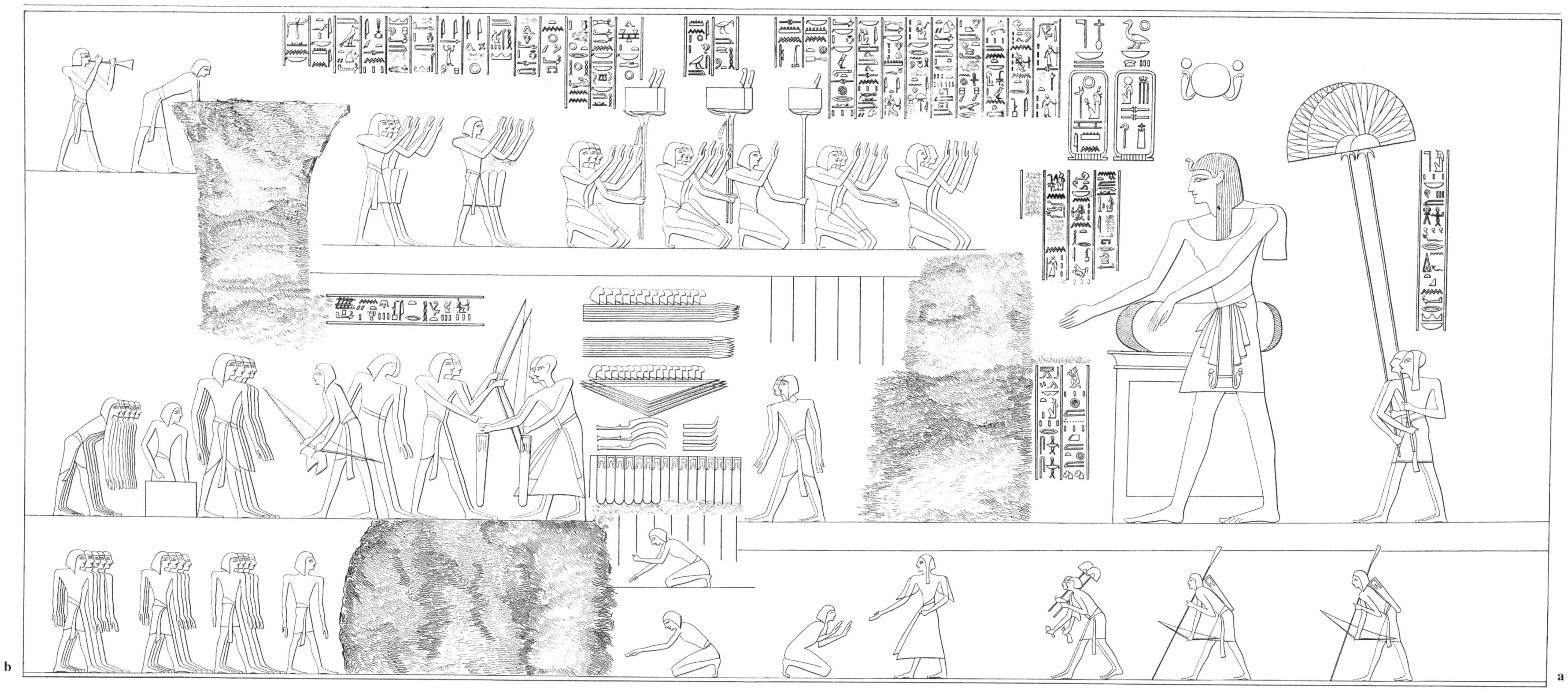

拉美西斯四世神殿，北围墙外侧墙壁第二幅图。

图二一九

底比斯麦地那哈布

拉美西斯四世神殿，北围墙外侧墙壁第三幅图。

图二二〇甲

底比斯麦地那哈布

a

拉美西斯四世神殿，接上图。

图二二〇乙

底比斯麦地那哈布

拉美西斯四世神殿，上图的结尾。

图二二一

底比斯麦地那哈布

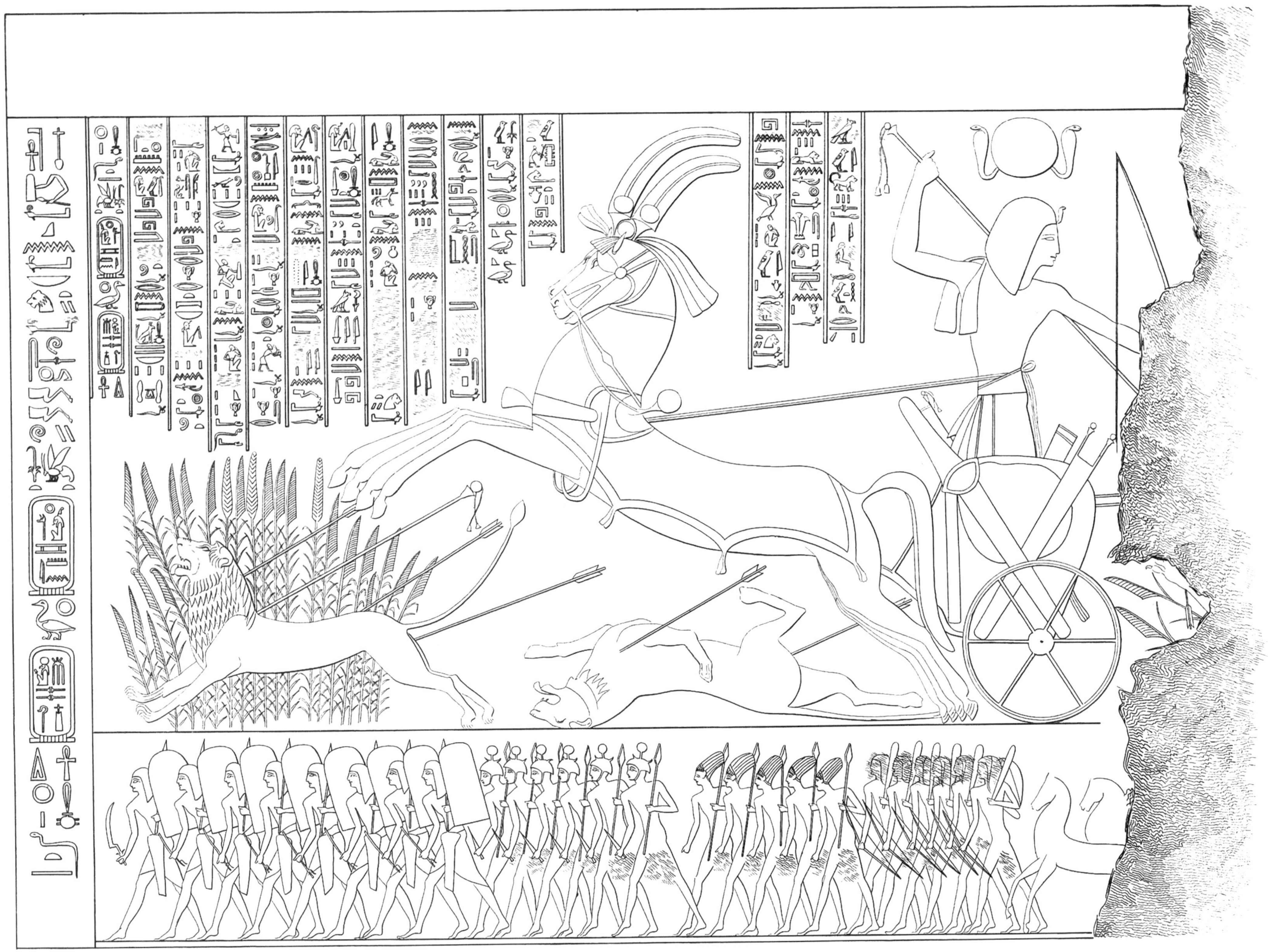

拉美西斯四世神殿，接上图。

图二二二

底比斯麦地那哈布

拉美西斯四世神殿，接上图。

图二二二

底比斯麦地那哈布

拉美西斯四世神殿，上图的后半部分。

图二二四

底比斯麦地那哈布

拉美西斯四世神殿，接上图。

图二二五

底比斯麦地那哈布

拉美西斯四世神殿，北围墙外侧墙壁第七幅图。

图二二六

底比斯麦地那哈布

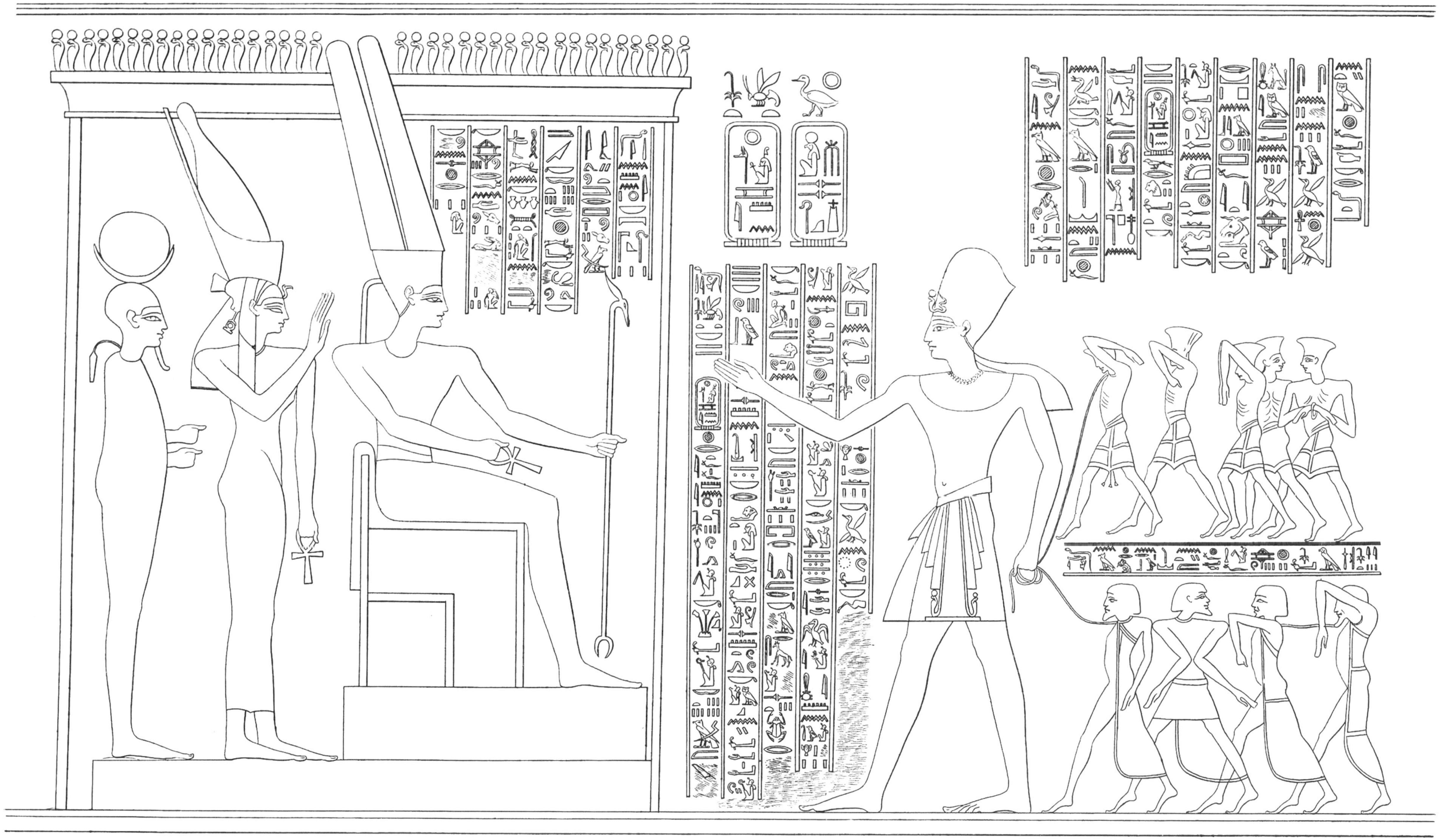

拉美西斯四世神殿，上图的后半部分。

图二二七

底比斯麦地那哈布

拉美西斯四世神殿，第一和第二塔门之间的图像。

图二二八

底比斯麦地那哈布

拉美西斯四世神殿，第一和第二塔门之间的图像。

图二二九

底比斯王后谷

1

2

3

4

墓室内的图像。

底比斯王后谷

1

2

3

4

墓室内的图像。

图二三〇乙

底比斯王后谷

雕刻在山体上的石碑。

图二三一

底比斯王后谷

1

2

3

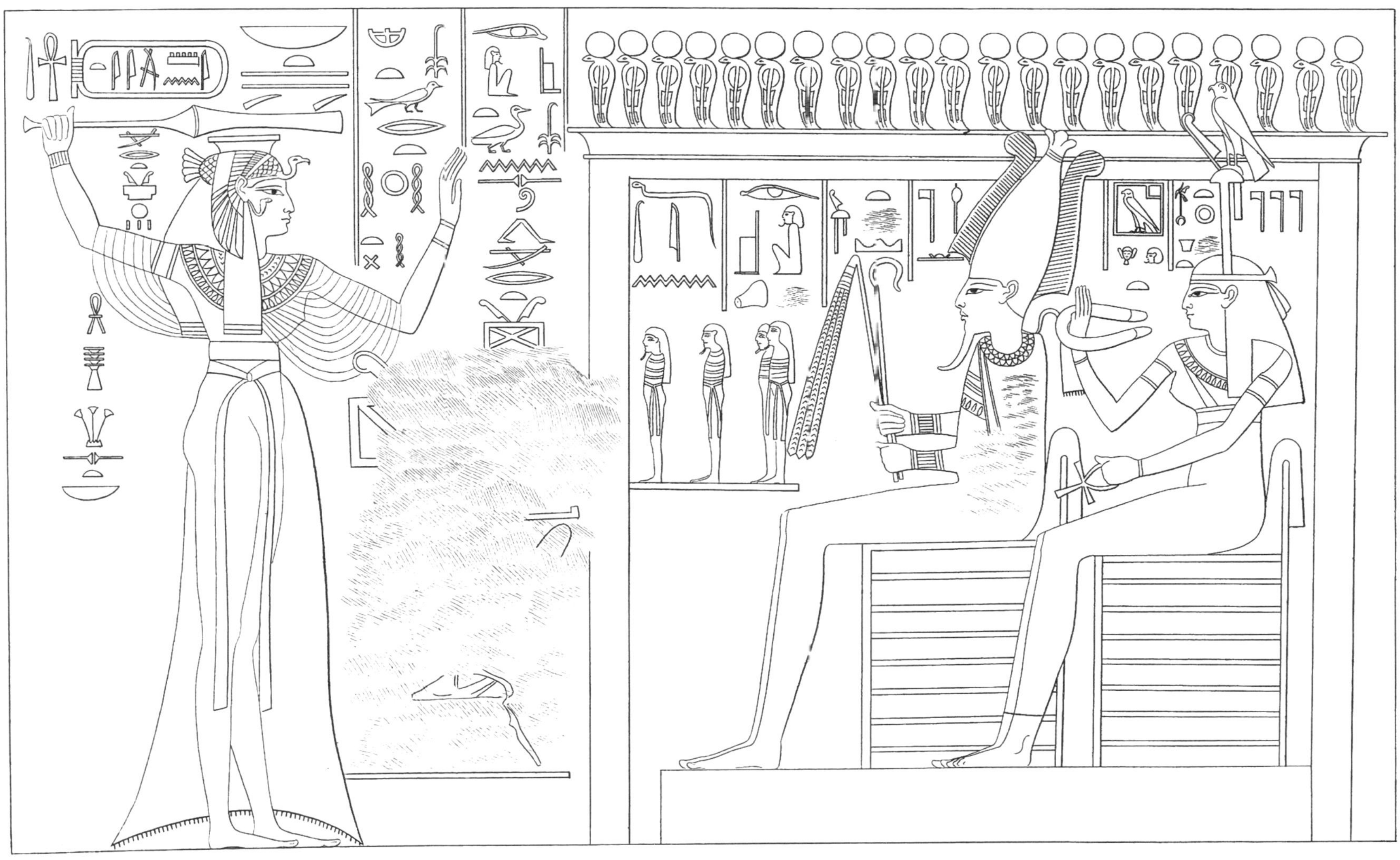

墓室内的图像。

图二三二

底比斯比班莫鲁克西谷

1

2

3

4

阿蒙诺菲斯三世墓室内的图像。

图二三三

底比斯比班莫鲁克

塔乌斯拉和蒙内普塔－希普塔墓室内的图像。

图二三四

底比斯比班莫鲁克

2

1

3

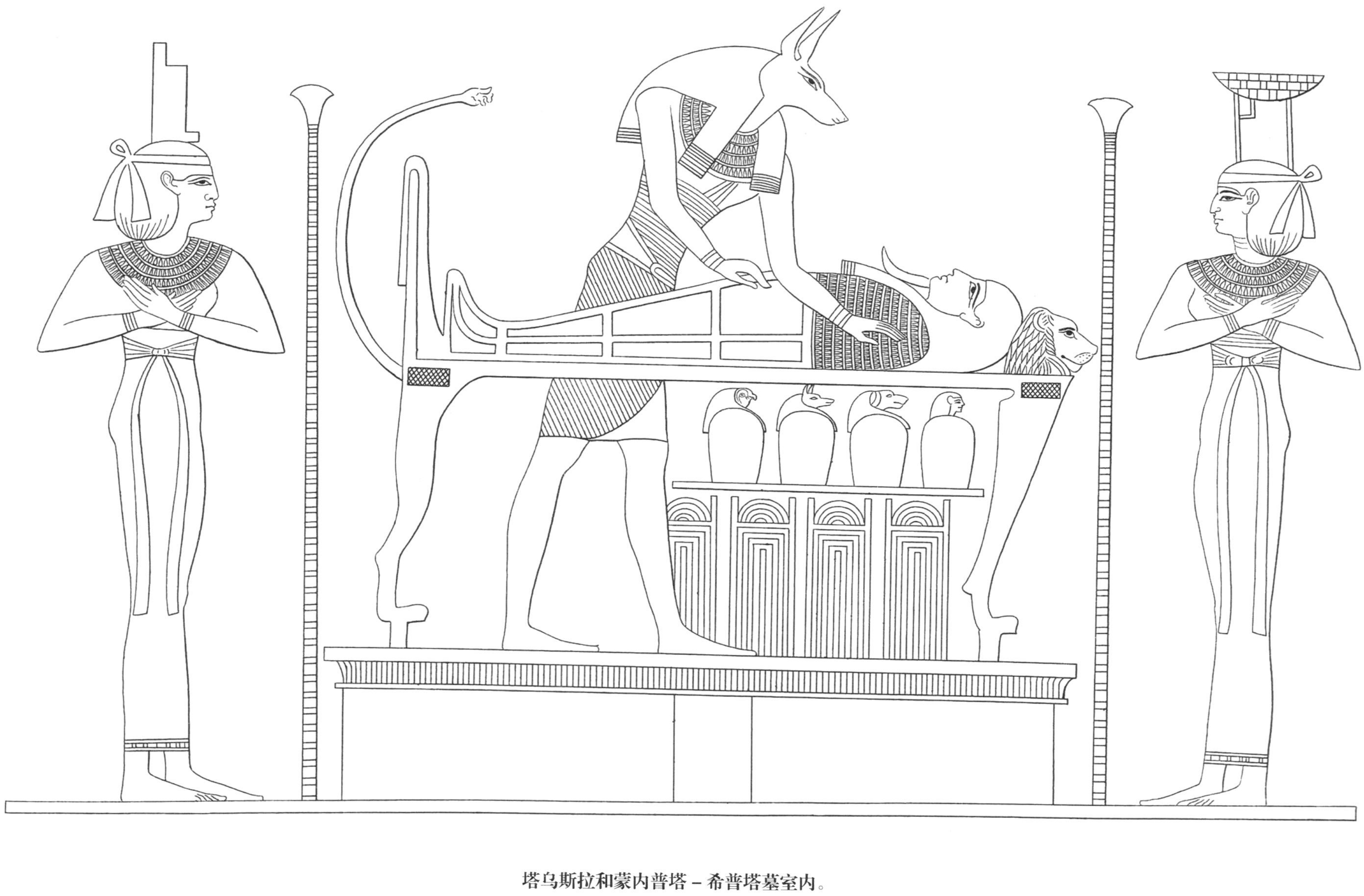

塔乌斯拉和蒙内普塔－希普塔墓室内。

图二三五

底比斯比班莫鲁克

1

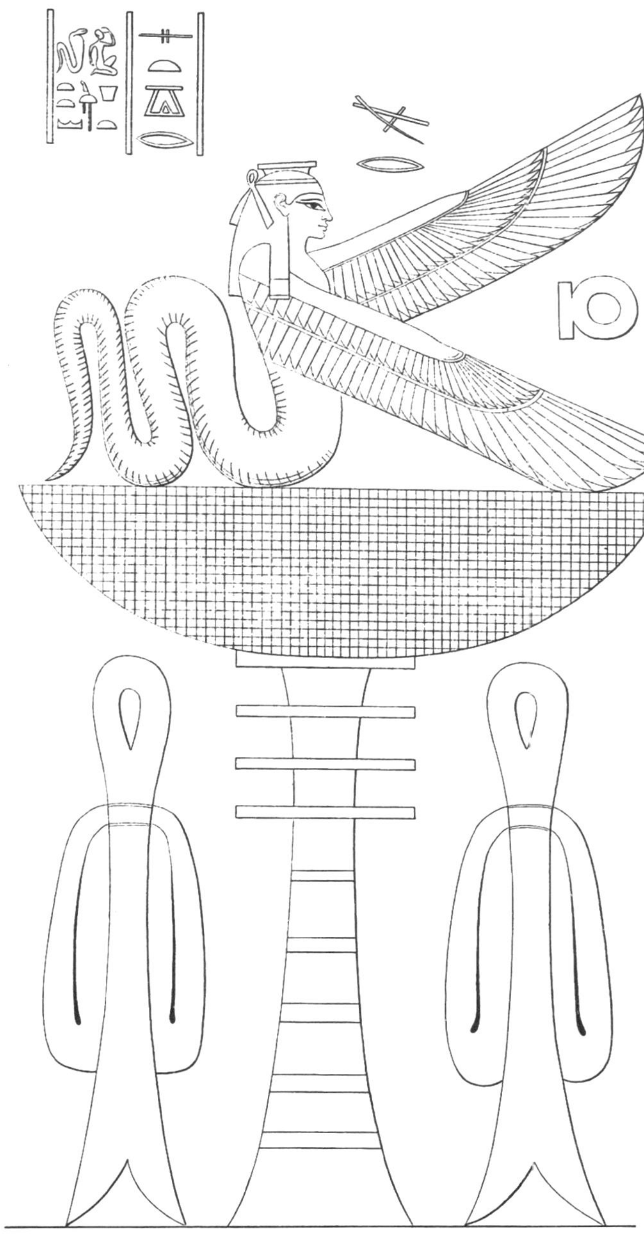

2

3

Lith. de L. Letronne

4

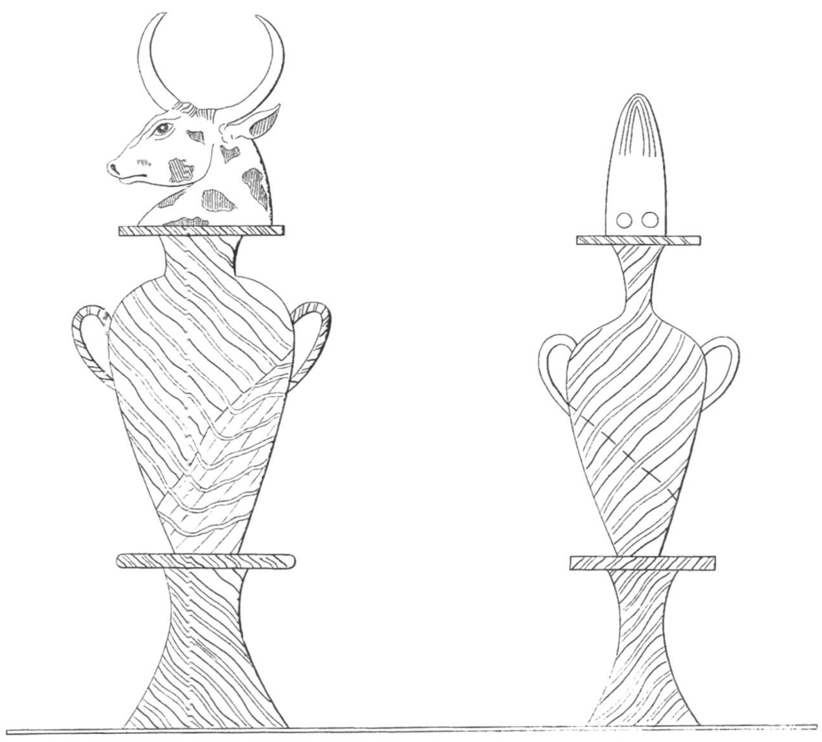

同一墓室内的细部图。

图二三六

底比斯比班莫鲁克

1

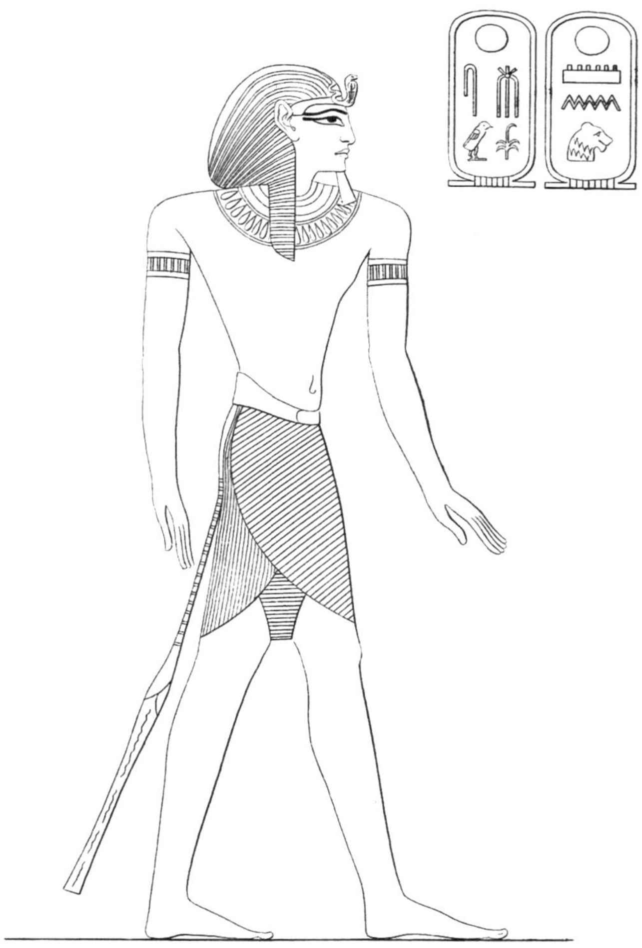

2

3

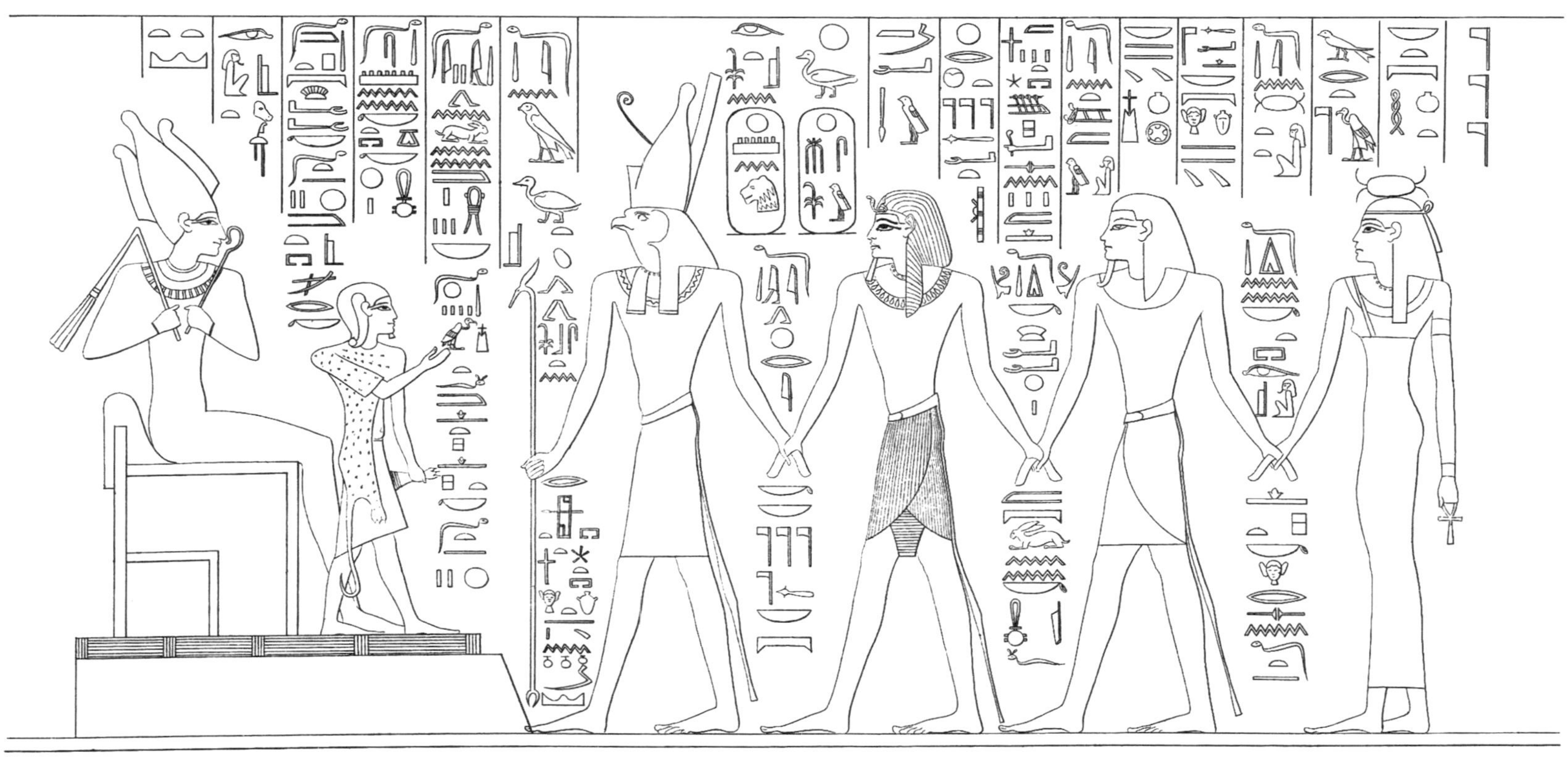

拉美西斯一世墓室内图像。

图二三七

底比斯比班莫鲁克

1

2

1. 拉美西斯一世墓室内图像。2. 蒙内普塔一世墓葬。

图二三八

底比斯比班莫鲁克

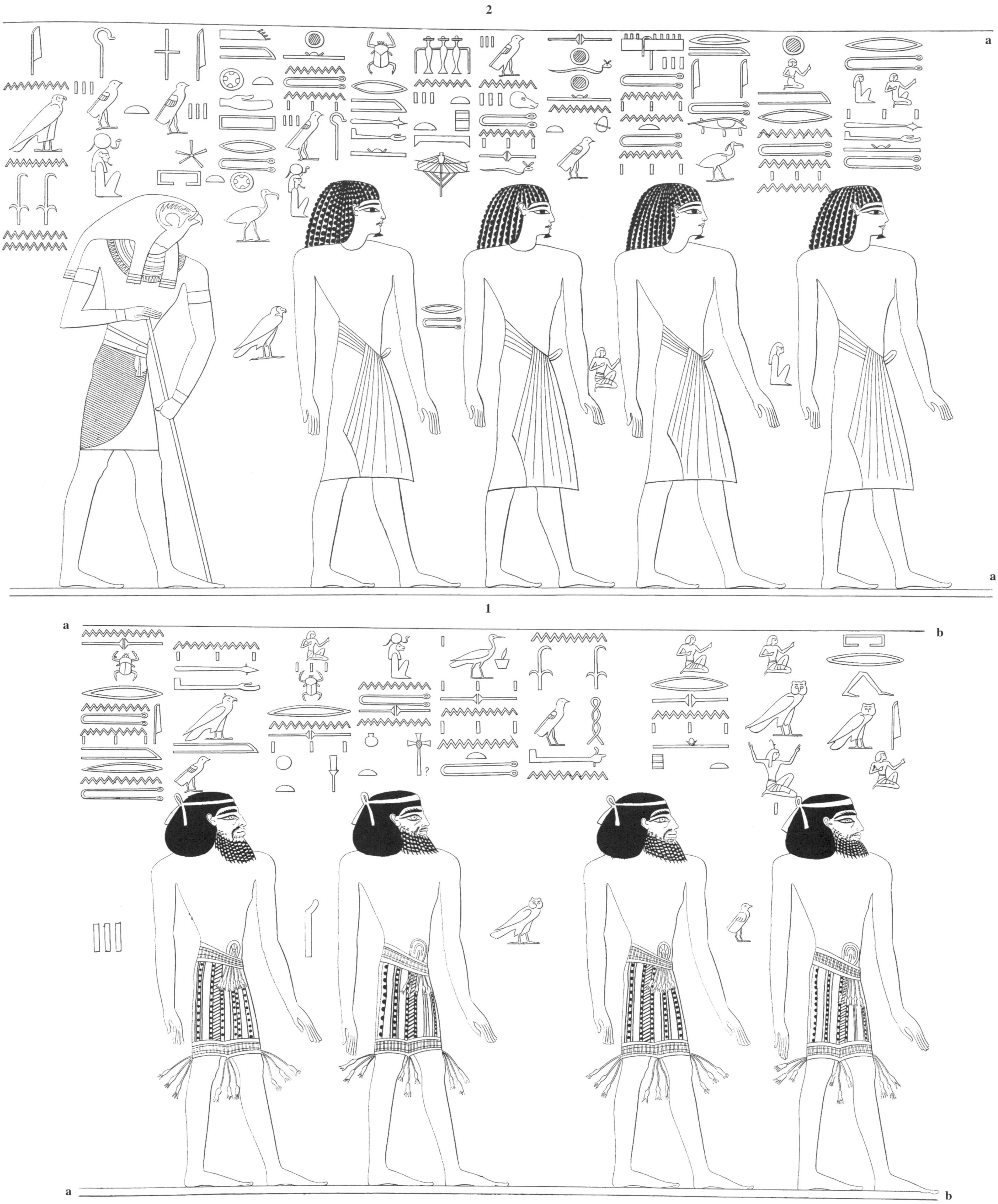

蒙内普塔一世墓室，第一间大厅。

底比斯比班莫鲁克

1

2

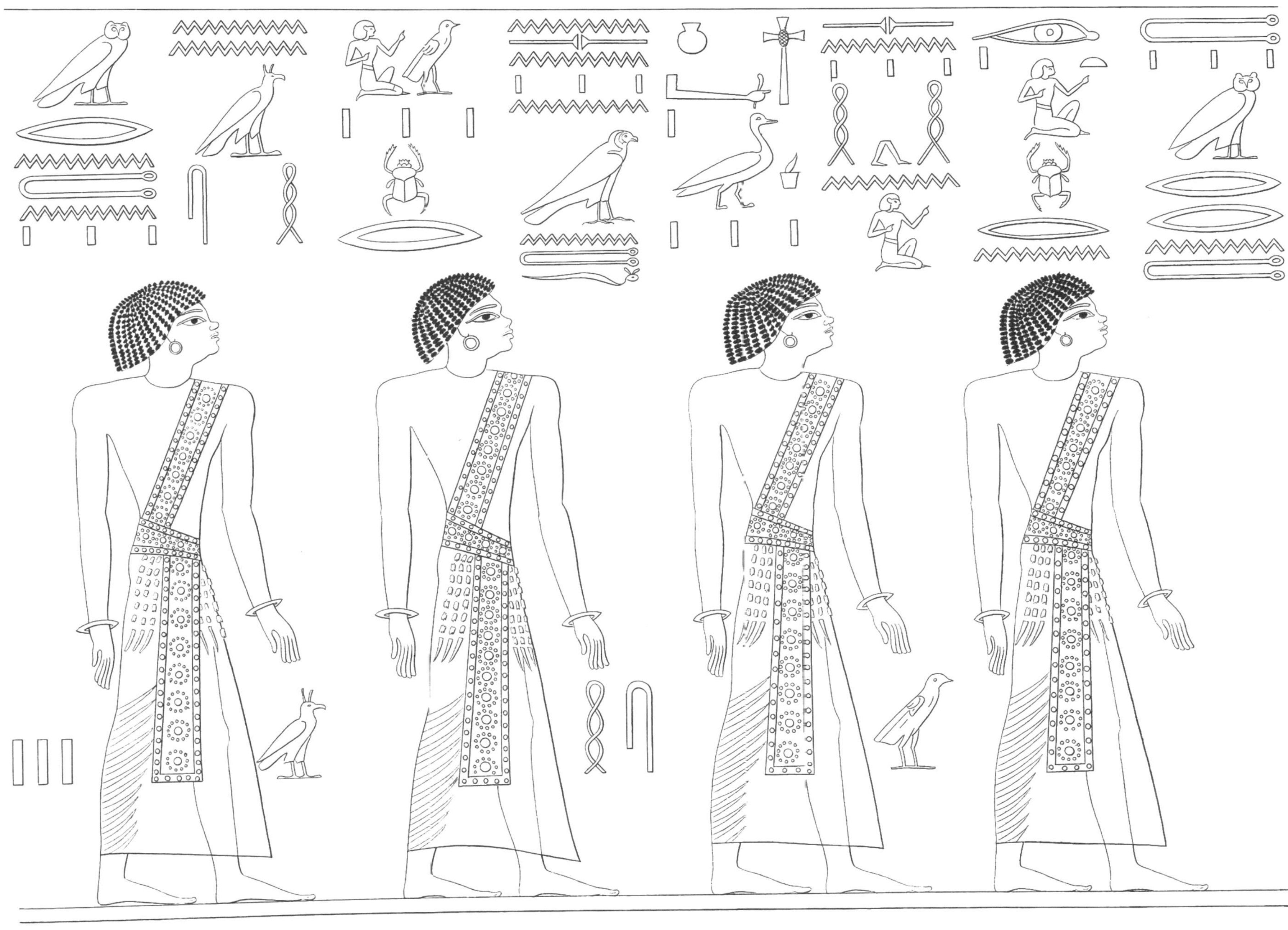

蒙内普塔一世墓室，接上图。

图二四〇

底比斯比班莫鲁克

1

2

蒙内普塔一世墓室，接上图。

图二四一

底比斯比班莫鲁克

1

2

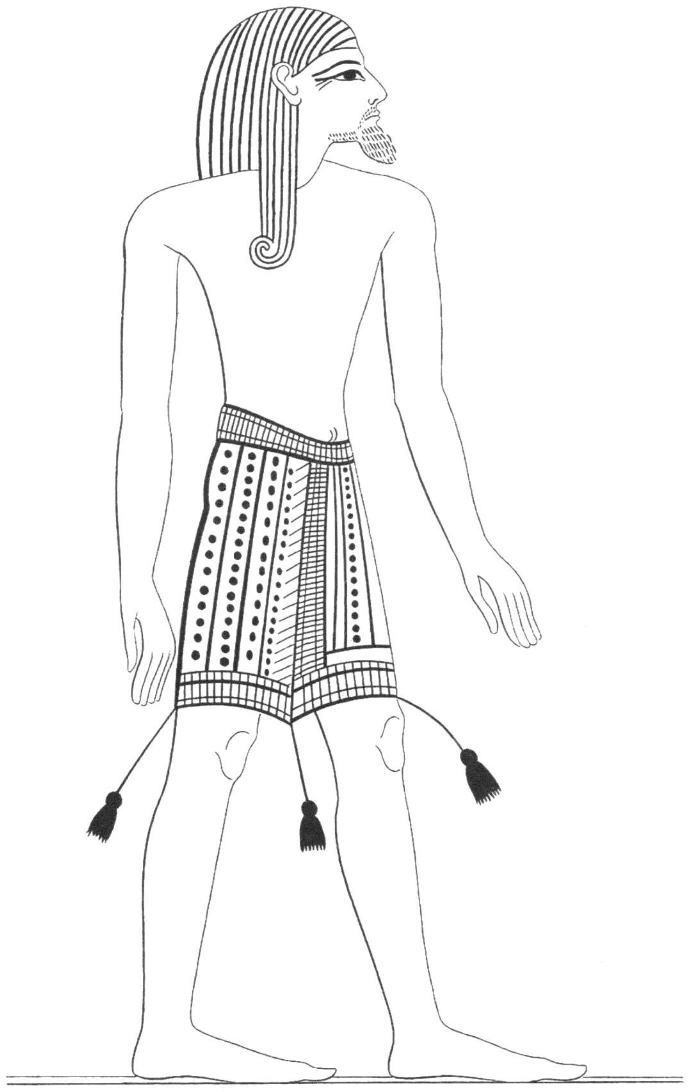

3

蒙内普塔一世墓室内的形象和画面。

图二四二

底比斯比班莫鲁克

1
2
3
4

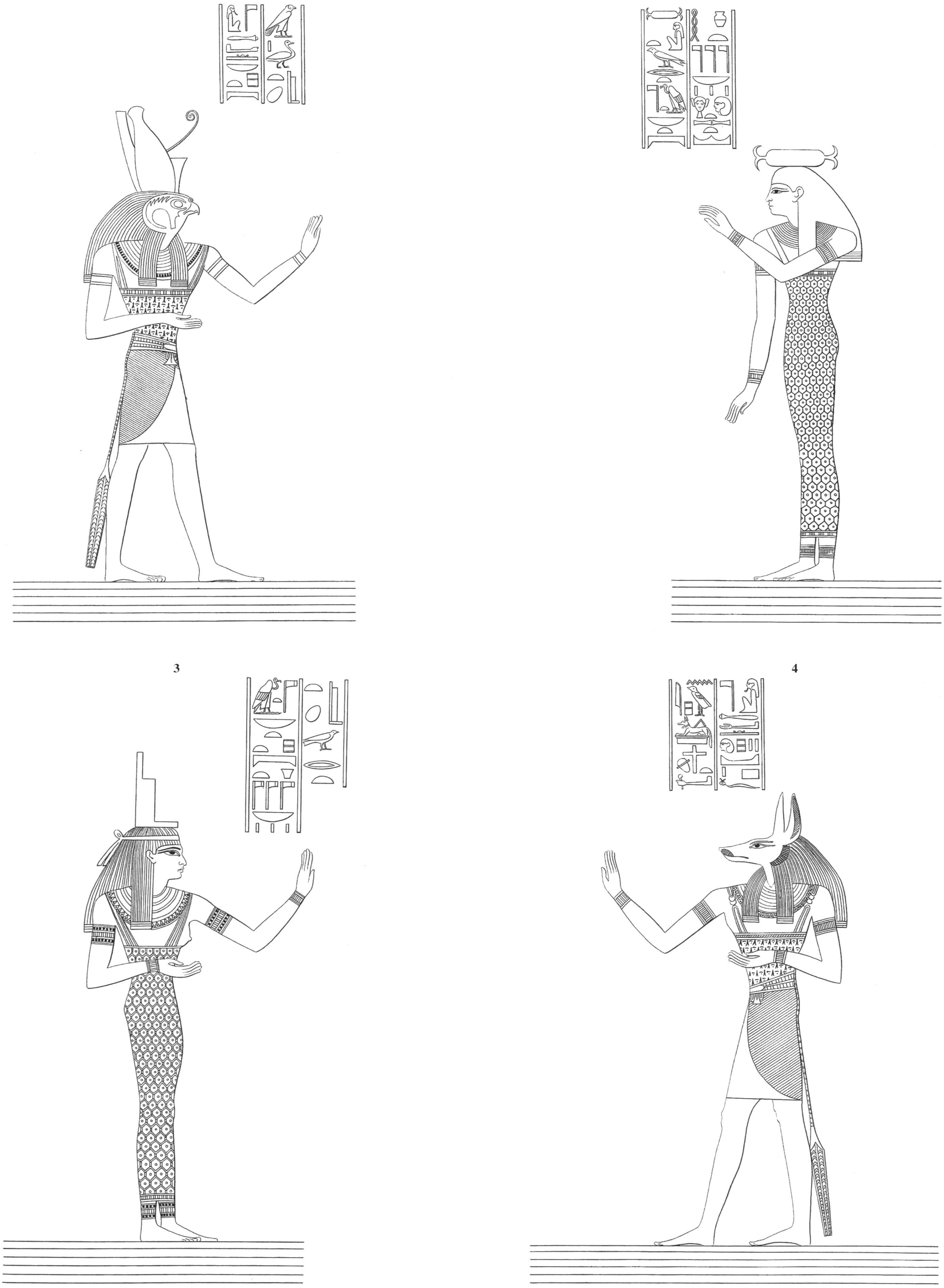

蒙内普塔一世墓室内的彩绘浮雕。

图二四三

底比斯比班莫鲁克

1

2

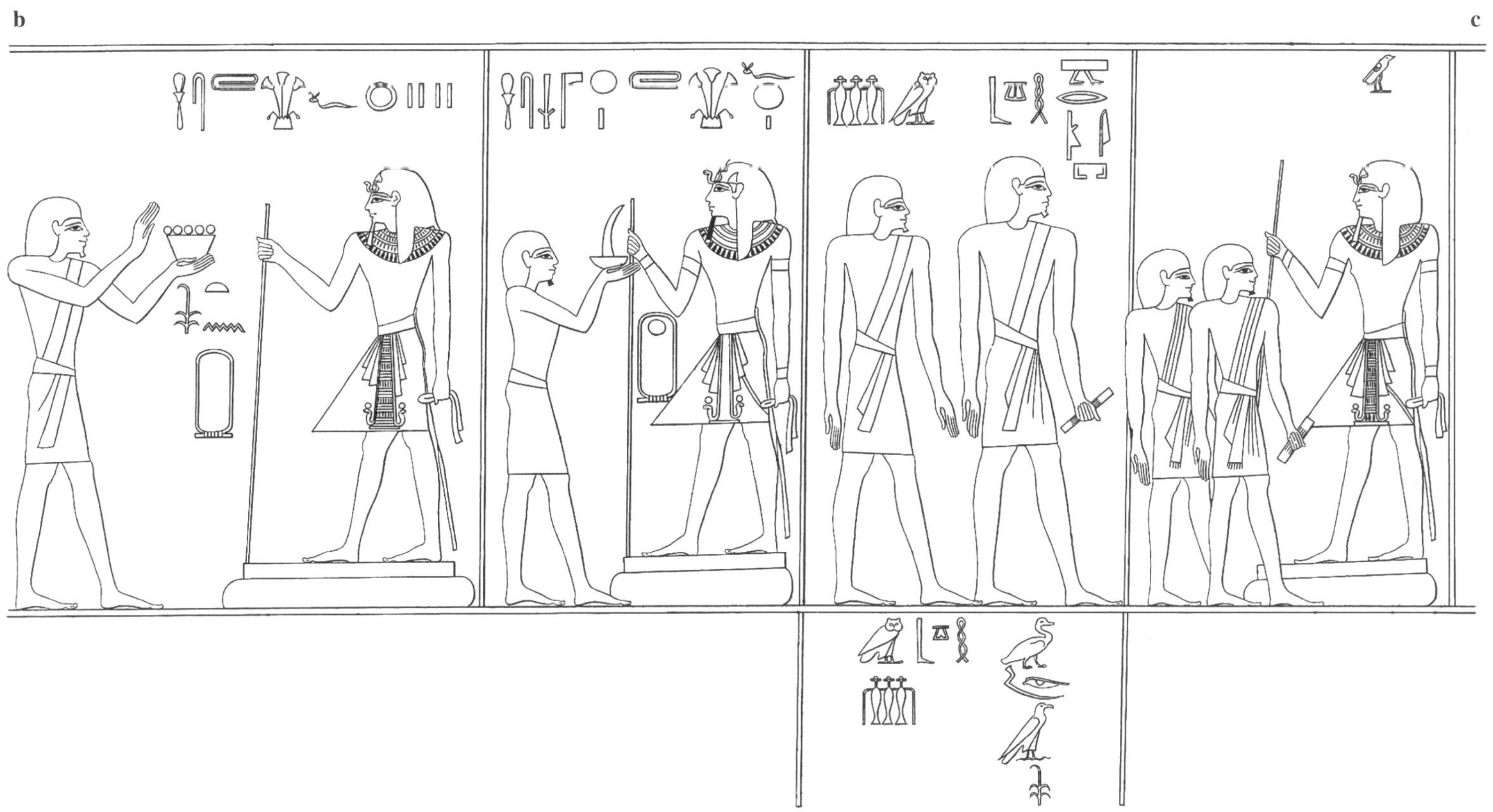

蒙内普塔一世墓室内的画面。

图二四四

底比斯比班莫鲁克

1

2

蒙内普塔一世墓室，接上图。

图二四五

底比斯比班莫鲁克

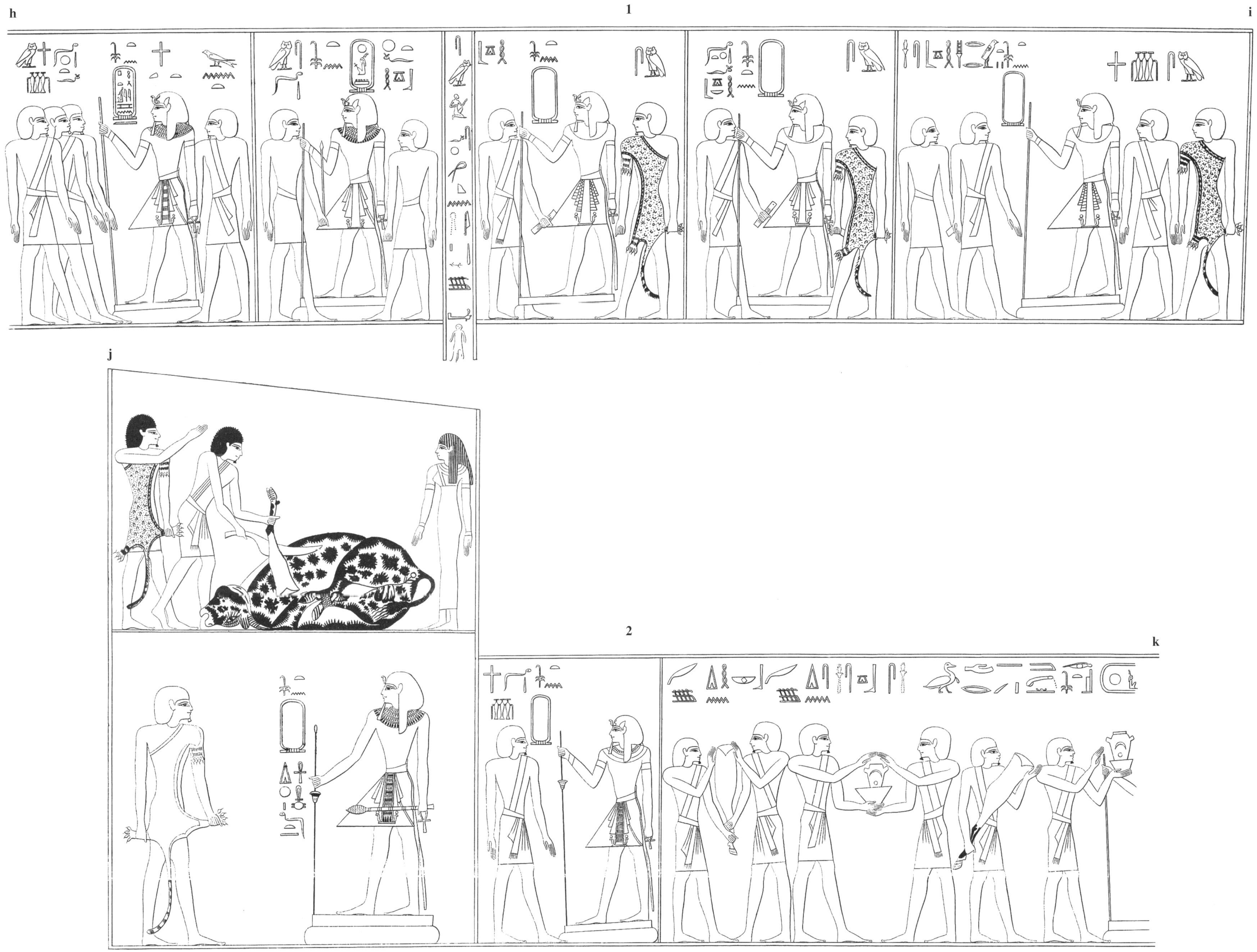

蒙内普塔一世墓室，接上图。

图二四六

底比斯比班莫鲁克

1

l m

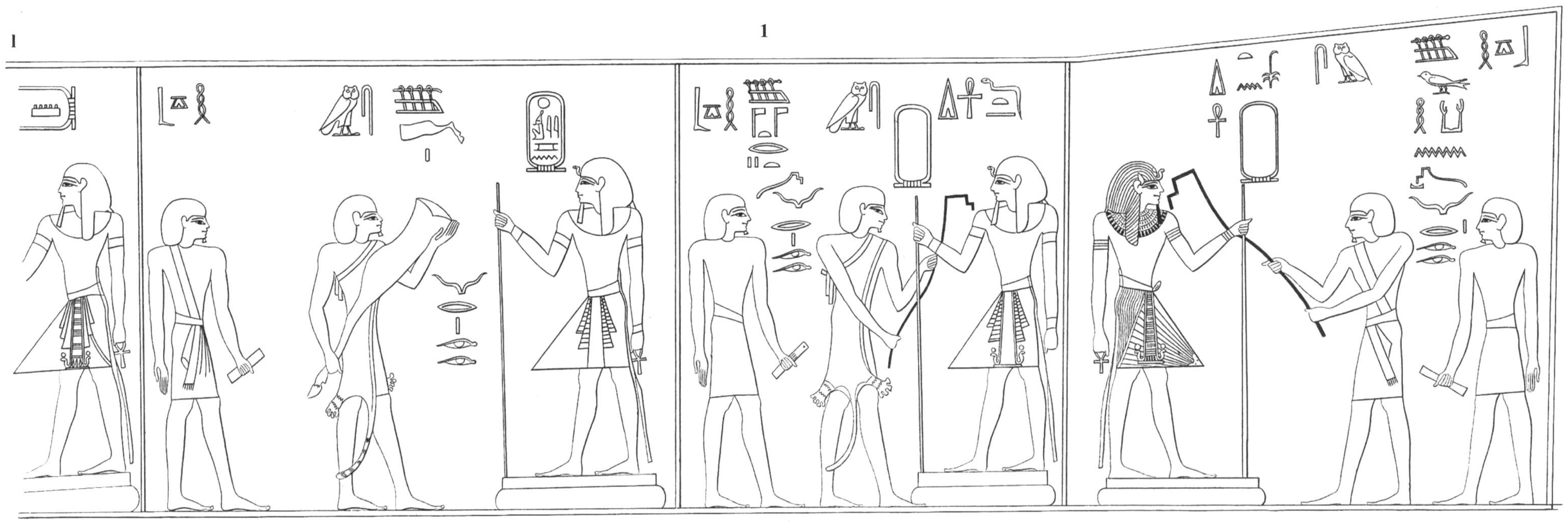

2

n o

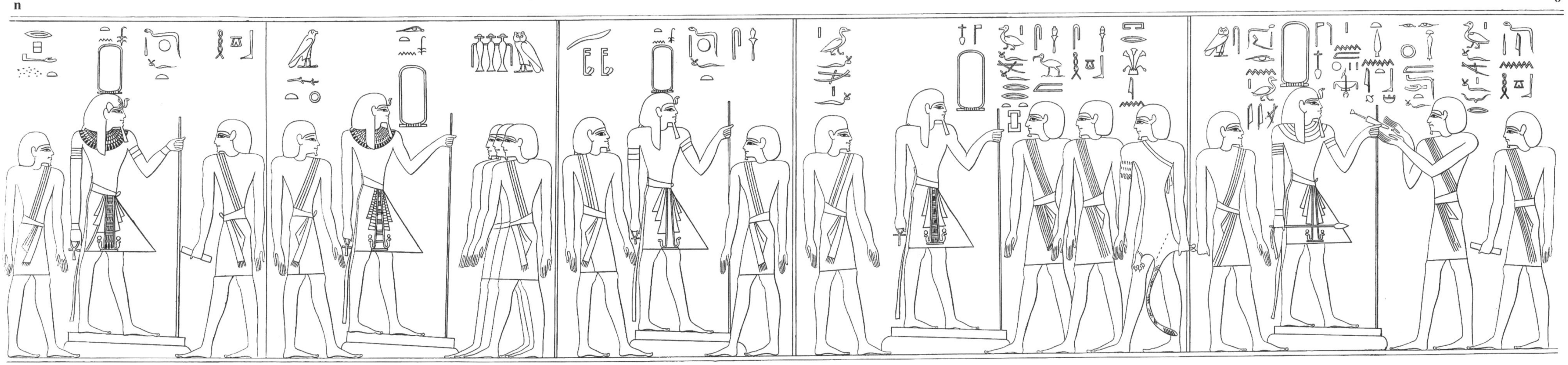

蒙内普塔一世墓室，接上图。

图二四七

底比斯比班莫鲁克

蒙内普塔一世墓室，接上图。

图二四八

底比斯比班莫鲁克

1

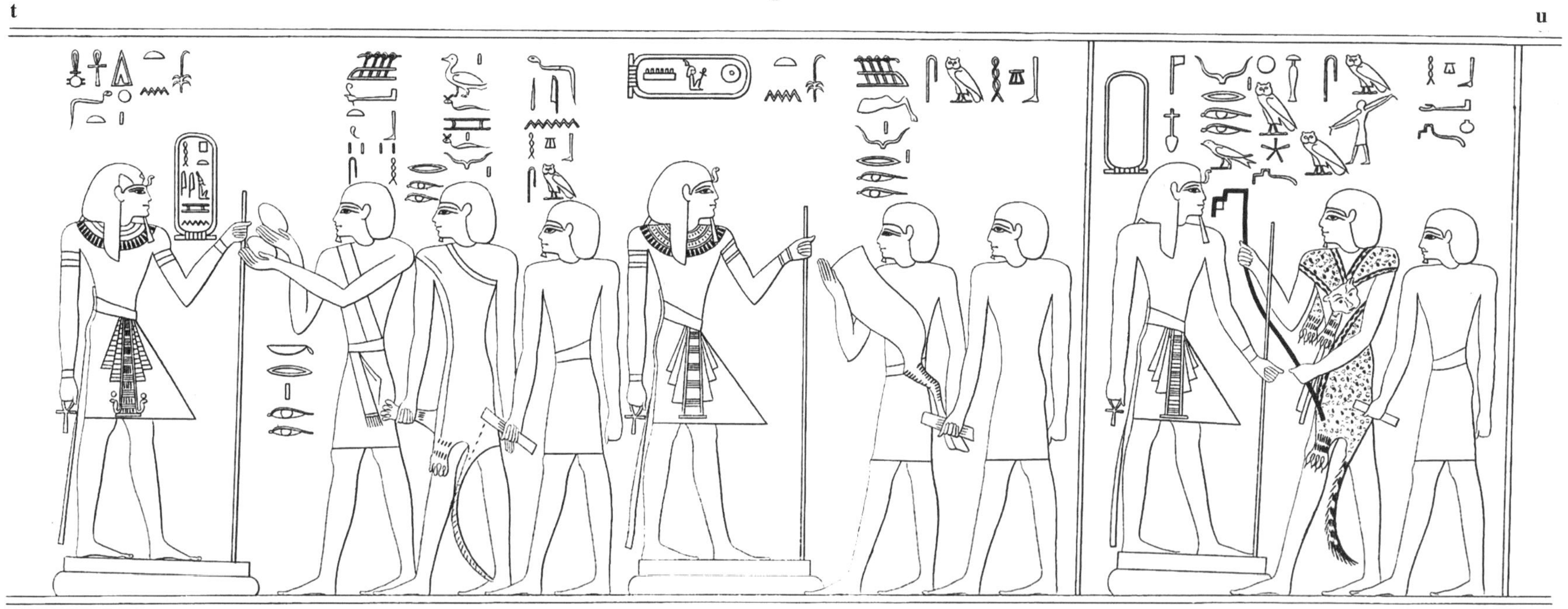

2

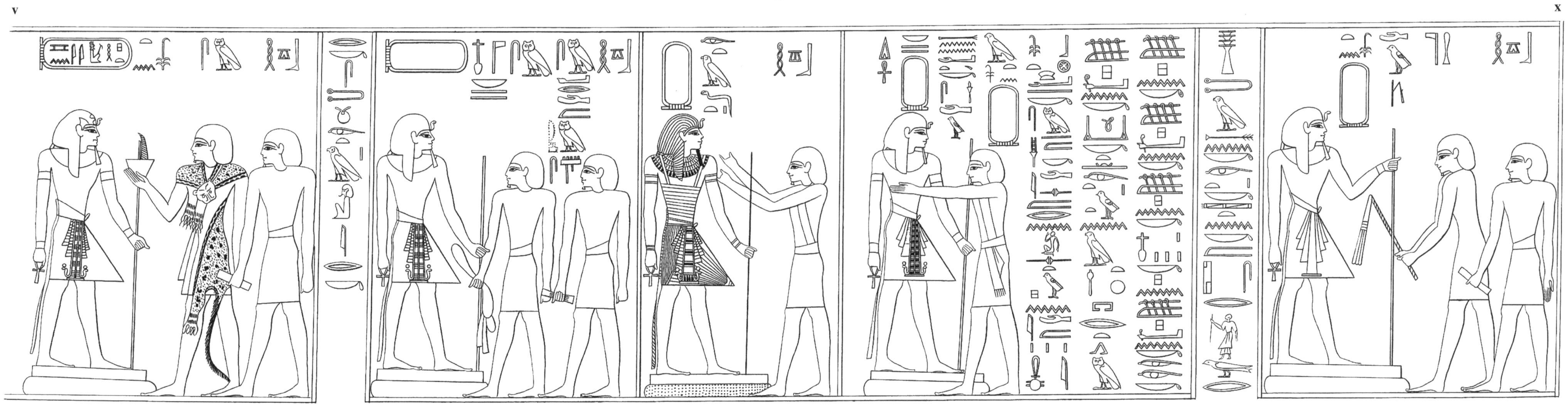

蒙内普塔一世墓室，接上图。

图二四九

底比斯比班莫鲁克

蒙内普塔一世墓室，丧葬场景。

图二五〇

底比斯比班莫鲁克

蒙内普塔一世墓室内的画面。

图二五一

底比斯比班莫鲁克

1

2

3

蒙内普塔一世墓室内的画面。

图二五二甲

底比斯比班莫鲁克

佩图巴斯特墓室内的彩绘。

图二五二乙

底比斯比班莫鲁克

1

2

3

4

1和2，蒙内普塔二世（佩图巴斯特）墓室。3和4，蒙为普塔三世墓室。

图二五三

底比斯比班莫鲁克

1

2

拉美西斯四世（美伊阿蒙）的墓葬。

图二五四

底比斯比班莫鲁克

1

2

3

拉美西斯四世（美伊阿蒙）的墓葬。

图二五五

底比斯比班莫鲁克

1

2

拉美西斯四世（美伊阿蒙）的墓葬。

图二五六

底比斯比班莫鲁克

1

2

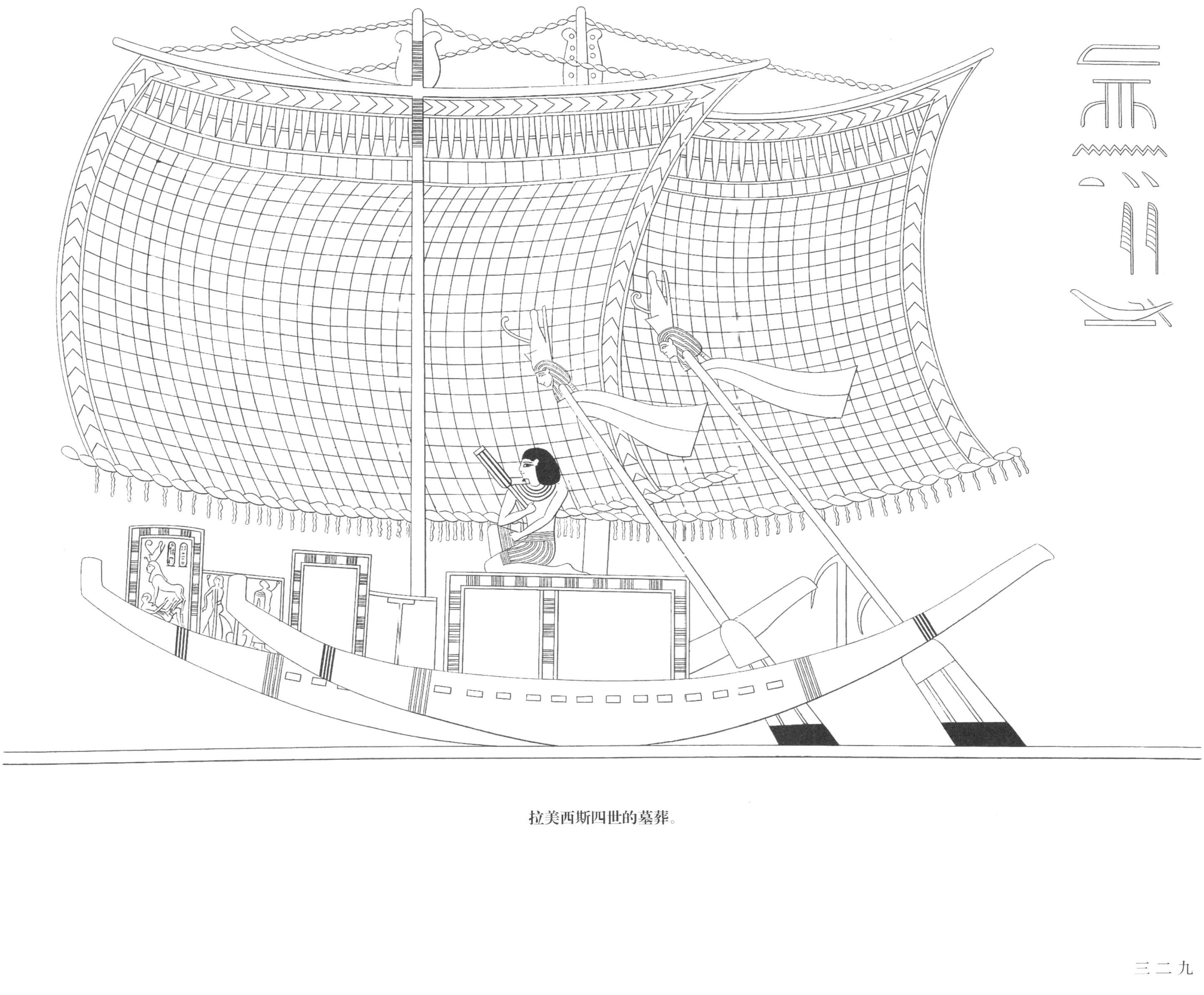

拉美西斯四世的墓葬。

图二五七

底比斯比班莫鲁克

1

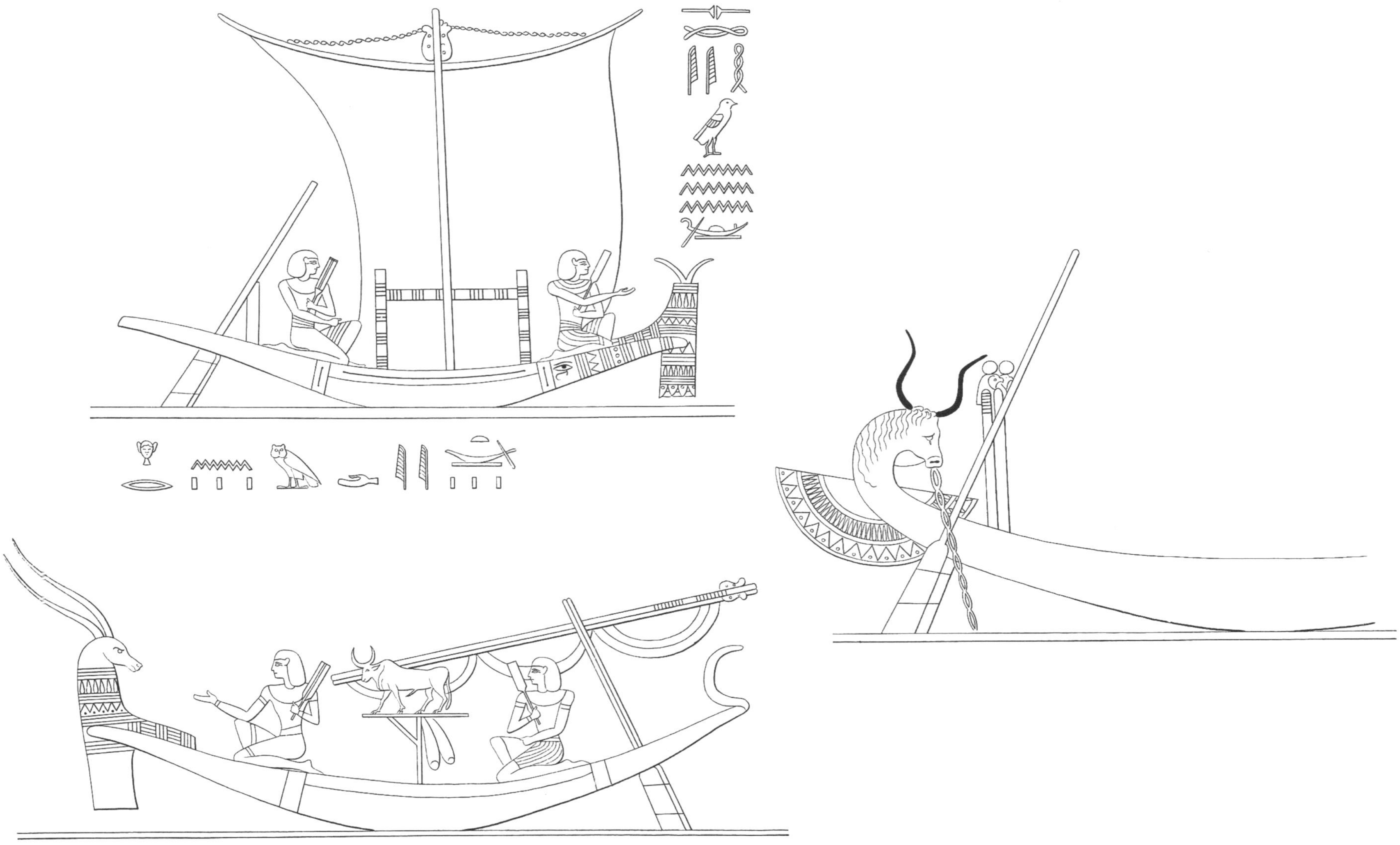

2

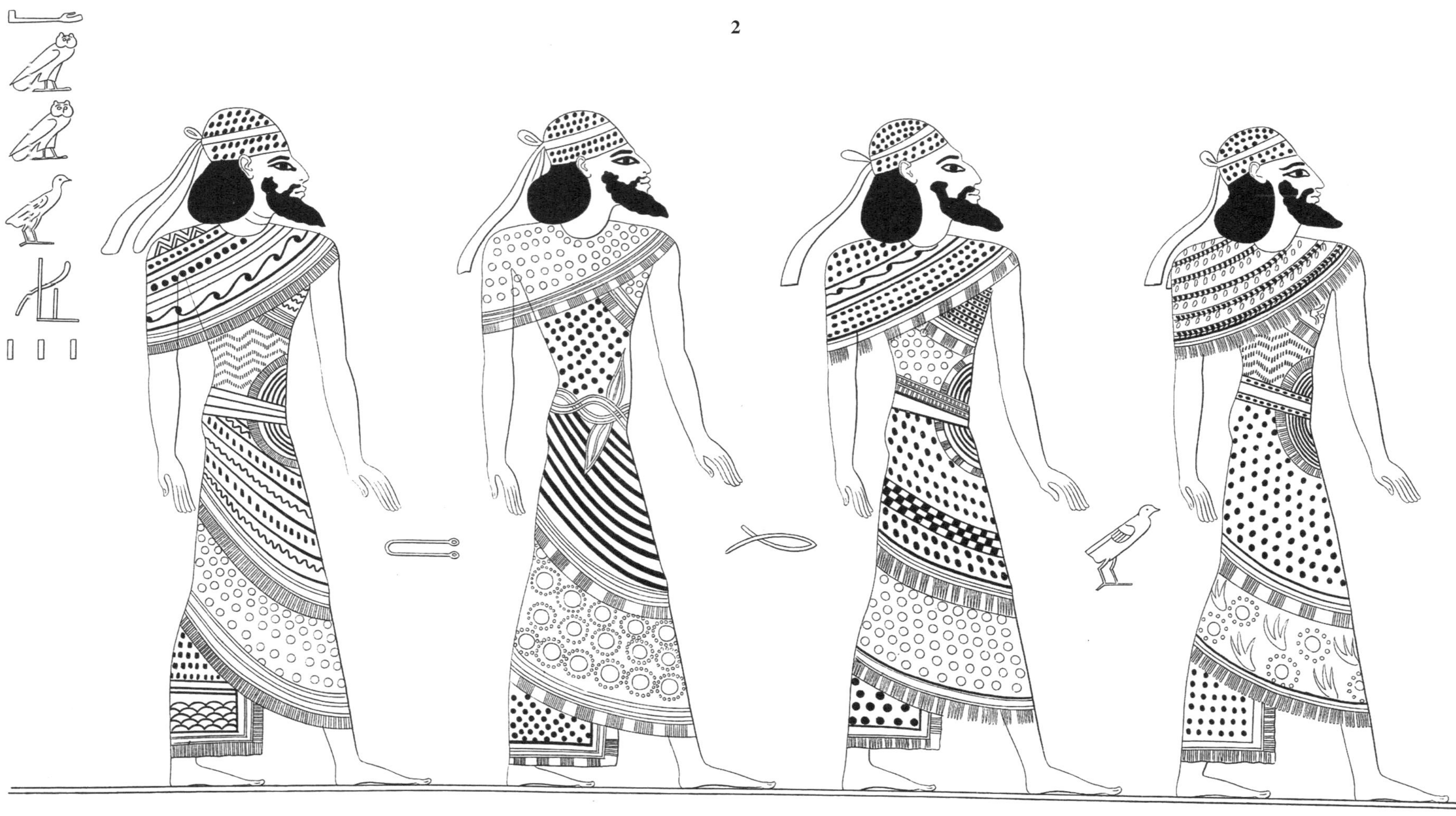

拉美西斯四世的墓葬。

底比斯比班莫鲁克

拉美西斯四世的墓葬。

图二五九

底比斯比班莫鲁克

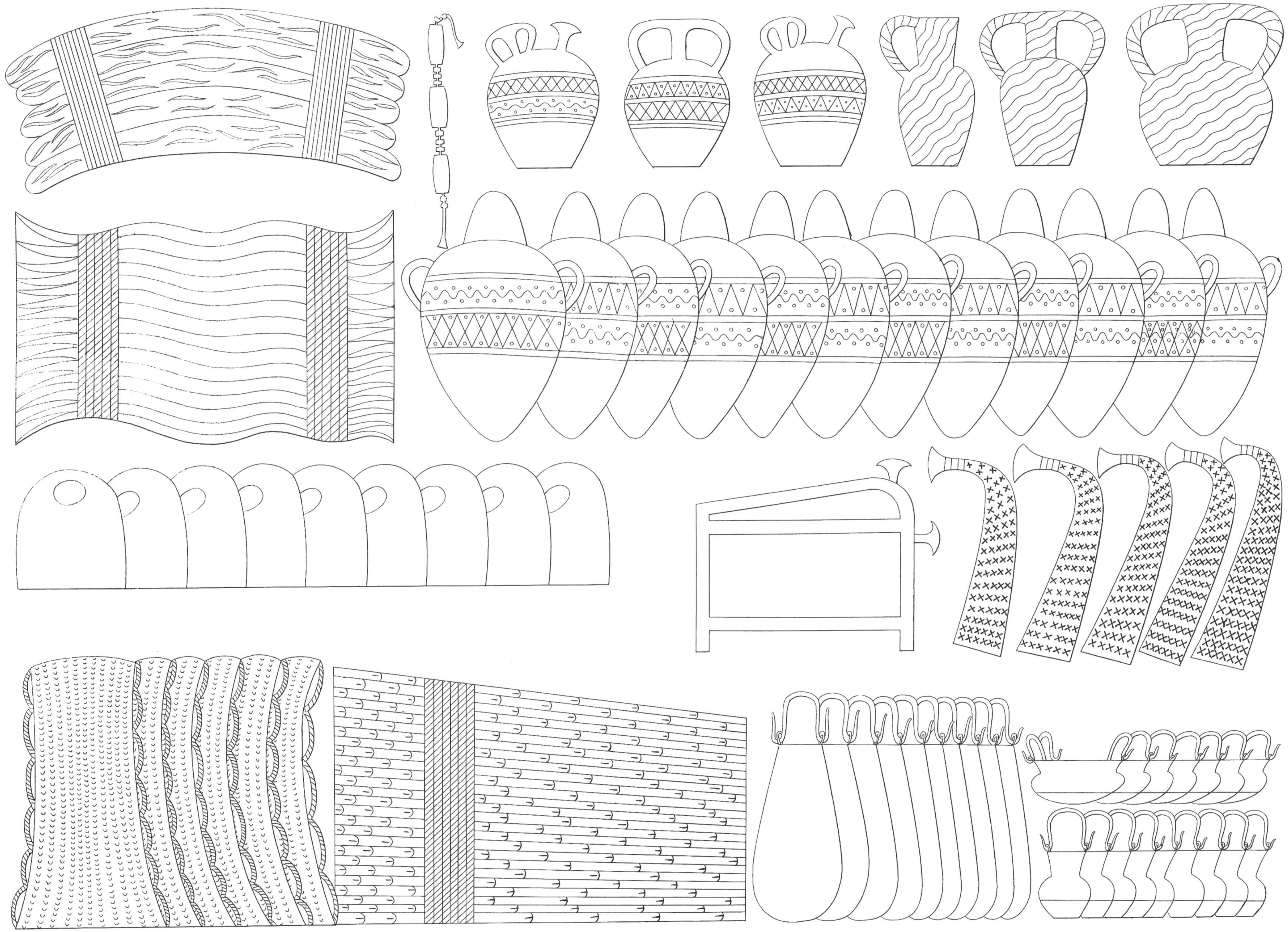

拉美西斯四世的墓葬。

图二六〇

底比斯比班莫鲁克

拉美西斯四世的墓葬。

图二六一

底比斯比班莫鲁克

拉美西斯四世的墓葬。

图二六二

底比斯比班莫鲁克

拉美西斯四世的墓葬。

图二六三

底比斯比班莫鲁克

图二六四

底比斯比班莫鲁克

拉美西斯四世的墓葬。

图二六五

底比斯比班莫鲁克

1

2

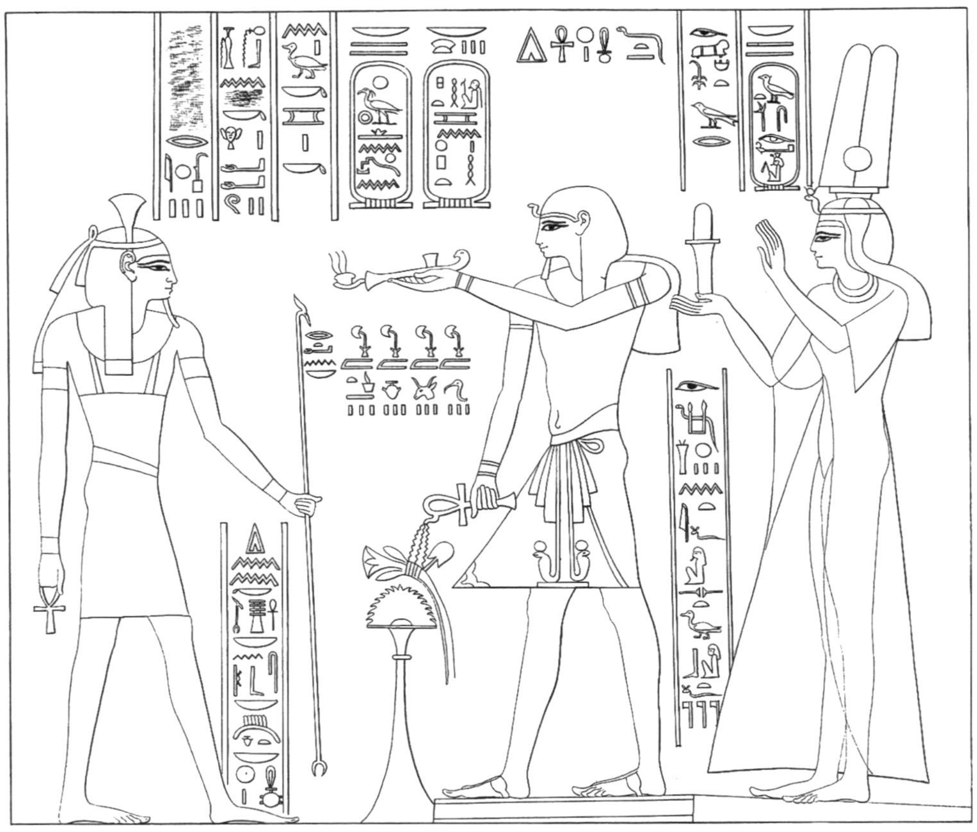

3

4

皇家墓葬内的图像。

图二六六

底比斯比班莫鲁克

希普塔的墓葬，大厅右侧墙壁。

图二六七

底比斯比班莫鲁克

1

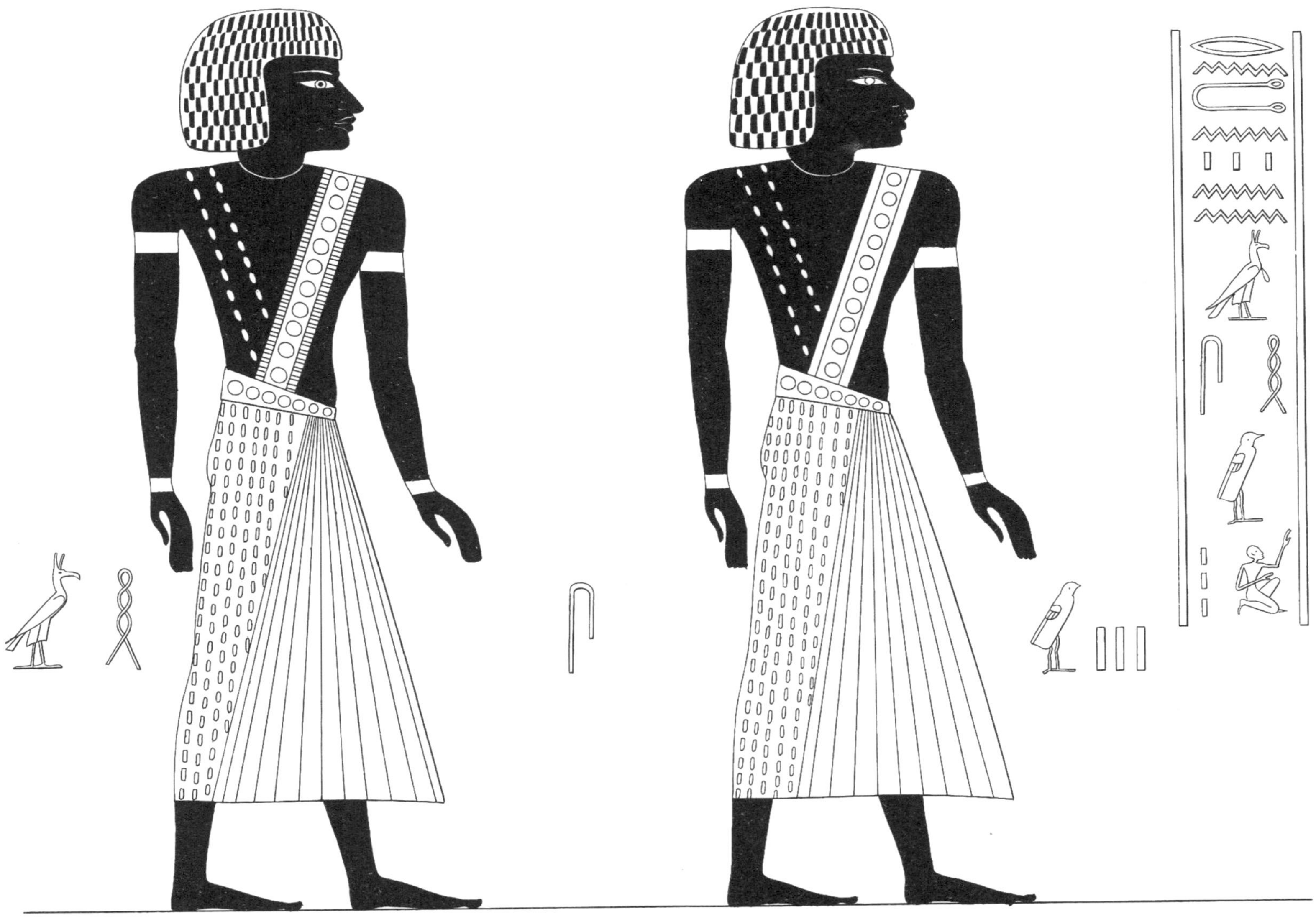

2

特美伊奥特墓葬内的人物形象。

图二六八

底比斯比班莫鲁克

1 和 2，拉美西斯六世的头像和全身像。3 和 4，拉美西斯七世的头像和全身像。

图二六九

底比斯比班莫鲁克

1

2

3

4

拉美西斯八世和九世的形象。

图二七〇

底比斯比班莫鲁克

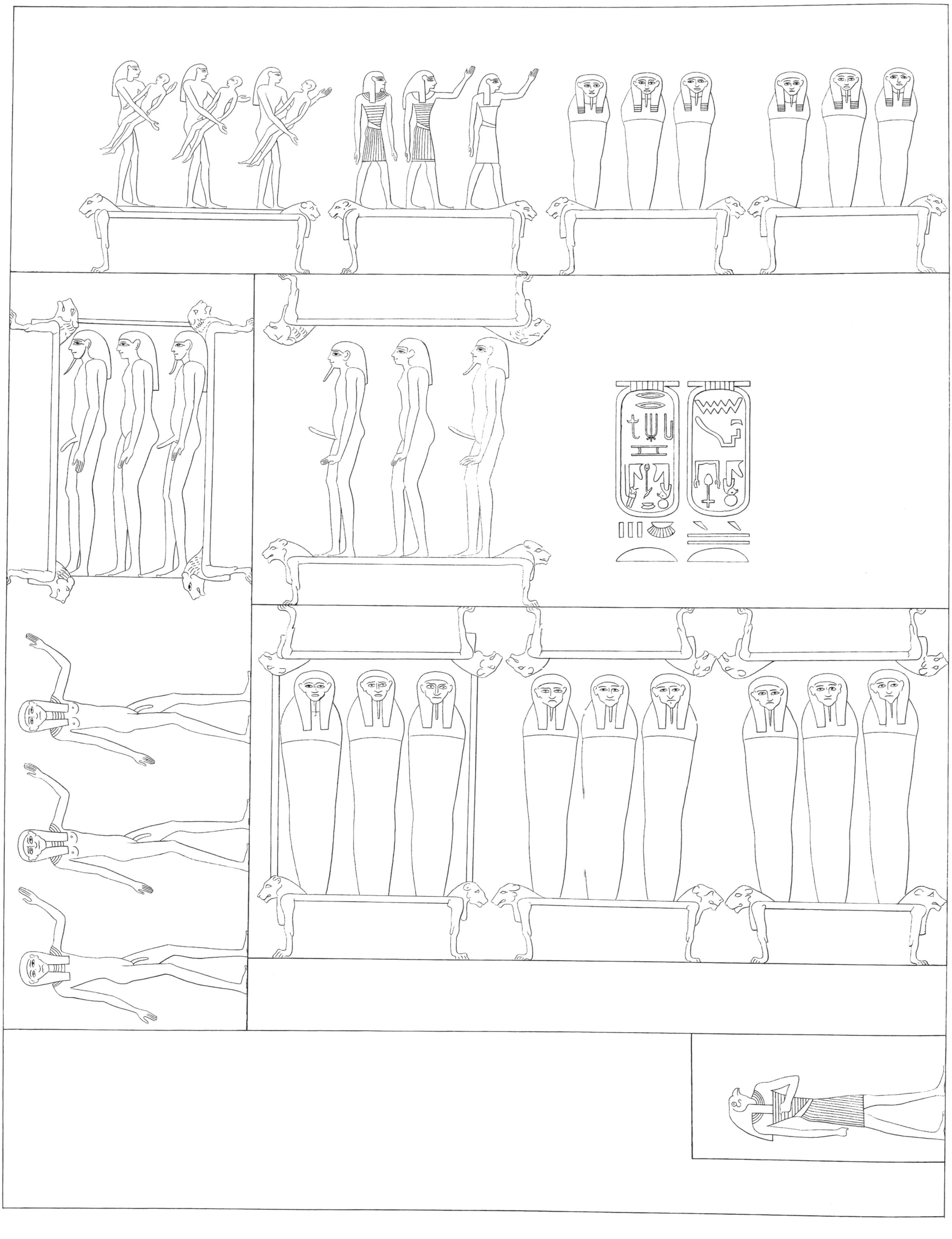

皇家墓葬内的图像。

图二七一

底比斯比班莫鲁克

拉美西斯五世墓葬，入口处的装饰浮雕。

图二七二甲

底比斯比班莫鲁克

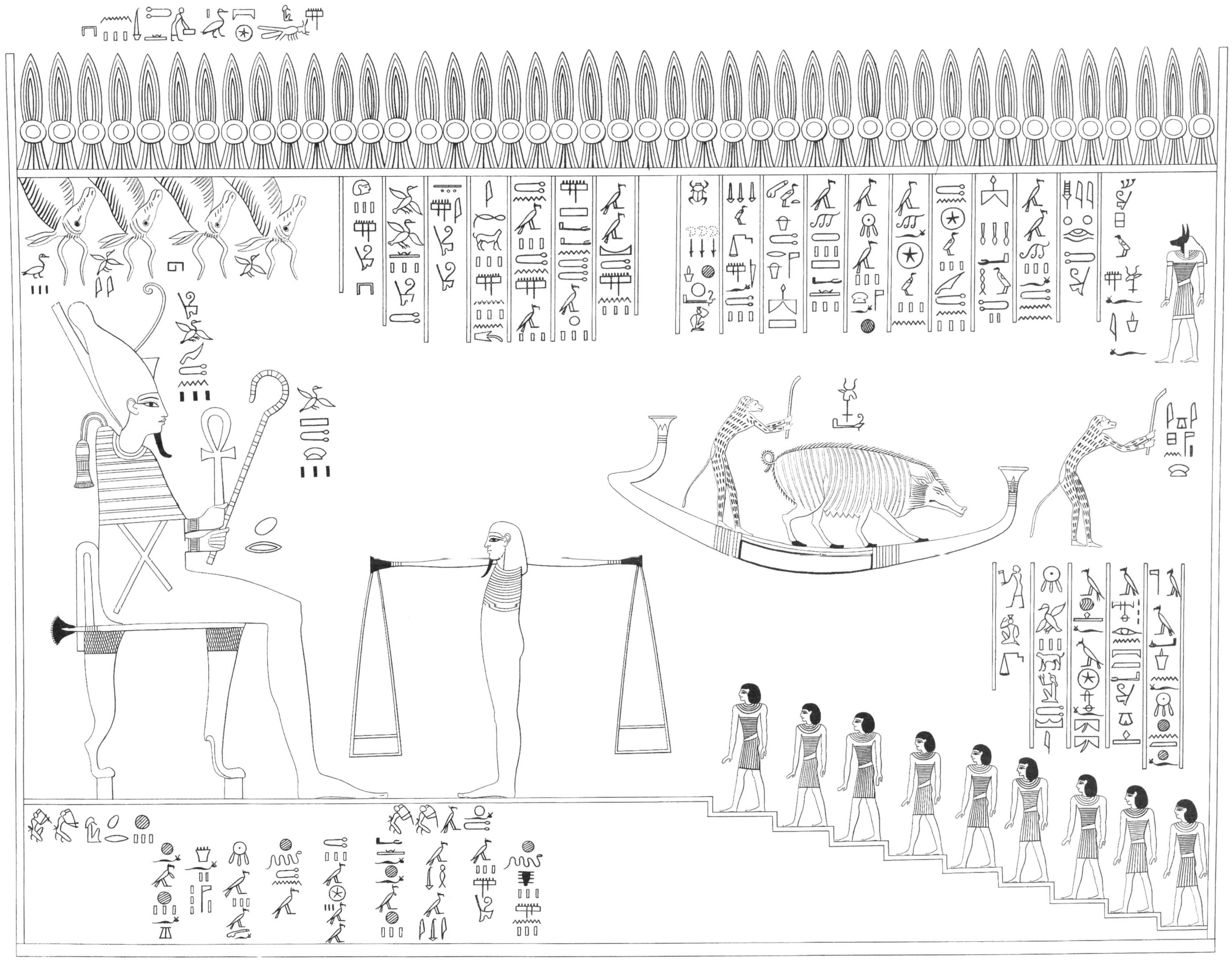

拉美西斯五世墓葬内的场景。

图二七二乙

底比斯比班莫鲁克

1

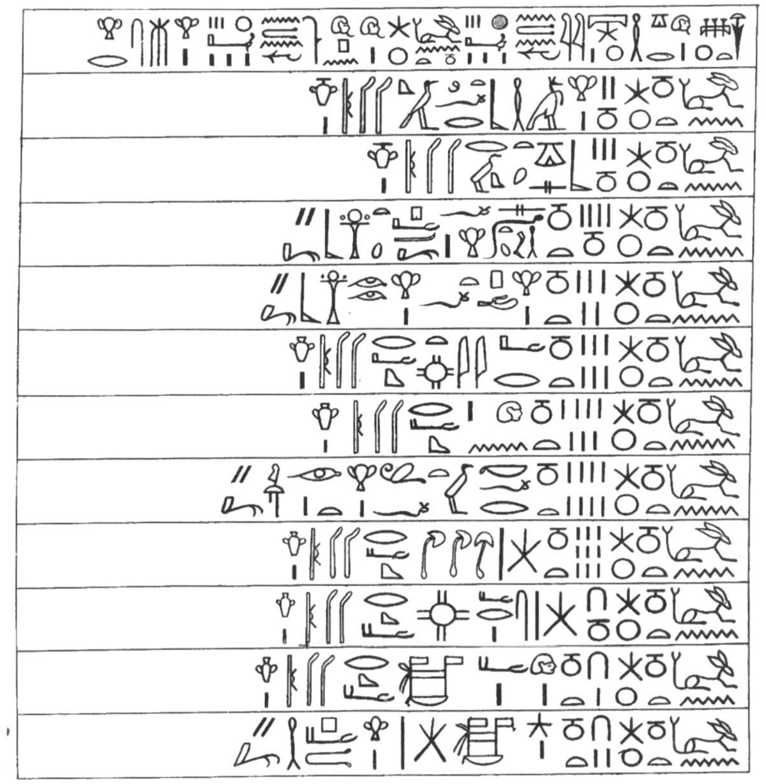

2

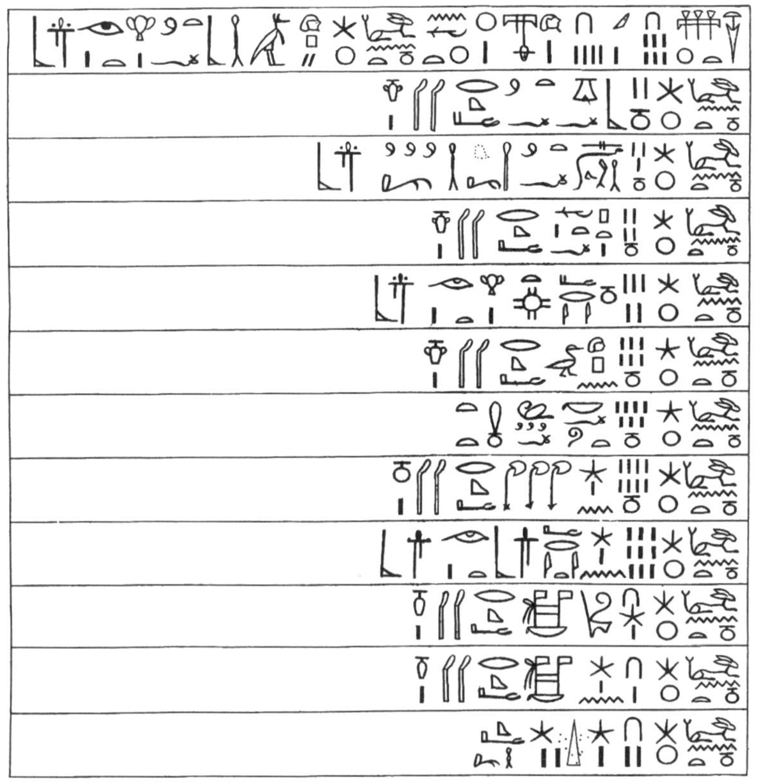

3

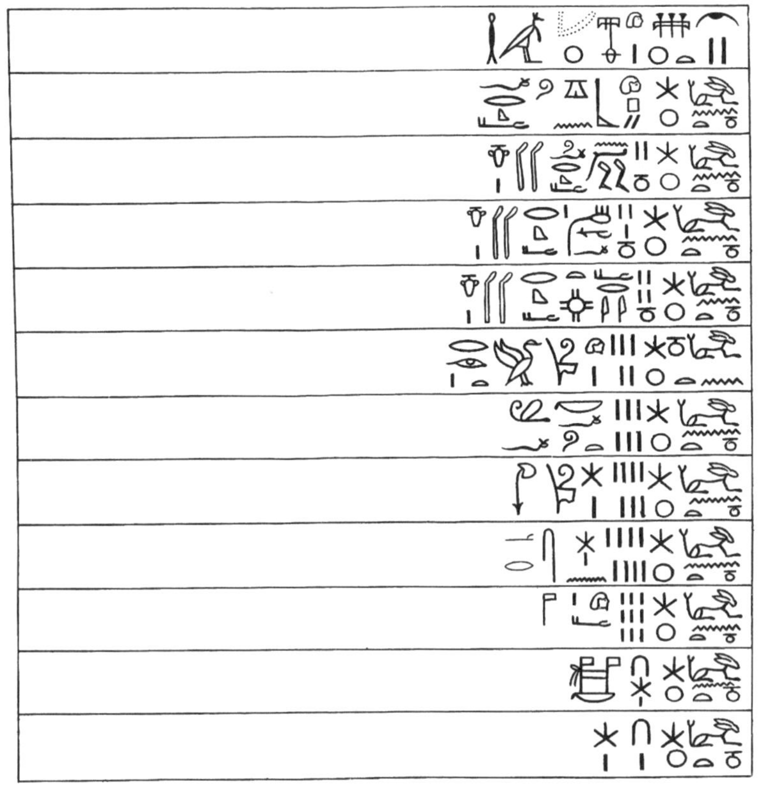

4

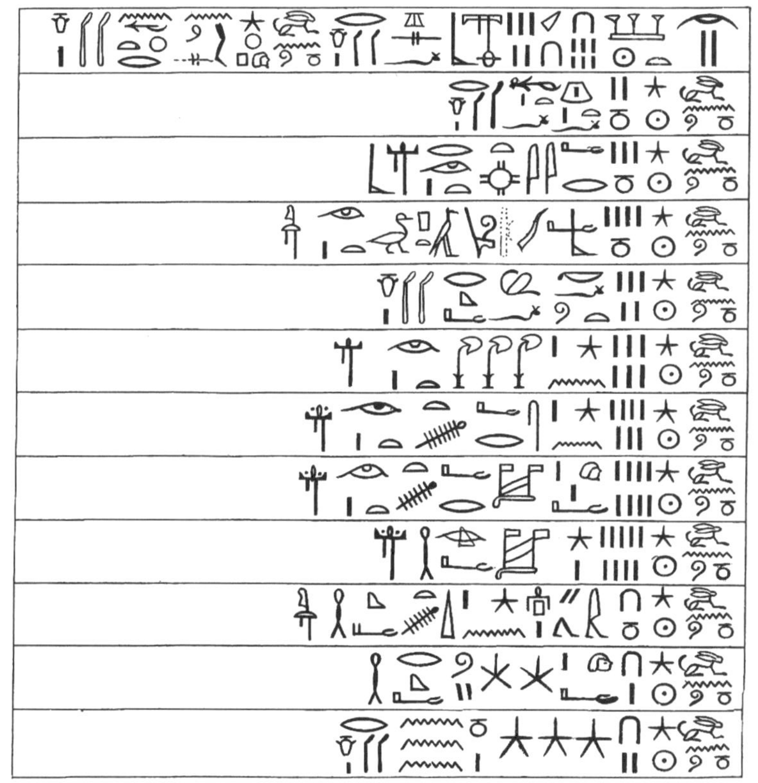

5

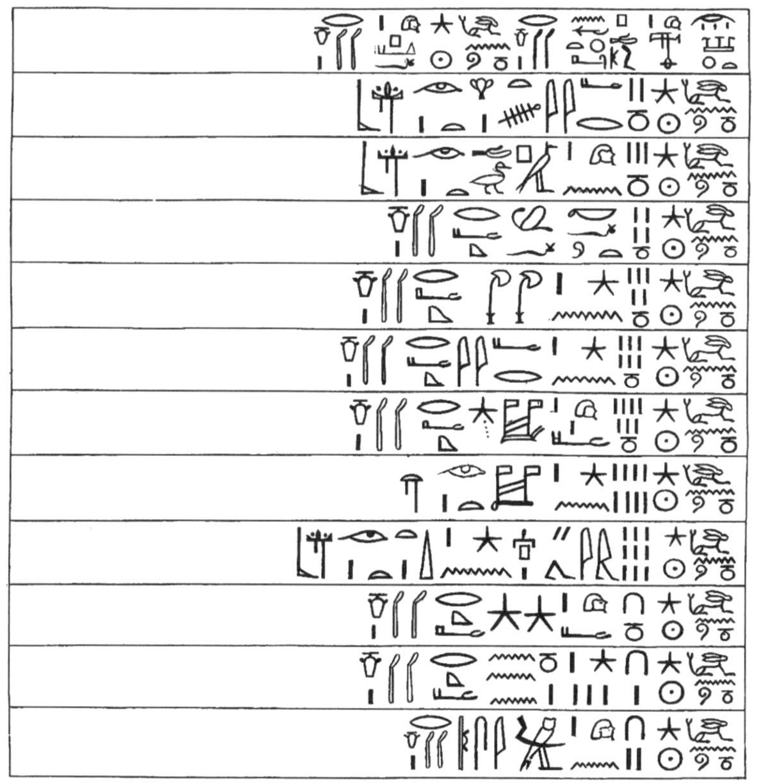

6

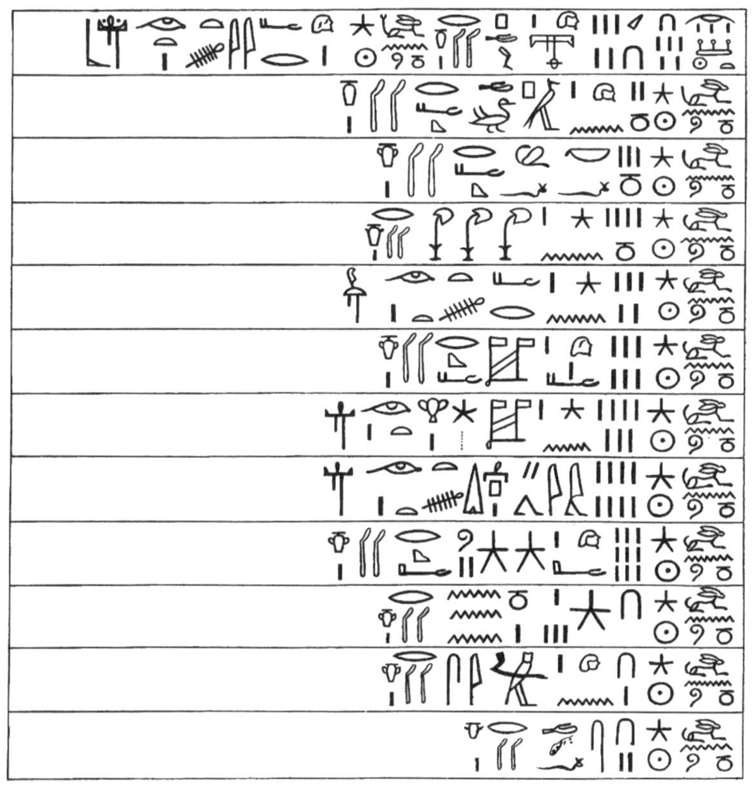

拉美西斯五世墓葬内的星座表。

图二七二丙

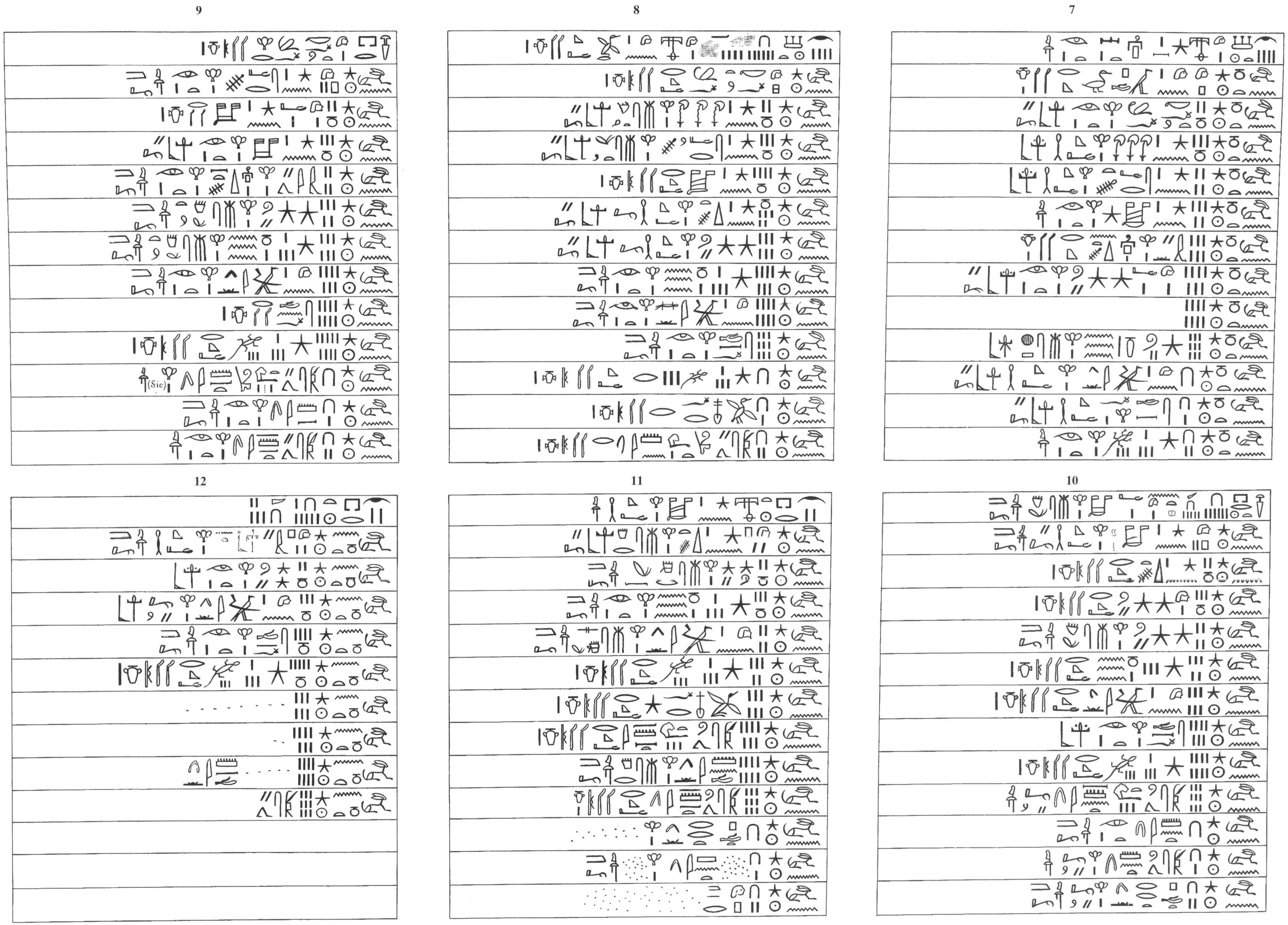

拉美西斯五世墓葬内的星座表。

图二七二丁

底比斯比班莫鲁克

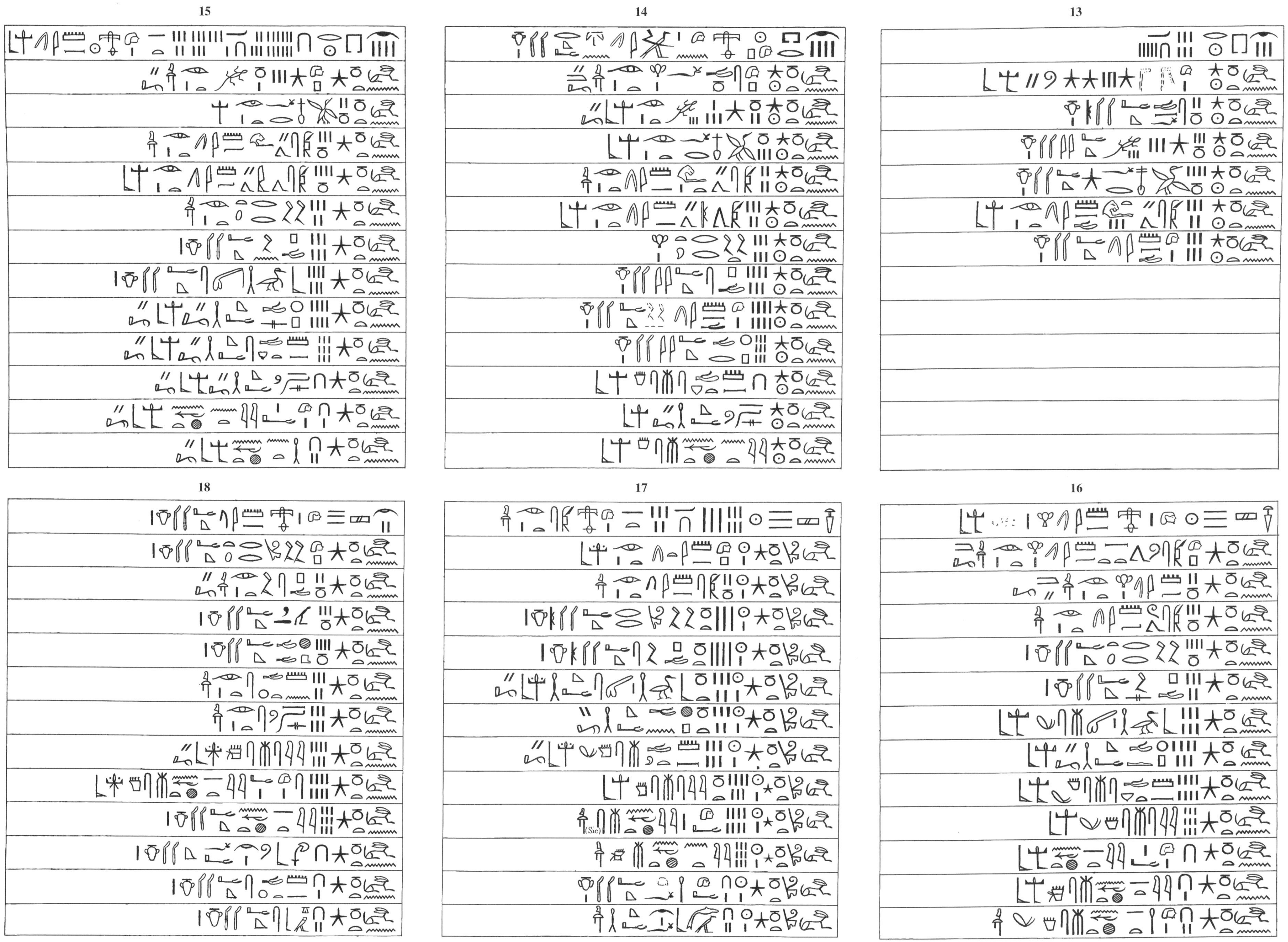

拉美西斯五世墓葬内的星座表。

图二七二戊

底比斯比班莫鲁克

21

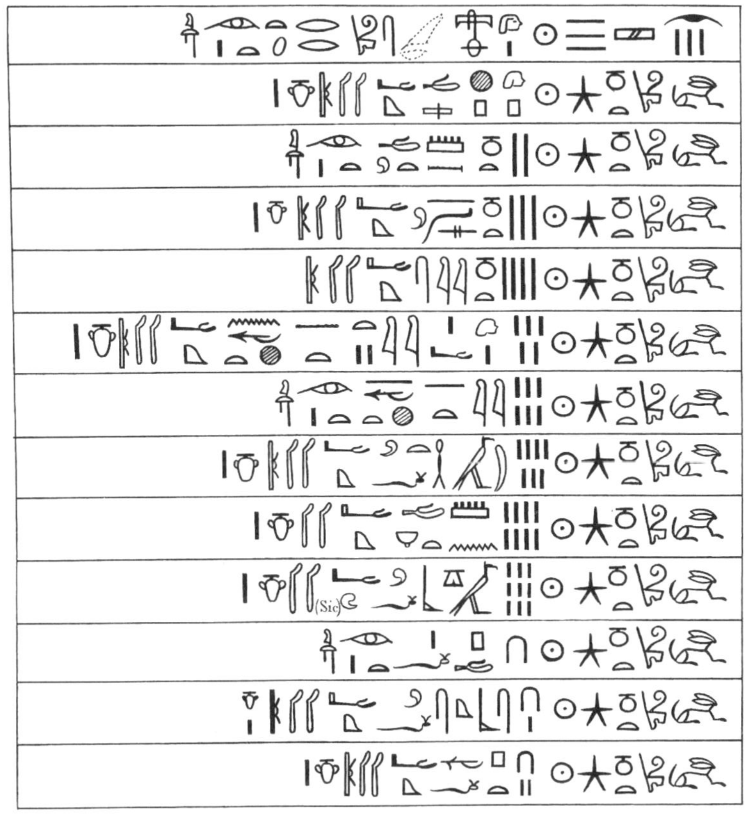

20

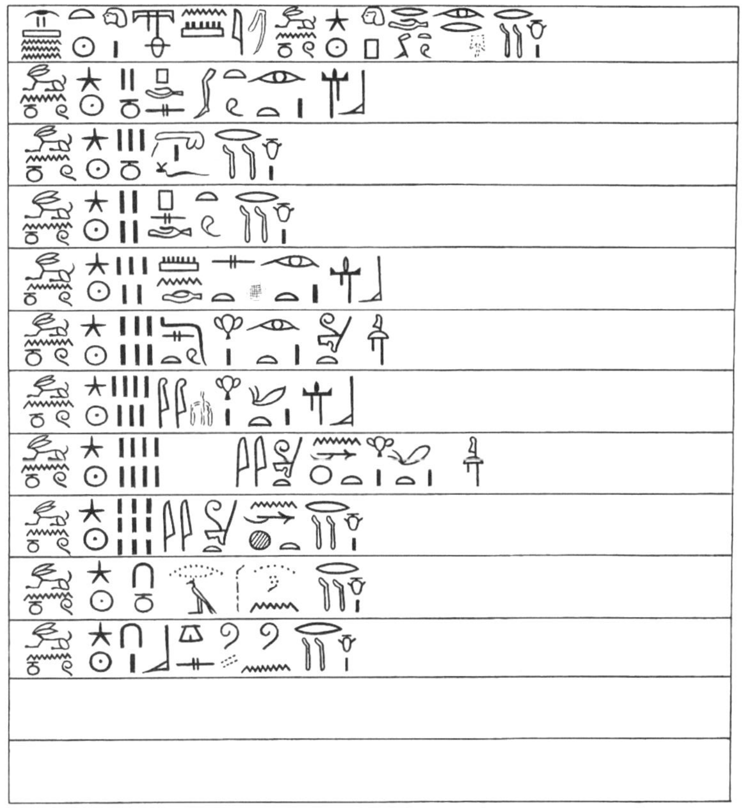

19

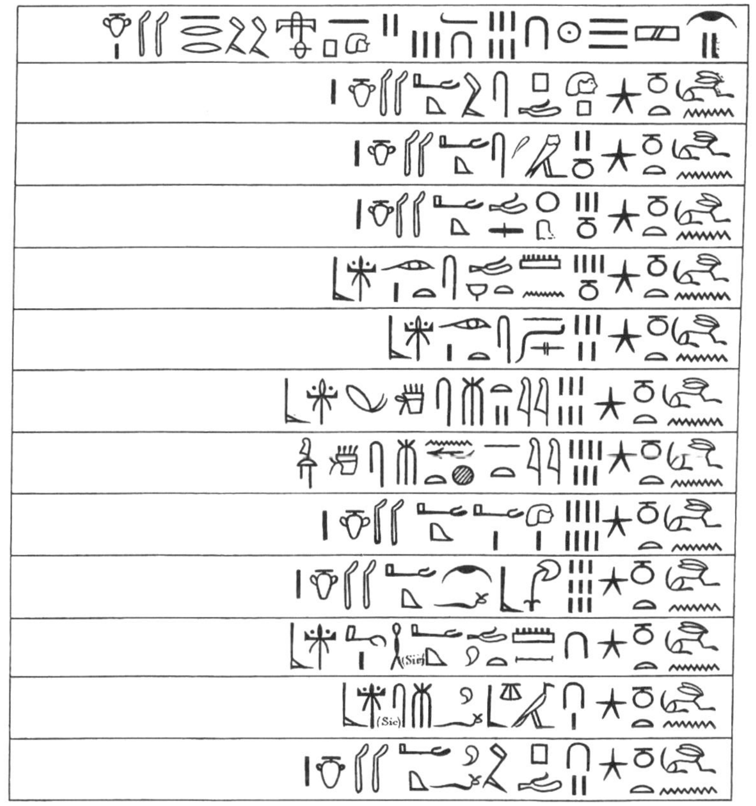

23

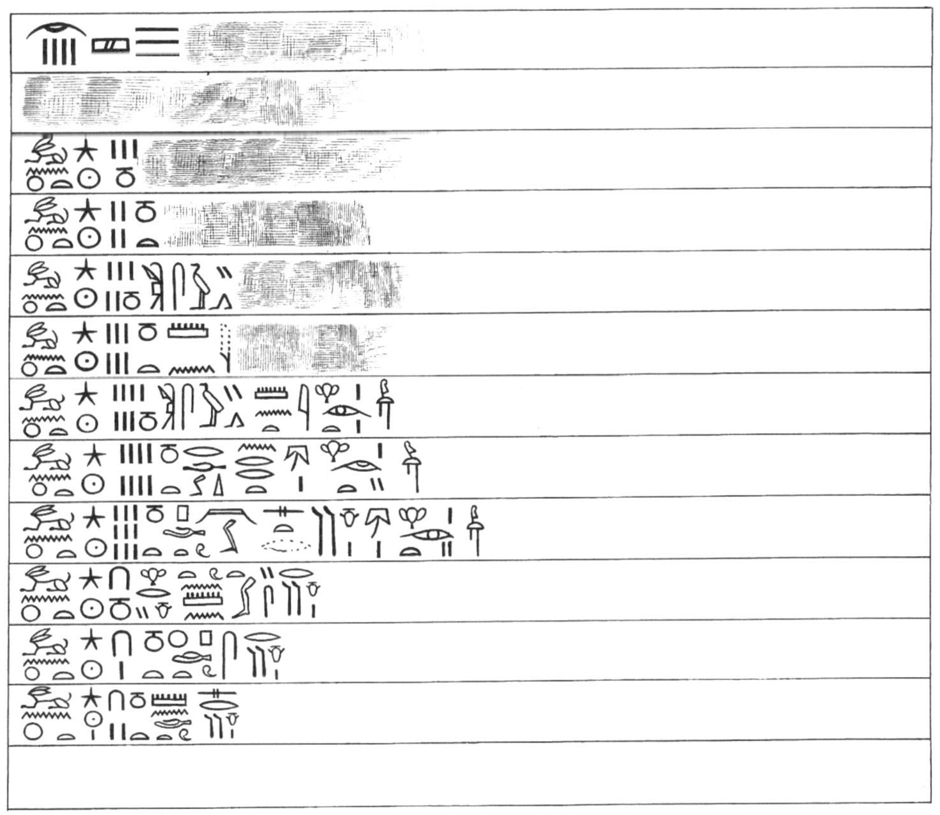

22

拉美西斯五世墓葬内的星座表。

图二七三

底比斯比班莫鲁克

1

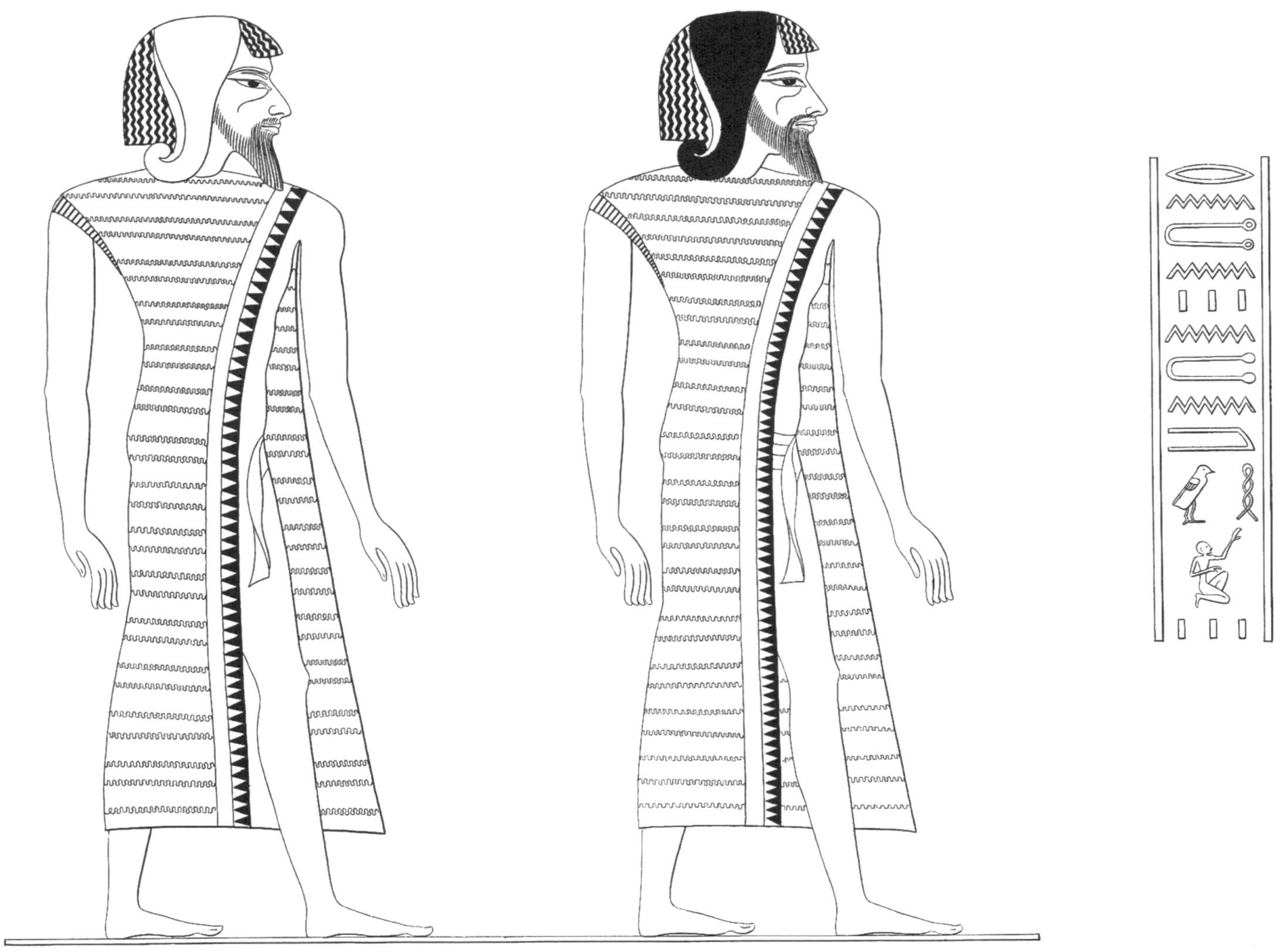

2

3

皇家墓葬内的图像。

图二七四

底比斯

1

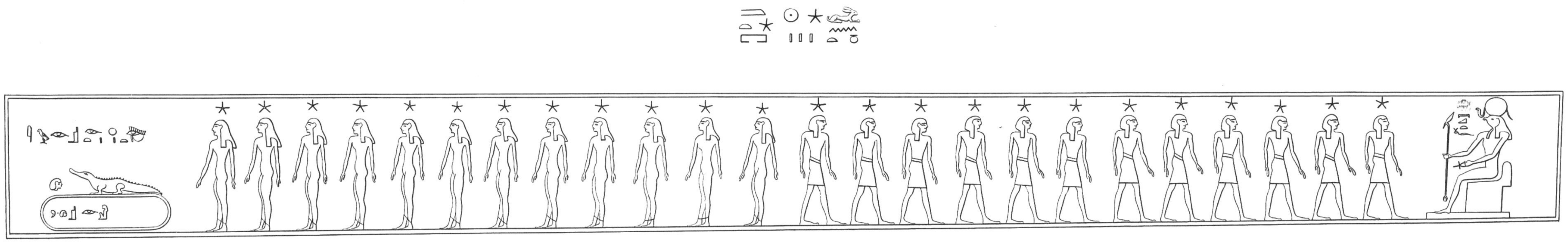

2

3

1. 比班莫鲁克，拉美西斯四世的石棺。2. 阿蒙诺菲斯一世的石碑。3. 位于王后谷的人物形象。

底比斯比班莫鲁克

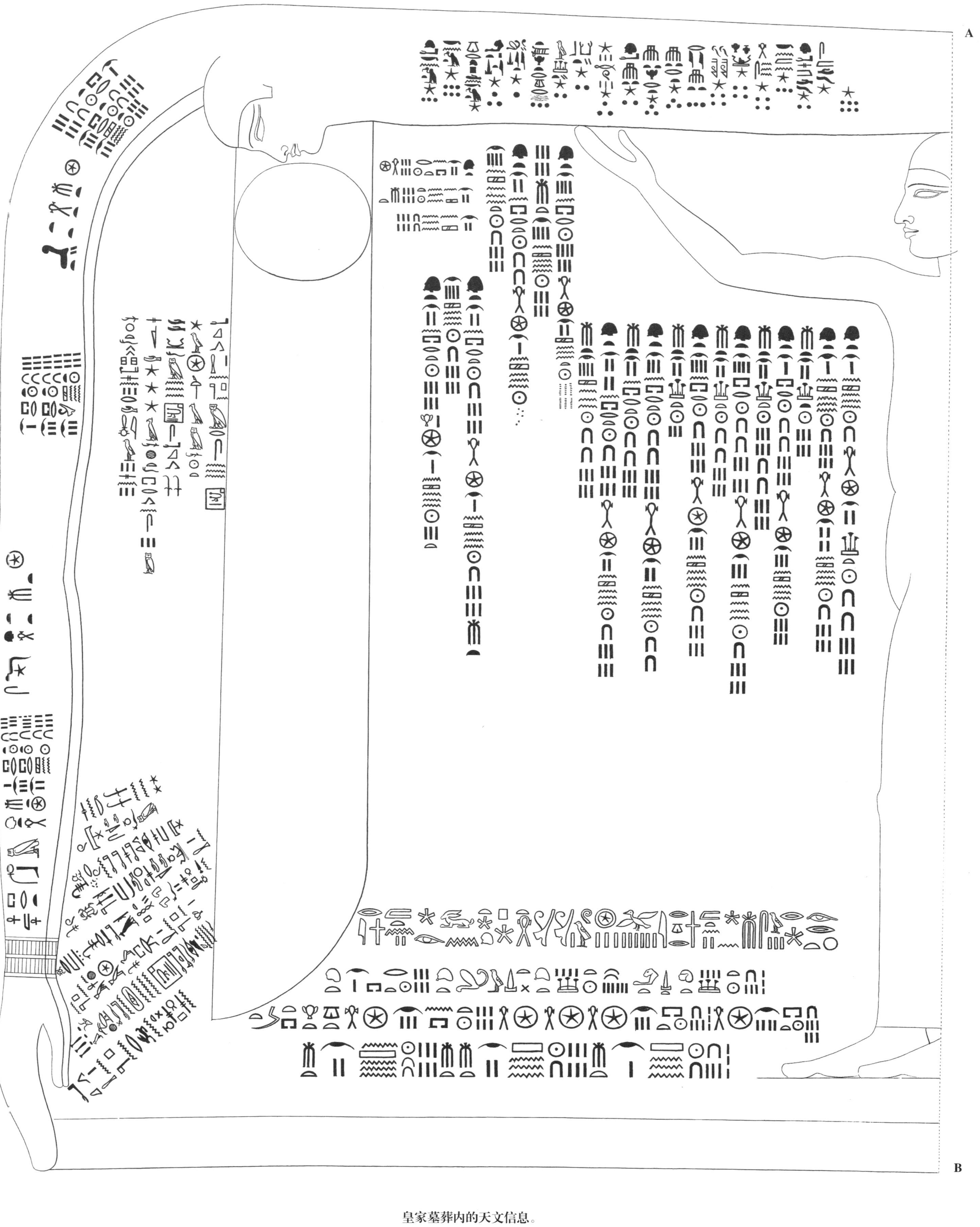

皇家墓葬内的天文信息。

图二七六

底比斯比班莫鲁克

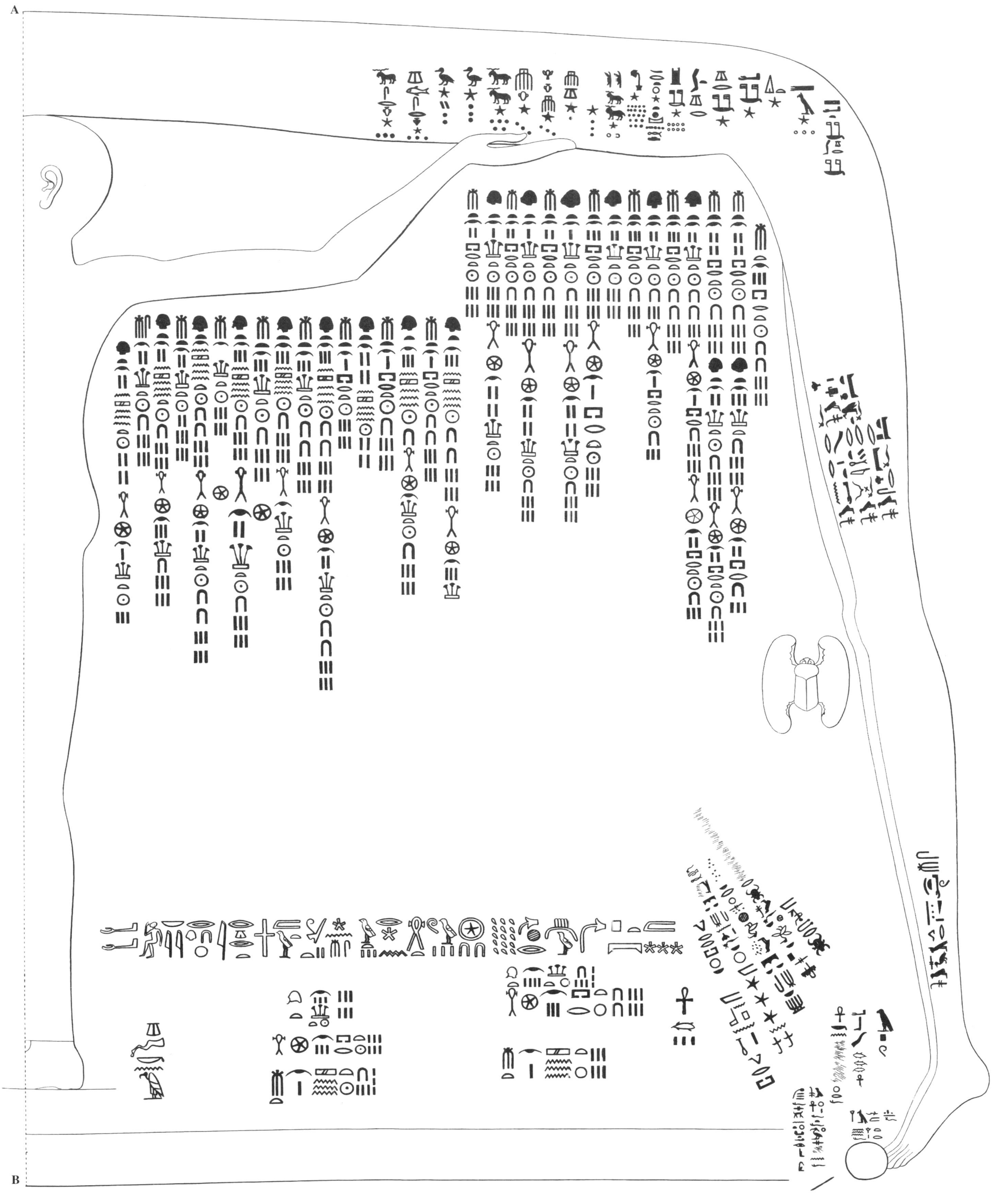

皇家墓葬内的天文信息。

图二七七

底比斯卡尔纳克

1

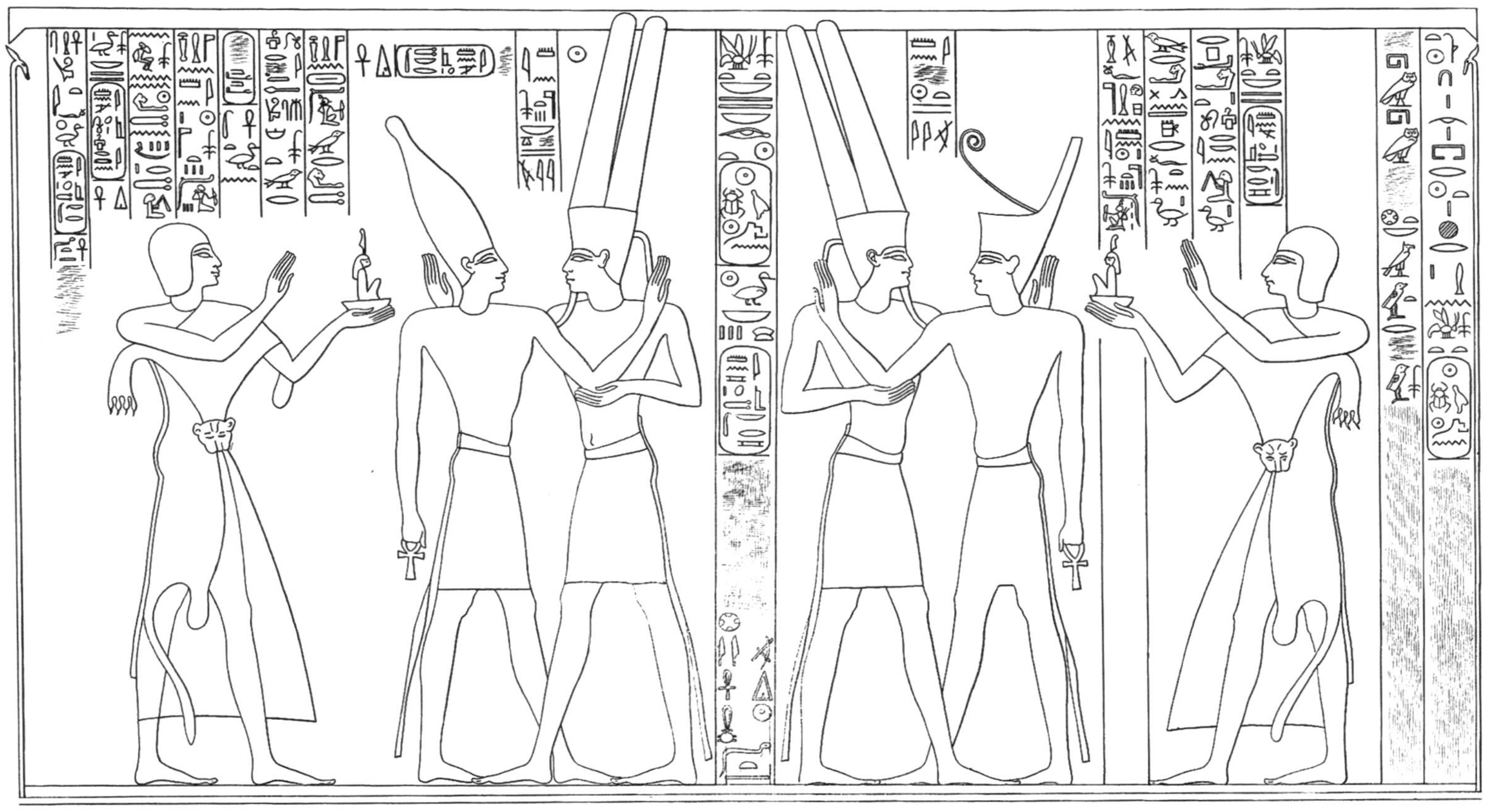

2

3

布巴斯提斯王朝神殿的正门。

图二七八

底比斯卡尔纳克

1

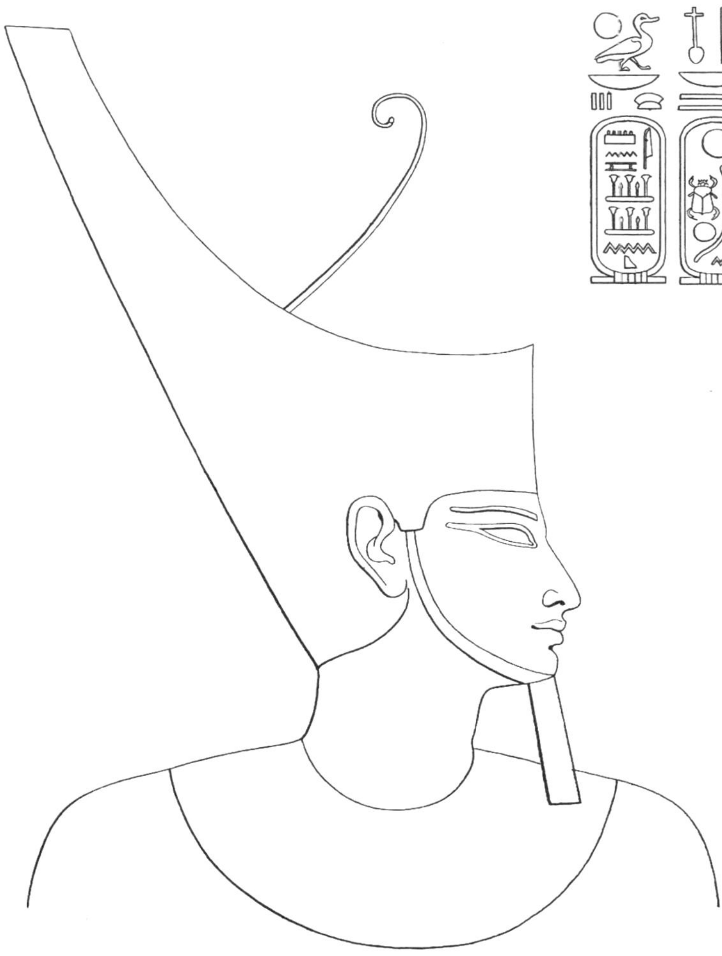

2

3

4

布巴斯提斯王朝神殿的正门。

图二七九

底比斯卡尔纳克

1

2

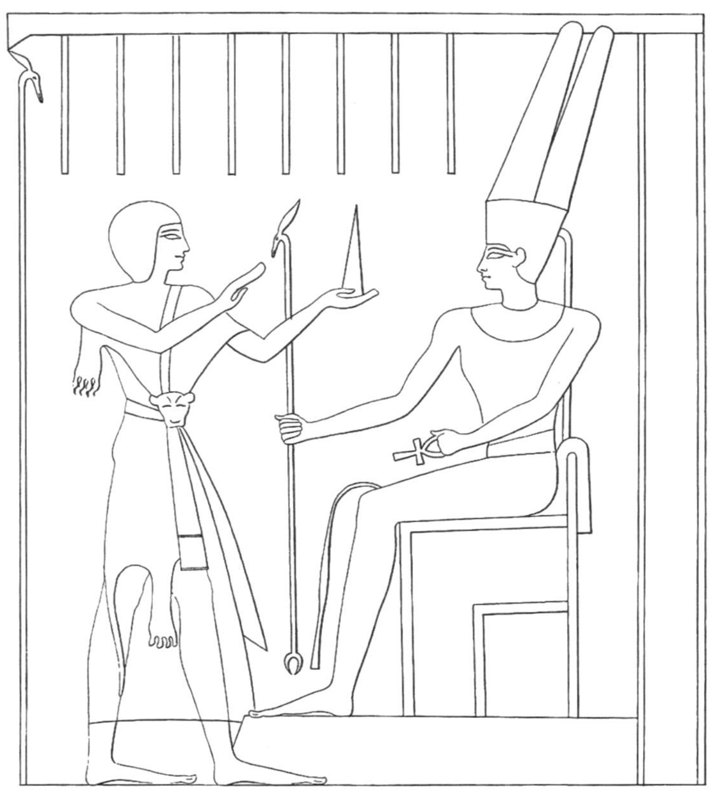

3

4

布巴斯提斯王朝神殿的正门。

图二八〇

底比斯卡尔纳克

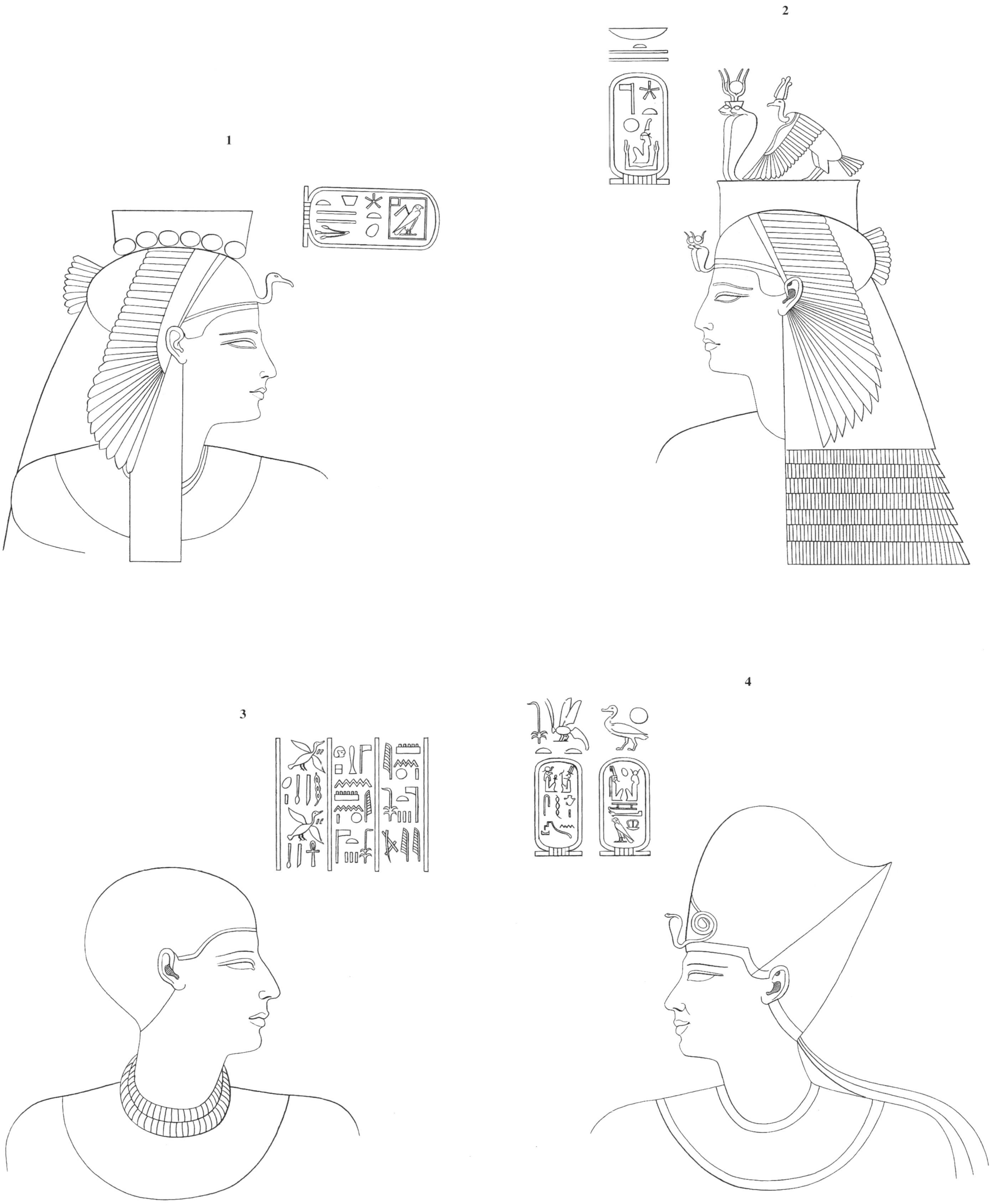

孔苏神庙。

底比斯卡尔纳克

1

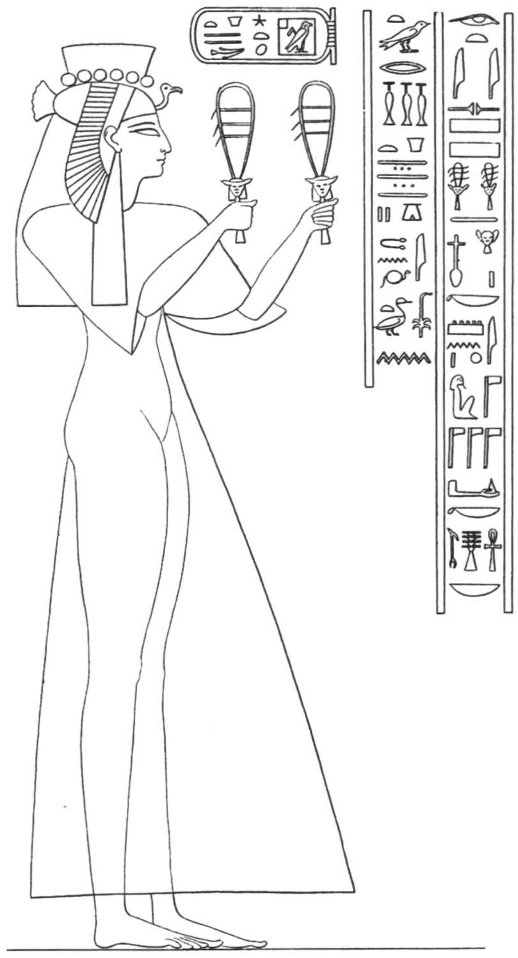

2

3

4

孔苏神庙。

图二八二

底比斯卡尔纳克

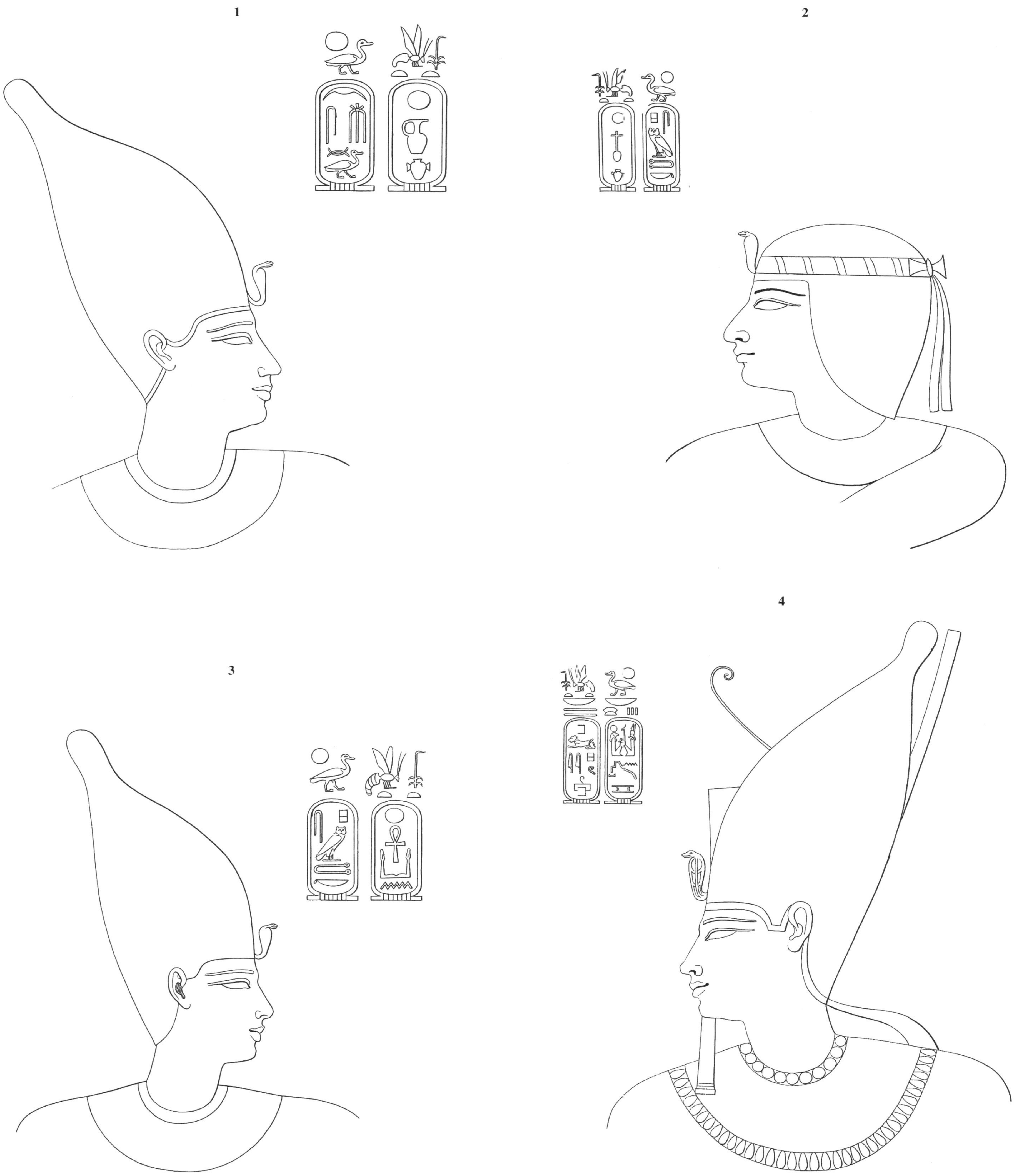

1、2、3，北部小建筑。4. 花岗岩神殿。

图二八三

底比斯卡尔纳克

1、2，神殿南门。3. 神殿最里面的小房间。4. 圣湖南侧的遗迹。

图二八四

底比斯卡尔纳克

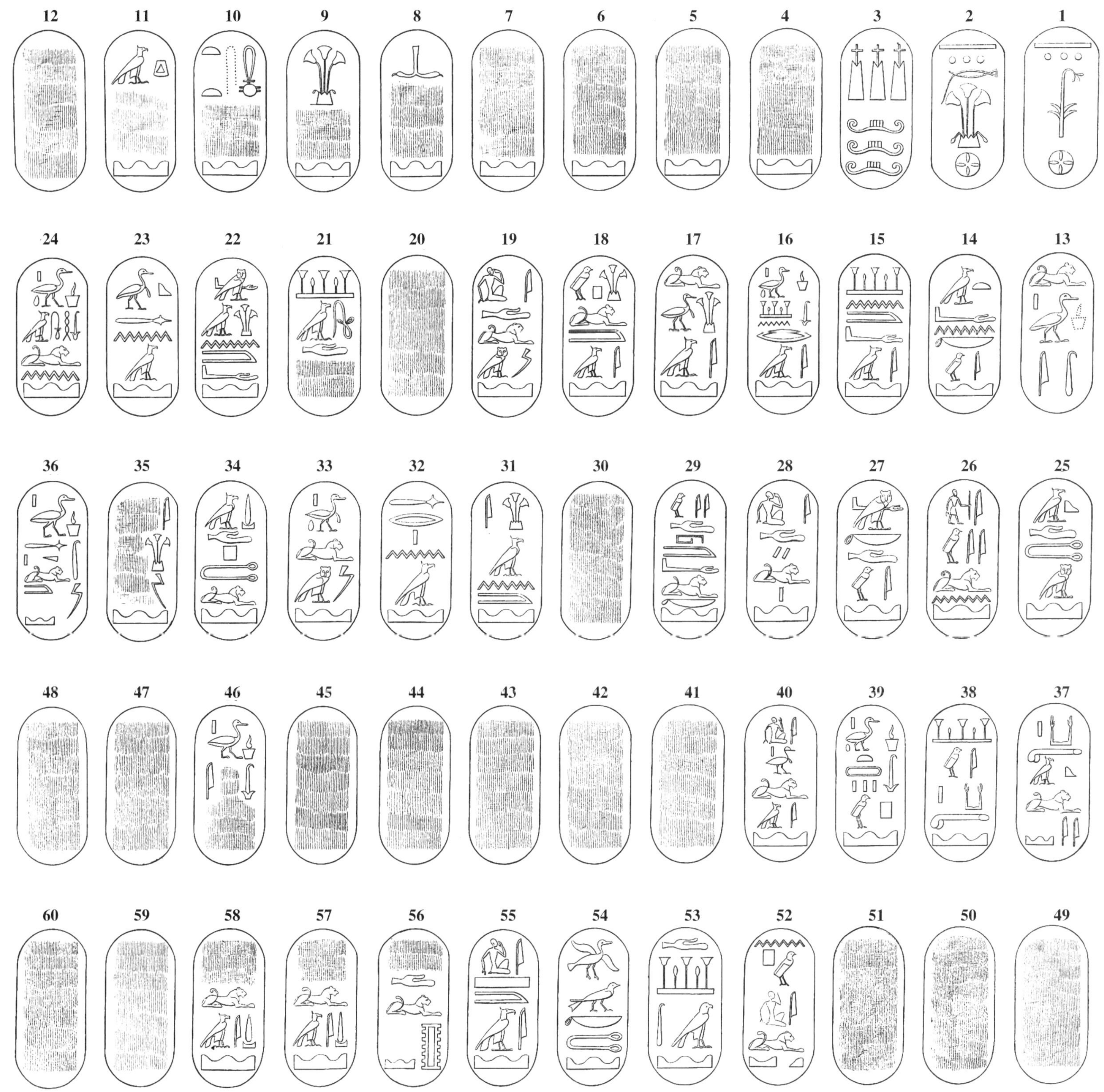

被舍尚克法老征服的外族名单。

图二八五

底比斯卡尔纳克

接上图。

图二八六

底比斯卡尔纳克

1

2

3

4

孔苏神庙。1. 大门。2. 塔门。3. 多柱厅。4. 前厅墙壁。

图二八七

底比斯卡尔纳克

蒙内普塔一世神殿。多柱厅右侧墙壁。

图二八八

底比斯卡尔纳克

1、2、3、4，蒙内普塔一世神殿的多柱厅。

图二八九

底比斯卡尔纳克

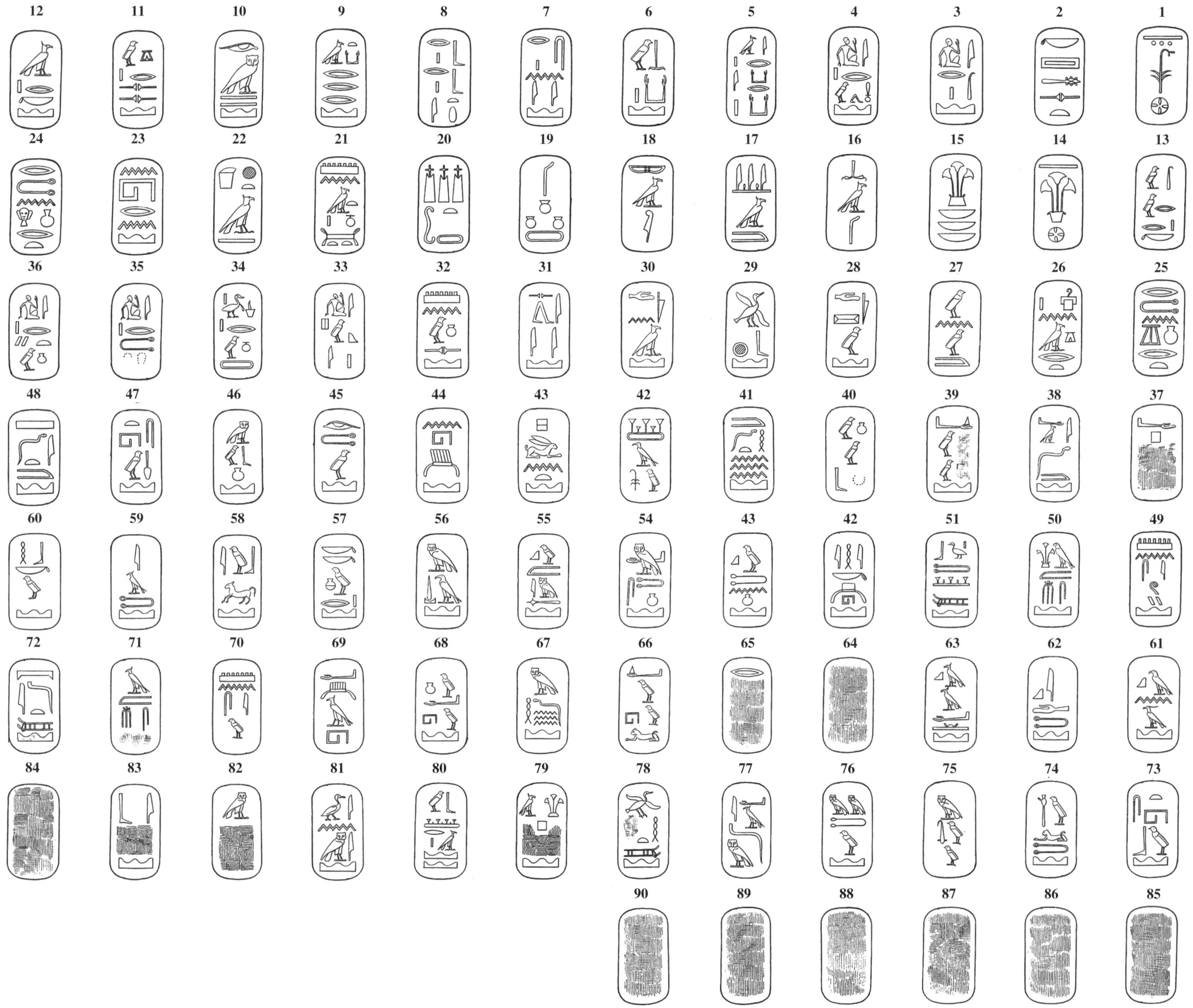

蒙内普塔一世神殿。

图二九〇

底比斯卡尔纳克

1

2

蒙内普塔一世神殿的多柱厅。1. 面向东侧的墙壁。2. 大门左侧墙壁。

图二九一

底比斯卡尔纳克

蒙内普塔一世神殿，大门左侧墙壁。

图二九二

底比斯卡尔纳克

蒙内普塔一世神殿，左侧墙壁。

图二九三

底比斯卡尔纳克

蒙内普塔一世神殿，大门左侧墙壁。

图二九四甲

底比斯卡尔纳克

蒙内普塔一世神殿，大门左侧墙壁的最后一幅图。

底比斯卡尔纳克

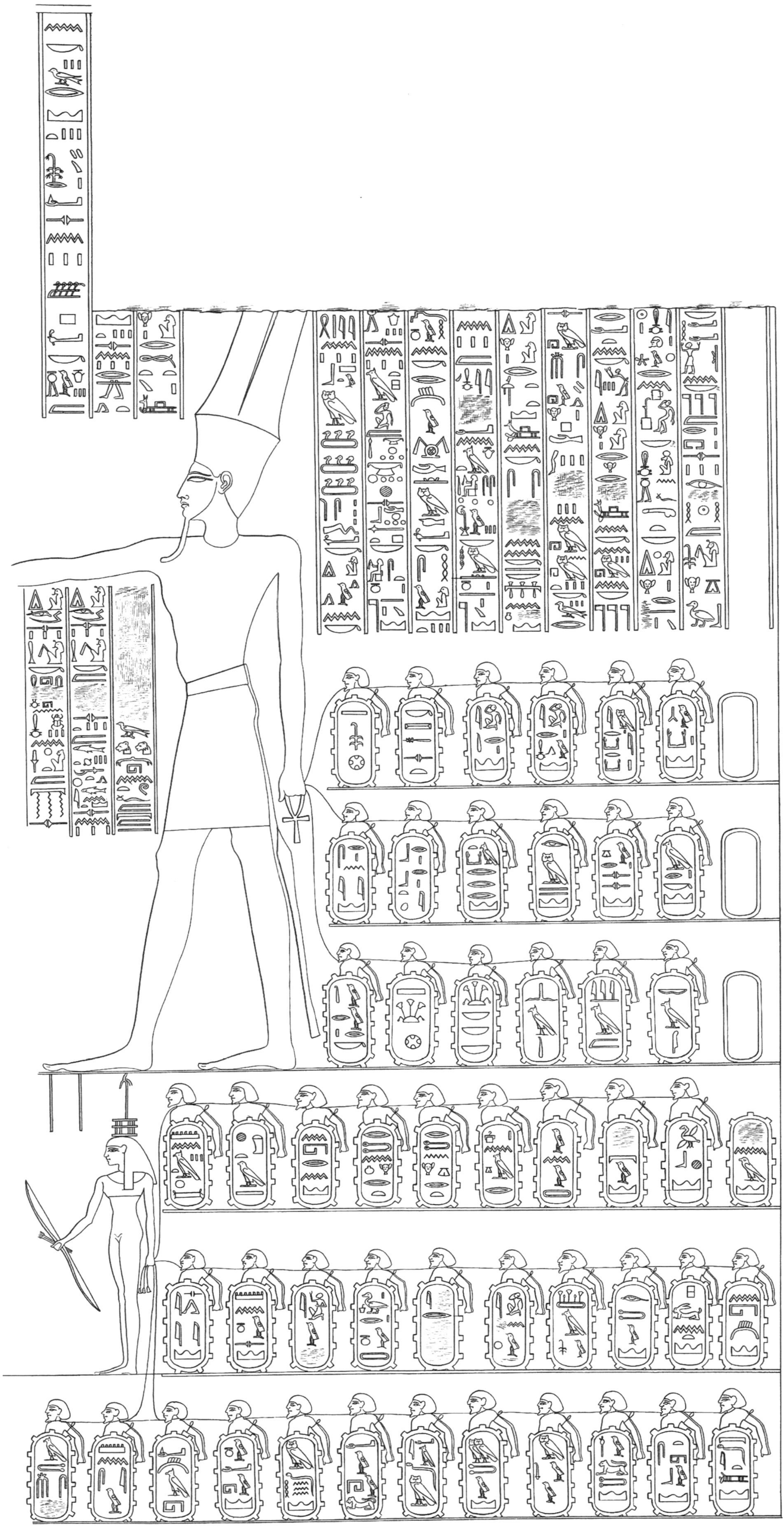

蒙内普塔一世神殿，接上图。

图二九五

底比斯卡尔纳克

蒙内普塔一世神殿，大门右侧墙壁。

图二九七

底比斯卡尔纳克

1

2

蒙内普塔一世神殿，多柱厅北墙外壁，右侧。

图二九八

底比斯卡尔纳克

蒙内普塔一世神殿，大门右侧墙壁第三幅图。

底比斯卡尔纳克

1

2

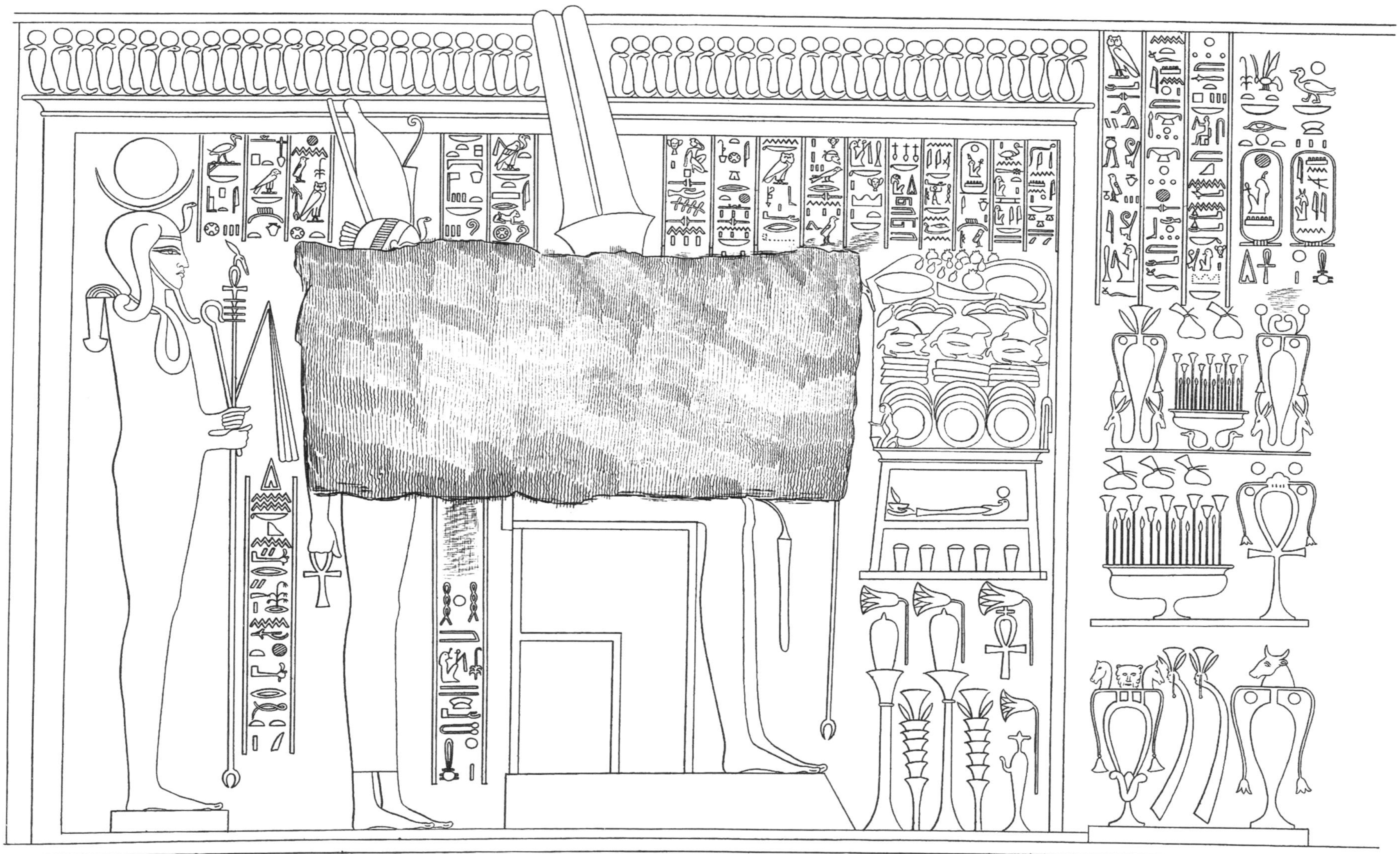

蒙内普塔一世神殿，第二个塔门的右侧墙壁。

图三〇〇

底比斯卡尔纳克

蒙内普塔一世神殿，右侧墙壁。

图三〇一

底比斯卡尔纳克

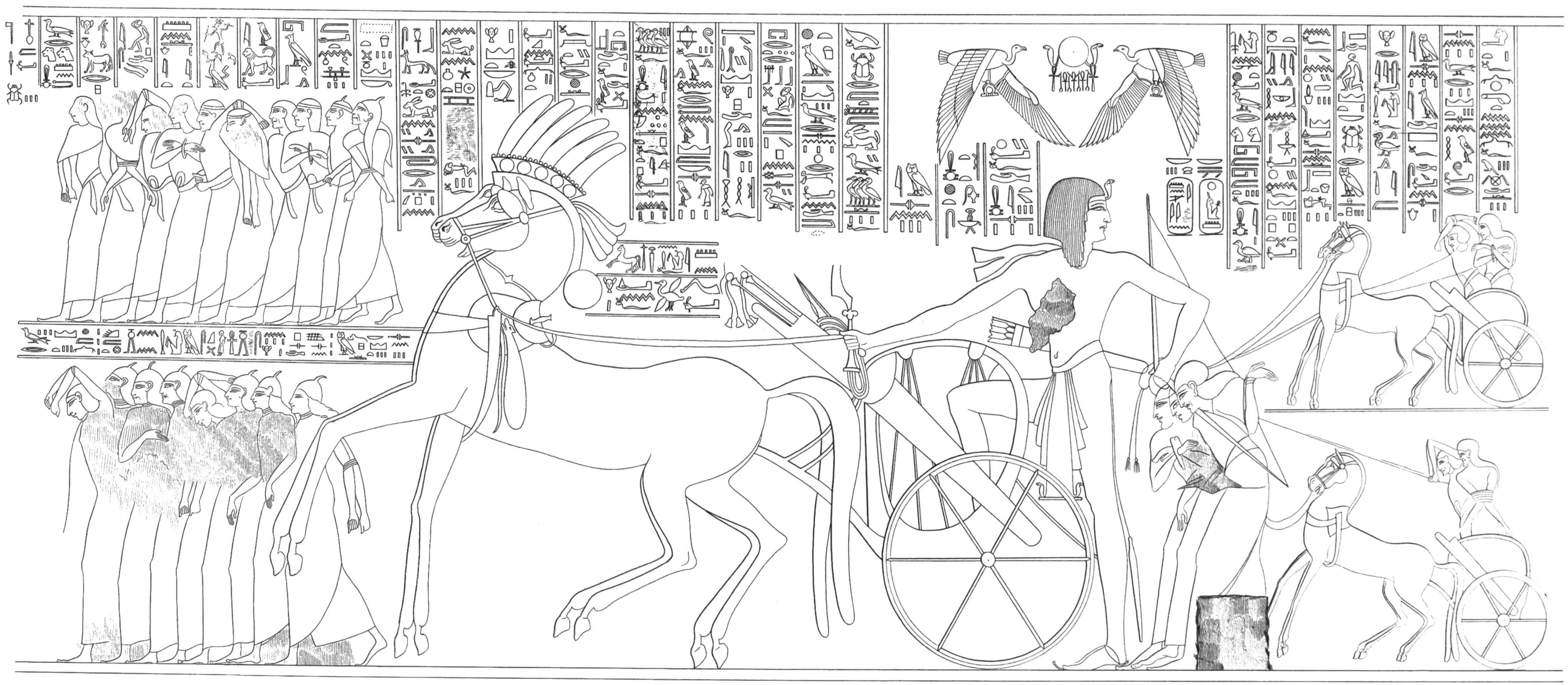

蒙内普塔一世神殿，右侧墙壁，第三幅图，编号2。

图三〇二

底比斯卡尔纳克

蒙内普塔一世神殿，右侧墙壁，接上图。

图三〇三

底比斯卡尔纳克

1

2

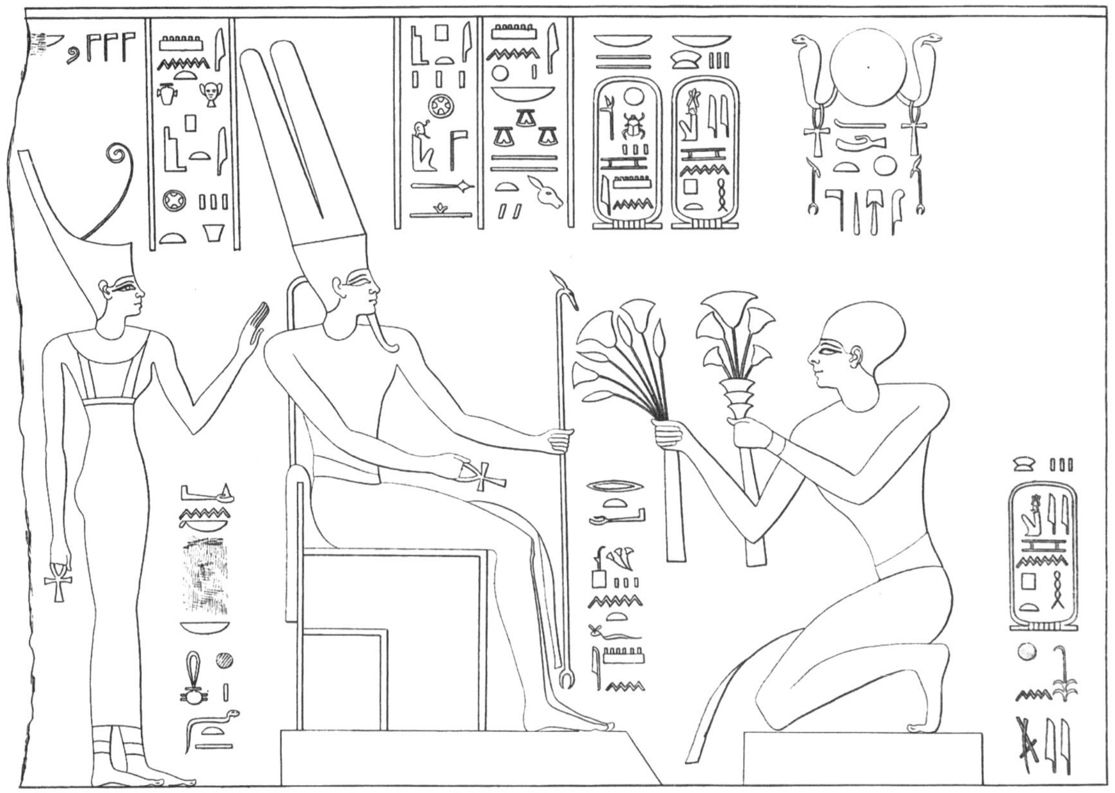

3

4

1. 神殿东南部分遗迹。2. 多柱厅和花岗岩圣所中间的门。3 和 4，北部的小型建筑。

图三〇四

底比斯卡尔纳克

2

1

3

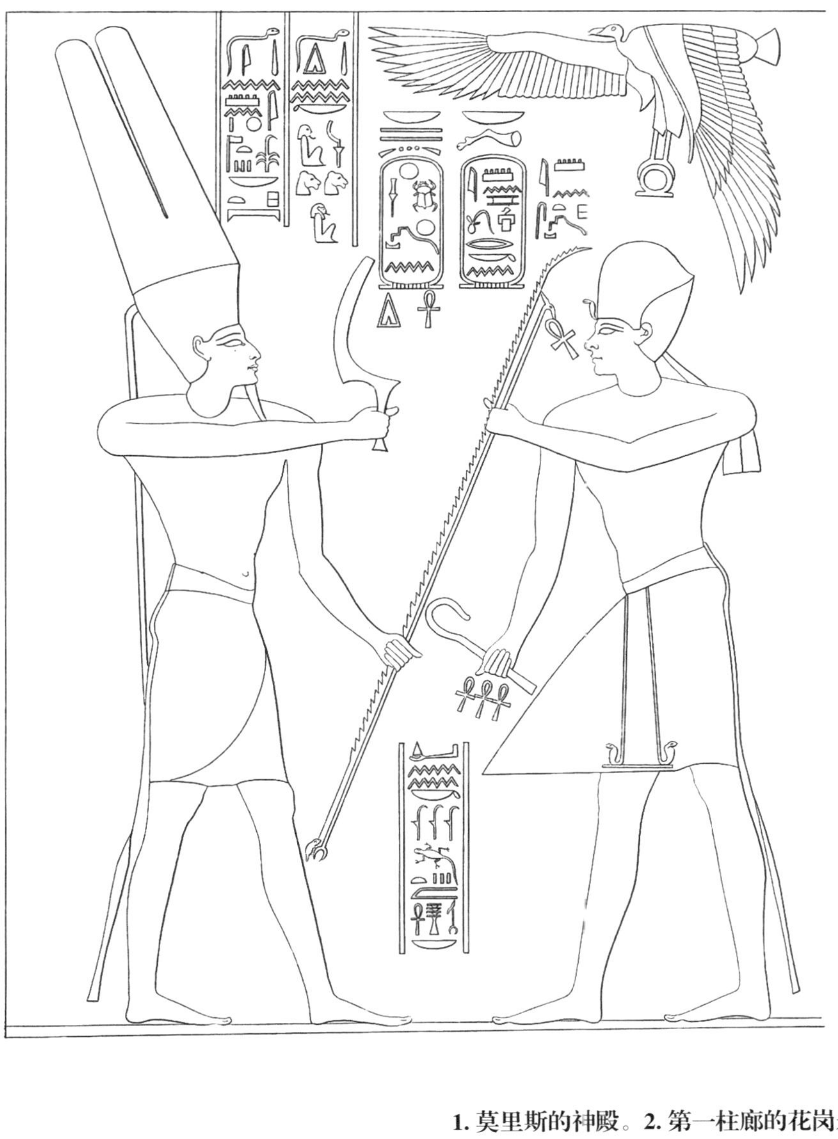

4

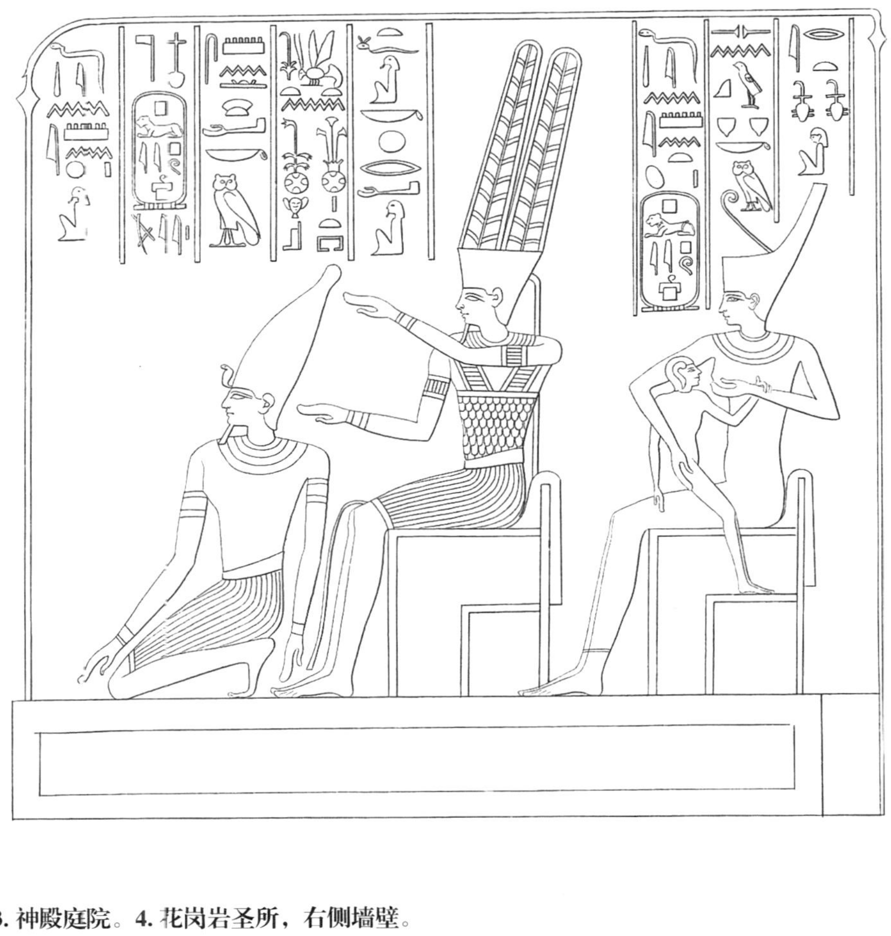

1. 莫里斯的神殿。2. 第一柱廊的花岗岩大门。3. 神殿庭院。4. 花岗岩圣所，右侧墙壁。

底比斯卡尔纳克

1

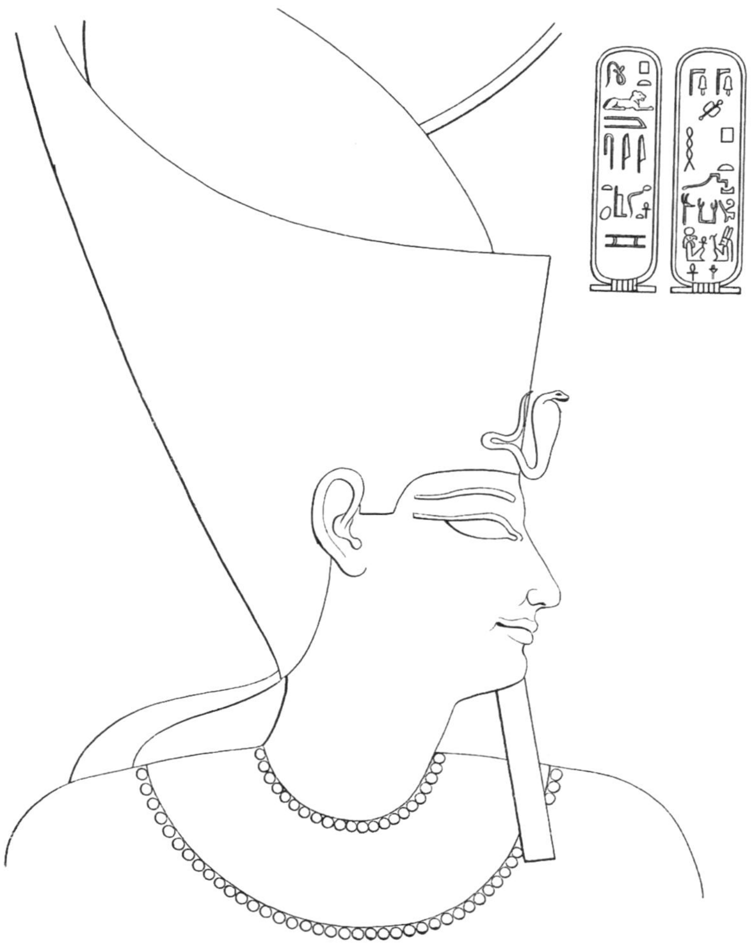

2

3

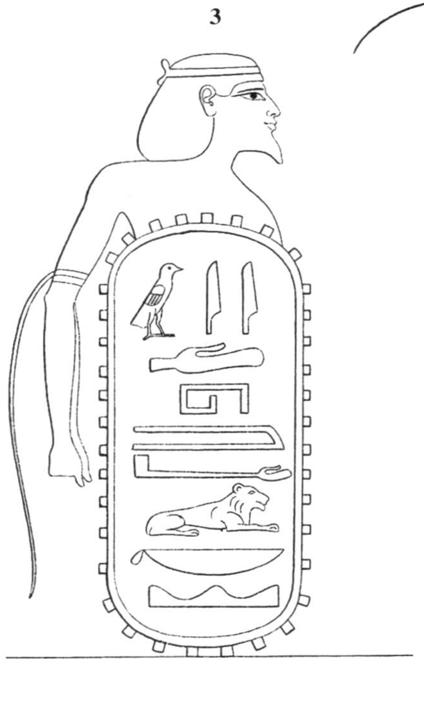

4

5

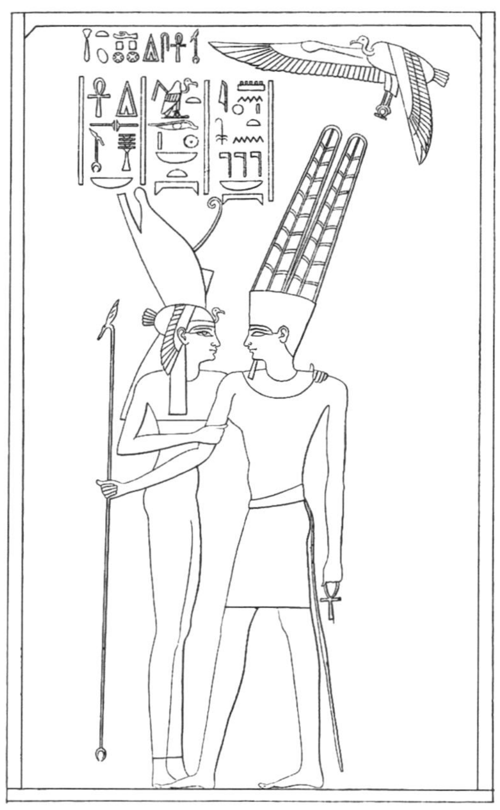

1 和 4，普塔神庙。2. 北部小型神殿。3. 多柱厅。5. 菲利普的圣所。

底比斯卡尔纳克

1

2

3

4

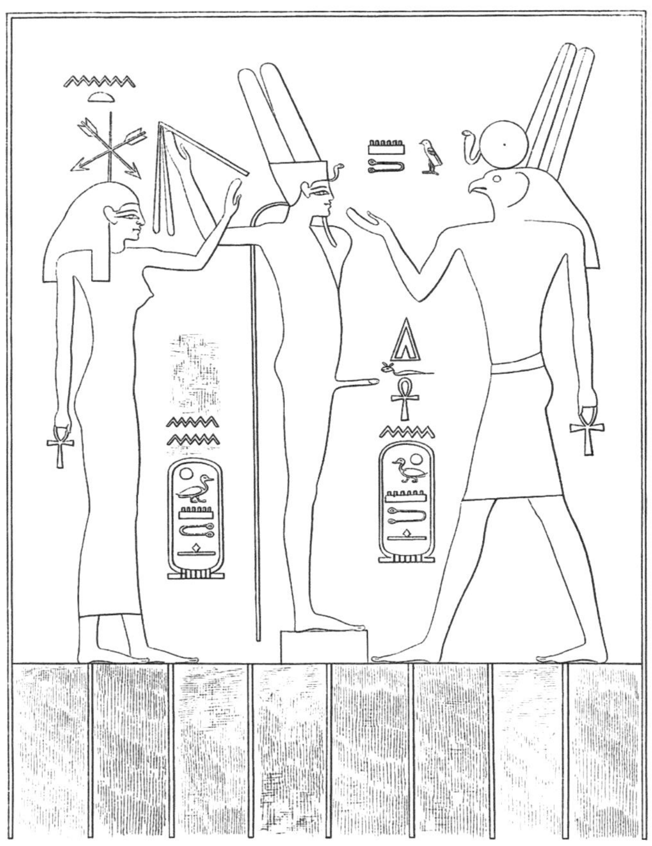

蒙内普塔一世的神殿。1. 伊凡杰特一世时期的前门。2. 多柱厅。3 和 4，同一座建筑的其他部分。

图三〇七

底比斯卡尔纳克

孔苏神庙前厅左侧檐壁上的铭文。

底比斯卡尔纳克

1

2

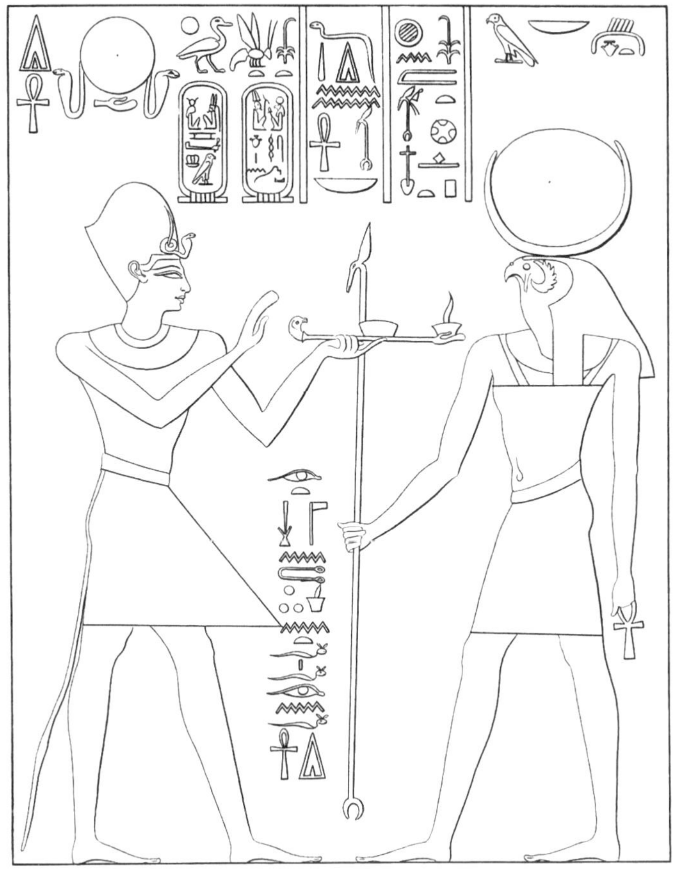

3

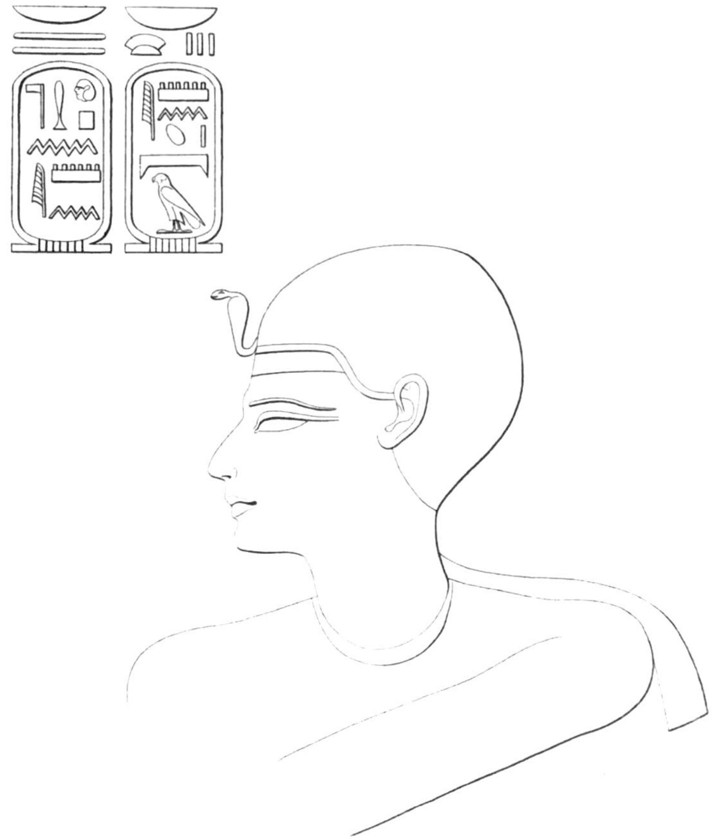

4

5

孔苏神庙。

图三〇九

底比斯卡尔纳克

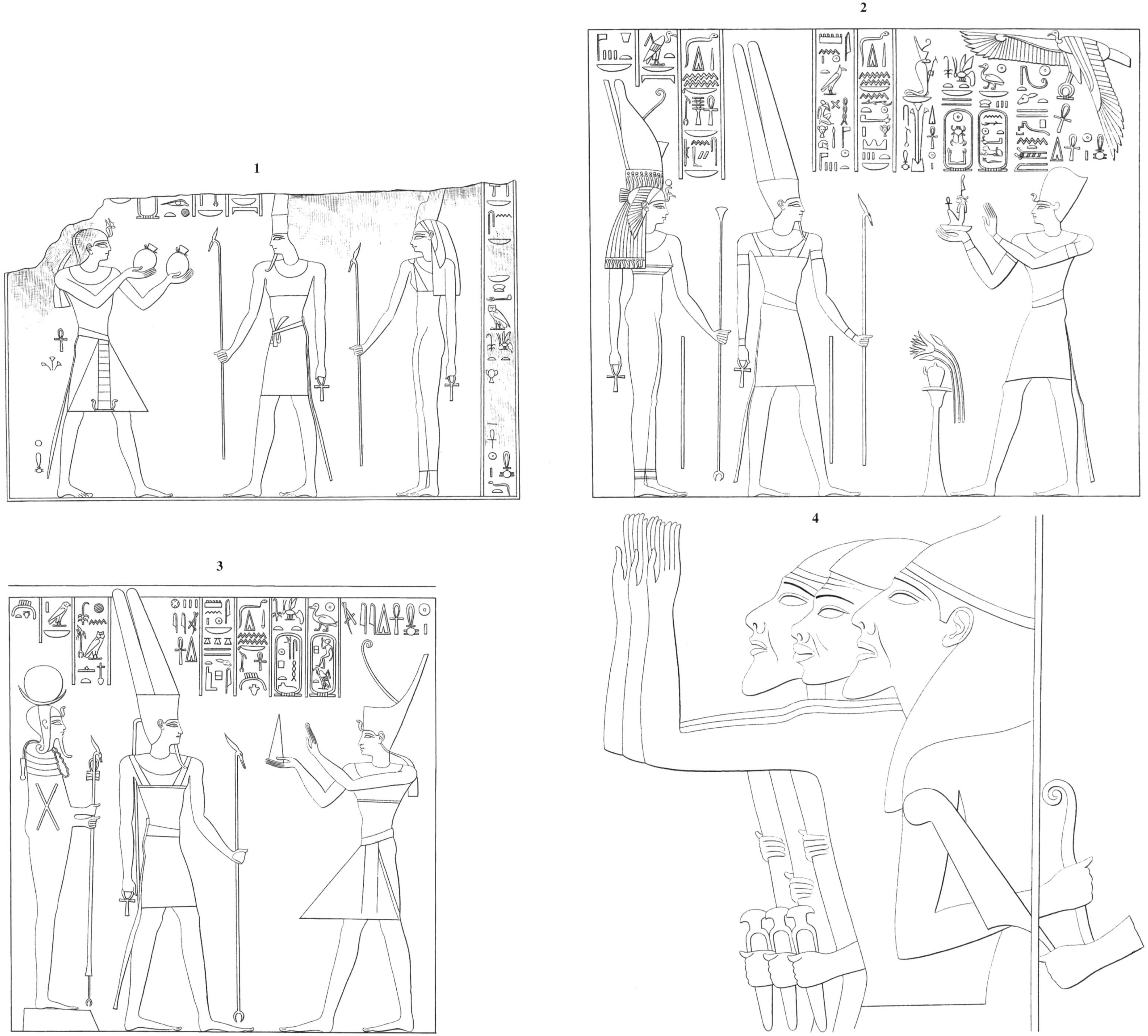

1.塔哈尔卡时期的立柱建筑 2.内克塔内布时期的前门 3.圣湖南侧建筑 4.主殿，舍尚克的征战场景

图三一〇

底比斯卡尔纳克

1

2

3

4

1. 蒙内普塔一世的神殿。2. 普塔神庙。3 和 4，伊凡杰特一世时期的前门。

图三一一

底比斯卡尔纳克

1

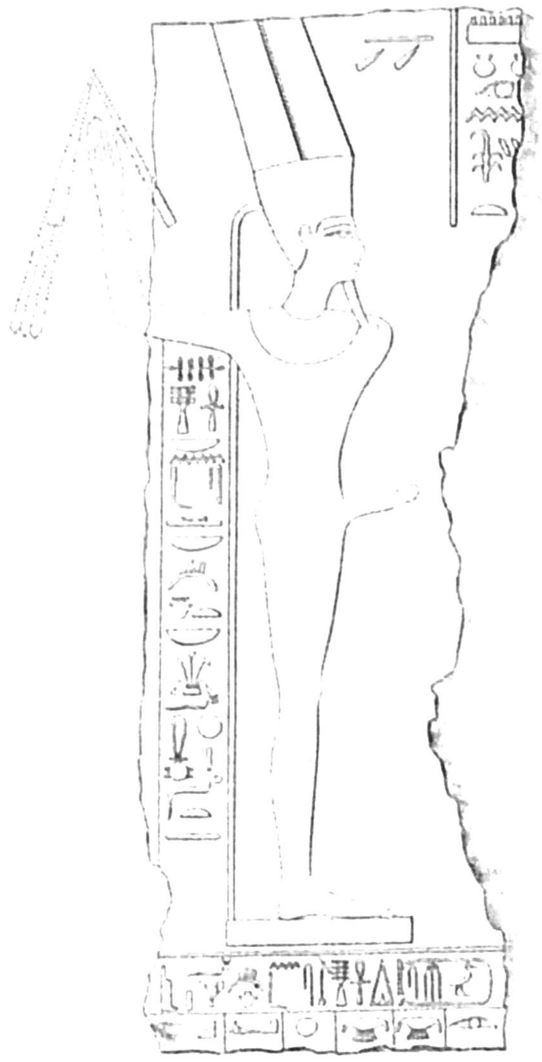

2

3

4

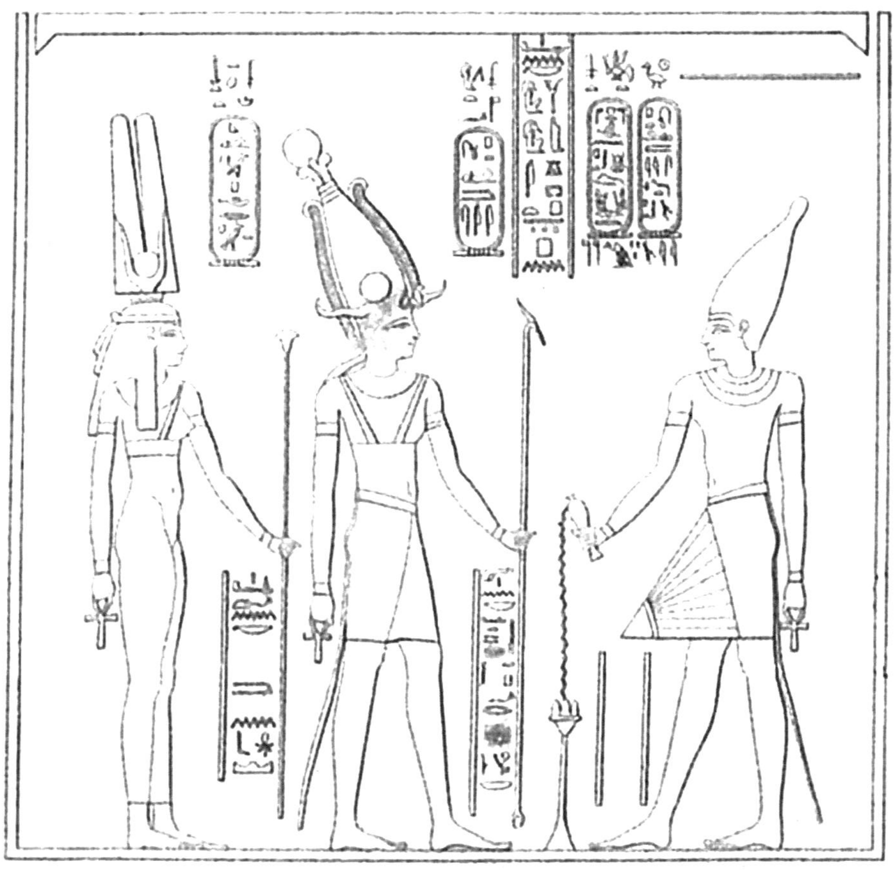

1. 圣所的花岗岩石块。2. 圣湖南侧的神殿。3 和 4，多柱厅。

图三一二

底比斯卡尔纳克

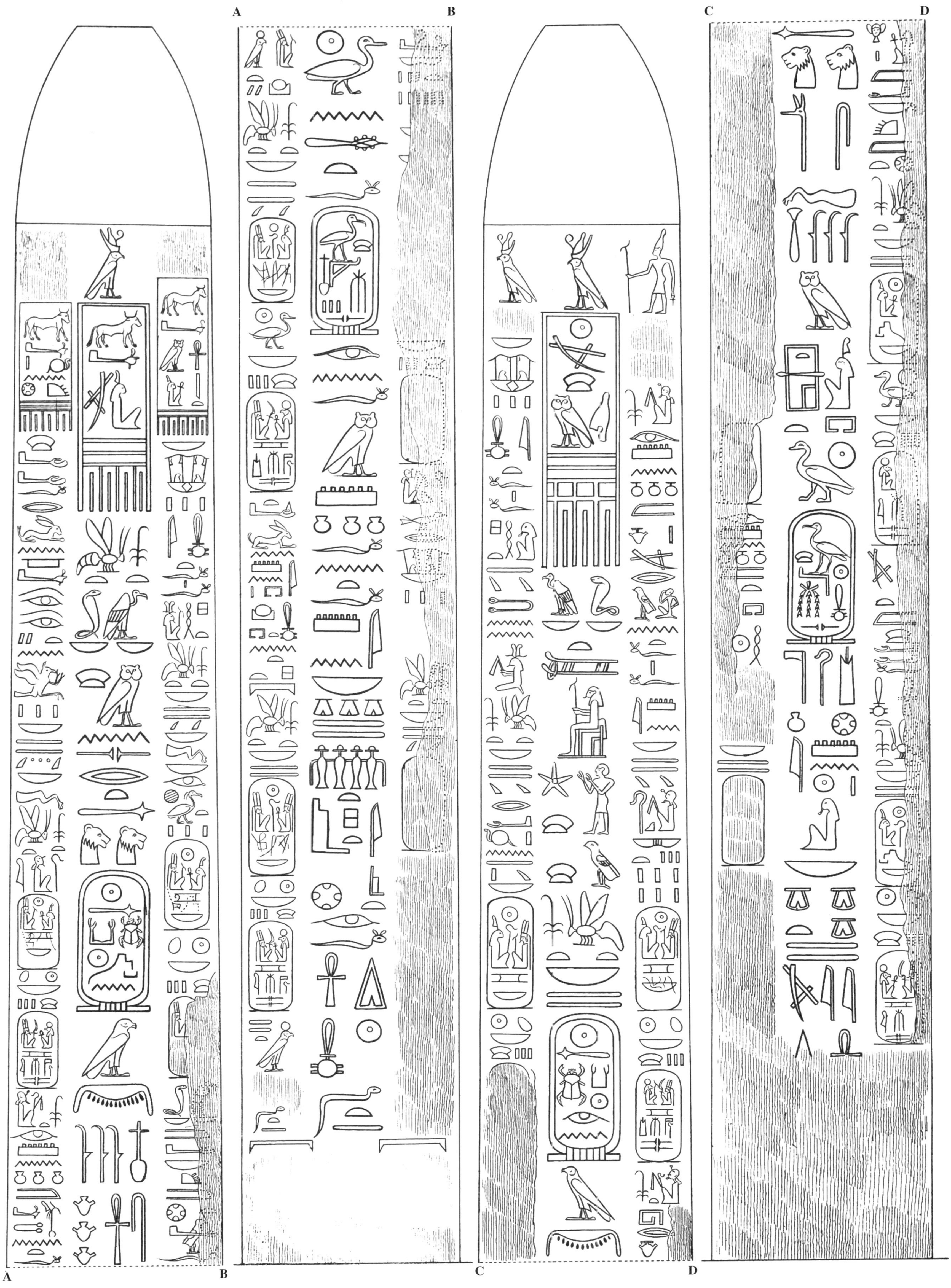

矗立在第二庭院内的方尖碑，东侧面和北侧面。

底比斯卡尔纳克

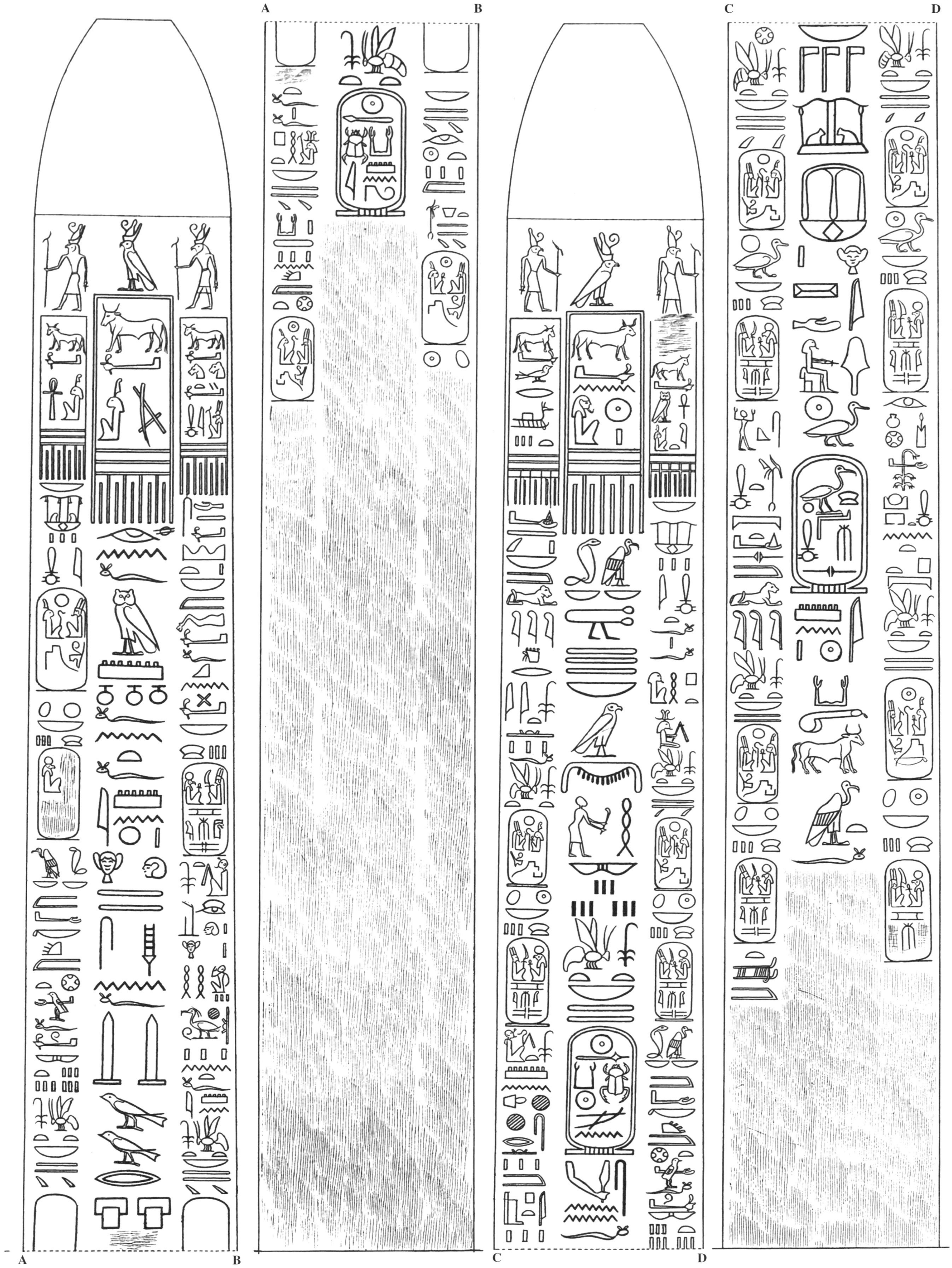

方尖碑的西侧面和南侧面。

图三一四

底比斯卡尔纳克

第二庭院内另一座方尖碑的西侧面和南侧面。

图三一五

底比斯卡尔纳克

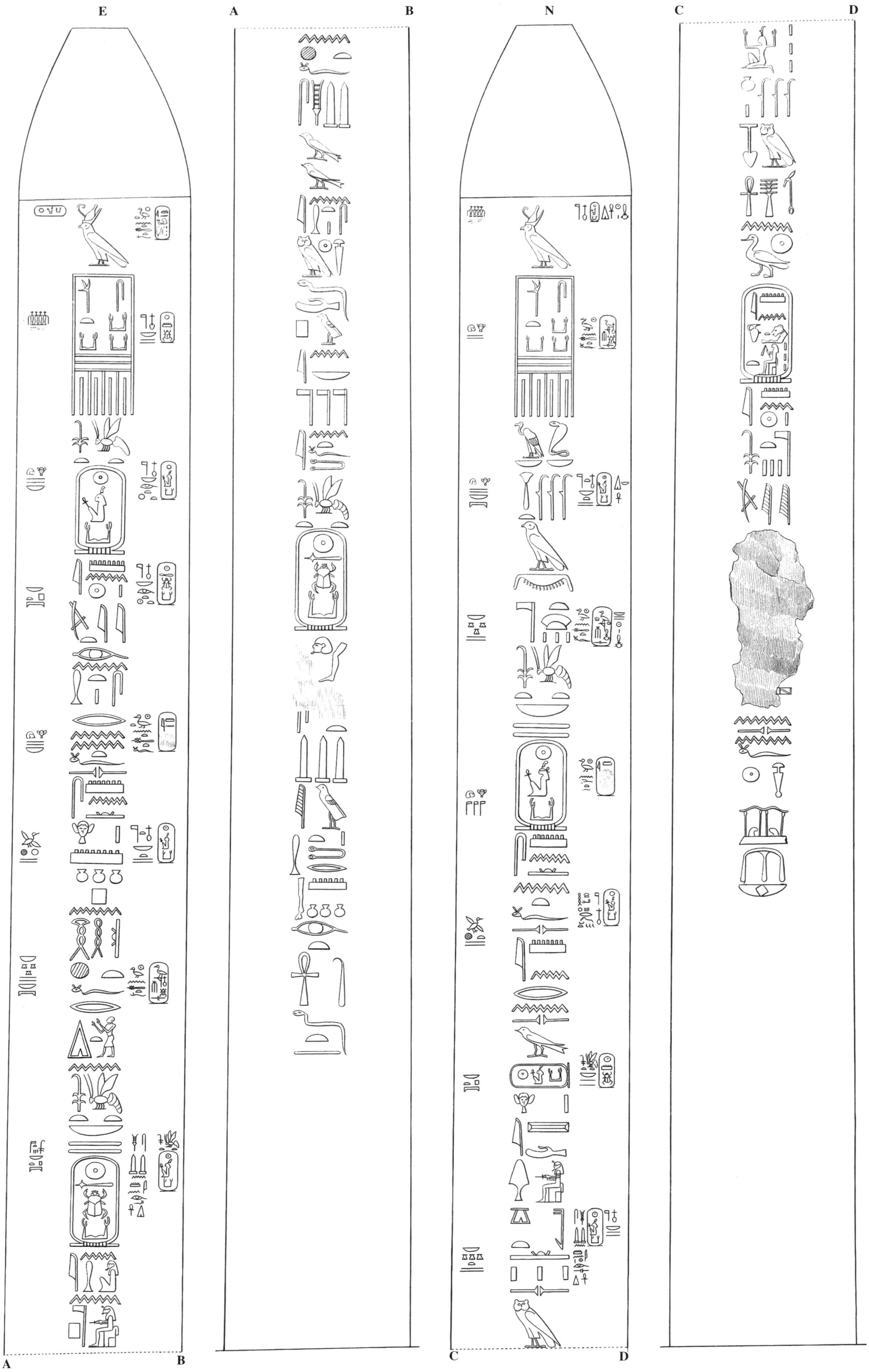

方尖碑的东侧面和北侧面。

图三一六

底比斯卡尔纳克

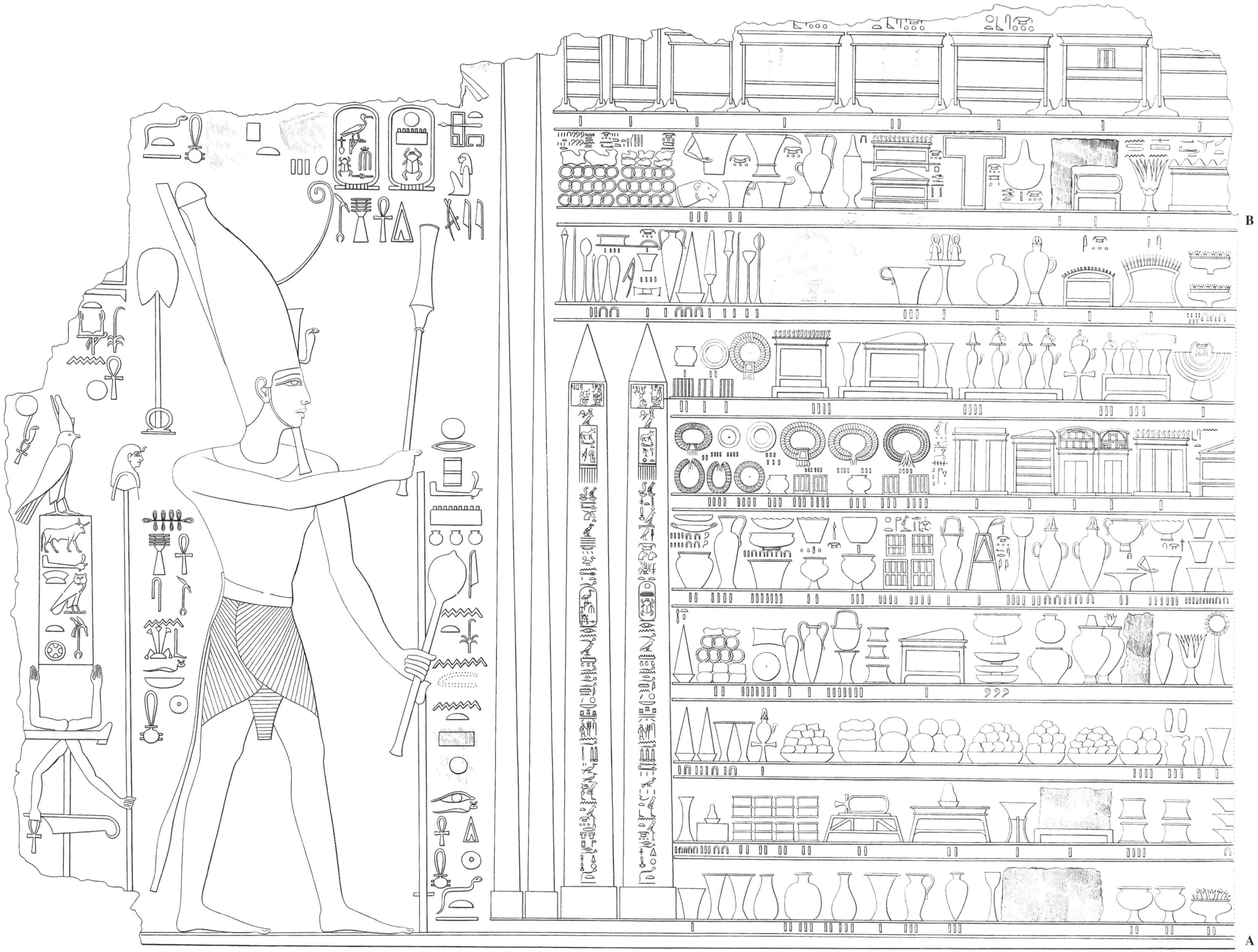

图特摩西斯三世（莫里斯）所建的建筑。

图三一七

底比斯卡尔纳克

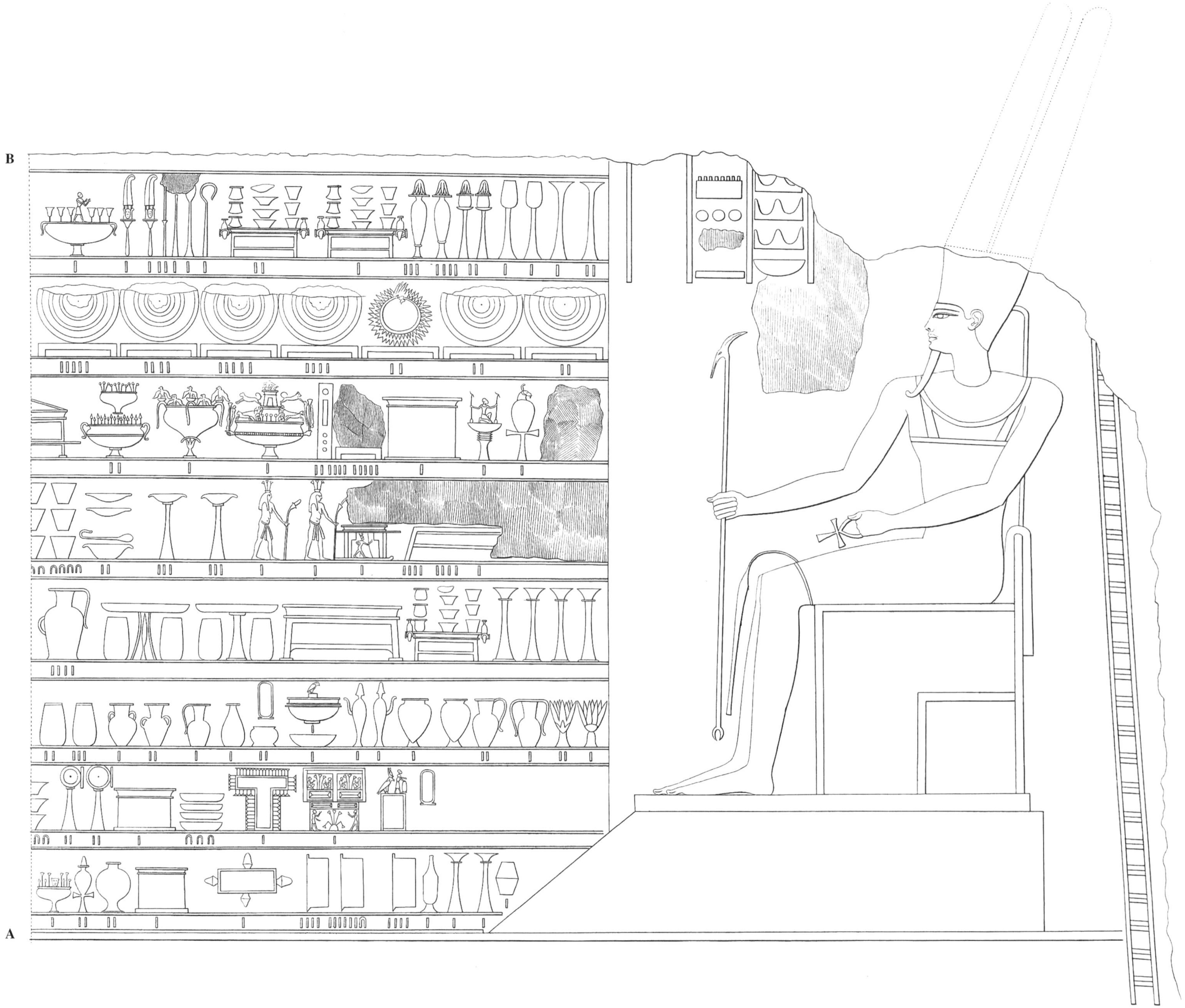

底比斯卢克索

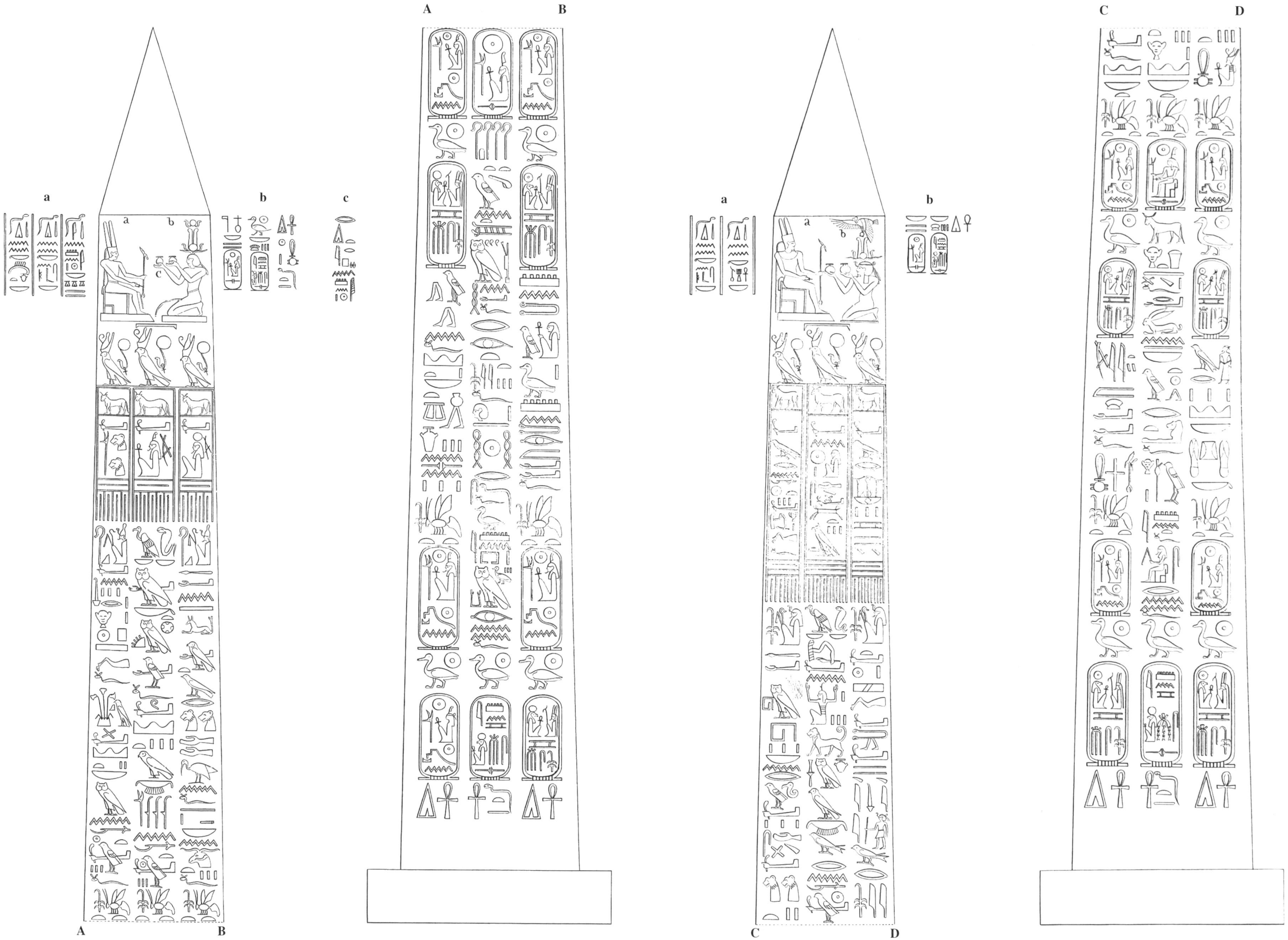

方尖碑的北侧和东侧，曾立在拉美西斯三世神殿北边塔门处，现在坐落于巴黎的协和广场。

图三一九

底比斯卢克索

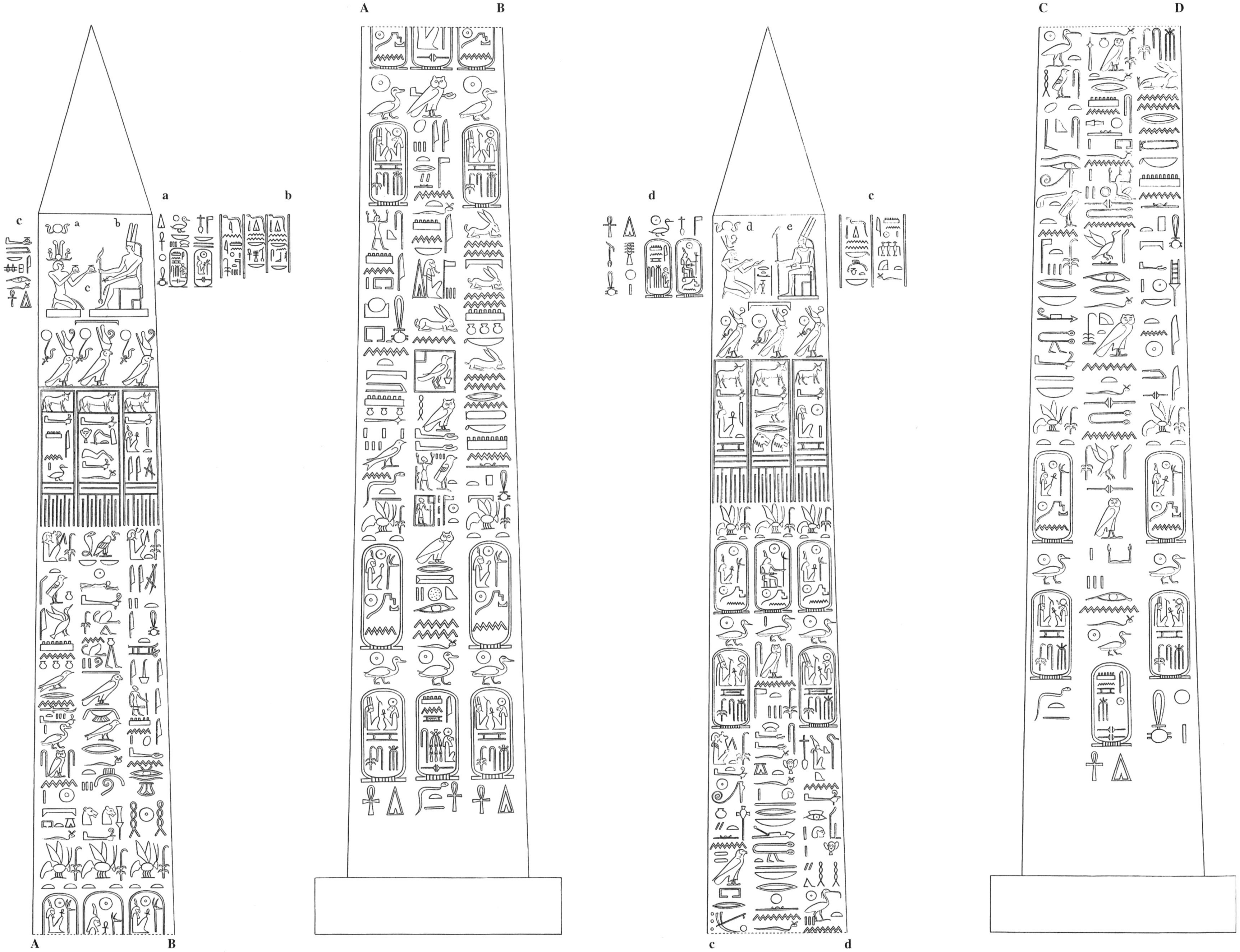

方尖碑的南侧和西侧。

底比斯卢克索

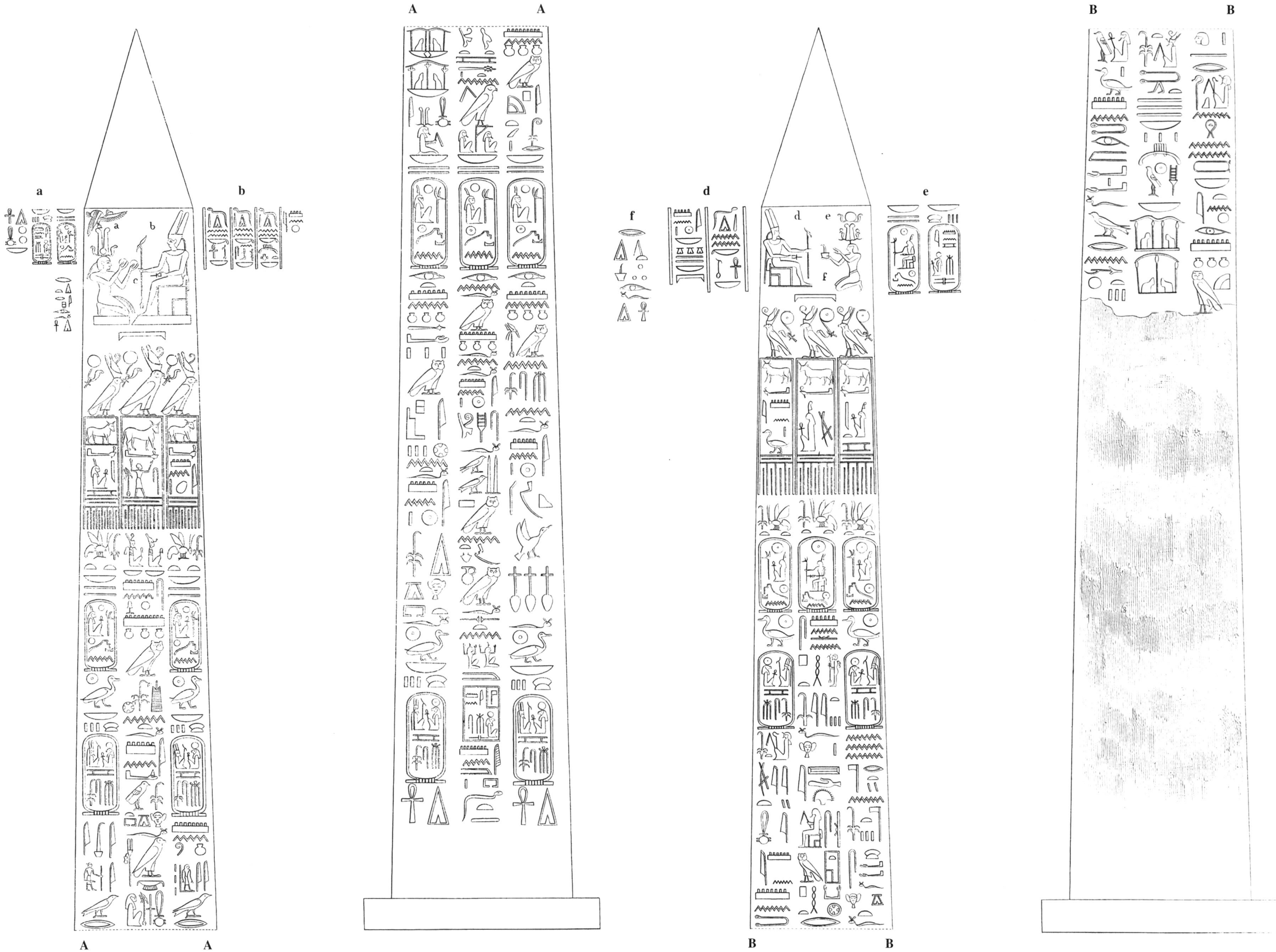

遗留在拉美西斯二世神庙北边塔门的方尖碑，第一面和第二面。

图三二一

底比斯卢克索

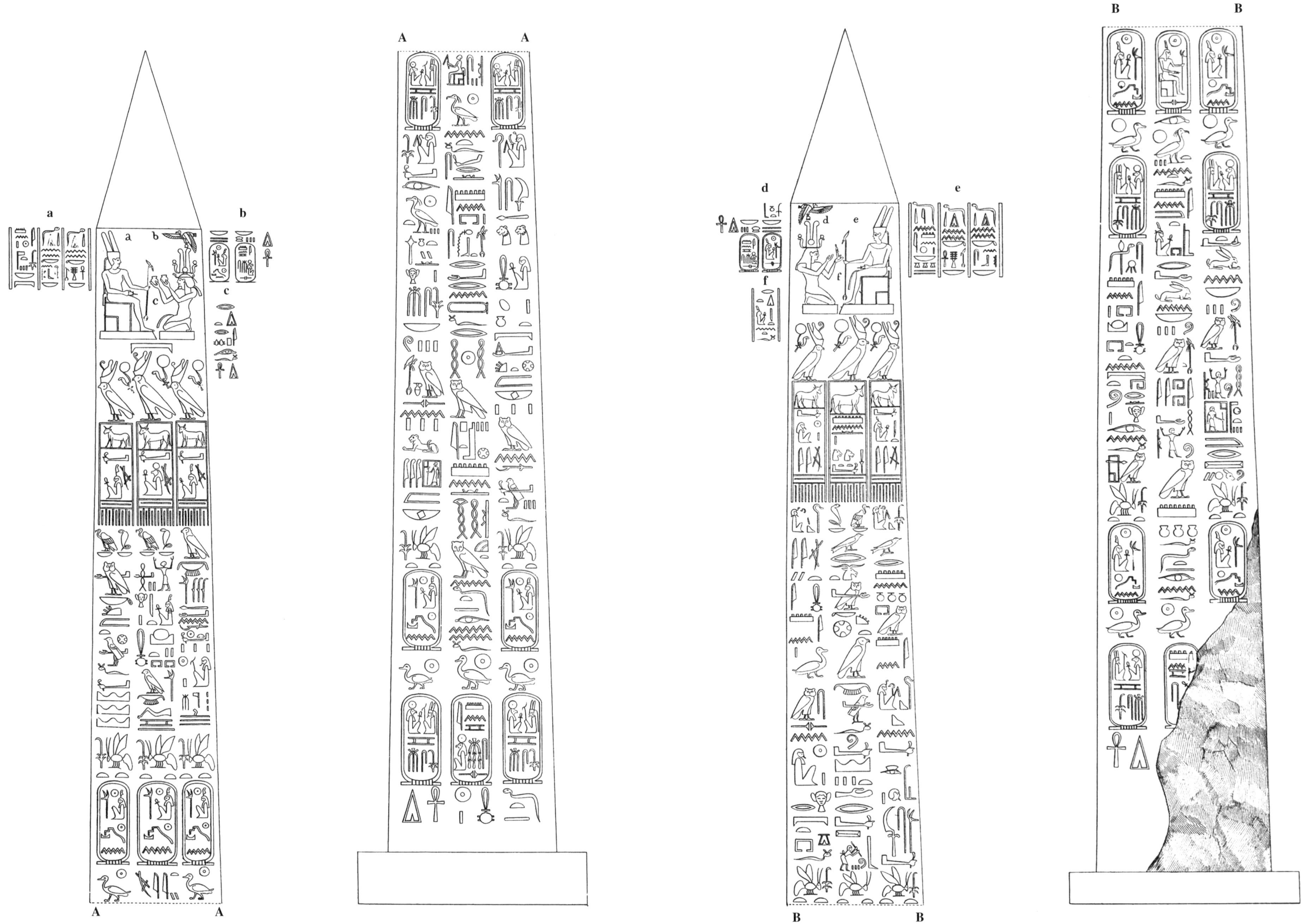

方尖碑的第三面和第四面。

底比斯卢克索

1

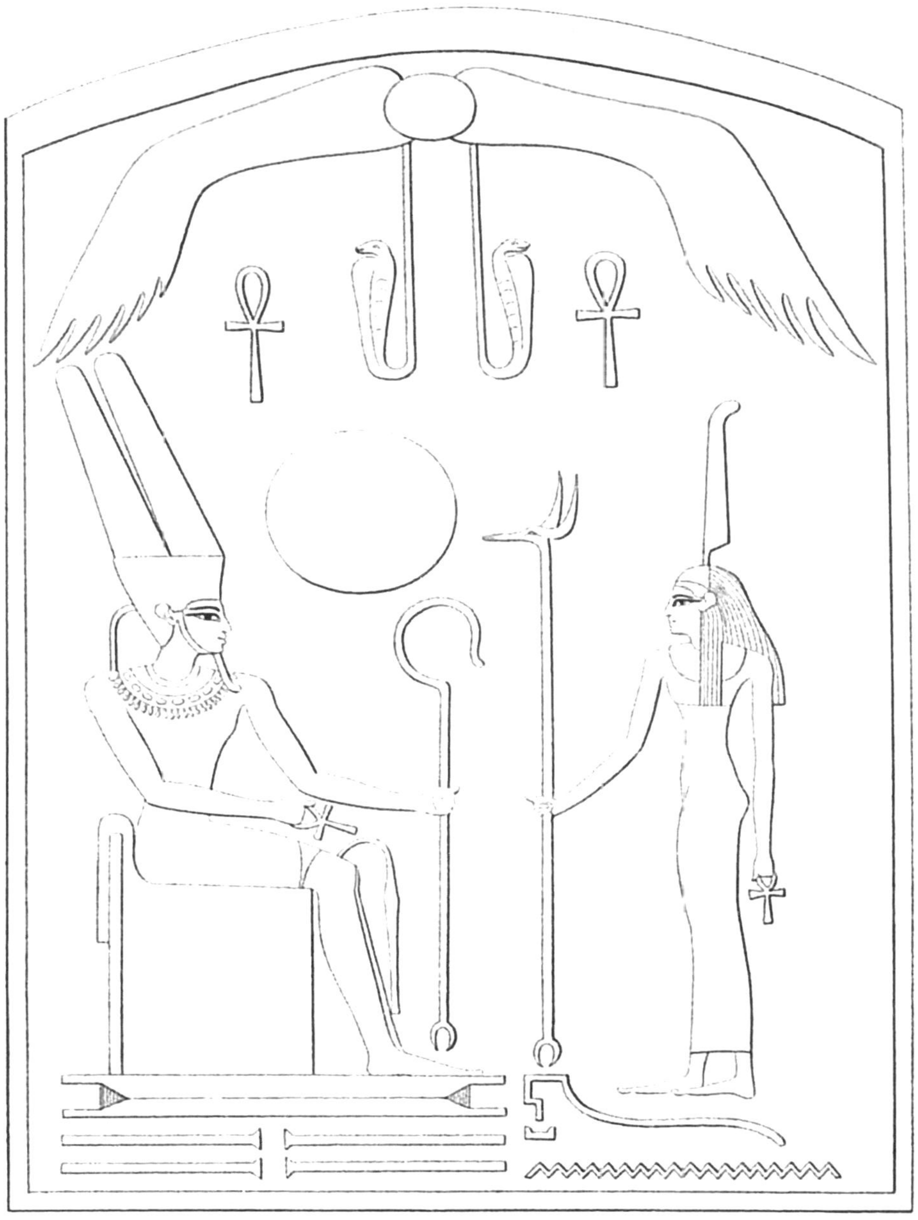

2

拉美修姆。1. 左侧巨型石像立柱的顶端。2. 巨型石像的底座。

图三二三

底比斯卢克索

B

A

拉美西斯三世神庙塔门左侧。

图三二四

底比斯卢克索

拉美西斯三世神庙塔门左侧。

图三二五

底比斯卢克索

拉美修姆。接上图。

图三二七甲

底比斯卢克索

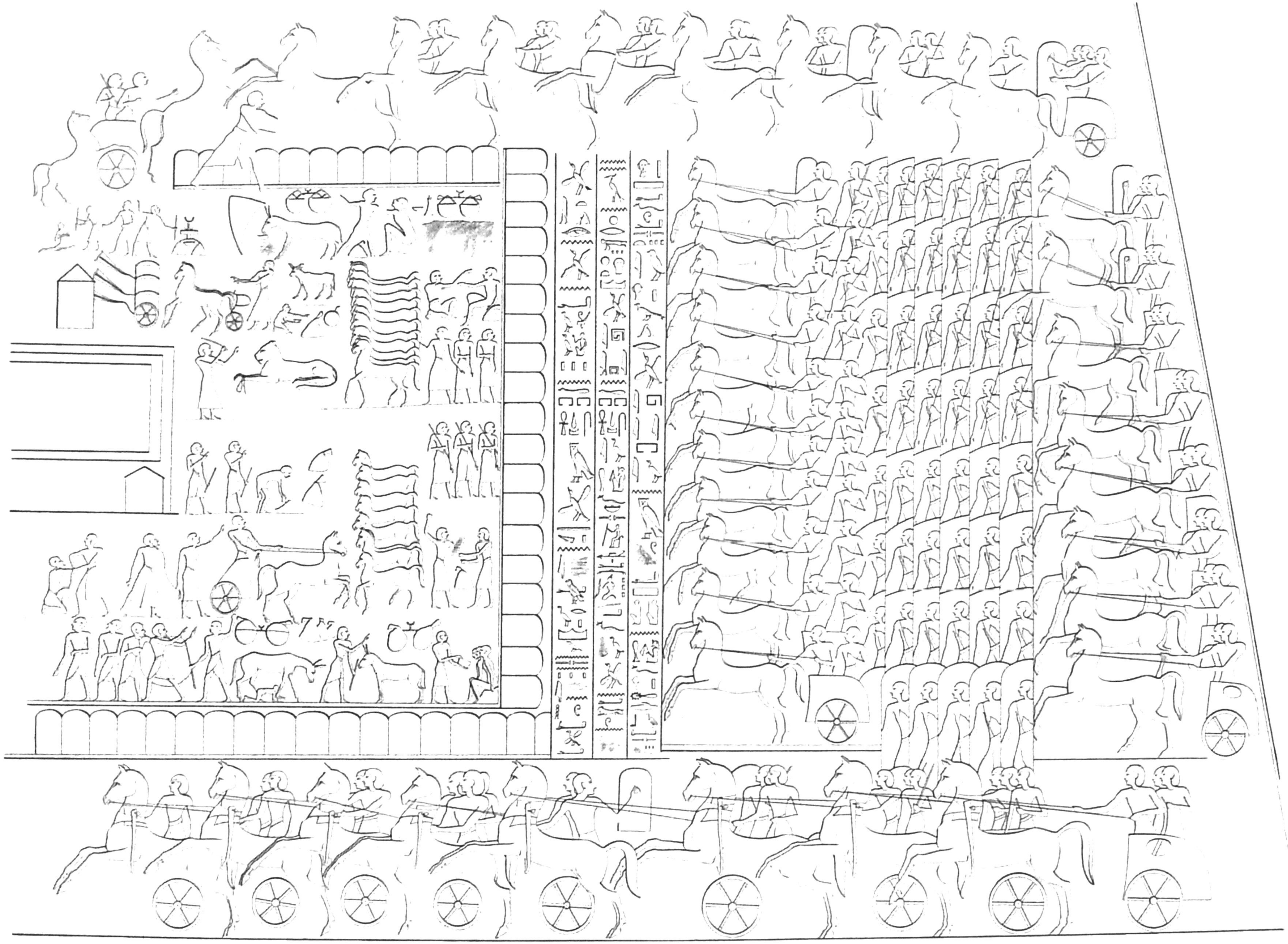

拉美修姆塔门右侧。

底比斯卢克索

图三二七乙

拉美修姆塔门右侧。

图三二八

底比斯卢克索

拉美西斯三世神庙塔门右侧。

图三二九

底比斯卢克索

B D

A C

接上图。

图三三〇

底比斯卢克索

D

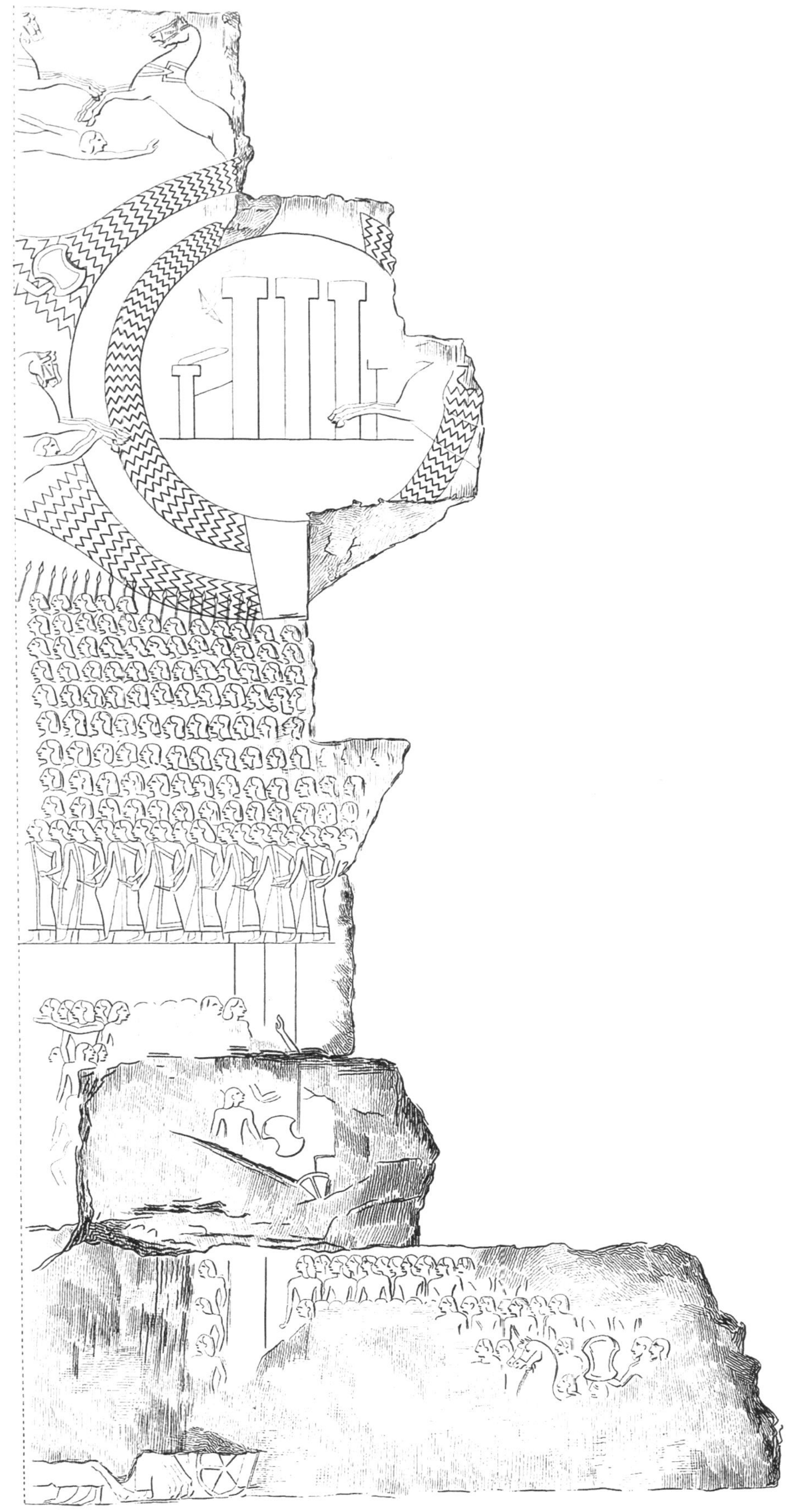

C

接上图。

图三三一

底比斯卢克索

拉美修姆。多柱厅右侧。

图三三二

底比斯卢克索

拉美修姆。塔门内侧。

图三三三

底比斯卢克索

1

2

拉美修姆。1. 圣所内部。2. 多柱厅。

图三三四

底比斯卢克索

拉美修姆。内部一个厅的最里面。

图三三五

底比斯卢克索

1

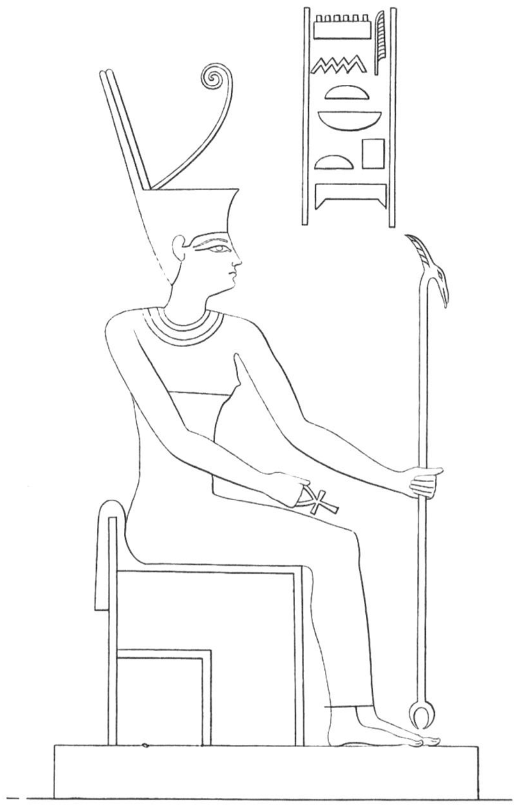

2

3

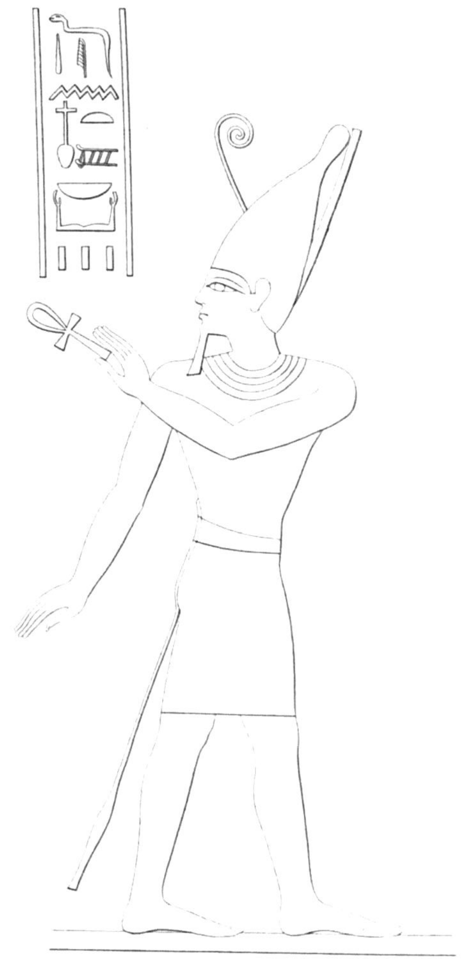

4

5

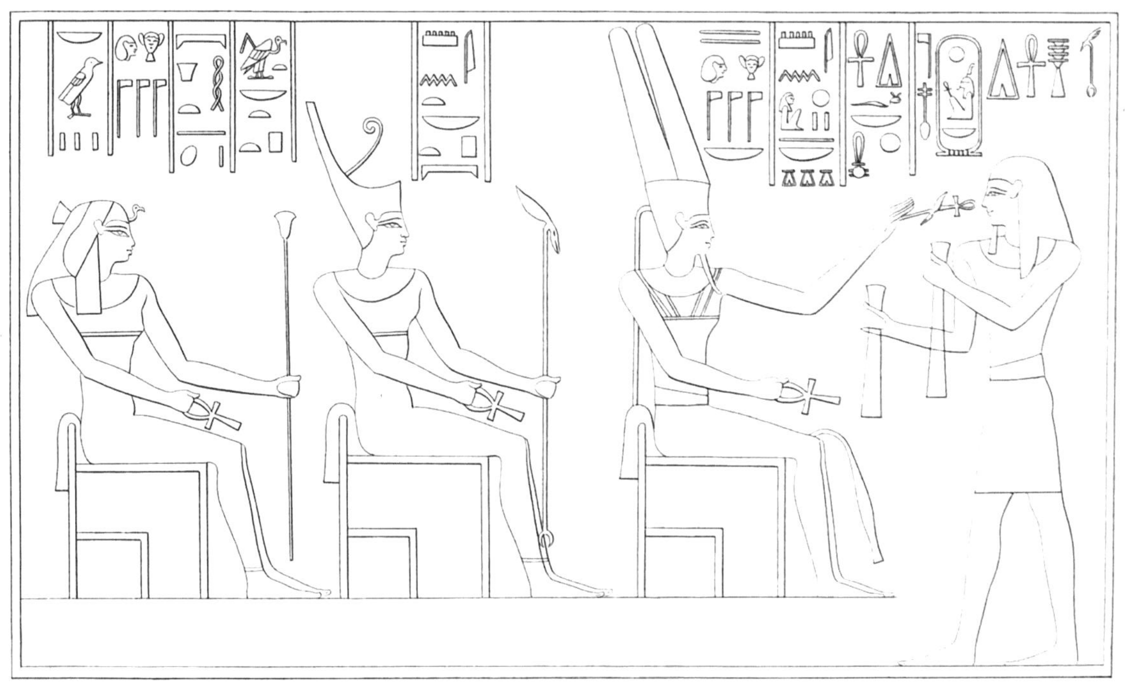

拉美修姆。1、3、4、5，四柱厅。2.同一个厅东侧的屋子。

底比斯卢克索

1

2

4

3

拉美修姆。

底比斯卢克索

1

2

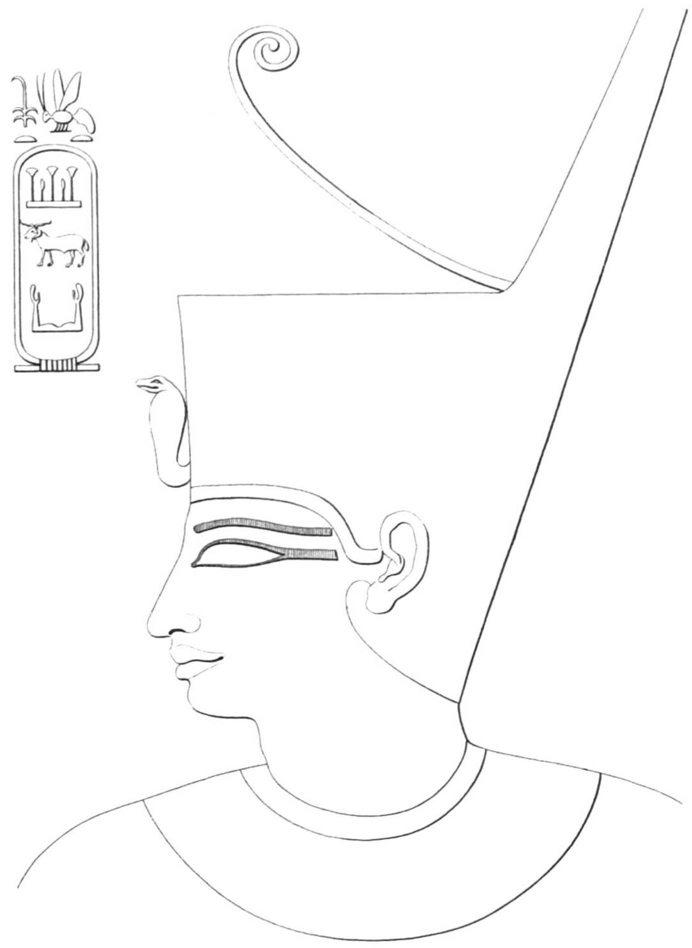

3

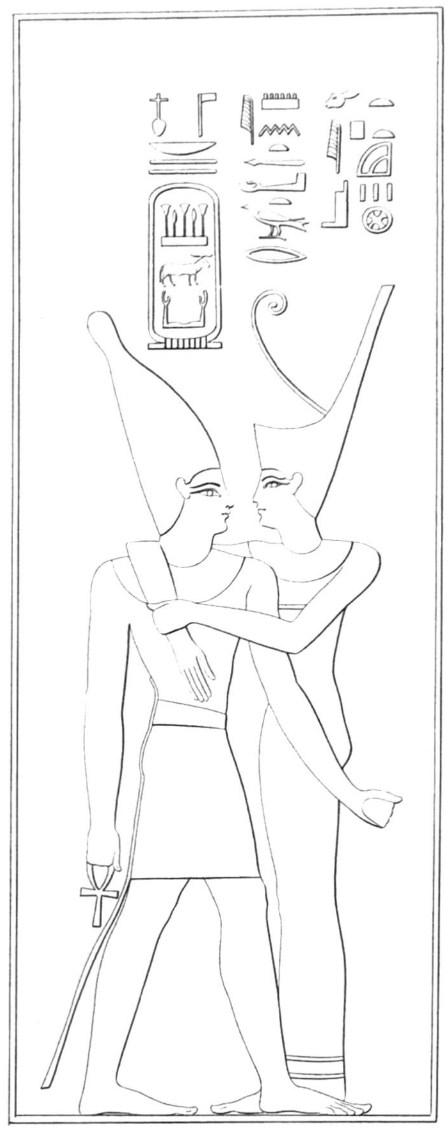

4

拉美西斯三世神庙。1、2、3、4，第一塔门。

图三三八

底比斯卢克索

1

2（A）

2（B）

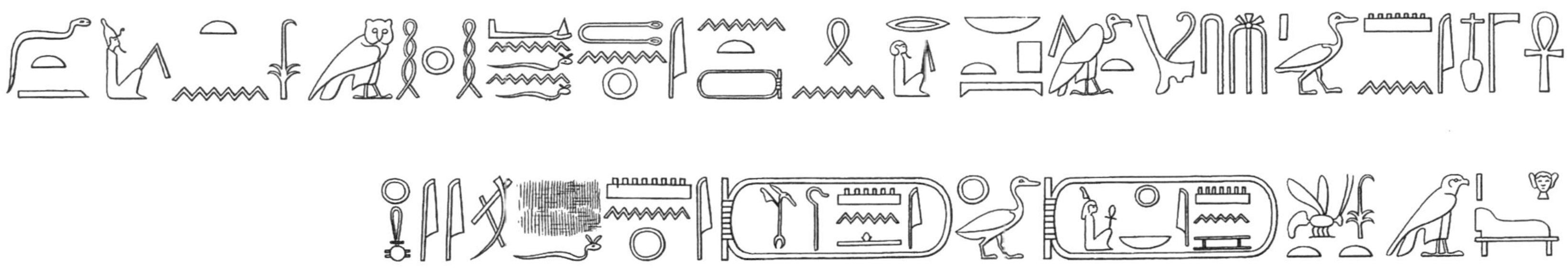

3

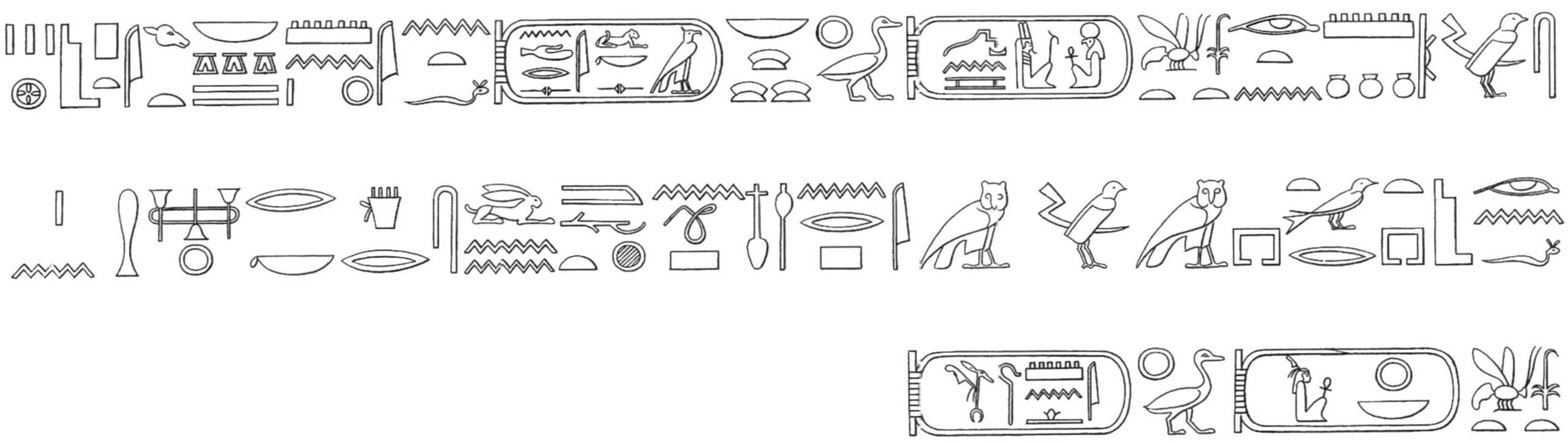

1. 拉美修姆，塔门右侧。2（A）和2（B），阿蒙诺菲斯三世厅。3. 亚历山大的小圣所。

底比斯卢克索

1

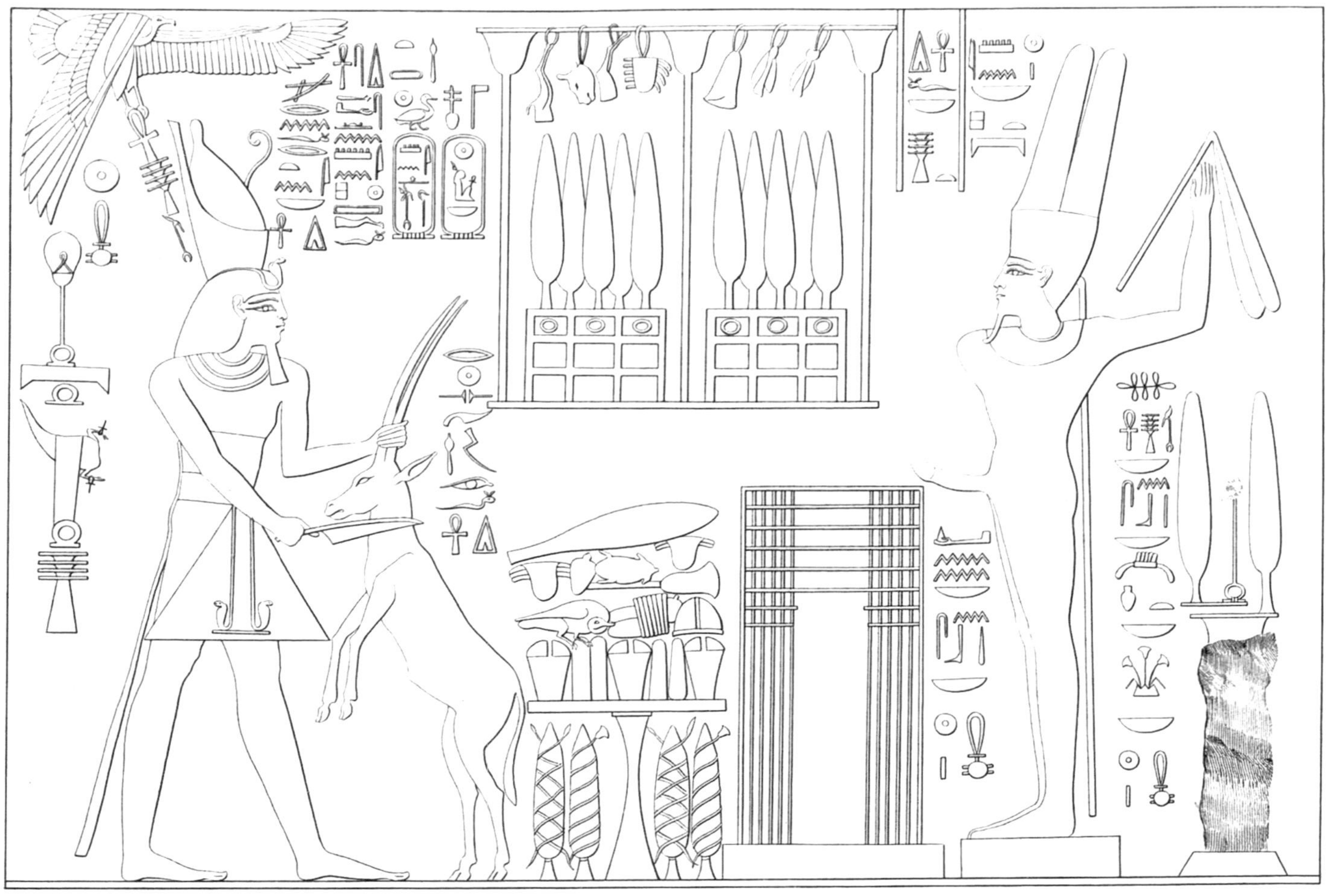

2

3

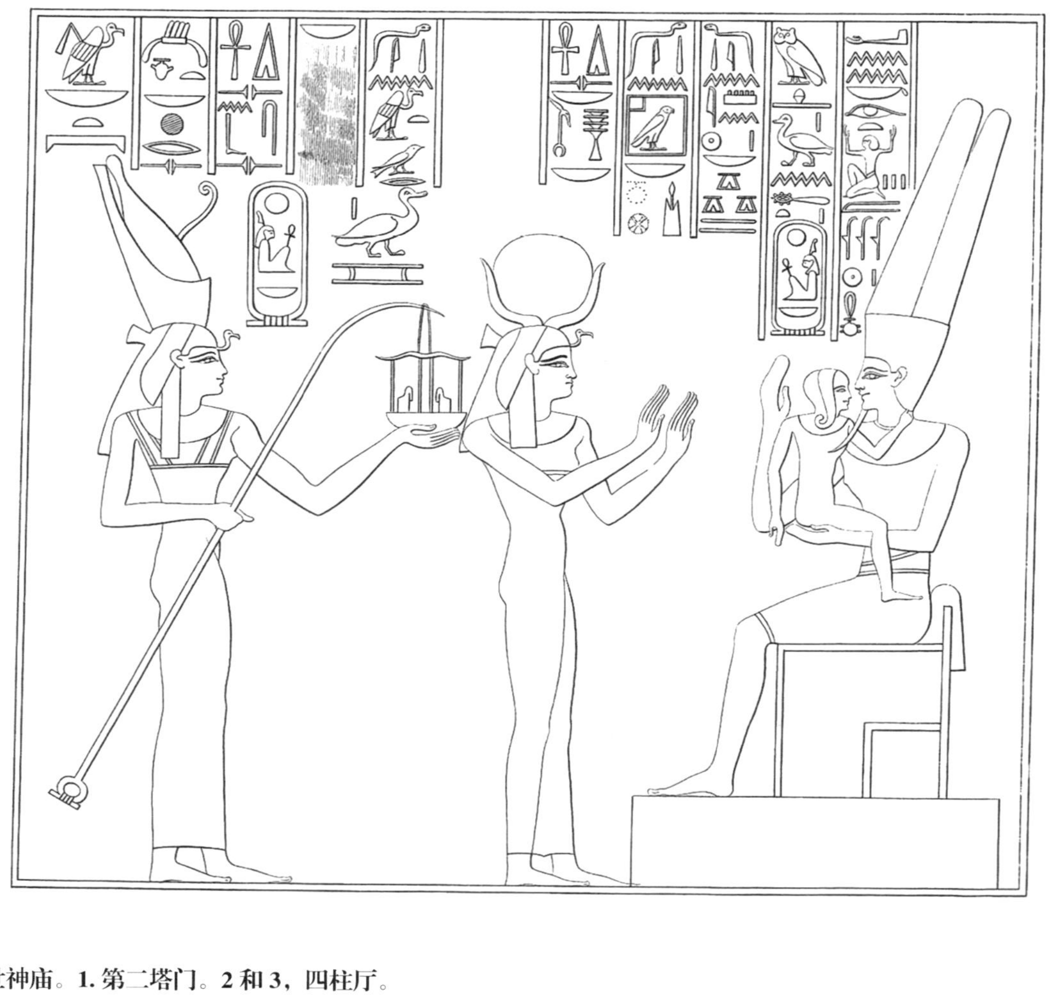

拉美西斯三世神庙。1. 第二塔门。2 和 3，四柱厅。

图三四〇

底比斯卢克索

阿蒙诺菲斯三世神庙，西侧墙壁。

图三四一

底比斯卢克索

阿蒙诺菲斯三世神庙，西侧墙壁。

图三四二

底比斯卢克索

1

2

神庙，四柱厅。

底比斯卢克索

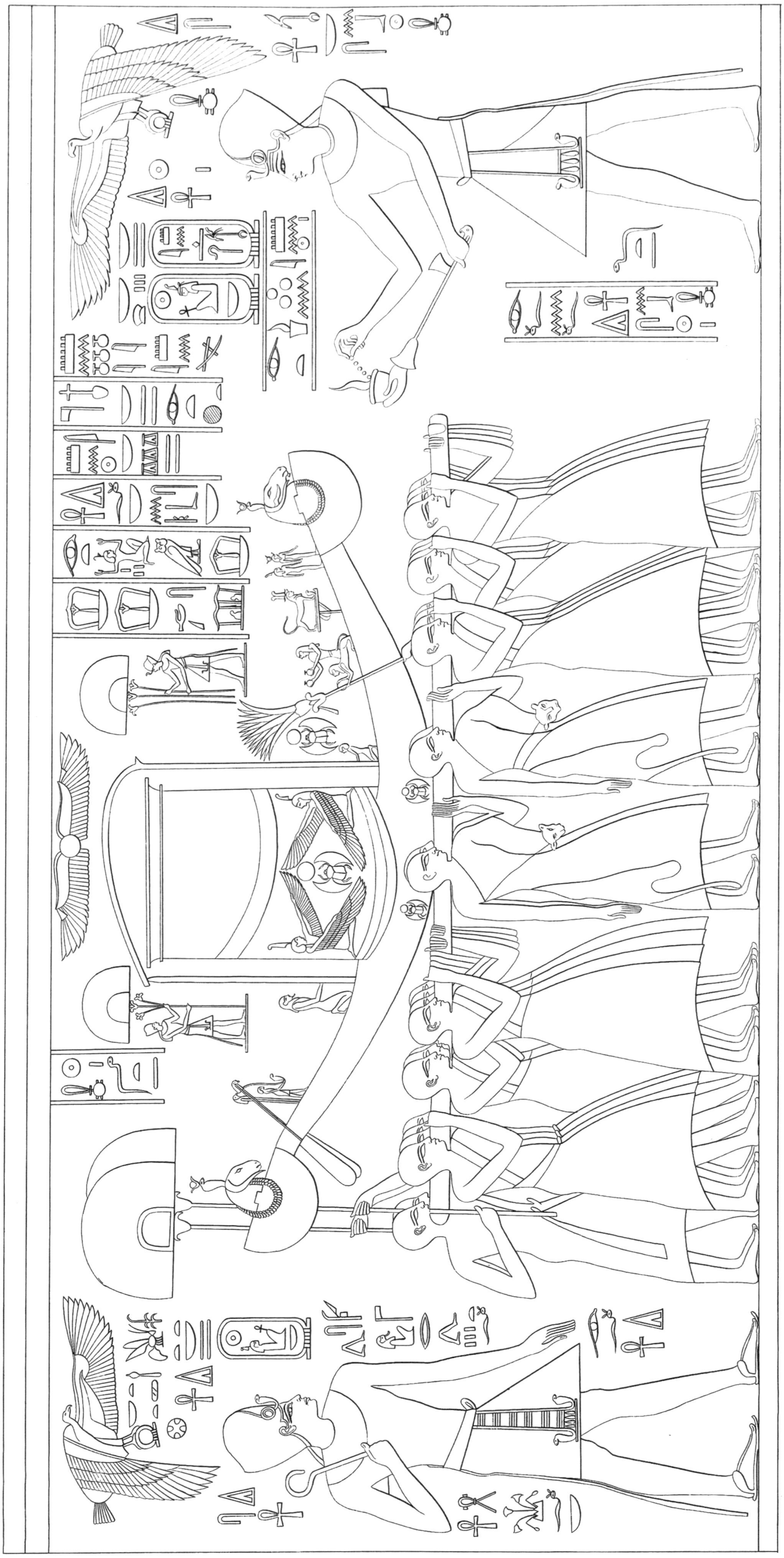

图三四三

阿蒙诺菲斯三世神庙，四柱厅。

底比斯卢克索

阿蒙诺菲斯三世神庙。1. 四柱厅，北侧墙壁。2. 同一个厅的西侧墙壁。3. 另一个厅的西侧墙壁。

图三四五

底比斯卢克索

阿蒙诺菲斯三世神庙，四柱厅西侧墙壁。

底比斯卢克索

阿蒙诺菲斯三世神庙，四柱厅，接上图。

图三四七

底比斯卢克索

1

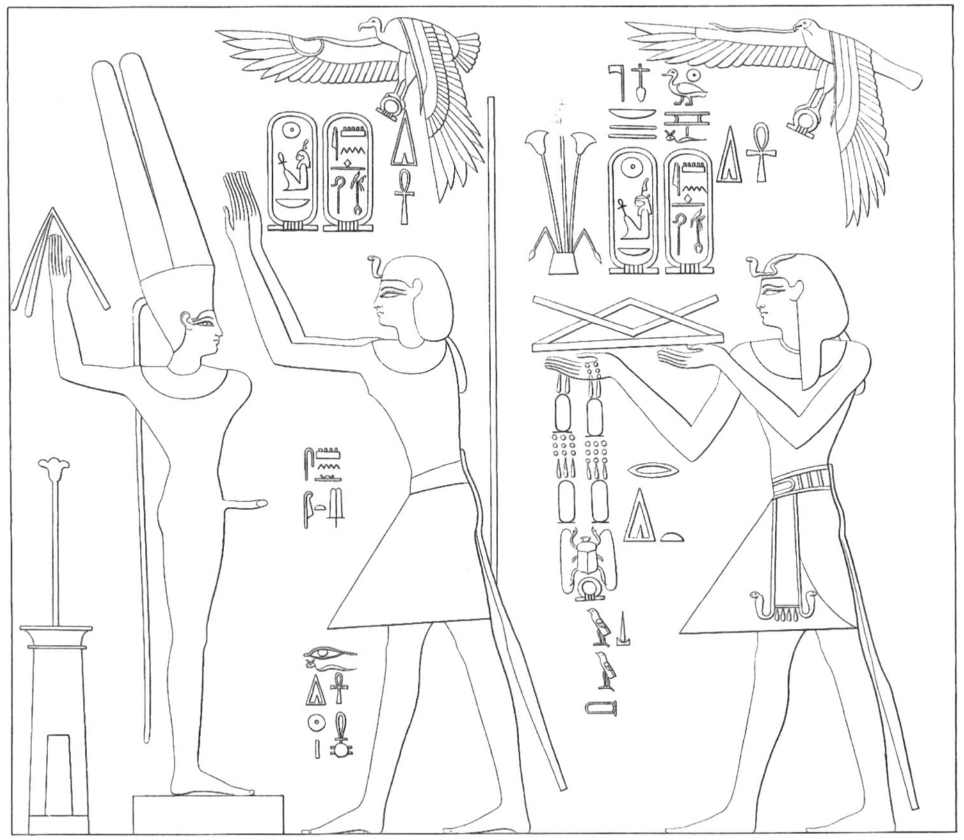

2

3

4

阿蒙诺菲斯三世神庙。1. 四柱厅。2. 十二柱厅。3. 同上。4. 四柱厅附近。

底比斯卢克索

1

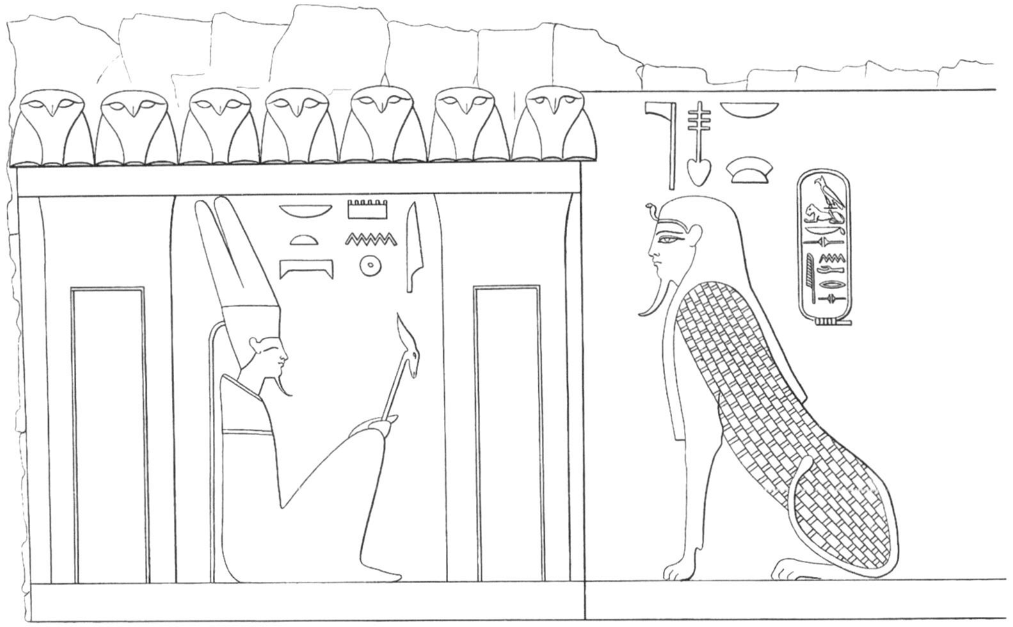

2

3

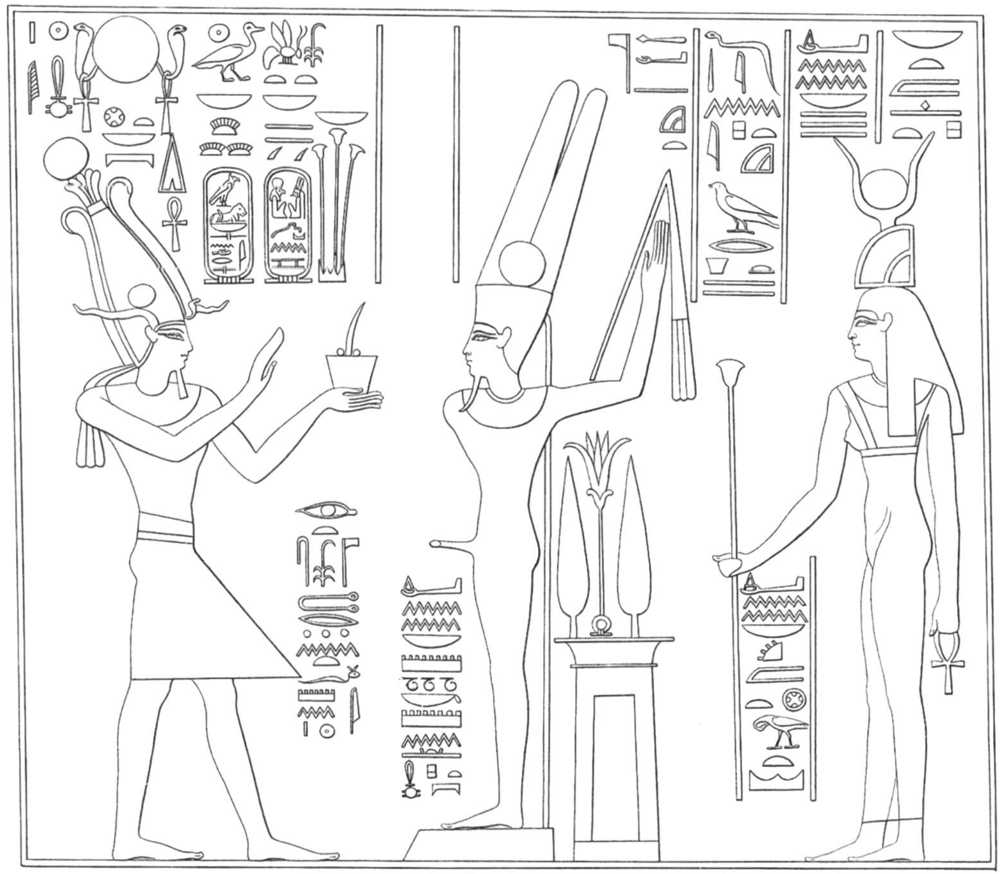

4

1. 亚历山大圣所，右侧墙壁。2. 亚历山大圣所，左侧墙壁。3. 亚历山大圣所，左壁内侧。4. 亚历山大圣所，右壁外侧。

图三四八乙

底比斯卢克索

1

2

3

历史题材。

图三四九甲

底比斯卢克索

刻在砂岩石块上的铭文。石块被用在神庙一个厅的南墙内侧。

图三四九乙

丹德拉

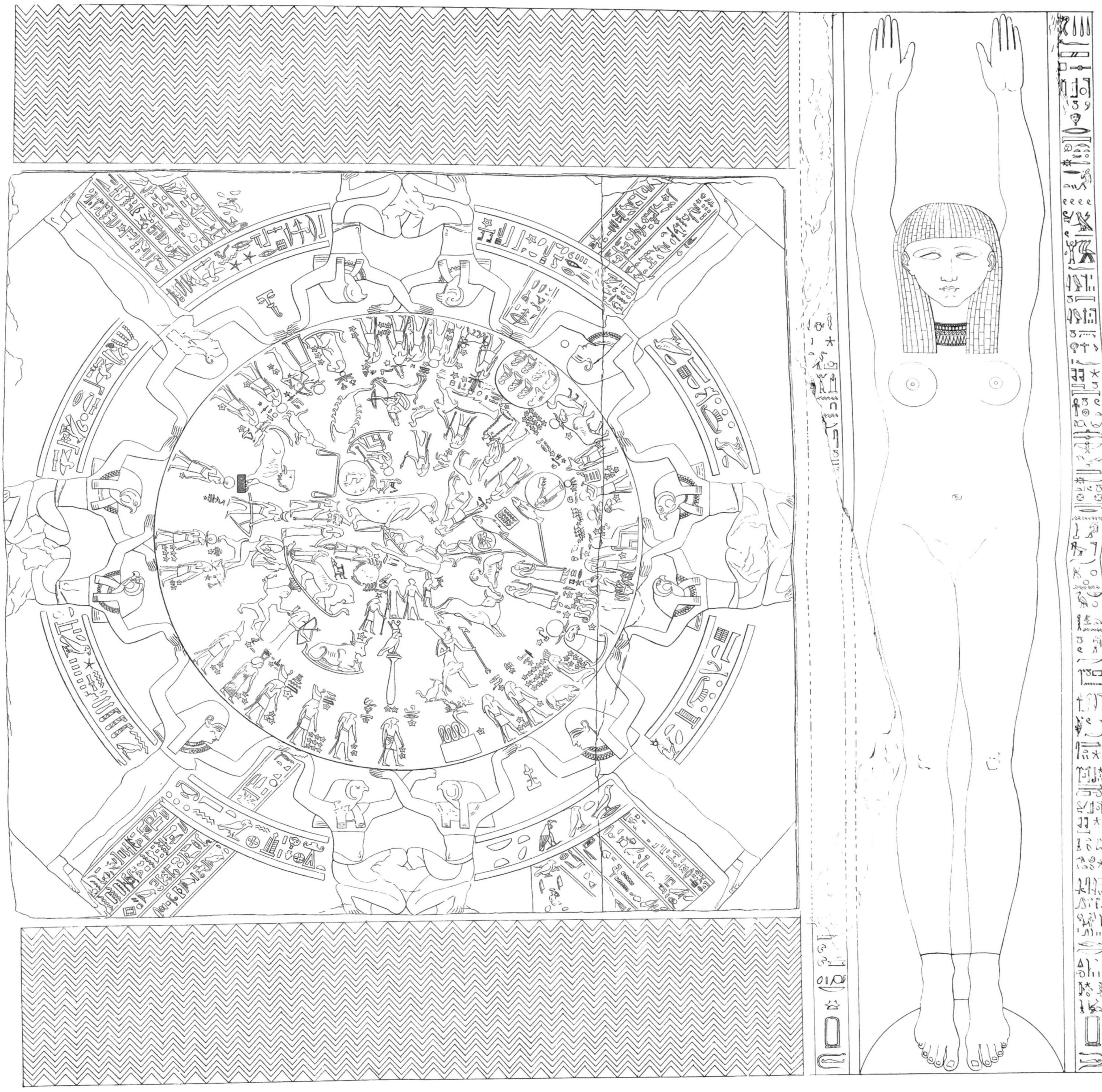

根据文物原件修订的星盘图。

图三四九丙

丹德拉

雕刻在丹德拉神庙一座厅的天花板上的星座图。假设天花板透明的情况下，从上至下的视角。

图三四九丁

丹德拉、利科波利斯

1

2

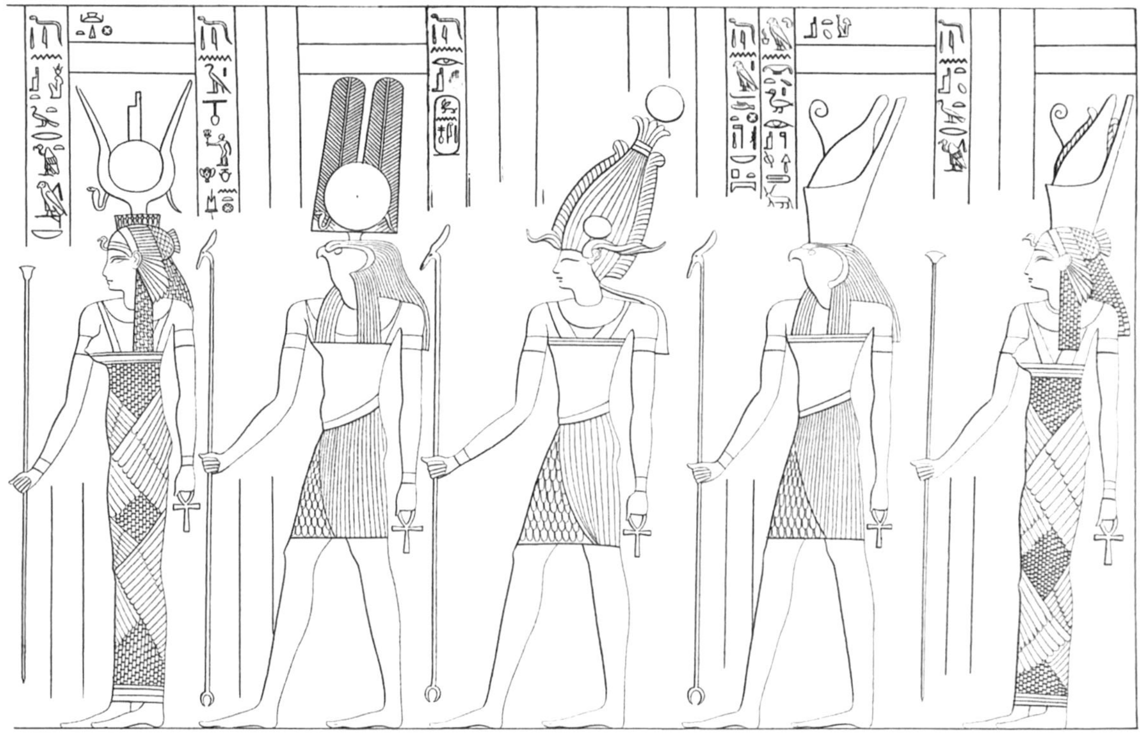

3

4

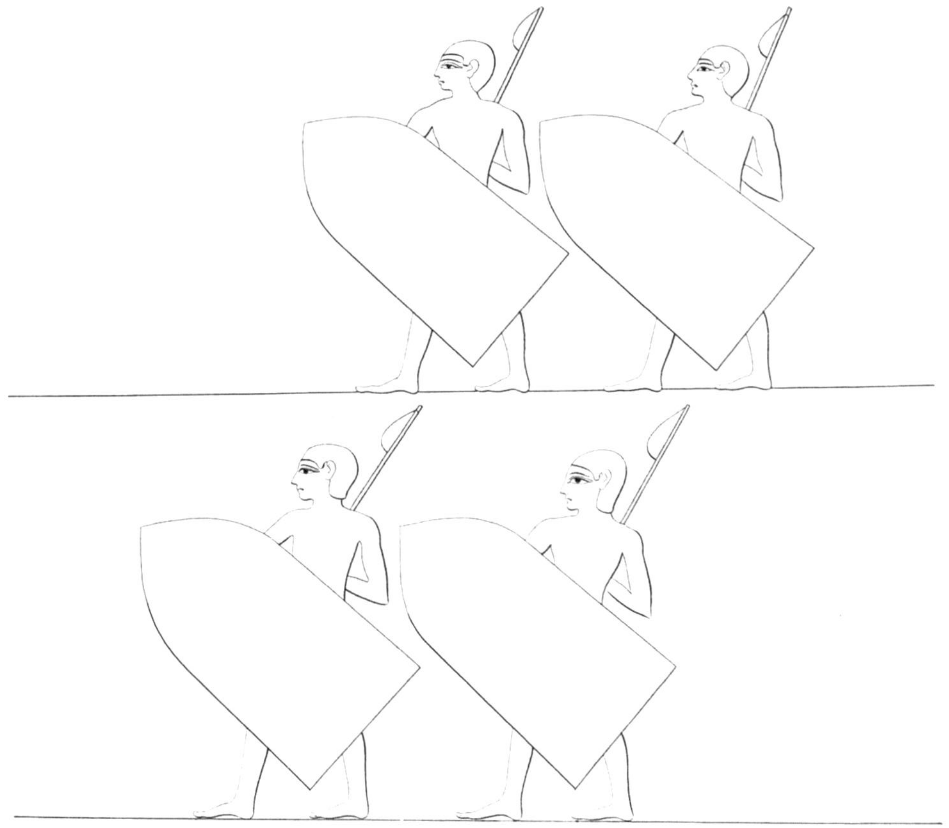

1. 丹德拉，外墙末端。2 和 3，前门内侧。4. 利科波利斯墓葬，北壁。

图三五〇

贝尼哈桑卡迪姆

内沃特普墓和蒙诺特普墓内的壁画。

内沃特普墓和蒙诺特普墓内的壁画。

图三五二

贝尼哈桑卡迪姆

内沃特普墓和蒙诺特普墓内的壁画。

贝尼哈桑卡迪姆

内沃特普墓和蒙诺特普墓内的壁画。

图三五四

贝尼哈桑卡迪姆

内沃特普墓和蒙诺特普墓内的壁画。

图三五五

贝尼哈桑卡迪姆

1

2

内沃特普墓，北侧墙壁。

图三五六

贝尼哈桑卡迪姆

1

2

内沃特普墓，南侧墙壁。

图三五七

贝尼哈桑卡迪姆

1

2

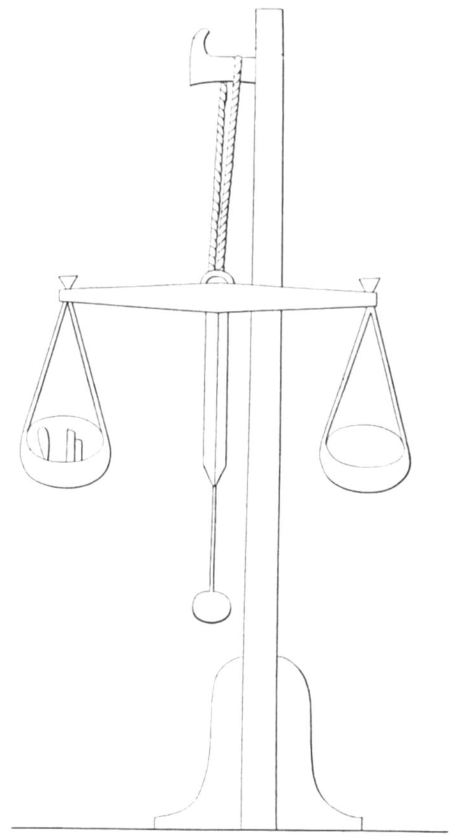

3

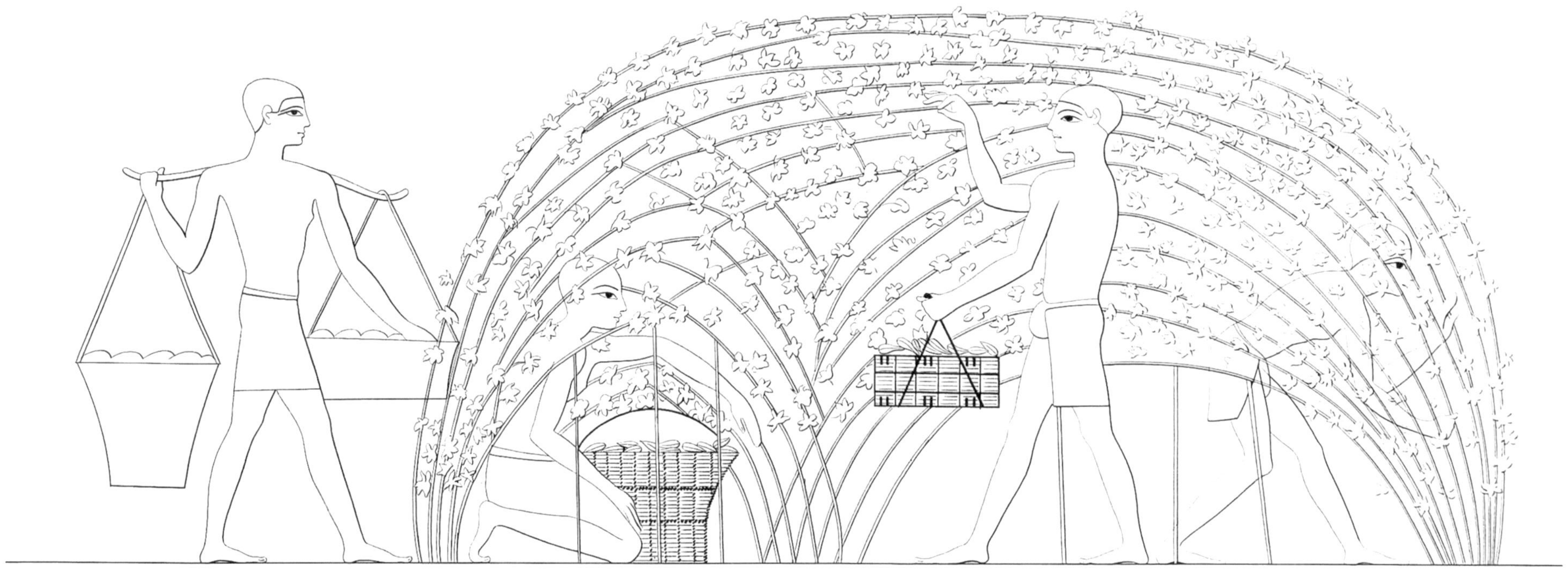

内沃特普墓。1. 南侧墙壁。2 和 3，西侧墙壁。

图三五八

贝尼哈桑卡迪姆

1

2

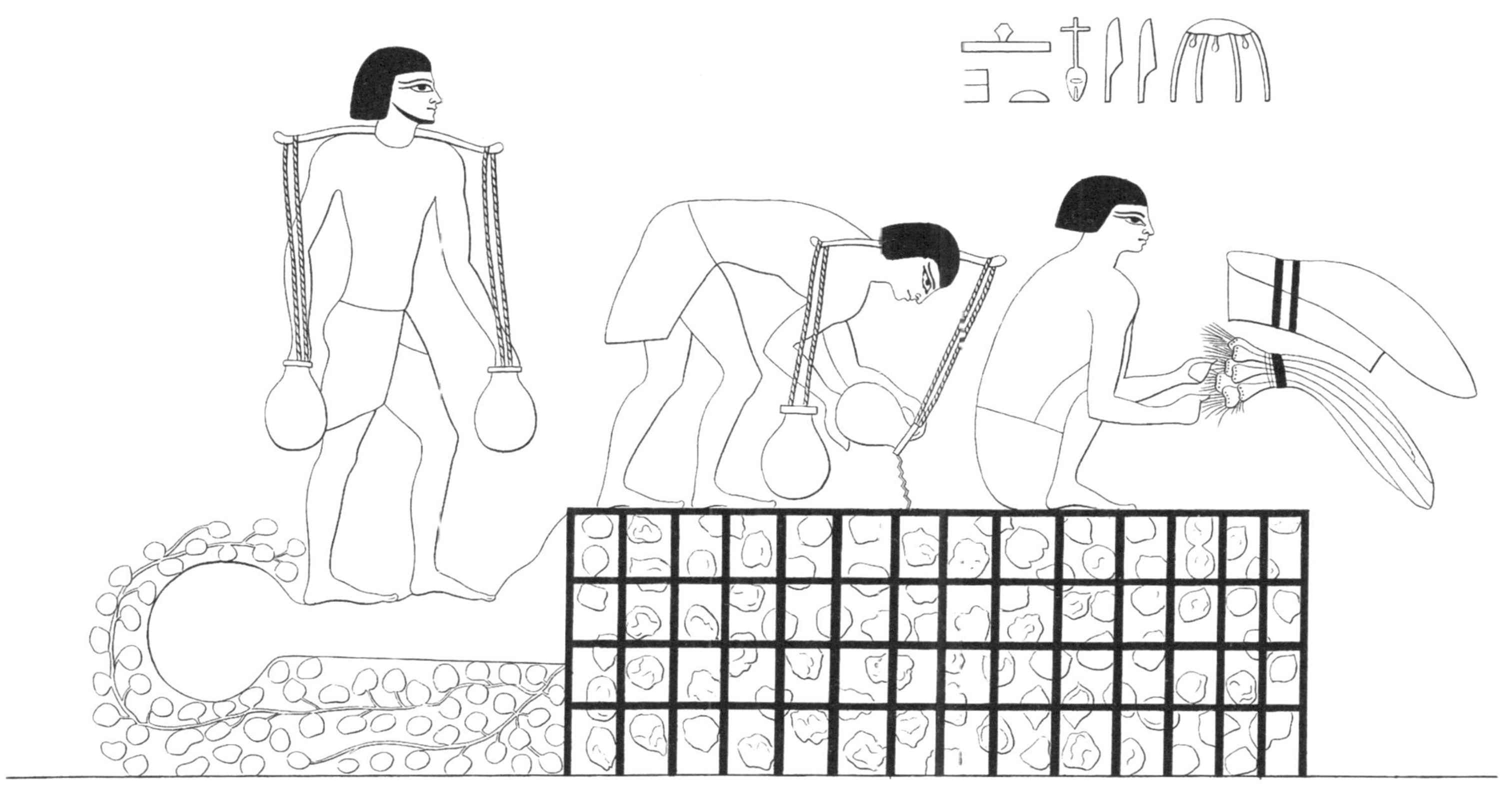

内沃特普墓，西侧墙壁。

图三五九

贝尼哈桑卡迪姆

1

2

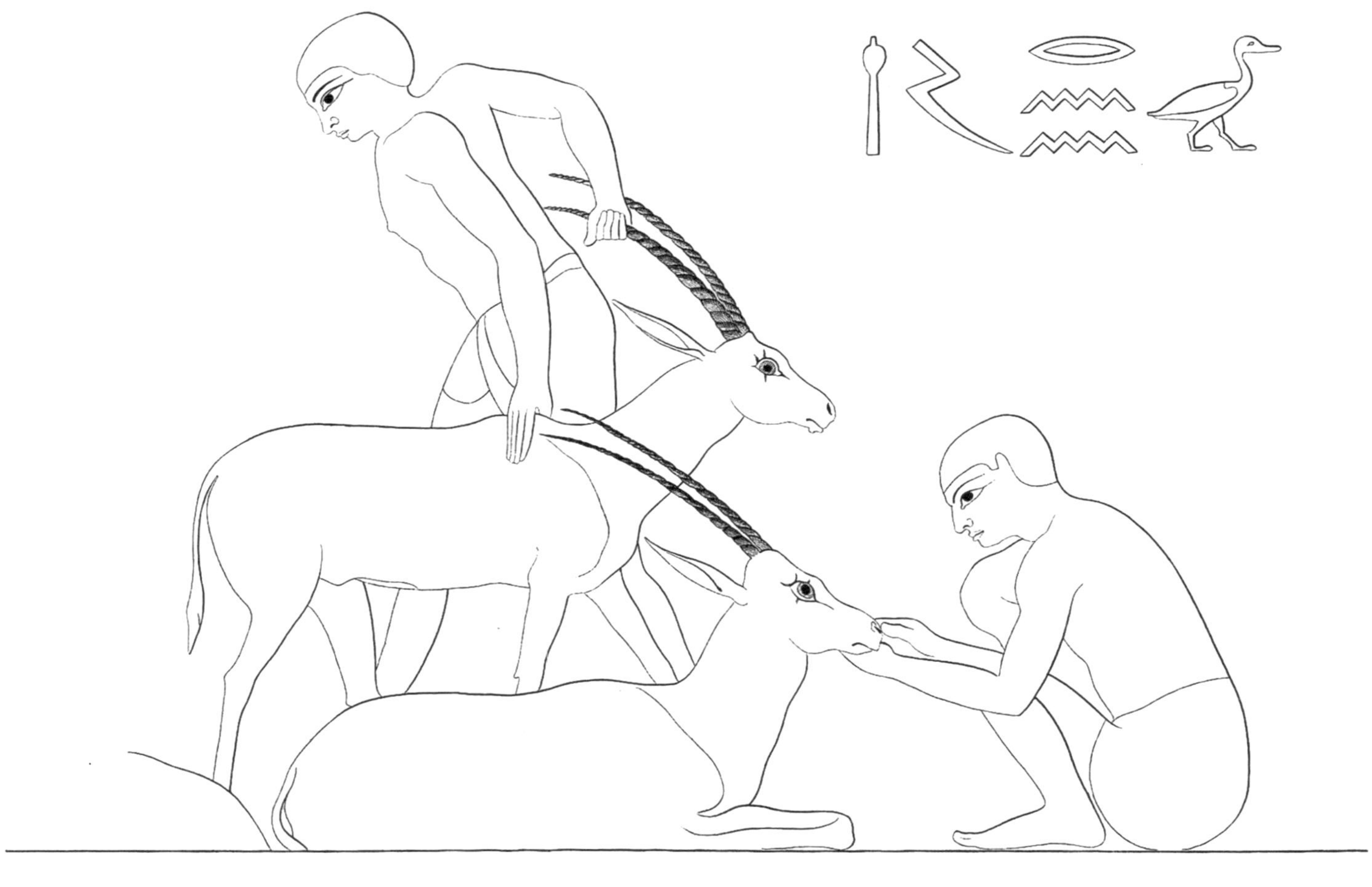

内沃特普墓，北侧墙壁。

图三六〇

贝尼哈桑卡迪姆

1

2

3

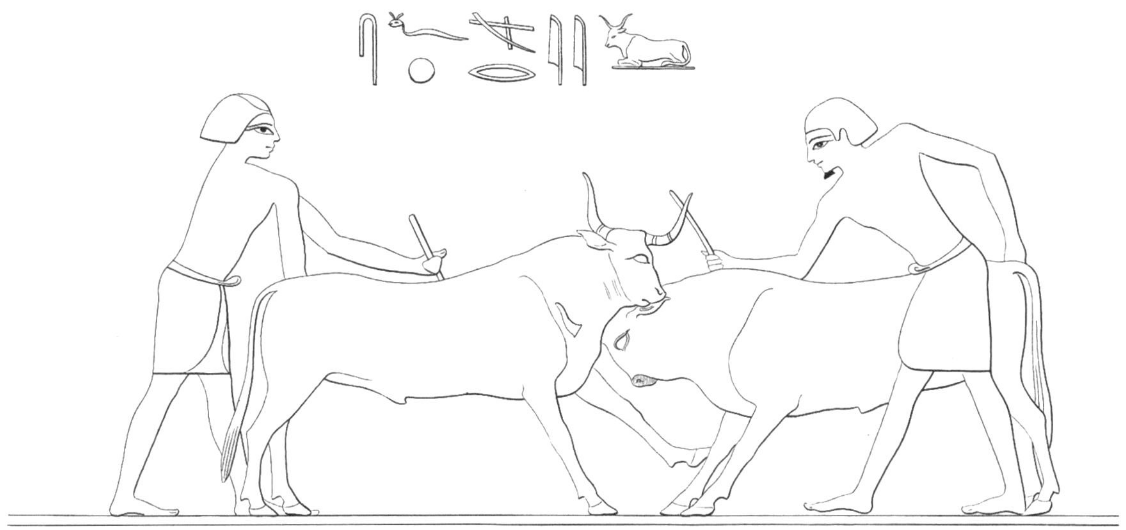

4

内沃特普墓，北侧墙壁。

贝尼哈桑卡迪姆

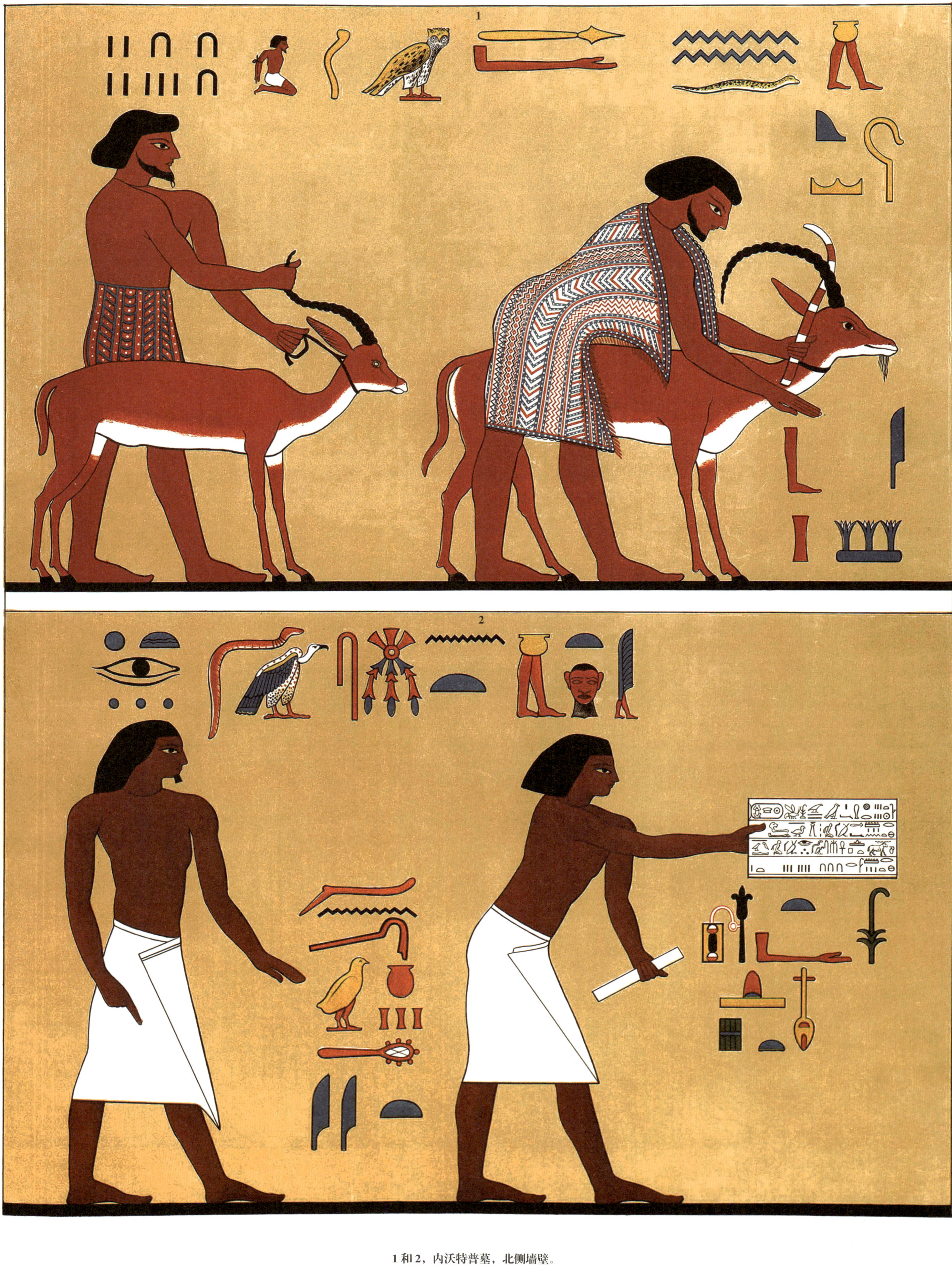

1 和 2，内沃特普墓，北侧墙壁。

贝尼哈桑卡迪姆

3和4，内沃特普墓，接上图。

图三六三甲

贝尼哈桑和吉萨

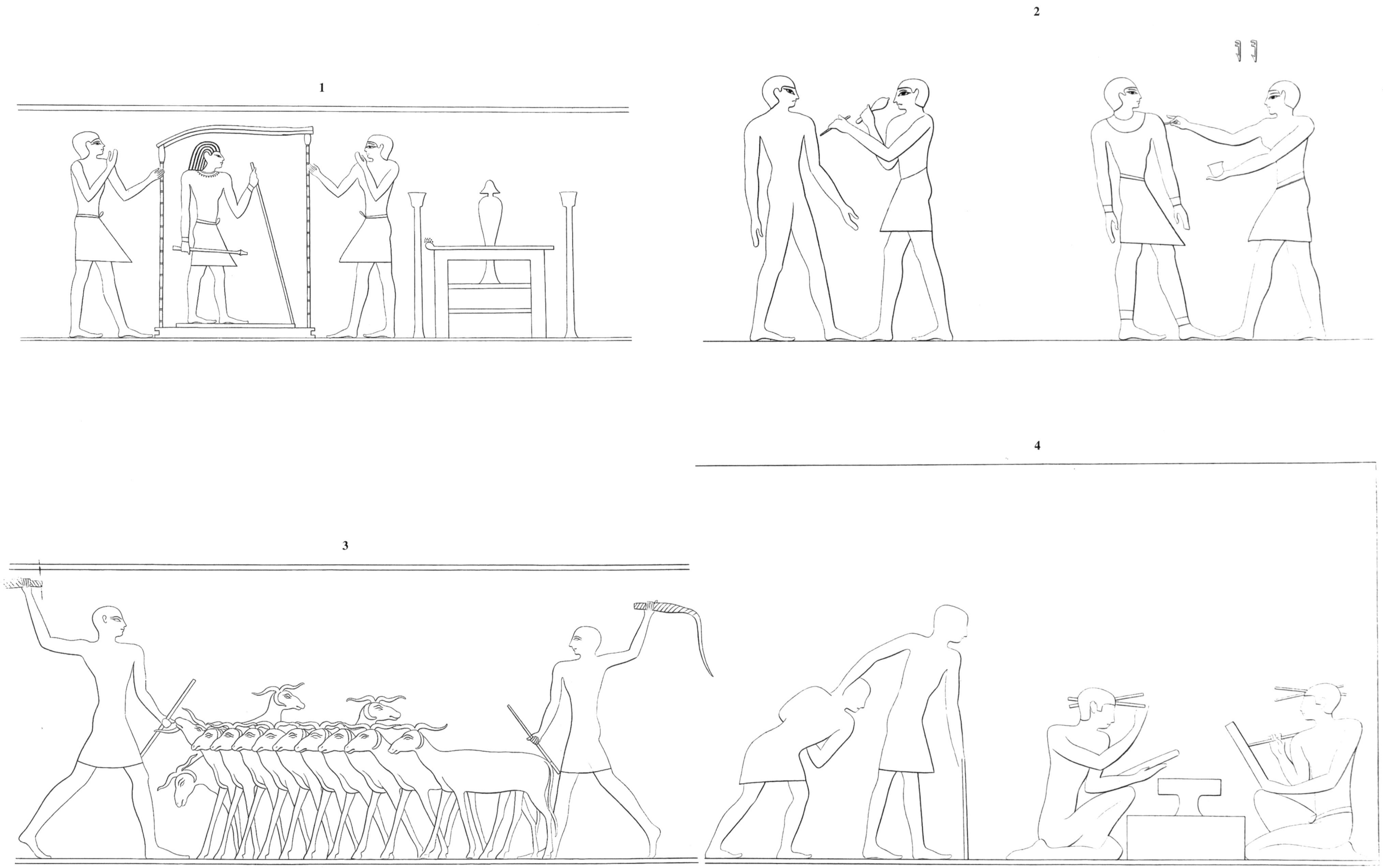

1、2和3，罗特依墓葬。4. 吉萨，埃美依墓葬。

图三六三乙

贝尼哈桑

内沃特普墓。

图三六四

贝尼哈桑卡迪姆

1

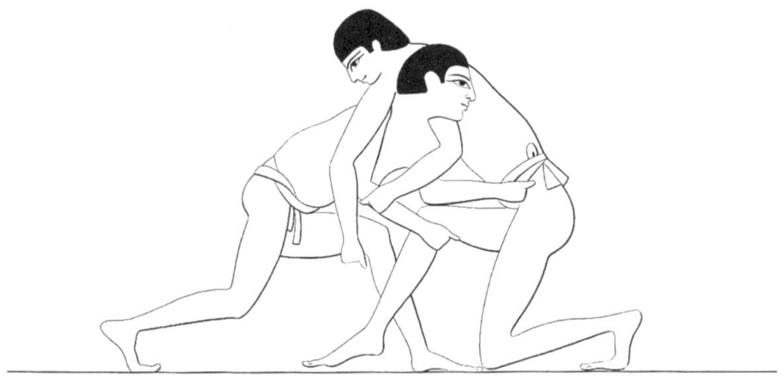

2

3

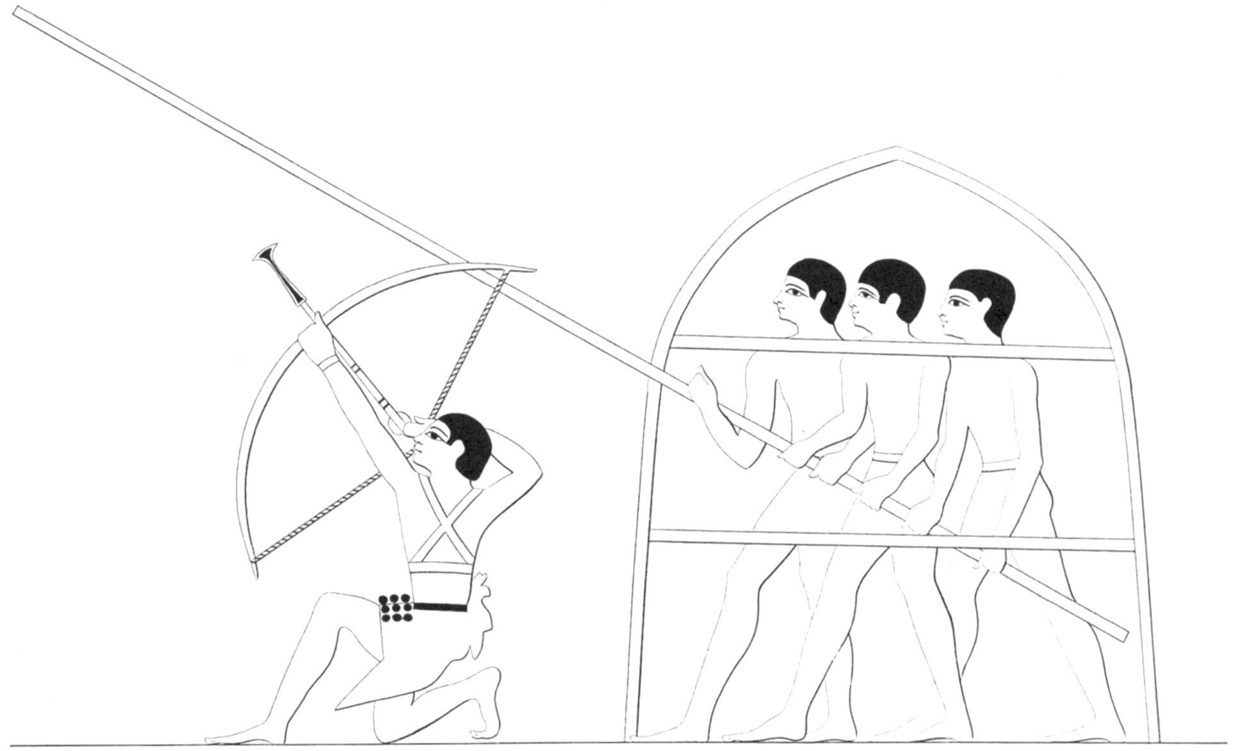

内沃特普墓，东侧墙壁。

图三六五

贝尼哈桑卡迪姆

1

2

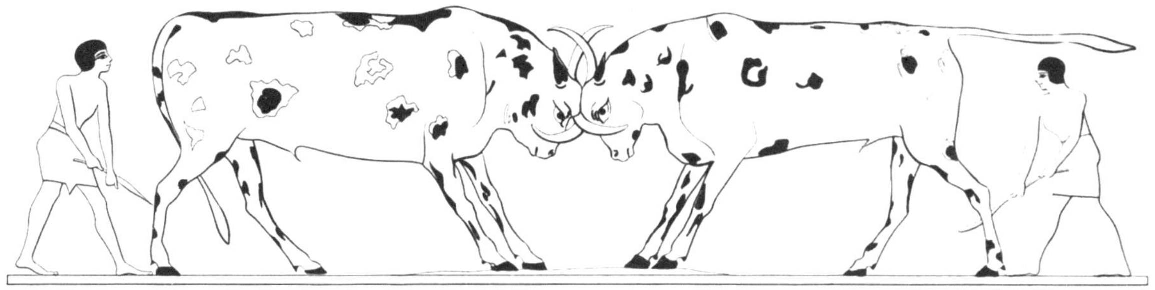

3

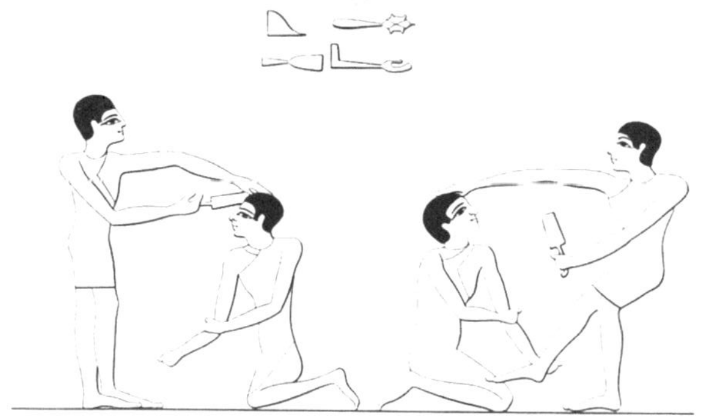

4

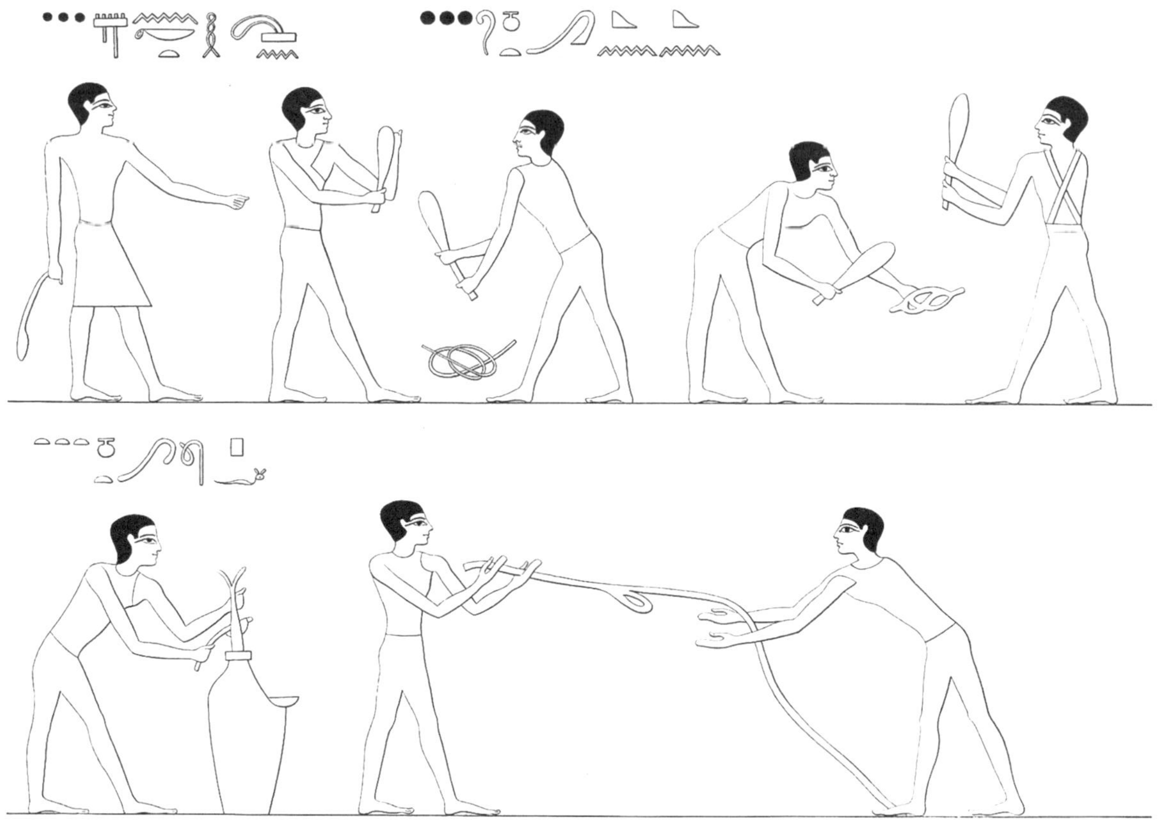

5

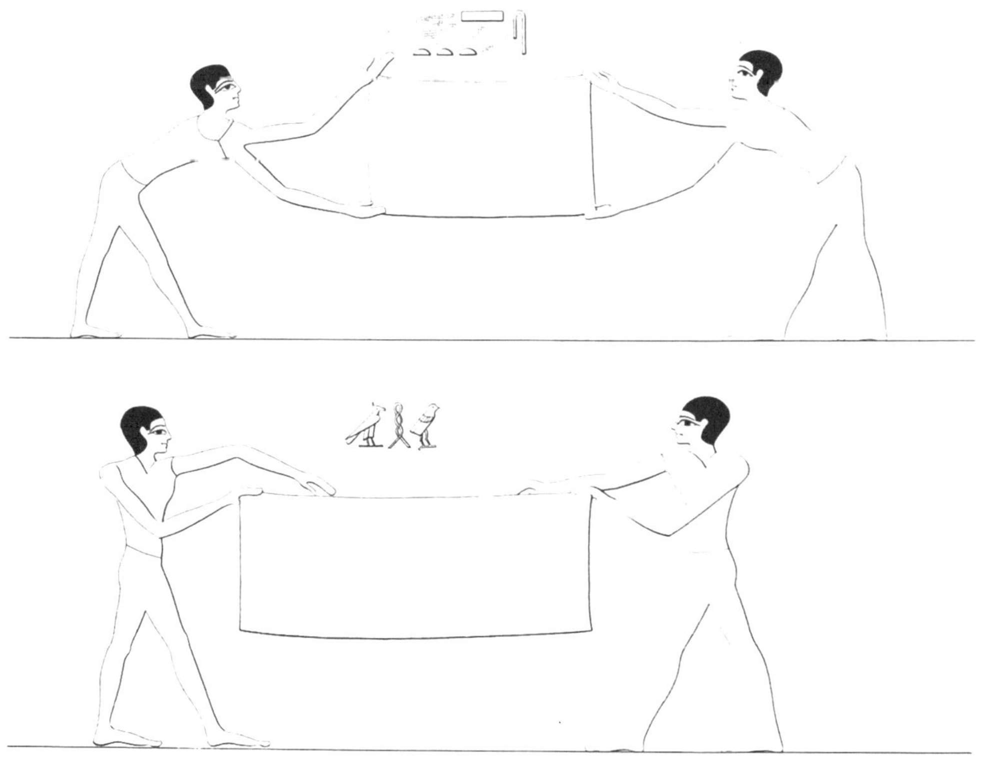

罗特依墓，西侧墙壁。

贝尼哈桑卡迪姆

1

2

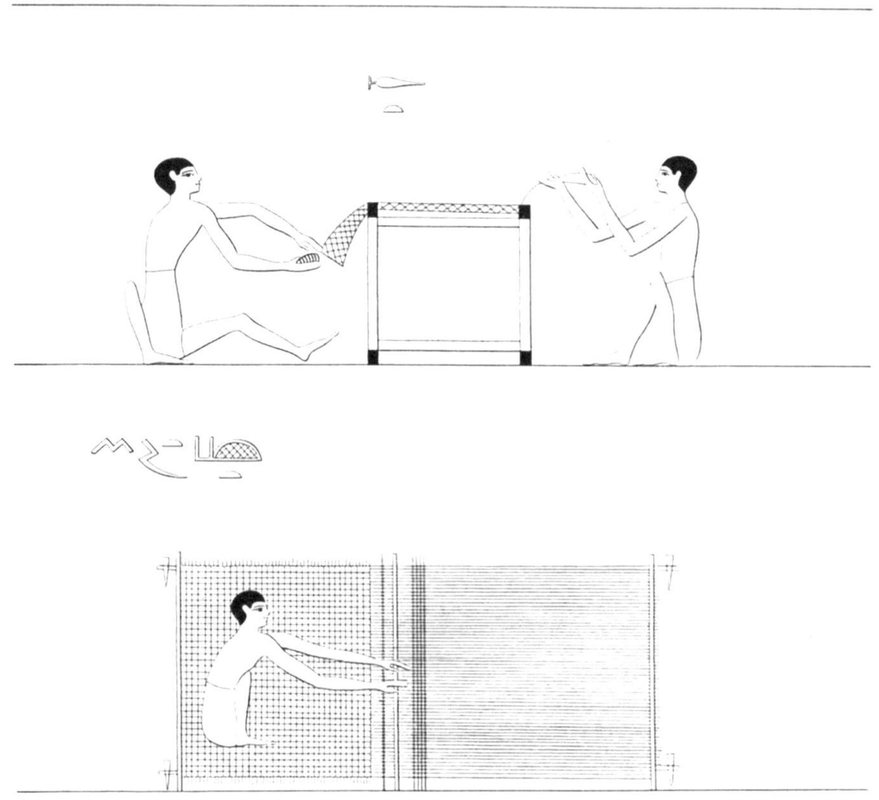

3

4

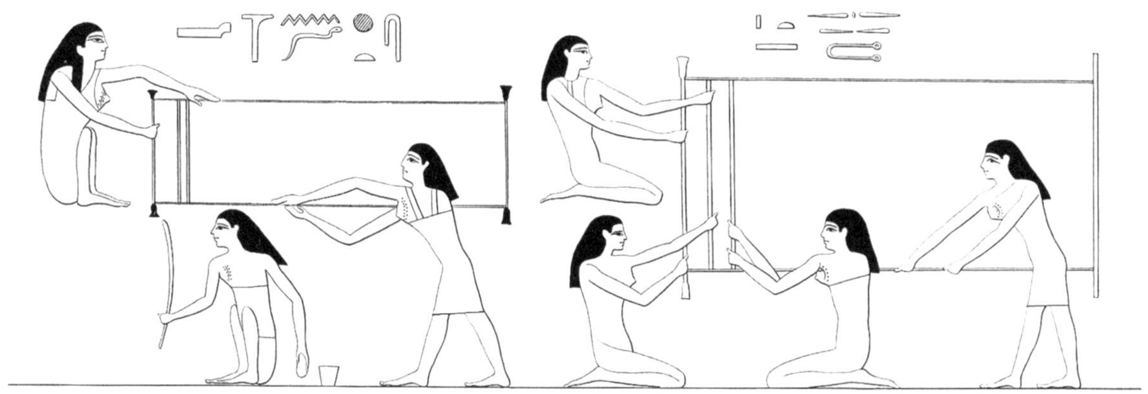

5

罗特依墓，西侧墙壁。

图三六七

贝尼哈桑卡迪姆

罗特依墓，北侧墙壁。

图三六八

贝尼哈桑卡迪姆

1

2

3

4

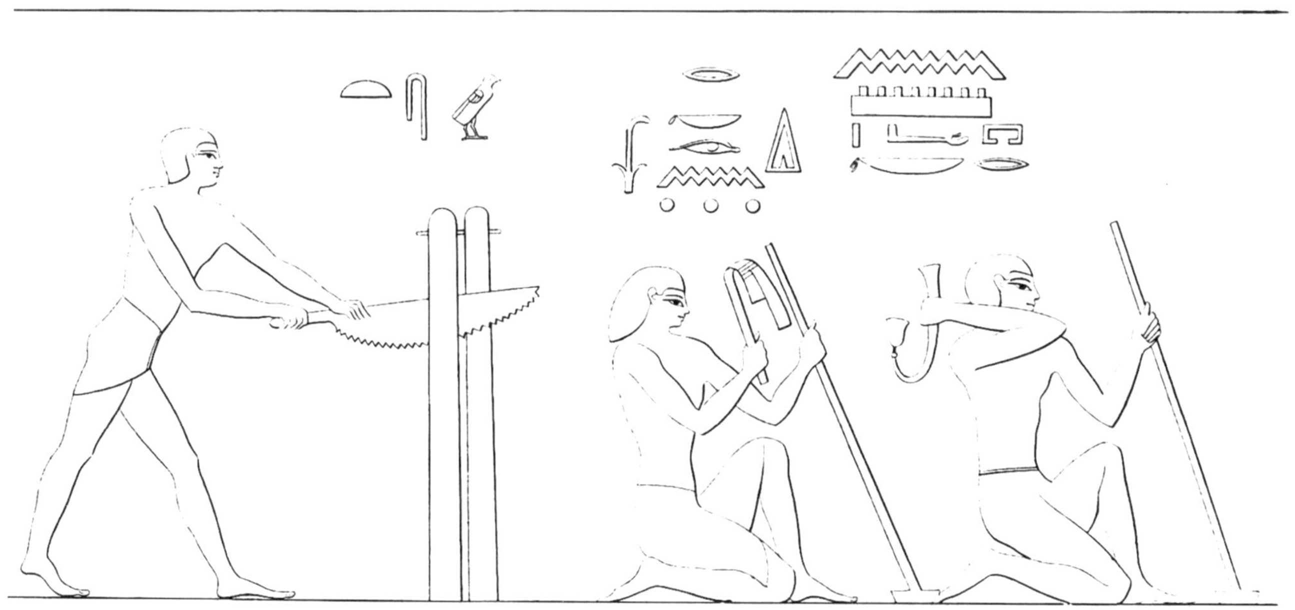

罗特依墓，北侧墙壁。

图三六九

贝尼哈桑卡迪姆

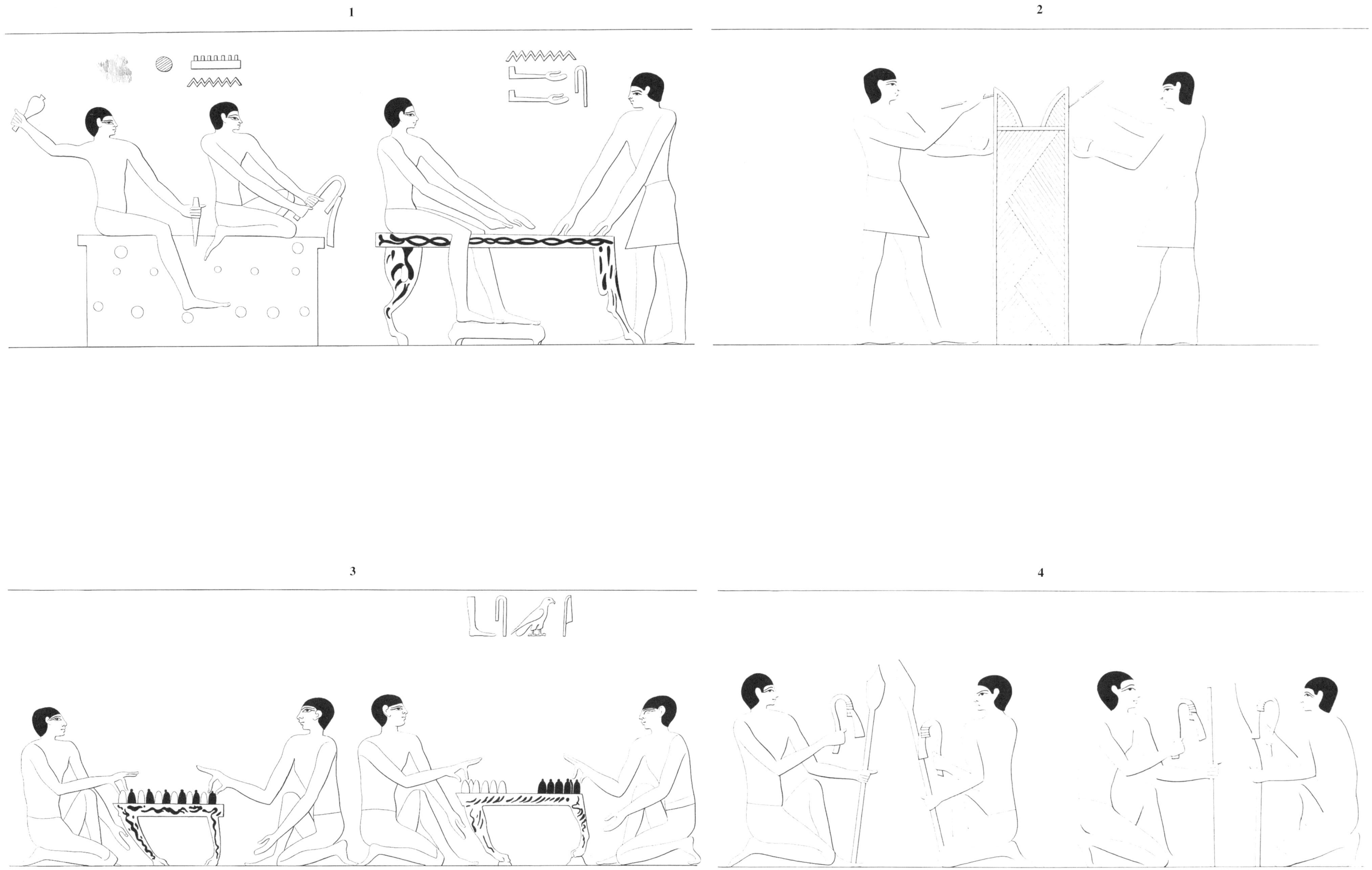

罗特依墓，北侧墙壁。

图三七〇

贝尼哈桑卡迪姆

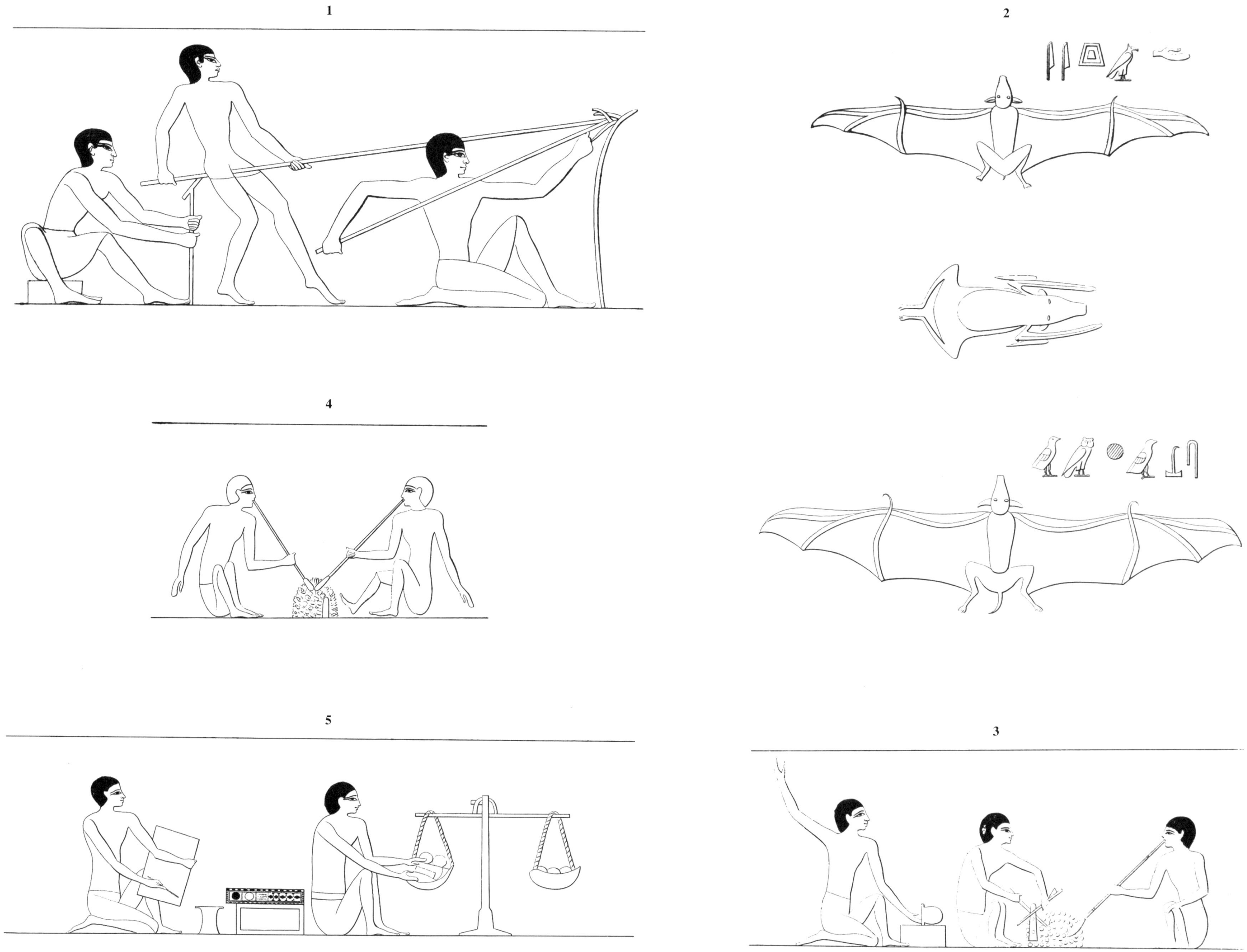

罗特依墓，北侧墙壁。

图三七一

贝尼哈桑卡迪姆

1

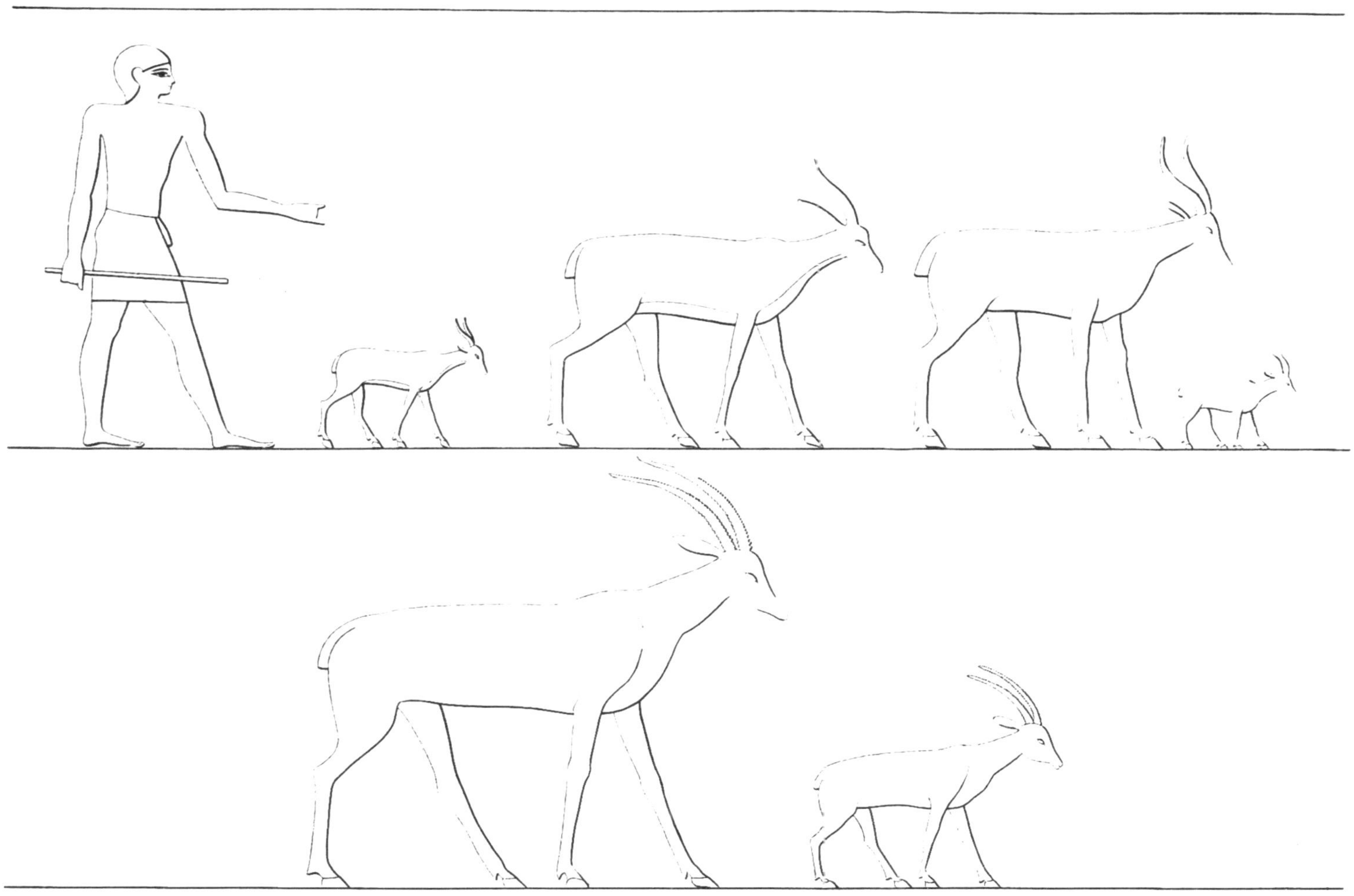

2

1和2，罗特依墓，北侧墙壁。

图三七二

贝尼哈桑卡迪姆

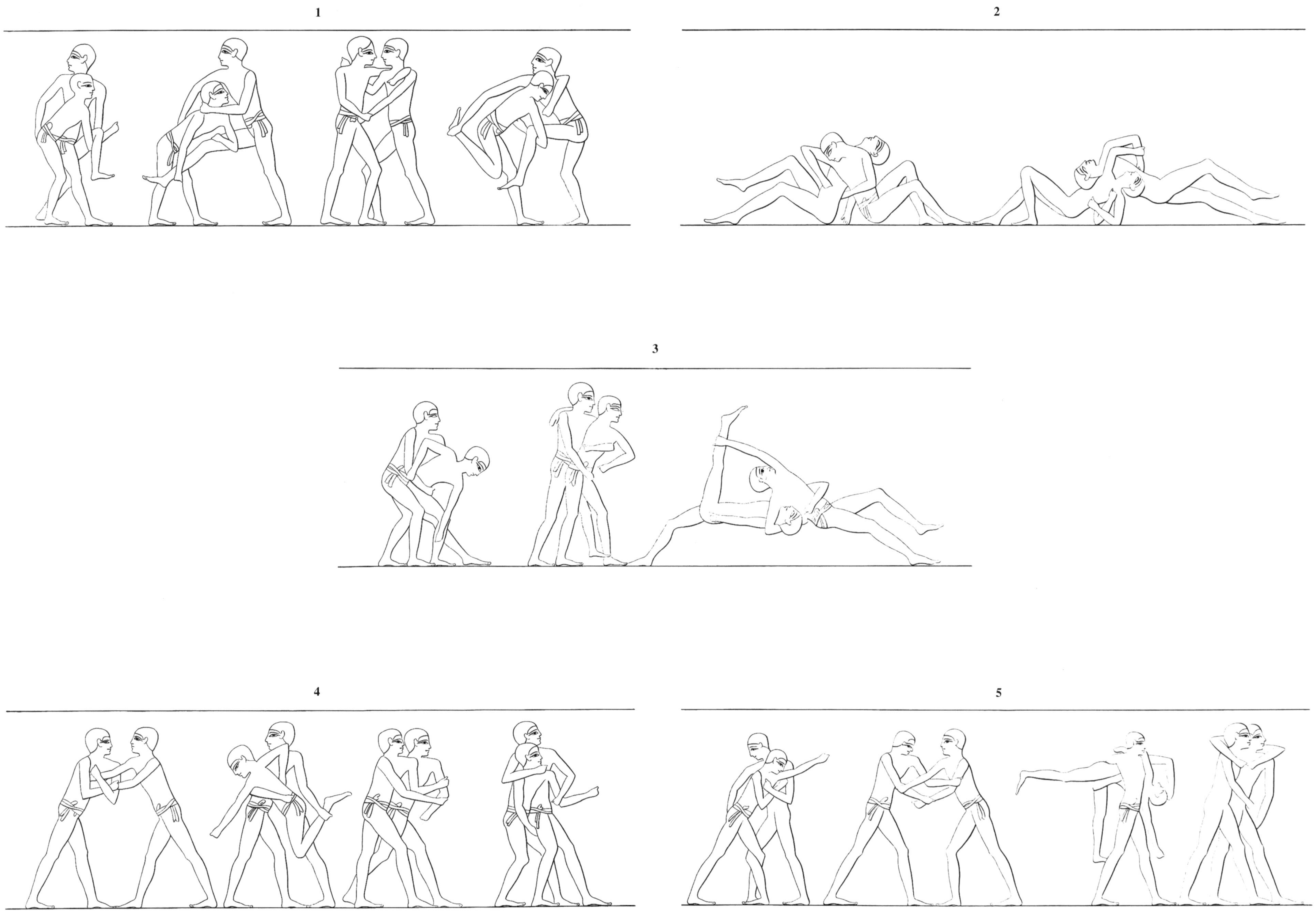

罗特依墓，东侧墙壁。

图三七三

贝尼哈桑卡迪姆

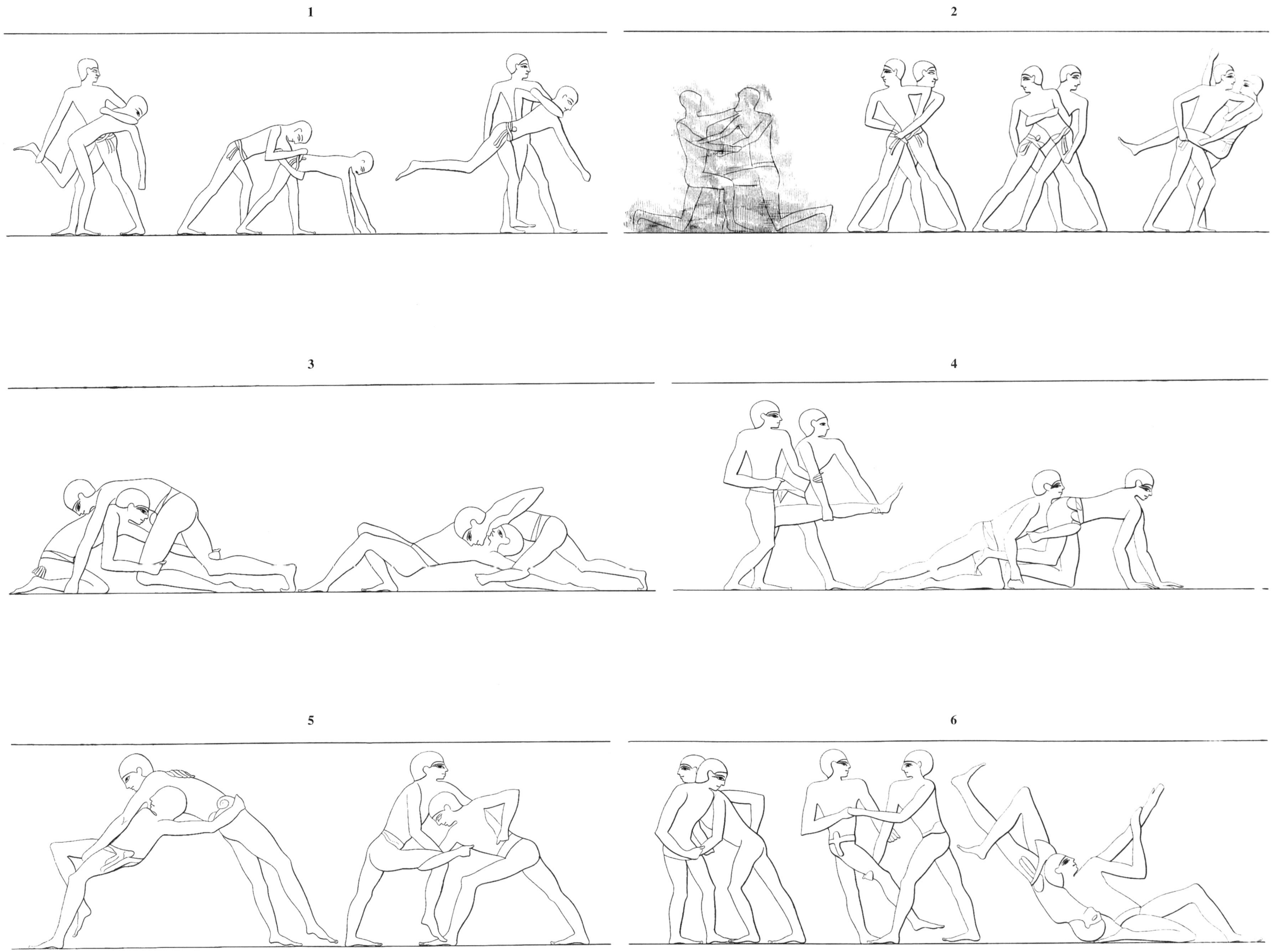

罗特依墓，东侧墙壁。

图三七四

贝尼哈桑卡迪姆

1

2

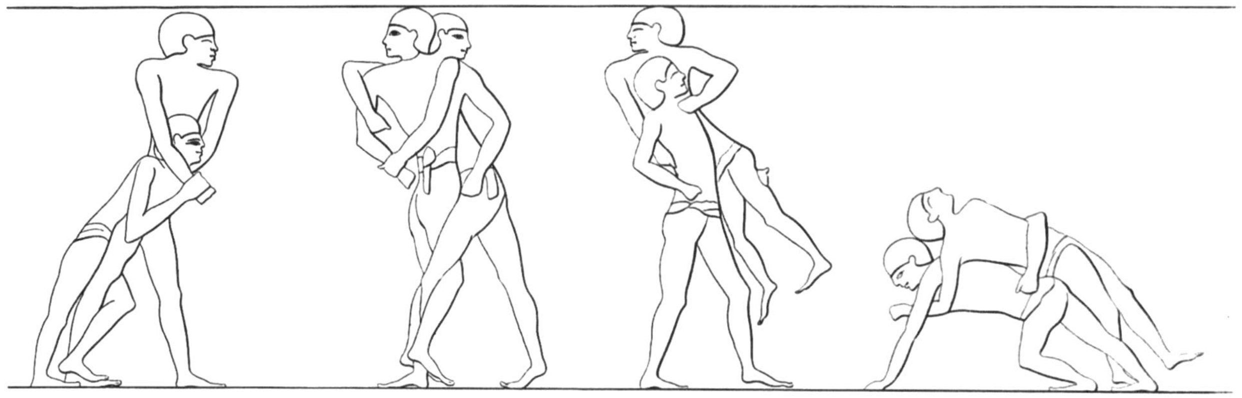

3

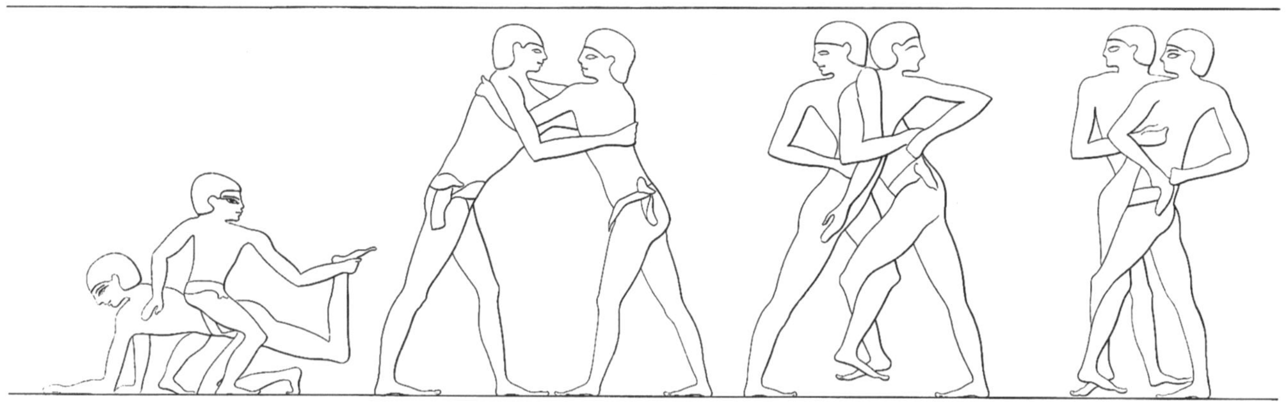

4

5

6

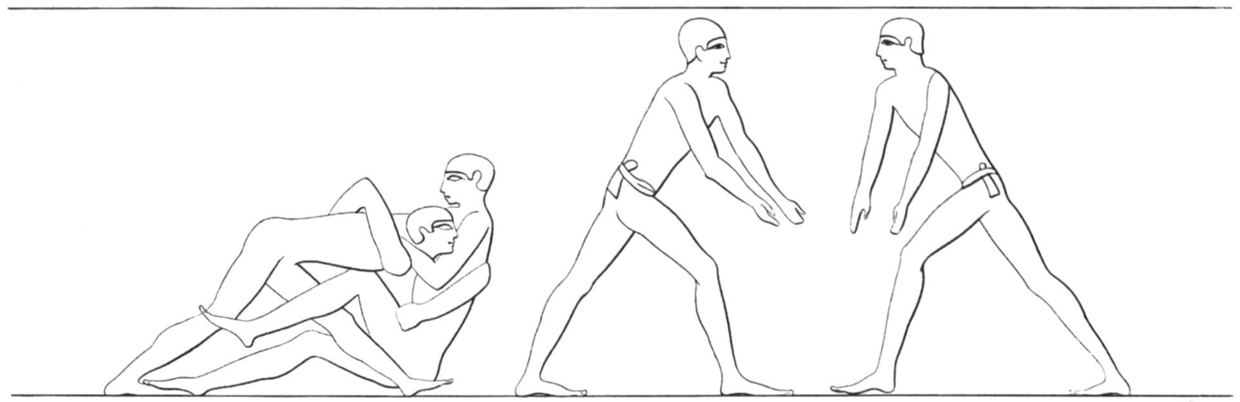

罗特依墓，东侧墙壁。

图三七五

贝尼哈桑卡迪姆

罗特依墓，东侧墙壁。

图三七六

贝尼哈桑卡迪姆

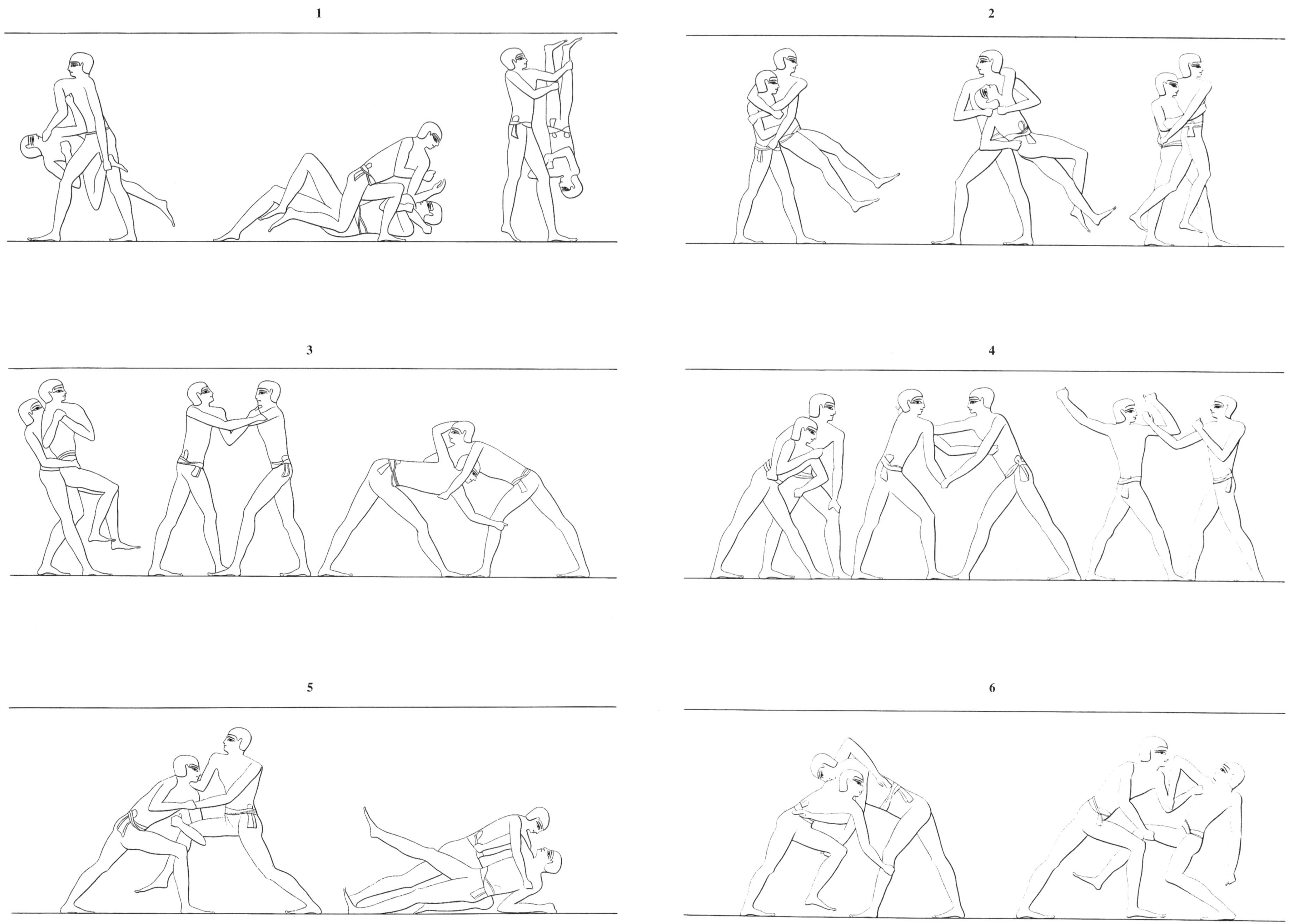

罗特依墓，东侧墙壁。

图三七七甲

贝尼哈桑卡迪姆

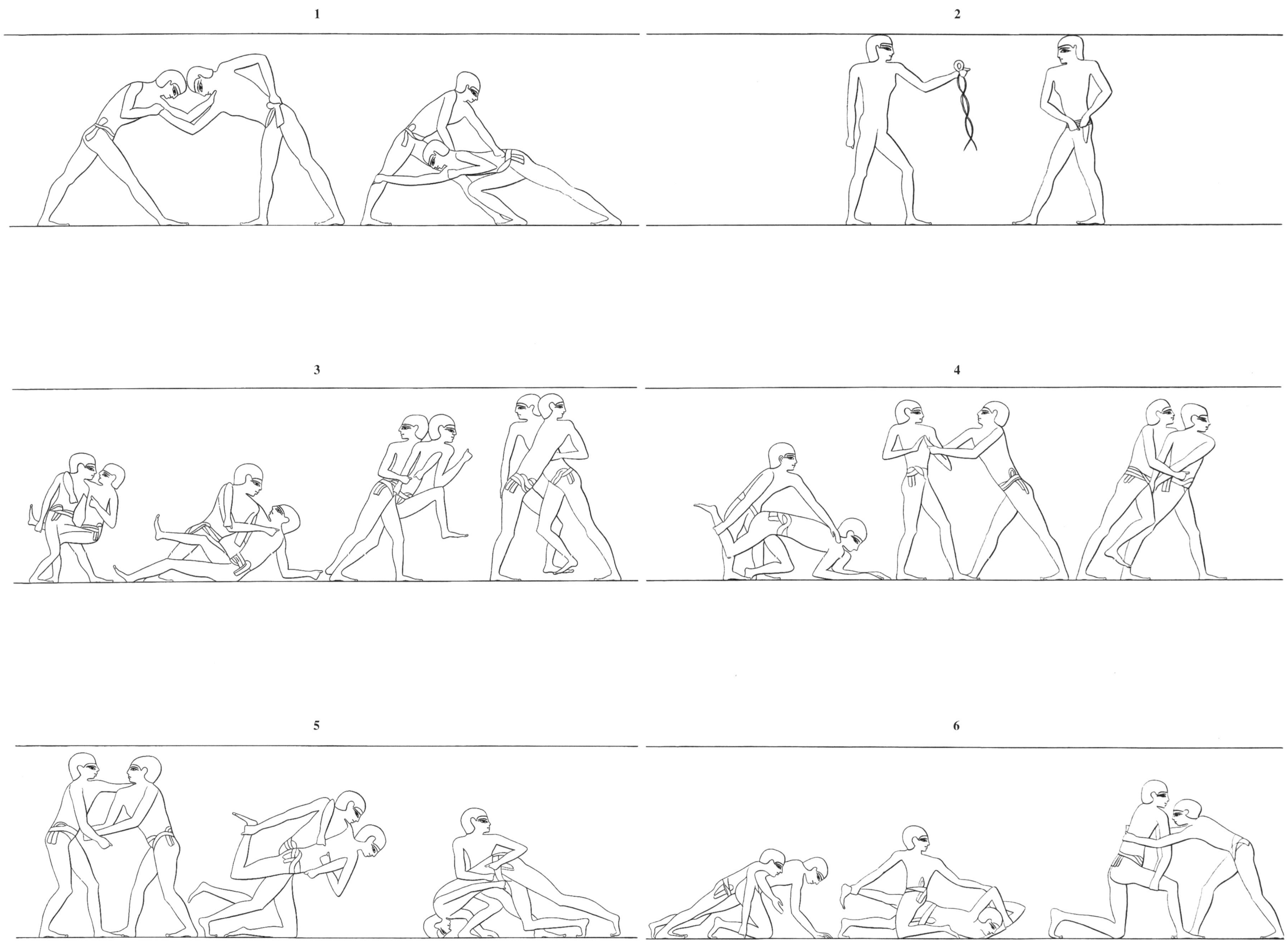

罗特依墓，东侧墙壁。

图三七七乙

贝尼哈桑卡迪姆

内沃特普墓。

贝尼哈桑卡迪姆

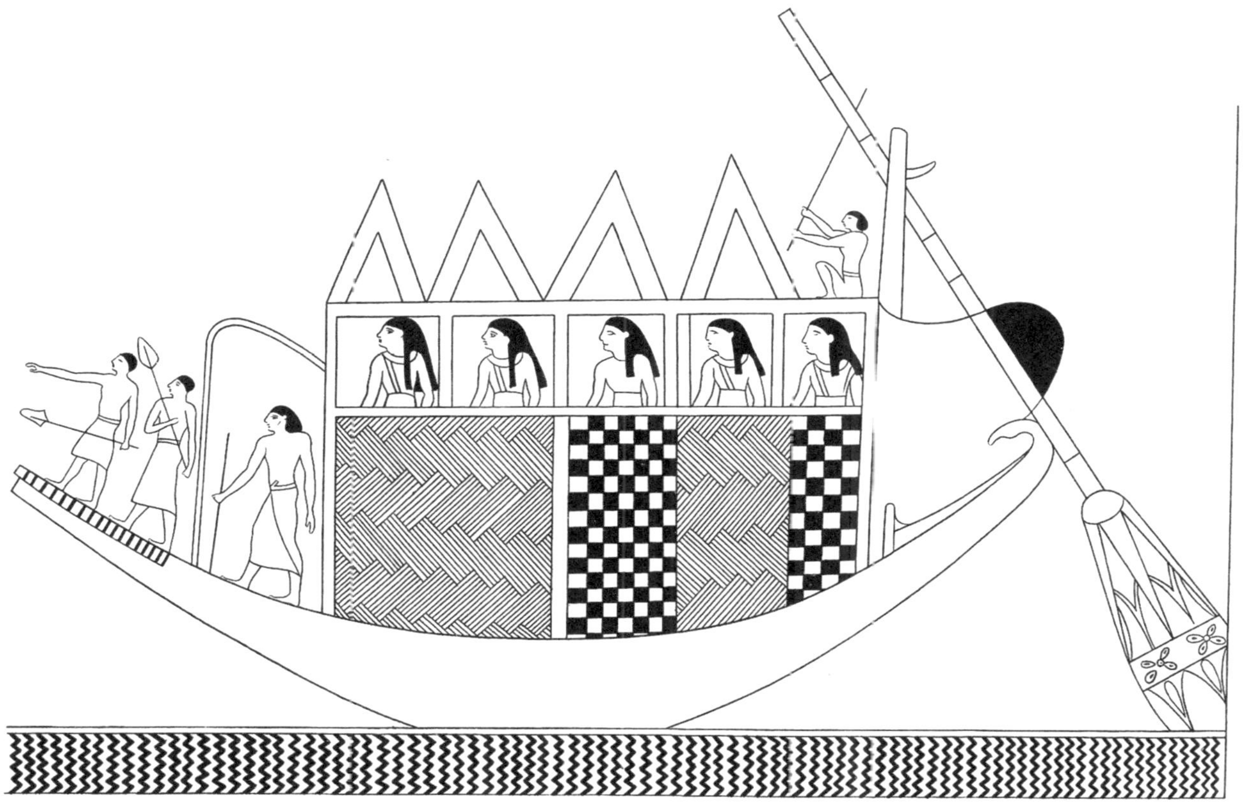

墓室内的壁画。

图三七七丁

贝尼哈桑卡迪姆

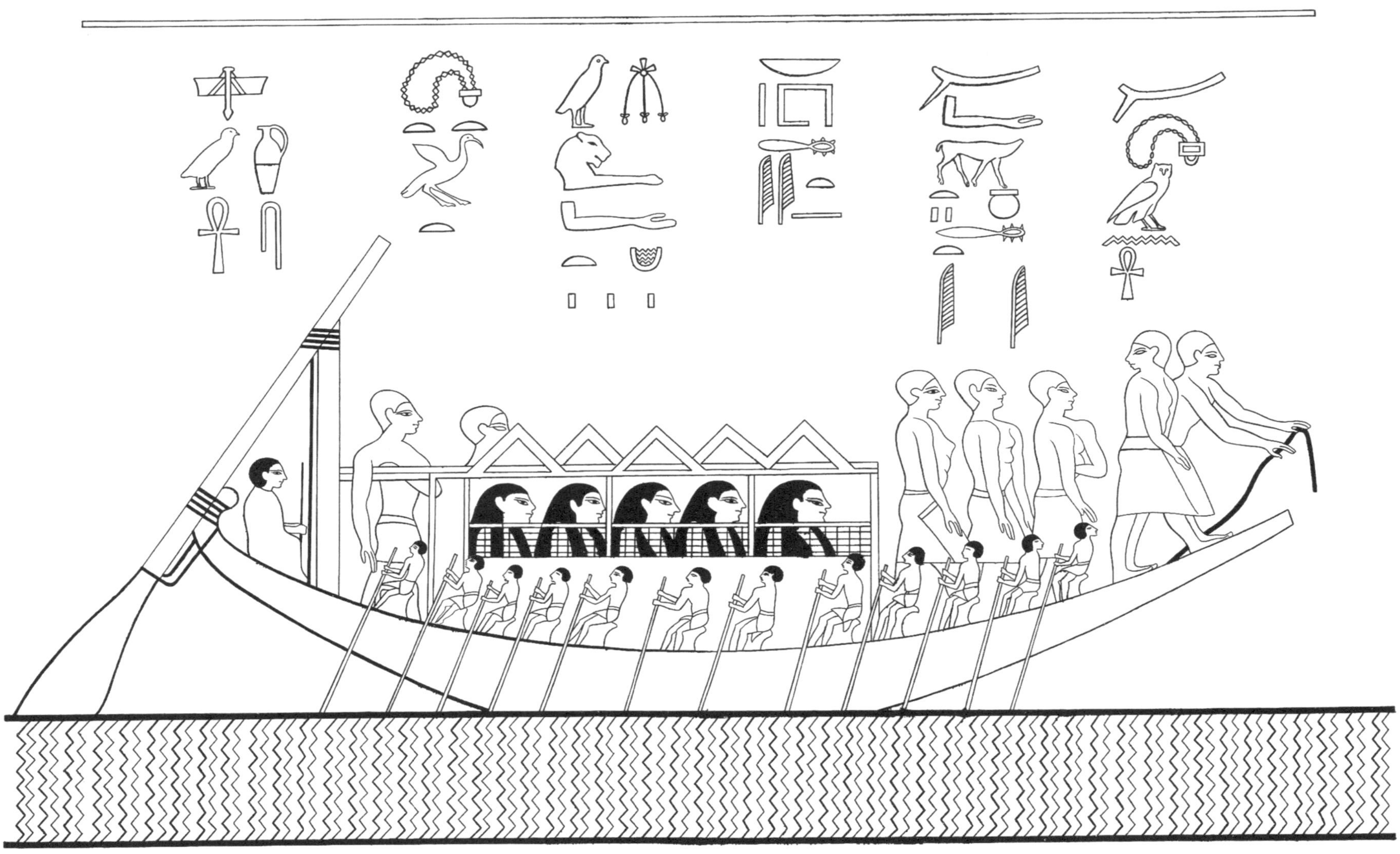

内沃特普墓。

图三七八

贝尼哈桑卡迪姆

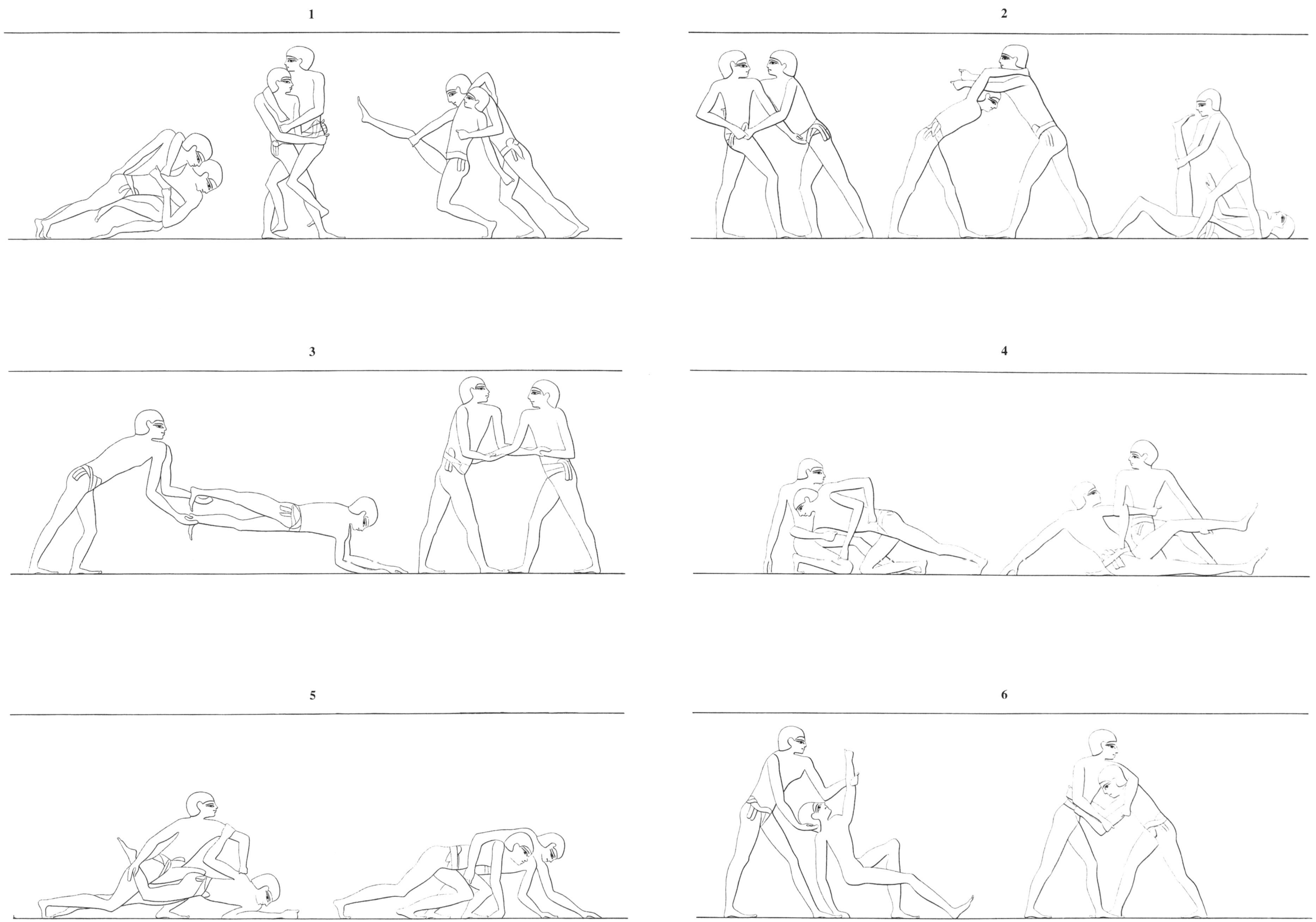

罗特依墓，东侧墙壁。

图三七九

贝尼哈桑卡迪姆

1

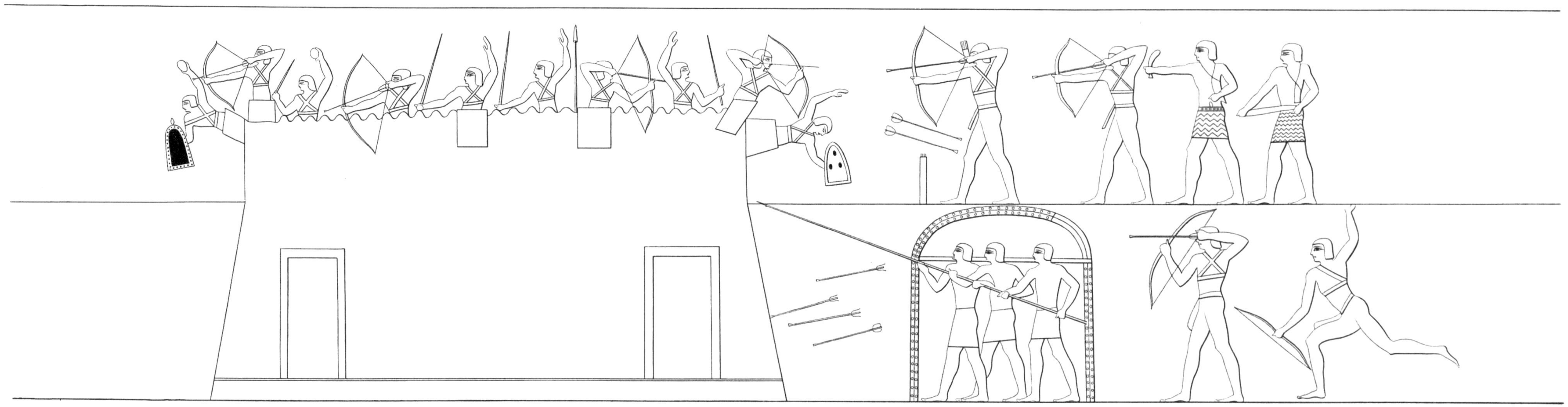

2

3

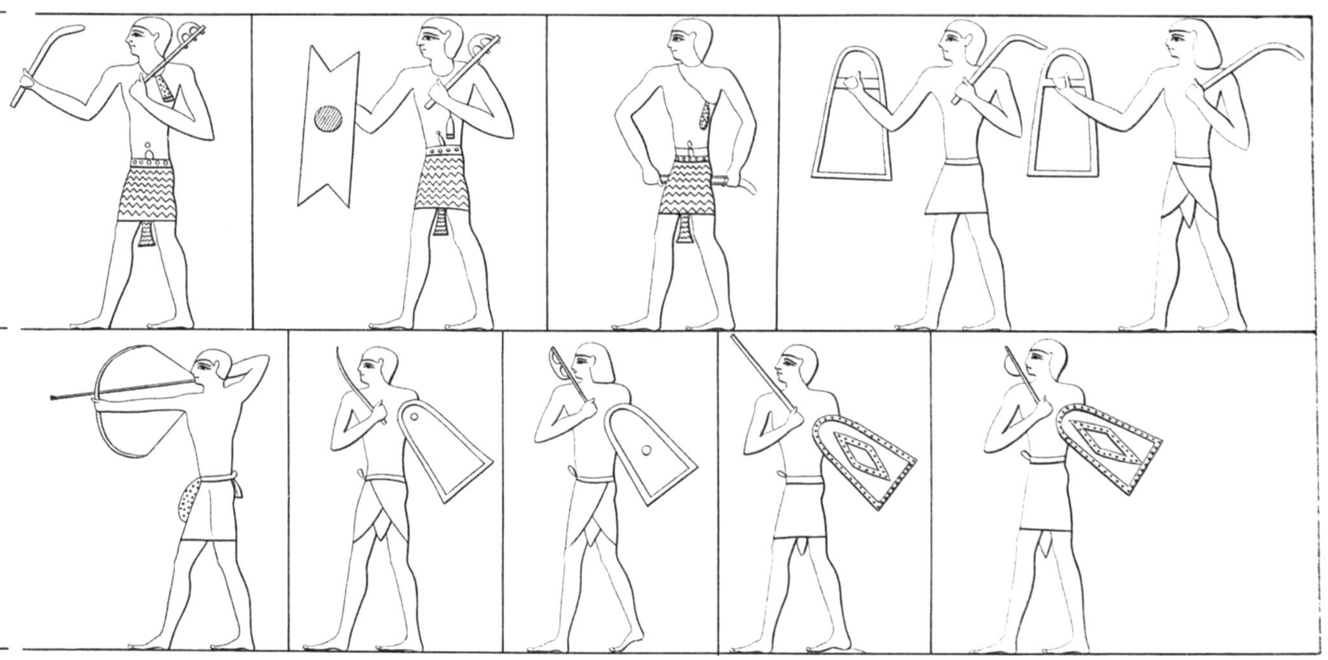

罗特依墓，东侧墙壁。

贝尼哈桑卡迪姆

1

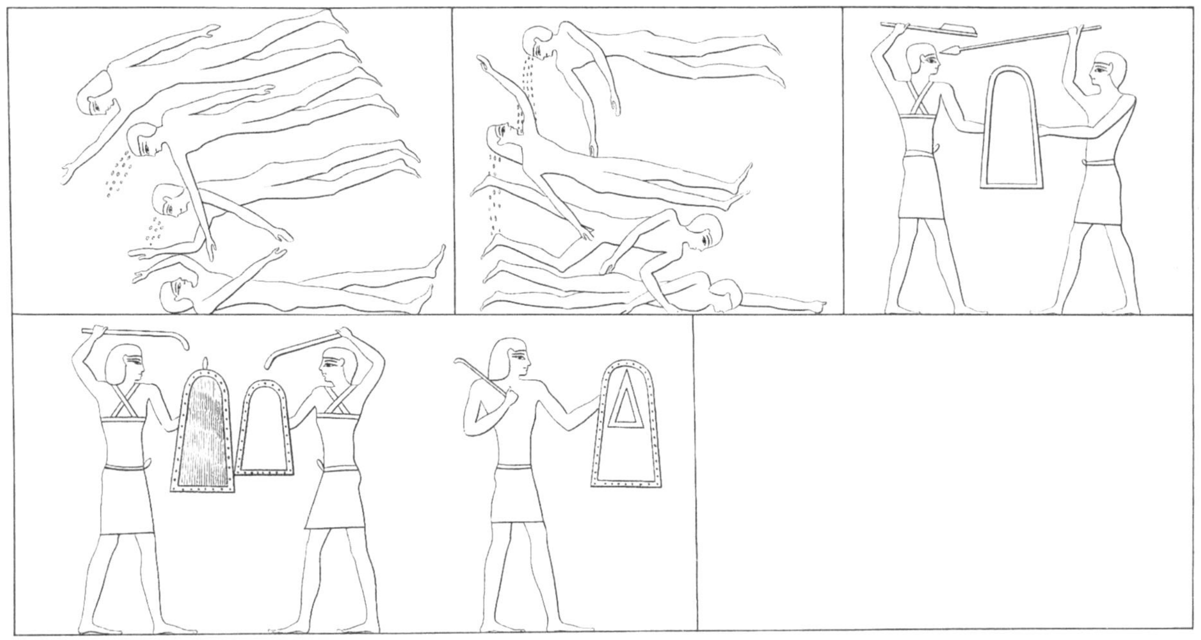

2

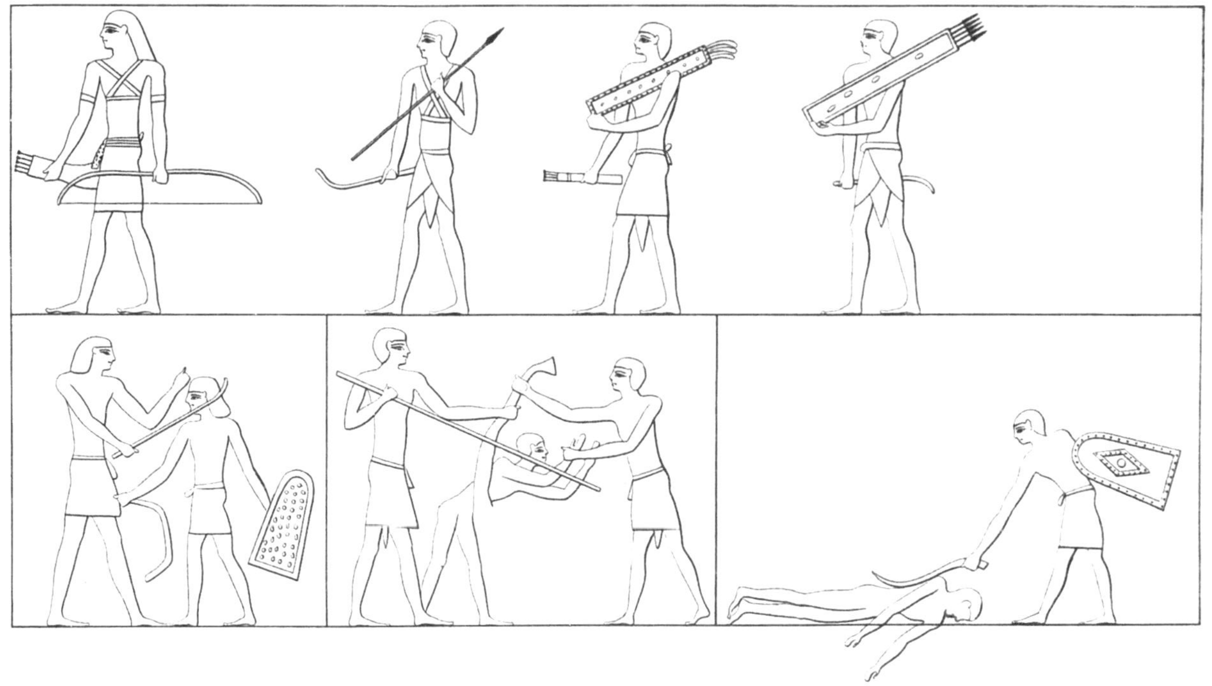

3

罗特依墓，东侧墙壁。

图三八一甲

贝尼哈桑卡迪姆

1

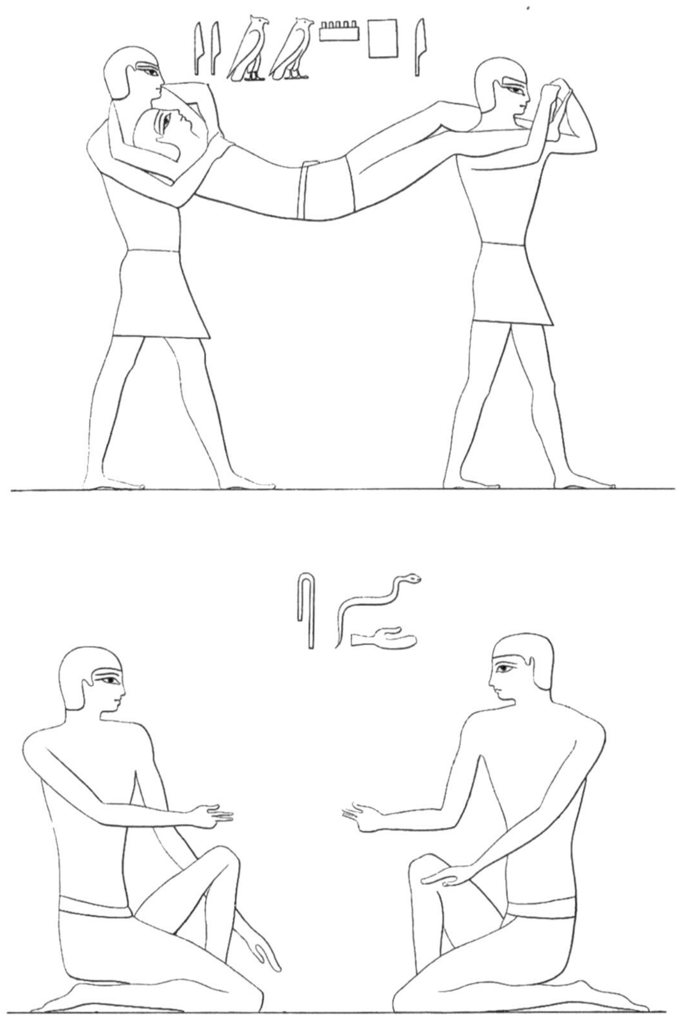

2

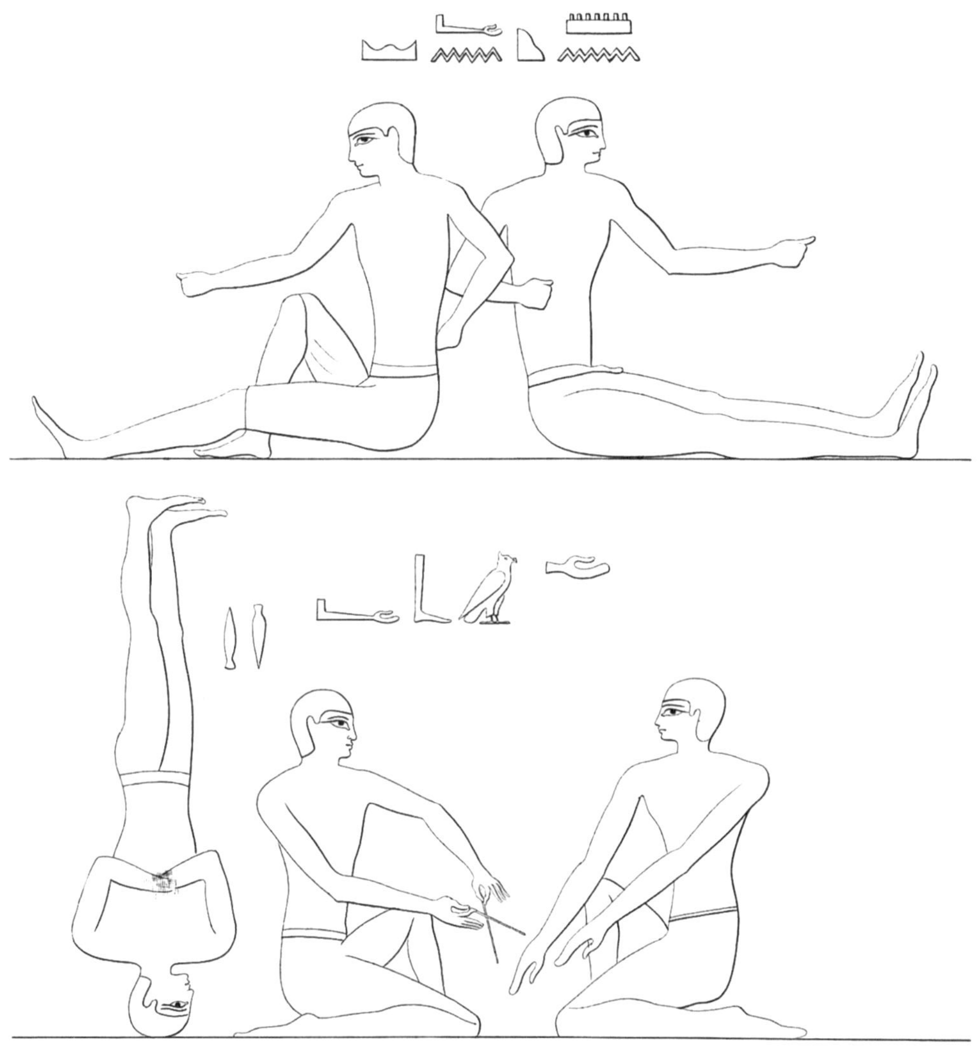

3

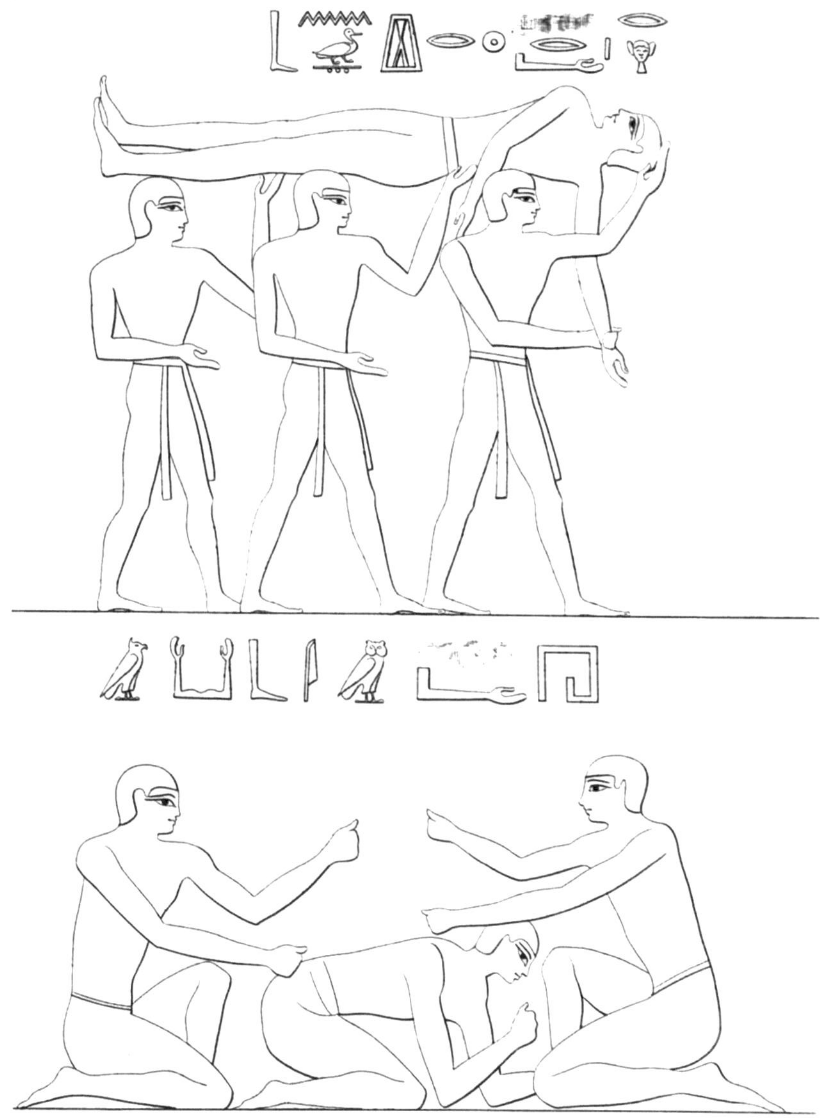

罗特依墓，东侧墙壁。

图三八一乙

贝尼哈桑卡迪姆

1

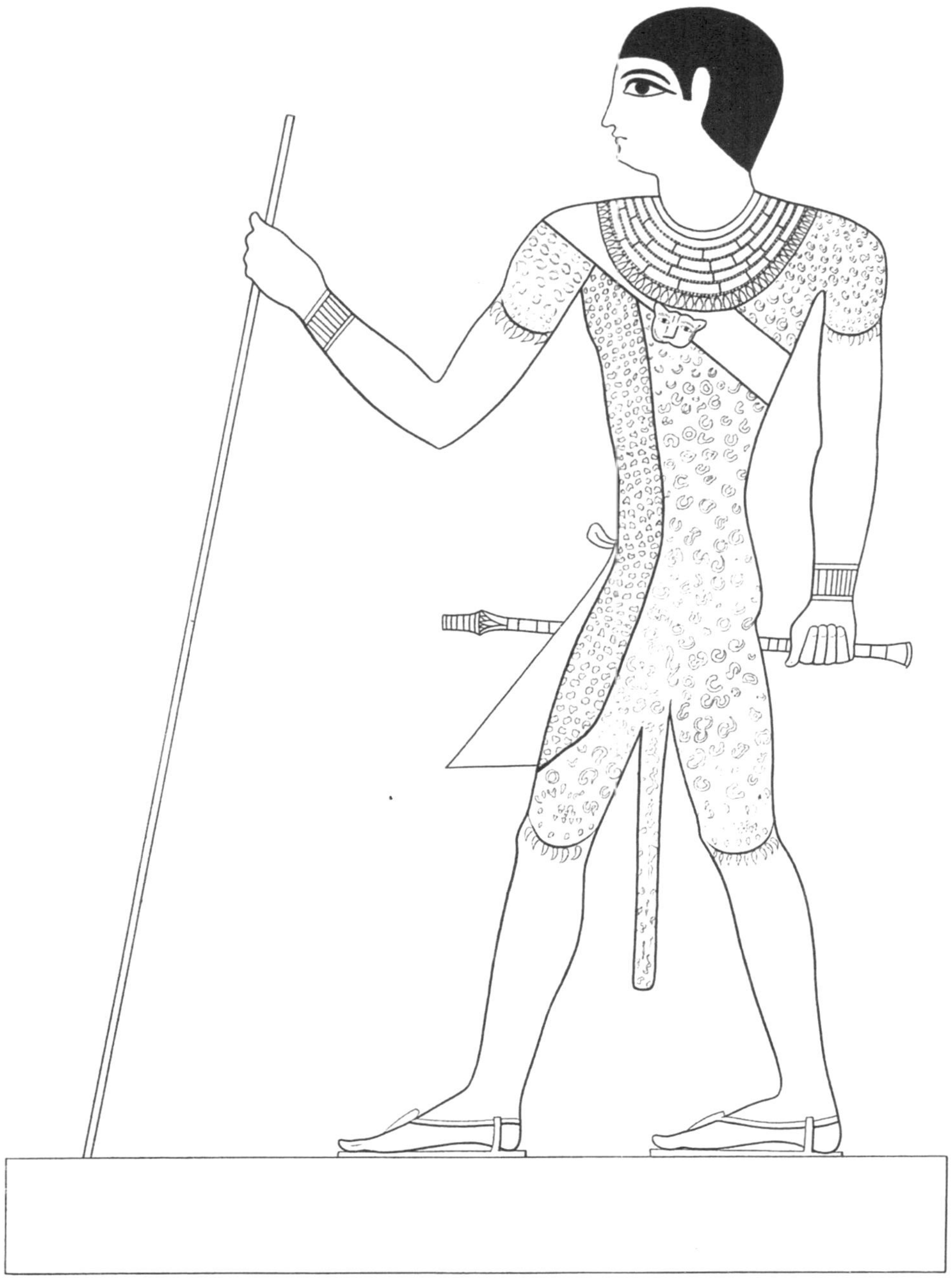

2

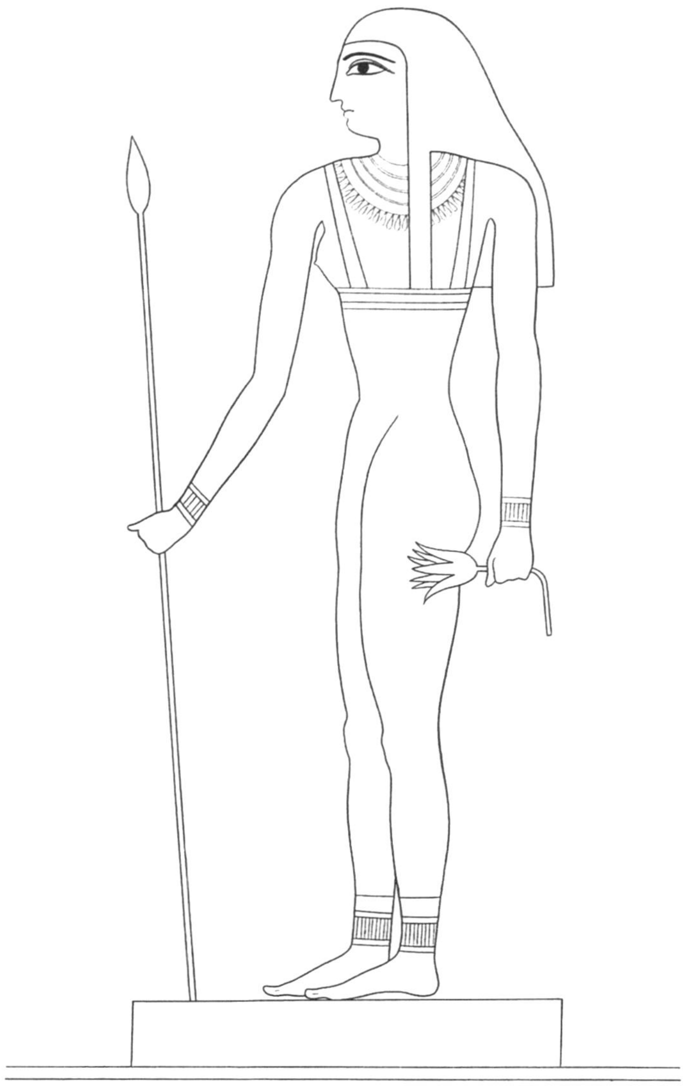

3

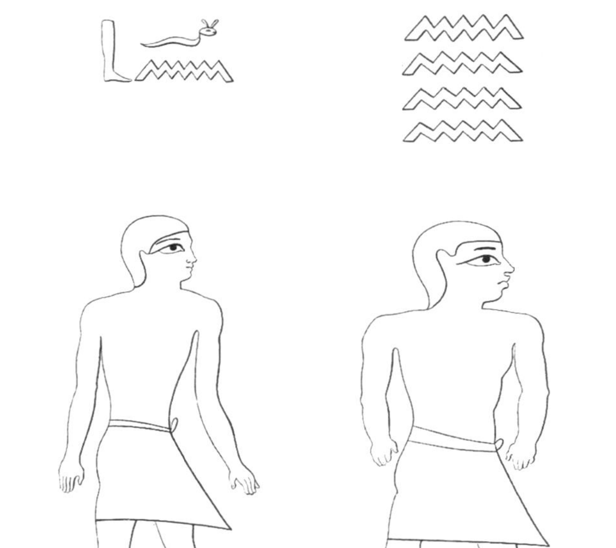

4

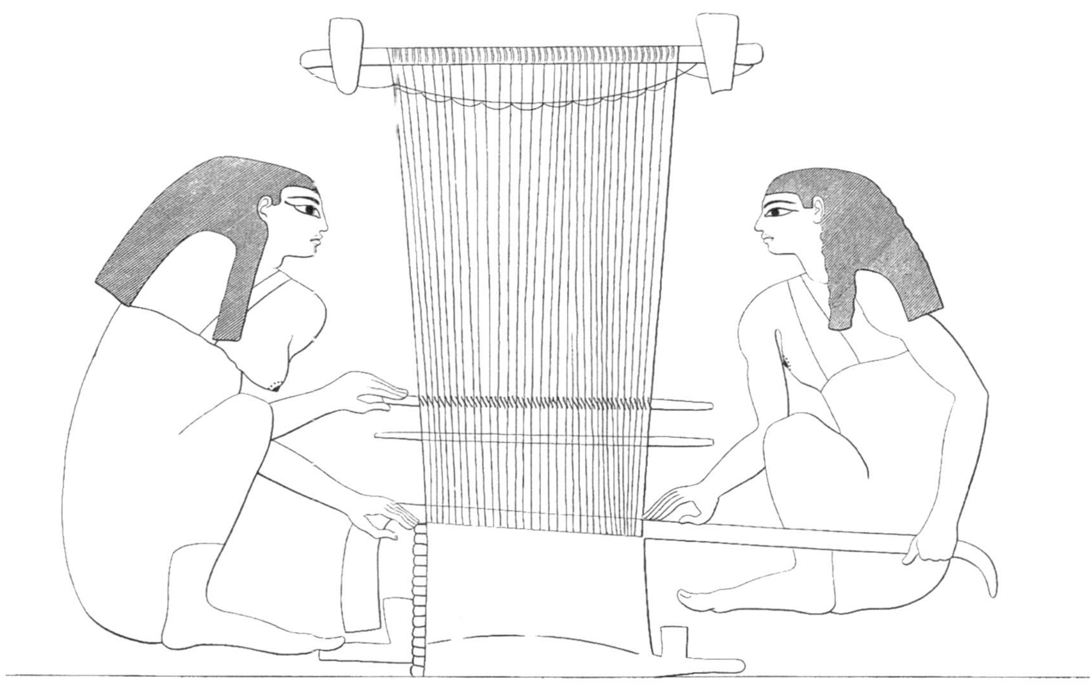

罗特依墓，南侧墙壁。

图三八一丙

贝尼哈桑卡迪姆

1

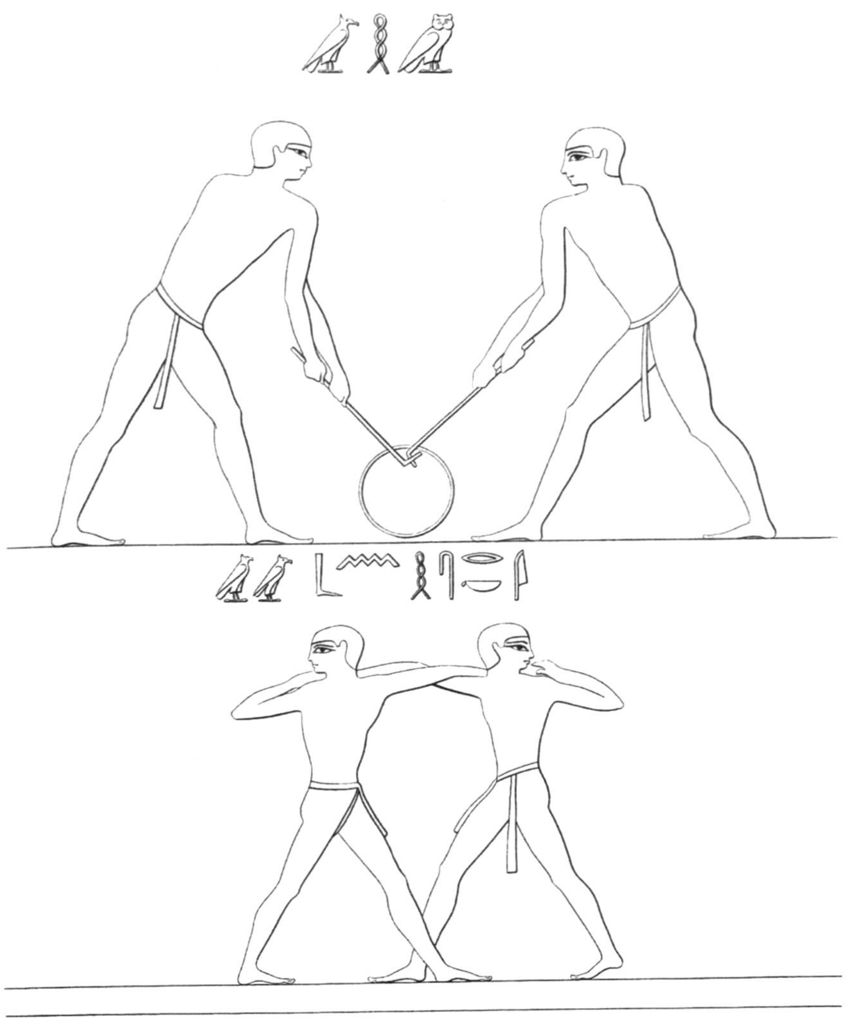

2

3

4

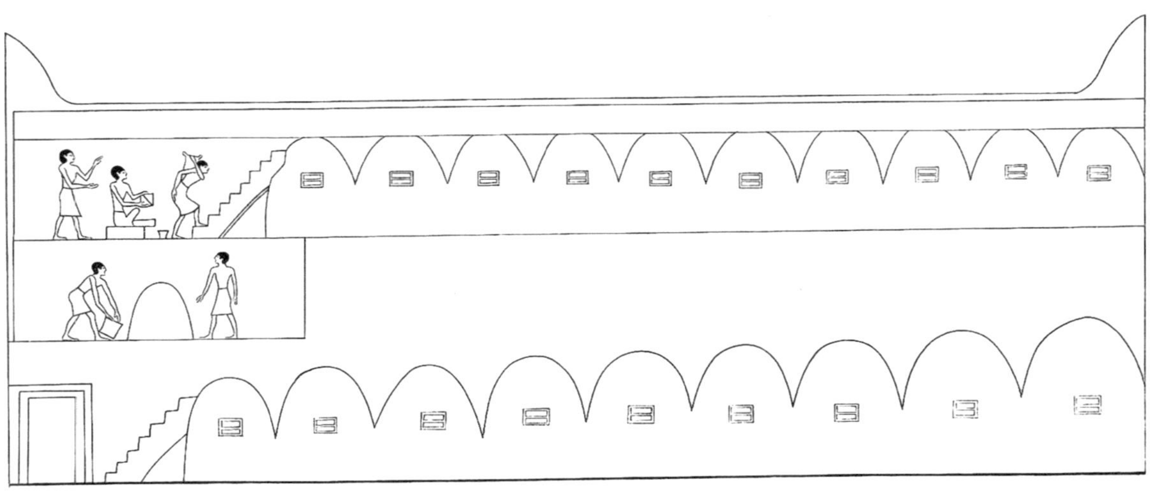

罗特依墓，南侧墙壁。

图三八二

贝尼哈桑卡迪姆

1

2

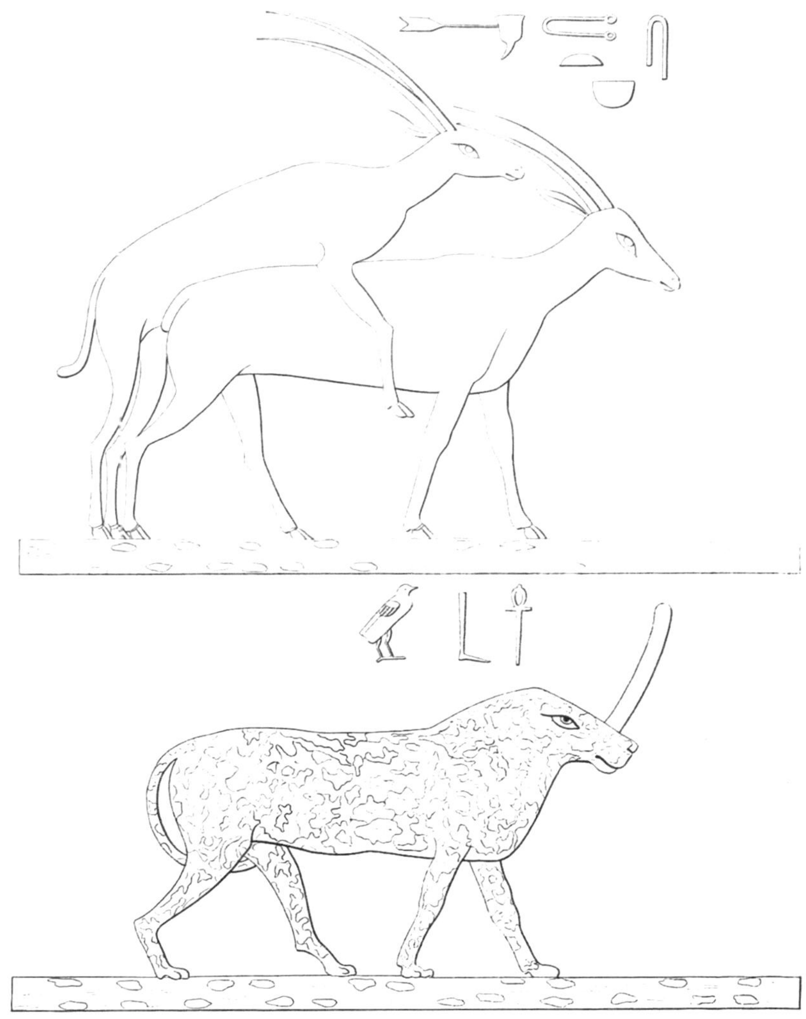

3

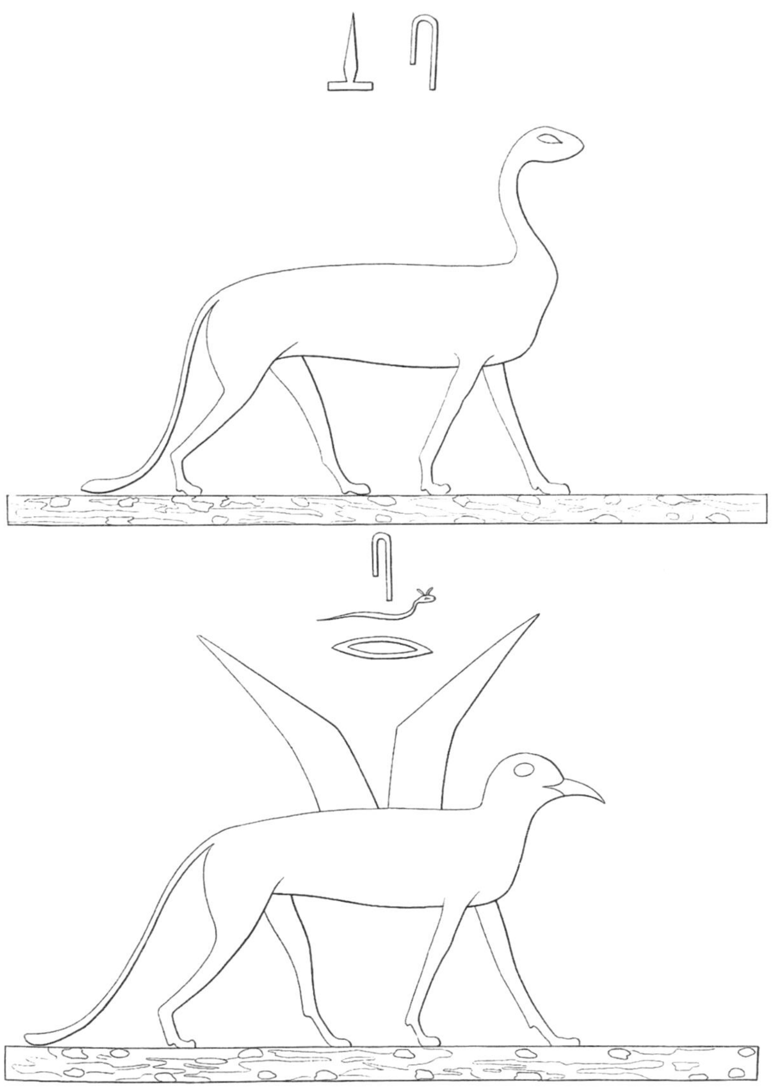

4

蒙诺特普墓，西侧墙壁。

图三八三

贝尼哈桑卡迪姆

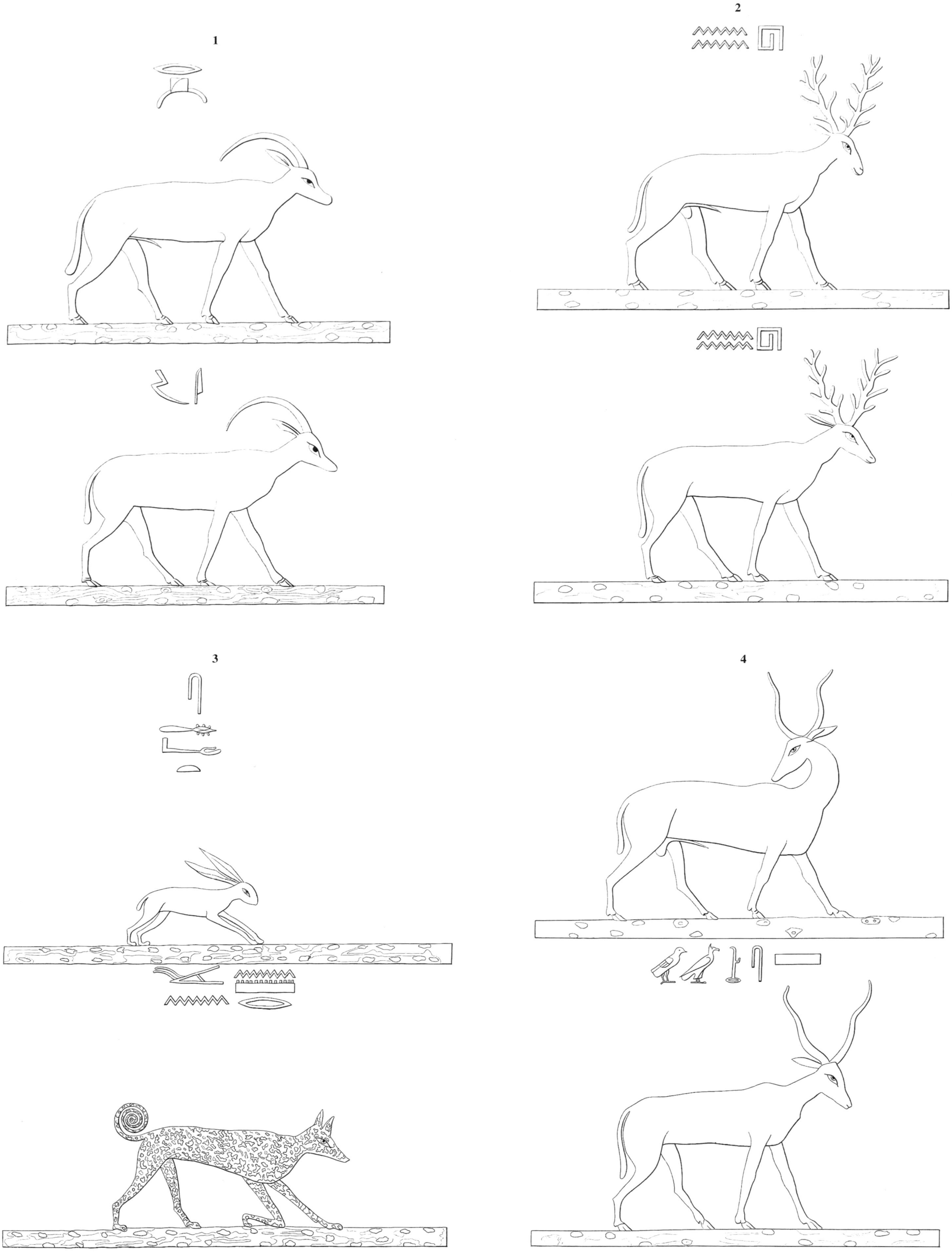

蒙诺特普墓，北侧墙壁。

图三八四

贝尼哈桑卡迪姆

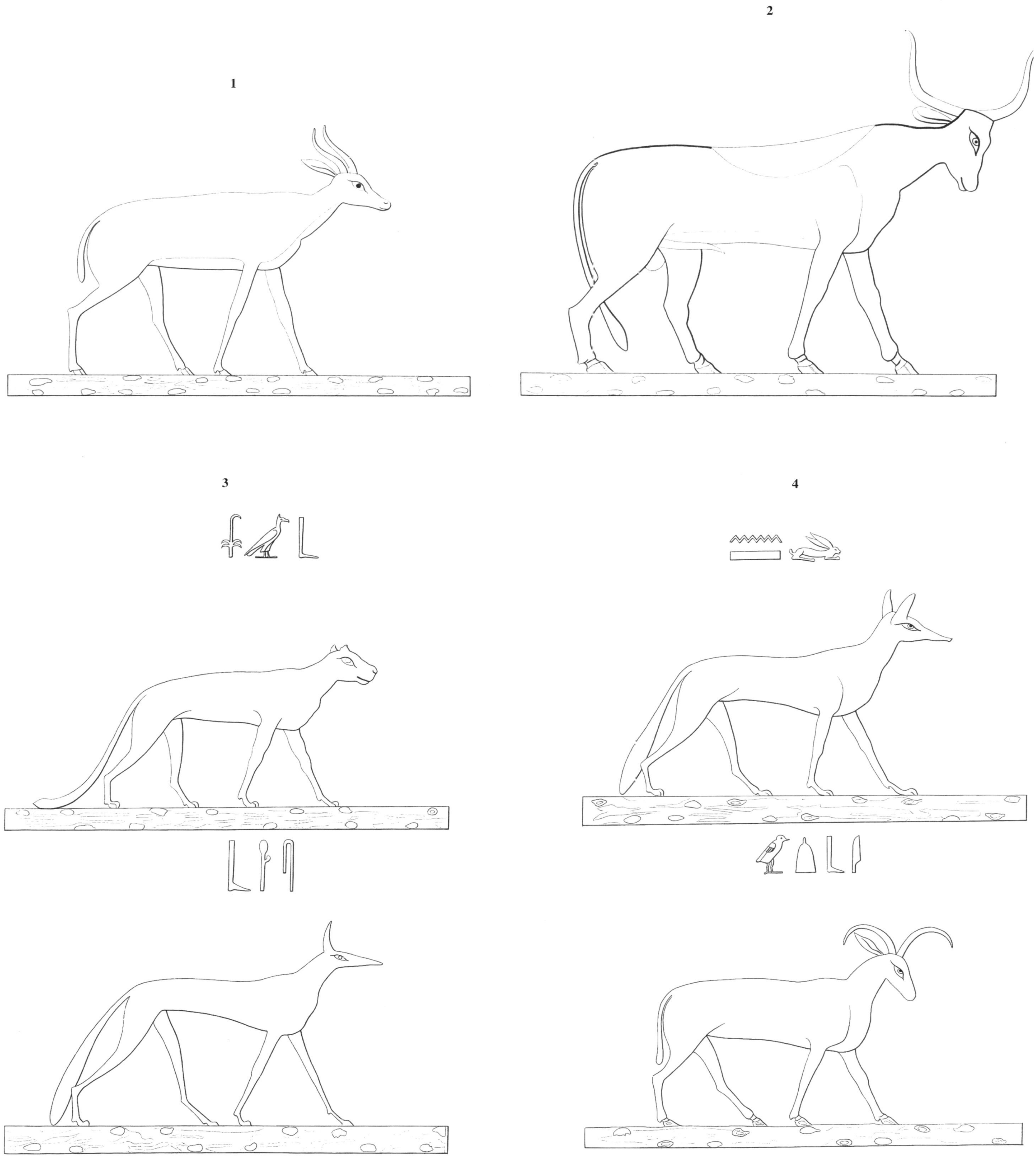

蒙诺特普墓，北侧墙壁。

图三八五

阿耳忒弥斯洞穴

1

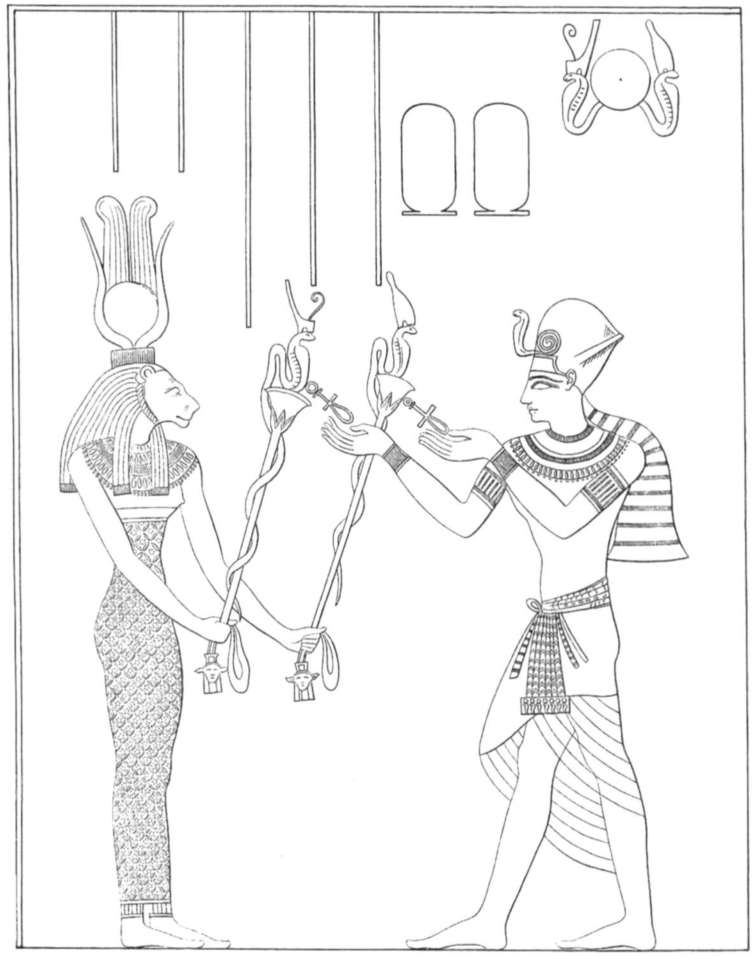

2

3

4

1、2，皇家仪式。3、4，未知地点。

贝尼哈桑卡迪姆

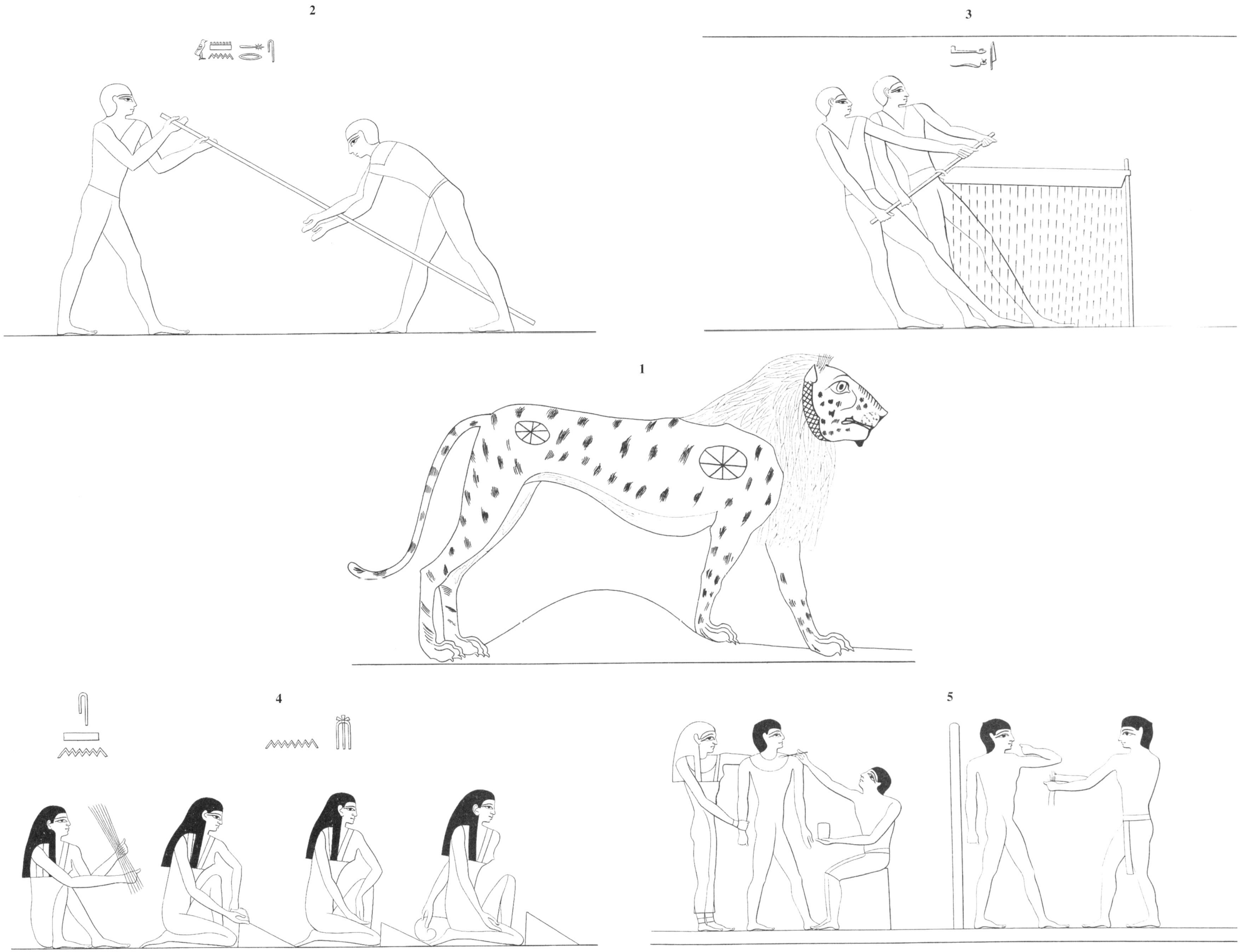

1. 内沃特普墓。2. 蒙诺特普墓，北侧和南侧墙壁。

图三八七

贝尼哈桑卡迪姆

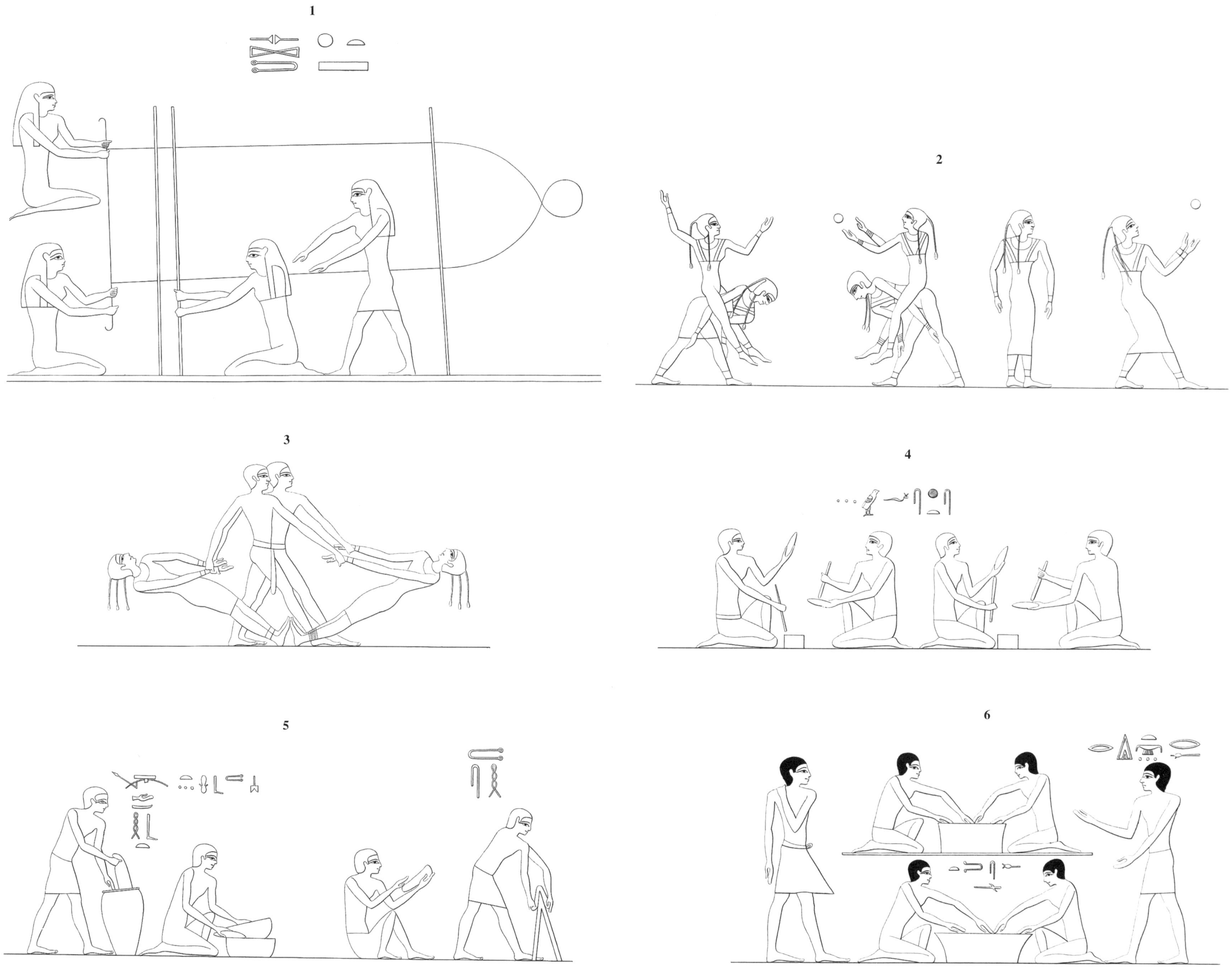

蒙诺特普墓，北侧墙壁。

贝尼哈桑卡迪姆

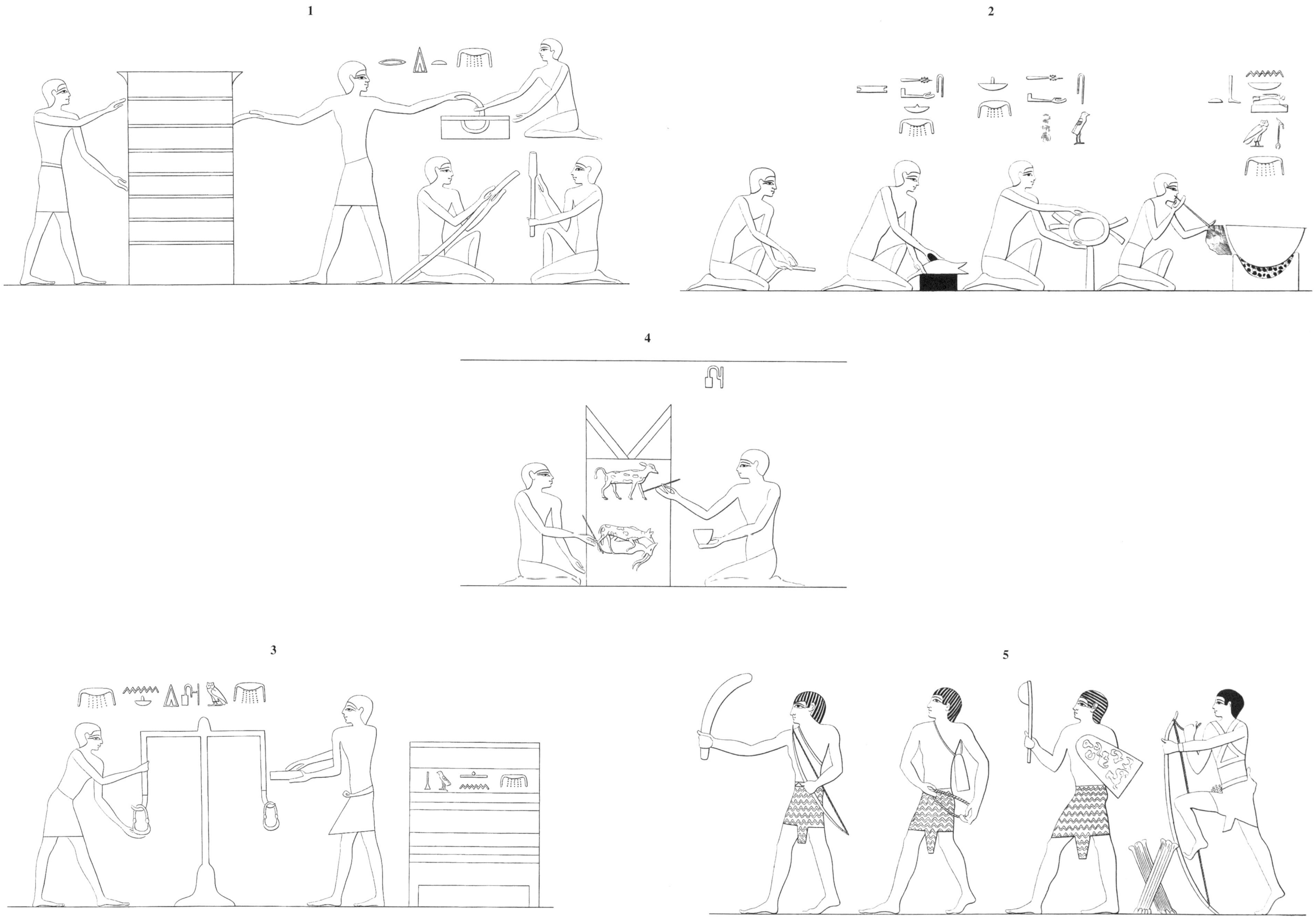

蒙诺特普墓，北侧和东侧墙壁。

图三八九

贝尼哈桑卡迪姆

1

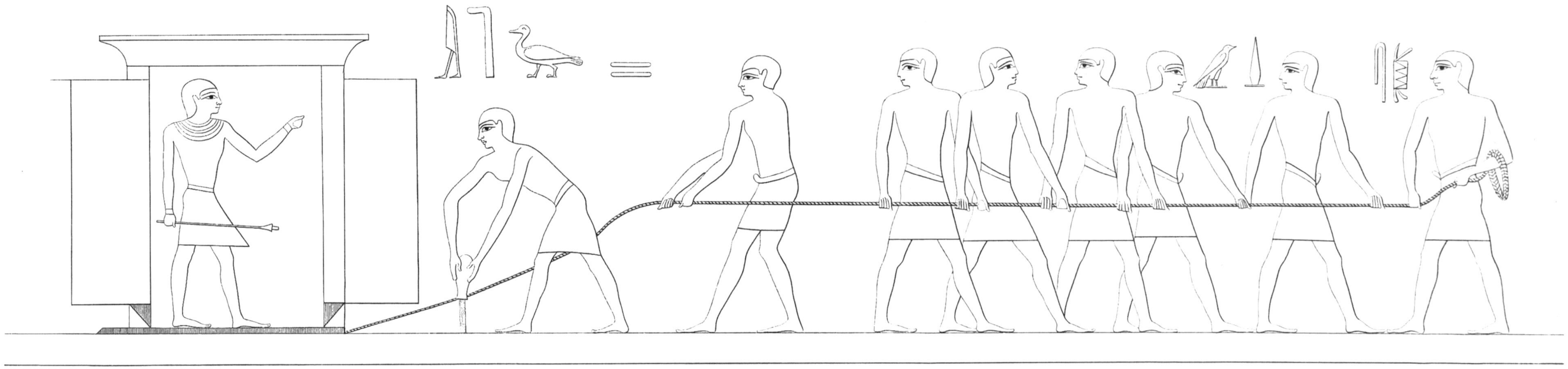

2

3

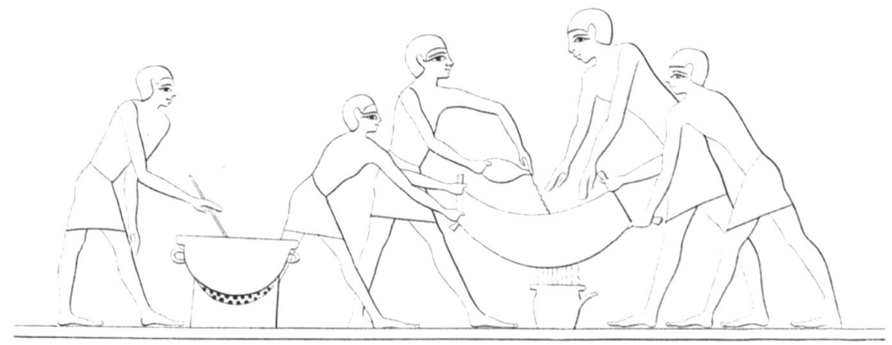

4

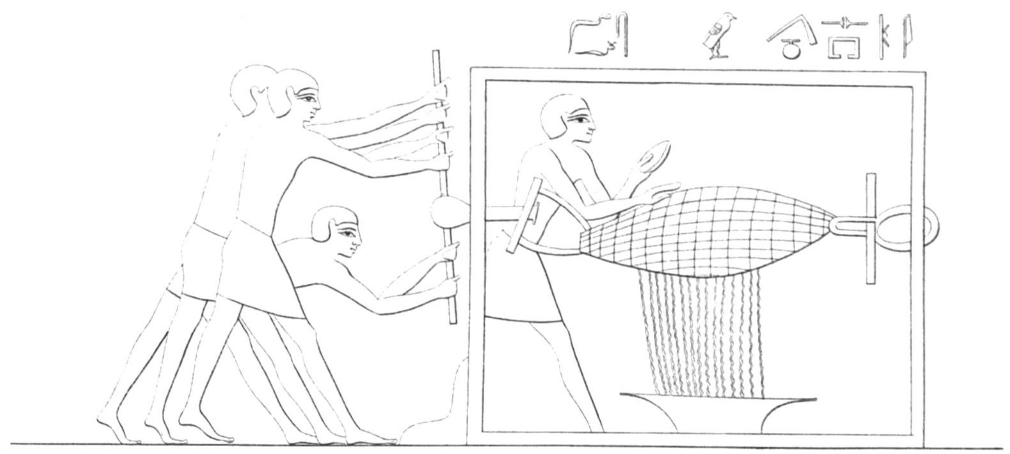

蒙诺特普墓，南侧墙壁。

图二九〇

1

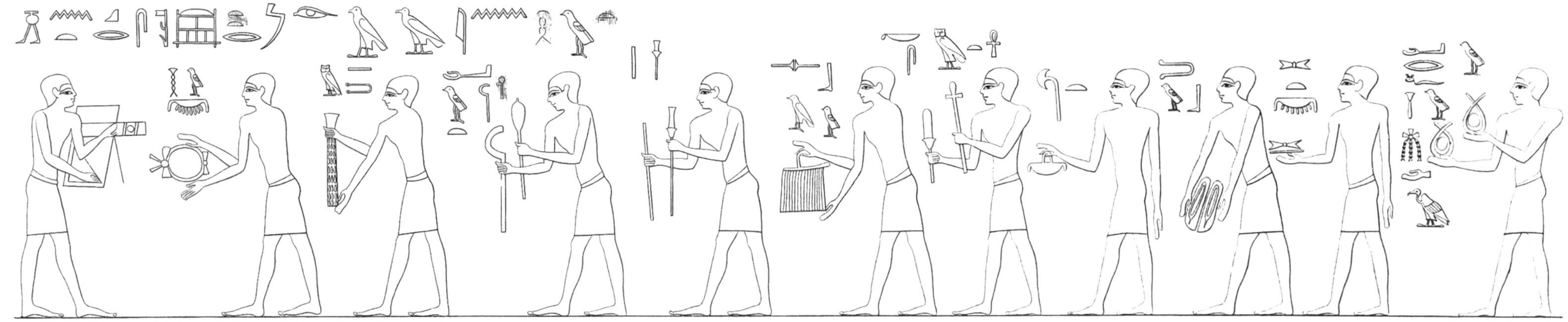

2

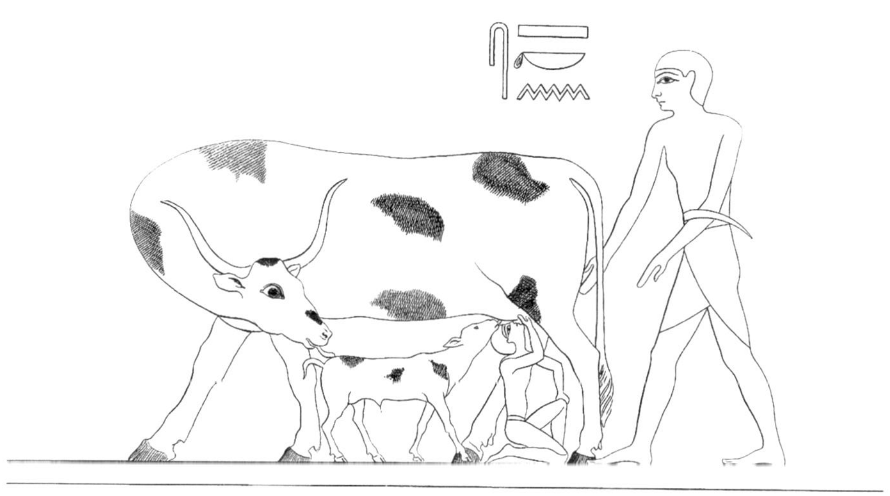

3

4

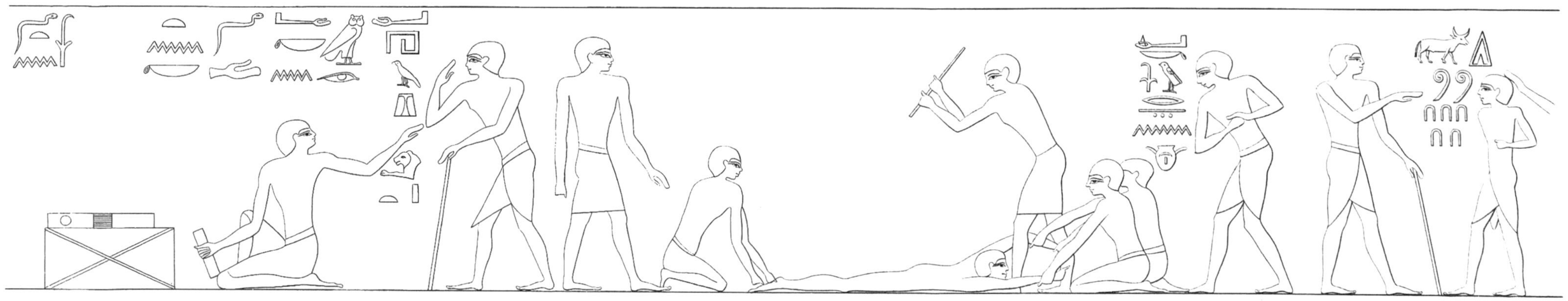

蒙诺特普墓，南侧墙壁。

图三九一

贝尼哈桑卡迪姆

1

2

3

4

5

6

蒙诺特普墓，南侧墙壁。

图三九二

贝尼哈桑卡迪姆

1

2

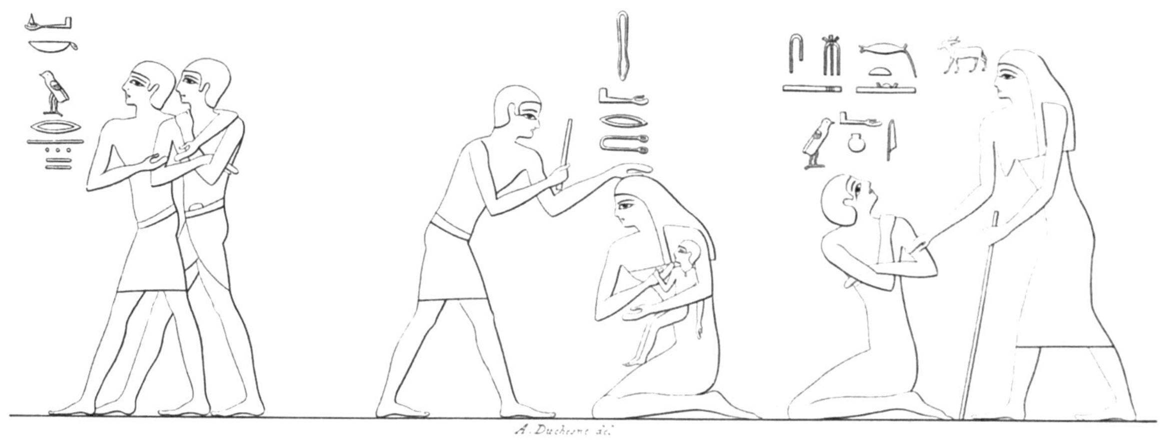

3

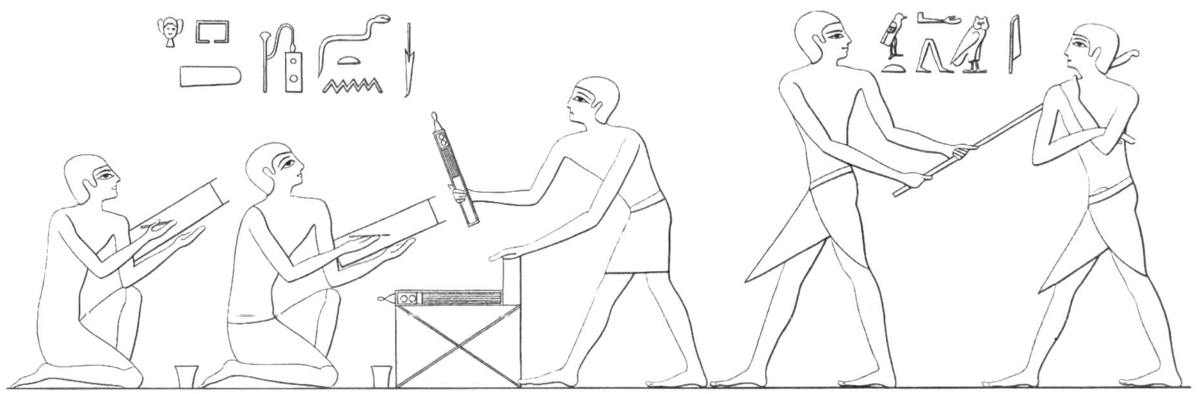

4

5

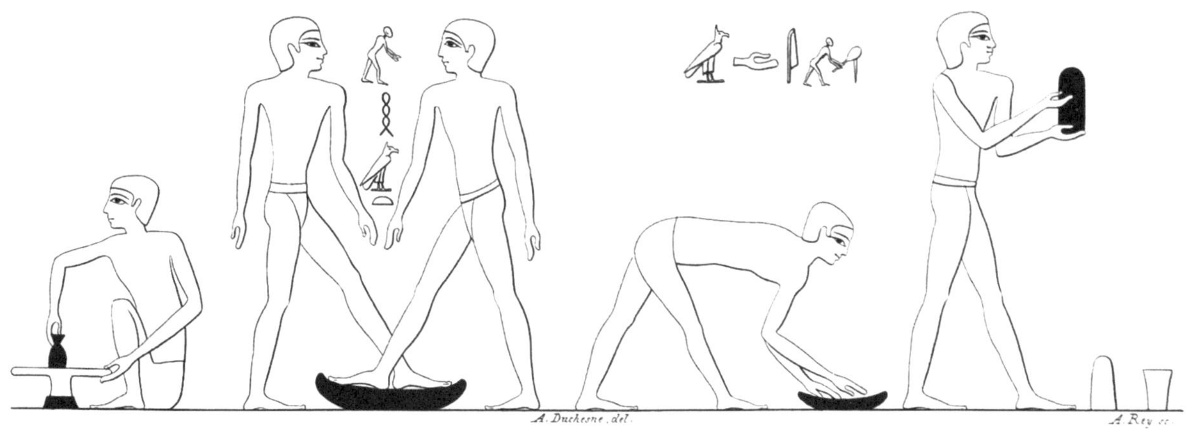

蒙诺特普墓，南侧墙壁。

图三九三甲

贝尼哈桑卡迪姆

1

2

3

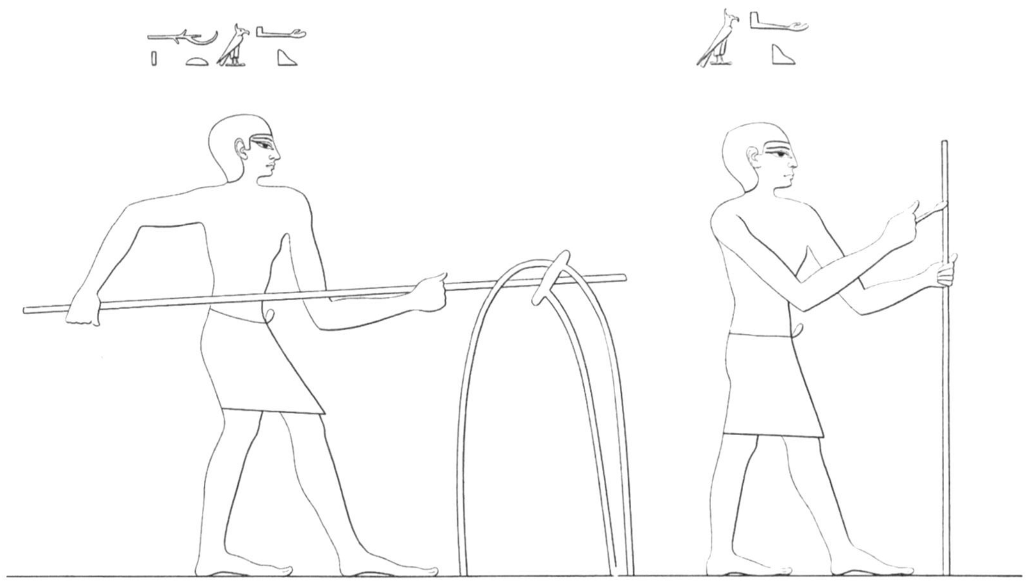

4

蒙诺特普墓，南侧墙壁。

贝尼哈桑卡迪姆

内沃特普墓，5. 接上图。6、7，同一座墓，北侧墙壁。

图三九四

贝尼哈桑卡迪姆

1

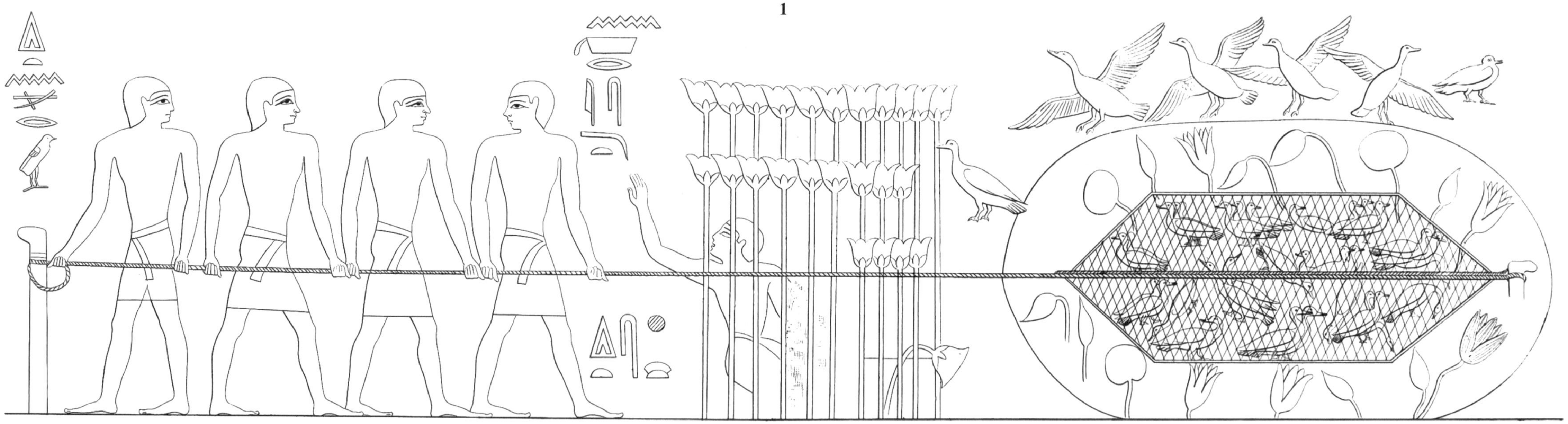

2

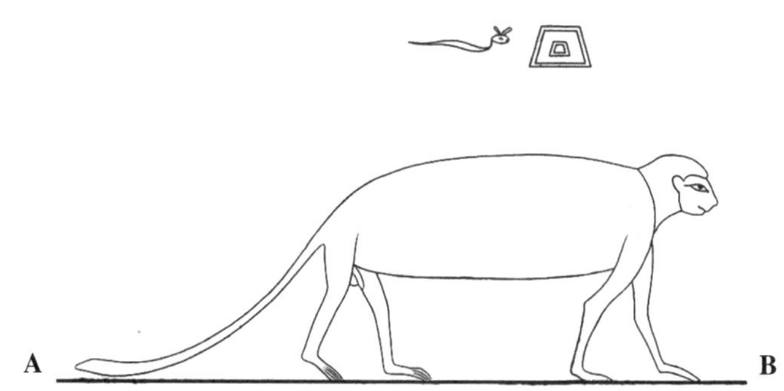

A B

A B

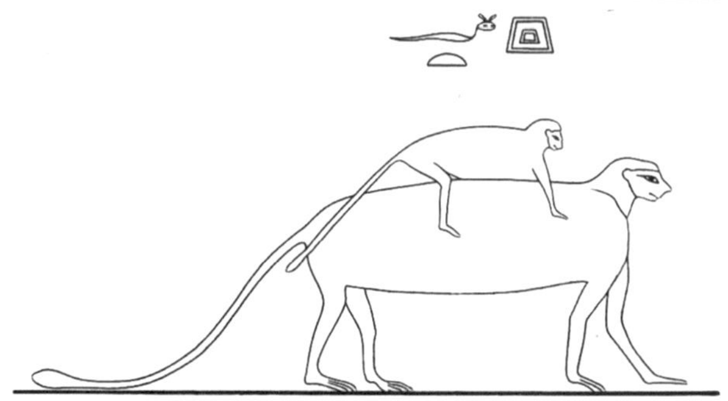

3

4

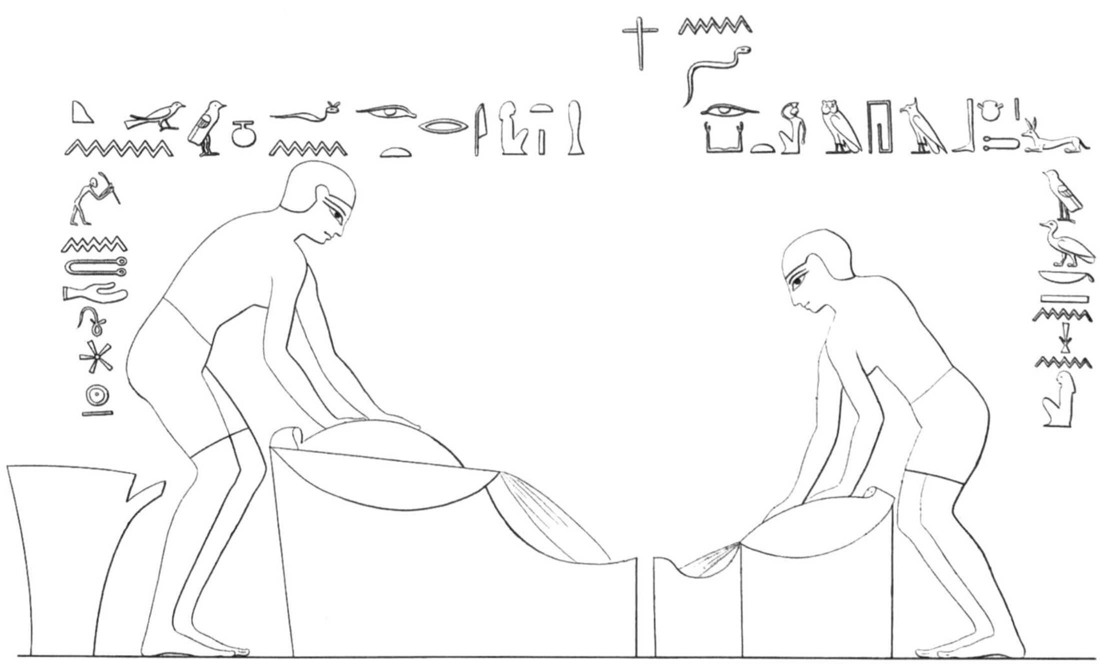

蒙诺特普墓，南侧墙壁。

图三九五

贝尼哈桑卡迪姆

1

2

3

4

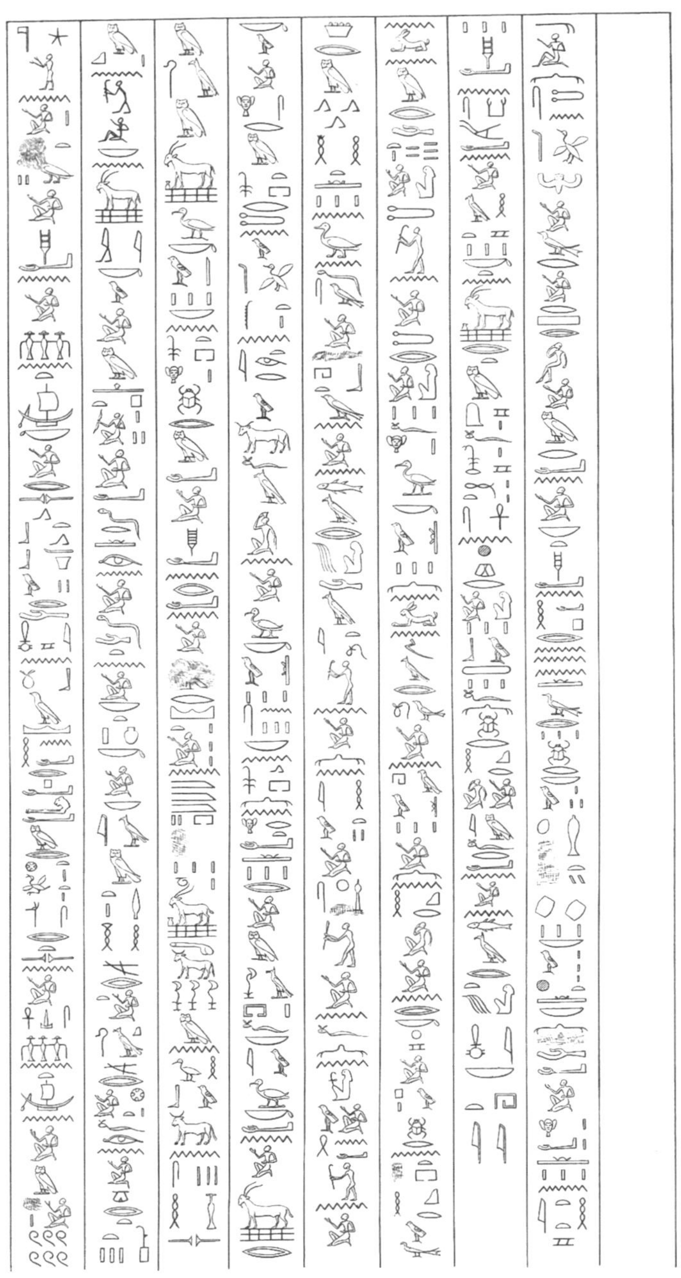

阿蒙依－赫姆乔姆墓，东侧和西侧墙壁。

图三九六

贝尼哈桑卡迪姆

1

2

3

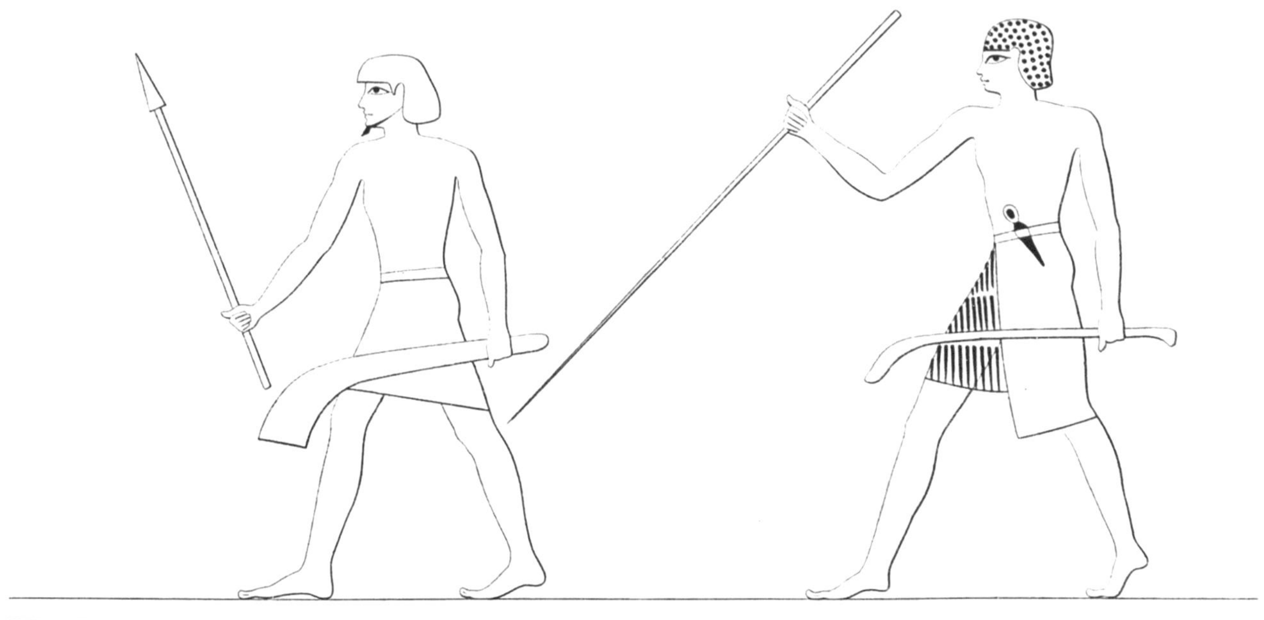

阿蒙依－赫姆乔姆墓，东侧墙壁。

图三九七

贝尼哈桑卡迪姆

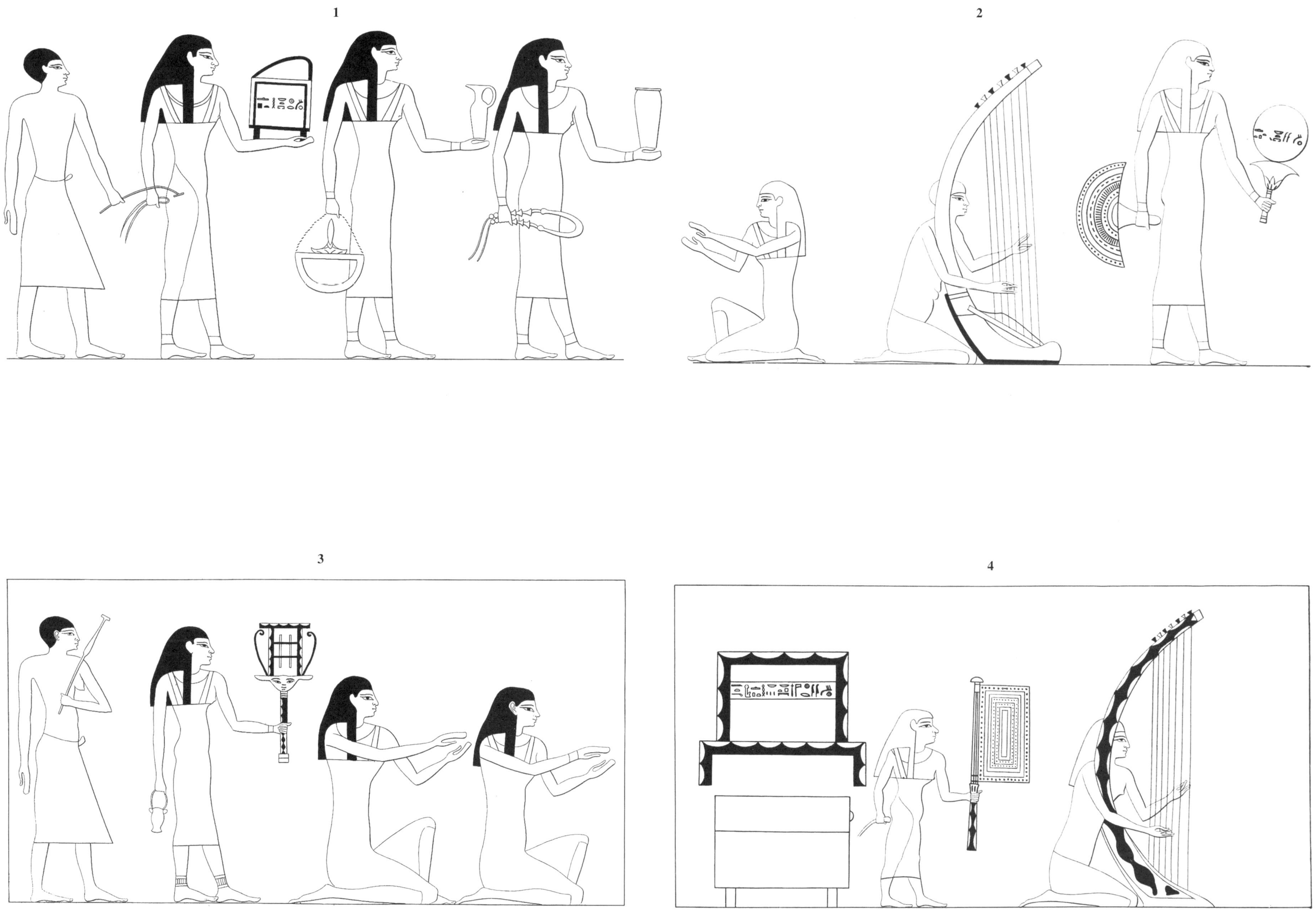

阿蒙依－赫姆乔姆墓，西侧墙壁。

图三九八

贝尼哈桑卡迪姆

1

2

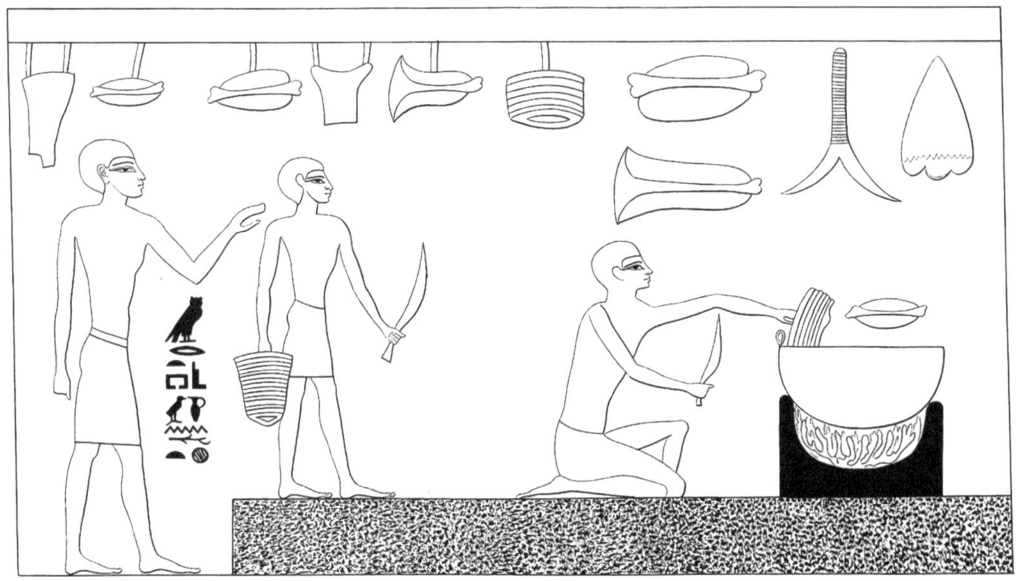

3

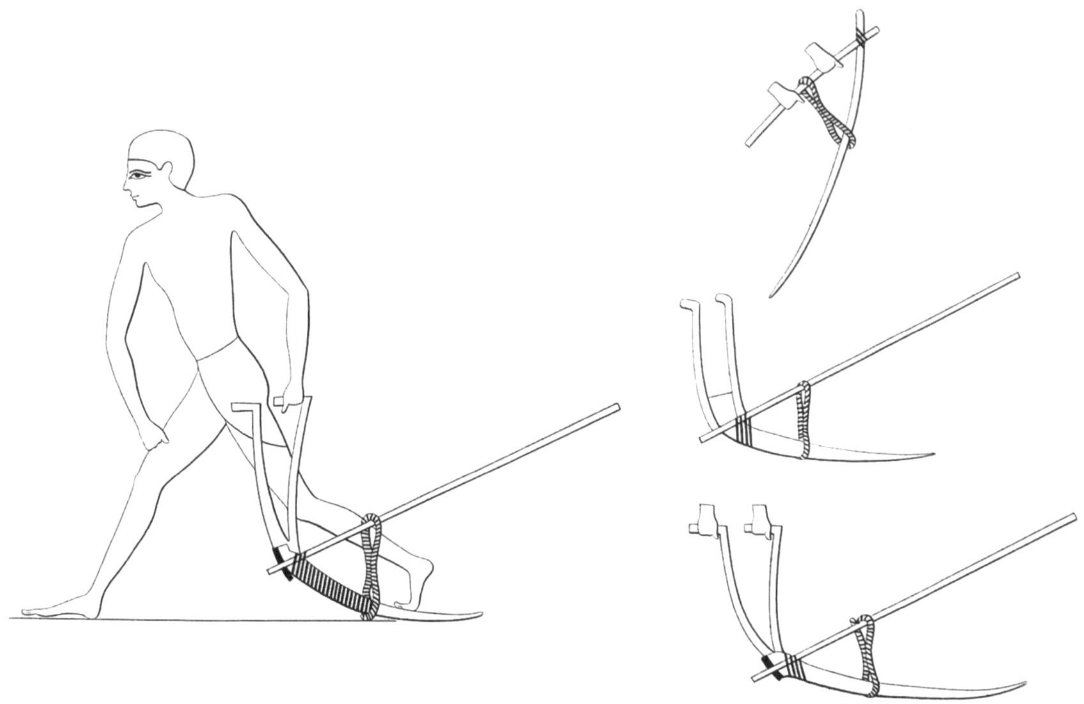

阿蒙依－赫姆乔姆墓，西侧和北侧墙壁。

图三九九

贝尼哈桑卡迪姆

阿蒙依－赫姆乔姆墓，墓室门口的铭文。

图四〇〇

贝尼哈桑卡迪姆

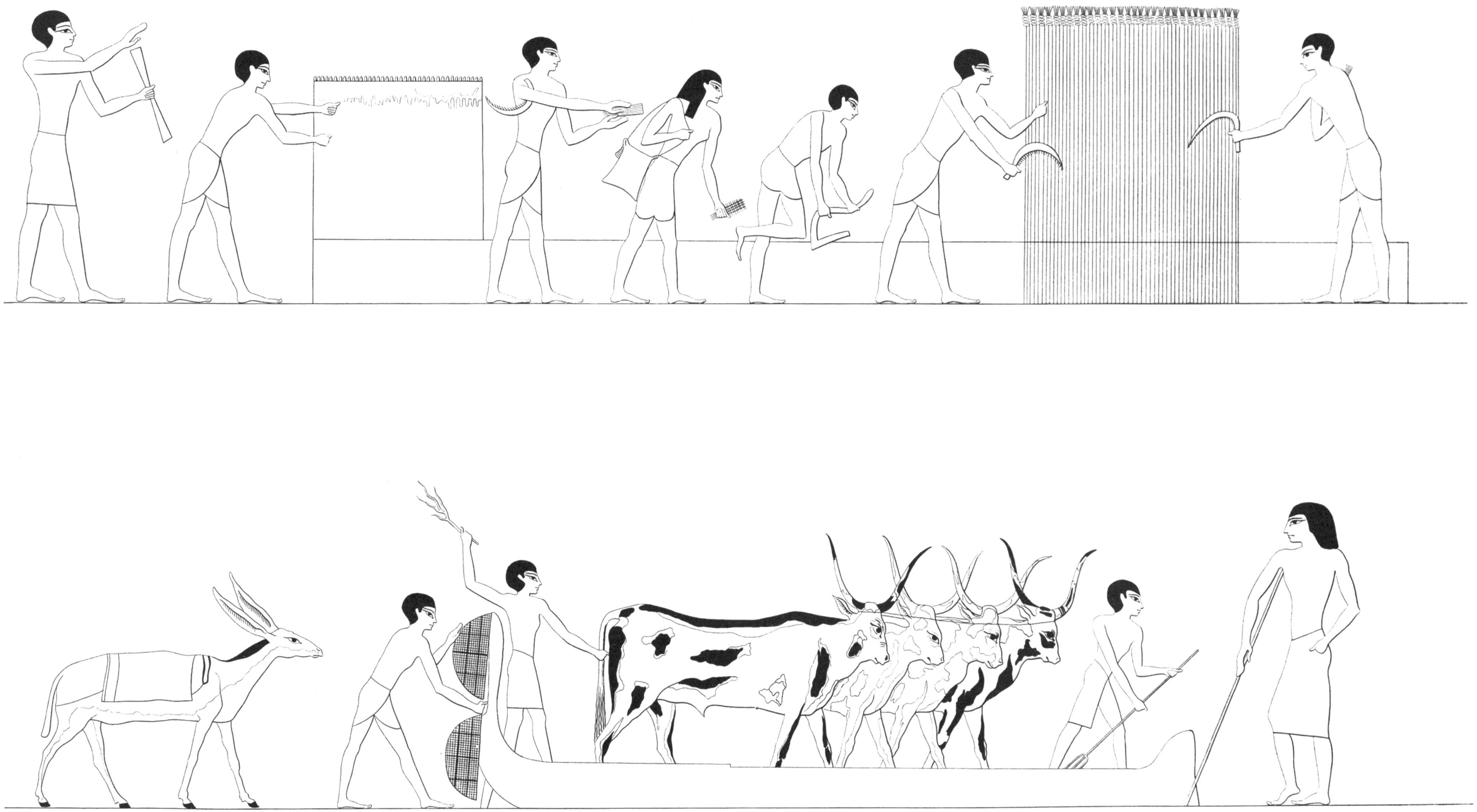

其中一座墓室内的壁画。

图四〇

扎乌依特迈泰

1

2

5

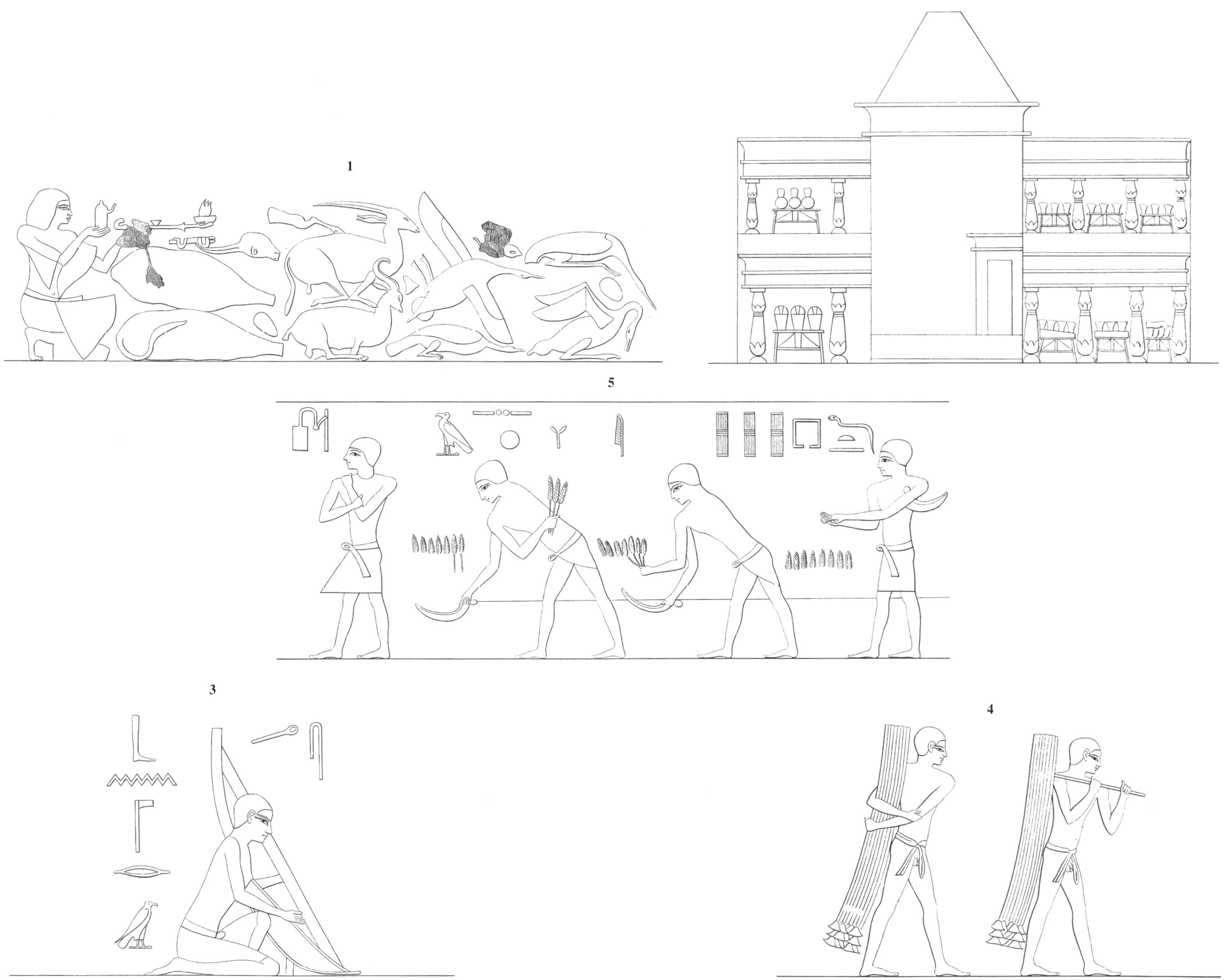

3

4

1和2，诺弗雷－索舍尔墓室内的壁画。3、4和5，某人的墓室？（原图文字不全）

图四〇二

扎乌依特迈泰

1

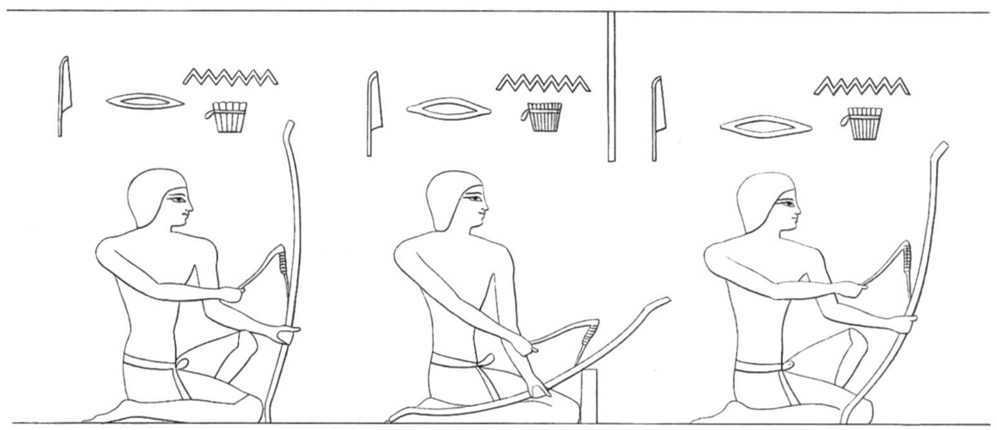

2

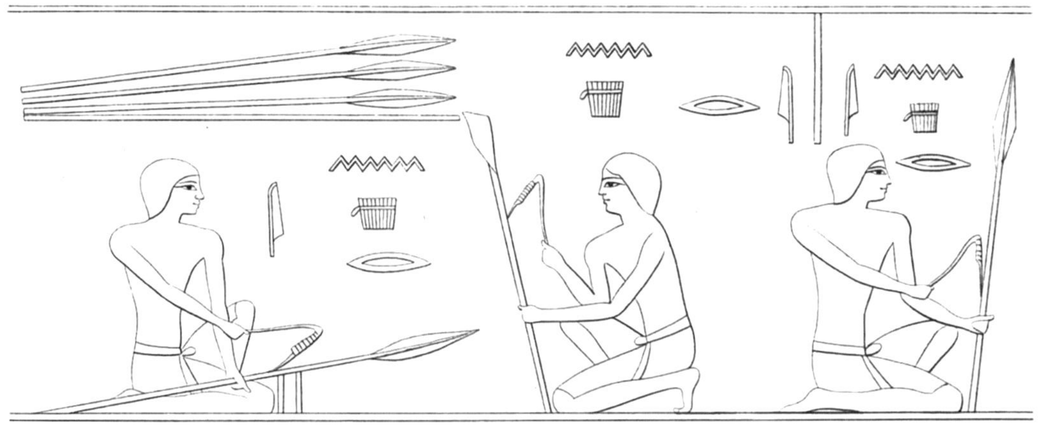

3

4

5

接上图内容。

库姆阿玛尔

1

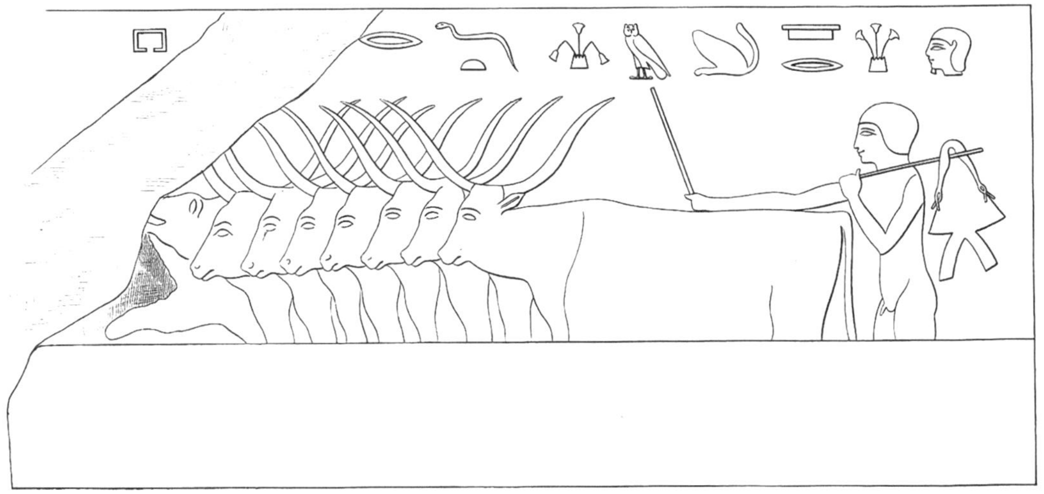

2

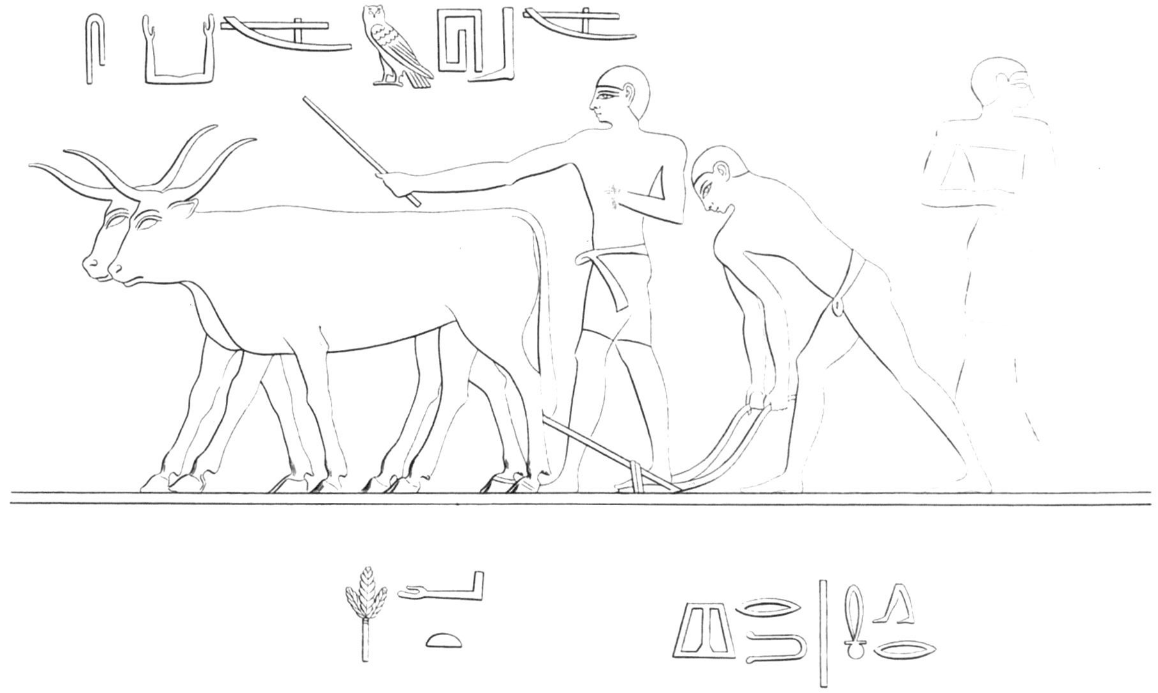

5

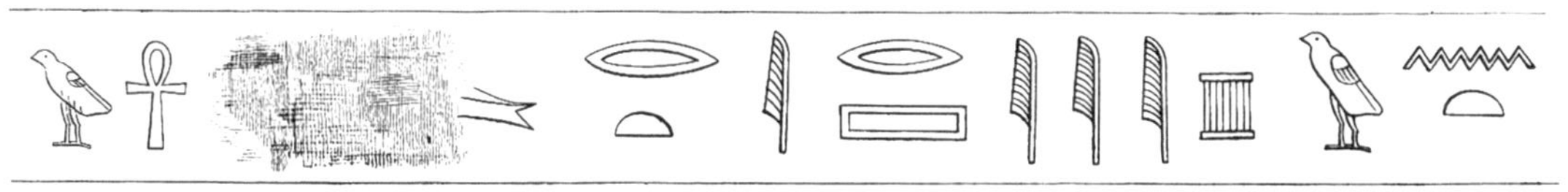

3

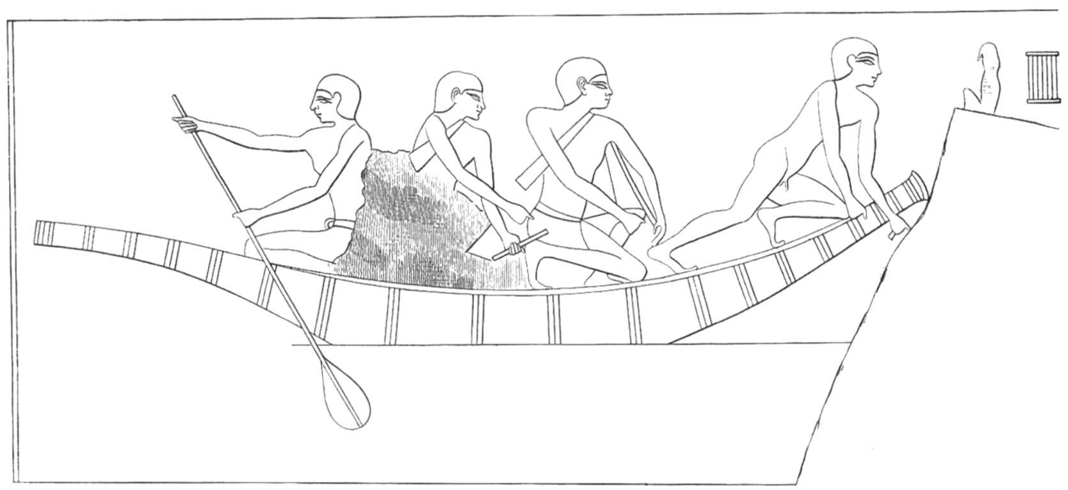

4

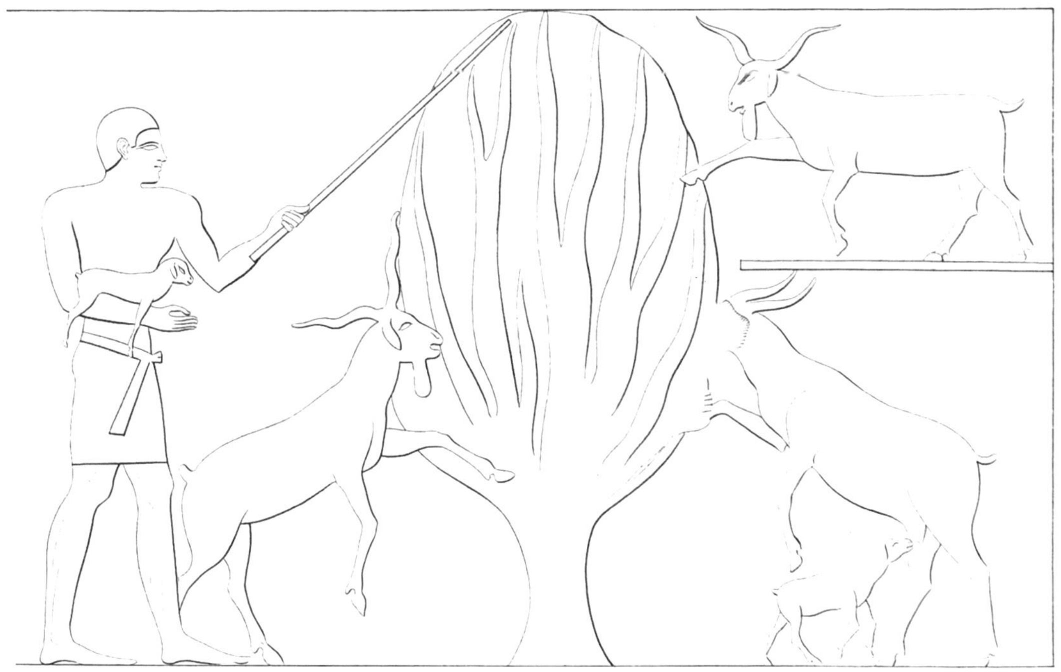

1、2、3和4，舒姆尔的墓葬。5. 牛群下方的铭文。

图四〇三乙

库姆阿玛尔

墓室内的壁画。

图四〇四甲

玛萨拉和托拉

1

2

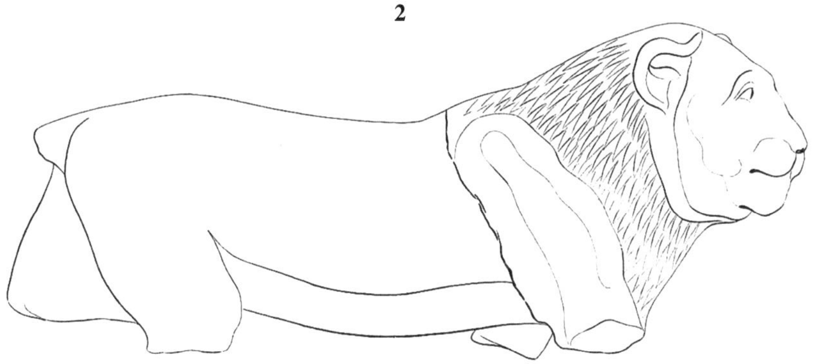

3

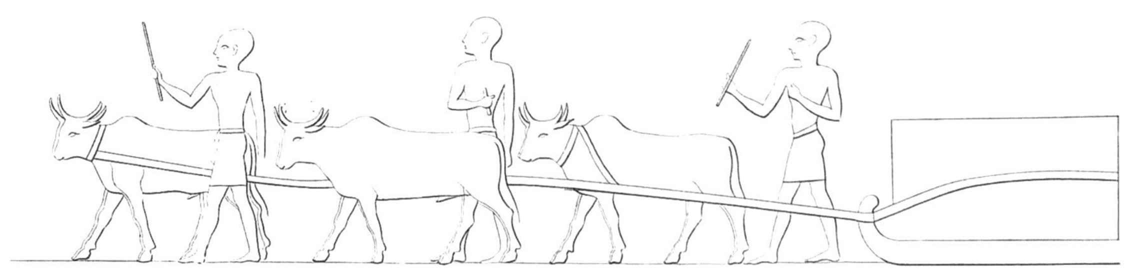

孤立的遗迹。

图四〇四乙

萨卡拉

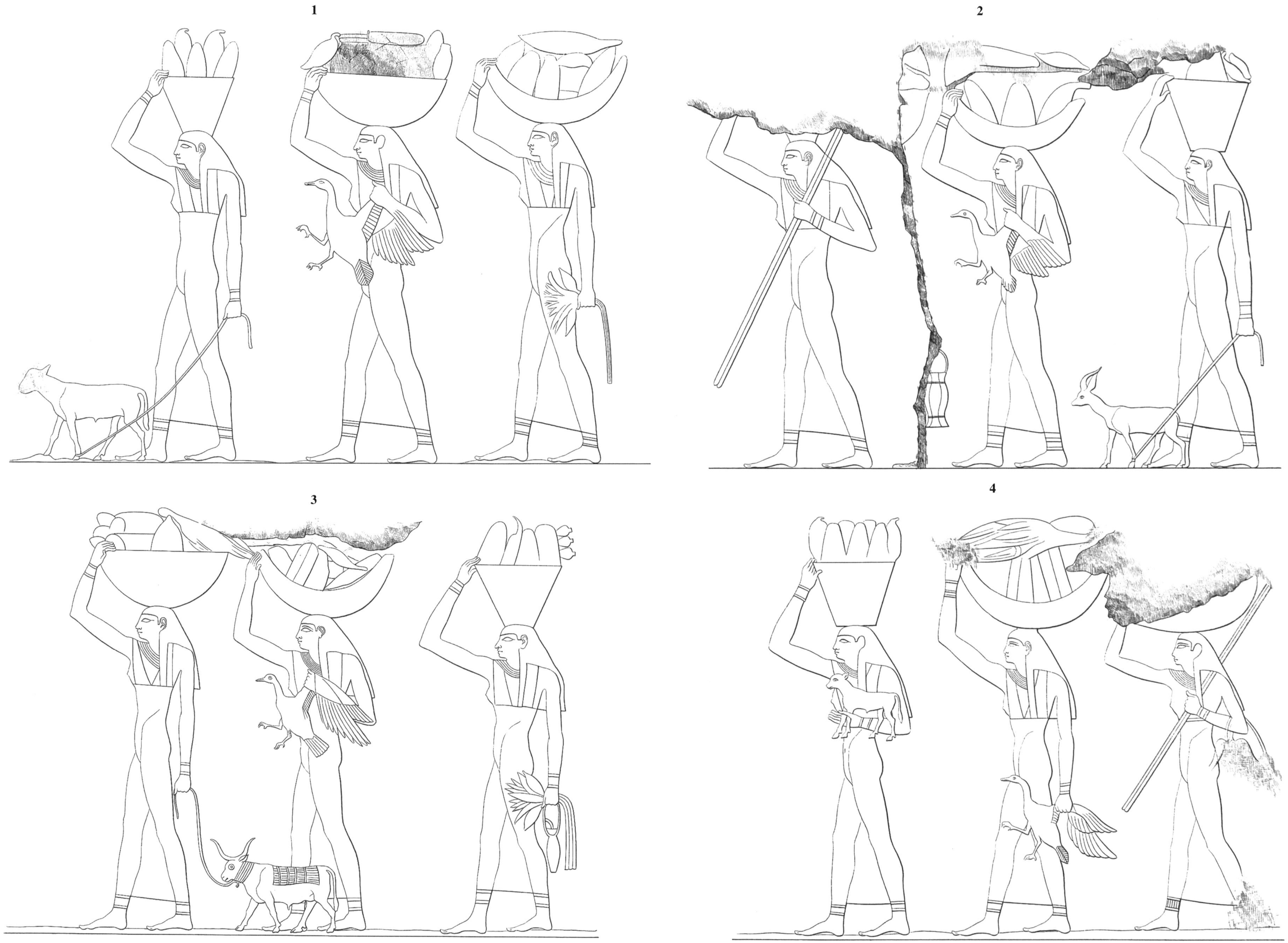

梅诺弗雷墓室内的壁画。

图四〇五

萨卡拉

1

2

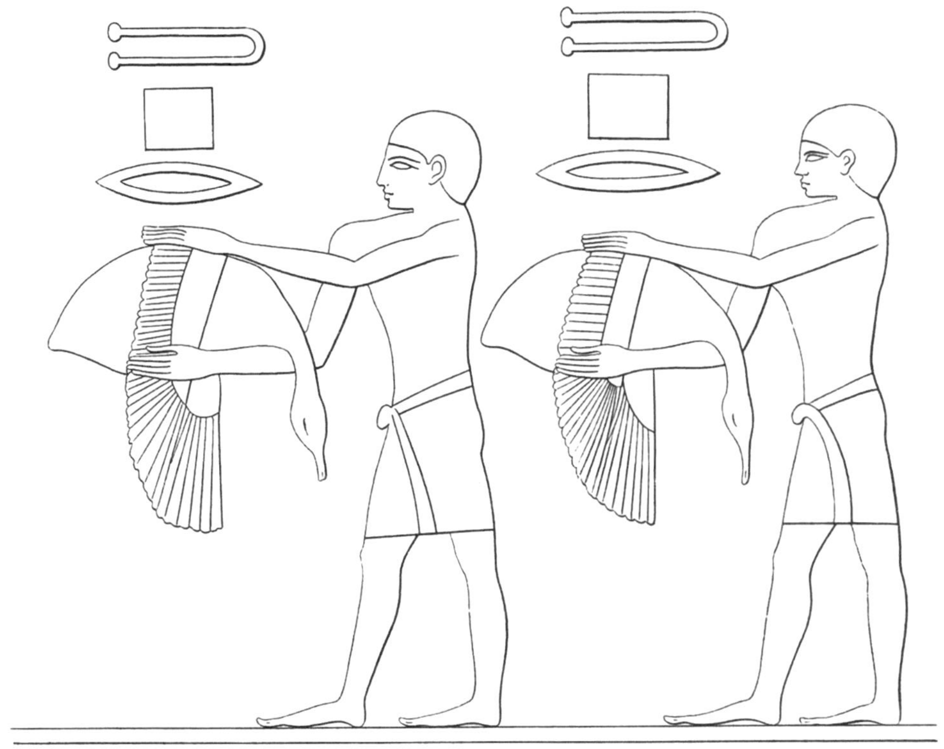

3

4

梅诺弗雷墓室内的壁画。

图四〇六

萨卡拉

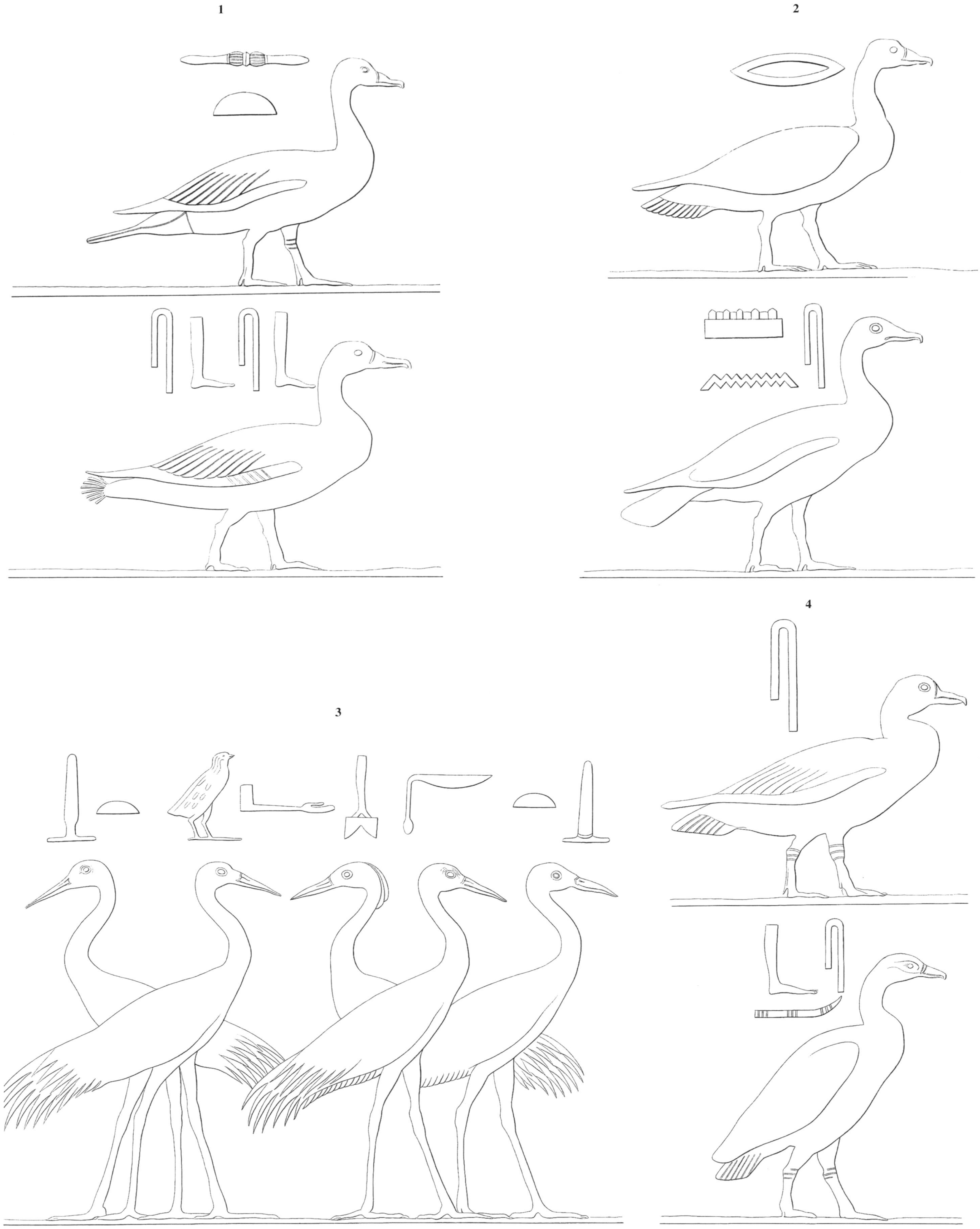

梅诺弗雷墓室内的壁画。

图四〇七

萨卡拉

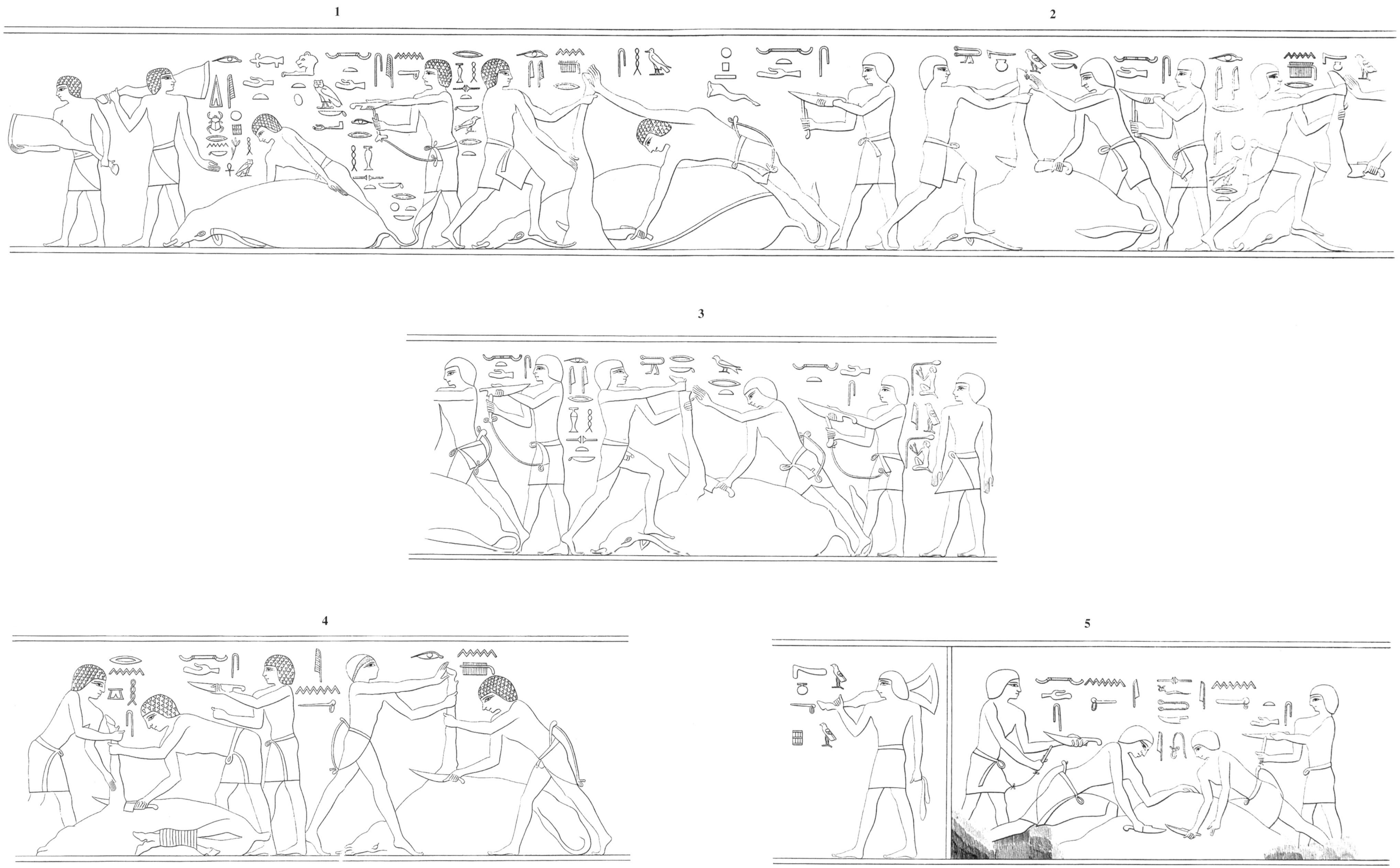

梅诺弗雷墓室内的壁画。

图四〇八

萨卡拉

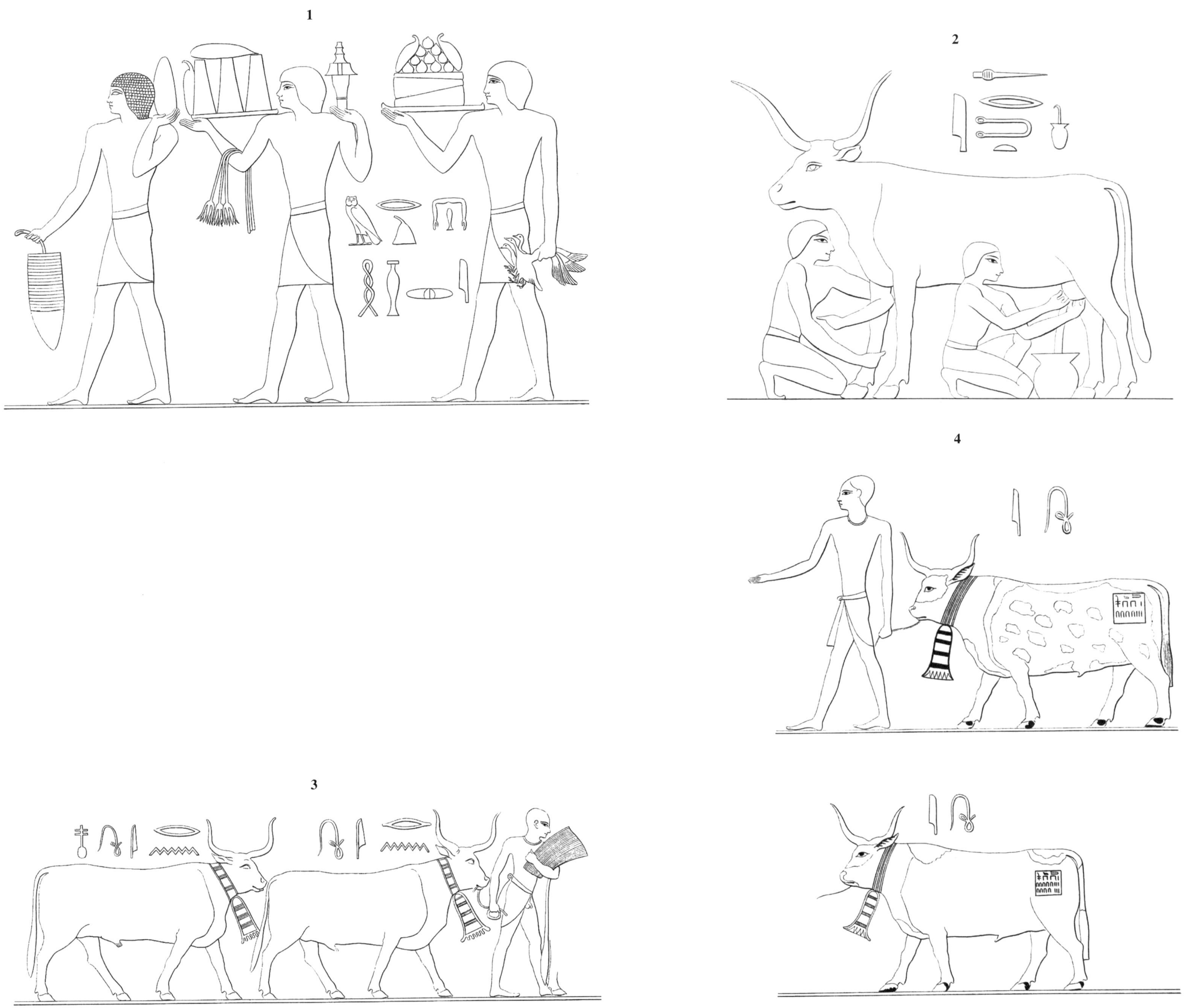

梅诺弗雷墓室内的壁画。

图四〇九

吉萨

1

2

3

4

5

1、2、3、4，梅诺弗雷墓室内的壁画。5. 埃美依的墓葬。

图四一〇

吉萨

埃美依墓葬中的场景。

吉萨

1

2

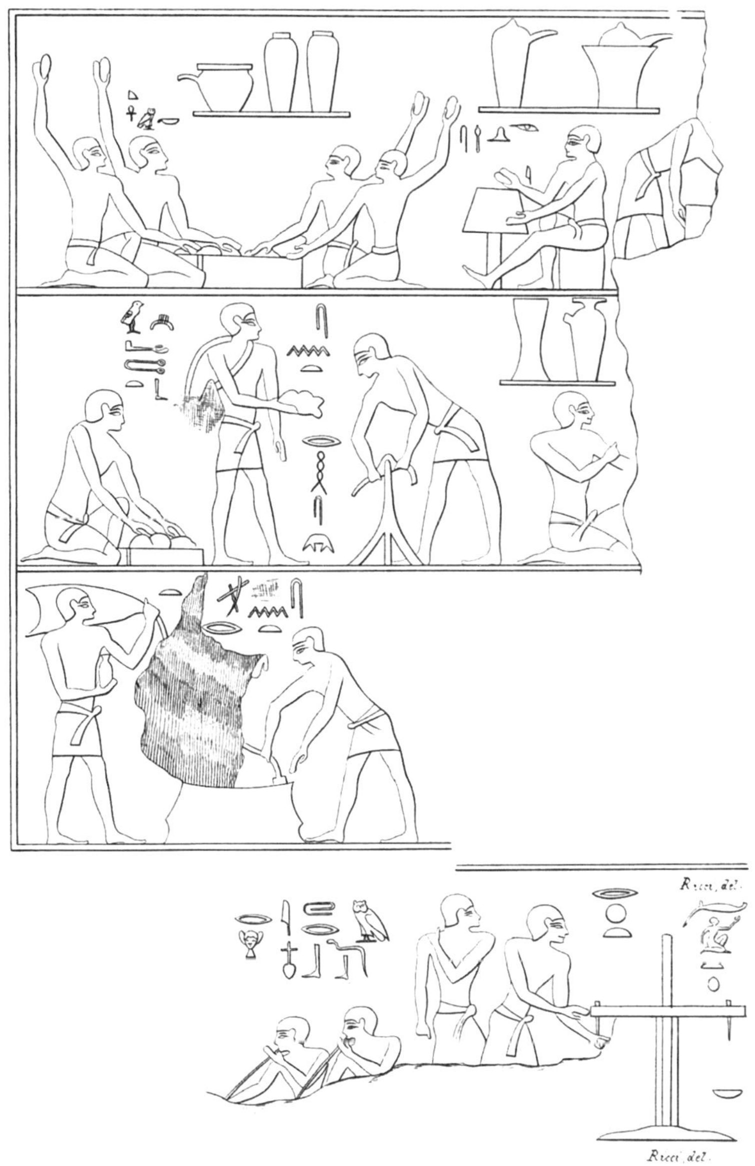

3

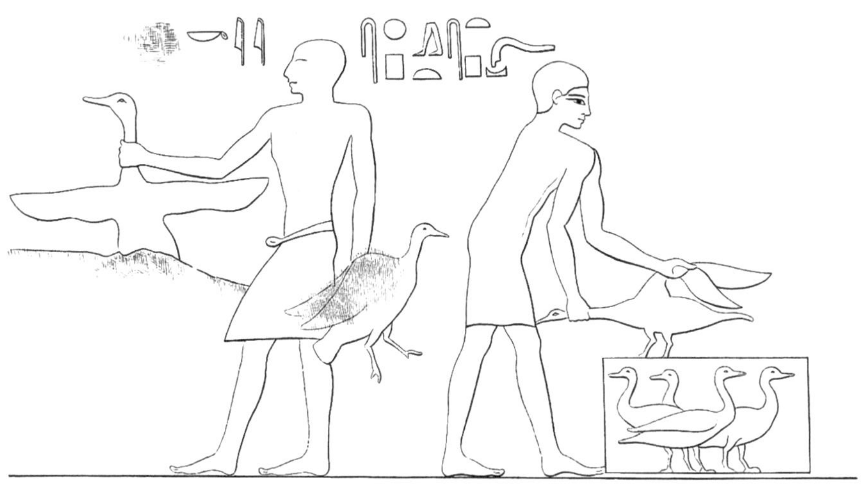

4

埃美依墓葬中的壁画。

五〇二

图四一二

吉萨

1

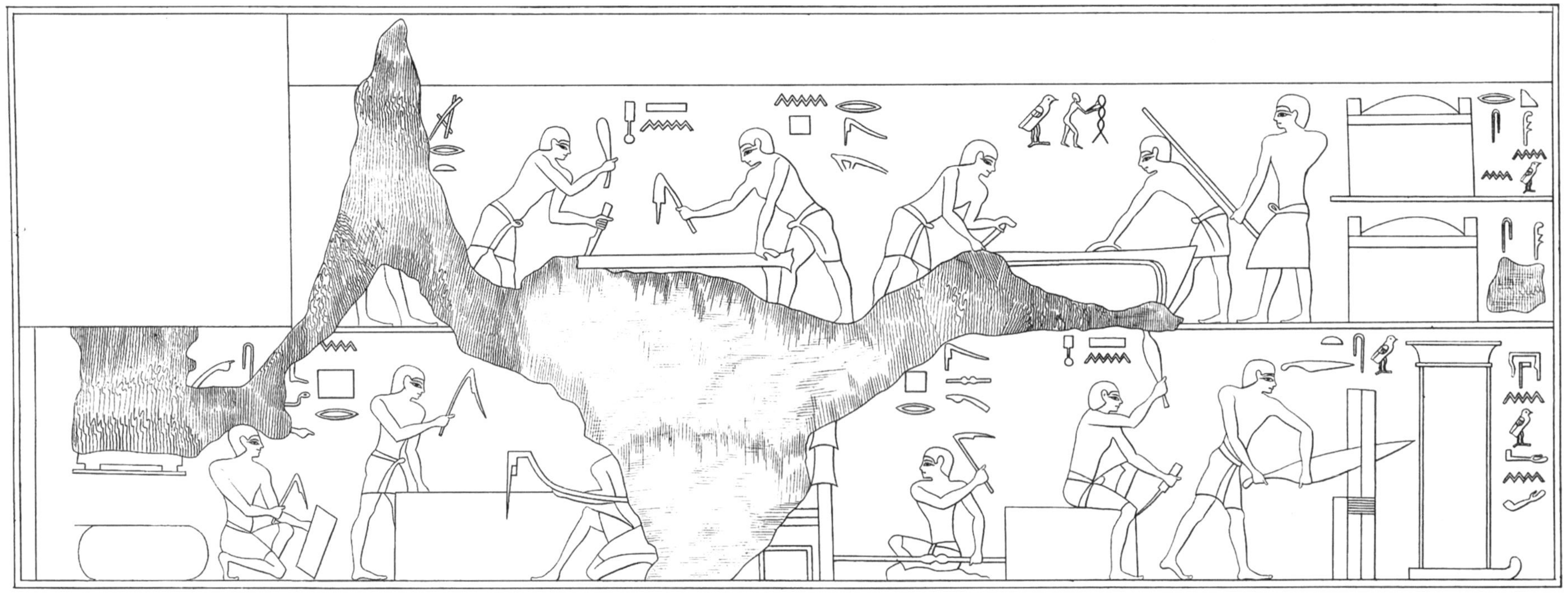

2

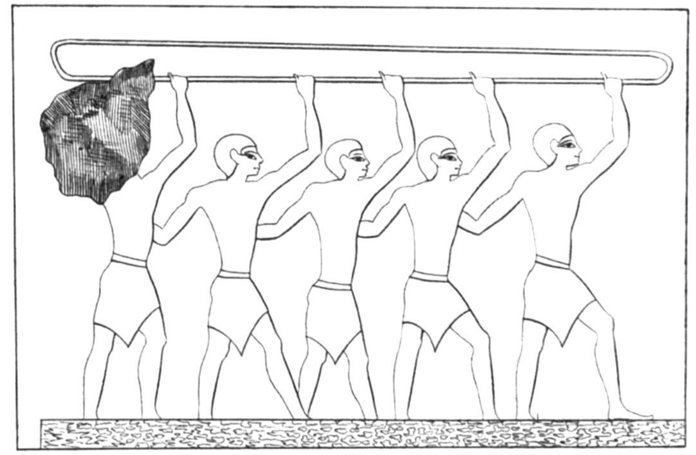

3

4

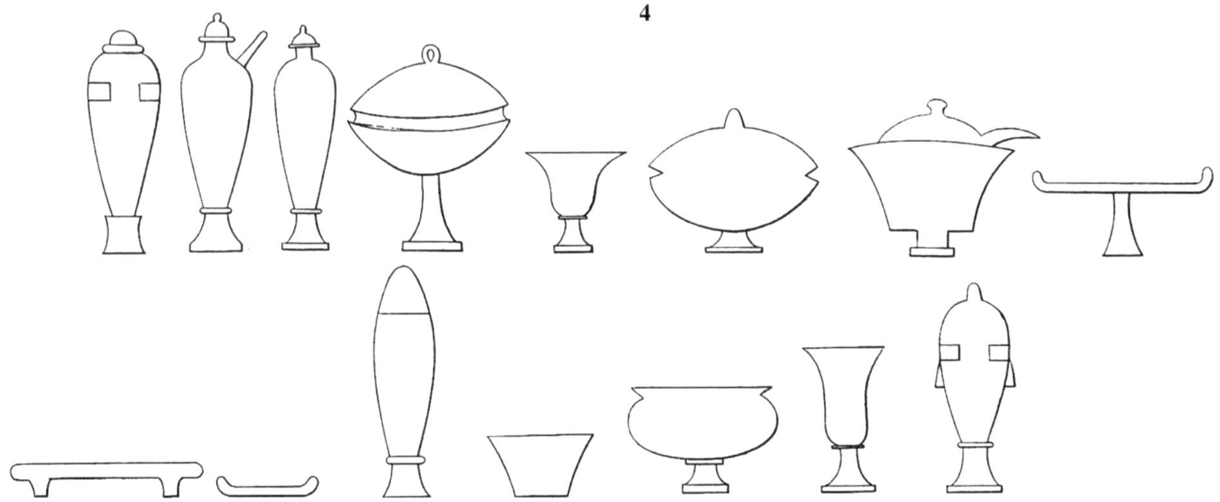

埃美依墓葬中的壁画。

吉萨

1

2

3

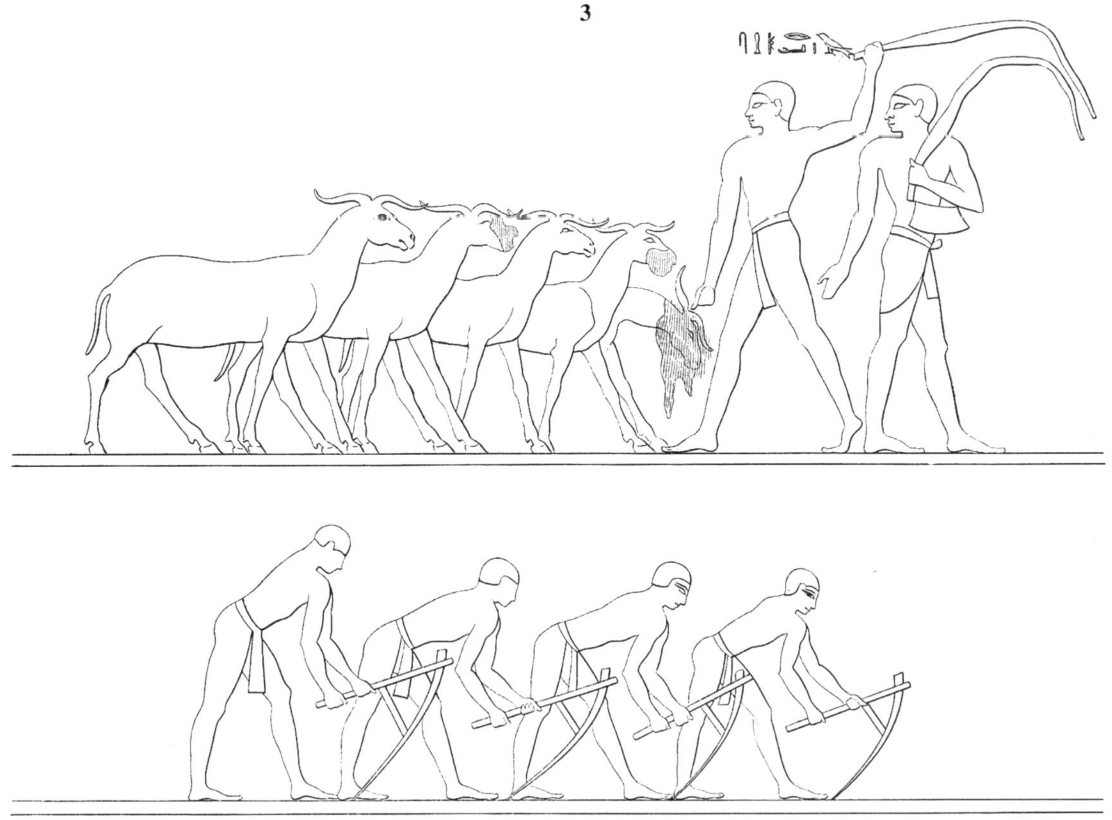

4

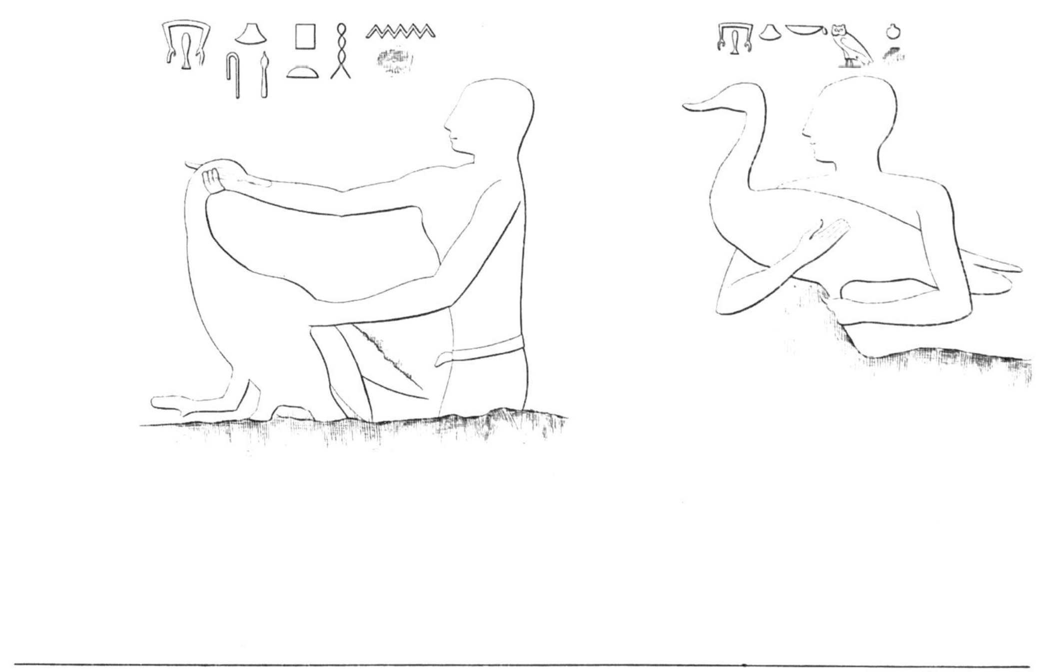

埃美依墓葬中的壁画。

图四一四

吉萨

1

2

3

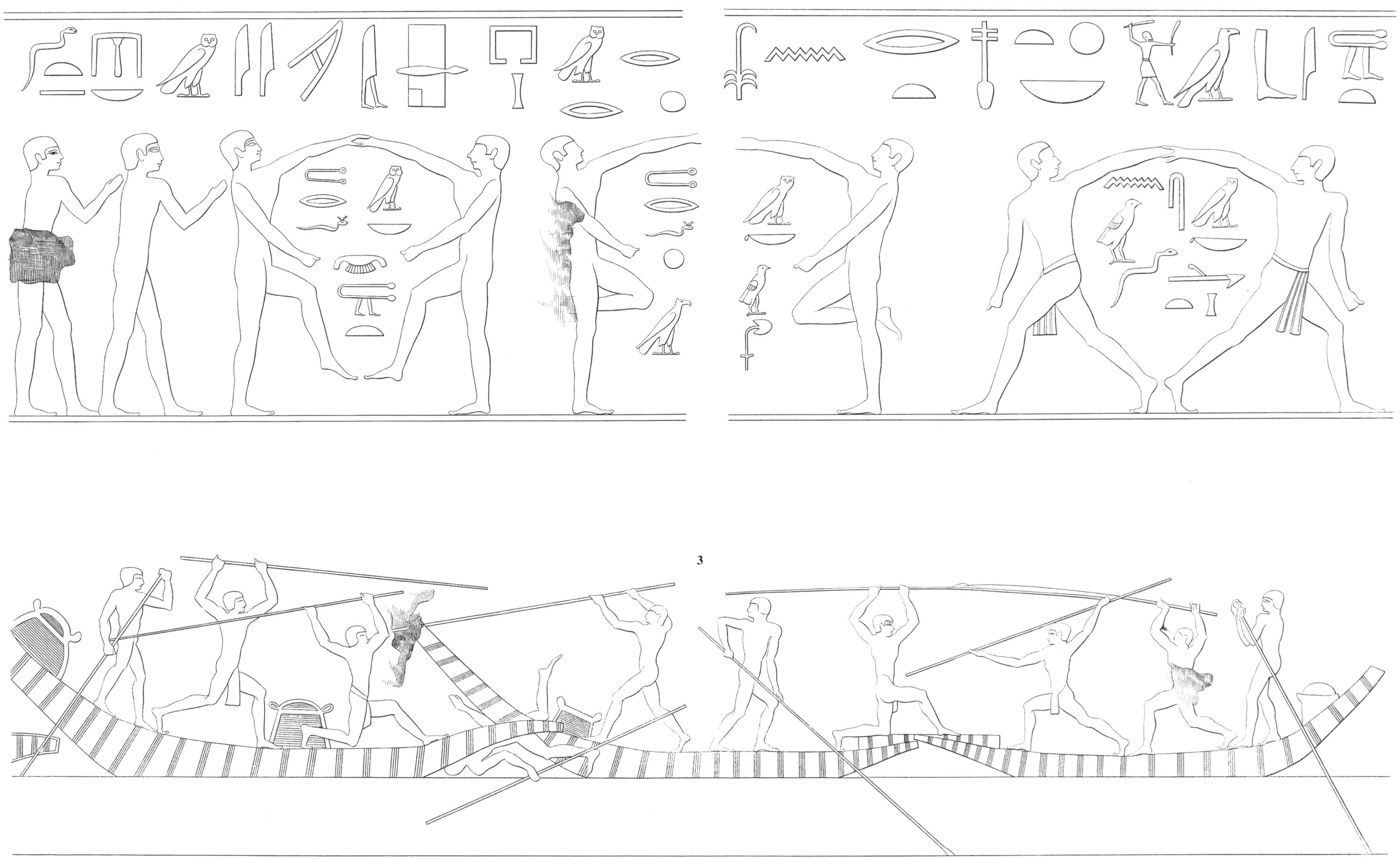

埃美依墓葬中的壁画。

图四一五

金字塔平台

1

2

3

墓葬中的场景。

图四一六

金字塔平台

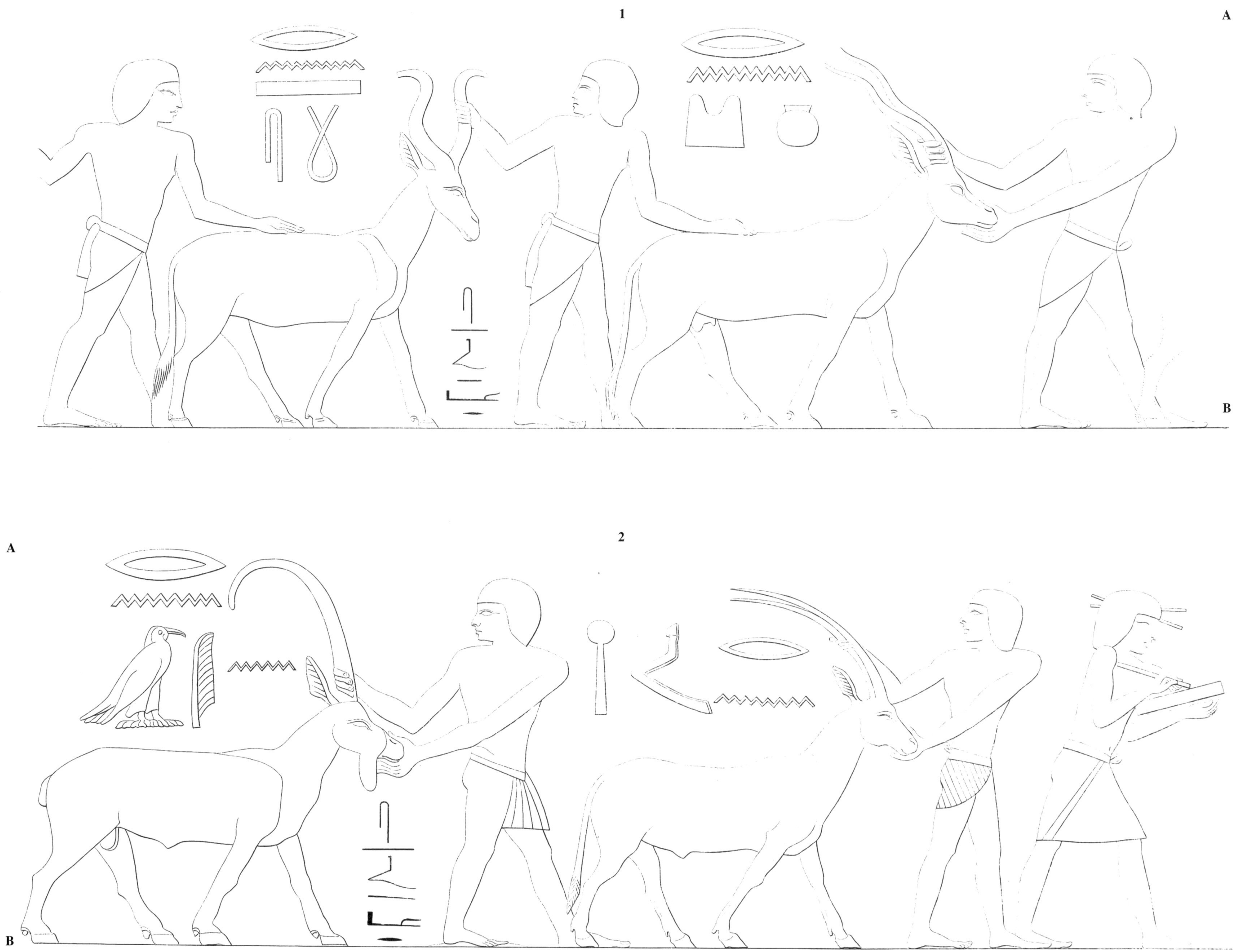

墓葬中的场景。

图四一七

金字塔平台

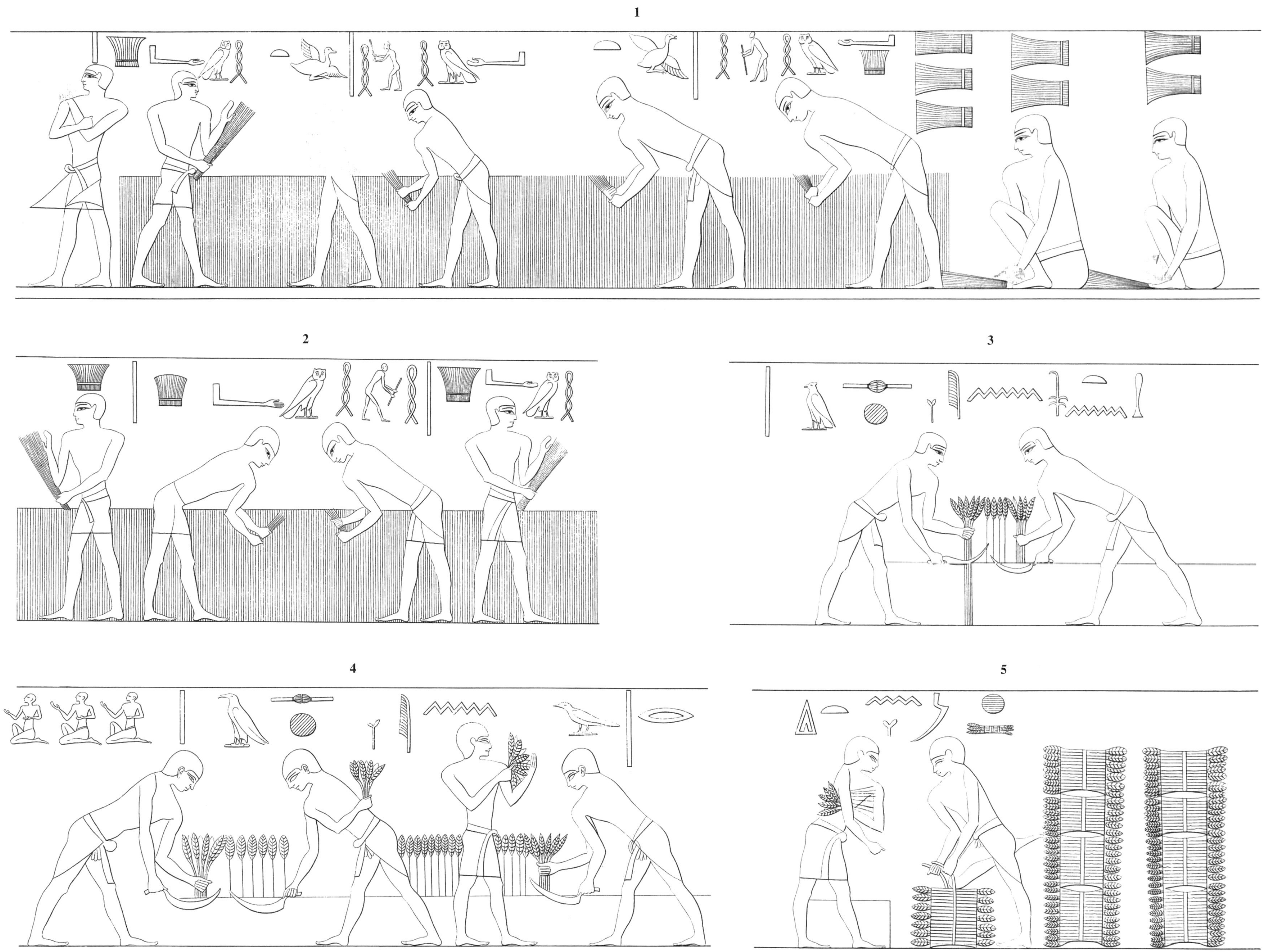

墓葬中的场景。

图四一八

金字塔平台

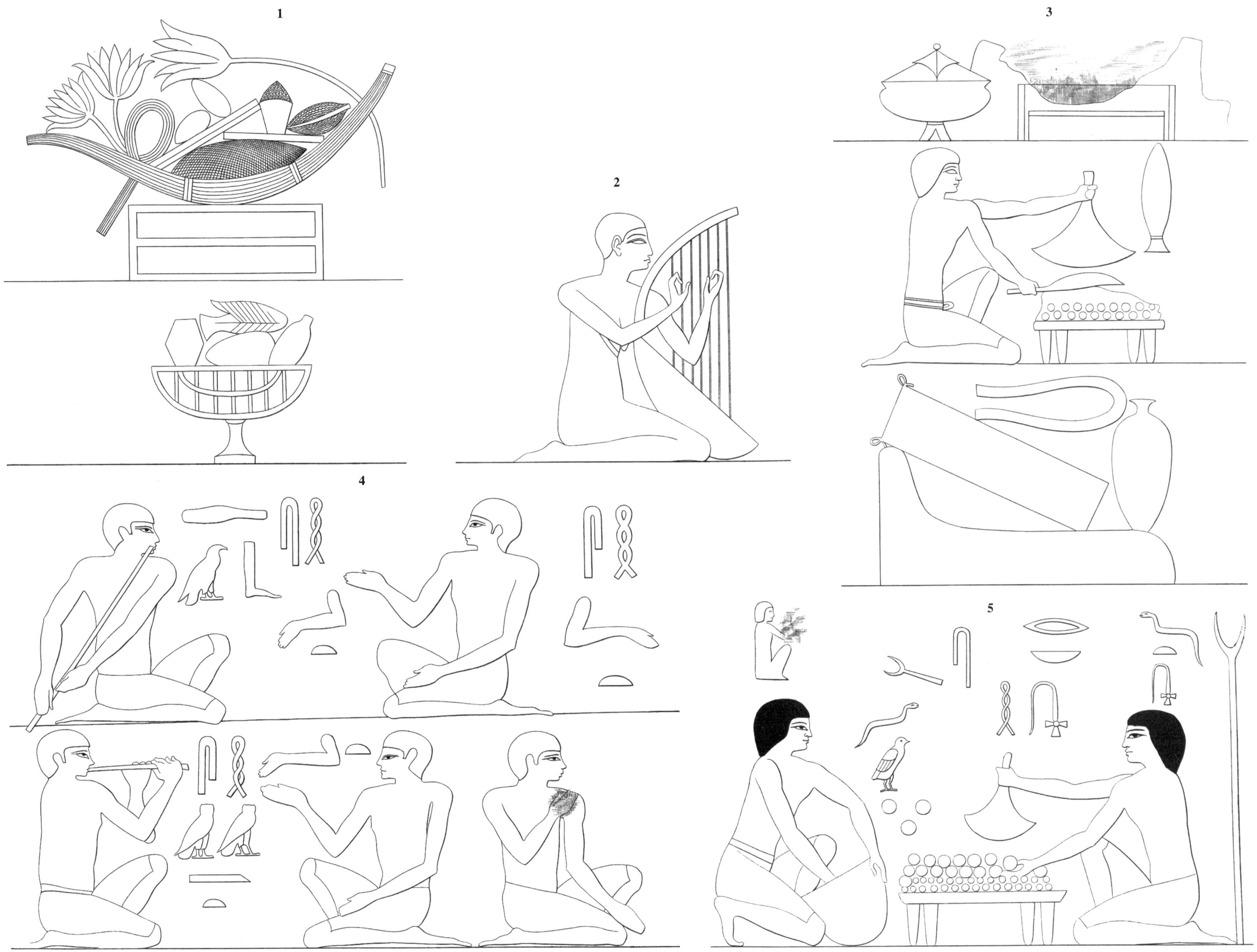

墓葬中的场景。

图四一九

容器主题

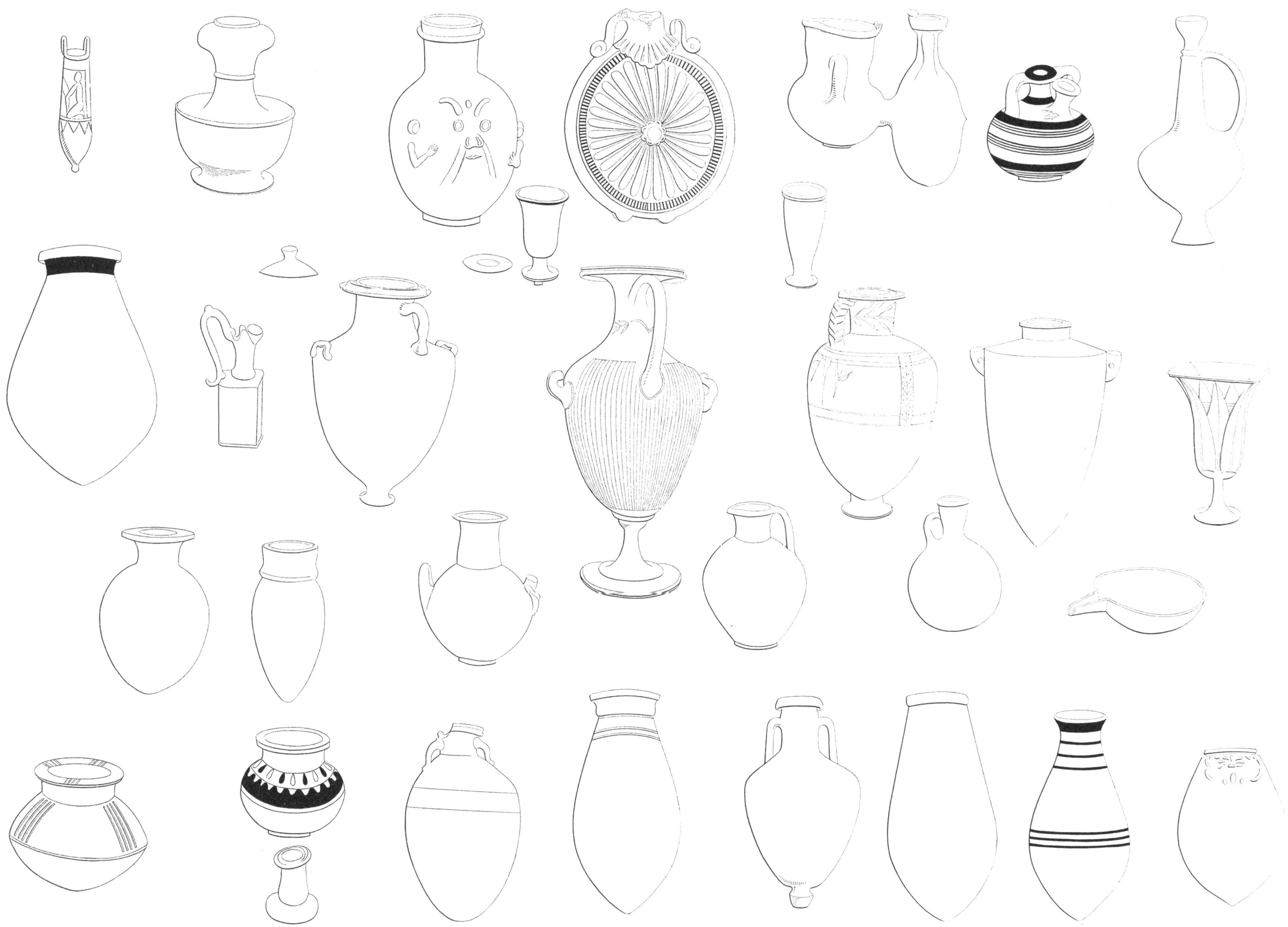

根据壁画和实物绘制而成。

图四二〇

容器主题

根据壁画和实物绘制而成。

图四二一 容器主题

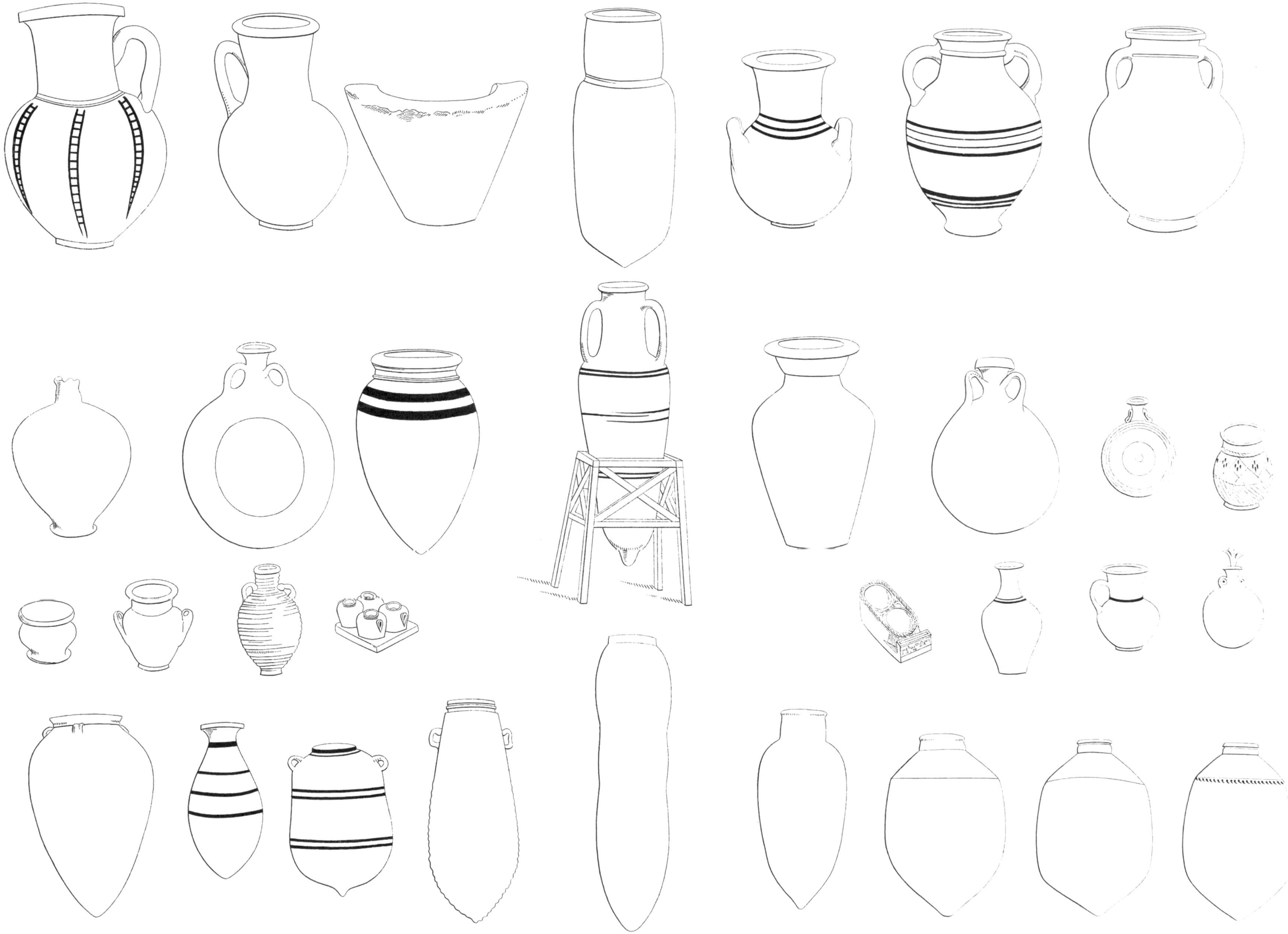

根据壁画和实物绘制而成。

图四二二

容器主题

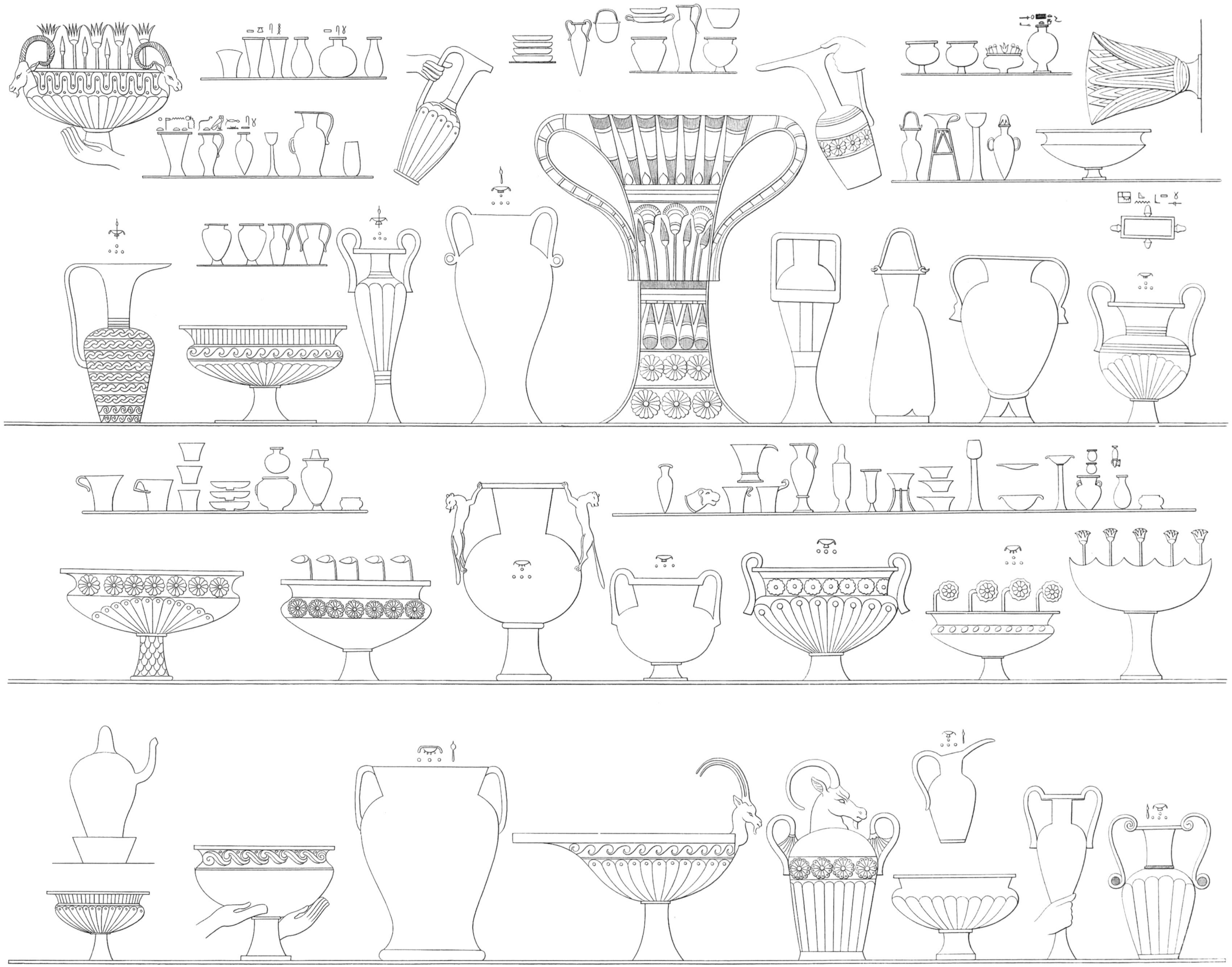

图四二三

容器主题

根据壁画和实物绘制而成。

图四二四

容器主题

根据壁画和实物绘制而成。

图四二五

宗教用品和容器

根据壁画和实物绘制而成。

图四二六

动物主题

图四二七

动物主题

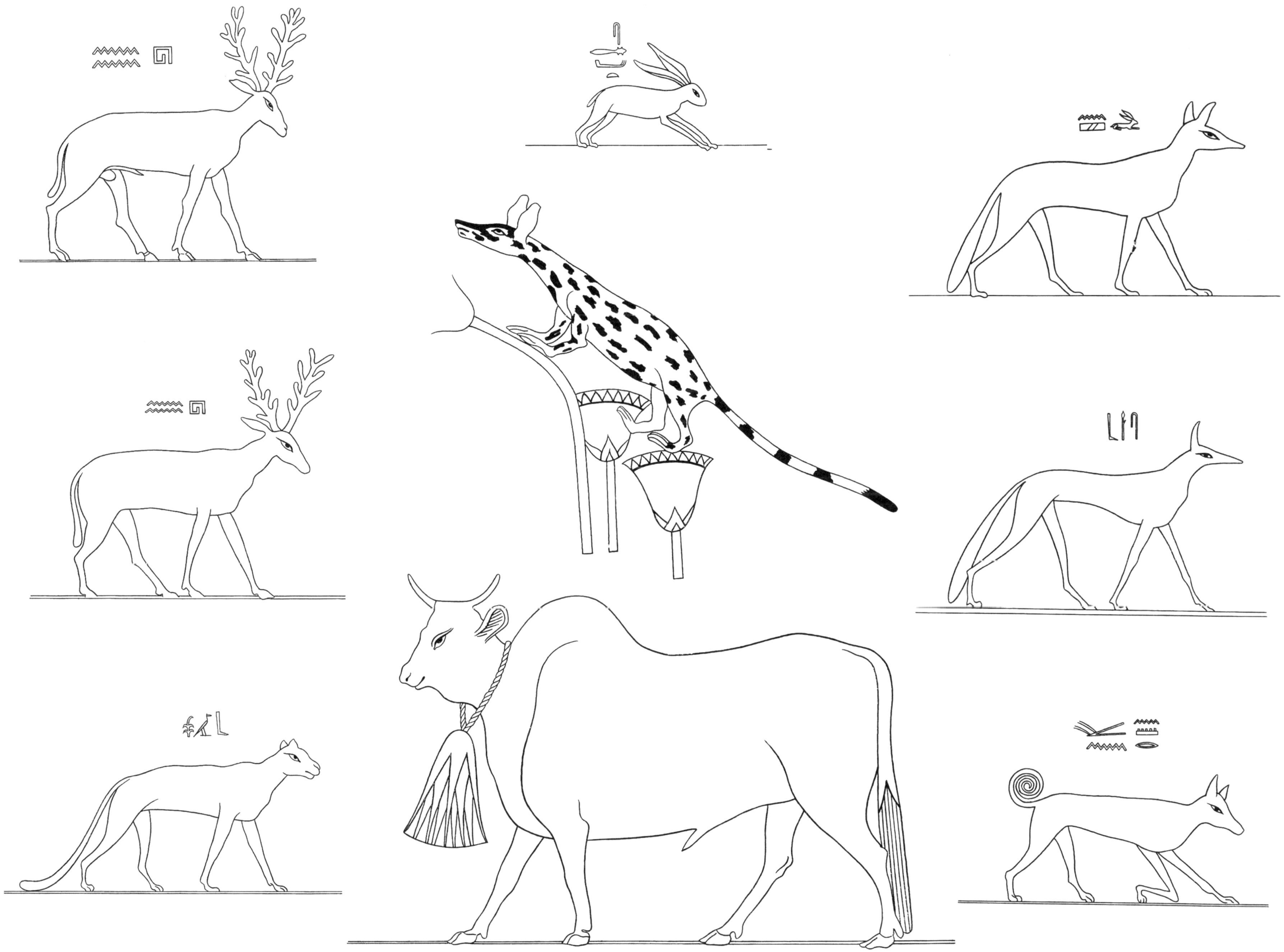

根据原壁画绘制而成。

图四一八甲

动物主题

根据原壁画绘制而成。

图四二八乙

动物主题

根据原壁画绘制而成。

图四二八丙

动物主题

动物主题

根据原壁画绘制而成。

图四二九

床榻

根据壁画绘制而成。

图四三〇

家具及其他物品

根据壁画和实物绘制而成。

图四三一

篮筐罐等物品

根据壁画和实物绘制而成。

图四三二

项链、凉扇及其他物品

根据壁画和实物绘制而成。

图四三三

椅子、鞋、书吏书写板和乐器等

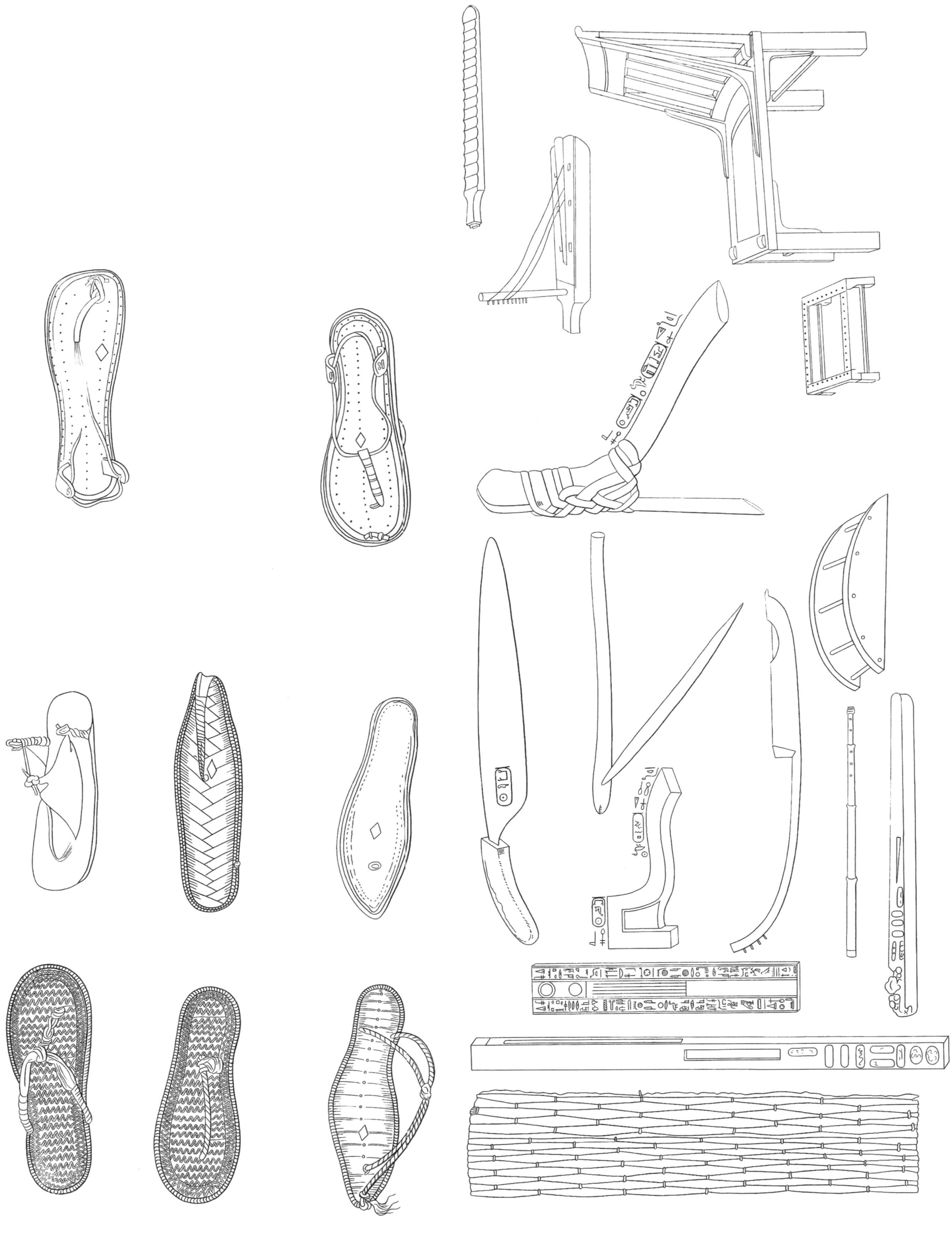

根据实物绘制而成。

图四三四

长袍、镜子、戒指和项链等

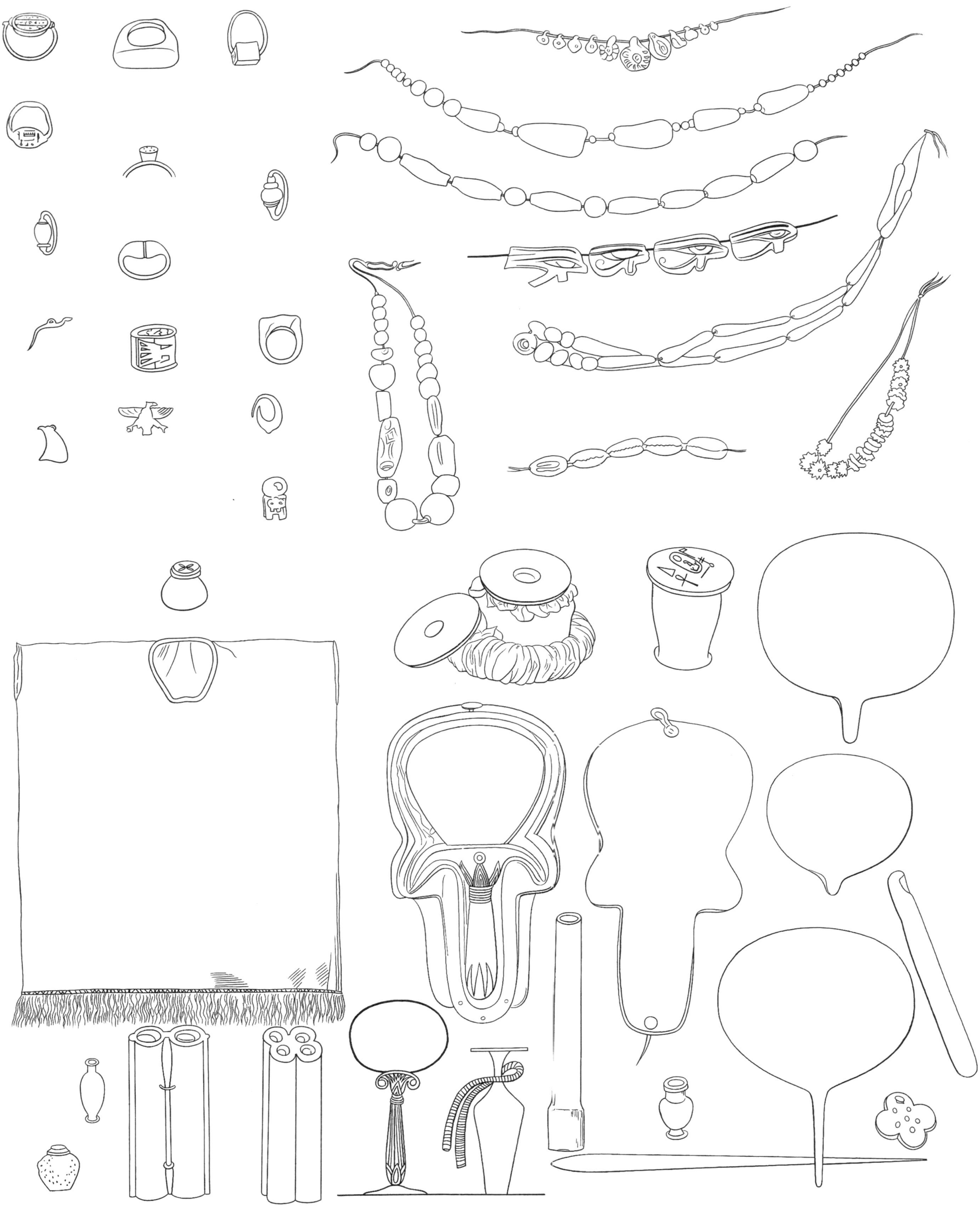

根据实物绘制而成。

图四三五

箱柜

根据壁画或实物绘制而成。

图四三六

供品、祭坛和篮子

根据原壁画绘制而成。

图四三七甲

装饰纹样

根据原壁画绘制而成。

图四三七乙

装饰纹样

根据原壁画绘制而成。

图四三七丙　装饰纹样

根据原壁画绘制而成。

图四三七丁

装饰纹样

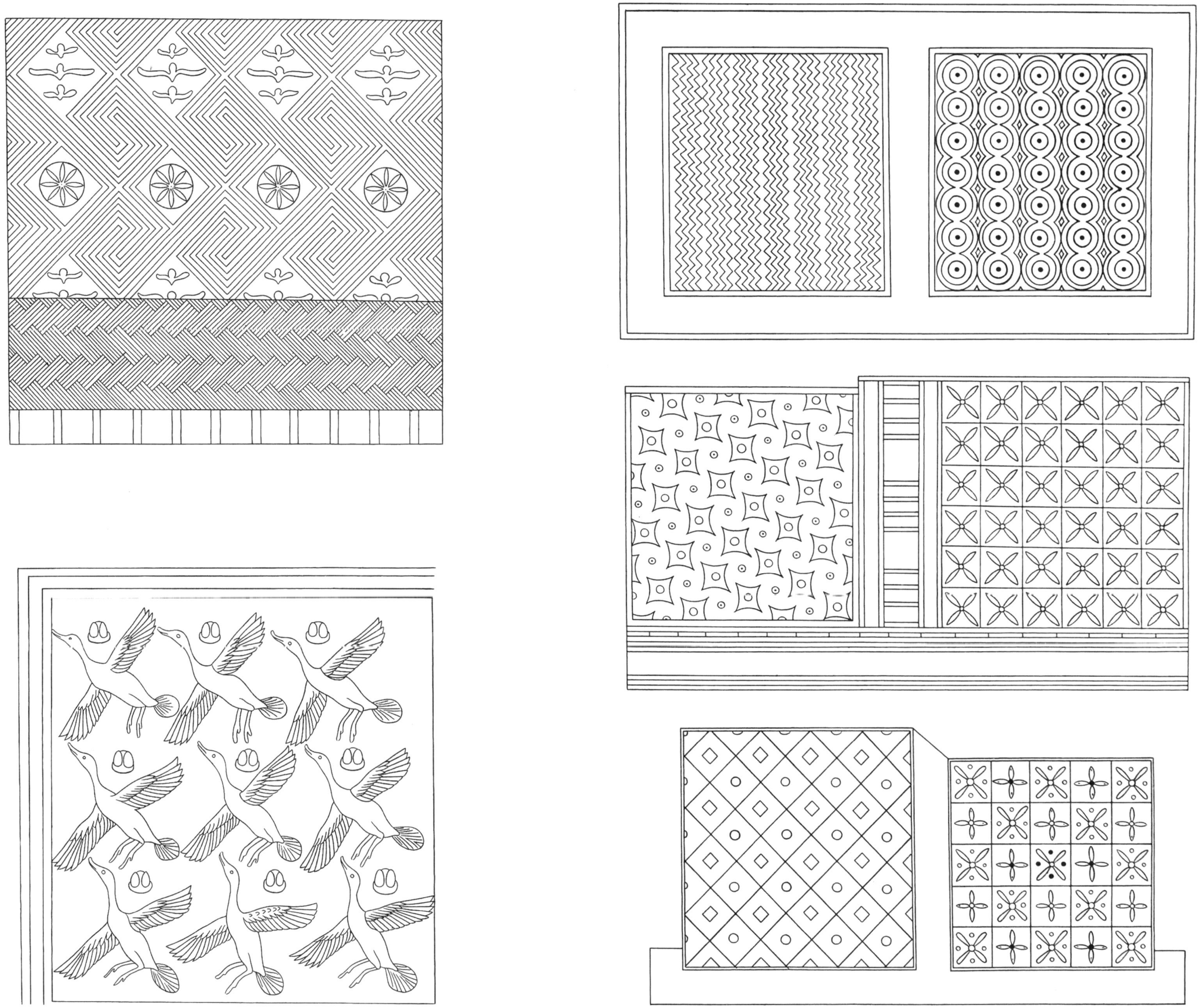

根据原壁画绘制而成。

图四三八

战车

1

2

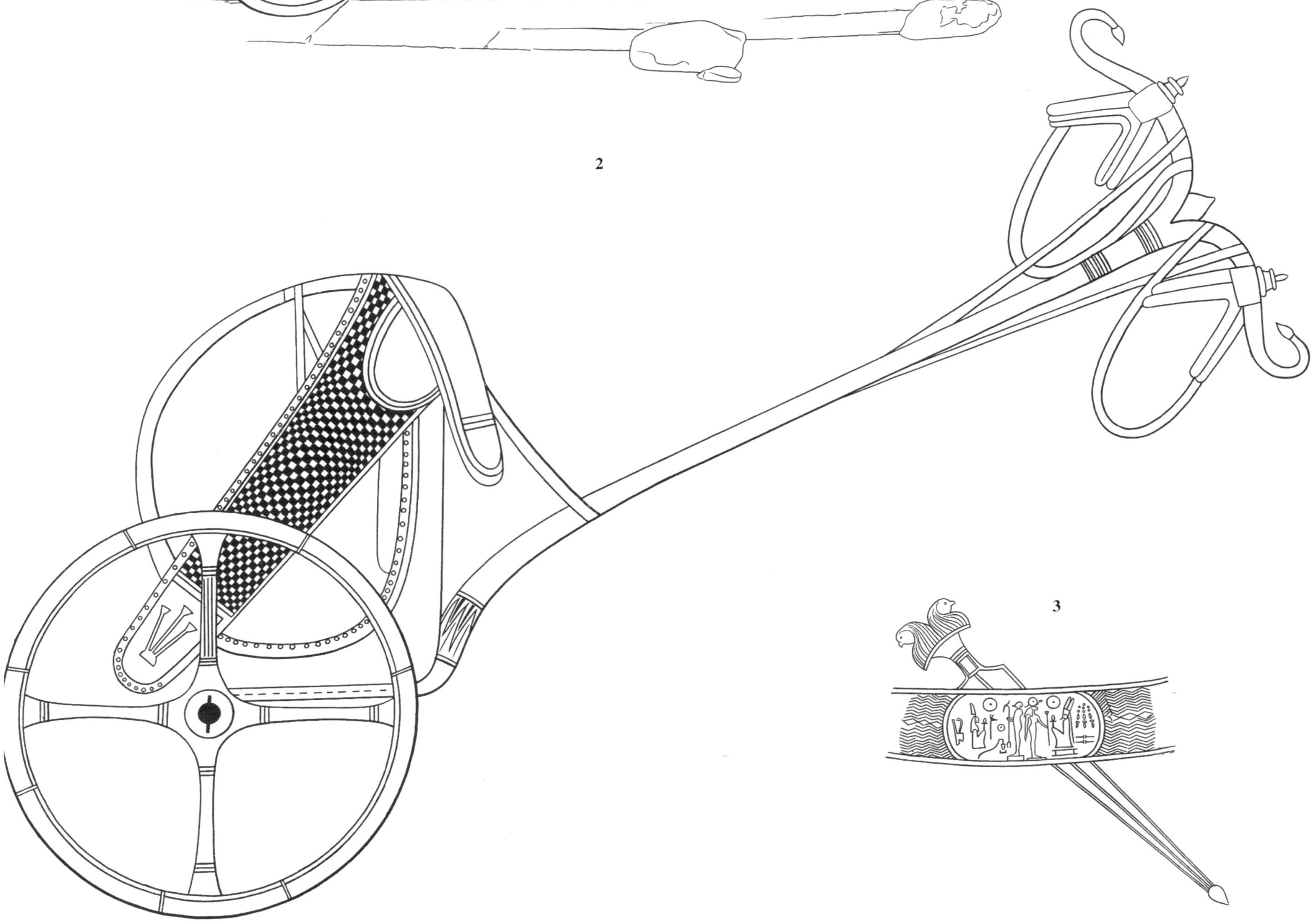

3

1. 根据实物绘制。2 和 3，根据浮雕绘制而成。

图四三九

运至亚历山大港的浮雕残片。

图四四〇

玛萨拉和亚历山大港

1

2

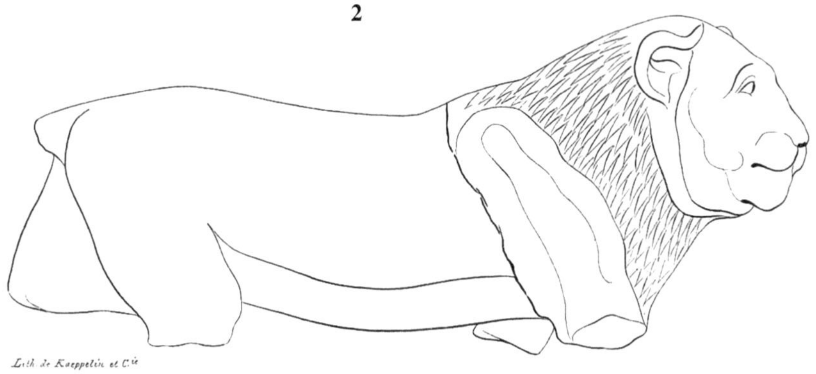

3

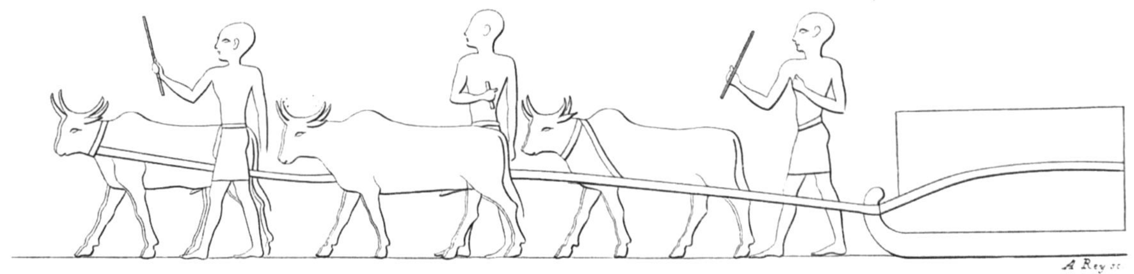

孤立的遗迹。

图四四一

孟菲斯

朱迈尔墓葬。

图四四二

孟菲斯

朱迈尔墓葬。

图四四三

开罗

1

2

孤立的遗迹。

图四四四

亚历山大港

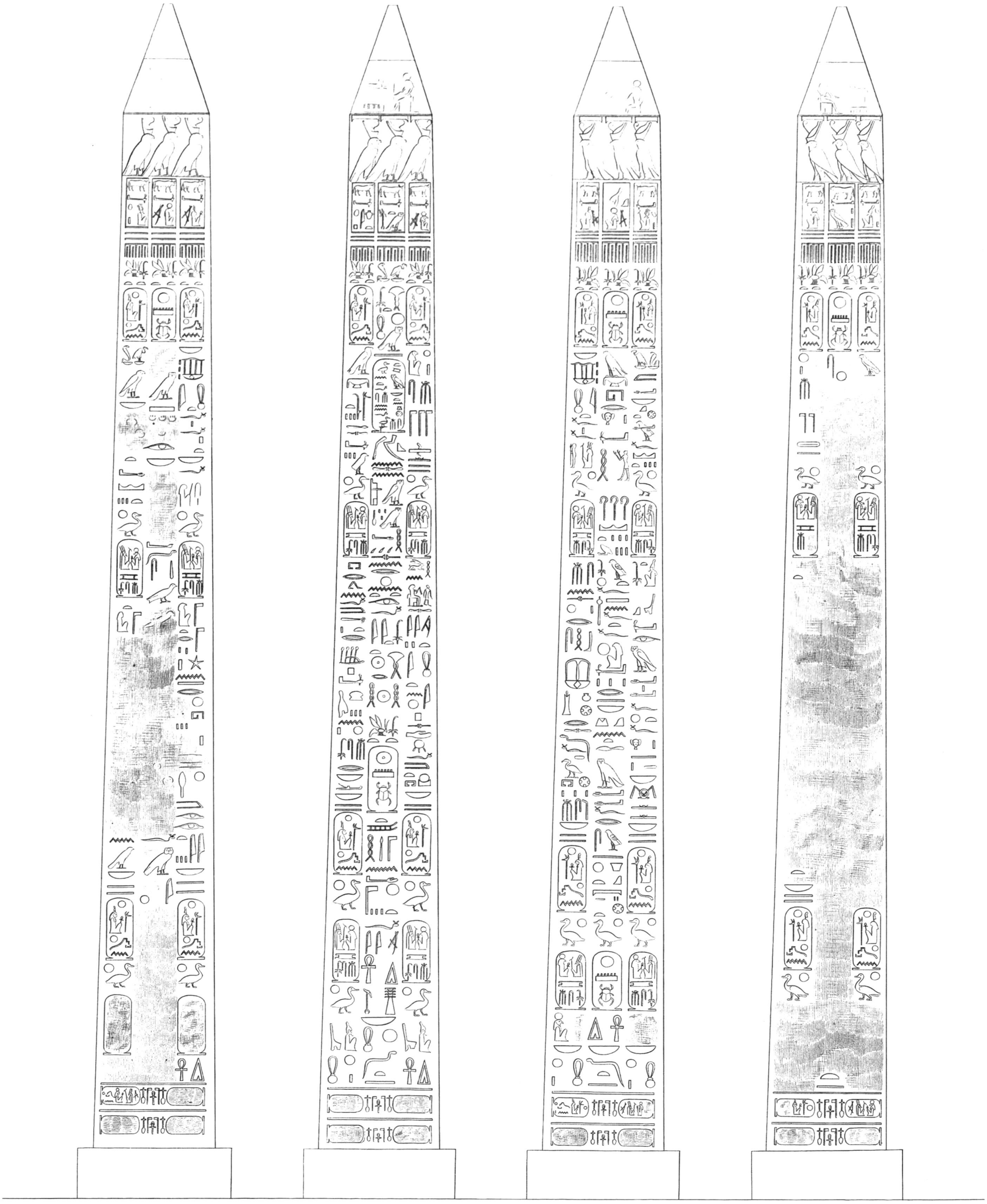

一座方尖碑。

图四四五

亚历山大港

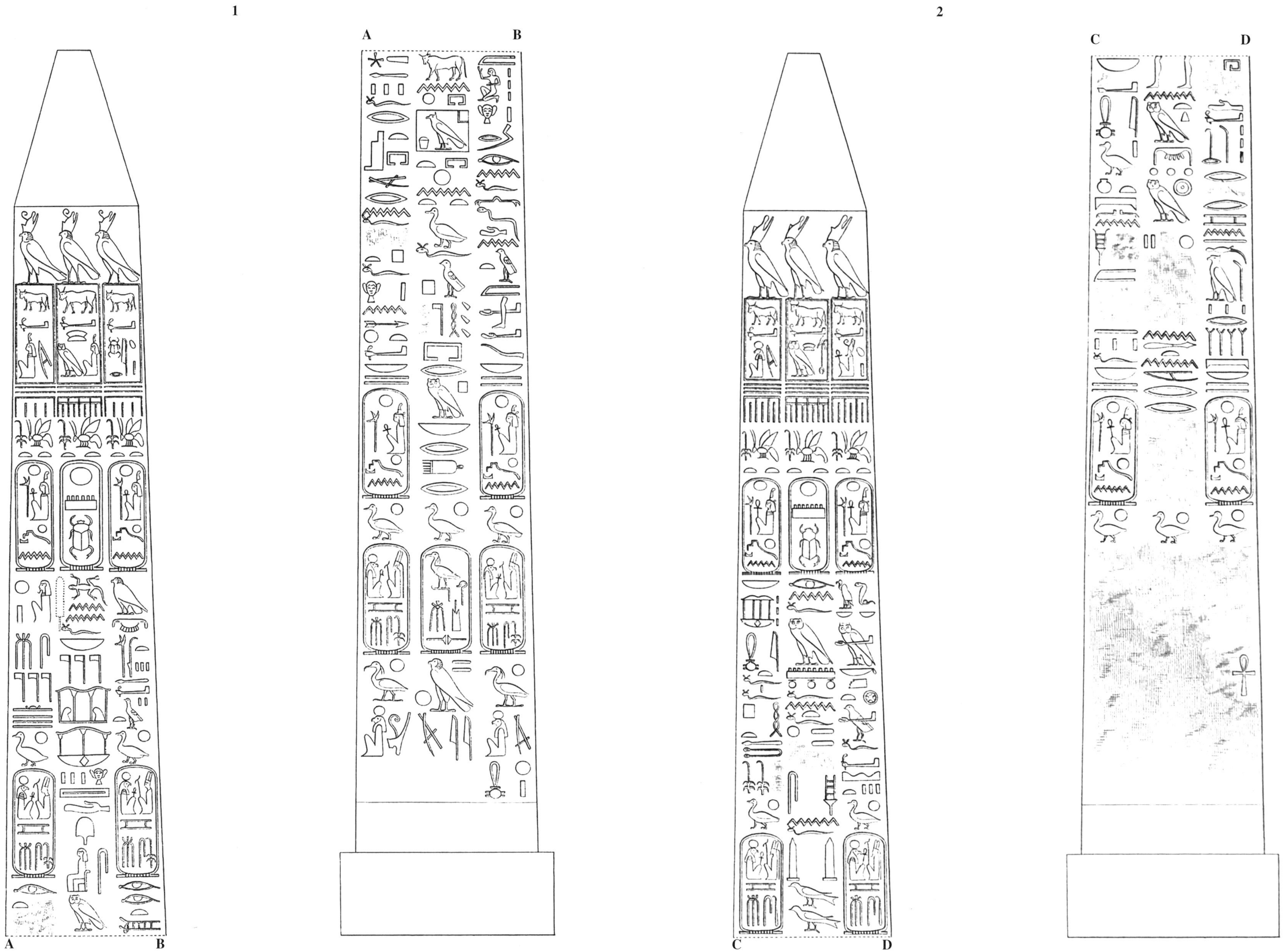

另一座方尖碑（第1面和第2面）。

图四四六

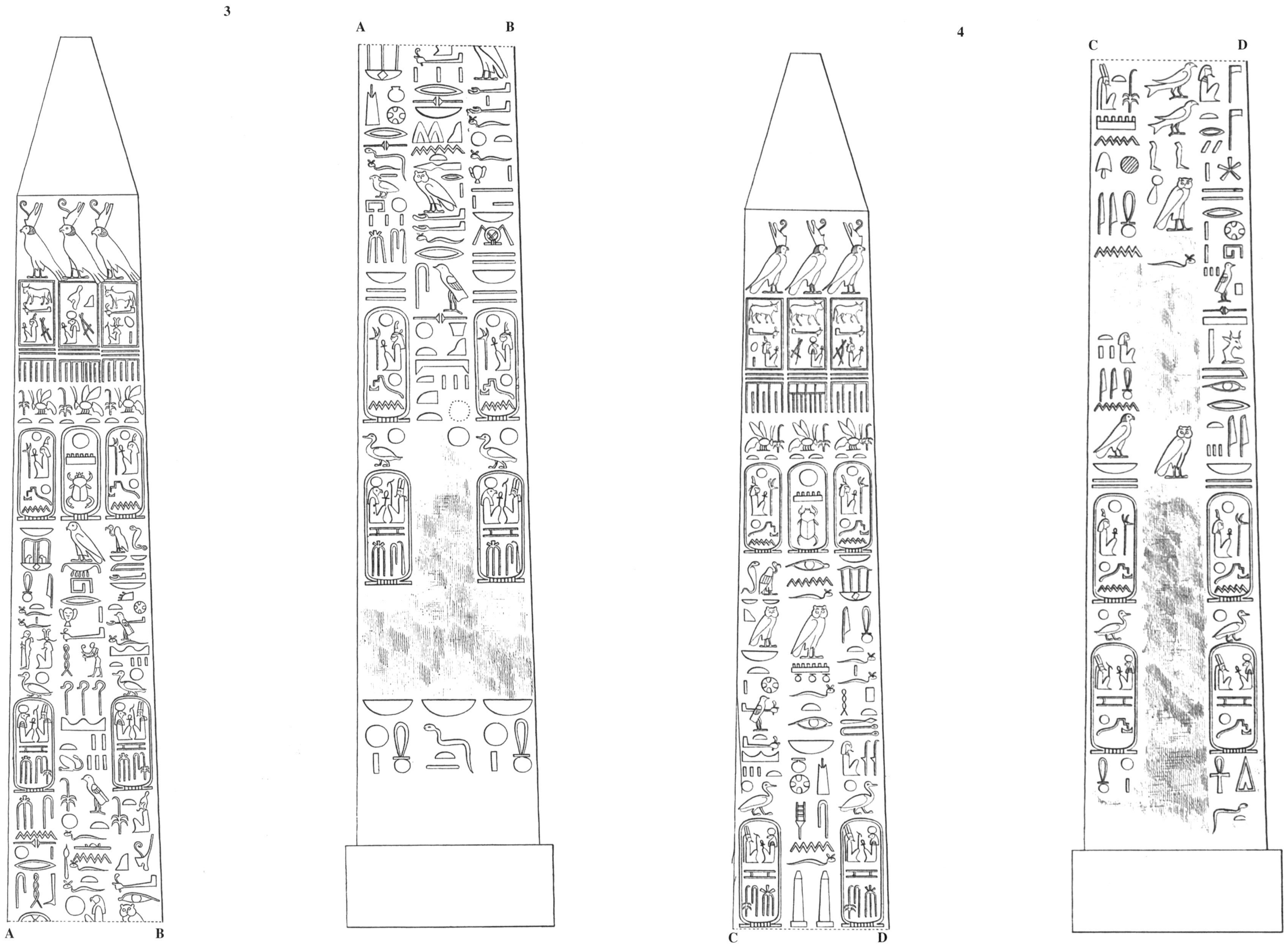

另一座方尖碑（第3面和第4面）。

译名表

地名

A

Alexandrie　亚历山大港

Amada　阿玛达（神庙）

B

Beit-Oualli　拜特伍利

Béni-Hassan-el-Qadim　贝尼哈桑卡迪姆

Biban-el-Molouk　比班莫鲁克

Bubastis　布巴斯提斯

C

Calabsché（Kalabsché）　卡拉布什

D

Dakké　达卡

Dandour　丹杜尔

Déboud　德布

Dendérah　丹德拉

Derri　德里

Djébel-Addèh　杰贝尔阿戴

Djébel-Selsélèh　杰贝尔赛尔赛兰

E

Edfou　艾德福，其拉丁名为 Apollinopolis-Magna　阿波罗波利斯玛格纳

El-Assassif　阿萨斯夫

Elethya　埃尔提亚，是埃尔 - 卡布（el-Kab）的别称

Esséboua　埃塞布阿

Esnèh　艾斯那

G

Ghirsché（Guirché）　吉尔什

Gisèh　吉萨

H

Héliopolis　赫利奥珀里斯

Heptanomide　赫普塔诺米德，中埃及地区的古称

Hermenthès　赫尔蒙代斯，艾尔曼特（Ermant）的古称

I

Ibrim　伊布里姆

Ibsamboul　伊布萨布尔

île de Béghé　贝格岛

île de Philae（Philèe）　菲莱岛

K

Karnac　卡尔纳克

Koum-el-Ahmar　库姆阿玛尔

Kourna　库尔那

L

Le Kaire　开罗

Louqsor　卢克索

Lycopolis　利科波利斯，艾斯尤特（Assiout）的古称

M

Madeleine　玛德莱纳（区）

Maschakhit　马沙赫特

Massara　玛萨拉

Médinet-Habou　麦地那哈布

Memphis　孟菲斯

O

Ombite　奥姆比特

Ombos　奥姆波斯

Ouadi-Esséboua　瓦迪埃塞布阿

Ouadi-Halfa　瓦迪哈勒法

R

Rhamesseum　拉美修姆

S

Sakkara　萨卡拉

Saladin　萨拉丁（宫殿）

Schéto　舍托

Sèvres　色福尔，法国地名
Silsilis　希尔西里斯
Spéos Artémidos　阿耳忒弥斯洞穴
Syène　西埃纳，阿斯旺（Aswan）的希腊语名称

T
Talmis　塔尔米斯
Taoud　陶德
Thèbes　底比斯
Thorra　托拉
Tuileries　杜勒里（区）
Tuphium (Crocodilopolis)　图费昂（克鲁克洛波利斯）

Z
Zaouyet-el-Mayetein　扎乌依特迈泰

神、人名

A
Aah-Otp　阿赫－奥特普
Ahmôs　阿赫麦斯
Ahmôs Nofré Atari，Ahmosis Nofré Atari　阿赫麦斯－诺菲尔－阿塔丽
Ahôtph　阿奥特夫
Alexandre II　亚历山大二世
Alexandre le Grand　亚历山大大帝
Amasis　阿玛西斯
Aménemhé　阿蒙姆赫
Amenemsès　阿蒙内姆赛斯
Amenhemdjom　阿蒙奈姆杰姆
Aménophis　阿蒙诺菲斯
Aménophis Ier，Aménofth Ier　阿蒙诺菲斯一世
Aménophis III　阿蒙诺菲斯三世
Amenophtep　阿蒙诺泰普
Aménôthph　阿蒙诺特夫
Amensé　阿蒙瑟
Amen-Se-Pehôr　阿蒙瑟佩霍尔
Ammon　阿蒙
Amosis　阿摩西斯
Amon-Mai Sches-chòk　阿蒙·玛伊·舍尚克
Amonéï-Hemdjom　阿蒙依－赫姆乔姆
Amyrtée　阿密尔特
Angelelli　安吉莱利
Anouké　阿努克
Anthi　安提
Antonin　安托南
Anubis　阿努比斯
Aroëris　阿罗艾瑞斯
Arsaphi　阿尔萨菲
Arsénofré　阿尔赛诺弗雷
Arsinoé　阿尔西诺伊
Arsinoé-Philadelphe　阿尔西诺伊·费拉德尔甫斯
Atharhammon　阿塔尔阿蒙
Athyr　阿提尔，即哈托尔（Hathr）
Atmou，Athmou　阿特姆
Auguste　奥古斯都

B
Bathianti　巴提昂提
Bérénice　贝蕾妮丝
Bubastis　布巴斯提斯
Bubastis-Neithe　布巴斯提斯－奈特

C
Cambyse　冈比西斯
Césarion　恺撒里昂
César Auguste empereur Marcus Othon　马库斯·奥托·恺撒·奥古斯都大帝
Chnouph-Ra，Chnouv-Ra，Chnouf-Ra　克努夫－拉
Chnouphis　克努菲斯
Chôns，Khons　孔苏
Chôns Lunus　月神孔苏
Claude　克劳德

D
Djôm　乔姆
Domitien　多米提安

E
Eimeï，Éimaï　埃美依
Emphé　安菲
Engelmann　英格曼
Epiphane　埃皮法那
Ergamène　埃尔盖曼
Evergète　伊凡杰特
Evergète II　伊凡杰特二世

H
Hacoris　哈克里斯
Hak　哈克
Haké　哈凯
Hapi-Moou　哈皮姆
Har　哈尔
Har-Hagen-Si　哈尔－哈根－希
Har-Hat　哈尔－哈特
Harisiési　哈尔西耶斯
Harmouï　哈尔穆依
Harphré　哈尔弗雷
Harsontho　哈尔索托
Hathor，Athôr　哈托尔
Hatht　哈特
Heb　赫伯
Hercule　赫丘利
Horammonn　赫尔阿蒙
Hoï　霍依
Hôp Hiooué　霍普·伊伍埃

Horus　荷鲁斯

I

Isénofré　伊塞诺菲尔

Isé　伊瑟

Isis　伊西斯

J

Jumel　朱迈尔

L

le second Hermès　第二海尔梅斯

Lucine　露西娜

M

Mandou　孟图

Mandouftep　曼都夫特普

Mandouli，Malouli　曼杜里

Mandouôtp　孟图霍特普

Mantoûot　曼都奥特

Méirerèhi　麦尔瑞伊

Mendésiens　蒙代斯

Ménès　美尼斯

Menhi　孟希

Ménephtha　蒙内普塔

Ménephtha Ier　梅纳普塔一世

Ménephtha Ousirei　蒙内普塔・乌西雷

Ménephtha-Siphtha　蒙内普塔－希普塔

Ménofré　梅诺弗雷

Ménôthph　蒙诺特普

Mœris　莫里斯

Mouth　穆特

Mouï-Oëri　穆伊－奥埃里

Mouï　穆依

N

Nahamatéô　那哈马特奥

Namou　纳姆

Nathphé　纳特菲

Nè　奈

Nectanèbe　内克塔内布

Néith　奈特

Néphéréus　奈夫罗斯

Néphérot　奈弗洛特

Nephtys，Nephtis　奈芙提斯

Netphé　奈特菲

Névôthph　内沃特普

Nitocris　尼特克瑞斯

Nofré-Ari　诺菲尔－阿丽

Nofrétéri　诺菲尔泰利

Nofrè-Tmou　诺菲尔－特穆

Nofré-Socher　诺菲尔－索舍尔

O

Obaï　奥巴依

Ohi　奥依

Osiris　奥西里斯

Osorchon　奥索尔康

Osortasen　奥索尔塔森

Osiris Soccharis　奥西里斯－索卡里斯

ôth Lunus　月神托特

othounen　托图南

Ouerri Ammon-Maï　乌利・阿蒙迈伊

Ounkhnas　乌赫纳斯

Ouschiopt　乌施奥普特

Ounte-Ophj　乌特奥夫

P

Paphé　帕费

Pascht，Pacht　帕赫特

Pétubastès　佩图巴斯特

Péhôr　佩霍尔

Philadelphe　费拉德尔甫斯

Philippe-Arridhée　腓力・阿里达乌斯

Philométor　费罗梅托尔

Phischiam　费施阿姆

Phré　弗雷

Phtha-Sokaris　普塔－索卡里斯

Phtha-Thoré　普塔－托雷

Pnevtho　普内托

Psammenite　普萨美尼特

Psammétichus　普萨美提库斯

Psammetichus II　普萨美提库斯二世，普萨美提克（Psammétique）的旧时拼法

Psammouthis　普萨姆提斯

Ptah　普塔

Ptolémée-Alexendre Ier　托勒密－亚历山大一世

Ptolémé Epiphane　托勒密－埃皮法那

Ptolémée Philométor　托勒密－费罗梅托尔

Ptolémée Soter II　托勒密－索特二世

R

Réméran　拉美兰

Rémei　拉美伊

Rénofré　拉诺菲尔

Rhamsès　拉美西斯

Rhamses-Meïamoun　拉美西斯－美伊阿蒙

Rhamses Ouerri　拉美西斯乌力

Rhasi　哈斯

Ritho　立托

Roboam　罗波安

Rotéï　罗特依

Roxane　罗克珊娜

S

Sabbacon　沙巴卡

Saf-ri　萨弗丽

Sam　萨姆
Sakeb　萨科博
Sarchmoué　萨什姆埃
Saté　萨特
Schéschôk; Chechonk　舍尚克
Schoummors　舒姆尔
Seb　塞博，即盖布（Geb）
Sev　塞夫
Septime Sévère　塞普蒂米乌斯·塞维鲁
Sept-Sopt　赛普特－索普特
Sésostris　塞索斯特里斯
Sevek　塞维克，即索贝克（Sobek）
Sevek-Ra　塞维克－拉
Sem　塞姆
Sésonchis Ier　舍尚克斯一世
Siphtha　希普塔
Skaï　斯卡伊
Sochar-Osiris　索卡尔－奥西里斯
Sokaris，Socharis　索卡里斯
Sonénofré　索内诺弗雷
Sot-Set　索特－瑟特
Sowen，Soven　索文

T
Tadjôr　塔加尔
Tafné　塔弗奈
Taharaka　塔哈尔卡
Taïa　塔伊阿
Takellothis　塔克龙提丝
Tamoun　塔蒙
Tamon　特阿蒙，即阿蒙奈特（Amonet）
Tamon-Maï　塔蒙迈伊
Tanis　塔尼斯
Taousrê　塔乌斯拉
Tasnhia　塔施亚
Tathô　塔托
Tern　特恩
Thêti　泰提
Thmauhemwa　特摩赫姆瓦
Thméï，Tméi　特美伊，即玛特（Maât）
Thméiôth　特美伊奥特
Thmou　特穆
Tho　托
Thôth-n-Bas　托特巴斯
Thouthmosis　图特摩西斯
ThThôth　托特
Tibère　提贝里乌斯
Tmani　特玛尼
Tmaühemva　特玛乌赫娃
Tmauanrè　特曼昂雷
Tmeuo　特莫奥
Tmou　特穆
Tnébouô　特内布奥
Tôou-Moui-Oéri　多乌－穆依－奥莉
Trir　特里尔

U
Uranie　乌拉尼亚

V
Vénus　维纳斯

译后记

二○一五年秋，正在北京大学世界历史系就读的好友张悠然联系到我，说有一本法语的古埃及图册正在寻找合适的翻译，问我是否感兴趣。那时我正做着和埃及学完全不相关的工作，但业余时间仍会坚持在考古资讯小站翻译些简短的法语考古新闻，同时也会选择些严肃的以法语写就的学术文章进行翻译。我也曾尝试过与一些出版单位合作翻译埃及学著作，但都未能如愿。他们常对二十世纪以前的埃及学专著感兴趣，而这些专著几乎全部以文字为主，虽出自大家手笔，但内容已经过时，与当前学术界对古埃及文明的认知存有很大差距。本书（法文版）虽出版于十九世纪上半叶，内容则以图画为主。这些图画对遗址图像（浮雕、壁画等）的还原度非常高，因此不仅可作为精美的赏鉴图册，同时也是珍贵的埃及考古史料。于是，我欣然接受了这份任务。

然而，成书年代的限制仍给翻译和出版带了来不小的麻烦。十九世纪初的出版业尚不成熟，许多内容不符合当代的出版标准。想让商博良的作品与国内读者进行一场跨越时空的交流不是件容易的事。为此我和编辑将遇到的问题与解决办法在此列出，敬请读者朋友们留意。

一、十九世纪的习惯用法

1. 排版方式

原书收录商博良团队画稿五○五幅，以拉丁数字（I, II, III...L...LC...）作为图画编号，并以bis、ter、quat等作为二级编号。而每幅图的说明文字集中放到了前几页，阅读时为了图文对照，常常需要前后翻阅。考虑到中国读者的阅读习惯，我们将编号“汉化”为“一、二、三……五○……九○”，并以“甲、乙、丙、丁”作为二级编号，以便读者查阅。例如，图一四八丙对应的原文为“PL. CXLVIII ter”。

原书图画页下方图注中经常出现的“同上”或许也会给读者带来困扰：这是拉丁缩写“idem”的直译，为尊重原书，译者在用法上也做了保留，读者可以自行判断：它用来代替上文同一位置出现的文字。例如，图一○八图注中的“2 和 3，同上，同上，左壁”中两个“同上”分别指的是上文中的“大岩庙”和“正门”。

2. 地名与人名

原书的语言表述和单词拼法很有年代感，其中地名和人名的拼写方式尤为明显，与现代法语的写法亦有不同。在商博良所处的时代，有关埃及考古遗址的名称尚无标准写法，同一地名在作者手稿中出现的拼写方式也有不同。下面列出本书中一些代表性的译名，以供读者参考。中文对照的单词为商博良时期的习惯用法，括号内为现代法语的习惯用法。

萨卡拉 Sakkara (Saqqarâ)

艾斯那 Esnèh (Esna)

丹德拉 Dendérah (Dendera)

吉萨 Gizèh (Giza)

卡尔纳克 Karnac (Karnak)

陶德 Taoud (Tôd)

开罗 Kaire (Caire)

阿蒙 Ammon (Amon)

孟图 Mandou (Montou)

穆特 Mouth (Mout)

以上拼写方式虽有不同，但并不影响中文音译。另一种情况，是当十九世纪的习惯用法与现代法语差别较大时，中文译名会按照商博良时期的法语音译，并在译名表中标出该单词的现代拼法。属于这种情况的单词有：

赫尔蒙代斯 Hermenthès（艾尔曼特 Ermant）

利科波利斯 Lycopolis（艾斯尤特 Assiut）

西埃纳 Synène（阿斯旺 Aswan）

塞维克 Sevek（索贝克 Sobek）

阿提尔 Athyr（哈托尔 Hathor）

特美伊 Thméï（玛特 Maât）

3．称谓

古代埃及的最高统治者被称作“法老”，即原书中使用的“Pharaon”一词。另外，作者还常用“国王（Roi）”一词指代法老，用“王后”指代法老的配偶，“王子和公主”指代法老的儿女。这是符合欧洲文化的表达方式。本着尊重作者手稿的原则，原书中出现“Pharaon”时译为“法老”，出现“Roi”时译为“国王”，所以“国王”和“法老”并存的表述并非译者随意为之。原书中也用“souverain”或“seigneur”指代法老，但不多见，本书均译为“统治者”。关于法老的名字，作者受到古希腊典籍的影响，将第十八王朝的法老阿蒙霍特普称作“阿蒙诺菲斯”，将第十九王朝的拉美西斯二世误称为“拉美西斯三世”，这些情况在译文中都有注明。

在描绘法老与外族人的战争场面时，作者使用的“亚洲人”和“非洲人”并非现代语境下的意思，而是古代埃及人对外族的统称。例如，图一一中的“亚洲俘虏”，应为靠近埃及的西亚人群。受时代背景影响，文中偶尔出现“亚洲蛮族”等称谓，译者也做了保留。

在图九六乙中，作者把装饰在基座下方的鸟称作“凤凰（Phenix）”，这与我们印象中的凤凰差距较大。实际上，这是一种叫作田凫的鸟，头上有冠，古埃及语为“rekhyt”，意为“人民、臣民”。Rekhyt 常出现在法老的雕像基座或神庙的柱厅内，它张开手臂的姿势象征着埃及臣民对统治者的膜拜。

书中出现有“岩庙”“神庙”“大神庙”“大岩庙”等对古埃及遗址的表述，均为译者对原书表达的直译，比如“岩庙”对应的是“spéos”，“神庙”对应的是“temple”，“大神庙”对应的是“Grand temple”，“大岩庙”对应的是“Grand spéos”。“哈托尔神庙”与“哈托尔岩庙”指的是同一座神庙。而“奥姆波斯大神庙”与“奥姆波斯小神庙”却是两座不同的神庙。读者自可以根据上下文做出正确的判断。

二、手稿的独特性

原书出版所遵循的材料是商博良考察时整理的手稿，实际并不具备出版条件，本也不应以这种方式与读者见面。原书的编者商博良・菲雅克，即商博良的哥哥，在前言中就特别提到“作者的意外逝世使政府和众位学者放弃了这个只有构想者本人才有能力完成的计划。于是我们决定按照从南到北的方向，即努比亚和埃及，把考察期间得来的材料以地理顺序加以编排……这里应当特别说明的是，里面每一条解释都严格遵从作者的原手稿。这是作者研究的原样呈现，既没有掺杂，也没有更新：否则读者会无法接受”。译者秉持着与原书编者同样的原则，在遇到信息缺失、图文不符、编号错误、符号不统一等情况时，坚持呈现原貌，没有做任何添加或修改。目的是将原文作为历史资料的独特价值充分发挥出来，并充分相信读者会做出自己的判断。因出版需要，本书编辑程培沛老师为此付出了辛勤的劳动，现将她总结出的问题部分罗列如下，以供读者朋友们参考：

1. 缺图、缺图画说明

图一七乙缺图画说明。图一五五甲、一七九、一九一乙、图二九四丙、二九六、三二六

缺图。

2. 编号问题

许多图以甲、乙、丙的序号编排，经核查，其中一些并不属于一个主题系列的图画，或者各个独立。而有些并未划入甲乙丙序列的实际是同一主题系列的图画。原书部分编号后有（Ajoutez A）的附属信息，推测为作者在手稿中补加的说明，因为不影响上下文语义，故编者将其排入甲、乙、丙的图画编号中，以便阅读。

3. 图文不符的情况

图一〇说明中图 4 提到“右手执杖”，图画中描绘的是“左手执杖”。

图一二说明中有“一位妇人双臂托起她的儿子”，图画描绘的是“单手举起儿子”。

图五四说明和图 4 中提到是彩图，但图画实际为黑白。

图一四八丙说明中出现的神明与图画描绘的不一致。

图二一四乙和丙说明中“双手合并祈祷”并未出现在图画中。

……

正如法文版前言所说，本书呈现的内容是商博良对埃及考古遗址的描绘图像及注解文字，他对每幅图像精炼的描述，汇成了一部古埃及文明的百科全书。其内容比长篇大论的学术文章更容易阅读，比匿名作者的旅行游记更加可信，非常适合初学者了解古埃及。同时，由专业团队记录的图像可信度很高。历经百年，如今部分遗迹已不复存在，我们反而能在本书中找到一些信息，这对于埃及学领域的学者同样具有学术价值。

在本书翻译校对工作即将完成时，收到北京大学历史学系、古代东方文明研究所所长颜海英教授即将为本书作序的消息，感激之情无以言表。还要感谢厦门大学马一舟、中央美术学院黄庆娇两位老师对“译名表”提出的修改意见。感谢后浪的张鹏老师、郝明慧老师对本书的关心和支持。感谢本书的编辑程培沛老师，没有她认真而细致的工作，本书将无法与读者朋友见面。向所有为本书付出辛勤劳动的后浪出版公司的工作人员表示感谢。因本人翻译水平有限而导致的谬误，请读者批评指正。

最后，请您在阅读本书的同时，不要忘记它是在何种条件下完成的：“……工作人员们在地下庙宇里忍耐着近五十度的高温，只能借火把发出的微弱光线，利用每天仅仅几小时的时间进行工作。”——来自上卷图一八至二五的图画说明。

向所有在埃及从事考古的工作者致敬。

高伟

二〇一八年十二月 于卢克索

后浪出版公司

MONUMENTS DE L'ÉGYPTE ET DE LA NUBIE

埃及和努比亚的遗迹

商博良埃及考古图册

— 上卷 —

Jean-François Champollion

[法] 让-弗朗索瓦·商博良 著　高伟 译

CNS | 湖南美术出版社

图书在版编目（CIP）数据

埃及和努比亚的遗迹：商博良埃及考古图册（上下卷）/（法）让－弗朗索瓦·商博良著；高伟 译．— 长沙：湖南美术出版社，2019.7

ISBN 978-7-5356-8174-4

Ⅰ．①埃… Ⅱ．①让… ②高… Ⅲ．①埃及－古代史－通俗读物 Ⅳ．① K411.209

中国版本图书馆 CIP 数据核字（2019）第 056589 号

埃及和努比亚的遗迹：商博良埃及考古图册（上下卷）

AIJI HE NUBIYA DE YIJI: SHANGBOLIANG AIJI KAOGU TUCE (SHANG XIA JUAN)

出 版 人：黄　啸
著　　者：[法] 让－弗朗索瓦·商博良
译　　者：高　伟
选题策划：后浪出版公司
出版统筹：吴兴元
编辑统筹：郝明慧
责任编辑：贺澧沙
特约编辑：程培沛
营销推广：ONEBOOK
装帧制造：墨白空间·黄海
出版发行：湖南美术出版社
（长沙市东二环一段 622 号）
印　　刷：北京雅昌艺术印刷有限公司
（北京市顺义区高丽营镇金马园达盛路 3 号）
开　　本：635 毫米 ×910 毫米　1/4
字　　数：72 千字
印　　张：139
版　　次：2019 年 7 月第 1 版
印　　次：2019 年 7 月第 1 次印刷
书　　号：ISBN 978-7-5356-8174-4
定　　价：1280.00 元

读者服务：reader@hinabook.com 188-1142-1266
投稿服务：onebook@hinabook.com 133-6631-2326
直销服务：buy@hinabook.com 133-6657-3072
网上订购：www.hinabook.com（后浪官网）

中文版序

“总而言之，我们欧洲人不过是小人国的人，无论是古代或者现代，没有人可以象古埃及人这样构想出如此恢宏、壮观的艺术与建筑；他们出手如一百英尺高的人，而相比之下我们最多就是五英尺高而已。”

商博良家书，一八二八年十二月二十四日

高伟翻译的这套《埃及和努比亚的遗迹》是“埃及学之父”商博良的手稿，商博良于一八三二年英年早逝，留下大量未整理发表的图像及文字笔记，有未完成的书稿和在埃及考察时完成的五百二十幅手绘图及大量笔记。在学者的推动下，法国政府资助了这套珍贵资料的出版。一八二二年商博良破译古埃及文字，标志着埃及学的诞生，迄今埃及学已经走过了近两百年的历程，埃及考古也进入一个科学考古的新时代，在埃及从事考古发掘和保护工作的有几十个国家的一百多支考古队。回望这个学科的过去，反思从商博良到如今这两百年里埃及学面临的问题和挑战，有着重要的现实意义。

商博良，一七九〇年出生于法国菲雅克小镇的一个书商之家。从小就表现出很高的语言天赋。他五岁开始学习古文字，先后学过希腊语、拉丁语、希伯莱语、阿拉伯语、叙利亚语、科普特语、波斯语等。他尤其对科普特语表现出强烈的兴趣，甚至一度用科普特语记日记，这些日记后来竟被一位法国人当作埃及古文并著文论述，传为笑谈。他甚至还读过一本中文语法书。十六岁时，商博良在格勒诺布尔宣读他的论文，论证科普特语是古埃及语的一种，崭露才华。一八〇七至一八〇九年，他完成了《法老统治下的埃及》一书的第一部分和《埃及的宗教、历史、和地理》，并成为格勒诺布尔中学的教师。一八一〇年，他获得语言学博士学位。一八一八至一八二一年期间，他任格勒诺布尔王家学院的历史和地理学教授。一八二六年，他被任命为卢浮宫埃及收藏品的管理员。一八二八至一八二九年，他带领一支考察队到埃及进行勘察。一八三一年，法兰西学院为他首设埃及历史和考古学教授的职位。一八三二年，商博良因积劳成疾而英年早逝。

十八到十九世纪的欧洲，席卷着一股东方热，考古学和古文字的研究都开始起步，庞贝城的发现、古代两河流域的楔形文字的释读成功，吸引着学者们用科学的手段探索未知的东方世界。拿破仑的远征，罗塞塔石碑的释读成功，掀起了更为疯狂的埃及热，到埃及探险成了一时的时尚。沉寂多年的古迹从此不得安宁，学者来探访，冒险家来猎奇找宝，当地自古就有的盗墓贼忽然发现这一行的黄金时代到来了，纷纷活跃于学者与冒险家之间，兜售从墓中盗来的古物。埃及，从此进入了一个新的时期。伴随着对她古老历史的不断发现，她的珍奇文物也遭受掠夺和蹂躏，法老们无法再安息。这是抢劫者的时代，同时也是学者的时代。

一八二八年八月十八日，商博良带领的法国—意大利考察队到达埃及，他看到的埃及，还没有被所谓的探险家洗劫，大部分的遗址还是原有的面貌，但文物市场已然火爆，大量的文物通过欧洲各国外交官和埃及文物贩子之手源源不断流入欧洲。商博良谴责这种抢劫行为，而他能做的，就是尽力记录他所看见的。考察队在埃及的十五个月期间，他进入疯狂的工作状态，他留下的日记和书信里，几乎每一页都有他对所见一切的惊叹赞美。

商博良考察队的足迹从埃及最南边的第二瀑布区到最北的亚历山大，与拿破仑远征队不同的是，作为解读了古埃及文字的语言学家，他精心抄录大量的王名、神名及大量的铭文，这是继公元四世纪时亚历山大学院最后几位哲学家之一赫拉波龙之后，第一位做这个工作的人，今天的读者，翻开这本厚厚的画册，看到那些密密麻麻的精心临摹的象形文字，可否想象，这是在十五个月里完成的？帝王谷的墓室里，中午时分温度常常达到五十度以上。在里面举着火把读铭文的商博良，多次昏厥过去，是怎样的意志和热情，支撑着这位天才？

古埃及人相信文字具有魔法，必须读出声来才能唤醒其法力，使其代表的事物复活。商博良的埃及之旅，最终验证了他对古埃及文字的解读，使得古埃及文字起死回生，这也使得古埃及这具文明的木乃伊在现代世界复活。据说商博良与拿破仑曾经有过一次会面。在那次会面中，商博良告诉法兰西帝国的皇帝他正在编写一部科普特语的词典，并解释说这是同古埃及语类似的一种埃及祭祀语言。商博良的话使拿破仑那帝王的想象力得到极大的启发，因此他当场宣布：从此把科普特语定为埃及的正式语言。这是埃及的两位征服者的会见。一位把尼罗河的故乡纳入自己征服全球的计划之内，并且打算建造一套庞大的灌溉系统来恢复埃及的经济；另一位虽然在那时尚未踏上过埃及的土地，但是早已用心灵的目光把埃及的古代遗迹观察了一千次，并且最终踏上这片土地，凭着自己的学识让这些死去十四个世纪的古迹起死回生。

虽然商博良在埃及学和埃及考古学历史上有举足轻重的地位，但是仍旧无法超越时代的局限。《埃及和努比亚的遗迹》呈现的是十九世纪初以收集铭文和艺术作品为重点的埃及学，古埃及社会的其他方面，包括大量的物质文化遗存都鲜有涉及；图录中涉及的遗址众多，但又没有给出地图作为参考；更不要提年表等梳理历史脉络的文字了。

在过去四年里，剑桥大学出版社出版了 Cambridge Library Collection 系列，重印了大量考古学历史上的重要书目，方便当代学者对过去的考古学进行反思。考古学史本身也在近年来得到了关注，可以说，翻译和出版商博良的手稿本身就是中国掀开自己埃及学新篇章的宣言。当我们回顾埃及学的历史，商博良仿佛是这条大路的起点，而中国的埃及学者如今也加入了国际同行，一起在埃及发掘研究，可以说是中国埃及学的新起点。从此起点遥望彼起点，是对我们这个时代中国埃及学和考古学的写照，具有特殊的历史意义。

颜海英

二〇一九年一月二十五日

法文版序

本书的原始材料，包括绘图、底稿和作者亲手写就的注解，均归国家所有，现藏于巴黎皇家图书馆。这样一部极具价值的作品成为公共财产，或许某一天，书写我们这个时代人文历史的专家们会去探究其中的来龙去脉。为了给予这些书写者方便，同时也为了赞美作者的挚友们为本书所做的值得敬佩的工作，请允许我在这里回顾一下大事记。

商博良（又称小商博良 Champollion le jeune）卒于一八三二年三月四日。当月二十三日，时任商务和公共事务部部长的阿尔古爵士（M. le comte d'Argout），在文学院行政楼内成立了一个委员会。该委员会专门负责研究和整理这位法国学者的手稿及埃及学学科藏书。这批材料在公众强烈的企盼下，由学者的家人捐赠给了政府。

一八三三年元月十九日，由德萨西男爵（M. le baron Silvestre de Sacy）任主席的七人委员会向主管部门提交了一份报告，其中卡特勒梅尔先生（M. Ét. Quatremère）和勒特罗纳先生（M. Letronne）尚在人世。报告的结论如下：这批材料具有被认可的广泛用途和适用性，丰富了该学科的文献，其价值堪称国宝。

第二年三月二日，教育部长基佐先生（M. Guizot）向议会提出了一项法律草案，用来推动委员会的计划。他是一位在学界和政界都同样杰出的人才。他的一番肺腑之言饱含着对商博良的赞美之情，兹引用如下：

> 商博良揭秘尘封千年的埃及遗迹，他守信果敢，他在治学初期的造诣，他远途考察满载而归，他在学术巅峰时期的溘然长逝……这一切无须我赘言，各位议员们，作为博学开化的欧洲公民，你们一定早已对它兴趣盎然。
>
> 提案不仅是对于这一学科的敬意，也是一种义务，也是对学科建设的悉心关照。商博良先生为国家的荣誉而辛劳；他为我们的学术贡献了一个永恒的发现；他为我们的历史弥补了一项重大的空白；作为法国公民的他享誉全球，这是一件多么令人愉快的事，他以一己之力完成了一场危险与学术并存的考察，并且承担了全部的学术工作。

在巴黎市议会上，部长先生又重申了上述观点；还有两轮草案审查会的报告人，即艾蒂安先生（M. Étienne）和泰纳尔男爵（ M. le baron Thénard），在他们的推动下，该提案最终获得了国王和议会的一致同意。于是，法案于一八三三年四月二十四日公布，全文如下：

> 法　案
>
> 路易·菲利普，法兰西之王，向所有现在及未来的臣民们宣告。
>
> 经议会审议通过，我命令如下：
>
> 条款一，向教育部长国务秘书拨专款五万法郎，用于为国家收购已故小商博良的手稿、绘图及注释书籍。
>
> 条款二，同意给予其配偶罗斯·布朗女士（Rose Blanc）抚恤金三千法郎。
>
> 条款三，该笔抚恤金将被记录在国库的抚恤金账册上。
>
> 巴黎杜伊勒里宫，一八三三年四月二十四日
>
> 路易·菲利普
>
> 以国王的名义：教育部长国务秘书基佐

这次国家层面的决议罕见而庄重，既实现了商博良的夙愿，也照顾了他的妻子与女儿的利益[①]；只剩下一个公共任务需要完成，那就是捍卫学科的权利与希望。

自五月以来，德萨西先生、勒诺尔芒先生（Ch. Lenormant）和华尔－科拉尔先生（Hippo. Roye-Collard）以国家名义依法接收了这批手稿、绘画及藏书。清单早先由其家人提供，这一程序于一八三三年十二月六日结束。

次年七月一日，梯也尔（M. Thiers）和基佐（M. Guizot）两位部长先生共同签署一项决议，命令立即出版埃及考察期间收集的材料，并委托菲尔曼·迪多兄弟出版公司（MM. Firmin Didot frères）负责印刷事宜；两位部长的联名确保了资金问题得到解决。七月三日，由德萨西先生任组长，实际由勒特罗纳先生[②]负责的特别委员会成立，解决了这部书出版时遇到的具体问题。杜波先生是卢浮宫皇家博物馆的文物研究员，他同时负责图册的出版工作。委员会通过了我草拟的书籍内容介绍后，不多日便出版了。之后，我被委派负责监督和出版整部书籍。最后，我同时肩负起了另一部书《圣书体埃及文的语法与字典》（*Grammaire et le Dictionnaire égyptien en écriture hiéroglyphique*）的出版工作。为了完成政府交代的任务和学界的期待而做的一切，在这里简而言之：这份艰巨的任务，我怀着恭敬的心完成了。

根据作者筹备已久的计划，本书作为考察埃及的成果，应该按照自身多样性的特点加以编写，分为物质材料、民众生活、历史遗迹、宗教信仰、科学和艺术、天文等主题；他还打算绘制一个古埃及文明的表格，参照一些与历史事件相关的古代建筑，重建埃及历史[③]。

作者的意外逝世使政府和众位学者放弃了这个只有构想者本人才有能力完成的计划。于是我们决定按照从南到北的方向，即努比亚和埃及，把考察期间得来的材料以地理顺序加以编排。

考察者亲手为每一个地点写下描述笔记，并且经他指导，眼前的遗址被描绘成了图画。每幅图都包括图像和圣书体文字写成的铭文，图像复制准确无误。同样地，圣书体铭文也没有显而易见的错误。于是没有人对内容的准确性有忧虑。像我们在他的书《埃及书写文字》（*Lettres écrites d'Égypte*）[④]中看到的，他坚持亲自抄写大部分的绘图和铭文段落，在文字的注解里加入一些更开阔、更重要的观点。本书中出版的铭文，编辑需要同时对照绘图和手写注解：我们为出版物的可信度增设了双保险。

根据在埃及所需要完成的绘制工作，考察队在出发前就决定了纸的尺寸，最大的尺寸是整张纸的二分之一和四分之一，出版物也使用了同样尺寸的纸。其中没有未完成或者重新修补的图画，原画都出自艺术家之手：在本图册中出现的图并非简单的复制图，而是一种类型图。

每一幅图的图题短小，但足以从地理地形上给予区分。

说明文字篇幅较前者更长，位于每卷的开头部分。这里应当特别说明的是，里面每一条解释都严格遵从作者的原手稿。这是作者研究的原样呈现，既没有掺杂，也没有更新：否则读者会无法接受。

在一些工具的帮助下，我们以最忠诚的热忱专注于还原原文的精华，并将这一态度用于本书的所有部分。

我们本不想在这里提及意大利托斯卡纳委员会的一本相似的出版物，但是真相应当被知道。意大利的委员会曾慷慨地与法国委员会联合支持商博良在一八二八年的埃及调查。我们认为，在

---

① 一八三二年三月九日，国王向我表达了关照弟妹和侄女的个人意愿；公爵卡兹先生（M. le duc de Cazes）和伯爵蒙塔利韦先生（M. le comte de Montalivet）对促成此事也表现积极。

② 由教育部长任命，这一委员会的成员有德萨西、勒特罗纳、商博良·菲雅克、勒诺尔芒、克拉拉克伯爵（comte de Clarac）、比奥（Biot）和于约（Huyot）等先生。

③《法文和意大利文的简介》（*Prospectus en français et en italien*），出版于一八三一年九月。巴黎：菲尔曼·迪多兄弟出版公司；第二十八页，八。

④ 巴黎：菲尔曼·迪多兄弟出版公司，一八三三年。

没有调查负责人的情况下，这些外国人虽然搜集到了一些新的材料，但最终结果是不理想的[①]。果然，法语著作完成了，而意大利人着手做的那本还没有完成，虽然他们提前了近两年的时间着手。很遗憾的是，时间上的优势既没有转化成考古材料必需的严谨准确，也没有转化成完整的出版成果。实际上，我们发现法国版里面的一些材料，在意大利版本里是缺失的。至于圣书体铭文的准确性，我们的读者将会通过对照两本图册做出判断：意大利版本的皇家建筑图四八、五〇、五八、一一二和一四三里面有许多添加和修改，而在法国的版本里，使用的是商博良亲手誊写的内容。

法文版作品里的注释文字仅限于对每个遗址的描述，对精选的主题、形象和各种书体铭文的标注。这类文字同时也是古代埃及的基础知识合集，而且似乎比那些多少带有教育意义的长篇大论更加适合初学者。它比那些没有出现在大师手稿或话语中的不可信的推论更加可靠；注释部分的印刷工作将在几个月内完成，届时我们将会在它的前言部分阐明观点。

如果我们用心回顾刚刚过去的这几年，会发现，自从埃及学的创始人不幸陨落之后，埃及学学科自身便走入了低谷期。法国政府的作为、欧洲学者们的支持、迪多兄弟出版公司公平公开的竞标，这些都确保了这一新兴学科的稳固和继续发展。《埃及书写文字》《埃及语语法》（*Grammaire égyptienne*）、《圣书体埃及文字典》《论埃及人划分时间概念的符号》（*Mémoire sur les signes employés par les anciens égyptines à la notation des divisions du temps* ），这些都已相继从我手中完成，呈送到了公众的手里；《埃及和努比亚的遗迹》（*Monuments de l'Égypte et de la Nubie*）中共有图五百二十幅，全部由这位法国学者搜集研究而成，还有即将印刷完毕的注解说明，是他在遗址废墟前写就的。通过他的调查研究，遗址再次恢复了生机，这对于遗址本身是一件幸事。这些都是令人惊喜的收获。对于埃及学学科而言同样如此。他的研究对埃及学学科有着史无前例的奠基作用。这是对作者值得铭记的学术著作的尊重和肯定，也是对经世致用的智慧的认可。

还有一些作品即将出版：比如不久将面世的《科普特语语法与字典》（*Grammaire et du Dictionnaire de la langue copte*）。其他次要的涉及文献和考古主题的作品、祭祀体和僧侣体的论文和材料，也将被提上日程。这些尚未出版的作品及研究成果，必将会让这个学科在某些方面超越学者们所写的基础知识书籍；他们有助于节约学生们的研究时间，避免重复研究。

本书即将在学界传播，在这里要感谢给予我们众多难忘记忆的作者，当然，这感谢中也有对公众的敬意。为表庄重，国王最近授予商博良进入先贤祠的权利，下令将他的半身像放入思想胜利厅（la salle des victoires de la pensée）内。

我们今天怀着一种庄严的认同感，再次引述显赫的学者德萨西先生十几年前讲过的话："自从古文字学复兴以来，对于知识的贡献，无人能与商博良的不朽之名相提并论。"[②] 他的每一部作品让这一客观的结论变得愈加明显；假如时间充裕，我将以我尚且饱满的热情更多地完成像这样的出版任务。

商博良·菲雅克

巴黎，一八四五年二月一日

---

① 托斯卡纳委员会比法国委员会早三个月回到欧洲。几位调查专员携带调查简介立刻去往德国和其他地方，目的是为了推销他们的书籍作品，然而欧洲的学者们期待的是商博良的作品。在这次尝试无功而返之后，托斯卡纳委员会的领导取道巴黎，为商博良提供了一份条件不错的合同。他们获得了商博良的允许，一起完成出版物的工作，并于一八三一年九月发表了一份书籍简介。而六个月后，商博良去世了。托斯卡纳方继续他们的出版计划，但是只有这位大师的草拟计划。空有一腔热情，也无法将其完成，真是时也命也运也。无意义的话我在这里就不多说了。

②《小商博良的作品和生平的历史注解》（*Notice historique sur la vie et les ouvrages de Champollion le jeune*）；铭文与文学学院论文集，第十二卷，《历史》（*Histoire*），第三三七页。

埃及和努比亚的遗迹

在商博良的指导下实地绘图

上卷图片说明

努比亚

图一

1. 石碑，白色石灰石质地。这块石碑发现于瓦迪哈勒法西南地区的遗迹处。孟图神捆缚着不同地区的反叛者，献给国王奥索尔塔森[①]，他们作为俘虏跪在地上。石碑四周有六块岩片，a、b、c、d、e、f 对应被征服的六个地区的名字。这一珍贵的遗址可上溯至第十六王朝时期，早于公元前两千年。

2. 石碑，砂岩质地，位于瓦迪哈勒法的同一遗址。拉美西斯一世向神灵赫尔阿蒙献上供品。这块石碑被商博良带回法国，现藏于卢浮宫的埃及博物馆。

3. 浮雕，马沙赫特地区的遗迹。一人在三个神灵面前行膜拜礼，一位头带红白双冠的国王端坐其中。

4. 发现于同一位置的浮雕，它表现了一位国王向六位神明献祭的场面，国王头戴战盔，立于祭坛前。

图二

1. 杰贝尔阿戴岩庙浮雕。画中女神阿努克在哺育幼年的荷鲁斯王，还有以公羊头形象出现的克努菲斯神。

2. 同一岩庙的浮雕。儿童时期的荷鲁斯王在守护神的带领下面见荷鲁斯神，后者给予其象征神圣生命的标志。

3. 另一浮雕的局部。月神托特以鹮鸟头的形象出现，后跟随荷鲁斯的四种形象。这里我们只描绘了四个中的一个。

4. 位于瓦迪哈勒法最南端的遗址平面图。

5. 杰贝尔阿戴岩庙平面图。

6. 瓦迪哈勒法的另外一所建筑遗迹平面图。

7. 铭文抄写自这座建筑的廊柱，上面有法老阿蒙诺菲斯二世[②]的名字。

8. 小型建筑的平面图，位于瓦迪哈勒法的最北端。

9. 瓦迪哈勒法的另一平面图。

① 译者注（后同）。奥索尔塔森即第十二王朝法老塞索斯特里斯一世（Sésostris Ier）。

② 阿蒙诺菲斯二世即第十八王朝法老阿蒙霍特普二世（Amenhotep II）。

图三　彩图

1. 塞索斯特里斯或者拉美西斯三世[③]的胸像，着戎装；战盔前部装饰有贴金的圣蛇。该国王更大比例的头像将在后面的图中出现。

2. 塞索斯特里斯之妻，王后诺菲尔 – 阿丽胸像；发型为秃鹫的形象，前部饰有圣蛇。

3. 一位公主的全身立像，塞索斯特里斯之女，头戴哈托尔女神的发饰。她正在献上一束纸莎草和一件纯金制作的宗教乐器，名为帕特（Pât）[④]。

4. 诺菲尔 – 阿丽全身立像，身着盛装；头上戴有哈托尔女神的发饰，手中执有几支纸莎草。

图四

伊布萨布尔石壁上的石刻，位于哈托尔（维纳斯[⑤]）神庙附近。

1. 一个身着公民服装的人在众神灵面前膜拜，其中头戴战盔的人物为一名国王。

2. 一名王子手持胜利的标志，呈于端坐的拉美西斯三世面前。拉美西斯三世，又称塞索斯特里斯，第十八王朝的国王。

3. 上部主题：主角依然是法老拉美西斯三世，他向端坐于宝座上的三位神明献上鲜花和供果，一位公主跟随在他的后面。

下部主题：向坐在宝座上的王后，诺菲尔 – 阿丽，即塞索斯特里斯之妻献礼。

4. 一只鹰隼头戴红白双冠，守卫着拉美西斯三世的王名圈，另有一个人跪在前面。

图五

1. 拉美西斯三世立于埃及两位主神之间。

2. 拉美西斯三世向普塔神献祭，后者端坐于前厅之中。

3. 两位守护女神伊西斯、哈托尔为诺菲尔 – 阿丽王后，即拉美西斯三世之妻，重新穿戴上哈托尔女神的装束。

4. 同一位王后向女神阿努克献上三束纸莎草，后者坐于宝座之上。

③ 本书将法老拉美西斯二世和拉美西斯三世的身份混淆，即这里提到的“拉美西斯三世”其实是拉美西斯二世。并且，这里把“塞索斯特里斯”和“拉美西斯三世”视为同一身份，也为谬误。皆因作者所处时代的古埃及历史受希罗多德的影响。译文为尊重原著，并没有更改。

④ 作者把此处的宗教乐器叉铃称作帕特，应为谬误。其与后文中的帕特权杖不同。

⑤ 古希腊时期，人们经常把哈托尔女神和爱神阿佛洛狄忒联系到一起；古罗马时期认为她是女神维纳斯。

这四幅浮雕取自哈托尔岩庙或称哈托尔神庙，庙宇开凿于伊布萨布尔的岩壁上。

图六

本页的四幅小图来自同一神庙。

1. 拉美西斯三世头戴战盔，携其妻子诺菲尔－阿丽，向女神哈托尔献上祭品。
2. 王后诺菲尔－阿丽立于祭坛之前，向象征哈托尔神的圣牛献上祭品。
3. 三位荷鲁斯神，形象统一，为鹰头、戴主冠和端坐的形象。
4. 拉美西斯三世向神化后的王后和自己的形象献祭。

图七

1. 王后诺菲尔－阿丽将一束纸莎草献于哈托尔女神。
2. 哈托尔神庙最深处圣所内的浮雕。一只巨大的哈托尔神牛面向正前方，头饰如同哈托尔女神一般；神牛环抱着的是一尊国王的雕像。
3. 王后诺菲尔－阿丽向两位埃及女神献上香薰。
4. 伊布萨布尔岩庙入口处南侧的石刻，记载着拉美西斯三世统治第三十八年的日期信息。

图八

1. 同一神庙的浮雕，表现出国王拉美西斯使用战斧击打一名匍匐在他脚下的亚洲蛮人。荷鲁斯神向国王送上一柄战斗用的埃及弧刃弯刀。
2. 另一幅浮雕表现的题材与上一幅相似，把被征服的蛮族描绘成了非洲族群。阿蒙－拉神也向国王拉美西斯送上一柄埃及弧刃弯刀。

图九

1. 哈托尔神庙正门，在位于伊布萨布尔的岩壁上雕刻而成。塞索斯特里斯和王后诺菲尔－阿丽的名字经常重复出现。
2. 伊布萨布尔岩壁上的长方形碑刻，楣上方饰有带翼的太阳圆盘。一名军队长官向端坐的头戴神圣王冠的拉美西斯三世行礼。

图一〇

1. 弗雷（太阳神）的巨型雕塑正面，头顶太阳圆盘和蛇。位于伊布萨布尔大神庙的正面。
2. 拉美西斯三世的肖像，根据正门四个巨型塑像中的一个绘制而成。
3. 巨型塑像的局部图。王名圈内是塞索斯特里斯的名字。
4. 拉美西斯三世端坐于王座之上，头戴头盔，右手执杖。身旁的两位侍者手举着象征胜利的标志。

图一一　彩图

法老拉美西斯大帝，三世①，使用战斧击打一群亚洲俘虏。画面转向阿蒙－拉神，他向国王递上一件武器，即埃及弧刃弯刀。王权的标志在国王身后，象征胜利的秃鹫翱翔在上方。

这幅精美的浮雕位于努比亚的伊布萨布尔大神庙。

图一二　彩图

外族人守在一座依山而建的城堡之上，多数中箭，正在祈求恩惠；火炬在他们的手中燃烧。在堡垒上面，一位妇人双臂托起她的儿子，以引起占领者的同情之心。这一场景与图一三同为努比亚伊布萨布尔神庙浮雕的一部分。

图一三　彩图

法老塞索斯特里斯立于装饰华丽的战车之上，向城堡里抵御他们的人射箭。秃鹫作为胜利的象征，在国王的头顶上方盘旋。后续场景见图一二。

图一四　彩图

与图一二、图一三共同组成一幅位于伊布萨布尔的大幅彩色浮雕。

图一五和一六甲　彩图

这两幅图复制的是伊布萨布尔大岩庙的一幅彩色浮雕。画中描绘国王拉美西斯三世，即塞索斯特里斯乘坐由两匹马牵引的凯旋战车，马匹的甲胄雍容华贵；国王的狮子在马匹旁边行走；马匹前方有一名国王的官员驱赶着在他前面的两队非洲俘虏（公元前十六世纪）。

图一六乙　彩图

两名非洲俘虏的原比例头像细部图，他们位于塞索斯特里斯的战车前方，取自伊布萨布尔浮雕的图一五和图一六甲。

图一七甲　彩图

国王塞索斯特里斯将敌军的一名首领踩在脚下，并向第二个人刺出长矛。这一完美的构图取自努比亚的伊布萨布尔大岩庙。

图一八至二五

这几幅画按照从右到左的顺序，复制了一幅巨型浮雕的上半部分。它位于伊布萨布尔大岩庙的大厅（或者叫前厅）的北壁。

这幅浮雕根据它的高度被分为许多部分。一列行进中的战车部队占据了画面的最下方。埃及人的形象为蓄须，备有战矛，以盾牌护身。他们正在驱赶敌人，敌人也驾驶战车，装备有弓箭，他们的战盔别具特色，帽带位置在头部后面。图二二描绘的是这两支军队会面的场景。

图二一和下一幅图的左侧部分有整幅浮雕中最重要的行动。我们可以看到一处被水环绕的重要地点，设有几座防御塔，里面的士兵全副武装；埃及军队在四面守卫森严。图二五，国王乘着战车与周围敌人战作一团，他从尸体或者活人的身上踏过去，向城内射箭。逃往这一地区的许多敌军首领被追赶上并且被击败。

图二二、二一和二〇，在城池的另一侧，有波浪线描绘出河流的两岸，埃及军队向战地的方向进军，准备全面包围敌人。

另一个场景是前者的继续，包括图二〇的一部分和图一九和一八的全部。

战后，国王立于战车之上，身着戎装，官员们围在左右，其中一部分人手举宫廷扇，另一些人手牵马缰。国王热情地接待军队长官，并接收他们献上的战利品。在国王面前的人正在统计杀掉敌人时砍下来的右手；在他们身后，皇家书吏负责记录数目。另外一些官员押解着囚犯跟在后面，囚犯们或成组或分别被捆绑在一起。

在这一幅全方位表现战争的画面里，主要场景之间的细节部分大同小异。在图二〇中，行李放在驴子的背上，每头驴子都有一个赶驴人。在军队中偶尔也会用牛来运行李。值得我们注意的是，图二二和一八中，分别有一名骑马的人，这个形象极为罕见，因为埃及当时还没有严格意义上的骑士。

在这八幅图中鲜有铭文。图一八中的铭文与原始图像一致，但在商博良的注解手稿里并没有发现与这幅浮雕相关的内容。我们虽然出版了图册，但是图中的铭文与注解之间仍无法完全匹配。图二三中的三列符号我们也遇到了同样的问题。最后，图二四中文字的空缺也是出于这个原因。如果这些铭文被重新发现，我们会把他们写入书中。

最后仅重申一下收集图一八至图二五这八幅图的艰难环境。工作人员们在地下庙宇里忍耐着近五十度的高温，只能借火把发出的微弱光线，利用每

---

① 如前面所说，历史上被称作拉美西斯大帝的法老应为拉美西斯二世。此处依然保持原作内容。

天仅仅几小时的时间进行工作。

图二六　彩图

一幅描绘战车打斗场面的大型浮雕局部图：埃及战车队伍整齐，而敌人的队伍散乱无章。（努比亚伊布萨布尔神庙）

图二七、二八和二九彩图

这三幅图共同组成了一幅完整的画面。浮雕原件位于努比亚伊布萨布尔神庙大厅的北壁上。

国王拉美西斯三世塞索斯特里斯，端坐于军队首领中间，身着戎装；军队负责人正在向他汇报战绩。一些人在为国王备马；仆人们在为甲胄齐备的马匹降温。这个历史场景的旁边附有一篇铭文，其中提及了年代信息，即塞索斯特里斯统治的第五年，约公元前一五六五年。通过这幅图画，我们可以对那个遥远年代的埃及艺术有所了解。

在浮雕的下半部分，我们可以看到埃及士兵装备各异。右面的队伍里有一名司号员，中间四名埃及士兵正在严刑逼供两个身着亚洲服饰的囚徒。在画面左侧，国王的另一辆战车上面配有装饰精美的华盖，华盖上方有象征胜利的秃鹫形象，还有国王的王名圈。

图三〇至图三七

这八幅图是伊布萨布尔大岩庙里一幅巨型历史浮雕的复制品，与图一八至二五等图共同组成一个完整的故事。

某种意义上讲，复制的图像内容丰富，应按照从右向左的顺序研究。在图三〇中，我们发现有一座宗教建筑，里面有膜拜王名圈的画面，四周是种类多样的军事场景。

图三一是军营内部的场景，有许多细节的描绘，如训练、日常军务、军事任务等；画面的下方是战车行进的场景。

图三二，另一队行进的战车和有关这一庞大编队的一段铭文。

图三三，一个全副武装的步兵方阵，后面和侧面是战车部队。

图三四，彩图。国王拉美西斯三世，即塞索斯特里斯，将两排俘虏带到三位神明面前。弗雷神、拉美西斯同名神和狮头女神，他们端坐在装饰华美的宝座之上。

图三五，彩图。法老身着戎装，执弓，向伊布萨布尔的三位神明献上一队非洲俘虏。

图三六，彩图。这幅浮雕是亚洲俘虏头像的放大图。

图三七，一队亚洲俘虏和一队非洲俘虏的形象。原图为王座上的装饰纹样。

图三八甲

一篇向拉美西斯大帝致敬的铭文，纪年为拉美西斯统治第三十五年。它位于伊布萨布尔神庙内部左侧两尊巨型雕像之间。（这段历史文本为首次完整且准确地公开发表）

图三八乙

1. 哈托尔女神向塞索斯特里斯献上庆典权杖（panégyries）和项链。
2. 羊头神克努菲斯全身立像，并配有一段关于他的说明文字。
3. 头顶太阳盘的狮头女神。

这两幅画面（图三八甲和图三八乙）取自努比亚伊布萨布尔地区哈托尔神庙中的献祭场景。

图三九

本图中的两幅画面源于伊布里姆最北端的第四个岩庙。

1. 左壁。阿蒙诺菲斯二世（第十八王朝），头戴战盔．在荷鲁斯神的陪同下，将一个金字塔造型物献给诸位神明，其中克努菲斯、萨特和阿努克三位在画面中。
2. 右壁。在两根立柱描绘出的建筑内，同一位国王端坐在王座之上，手持权杖和生命之符，身后有一名掌扇官员，前面的两位官员向国王送上胜利的旗帜。女神萨特手持神杖立于殿外。

图四〇

1. 浮雕局部，位于努比亚德里的半岩石结构神庙，表现了拉美西斯大帝战斗中的一次胜利。战败者带着受伤的同伴向一座山上溃逃，山上只有一些牧羊人，其中一位牧羊人向妻子讲述逃兵来了这件事，妻子表现得有些惊恐，还有一个小孩子站在她的身旁。
2. 接上。也许是在同一场战斗中，三位埃及军官正在俘获敌人。（画面中间受损，只能看到战俘的头部和押解他们的军官）
3. 来自同一个地方的人名表，上刻有拉美西斯大帝七位男嗣的名衔，按从右向左的顺序排列。虚点字符原为残缺字符，依据类似遗址中的铭文复原而成。
4. 接上，与上图对称，拉美西斯大帝的九个女儿的人名表，排列顺序从左到右。（虚点字符的含义同上）

图四一　德里神庙的其他浮雕

1. 鹰头弗雷神（太阳神），头饰华美，左手执神杖，右手拿生命之符。
2. 拉美西斯神，正义的太阳卫士，也是拉美西斯大帝和大部分名为拉美西斯的法老的守护神。
3. 同一座建筑里的浮雕。拉美西斯大帝，即塞索斯特里斯，从女神萨弗丽手中接过庆典权杖。在其头部上方的王名圈内，刻有国王的名衔。
4. 同一国王，头戴索卡里斯神的头饰。在哈尔西耶斯和阿特姆的引领下来到弗雷神面前。弗雷神身后是一位头饰为神殿形状的女神。阿特姆向国王献上生命之符。

图四二

1. 塞索斯特里斯国王立于月神托特和哈尔西耶斯之间。太阳神盘上方的王名圈内有他的名字。两位神明用两个充满生命之符的罐子为他施洗礼。
2. 十二位祭司庄重地抬着弗雷神的太阳船。国王身着戎装，他的形象尺寸略大，引人注目。一名掌扇官员位于队伍的尾部。

图四三

1. 国王拉美西斯头戴战盔，站在生命之树的中间，右手执鞭和钩，出现在画面中的还有普塔神和帕赫特神。另一端，托特正将这次宗教庆典的纪年刻于庆典权杖上。
2. 在另一幅画里面，细节表现依然丰富。阿蒙－拉神在一位女神的陪伴下，坐于室内或他自己的神殿里，国王拉美西斯，即塞索斯特里斯双膝跪地从这位神的手中接过庆典权杖。托特神、弗雷神、哈尔西耶斯执相同的权杖出现在画面中。

图四二、四三和它们之前两幅图一样，也来自德里遗址。

图四四

1. 这幅图是来自阿玛达太阳神庙的浮雕，描绘了女神伊西斯拥抱一位头戴战盔的国王．国王手执一根未装饰的权杖和生命之符。国王头上的王名圈显示，他是第十八王朝的图特摩西斯三世，即莫里斯[①]。
2. 同一位国王，他的王名圈还出现在另一幅阿玛达的浮雕上，坐在宝座上的阿蒙－拉神热情地欢迎他，象征胜利的秃鹫在国王头顶上方翱翔。

---

① 原文为“Mœris”或“Morris”，是法老图特摩西斯三世的希腊语名字。

3. 这幅画面虽然来自同一座神庙，但描绘的是另一位国王，即图特摩西斯四世，莫里斯的孙子，第二代继承人。王子头戴战盔，在女神萨特的引荐下，立于弗雷神面前，手执庆典权杖。

图四五

1. 阿蒙诺菲斯二世接受荷鲁斯和托特神的洗礼。（阿玛达神庙）

2、3、4、5 和 7，同一座神庙里出现的铭文。

6. 阿蒙诺菲斯二世全身立像（彩图）。

图四六

1. 国王莫里斯（图特摩西斯三世）上方有象征胜利的鹰神，在女神哈托尔的陪伴下，他将供品献给鹰头的太阳神弗雷。这幅浮雕复制于阿玛达神庙。

2. 来自同一神庙的另一幅浮雕作品，描绘莫里斯之子，国王阿蒙诺菲斯二世，向鹰头弗雷神和阿蒙－拉神献上四头牛。国王头戴战盔，一只手举起帕特权杖，另一只手执圆头权杖。

图四七

1. 同一位国王，阿蒙诺菲斯二世向太阳神献上丰盛的供品。两个王名圈重复提到这位莫里斯之子的皇室名衔。

2. 这幅浮雕的内容与莫里斯，即图特摩西斯三世有关。与前三幅图一样，源自阿玛达神庙。国王只佩戴红冠，右手执鞭；他热情地走向弗雷神，向他献上供品。在国王身后的王名圈呈竖直状，上面刻有他的名字“图特摩西斯”。

图四八

1. 这幅阿玛达的浮雕描绘的依然是莫里斯国王的形象。国王和萨弗丽女神正在参与神庙的建造工作。

2. 莫里斯，头戴红冠，与弗雷神出现在类似于上图中的场景。画面中还有莫里斯的两个王名圈。

图四九

1. 图特摩西斯四世（第十八王朝）的头像，头戴索卡里斯神的头饰，并配有一段皇室说明文字。

2. 图特摩西斯三世（国王莫里斯，第十八王朝），配有皇室说明文字。

3. 国王阿蒙诺特夫或阿蒙诺菲斯二世的头像，戴战盔。第十八王朝。

4. 上一位国王的头像。

这四幅头像取自努比亚阿玛达太阳神弗雷神庙的浮雕中。

图五〇

1. 本页第一幅图来自瓦迪埃塞布阿的半岩石结构神庙。拉美西斯大帝塞索斯特里斯的名字在所有历史画面和宗教场面中都有提及。这幅图里，国王头戴神圣的头饰，手中抓着八名俘虏的发髻。国王在用战斧威胁他们，似乎是要在弗雷神面前处决他们。神明上方的铭文因遗迹遭到破坏而残破不全。

2. 塞索斯特里斯的女儿之一，头饰奇特。

3. 这里我们复制了达卡神庙众多浮雕中的一幅。一位头戴阿尔赛诺弗雷神头饰的国王进行献祭的场景。这位国王是托勒密初期，统治过埃塞俄比亚一段时间的埃尔盖曼。

图五一

1 和 2，达卡神庙门廊上的奇特图案：一只狒狒手拿一件栏杆型的乐器，乐器顶部是头饰为神殿形状的哈托尔头像；一名留络腮胡子的力士在演奏竖琴。这两个形象处于罗马统治时期的埃及和埃塞俄比亚。

3. 图五一的第三幅图也是埃尔盖曼时期的作品。一只狒狒在女神塔弗奈面前举起双手，女神为头顶太阳圆盘的母狮的形象，上方有一只胜利之鹰。

图五二

1. 如同前几幅图一样，这幅浮雕也来自达卡神庙。我们看到国王托勒密－伊凡杰特二世头戴下埃及的红冠，正在献上洗礼的瓶子和神杖，几束纸莎草挂于手中。国王的妻子克里奥帕特拉紧随其后，她也向神明献上花束。第三个人物是拟人化的下尼罗河形象。第四个是埃及的形象，她手持祭品，身旁跟有一头公牛。

2. 第二幅画面与上一幅对称。同一位国王头戴上埃及的白冠，同一位王后献上花束。同样是尼罗河的拟人化形象，但这次是上尼罗河紧跟其后，最后是拟人化的埃及，她带来的祭品琳琅满目。

图五三甲

1. 这个新的主题和国王埃尔盖曼有关，图像位于达卡神庙。这位国王向托特神和另外两位神明献上特美伊[①]像。三位神明均为坐姿。

2. 与上一幅相对称的浮雕。奥西里斯后面跟随着伊西斯、托特巴斯和塔弗奈。

图五三乙

来自努比亚达卡神庙的两篇铭文。一篇用圣书体文字写就，共四行。另一篇为世俗体文字，共十一行。（商博良在去努比亚之前就已收到了这篇铭文的摹本）

图五四甲　彩图　努比亚卡拉布什神庙

1. 奥西里斯。

2. 穆特神全身立像。

3. 曼杜里[②]。

4. 一位荷鲁斯坐像，配有他们权力等级的标志，彩塑。

图五四乙

1. 克努菲斯神和鹰头神弗雷相对而立，法老向阿尔萨菲和哈尔弗雷献上美酒。

2. 奥古斯都皇帝，头戴战盔，向鹰头神弗雷和女神哈托尔献上美酒。

图五五甲

1. 来自达卡神庙圣所的浮雕局部图。这幅浮雕描绘了两位埃及神明，托特和塔弗奈。

2. 一位罗马皇帝向神明献上一个戴冠的神鹰形象。这个内容来自卡拉布什神庙门廊的浮雕上。

3. 罗马皇帝向奥西里斯和伊西斯致敬、燃香，并在一个盛满清水的祭台上泼洒祭祀。内容取自德布神庙的门廊。

图五五乙

1. 女神萨特。

2. 托特神。

3. 穆依神的坐像。每位神明的头饰各具特色。

4. 奥古斯都向托特神、安菲、索卡里斯和狮头女神献上美酒。皇帝的名衔意为“恺撒皇帝，永富生命，普塔和伊西斯的挚爱”。

---

① “特美伊”原文写作 Thméï，即后来通常讲的“玛特”（Maât）。

② 曼杜里，卡拉布什的主神。按作者商博良的哥哥，同时代的商博良·菲雅克在其书中的表述，女神曼杜里系荷鲁斯和其母伊西斯所生的女儿。

这张图取自努比亚的达卡神庙。

图五六

1. 四位神明坐在石床上的雕像，它位于吉尔什神庙圣所的最深处。
2. 两名运货的少年，一名肩上扛的是小羚羊，另一名肩上是一头牛犊。（丹杜尔神庙门廊）
3 和 4，刻在达卡地区托特神庙门廊两侧石柱上的铭文，内容是向托勒密–伊凡杰特和克里奥帕特拉致敬。
5. 在同一座神庙中，左侧的献辞中有克里奥帕特拉王后的名字。
6. 位于神庙中楣正中间的希腊铭文，是向托勒密–伊凡杰特和克里奥帕特拉致敬之词。
7. 呈蹲姿的朱鹭，戴有第二海尔梅斯[①]的头饰。（达卡神庙）

图五七甲

标号 1、3、4 的图来自吉尔什哈桑神庙。
1. 第一幅图描绘的是塞索斯特里斯（形象残缺）祭拜位于普塔和帕赫特之间的拉美西斯神，神庙以其名字命名。
2. 这幅图来自卡拉布什神庙。祭坛旁的是伊西斯女神，对面为与塔尔米斯[②]同名的女神，她的形象是一只鸟，这是埃及人认为的灵魂形象。
3. 国王塞索斯特里斯头戴战盔，焚香，站在弗雷–索卡里斯神、拉美西斯同名神和特美伊女神面前，三位神明端坐于他们的宝座之上。
4. 这幅浮雕与上一幅对称。塞索斯特里斯祭拜拉美西斯神、奈特女神、牛头神哈托尔。这三位神明端坐于他们的宝座之上。

图五七乙

1—4，罗马皇帝（可能是奥古斯都，即荷鲁斯的不同化身，以及伊西斯和奥西里斯之子）为两位神明献上各种供品：1. 香薰；2. 祭祀美酒；3. 鲜花；4. 石榴。
本图来自努比亚的丹杜尔神庙。

图五七丙

1. 阿尔赛诺弗雷神全身立像。
2. 其位于达卡神庙的坐像（穿戴整齐，配有神明标志的形象）。
3. 是其在努比亚丹杜尔神庙里的形象。
4. 一位国王向普塔神献祭，图像取自努比亚吉尔什的普塔神庙。

图五八甲

1. 鹰头神荷鲁斯，左手执神杖，向以当地地名命名的神明献上特美伊（公平和真理）像。画面中还有另外两名神明陪伴。
2. 与上图相同的神明坐在伊西斯与荷鲁斯中间，他们向这位神分别献上红冠和白冠，这是权力的标志。
3. 一位罗马皇帝，头戴索卡里斯神的头饰，向奥西里斯、伊西斯和一位当地的神明献上美酒。
本张图上的所有图像均来自努比亚的卡拉布什神庙。

图五八乙

二十四位男性的头像，头顶神圣旗帜。
这幅图来自努比亚的卡拉布什神庙，希腊和拉丁语中的旧称是“塔尔米斯”。

① 原文为“le second Hermès”，托特神与古希腊的神明海尔梅斯相关，第二海尔梅斯是海尔梅斯神格的一部分。
② 原文为“Talmis”，是卡拉布什（Kalabsché）的古希腊语称呼。

图五九　部分彩图

1. 努比亚卡拉布什神庙的浮雕。
2 和 3，向法老图特摩西斯四世致敬的铭文，第十八王朝，位于努比亚阿玛达。
4. 埃塞俄比亚国王阿塔尔阿蒙的胸像。
5. 另一位埃塞俄比亚国王，埃尔盖曼的胸像。在托勒密初期，两位国王同时期共存。该主题图像位于努比亚的德布神庙。

图六〇

1. 埃尔盖曼全身立像，埃塞俄比亚国王，正装。有关他的皇室说明文字刻于他身前。（取自努比亚达卡的托特神庙）
2. 奥西里斯–索卡里斯神的形象，附有所有象征神圣的标志。（取自埃及菲莱大神庙）
3. 一位名为阿塔尔阿蒙的埃塞俄比亚国王的全身立像，头上戴有神的发饰。
4. 在这个画面里，埃尔盖曼国王正在接受两位埃及主神的守护。
3 和 4 来自努比亚的德布神庙。

图六一

1. 拉美西斯二世国王，塞索斯特里斯的兄长，头戴战盔的孩提形象。女神阿努克正在哺育这名孩童。两段铭文里有这两位人物的名字。
2. 同一位国王，正在被伊西斯女神哺育，而伊西斯没有任何可以识别的标志。圣书体铭文中记录有她的名字。
这两幅图来自努比亚的拜特伍利神庙。
3. 提贝里乌斯皇帝向阿蒙神和另一位狮头神献上特美伊像。（来自德布神庙）

图六二

拉美西斯二世端坐在神殿内，手中握有皇权的标志。一头狮子趴在他的脚下。在他对面有两队人：其一，王子为国王带来许多手被捆住的亚洲俘虏；其二，恭敬地立于国王面前的军队首领。另有一大段与这一军事场景相关的铭文。（拜特伍利）

图六三

拉美西斯二世全身立像，戴战盔。他用埃及弧刃弯刀威吓一个被打翻在地的蛮人，一只狗冲向被征服的人。胜利的秃鹫在英雄头顶盘旋，许多下跪或以头触地的人物在向国王表示尊敬。这部分场景在原浮雕中已被毁坏。（同上）

图六四

同一位国王，拉美西斯二世头戴红冠，立于战车之上，拉车的两匹马鞍鞯齐备，奔跑如飞。他一边践踏一边用弧刃弯刀进攻野蛮的亚洲军队，他们在国王面前四散奔逃。描述这一场景的铭文保存状况很差。（同上）

图六五

拉美西斯国王徒步作战，他抓住一个弓箭已经折断的外国人。在他面前是一座防御性的堡垒，城墙上有亚洲人模样的守城士兵，正在祈求宽恕。一位妇人抓着一个孩子，悬在城门之上。一位埃及军官想用战斧破城而入。

图六六

拉美西斯二世手持战斧，站在两名蛮族人的身上，左手抓着另外三名俘虏的头发。一名埃及军官为国王押解来一些蛮族俘虏。

图六七

接上图。亚洲囚徒脖子上的十字符号，只是代表衣服的领口，别无他意。

图六八

拉美西斯二世坐在装饰豪华的殿内，左手拿着象征权力的标志。在非洲取得一系列胜利之后，他的大儿子（上半部分），一位埃塞俄比亚王子和一些军官（下半部分），在他面前展示丰富的贡品，有成串的金环，还有一些稀有的兽皮。

图六九和七〇

这两幅图是上一幅历史场景的后续和补充，应按照从右到左的顺序观看。我们注意到在上半部分，有名贵木材做成的家具、盛满金粉的包、鸵鸟的羽毛和蛋。在下半部分有非洲长相的俘虏，还有像鸵鸟、长颈鹿一样来自非洲内陆的珍贵动物。这时人们已经懂得如何用火加工天然的牛角。整幅图可以上溯至公元前十六世纪，展示了非洲丰富的物产，这也是埃及商人们一直寻找的东西。

这些浮雕全部刻在位于努比亚拜特伍利岩庙的墙壁上。

图七一

拉美西斯二世驾驶着他的战车，向一群黑人射箭，他们落荒而逃。国王的战车后面有两辆属于王子的战车。（拜特伍利）

图七二

接上图。黑人们逃向泥塘或山村。画面左侧，一名黑人被两个人搀扶着，在他身旁，他的妻子和两个儿子显得很痛苦。在远处，另一个女人在一棵树下准备食物。

图七三　彩图　努比亚拜特伍利神庙

法老拉美西斯二世，塞索斯特里斯的兄长和上一任君主。他用战斧击打一名跪着的埃塞俄比亚黑人。在法老的头顶有象征守护力量的太阳圆盘。

图七四

1. 埃塞俄比亚王子单膝跪地，右手抬起，面向神庙内部呈祭拜的姿势。（拜特五利）——见图九二，4。
2. 国王埃尔盖曼立于一位当地的神明面前。（达卡神庙）
3. 一头狮子趴在祭祀神坛前面。（题材取自丹杜尔神庙）
4. 拉美西斯二世头像，来自拜特伍利阿蒙神庙的圣所内。
5. 神明的形象，属罗马时期，来自丹杜尔神庙。

埃　及

图七五

1. 刻于贝格岛岩壁上的浮雕，位于菲莱岛附近。
2. 同一地点的另一幅浮雕，一位王子正在祭拜阿蒙诺菲斯二世法老或称美农的王名圈。

3 和 4，两幅神明的图像，取自菲莱哈托尔神庙的众多浮雕之中，描绘了罗马皇帝提贝里乌斯向埃及诸神献祭的场面。

图七六

1. 哺育荷鲁斯的伊西斯，后面用双臂支撑其身体的神是索文，希腊文叫作伊利提亚。女神目光投向同样端坐的克努菲斯神，他献上一名站于神坛之上的男童。托特在庆典权杖上刻下标记，在他的身后是两位妇女和戴神明头饰的提贝里乌斯皇帝，他手持一件大号的胸饰，置于身前。
2. 与前一幅场景类似。伊西斯和索文面对阿蒙神、鹮头神托特、两名女神，还有提贝里乌斯皇帝。众神向伊西斯哺育的男童送上礼物。这两幅图来自菲莱大神庙，与后面五幅图出处相同。

图七七

1. 特恩神全身立像。
2. 塞夫神全身立像。
3. 奈特菲女神全身立像。
4. 另一位女神。
5. 法国军队所刻文字。（忠于原版的复制）

图七八　彩图

1—4，四位神明的形象，所有颜色均按照原貌复制。图像来自菲莱岛伊西斯大神庙。

图七九

1. 女神伊西斯坐在宝座上哺育幼年的荷鲁斯。在她的一侧，阿蒙神向男童送上生命之符；另一侧，鹮头神托特用双臂保护女神伊西斯。画面里还有另外四位神明。刻于菲莱的哈托尔神庙。
2. 另一幅浮雕，地点同上，刻画了头戴红白双冠的奥古斯都皇帝向克努菲斯神和女神哈托尔献祭的场景。

图八〇

1. 一位名为克里奥帕特拉的埃及王后身着盛装的全身立像。
2. 国王内克塔内布全身立像，头戴有圣蛇装饰的红冠[①]，象征对下埃及的统治。
3. 托勒密－费拉德尔甫斯的全身立像。
4. 同一国王头戴红白双冠的全身立像。

图八一　彩图

带有各自标志和说明文字的神像，颜色为惯用的搭配。

1. 哈尔－哈特神。
2. 克努夫－拉神。
3. 狮头女神。
4. 人头的克努菲斯神。本张图来自菲莱岛大神庙。

图八二

1. 四位祭司肩负一只带有小神殿的太阳船，前面是一位祭拜的国王。
2. 提贝里乌斯皇帝向荷鲁斯献上代表上下埃及权力的标志。在荷鲁斯神身后的女神伊西斯把生命之符抛向他（荷鲁斯）。
3. 狒狒形象的月神坐在一个阶梯台座上，对面是站立的托特神。

图八三

1. 奥西里斯立于伊西斯和奈芙提斯的羽翼之间。周围分别是尼罗河的形象和地府的四位精灵。
2. 头饰不同的神明坐像。
3. 提贝里乌斯皇帝向坐在宝座上的奥西里斯、伊西斯和荷鲁斯献上火种。
4. 国王伊凡杰特二世在两位名叫克里奥帕特拉的妻子陪伴下，向伊西斯献上代表埃及的标志。

图八四

1、2、3、4，是单独的神像，来自第一塔门和某个大门的浮雕。

---

① 从图上看，其实此处国王头戴的白冠更加明显。

图八五

1. 托勒密 – 伊凡杰特二世头像，戴红冠。
2. 法老内克塔内布的头像，头饰与前者相同。
3. 阿尔西诺伊 – 费拉德尔甫斯头像，戴哈托尔头饰。
4. 托勒密 – 费拉德尔甫斯头像，戴白冠。

图八六　彩图

1. 托勒密 – 伊凡杰特二世全身立像，头戴神明头饰，伴有象征胜利的秃鹫。国王向神明献上美酒。
2. 上下尼罗河的彩色全身立像。这是一条在不同时期都哺育着埃及的河流。

图八七

1 和 2，浮雕取自菲莱神庙里被称作奥西里斯之屋的地方。一位埃及国王（或罗马皇帝）立于普塔神面前，普塔神的动作代表创造世界。这位神明坐在一个制作陶器的转盘前，他用右脚转动轮盘，后面是尼罗河神，手中拿着制作时需要的水。荷鲁斯、奥西里斯、伊西斯、奈﨑和其他神明立于尼罗河神的身后。神明的下方为一个隔层，另一侧是神圣的旗帜。

图八八

1. 某国王面见阿蒙神，旁边伴有奥西里斯神话中的场景。
2. 一具有荷鲁斯头的木乃伊躺在船里，四位地府精灵朝向船身（图像上部）。下图为丧葬场景的后续部分。这幅浮雕位于菲莱神庙的奥西里斯之屋。

图八九

一位君主向众神明献祭的场景，他身旁的王名圈并没有名衔，还有铭文和圣旗的部分，共同组成了这幅从右下角开始的庞大场景。

图九〇

与奥西里斯丧葬神话和信仰、伊西斯的哀悼和她履行的义务相关的一些场景，辅以许多其他的神明。这幅图来自菲莱神庙一个被称作奥西里斯之屋的地方。

图九一甲

1. 国王托勒密 – 费拉德尔甫斯，与两位埃及女神伊西斯、奈芙提斯同在画面之中。
2. 托勒密 – 费罗梅托尔向一位女神献上两支弓箭和两只篮子。
3. 托特神立于供品桌前，一头圣牛正向供桌跑来。
4. 托勒密 – 伊凡杰特二世正在用三叉戟刺向一名倒地的敌人，一旁的神明阿罗艾瑞斯也加入战斗。

这幅图和下一张图来自菲莱岛遗址。

图九一乙

1. 立托女神。
2. 成年荷鲁斯神。

他们端坐于宝座之上，一个手执男神权杖，另一个手执女神权杖，每人手中都拿有一个生命之符。

3. 托勒密 – 费拉德尔甫斯向伊西斯和哈尔西耶斯献祭，后面跟随有两名肩扛神殿的祭司。

图九一丙

使用常用颜色的彩色神像和神杖。

1. 阿努克女神。
2. 阿蒙 – 拉神。
3. 托特神。
4. 穆依神。

形象取自菲莱大神庙。

图九二

1 和 2，国王托勒密 – 费罗梅托尔和他的妻子，王后克里奥帕特拉的肖像（菲莱伊西斯神庙）。

3. 王后阿尔西诺伊身着神明的服饰（菲莱伊西斯神庙）。
4. 从法老拉美西斯二世打败的外国人里挑选出的战俘的形象（努比亚拜特伍利岩庙）。

图九三

1. 宗教场景：牛头的伊西斯女神在瀑布处的山脚下汲水，浇灌水池周围的植物，在植物的上面我们可以看到奥西里斯的灵魂。
2. 类似的场景（彩图），与奥西里斯和伊西斯的神话有关。
3. 梅纳普塔一世在他的战车旁边，正在击打下跪的亚洲囚徒。这张图来自菲莱岛。

图九四

1. 与托特神相关的伊西斯神话场景。
2. 托勒密 – 费拉德尔甫斯用弧刃弯刀击打一群亚洲俘虏。这是一个反复被应用的题材，常见于浮雕中，以彰显法老卓越的战功。
3. 头戴奥西里斯 – 索卡里斯标志的皇室形象。
4. 托勒密 – 费拉德尔甫斯双膝跪地，向埃及的神明献祭。

这幅图中的内容全部来自菲莱大神庙。

图九五

1. 位于菲莱对面尼罗河右岸花岗岩上的浮雕，描绘了萨特和曼杜里向赫尔阿蒙行礼，这一场景是为了向第十九王朝的法老奈弗洛特致敬。
2. 埃塞俄比亚王子向第十八王朝的法老阿蒙诺菲斯三世致敬。法老头戴战盔，坐在王座之上，戴有阿蒙神头饰的王后坐在他的身旁。浮雕刻在菲莱到西埃纳路途中的岩壁上。
3. 一位国王用权杖击打跪在地上的囚徒。
4. 相同的场景。在下方，一位无名人士正在跪拜法老阿蒙诺菲斯三世的名衔。

图九六甲

1. 神话题材：赫尔阿蒙坐于两位女神之间，她们分别给他递上红白双冠；另外两位神明执庆典权杖，把年份记录在上面。
2. 众神乘坐苍穹之船；与天文相关的场景。

图九六乙

另外几幅服饰和标志刻画细致的神像。

1. 哈尔西耶斯孩童形象。2. 伊西斯。3. 哈托尔。4. 装饰在本图基座上的鸟的图案被当作是凤凰的形象（菲莱岛大神庙）。

图九七

1. 国王托勒密 – 伊凡杰特二世，后跟随克里奥帕特拉王后，向一位神明献上种类繁多的供品，尤其是一些常见的面包。
2. 国王和王后向另一位神明献上特美伊（真理和正义）像。这两个人物在两幅图中均戴有神圣的头饰。
3. 夜间时辰的形象，取自一幅有众多时辰形象的图画。

4. 埃及的乌拉尼亚[①]，或称天空女神。铭文中可以看到托勒密－费罗梅托尔的名字。

这幅图来自奥姆波斯神庙。

图九八和九九

这两张图均来自奥姆波斯小神庙中的雕像。

图九八中的1、2、3、4和图九九中的1、2、3组成了一幅系列图。与另外我们没有收录的五张图一起，描绘了埃及圣历的十二个月和每个月对应的神明。

4.（图九九）奥姆波斯大神庙门廊右侧，献给托勒密－伊凡杰特二世和克里奥帕特拉王后的铭文，后者是他的妹妹也是他第一任妻子。（铭文按照从a到b的顺序认读）

5. 另一篇献给国王的铭文，刻于同一个门廊的左侧。（从a到b认读）

图一〇〇

本张图中的四幅浮雕描绘了托勒密－伊凡杰特二世向奥姆波斯大神庙的众神许愿的场景，如鹰头的阿罗艾瑞斯、鳄鱼头的塞维克－拉[②]、哈托尔和孔苏等。

图一〇一甲

1和3，来自同一神庙的两个向托勒密－埃皮法那祭拜的人物。

2. 托勒密－埃皮法那的头像。

4. 托勒密－伊凡杰特二世向阿罗艾瑞斯和哈托尔女神献上特美伊（公平和真理）像，后面跟随着克里奥帕特拉王后。

5. 阿罗艾瑞斯在苍穹之船上。

图一〇一乙

图一〇一乙、丙和丁三幅图的内容来自奥姆波斯神庙。

图一〇一乙标号为1、2、3的图像为神明阿罗艾瑞斯的三种不同头饰的形象；4号图的格里芬兽也是这位神明的化身，它头戴的红白王冠代表上下埃及两地。

图一〇一丙

1和2是塞维克－拉神的形象，他是奥姆波斯地区最早的主神。图中有他作为这一地区统治者的名衔，该地区的名称用一只篮子和腿交叉的符号表示，这两幅图是地方神的组合。该神明在鳄鱼头上分别装饰着弗雷神的发饰和阿蒙神的发饰。

3. 女神索内诺弗雷是这一地区的女统治者，手执权杖和生命之符。

4. 阿罗艾瑞斯坐像。

图一〇一丁

1. 哈托尔全身立像。

2. 哈托尔佩戴另一种头饰的形象。这两幅图的铭文都称该女神为“奥姆波斯夫人”。

3. 浮雕局部。蹲坐着的三位神明，右手执生命之符，左手执权杖。这是奥姆波斯的第二个三柱神：阿罗艾瑞斯、索内诺弗雷和他们的儿子普内托。

4. 托勒密－埃皮法那向荷鲁斯和孔苏献上鲜花。

① 乌拉尼亚，原文“Uranie”，古希腊神话中掌管天文的女神，字面意思为“天空的”。

② 此处原文为“Sevek-Ra”，即鳄鱼神索贝克－拉。

图一〇二

1. 杰贝尔赛尔赛兰的石刻碑。第十二王朝的法老蒙内普塔二世，塞索斯特里斯之子，也是他的继承者。一名阿蒙－拉祭司跟随在他后面，他们正在向这位用长羽毛作头饰的神明献祭。这名祭司的名字在铭文中多次被提及。在这幅图画外面还有一个人物形象，他是第十三王朝的法老阿蒙诺弗斯一世。

2. 图画取自杰贝尔赛尔赛兰的拉美西斯二世神殿内。面向右方的法老为阿蒙－拉，穆特和孔苏点燃香薰；面向左方的法老向神明献上美酒，这里有弗雷（太阳神）、正义之主普塔和万物生命之本哈皮姆（尼罗河神）。

图一〇三

图一〇三至一二二来自杰贝尔赛尔赛兰（希尔西里斯）遗址。

1. 图一〇三的第一幅图描绘的是拉美西斯二世的妻子，王后诺菲尔泰利或称诺菲尔－阿丽，身穿哈托尔的服饰，正在演奏叉铃。旁边站立着河马身形的女神塔加尔、托特和奈特菲。祭坛上摆放的是献给他们的鲜花和清水。

2. 塞索斯特里斯向塞维克献上火种。三位女神紧随其后，她们是索特－瑟特、立托和哈托尔，索特－瑟特以芦苇秆或者笔杆作为头饰（在一些资料中她的名字写作SST）。

3. 拉美西斯二世的第二任妻子王后伊塞诺菲尔在三位神明面前演奏叉铃。（题材与第一幅图类似）

4. 法老蒙内普塔二世向奥西里斯、伊西斯和他的父亲塞索斯特里斯献祭。

图一〇四

同一地点的石碑临摹图。第十九王朝的统治者法老拉美西斯－美伊阿蒙，向阿蒙神、弗雷和尼罗河神献上祭酒。

图一〇五

岩壁碑刻，描绘了头戴战盔的国王正在向底比斯的主神阿蒙－拉献上特美伊像的场景。阿蒙－拉神呈直立姿势，国王身后跟随的两人身体向前微倾。场景四周边框内为圣书体铭文。两位王子跟随的正是法老蒙内普塔二世，王子左手持这一阶层标志性的权杖，右手举起呈膜拜的姿势。

图一〇六

国王拉美西斯－美伊阿蒙向阿蒙－拉神、弗雷和塞维克献上真理的形象。这一场景的下方有两名皇家书吏官，他们的形象和周边文字破损严重。

图一〇七

同一地点的石碑临摹图。塞索斯特里斯向在神殿中的普塔神献上特美伊像，他的妻子王后伊塞诺菲尔和女儿巴提昂提，头戴阿蒙仆人的发饰，跟随在法老身后。一个衣着塞姆祭司服饰的孩子站在法老前方。在普塔神殿的后面是另一位神明阿特姆的全身立像，他的右手执双羽毛的权杖，左手执生命之符。两名身着长袍的王子在画面下方，正在做膜拜的姿势。

图一〇八

1. 第十八王朝国王荷鲁斯[③]统治时期的铭文，装饰在杰贝尔赛尔赛兰大岩庙的正门处。这座神庙其中一面墙壁上刻有大量皇家碑刻，属于珍贵的历史文献。

2和3，拉美西斯－美伊阿蒙向众神献祭的祭品清单；神庙内部正门两侧的浮雕。

③ 本文中提到的“国王荷鲁斯”为现在通常熟知的第十八王朝最后一名法老霍伦海布（Horemheb）。

4. 国王荷鲁斯向托特和哈托尔献上纸莎草花束和莲花束。

5 和 6，希尔西里斯墓葬中的铭文。

图一〇九

1. 国王荷鲁斯膜拜人面的弗雷神，女神那哈马特奥跟随在弗雷后面。

2. 第十八王朝的法老希普塔向端坐的阿蒙–拉神和站立的普塔神献上特美伊像。图画下方的内容为一名王子膜拜另外两名神明——女神帕赫特和她的儿子。

3. 女神穆特正在哺育年幼的国王荷鲁斯，铭文中提及阿蒙–拉神也在旁边。（女神的名称存疑）

图一一〇

国王荷鲁斯全身立像，战斧扛在肩上，他从阿蒙–拉神的手中接过生命之符和代表南北两土地的标志。一些非洲战俘被踩在他的脚下，另外一些伸展双臂，还有一位妇人正在表达她的绝望。一名看上去像是国王向导的非洲人正在向他们喊话。

图一一一和图一一二

国王荷鲁斯坐在军事指挥官的轿子上，前后有两位掌扇官。一位祭司在他的面前焚起香薰。士兵们押解着来自非洲和亚洲的战俘。司号官向国王的军队吹响号角。祭司们吟诵着赞歌。护卫队的士兵们手执盾牌。最后，一些仆人在为国王清理前面的道路。这两幅插图便是国王荷鲁斯从非洲和亚洲战场胜利归来的浮雕画面。（详见商博良另一著作《埃及书写文字》，第一八六页）

图一一三

与上一幅浮雕相连的内容。国王荷鲁斯的士兵们押解着不同民族的战俘。战败者在向国王乞求宽恕。

图一一四

国王蒙内普塔二世与王后伊塞诺菲尔头戴珍贵材质的头饰，军队首领手拿象征胜利的标志紧随其后。国王向阿蒙–拉神和女神穆特献上真理的形象。石碑下部为一段十行的说明性铭文，明确纪年为法老统治第二年，弥苏尼月（mesori）的第五天。另外，根据铭文记录，工人们在希尔西里斯的采石场采集石料用于建造该国王在底比斯的宫殿以及拉美修姆城的修复工程。

图一一五

一块无边框的石碑，描绘了拉美西斯三世（塞索斯特里斯）向神殿中的普塔神、阿蒙–拉神献上特美伊女神像。国王和他的小儿子在一起，后者向神明献上美酒。下面的铭文记录了这位国王分别在自己统治的第三十、三十四、三十七和四十年举行了登基庆典。

图一一六

与前一幅图题材类似。同一位国王向弗雷神和鳄鱼头的塞维克神献上相同的东西，国王的儿子跟在他的身后，手执一捧火焰。根据铭文记录，此为塞索斯特里斯统治的第四十四年。

图一一七

一块装饰丰富的大石碑。一位名为拉美西斯的法老，约第二十王朝，向神明阿蒙、孔苏、塞维克和穆特献上特美伊像。石碑两侧垂直刻有国王的教谕，还刻有阿罗艾瑞斯和特美伊对教谕的允诺，以及法老的王名衔和王名圈。

图一一八

杰贝尔赛尔赛兰（古称希尔西里斯）的岩壁上的石刻碑。塞索斯特里斯向神明阿蒙–拉、弗雷、特美伊、普塔和塞维克–拉神献上特美伊像。塞维克–拉是奥姆比特省的主神，这里也是希尔西里斯采石场的所在地。国王头戴战盔，身着独特的绛红色战袍，阿蒙–拉神也被染上同样的色调。普塔神的身躯是红色的。一名王子双膝跪地，献祭这块石碑的人正是他。在画面外，石碑实际还刻有他的名字和站立献上香薰的人物。在人物下方的铭文又重提了国王登基庆典的时间，分别在塞索斯特里斯统治的第三十、三十四、三十七和四十三年。

图一一九

这块石碑的内容比较宽泛。主要还是国王塞索斯特里斯向五名神明阿蒙–拉、穆特、孔苏、弗雷和塞维克献上特美伊女神像，特美伊就是站在其身后的女神。水平书写的铭文带有明确的纪年，为其统治的第四十五年。竖列的铭文与旁边跪姿朝拜的军队首领相关，记录其曾参加过国王统治第四十五年时举办的登基庆典活动。

图一二〇

1. 塞索斯特里斯与王后伊塞诺菲尔之子在宗教典礼时的坐像。

2. 国王荷鲁斯向太阳神弗雷和女神哈托尔献上鲜花，哈托尔坐在太阳神弗雷的身后。铭文中有她许多名衔中的一个。

3. 国王拉美西斯–美伊阿蒙是第十九王朝的统治者，他在向神明阿蒙、穆特和孔苏献上特美伊像。

4. 法老希普塔向阿蒙–拉神献上一束鲜花，一名王子跟随其后。

图一二一

有两排内容的石碑。上排内容为国王蒙内普塔二世，头戴战盔，向阿蒙–拉神和在神殿中的普塔神献上特美伊像。国王身后跟随的是王后伊赛诺菲尔和两名王子，其中一名戴有头饰，另一名为光头。

下排内容为同一名国王，头戴奥西里斯头饰，向弗雷神和特美伊献上斯芬克斯的形象。他的身后跟随多名王子，排在首位的是国王的儿子。由圣书体组成的五行铭文损毁严重。

图一二二甲

法老蒙内普塔二世向阿蒙–拉神和诸神献上特美伊像。铭文刻在杰贝尔赛尔赛兰大岩庙内侧的墙壁上，但是在原浮雕上，铭文的内容已被不留痕迹地抹除了。

图一二二乙

1. 拉美西斯大帝向阿蒙–拉神和与他同名的神献上美酒。（取自努比亚的埃塞布阿神庙）

2. 向奥西里斯献上神圣符号的画面，取自努比亚的丹杜尔神庙。两个王名圈揭示了画面所处时代为古罗马时期，神庙建成的年代大约为奥古斯都在位期间。

3. 拉美西斯二世向三位神明献上美酒鲜花。三位神明呈站姿，手执神杖，他们分别为安菲、塔弗奈和人面的塞博。这幅画面取自希尔西里斯的拉美西斯二世神殿内部左壁。

4. 荷鲁斯、女神哈托和阿罗艾瑞斯端坐在他们的宝座之上。残缺的朝拜场面，取自奥姆波斯大神庙。

图一二二丙

一块向舍尚克斯一世（《圣经》里提到的舍尚克）致敬的石碑。女神穆特向阿蒙－拉、弗雷和普塔引荐这位国王。王子跟随在国王身后，他是众人的领袖、步兵指挥官。年轻的王子向神明献上火种，上面的铭文显示他拥有和他父亲相同的名字阿蒙·玛伊·舍尚克。竖列的铭文开始便写明了时间，即舍尚克斯统治的第二十一年。文字内容与这一时期（约公元前九百五十年国王为了在底比斯建造卡尔纳克而开发希尔西里斯采石场）有关，而卡尔纳克的建筑保存至今。

图一二三至一二八　艾德福

这六幅图介绍了由十二幅浮雕组成的一个场面，哈尔－哈特神（艾德福大神庙所供奉的三位主神中的第三位）是太阳在物质世界的具象，是苍穹之光和天理运行的拟人形象。图中描绘了他的“升起”和“沉落”，他在一天十二时辰里每个时辰的象征形象，以及相对应的名字。

在图一二三、图一二四、图一二五中，神的形象被一个圆圈包裹着；铭文中刻有他的名字。

在图一二六、图一二七、图一二八中，这位年少的神明在与他出现在同一场景中的其他人中间，时而拥有人的面孔，时而是神圣动物的形象。虽然他变化多样，但我们可以通过他头部旁边的铭文，将其与其他人加以区分。

在这十二幅浮雕中，我们可以识别出“时辰”的样子，它们以女性的形象出现，头上顶有一个圆盘或者一颗星星。旁边的铭文中用埃及数字写有一到十二，用来标注一天中十二个时辰的顺序和太阳运行的轨迹。

这十二幅浮雕位于艾德福大神庙门廊的内部。孟图神位于哈尔－哈特船的后方，接受其他神明，如托特、伊西斯、奈芙提斯的敬拜。弗雷位于船首。奈、荷鲁斯、东方精灵（狒狒的形象，如图一二三）、其他诸神，还有一位有名字的托勒密时期的法老，他们接连出现在这些极具研究价值的画面中。

图一二九

这艘圣船的浮雕由两部分组成，头戴弯月的狮头神站在船头，托特、伊西斯和荷鲁斯呈站姿向他膜拜。这幅图和图一三〇中的第一幅图是哈尔－哈特神话的组成部分，也是该神明十二时辰形象中的一部分。

图一三〇

1. 托勒密的一位国王向哈尔－哈特的圣船，献上特美伊女神像以表达崇敬之情。两位负责视觉和听觉的女神立在圣船的队伍中。

2. 似乎为上图的托勒密国王，头戴象征统治上埃及的白冠，面向双手致意的方向，向诸神献礼。众神中按照他们排列站位和名字的顺序，依次为国王面前的东方精灵、年幼的荷鲁斯、豺头神霍普·伊伍埃、孔苏、荷鲁斯、哈托尔、在神殿里的托神，等等。

3. 同上图的题材相同，这里的神明或为鹰头或为蟒头端坐在宝座上，圣书体的铭文标注着他们每一位的信息。

图一三一

1. 一位托勒密时期国王的跽坐像。他佩戴索卡里斯的头饰，正从太阳神弗雷的手中接过权杖。坐在弗雷身后的是女神哈托尔，国王身后的是哈尔索托。

2. 女神萨什姆埃把年代刻在权杖上。在她前面的两位分别是下埃及地区的守护神和上埃及地区的女神索文。

图一三二

本页和图一三三皆源自艾德福的大神庙。

1. 图一三二的第一幅内容为托勒密时期的亚历山大国王，头戴象征统治上下埃及的红白双冠，正在接受哈尔西耶斯、托特神和其他神赋予其对埃及的统治权。荷鲁斯、哈托尔和国王的儿子在他一旁辅佐。

2. 神话场景，左半部分已不复存在。在西方精灵的对面，分别是年幼的荷鲁斯、豺头神霍普·伊伍埃、托特、孔苏和哈托尔。

图一三三

图 1、2 和 4，国王托勒密－埃皮法那在王后克里奥帕特拉的陪伴下，向他的先祖托勒密－费拉德尔甫斯和阿尔西诺伊、费罗梅托尔和贝蕾妮丝、伊凡杰特一世和贝蕾妮丝献祭。

3. 荷鲁斯、哈托尔和哈尔索托端坐或站立着接受供奉的场景。（艾德福）

图一三四

1、2、3、4 是四位神明各具特征的独立画像，他们分别是穆伊－奥埃里、奈特、普塔－托雷和孟图。（艾德福或阿波罗波利斯玛格纳）

图一三五

1、2、3、4 是其他四位神明的独立画像。这种大尺幅的绘画为小尺寸的人物形象提供了参考。他们分别是两位狮头神，以及荷鲁斯和克努菲斯。

图一三六

托勒密王朝国王肖像。

1. 克里奥帕特拉，托勒密－索特二世的妻子。

2. 托勒密－索特二世。

3. 托勒密－费罗梅托尔。

4. 贝蕾妮丝，托勒密－亚历山大一世的妻子。

5. 托勒密－亚历山大一世。

这五幅肖像与前图中所绘浮雕相同，都源自艾德福大神庙的石刻。每位王室成员画像的旁边都刻有他们的名字。

图一三七

1. 国王托勒密－伊凡杰特二世的全身立像。他在向他的前代国王和王后阿尔西诺伊献祭。

2. 托勒密－亚历山大和王后贝蕾妮丝在向众神明做敬拜的手势，其中有奥依的父亲哈尔－哈特神、奥依和哈托尔。

3. 托勒密－亚历山大与王后克里奥帕特拉一起进献花束。

4. 女神奈特坐像，她手持权杖和象征生命的神圣符号。

图一三八

本页中的四幅复制图源于艾德福的小神庙，俗称为半夏草（Typhonium）。它是整个神庙建筑的一部分（被埃及人称为 Mammisi，诞生室。在其他神庙中也普遍存在），里面展示了大神庙中神明的孩童时期和受教育阶段的场景。艾德福诞生室的主角是哈尔索托，他受到哈托尔、克努菲斯、哈尔－哈特、阿蒙和托特的悉心照料。为了讨好国王，人们把托勒密－伊凡杰特二世当作哈尔索托，把国王的童年和这位哈托尔女神儿子的童年联系起来。在图 2 和 3 的内容中，我们看到孩童时的国王和孩童时的神一起出现；他们头顶上方写有各自的名字（托勒密王的名字被放在成对的王名圈里）加以区分。

图一三九甲

1. 宗教场景中的阿蒙－拉和哈托尔。

2. 符号化的题材，使用哈特（Hatht）作为名字的穆伊神和哈托尔神。

3 和 4，两位神明坐像。我们注意到权杖有不同之处，男性神明的权杖顶端有一只长耳神兽，而另一种权杖则属于女性神明。

图像源自艾德福遗址。

图一三九乙

1. 托勒密－索特二世的头像。
2、3、4 为神明的形象。根据他们旁边的圣书体铭文可以识别出他们的身份：2 为成年的哈尔索托，3 为女神萨科博，4 为哈尔－哈特。
这四幅图源自艾德福的大神庙。

图一三九丙

1. 狮头神穆伊的形象，取自努比亚的德布神庙。
另外三幅图来自上埃及艾德福的大神庙。
2. 哈尔－哈特的全身立像，他是哈尔索托的父亲。
3. 女神哈托尔，古埃及的维纳斯，身罩轻袍。
4. 国王托勒密－埃皮法那的全身立像。他正在祭坛上献祭，以表达对他的先祖托勒密－费拉德尔甫斯和妻子阿尔西诺伊的崇敬之情。他们夫妇二人皆手执神明的符号。

图一四〇

图 1、2、4 取自埃尔提亚的塞维克神庙废墟。
1. 拉美西斯大帝从塞维克手中接过连枷。
2. 拉美西斯大帝手执连枷，走向神明，身后拖着一艘小船，船头处有一只豺狼。
3. 取自埃尔提亚的一座墓中的家庭图。
4. 由两头牛牵引，使用殡葬车运送木乃伊的场景。来源与上图相同。

图一四一

1. 图中展示了收获小麦最后一个阶段的工作。麦粒被清理、称量、装袋运送到粮仓里。一位书记官坐在谷堆上，手拿专业的颜料板和芦苇笔（这幅浮雕所展示的正是在遥远的古代埃及文字应用于各阶层的重要性）。这位书记官记录的是入仓小麦的数量。
2. 两艘靠风帆和桨行驶的货船。一位正在记录的书记官，他一旁展示的是成袋的金粉和珍贵的圆环，用于商业贸易。以上图取自埃尔提亚的墓室中。

图一四二

1. 丧葬题材。逝者嗅着自己手中的花，头戴装饰。铭文显示他属于书吏阶层。他家族中的一名年轻男子，或许是他的儿子，向他递上祭奠的饮品。
2. 两位竖琴演奏师，分别演奏四弦竖琴和六弦竖琴。
3. 一名管家站在手执长杖的主人前方，他在向牧牛者询问牲畜的数量。铭文记载一共有一百二十二头牛、一百只绵羊、一千二百只山羊和一千六百头猪。以上图取自埃尔提亚的墓室中。

图一四三

1. 走在前方的是逝者的父母，他们在运送一具木乃伊。
2. 麦收场景，牛群在运送麦穗。位于牛上面的铭文是一首劳动号子。双圆环中间有两条斜线的符号代表重复演唱。（埃尔提亚的墓室）

图一四四

1. 仆人牵着一辆两匹马的埃及马车。从马的外形上看，是一种繁衍至今的栋古拉马。
2. 储藏室内整齐地摆放着粗陶罐，一名男子用扇子扇动微风，保持陶罐里饮品的新鲜。（埃尔提亚的墓室）

图一四五甲

1 和 2，一名去世的男子和一名去世的女子接受丧葬祭品。
3. 乐师和歌者在画面左侧，右侧接受祭品的女子为图 1 中的女子，名字叫作阿蒙瑟。
4. 这段铭文中提到了一些第十八王朝早期的国王和王后的名字，阿蒙诺菲斯一世和他的妻子阿赫麦斯－诺菲尔－阿塔丽、阿蒙诺菲斯二世、图特摩西斯一世的妻子阿赫麦斯。

图一四五乙

1、2、3 和 4，源自艾斯那克努菲斯神庙的宗教场景。文字栏的部分被毁坏，处于空白状态。

图一四五丙

1. 皇帝多米提安头戴战盔，双膝跪地，向圣羊献上火种。在他的形象旁边，两个王名圈内记录着他的名字。
2. 皇帝塞普蒂米乌斯·塞维鲁，头戴奥西里斯－索卡里斯冠饰，向公羊头的克努菲斯－拉神和土地女神特内布奥进献土地。
3. 皇帝克劳憲向克努菲斯－拉神和狮头女神孟希献祭，但皇帝的形象被忽略了。本图和以上多张图全部来自艾斯那大神庙。

图一四五丁

1. 皇帝安托南向奈特女士和鳄鱼头的塞维克－拉神献上弓和箭。
2. 托勒密－埃皮法那国王头戴白冠，王后克里奥帕特拉头戴哈托尔女神冠，他们共同向奈特女神和另一名年轻的神献上祭品。
3. 皇帝安托南，头戴索卡里斯头冠，向奈特神和孩童形象的哈凯神献上美酒。奈特神采用了孟希女神的形象和名字，她和哈凯、克努菲斯是艾斯那神庙崇拜的三柱神。
4. 敬拜题材浮雕的残片。另一位罗马皇帝安托南敬拜克努菲斯和奈特－孟希。
以上四幅图同样来自艾斯那大神庙。

图一四五戊

1. 皇帝塞普蒂米乌斯·塞维鲁的另一幅献祭图。他向公羊头的克努菲斯和戴哈托尔头冠、有圣蛇装饰的女神特内布奥献上祭品。
2. 奈特女神之子，多乌－穆依－奥利的全身立像。他头戴圣蛇缠绕的太阳冠，一手执常见的神杖，另一手执有神圣生命标志。
3. 皇帝塞普蒂米乌斯·塞维鲁，头戴奥西里斯－索卡里斯冠饰，向奈特女神献上两条绶带。奈特是神圣的母亲形象，手持弓箭，后面跟随的神明，正是第二幅图的主角，她的儿子多乌－穆依－奥利。
4. 鳄鱼形象的塞维克神，这种动物正是他的标志：头上戴有太阳圆盘和圣蛇装饰；第一列圣书体铭文的最后四个符号就是他的名字 SVK，鳄鱼的符号是限定符。（艾斯那大神庙）

图一四五己

1. 克努菲斯和他的配偶特内布奥接受各类贡品。
2. 托勒密－伊凡杰特一世和王后贝蕾妮丝，站在奈特女神面前。她手执庆典权杖、弓和箭。
3. 一位名叫特曼昂雷女神生产的场面，她是太阳之母。图一四五庚中的第一幅图是生产时帮忙的女眷。第二幅图描绘了分娩时的场景。新生儿被神圣助产师特莫奥接到手中。特玛尼负责哺育，她左手抓着另一个女人（图一四五己图 3）。这个女人正在哺育一名婴儿，后面站着阿蒙－拉神和女神索文。再后面是一名王后，王名圈内并没有写她的名字。这幅画面是对这位王后产子的美化和想象。

图一四五庚

前两幅图是之前场景的延续。

3. 托勒密其中的一位国王向哈凯献上美酒，他是艾斯那三柱神之一。
4. 克努菲斯和特内布奥的形象。（艾斯那北部神庙）

图一四五辛

1. 鳄鱼形象，塞维克－拉神的标志。
2. 牛头形象的孟图神，头戴太阳圆盘。该形象来自陶德神庙，古称图费昂，或克鲁克洛波利斯。
3. 头戴太阳圆盘的一名女神。
4. 女神特里尔（母猪形象），头戴阿蒙神头冠。
3 和 4 均来自赫尔蒙代斯神庙。

图一四六

1. 一位女神把一名幼童引荐给弗雷神，弗雷神赐予他神圣的生命之符。
2. 女神立托正在哺育这名幼童，后面跟随着女神哈托尔和狮头女神奈特。
3. 还是这名幼童，他被哈托尔女神引荐给穆依，穆依交给他象征王权的钩子，也标志着他日后的地位。
4. 弗雷神以哈尔弗雷的形象出现，在王座旁抱着这名幼童。王后克里奥帕特拉手执叉铃和庆典权杖。

图一四七

1. 还是这名受到狂热崇拜的幼童，出现在阿蒙神面前，同时还有一名托勒密国王。
2. 哈托尔把他引荐给普塔神，普塔神回赠他各种象征王权的标志物。
3. 哈托尔把孩童引荐给塞博神，他的职责是保管逝者的名字。
4. 奥西里斯神赠予孩童象征王权的连枷，引荐者还是哈托尔女神。后面跟随的一名国王，空白的王名圈里没有写他的名字，他准备把手中的皇室印章传给这个孩子。
5. 图一四六、一四七的内容来自诞生室，是赫尔蒙代斯神庙中的一间小屋子。这里描绘了恺撒里昂，即克里奥帕特拉和恺撒大帝的儿子，出生和接受宗教教育的场景。恺撒里昂被看作是年轻的哈尔弗雷神，即孟图和立托的儿子。

图一四八甲

本页和后两页图的内容来自早些年被破坏的赫尔蒙代斯神庙遗址。
1 和 2，画面描绘了埃及最后一名王后克里奥帕特拉，以儿子托勒密－恺撒里昂的名义，向七位神明进献供品的场景。这七位端坐的神明分别是：第一位，荷鲁斯，阿蒙神的长子；第二位，哈尔穆依，孟图神的长子；第三位，哈尔索托，哈托尔的儿子；第四位，哈尔，稳定地区的统治者（塔托和奥西里斯）的儿子；第五位，霍依，哈托尔的儿子；第六位，哈凯，帕赫特的儿子；第七位，哈尔－哈根－希；以及站在画面最后一位的是女神特美伊（太阳神的女儿）。

图一四八乙

1. 孟图神怀抱着年幼的哈尔弗雷。这代表着托勒密－恺撒里昂的诞生。
2. 阿蒙神和索文，还有赛普特－索普特，他是年幼的哈尔弗雷的守护者。该场景象征对恺撒里昂的守护。
3. 恺撒里昂的头像。
4. 神庙内部的另一个具有象征性的场景。

图一四八丙

1 和 2（同一题材），怀有身孕的立托女神，后面跟随着女神索文和托图南。索文女神，被称作埃及的露西娜，她把立托引荐给一众神明，有阿蒙、弗雷、普塔、狮头神帕赫特和布巴斯提斯－奈特。克里奥帕特拉女王站在最后，手执叉铃，寓示着她为恺撒大帝产有一子。

图一四九甲

1. 托特神为蒙内普塔一世洗礼。
2. 托特神授权一名萨姆祭司将手中的四个水罐中的水洒向王座上的国王。
3. 奥西里斯形象的蒙内普塔一世端坐在神龛内，陪伴他的神明有阿蒙、穆特、普塔和狮头神帕赫特。
从本幅图开始将介绍一系列来自底比斯建筑中历史和宗教的场景。
本图取自底比斯壮观的库尔那宫殿。

图一四九乙和一五〇甲

这两幅插图展现的是底比斯库尔那地区拉美西斯神庙内的一幅浮雕。我们看到站立的拉美西斯大帝塞索斯特里斯（图一四九乙），身上有许多象征王权的符号，面前矗立着两个阿蒙神的旗帜。后面跟随三位祭司，手里拿着帕特权杖和其他标志。四只鸟飞翔在一块字板周围，这块字板由四竖列铭文组成，提到了四个方位，南方、北方、日出之地、日落之地。字板后面有一名铭文管理者，左手中有一卷莎草纸，正在向国王汇报。下方还有一名祭司：他们每个人身后都有一队由五名祭司组成的队伍，在队伍中每个人的肩膀上，都有一尊拉美西斯三世的祖先像。每个全身立像的前面都有一个王名圈，他们是拉美西斯之前的国王。这份重量级的名单由上排左侧的第一个王名圈开始，他就是埃及王朝的开创者，美尼斯法老。他的统治时期在金字塔建造之前，历史可以追溯至距今五千年前。从左向右的第二个王名圈内，记录的是古老王朝中的一位法老，都灵博物馆内藏有他统治第六年时刻的石碑。随后的王名分别是：第十七王朝的阿摩西斯，第十八王朝的统治者阿蒙诺菲斯一世，以及他的继承者们图特摩西斯一世、荷鲁斯、拉美西斯一世、蒙内普塔一世和拉美西斯三世塞索斯特里斯。王名的内容延续至下一幅图中，最后一位是图特摩西斯三世莫里斯，在他之前的国王分别是阿蒙诺菲斯二世、图特摩西斯四世、阿蒙诺菲斯三世、荷鲁斯和一个被划掉的名字。
画面中间（图一五〇甲），同一位国王正在献祭一束用神圣的镰刀割下来的麦穗。王后诺菲尔－阿丽站在国王前面，两名祭司在一旁帮忙，前方站着一头装饰有阿蒙－拉神头冠的圣牛。

图一五〇乙

1. 拉美西斯大帝左手执一香薰，右臂伸向端坐的阿蒙－拉神。后面跟随的是穆特女神和拉美西斯大帝的父亲蒙内普塔一世。
2. 拉美西斯大帝向阿蒙－拉神和王后阿赫麦斯－诺菲尔－阿塔丽献上两个罐子和两束莲花。
3. 拉美西斯大帝（其名字保留在浮雕上）向阿蒙－拉神、王后阿赫麦斯－诺菲尔－阿塔丽和一名疑似第十八王朝法老阿蒙诺泰普献祭的场景。

图一五〇丙

源自底比斯库尔那宫殿里的雕刻。在一场公共典礼中，众祭司肩负一艘圣船，在被布遮盖的神龛上面，刻着三个以象征优雅美丽的符号开头的名字，王后诺菲尔－阿塔丽——这是拉美西斯－塞索斯特里斯一名妻子的名字。国王和王后阿赫麦斯－诺菲尔－阿塔丽的名字被刻在两个竖直的王名圈内。

图一五〇丁

在一场宗教庆典中，众祭司肩负一艘圣船，船中央是一件被布遮盖的神龛。在圣书体铭文中，拉美西斯三世，伟大的塞索斯特里斯的王名圈共有三个。一名高等级的祭司在指引道路。内容取自底比斯库尔那地区的拉美西斯神庙。

图一五一

1. 蒙内普塔一世向他的父亲，佩戴索卡里斯头饰的拉美西斯一世献上祭品。
2. 佩戴索卡里斯头饰的蒙内普塔一世端坐在椅子上，手执权杖；在他身后的女人是他所建造的库尔那宫殿，即蒙内普塔神庙的拟人化形象。
3. 阿蒙神域的拟人化形象。
4 和 5，库尔那神殿大厅屋顶上的两段献祭铭文，是以蒙内普塔一世之名刻写的。

图一五二

1. 画面一分为二。右侧画面中，国王塞索斯特里斯身着祭司服饰，向他的父亲拉美西斯一世献上祭品。他的父亲被描绘为奥西里斯，端坐在神龛中。左侧画面中描绘了相同的内容。在两幅图画中，国王的头饰有所区别。
2. 拉美西斯大帝向阿蒙 – 拉神、穆特和月神孔苏献祭。拉美西斯一世在他们身后。
3. 拉美西斯三世向佩戴哈托尔头饰的王后诺菲尔 – 阿塔丽献上面包。
4. 法老希普塔接受阿蒙 – 拉神，和他的先人，王后诺菲尔 – 阿塔丽、蒙内普塔一世和拉美西斯大帝的馈赠。

图一五三

1. 山体内开凿的岩窟墓的门口，位于阿萨斯夫河谷。在正门铭文中，我们可以释读出法老普萨美提库斯二世和他的妻子王后尼特克瑞斯的名字。
2. 王后阿赫麦斯 – 诺菲尔 – 阿塔丽的肖像，她是第十八王朝首位法老阿蒙诺泰普的妻子。
3. 一位名叫阿赫 – 奥特普的祭司向法老阿蒙诺泰普和端坐在他后面的王后，献上水果、鲜花和牲畜。
4. 向同一位法老和另一位名叫阿赫麦斯 – 诺菲尔 – 阿塔丽的王后献上供品，其中有香薰。

最后三幅图源于底比斯库尔那地区的墓葬。

图一五四

1. 一位竖琴演奏家。
2. 一位弹琴的女士。
3. 一头在秤上的牛犊。

来自底比斯库尔那墓葬中的壁画。

图一五五甲

1、2 和 3，砖块制作的不同工序。
4. 金属冶炼的工作。画面中凸显了成型和鼓风的重要。（库尔那墓葬）

图一五五乙

1. 来自亚洲的外族形象，是法老凯旋画面的一部分。
2. 国王拖鞋鞋底的装饰图画，描绘了一名非洲俘虏和一名亚洲俘虏的形象。
3. 另外一幅同类题材的图画。

图一五六

1. 盖子部分装饰有阿蒙神公羊头的大金罐，它被摆放在圣餐的桌子上，两柄扇子和四支纸莎草用来遮阴。尼罗河神的形象站在桌边；皇室的形象跪坐在罐子后面。罐腹刻有阿蒙诺菲斯一世的王名圈。
2. 一个放烛台的器具。前面装饰有拉美西斯乌力的王名圈，他是第十八王朝最后一位国王。尼罗河神的全身立像和一个祭酒的人物形象被穿插放在烛台之间。
3. 一位国王坐在他装饰华美的神龛内，后面有一柄遮阳扇。

这三幅画面是底比斯库尔那岩庙里浮雕的一部分，描绘的是宗教仪式场景。

图一五七

1. 士兵入伍登记。
2. 一个背着篓子的人。
3. 圣书体铭文位于两个旗帜之间，下方刻有九个被图特摩西斯四世征服了的外族名字。
4. 一名乐师。
5. 一队穿着白色制服的年轻士兵。
6. 练习摔跤的年轻士兵。

（库尔那墓葬）

图一五八

1. 亚洲的族长向图特摩西斯四世进贡，有珍贵的器皿、鸵鸟蛋和鸵鸟羽毛，还有金环和银环。
2. 非洲黑人酋长进贡的场景。除上述贡品外，还有豹皮和乌木。非洲妇女们跟在队伍的后面，她们的孩子或放在筐里，或用手牵着。

（库尔那墓葬）

图一五九

这幅图和随后的四幅图全部来自库尔那墓葬的壁画，描述了古埃及不同的手工艺人和日常生活的场景。

1. 几个人坐在盛满水果的果篮旁。
2. 一名仆人服侍着坐在果篮前的一家之主。
3. 乐师和歌者。其中一名女性做出了很痛苦的姿势。
4. 一个装饰着怪诞图案 a、b、c 的木座。

图一六〇

1. 匍匐在地的亚洲首领，向图特摩西斯四世献上丰厚的贡品，包括器皿和贵金属。其他外族人站立，同样献上贡品。器皿外形精美，时间可以追溯至公元前十七世纪。在希腊艺术鼎盛时期到来前，希腊人可能已经接触到如此漂亮的器皿了。
2. 王后像，图特摩西斯三世（莫里斯）法老的妻子站在神殿内。取自阿蒙诺菲斯二世时期的墓葬浮雕场景。
3. 一名坐在王座上的女性形象，她是神圣的哺育者，她将阿蒙诺菲斯二世抱在自己的膝盖上。年轻的法老头戴战盔，双脚踩着八名非洲黑人和四名亚洲俘虏，捆绑他们的绳索握在法老手中。

图一六一

继续介绍工匠和古埃及职业的画面。

1. 巨型的国王站立石像。雕像被雕刻、打磨和上色。一个三层的脚手架，可以帮助工匠在雕像的不同部位工作，也暗示了雕像巨大的体形。
2. 一个类似的雕刻坐像的场景。
3. 斯芬克斯像的雕刻场景。
4. 打磨石柱的工人。

图一六二

1. 一名男子和一名端坐的女子向一位女神献上丧葬祭品，有鲜花和水果。女神在生命之树的高处，也向逝者还礼。法老塞索斯特里斯的名字出现在这一宗教场景的铭文内，王后的名字则被抹去了。
2. 接受纸莎草花束的国王阿蒙诺菲斯一世端坐在王座上，手中拿着弯曲的权杖和象征神圣生命的符号。身后陪伴他的人，通过铭文可知是国王的儿子阿摩西斯。

图一六三

继续介绍底比斯库尔那神庙内的工匠和古埃及的职业。

1. 用火将原料烧成液体。
2. 用吹管上釉的工序。
3. 不确定。
4. 金属的冶炼，脚下踩有风箱。

图一六四　彩图

继续工匠和职业的介绍。

1. 石匠。
2. 木匠在劈一根有纹路的木头。
3. 精细木工制作。
4. 皮革工和制绳工。

图一六五

1. 砖的制作，或太阳晒干，或用火烧制。
2. 砖块的运送。
3. 用锹挖黏土，再用木制的罐子运送。
4. 金属的冶炼：每人脚下有两个风箱，通过绳子控制，交替踩踏出风。

图一六六

1. 制皮的准备工作。
2. 柳编。
3. 皮质或纸莎草制成的凉鞋。
4. 鞣革工序。

图一六七

做工精美、形态各异的献祭品。这些宗教礼器采用一种木料，高度抛光制作而成。第 4 和第 5 件描绘的是被征服的亚洲人形象，他们因负重太大而弯曲着身体。

图一六八　彩图

1、2、3 和 4，底比斯库尔那墓葬中出土的彩绘瓶。

它们的器形精美绝伦，瓶盖装饰精美，用多种颜色的釉装饰。时间可追溯至公元前十六世纪，比古希腊精美的艺术品早约一千年。

图一六九

上排编号 1 到 6，和下排编号 1、2、4、6 的献祭品形制类同。其他献祭品形状有所不同，但同样造型别致而精美。

5. 向两位端坐的先祖祭拜的场景。

7. 一名负重的男子，牵着一头黑白花的小牛犊。

这两幅图中所有的图像，均根据底比斯库尔那墓葬中出土的器物绘制而成，现归卢浮宫所有。

图一七〇

1. 一名祭司在第十八王朝法老阿蒙诺菲斯一世和他的首任王后阿赫麦斯－诺菲尔－阿塔丽面前献上香薰。王后具有埃塞俄比亚血统。这是她皮肤为黑色的原因。这两位逝去的皇室成员的名字，被刻在他们人像的上方。
2. 有象征性的葬俗场景：阿努比斯站在木乃伊旁边，飞在半空中的灵魂手中握着神圣的标志。

图一七一

用猎犬和细犬狩猎不同种类的飞禽走兽的场景。一名年轻的男子牵着一条奔跑的狗。（同一墓地）

图一七二

1. 图一七〇中场景 2 的后续，逝者的家人和朋友在表达他们的悲伤之情。
2. 上方的船上装有逝者喜爱的家具，正要运送至他的墓中。位于下方的船停靠在岸边，妇女儿童走上岸，走在前面的女人把她的孩子裹在衣服里。
3. 图一五七、一五八、一六〇、一七一、一七二和一七三描绘的内容对于研究埃及艺术史和风俗很有价值，它们出自底比斯库尔那的岩墓内。

图一七三

这两幅图描绘的是奈夫罗斯的丧葬队伍穿过尼罗河时的情景。

1. 船上载着一间被遮盖的房间，上面装饰着网格纹饰，或为绘制或为上釉。房间的上面有一大群妇女正在哭泣。
2. 另一群妇女在帐篷中哭泣，她们是逝者的长辈，旁边是站立的木乃伊；一名祭司在帐篷的入口焚香。

图一七四　彩图

埃及人家中的场景。女主人带着她的孩子回到家中。黄色皮肤的是小女儿，深色皮肤的是她的儿子，一名女仆手拿叉铃和写字板陪在他们身旁。其他女仆赶到她们的女主人跟前，献上水果和清水。屋前有一座花园，一名男仆匍匐在地上。这幅图取自底比斯库尔那的墓葬，对研究上古时代以来古埃及人的私人生活有重要的价值。

图一七五

1. 歌者和舞者。
2. 一支乐队。我们注意到演奏的乐器包括双管笛和不同形制的竖琴，竖琴带共鸣箱，琴弦数量从三根到十三根不等，装饰精美。一名乐师用双手打着节拍。
3. 另一支乐队。乐师中间有一位年轻的舞者。

图一七六

1、2 和 3，被征服的亚洲人向埃及进贡，贡品有象牙、瓶子和其他器皿，还有熊、大象、长颈鹿和猴子。

4. 立在架子上的酒罐。

这四幅图来自库尔那的岩墓。

图一七七

1. 四名祭司抬着一具丧葬棺，上面装饰有一只豺狼。一名妇女在棺下痛哭，其他送葬的妇女在后面排成一队。
2. 同样的题材。逝者的木乃伊被放置在圣船之上，一名祭司在船前洗礼焚香，女人和送葬队掩面哭泣，表达哀伤之情。

图一七八

1. 葬礼的后续场景。女人后面跟随着送葬队伍，队伍后面有四头牛，它们拉着的应该是逝者的木乃伊。
2. 木乃伊被运送至在山体上开凿的岩庙入口。木乃伊旁边矗立着一座丧葬石碑，在石碑的前方，女人跪地向逝者告别。他的父母向他献上不同的供品。

图一七九

1 和 2，蒙内普塔一世宫殿石柱上的献祭铭文，它位于底比斯的库尔那，对面是拉美西斯－美伊阿蒙的神殿。铭文中记录着他的名字。

图一八〇

继续工匠和职业的介绍。

1. 人物石刻。
2. 雕像彩绘。
3. 其他石刻。
4. 制作家具腿的木匠。

图一八一

1. 从事木工工作的两位工人。
2. 放在木架上的罐子。
3. 操练。
4. 两位木匠在制作神龛或神殿。

图一八二

皮革和鞋子的制作（描图）。该主题也是介绍众多工匠职业图像的一部分。

图一八三

1. 正在制作木棺的工匠。
2. 右手执写字板的书吏。
3. 船只的建造。

图一八四

1. 居住在苍穹之树上的女神纳特菲，向各对去世的夫妻播洒恩惠。树生长在池塘旁，水边装饰着莲花。女神一只手中是圣水，另一只手中托有水果。
2. 向第十八王朝国王阿蒙诺菲斯一世和王后阿赫麦斯–诺菲尔–阿塔丽拜祭和进贡的场景。坐在他们后面的是继任的十二位国王，包括蒙内普塔·乌西雷。

图一八五

继续介绍职业和工匠。

1. 在生长纸莎草的尼罗河岸边拉网渔猎。
2. 把鹅保存到罐子里之前的预处理工序。
3. 利用杠杆原理在蓄水池中取水灌溉花园。
4. 木匠用火处理木材，家具钻孔则使用弓弦的技术。

图一八六

1. 手拿鲜花绿植装饰物的乐师和舞者团队。
2. 继续介绍工匠职业。一名正在雕刻皇室斯芬克斯像的匠人。
3. 水位计和其他木制品。

图一八七

一名妇人梳妆场景的描绘，繁复而细致。音乐、鲜花和沐浴是重要的组成部分。

图一八八

1. 丧葬场景的部分画面：哭泣的家人向逝者献上供品。

2—8，各式木制或金属的器皿，出土于不同的墓葬，大部分是木乃伊的制作工具。

2 和 3，用于从鼻孔中灌入沥青。下面的钩子，用来取出脑子。图 5 是用来解剖的刀子。图 6 是一个雪花石膏罐，上面刻有古老王朝的法老拉美伊的王名圈。图 7 是一个象牙盒，上面装饰有埃及历史上最早的法老之一拉美兰的王名圈。图 8 是一个祭台。

图一八九

向埃及国王进贡的亚洲人形象。

图一九〇

库尔那墓葬中的其他图像。第一幅描绘的是一名外族人的形象，服饰和长发显得与众不同；另一幅是一名正在演奏竖琴的女士形象。

图一九一甲

1. 另一个穿着盛装的外族人形象。

2—15，精美绝伦样式各异的罐子，出土于库尔那地区的墓葬。时代上溯至公元前十六世纪。原件是彩绘上釉的器皿。

图一九一乙

库尔那墓葬内出土的书吏书写板。每块写字板上都刻有当时国王的王名圈。图 1 是蒙内普塔一世统治时期的；图 2 是阿蒙诺菲斯时期的；图 3 上面变形的字符显得很特别；图 4 是塞索斯特里斯时期的；图 5 并没有文字记录。写字板上王名圈形状或者印章形状的凹陷部分用于盛放不同颜色的颜料。

图一九二

1 和 2，木制车轮的制作。

3. 图特摩西斯三世（莫里斯）向众神献上美酒，后面跟随着他的小女儿拉诺菲尔。

4. 王后阿赫麦斯的胸像。

5. 图特摩西斯国王，阿赫麦斯王后和他们的女儿拉诺菲尔。

图一九三

1 和 3，阿蒙姆赫的肖像和全身立像，王后阿蒙瑟的第二任丈夫。国王莫里斯是该王后和第一任丈夫所生。

2. 小王子像，莫里斯的孩子。

4 和 5，图特摩西斯二世头像，王后阿蒙瑟的第一任丈夫，莫里斯的生父。

后面两幅图来自在阿萨斯夫的莫里斯建筑。

图一九四

1 和 3，公主拉诺菲尔的胸像和全身立像，图特摩西斯三世（莫里斯）的女儿。

2 和 4，哈克里斯的胸像和全身立像，他是第二十九王朝又称蒙代斯王朝的国王。

图像源自阿萨斯夫遗址。

图一九五

1. 国王莫里斯头戴奥西里斯头冠，在生殖形象的阿蒙–拉神脚下，做出锄地的姿势。

2. 阿蒙姆赫是莫里斯的母亲，王后阿蒙瑟的第二任丈夫，他向阿蒙–拉神献上美酒。

3. 国王莫里斯的坐像，后面站立着一位名叫麦尔瑞伊的王后。

4. 国王阿蒙姆赫向生殖形象的阿蒙–拉神献上火种。

这四幅图取自位于麦地那哈布（底比斯）的莫里斯神庙。

图一九六

1. 第三十王朝的国王内克塔内布正在用斧子击打一群亚洲战俘。在上方，一名头戴阿蒙头冠的神明押解着被法老征服的战俘人群，他们的名字被刻在带锯齿边的盾牌上。

2. 第二十五王朝的埃塞俄比亚法老塔哈尔卡胸像。

3 和 4，一名法老向众神献祭的场景。位于麦地那哈布的托特神庙。

图一九七

第二十五王朝的法老塔哈尔卡用斧头击打一群手持短剑、正在哀求的亚洲战俘。阿蒙－拉神押解着外族人，他们的名字写在王名圈或者带锯齿边的盾牌内。（麦地那哈布）

图一九八

1. 向众神献祭面包、鲜花和水果的场景。位于麦地那哈布的哈托尔（维纳斯）神庙和特美伊（公平和真理）神庙内。
2. 阿尔西诺伊胸像。
3. 一名被哈托尔女神守护的国王，向生殖形象的阿蒙神献祭。

4 和 5，符号化的场景。

6. 三名圈，名和姓为马库斯·奥冬·恺撒·奥古斯都大帝。

图一九九

1. 拉美西斯－美伊阿蒙接受子嗣的朝拜。
2. 向同一位国王献上鲜花和水果。
3. 室内场景。
4. 国王拉美西斯－美伊阿蒙接见他喜爱的一名女儿。

图二〇〇

1. 与上图描述场景相同。
2. 另一幅法老拉美西斯－美伊阿蒙的家庭生活场景。
3. 与前两幅场景相同。
4. 同一位国王与家人下棋的场景。

这几个生活场景充分表现了埃及家庭成员间的和谐氛围和互敬互爱，这一时期文明的进步远远早于西方社会。

图一

瓦迪哈勒法和马沙赫特

1

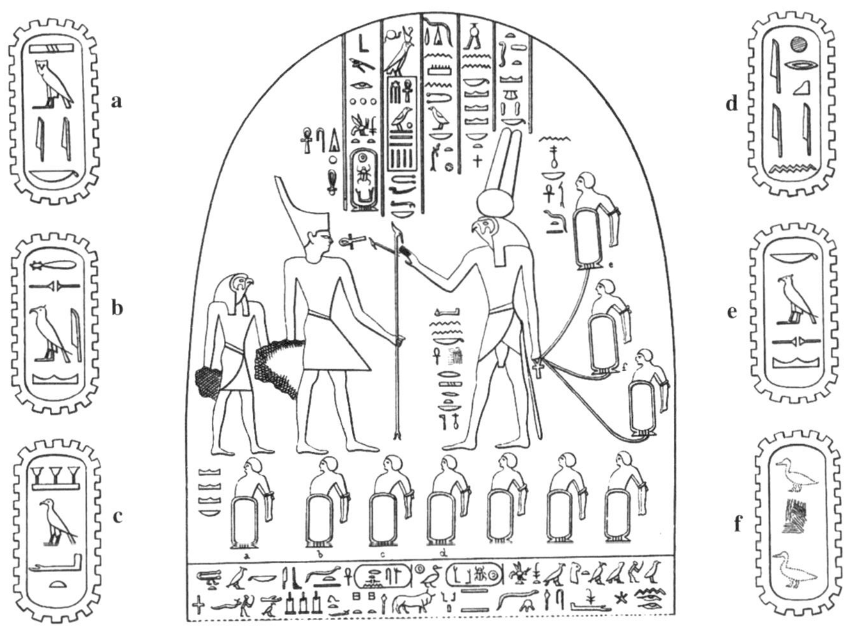

2

3

4

1、2，瓦迪哈勒法的石碑。3、4，马沙赫特地区的浮雕。

瓦迪哈勒法、马沙赫特、杰贝尔阿戴

1

2

4

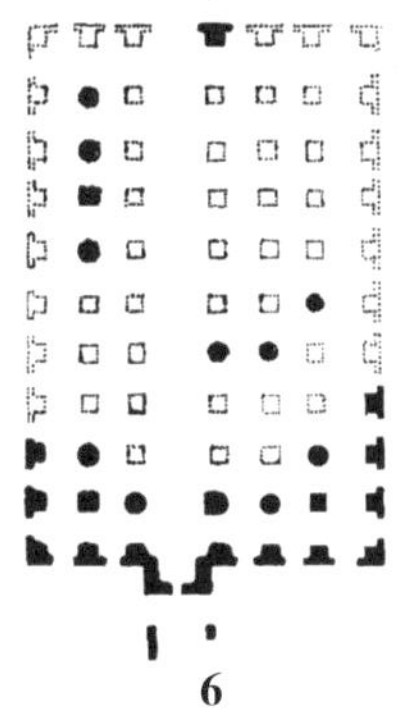

5

3

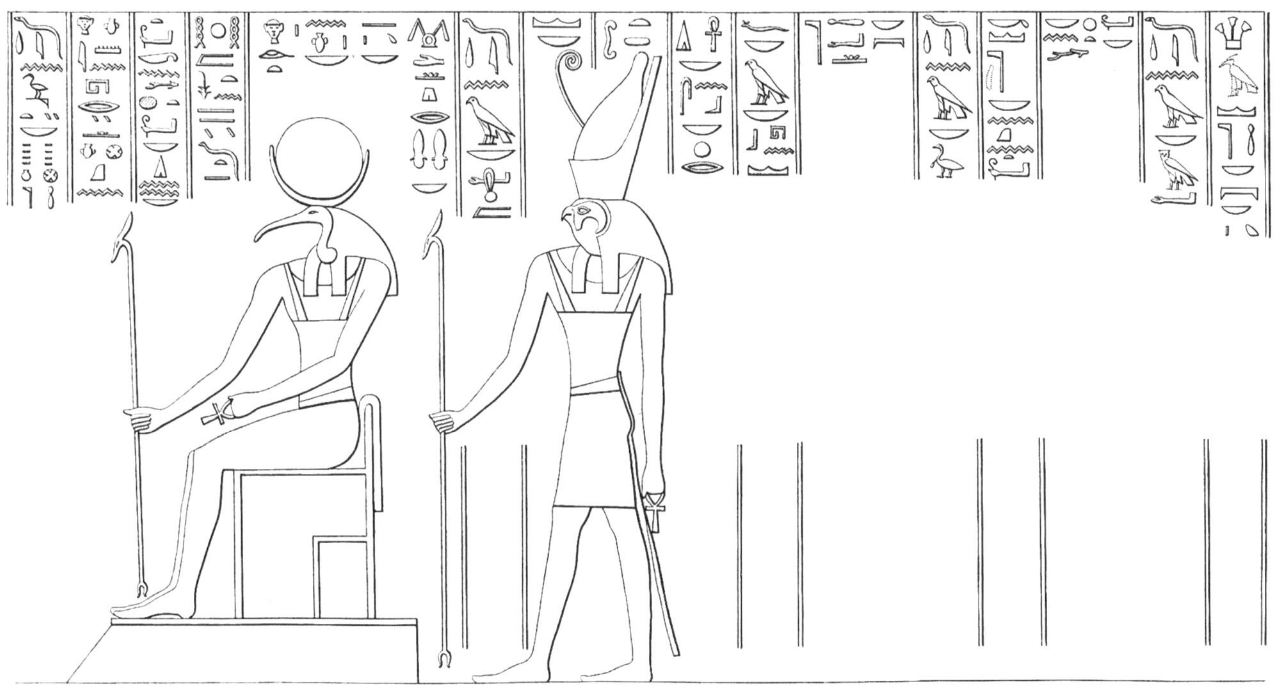

6

7

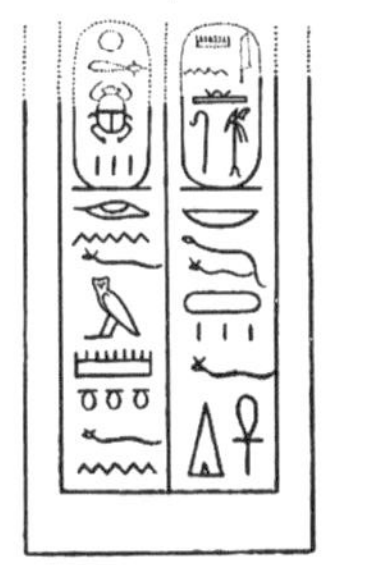

8

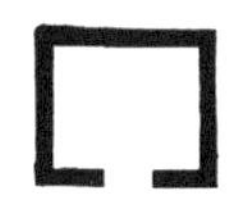

9

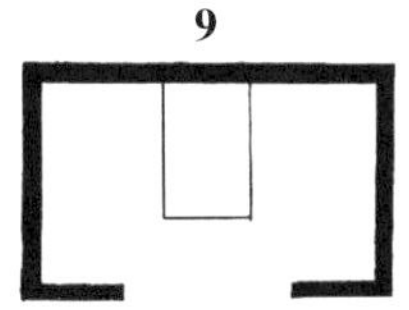

1. 杰贝尔阿戴岩庙，西壁。2、3，同上，北壁。4、6、7、8，瓦迪哈勒法的遗迹平面详图。5. 杰贝尔阿戴的遗迹详图。9. 马沙赫特的遗迹详图。

图三

伊布萨布尔

2

1

4

3

大岩庙。1. 塞索斯特里斯。2. 王后。3. 塞索斯特里斯之女。 哈托尔岩庙。4. 王后。

图四

伊布萨布尔

1

2

3

4

1、2、3、4，凿于石壁上的偏僻的石碑和浮雕。

图五

伊布萨布尔

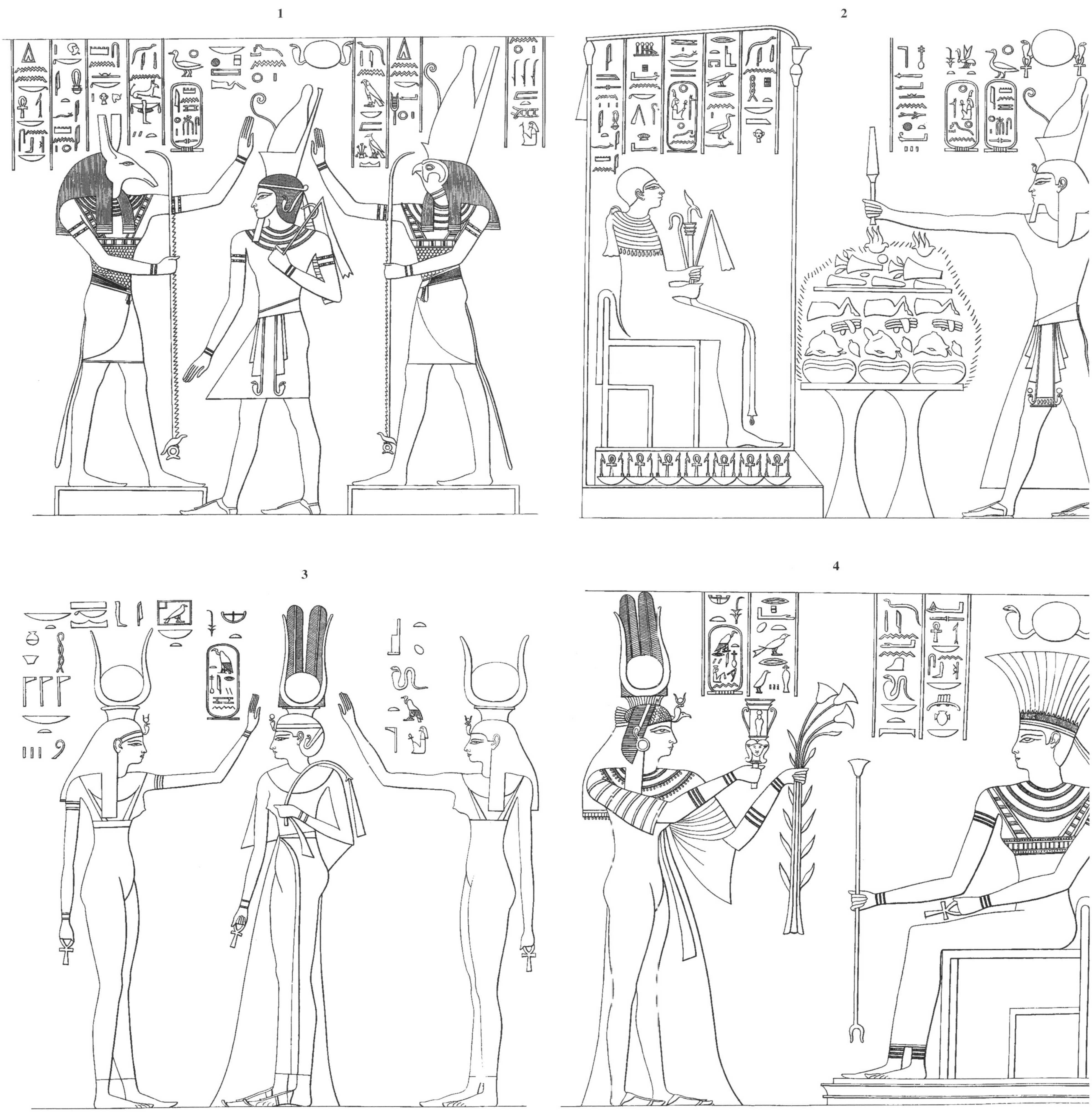

哈托尔岩庙 1、4，南壁。2. 北壁。3. 圣所（Sécos①）。

① 形容为神建造的神庙的空间，人们把神像放在这里，是神庙里最神圣的部分。Sécos 一词当今并不常用。

图六

伊布萨布尔

1

2

3

4

哈托尔岩庙。1、2，神殿。3、4，神庙圣所。

图七

伊布萨布尔

1

2

3

4

哈托尔岩庙。1. 西壁。2. 圣所最深处。3. 圣所南壁。4. 岩庙入口南侧的石碑。

伊布萨布尔

1

2

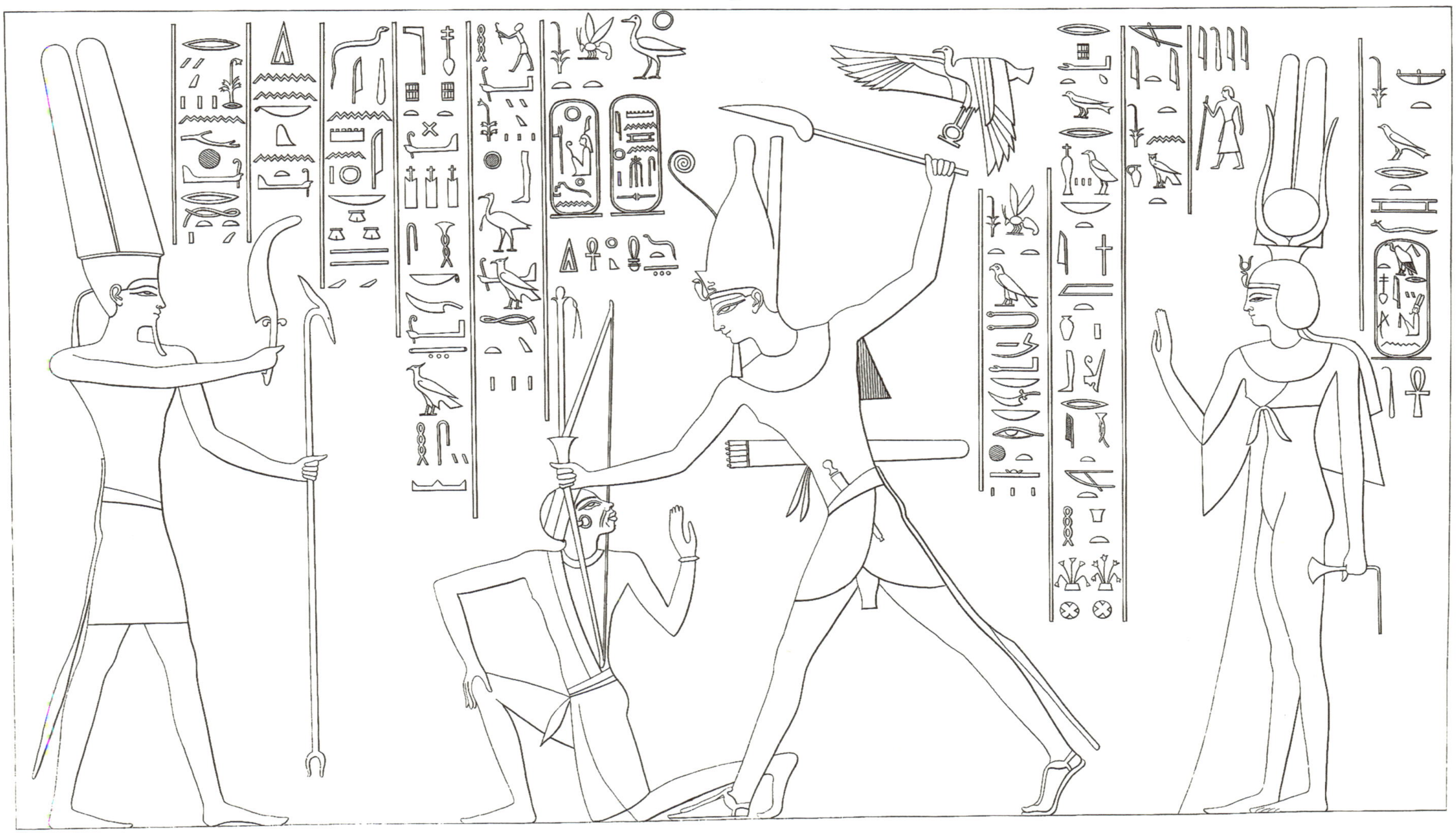

1. 东壁，大门右侧；2. 东壁，大门左侧。

图九

伊布萨布尔

2

1

1. 哈托尔岩庙的正面。2. 岩庙附近刻在岩石上的碑刻。

图一〇

伊布萨布尔

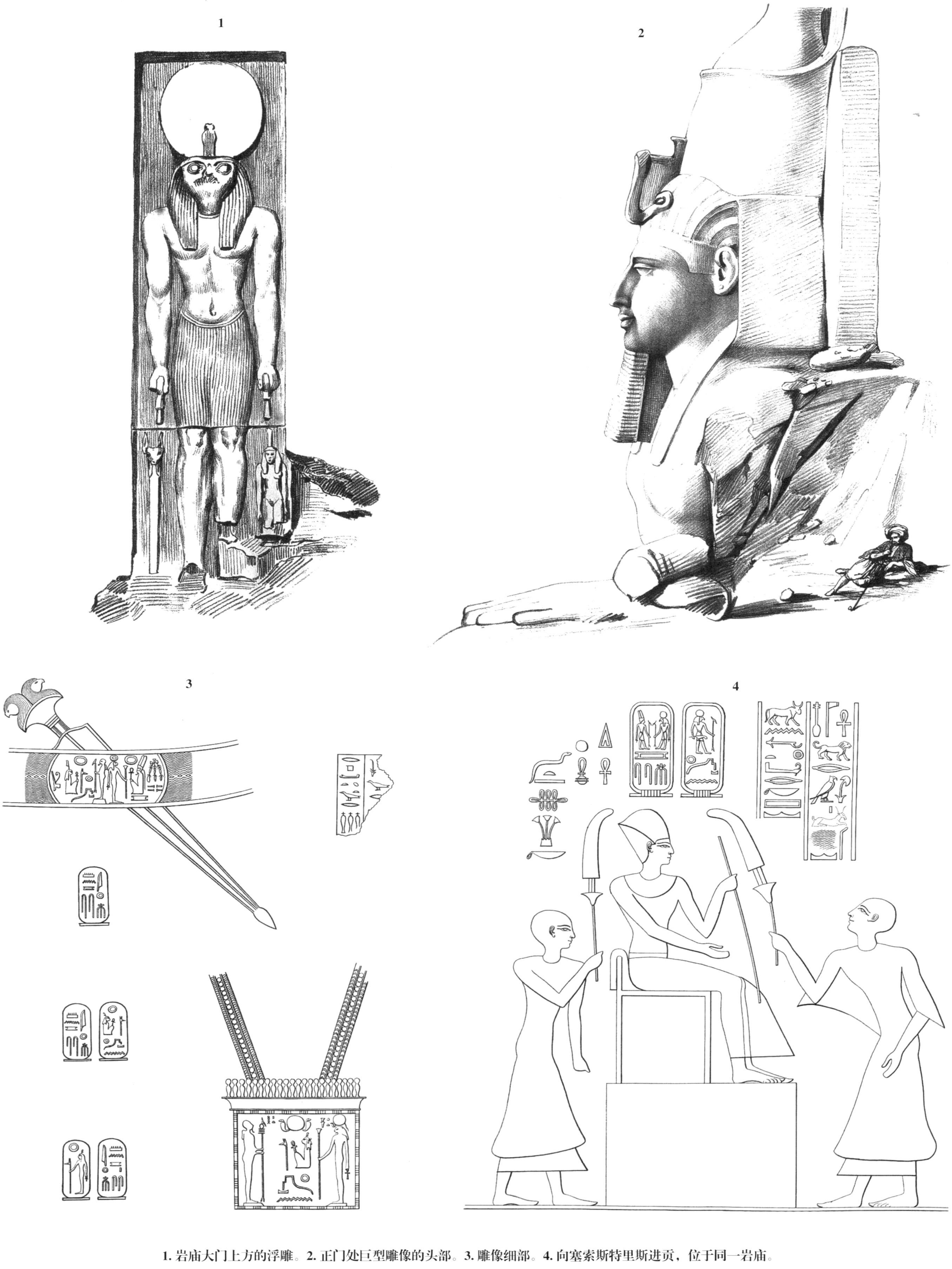

1. 岩庙大门上方的浮雕。2. 正门处巨型雕像的头部。3. 雕像细部。4. 向塞索斯特里斯进贡，位于同一岩庙。

图一一

大神庙。大厅东壁壁画，位于大门和东南角之间。

图一二

伊布萨布尔

伊布萨布尔

大神庙前厅南壁下排西南方向的图画 2。

图一四

伊布萨布尔

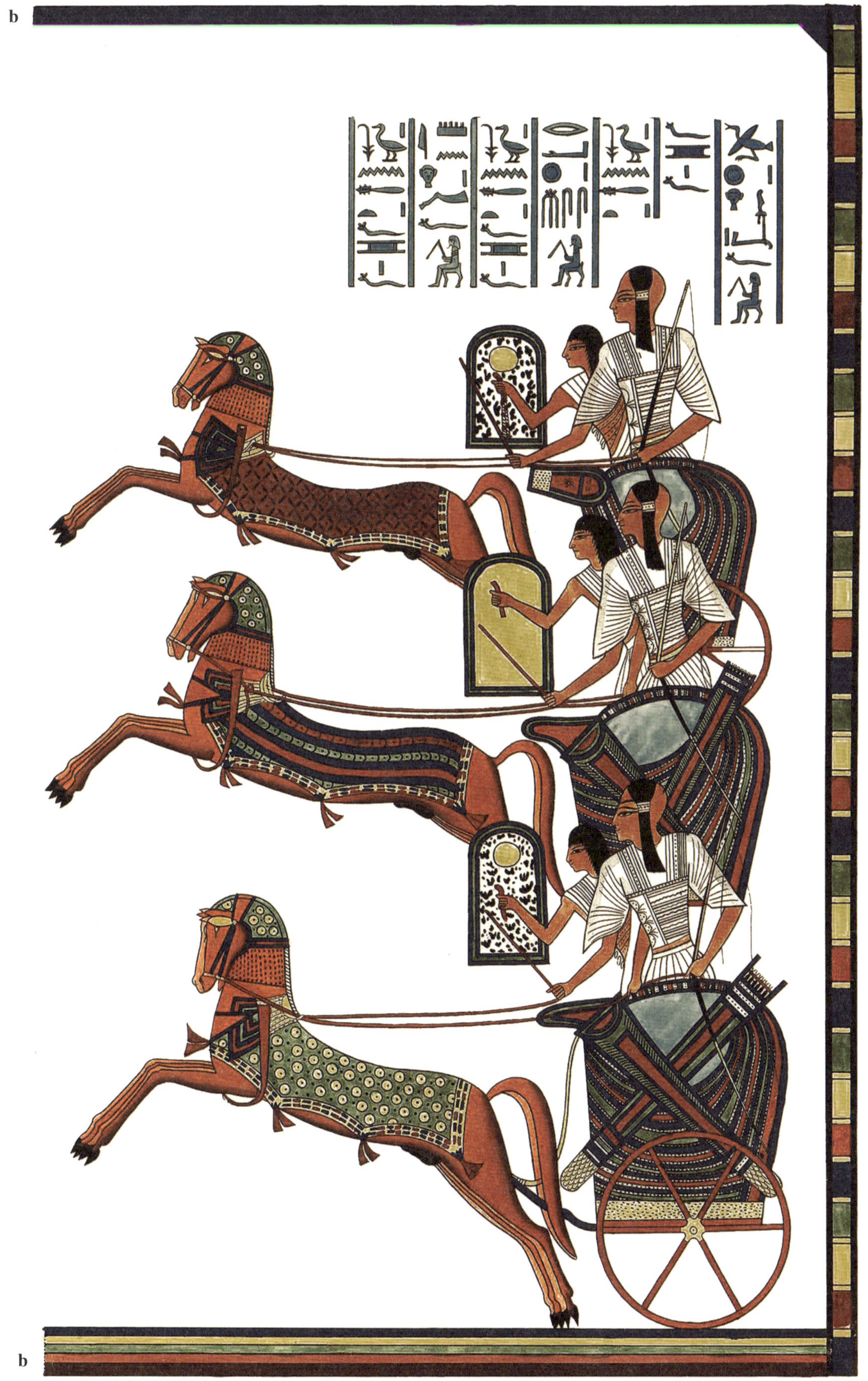

大神庙前厅南壁下排图画3。

伊布萨布尔

大岩庙。南壁。

图一六甲

伊布萨布尔

b

图一六乙

伊布萨布尔

大岩庙。南壁。凯旋队伍的后面。非洲俘虏的头像。图一六甲的细节图。

图一七甲

图一七乙

伊布萨布尔

大岩庙。军事场景的大浮雕。图一八至三三的总览图。

伊布萨布尔

a

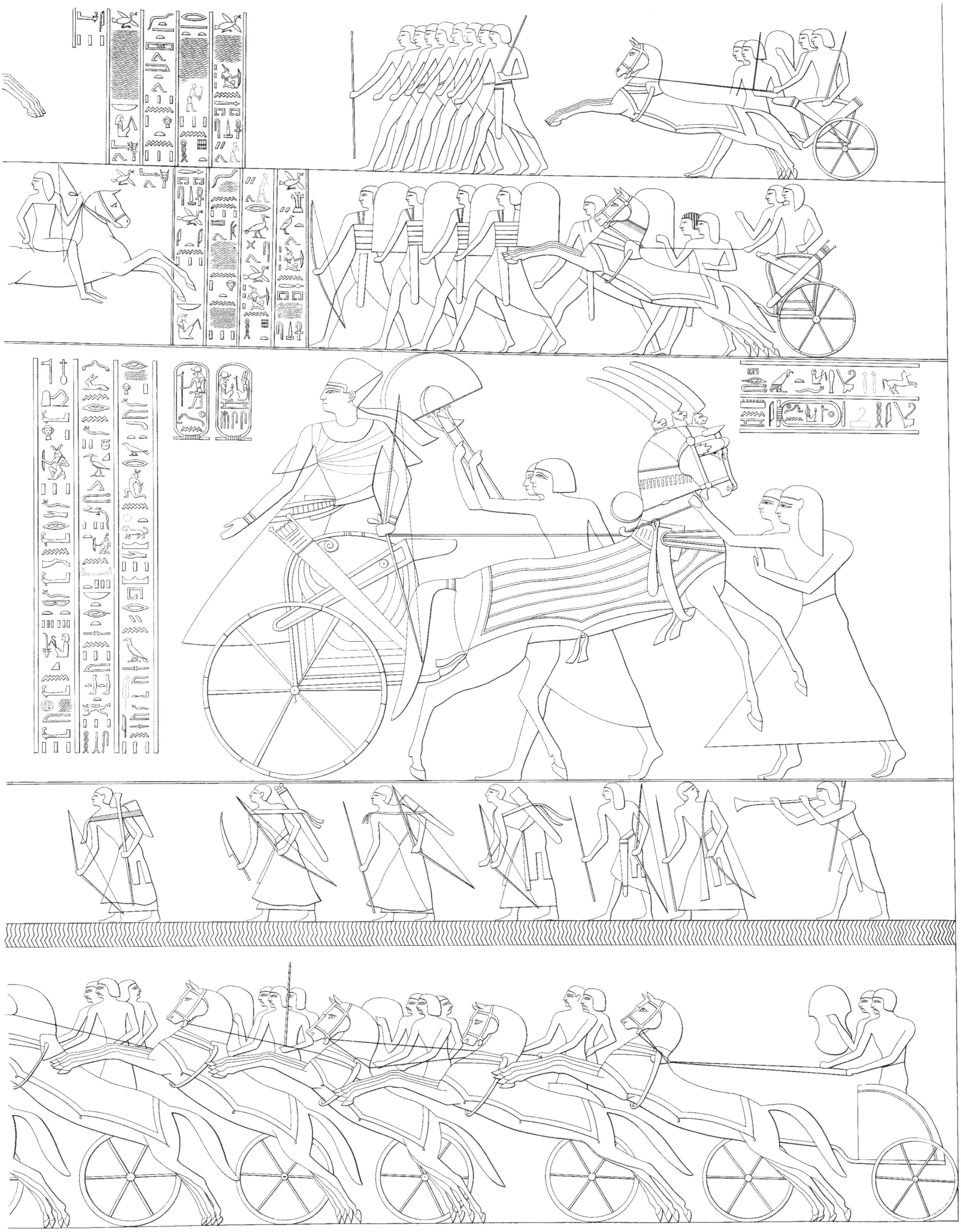

a

大岩庙。大长廊或者前厅。北壁上部靠近东北角的第一幅图。

图一九

伊布萨布尔

大岩庙。大长廊或者前厅。北壁上部靠近东北角的第二幅图。

图二〇

伊布萨布尔

大岩庙。大长廊或者前厅。北壁上部靠近中间的第三幅图。

图二一

伊布萨布尔

d

d

大岩庙。大长廊或者前厅。北壁上部靠近中间的第四幅图。

伊布萨布尔

e

e

大岩庙。大长廊或者前厅。北壁上部靠近中间的第五幅图。

伊布萨布尔

大岩庙。大长廊或者前厅。北壁上部靠近西北角的第六幅图。

伊布萨布尔

大岩庙。大长廊或者前厅。北壁上部靠近西北角的第七幅图。

图二五

伊布萨布尔

大岩庙。大长廊或者前厅。北壁上部靠近西北角的第八幅图。

伊布萨布尔

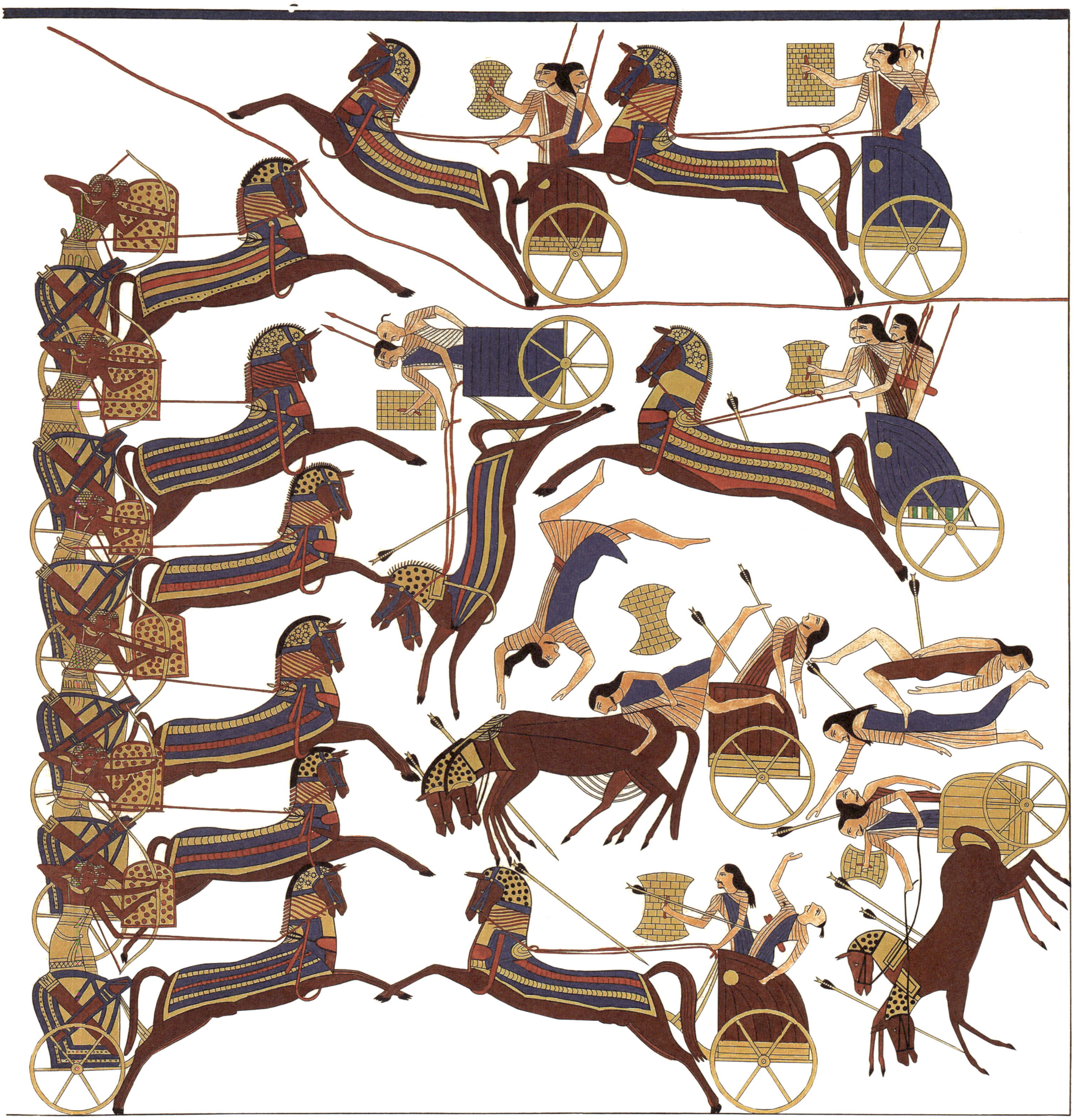

大岩庙。大长廊或者前厅。北壁下部靠近东北角的第一幅图。

伊布萨布尔

大岩庙。大长廊或者前厅。北壁下部靠近东北角的第二幅图。

b

大岩庙。接上图。

图二九

伊布萨布尔

a

大岩庙。为上图的结尾部分。

图三〇

伊布萨布尔

大岩庙。大长廊或者前厅。北壁下部靠近中间的第五幅图。

图三一

伊布萨布尔

大岩庙。大长廊或者前厅。北壁下部靠近西北角的第六幅图。

图三二

伊布萨布尔

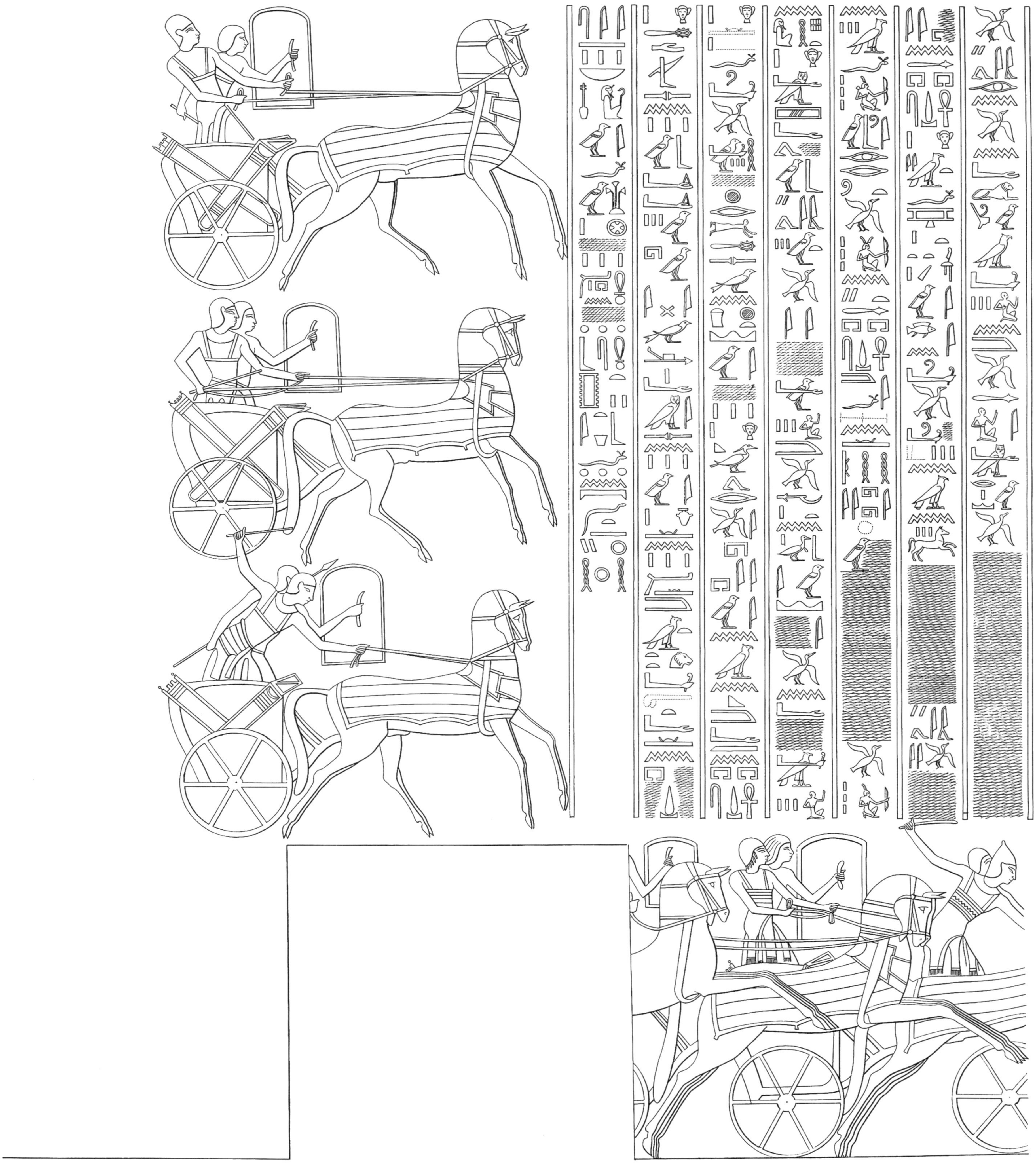

大岩庙。大长廊或者前厅。北壁下部靠近西北角的第七幅图。

图三三

伊布萨布尔

大岩庙。大长廊或者前厅。北壁下部靠近东北角的最后一幅图。

图三四

伊布萨布尔

大岩庙。大厅东壁第一幅图。

图三五

伊布萨布尔

大岩庙。大厅东壁第二幅图。

图三六

伊布萨布尔

1. 大神庙，东壁。2. 同上，第一厅南壁。3. 同上。

图三七

伊布萨布尔

位于一个雕像基座的旁边。

图三八甲

伊布萨布尔

大石碑。

图三八乙

伊布萨布尔

1

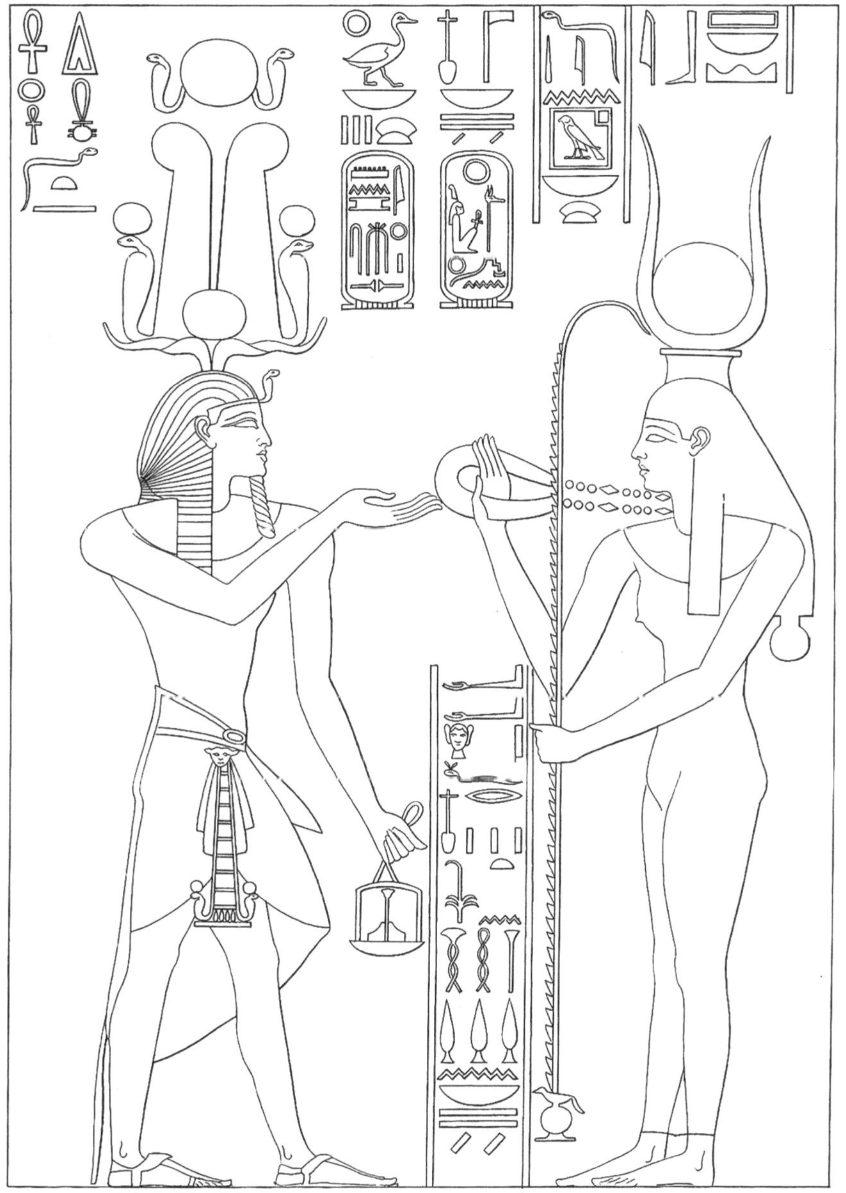

2

3

1. 哈托尔神庙，南壁。2. 同上，北壁。3. 同上。

图三九

伊布里姆

1

2

1. 第四岩庙，北面左壁。2. 第四岩庙，北面右壁。

德里

1

2

3

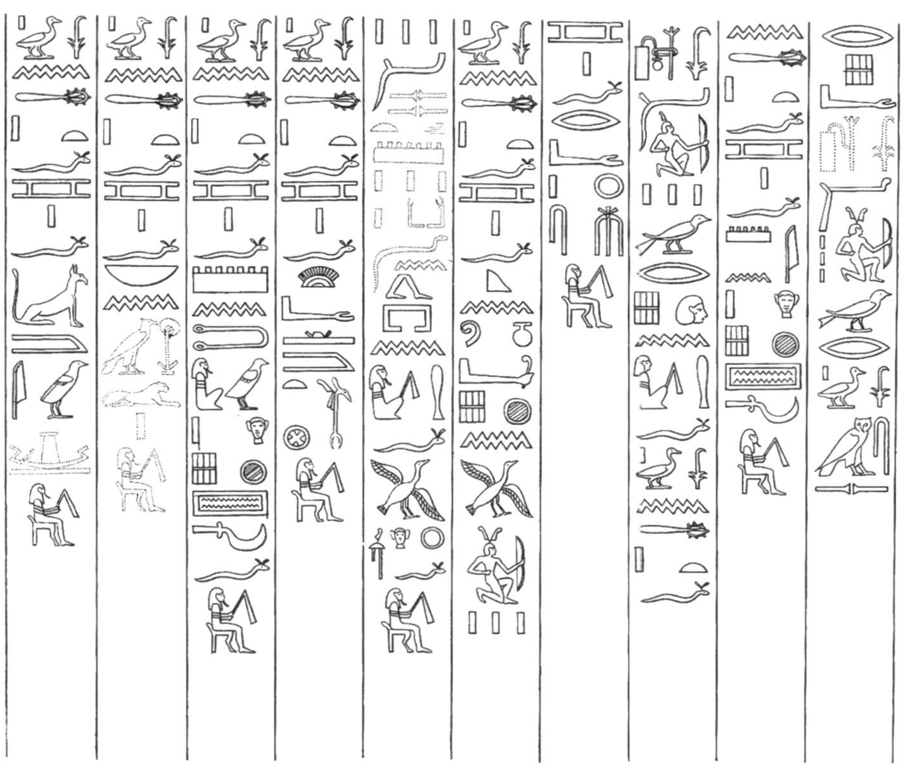

4

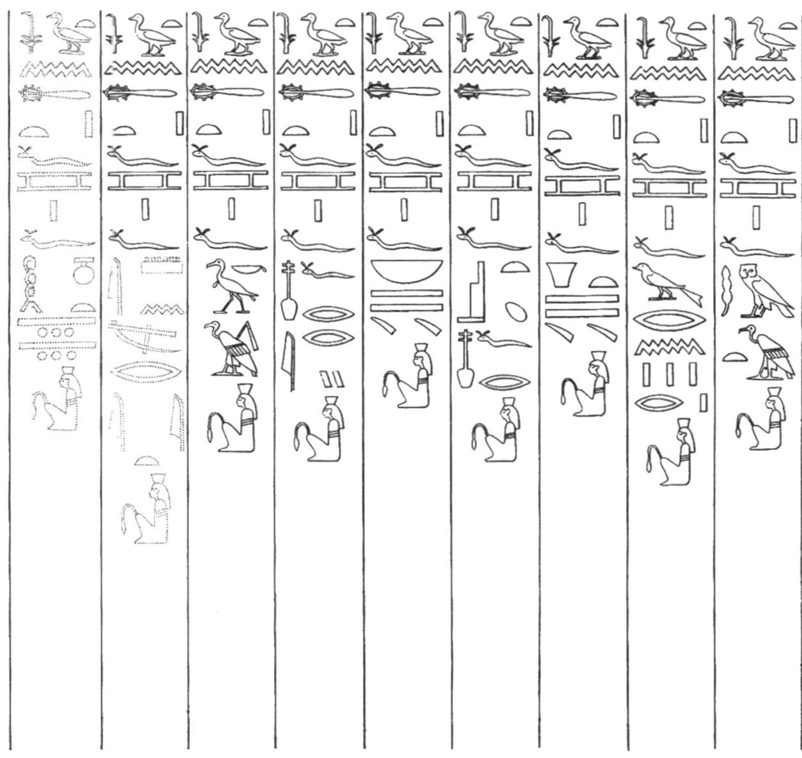

大厅。1 和 2，南壁（下半部分内容）。3 和 4，同上，东壁，拉美西斯三世儿子和女儿的名字。

德里

1

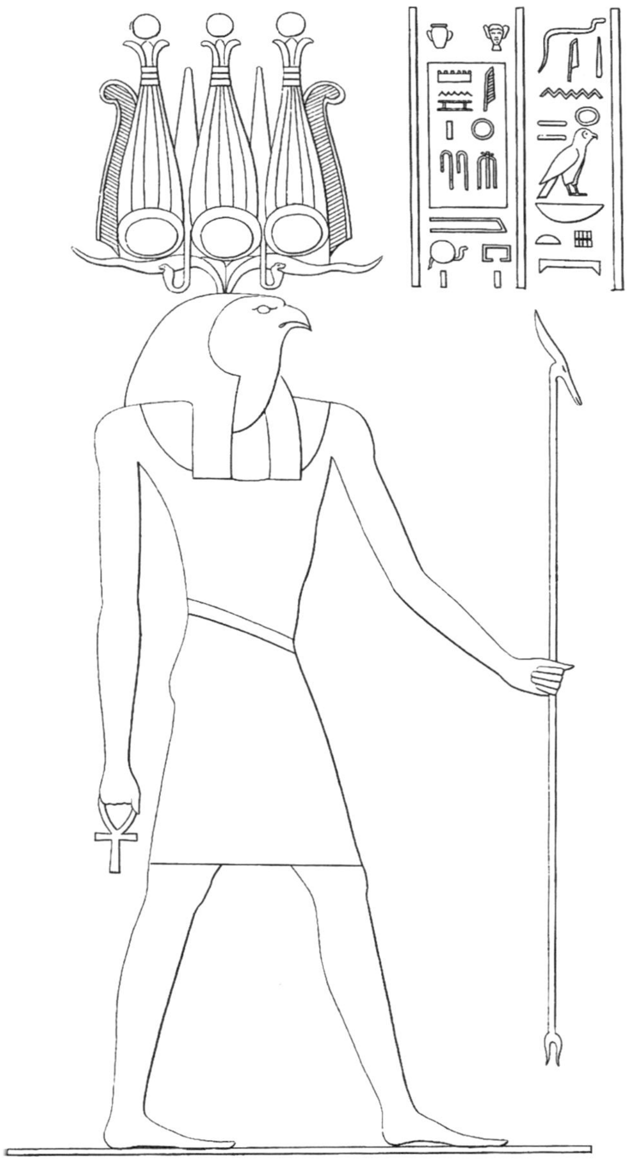

2

3

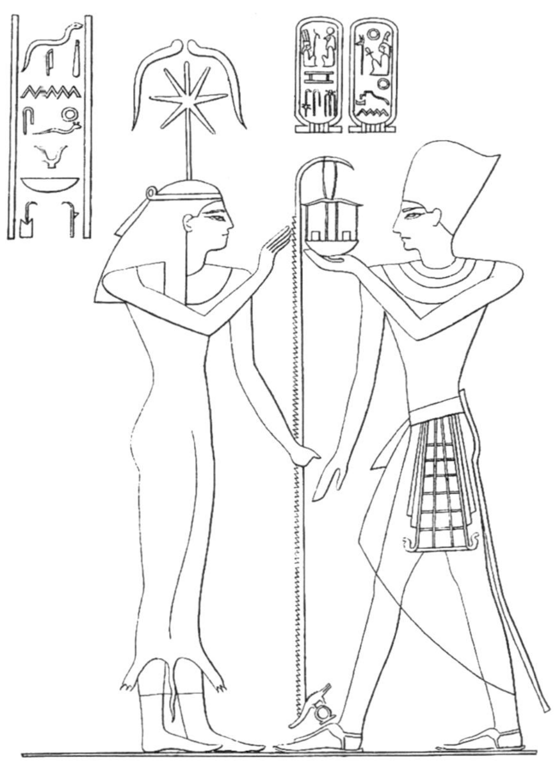

4

半岩石结构神庙。1. 廊柱北壁。2. 圣所东壁。3. 右侧第二个厅。4. 左侧第二个厅。

图四二

德里

1

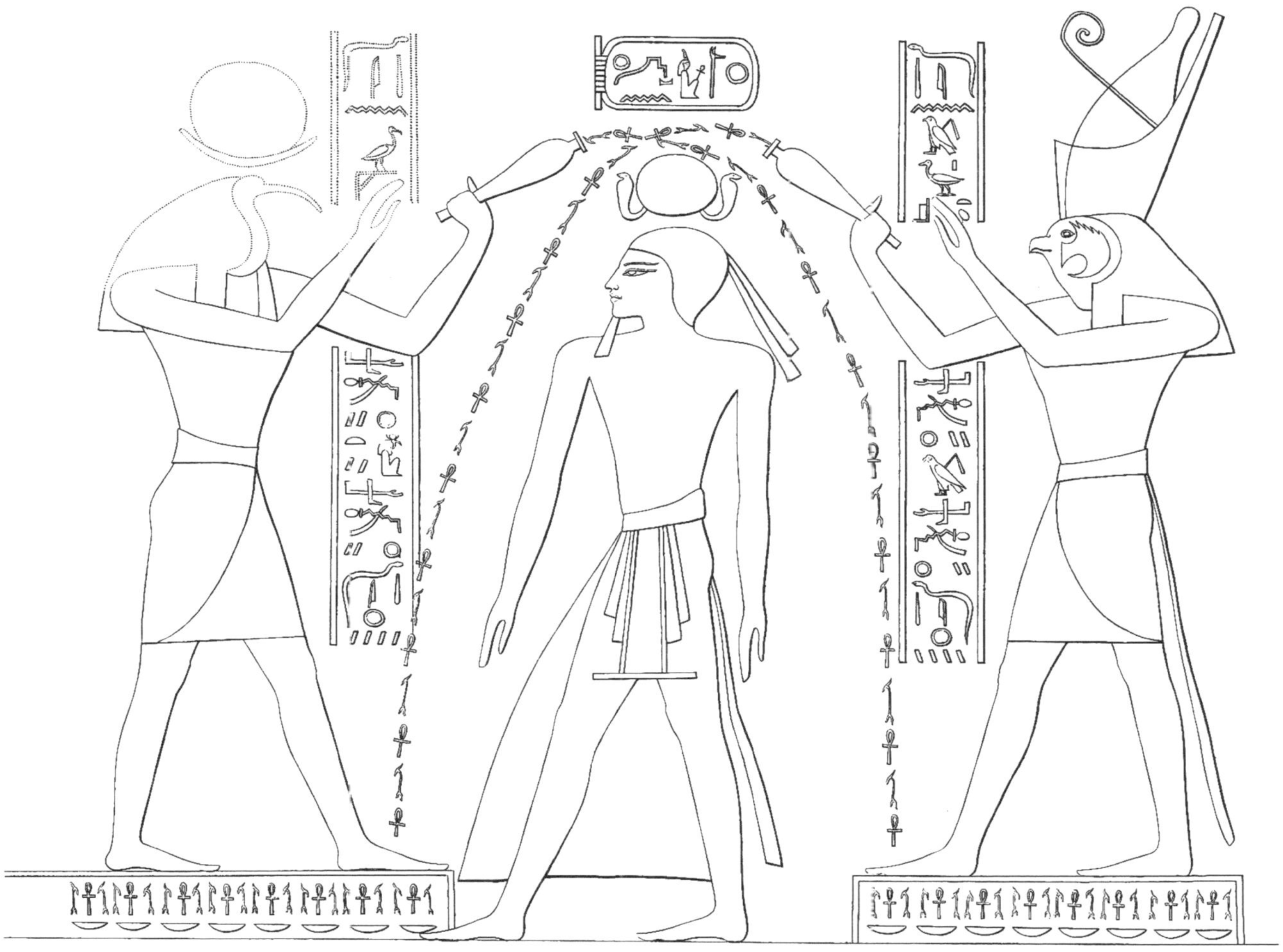

2

半岩石结构神庙。第二厅。1. 门口右侧。2. 右壁。

德里

1

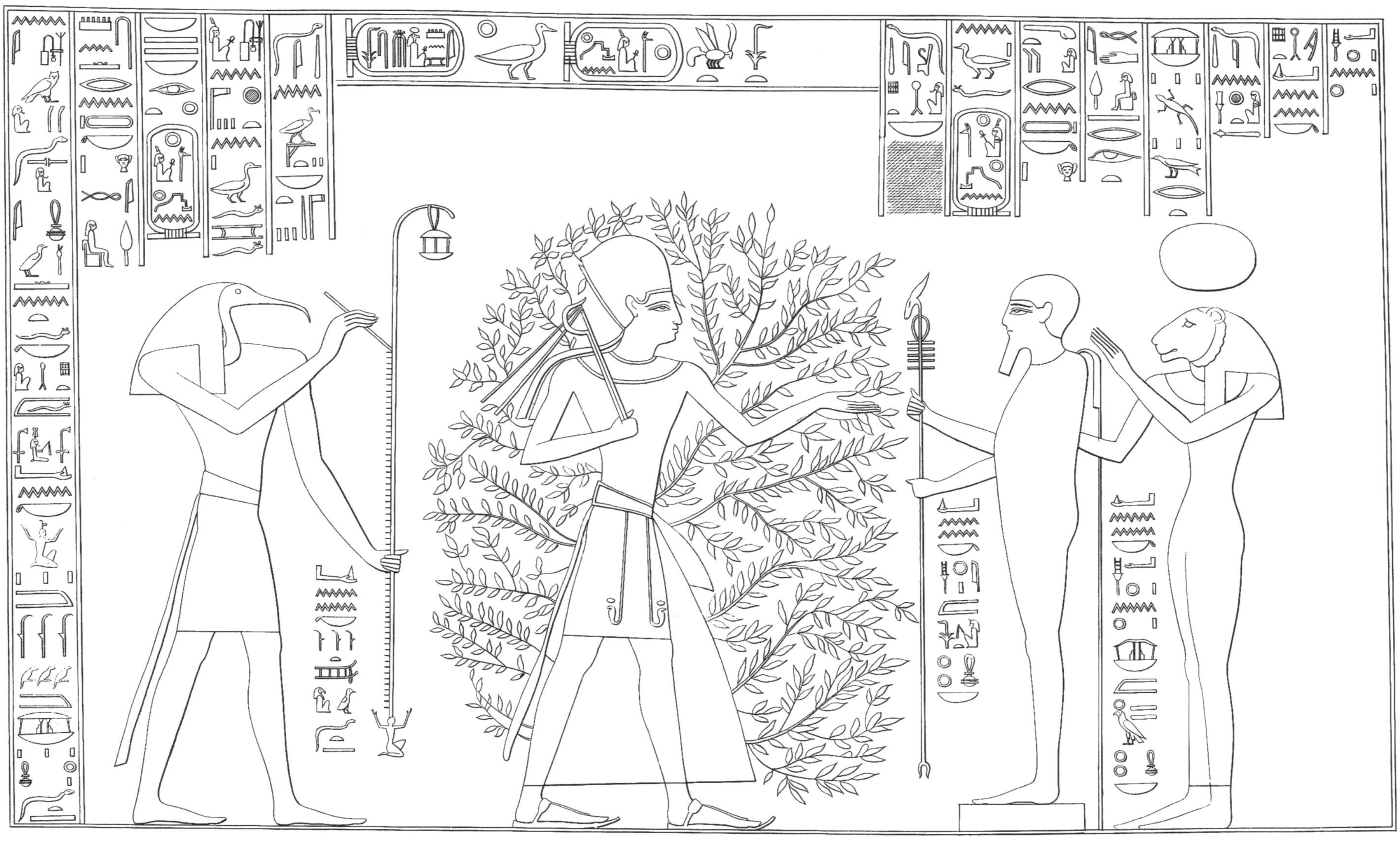

2

岩庙第二厅。1. 右壁。2. 左壁。

阿玛达

1

2

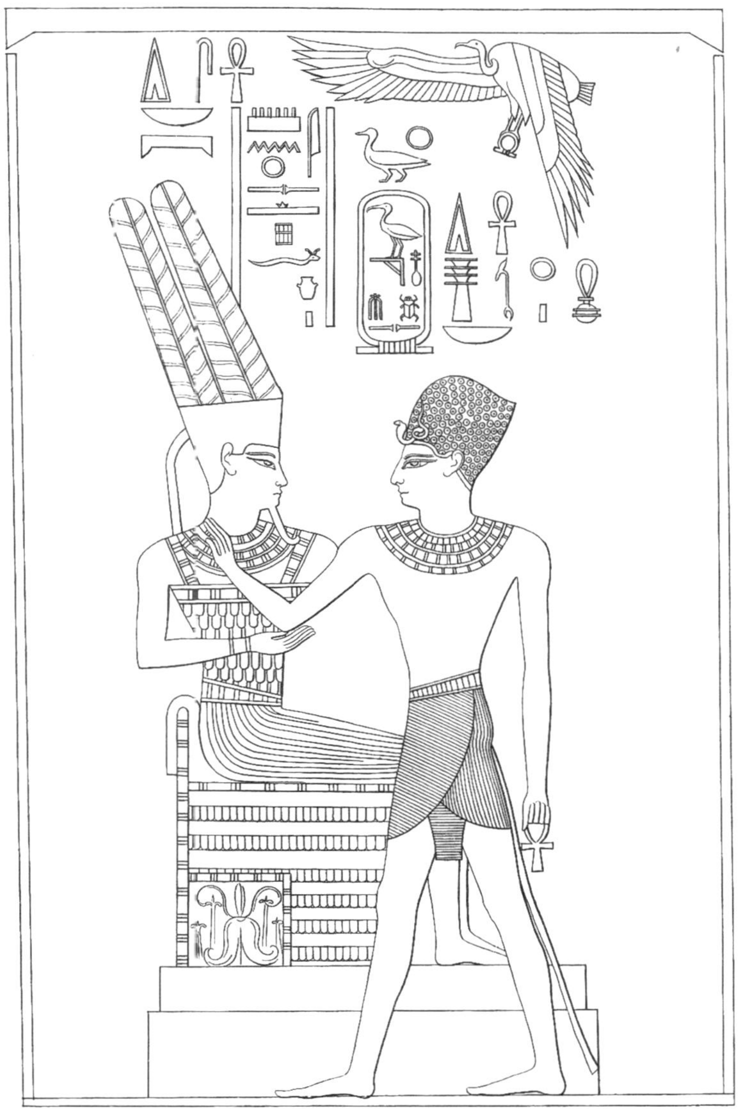

3

弗雷神庙。1. 圣所门口右侧。2. 第二厅左壁（上半部分内容）。3. 第一厅左壁。

图四五

阿玛达

1

2

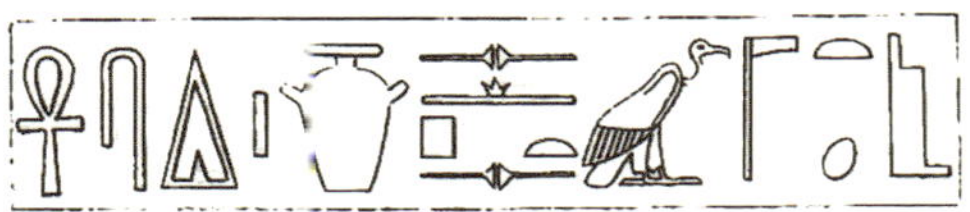

3

4

6

7

5

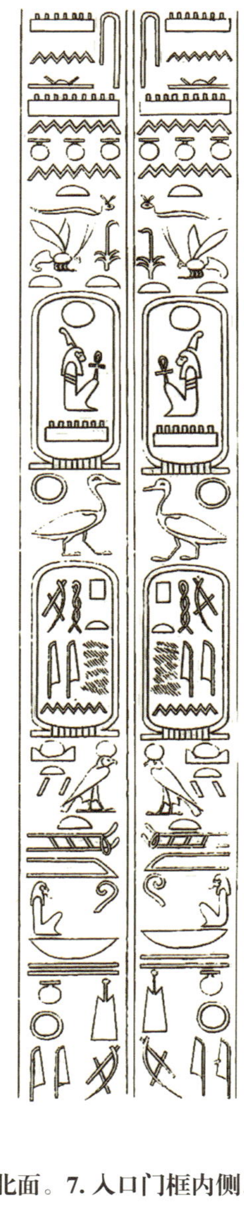

1. 弗雷神庙，位于门口左侧。2. 同上，门楣。3. 同上，圣所侧门门楣。4. 门口走廊。5. 同上，圣所门框。6. 同上，圣所北面。7. 入口门框内侧。

图四六

阿玛达

1

2

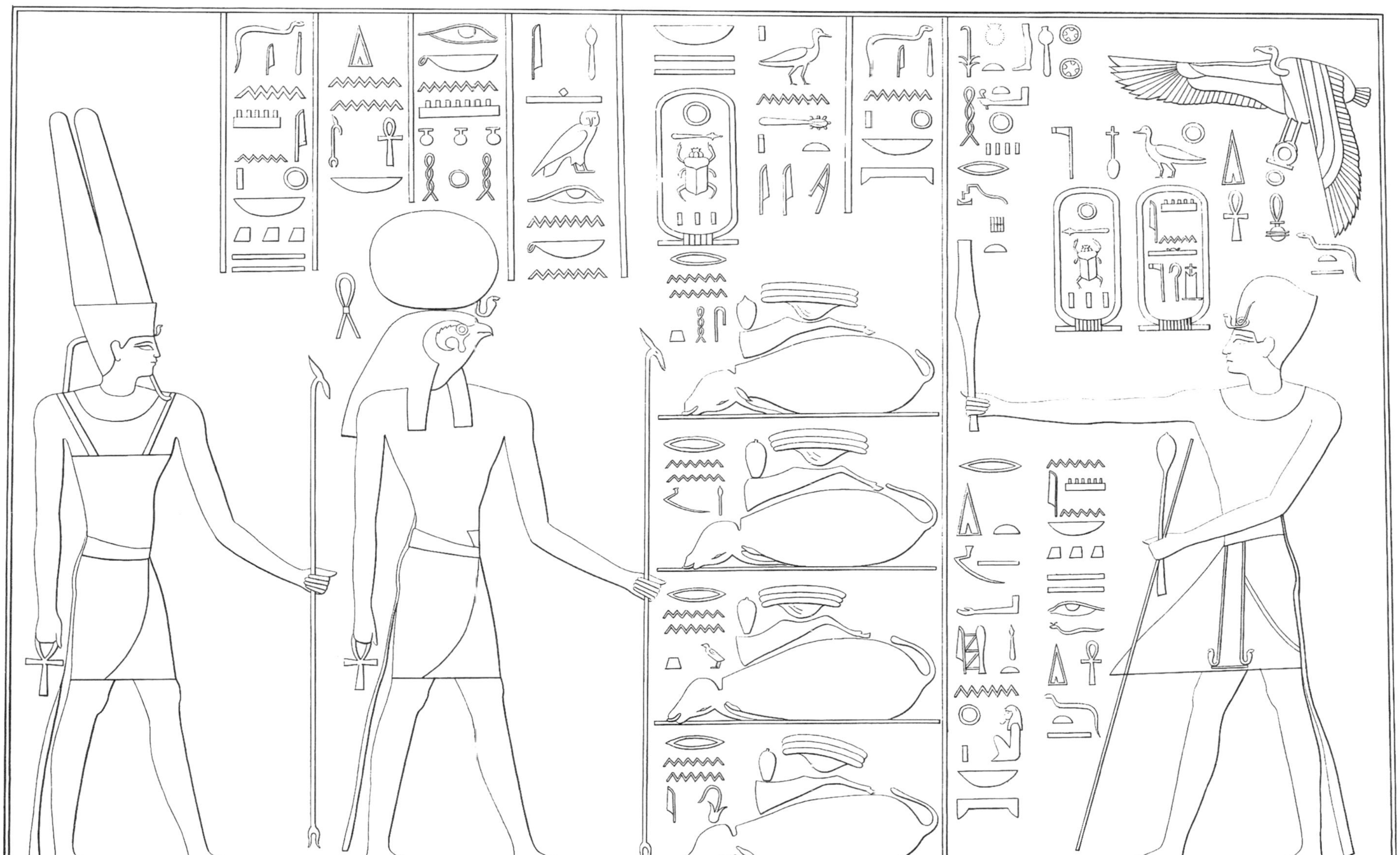

弗雷神庙。1. 左侧第一厅。2. 右侧厅。

图四七

阿玛达

1

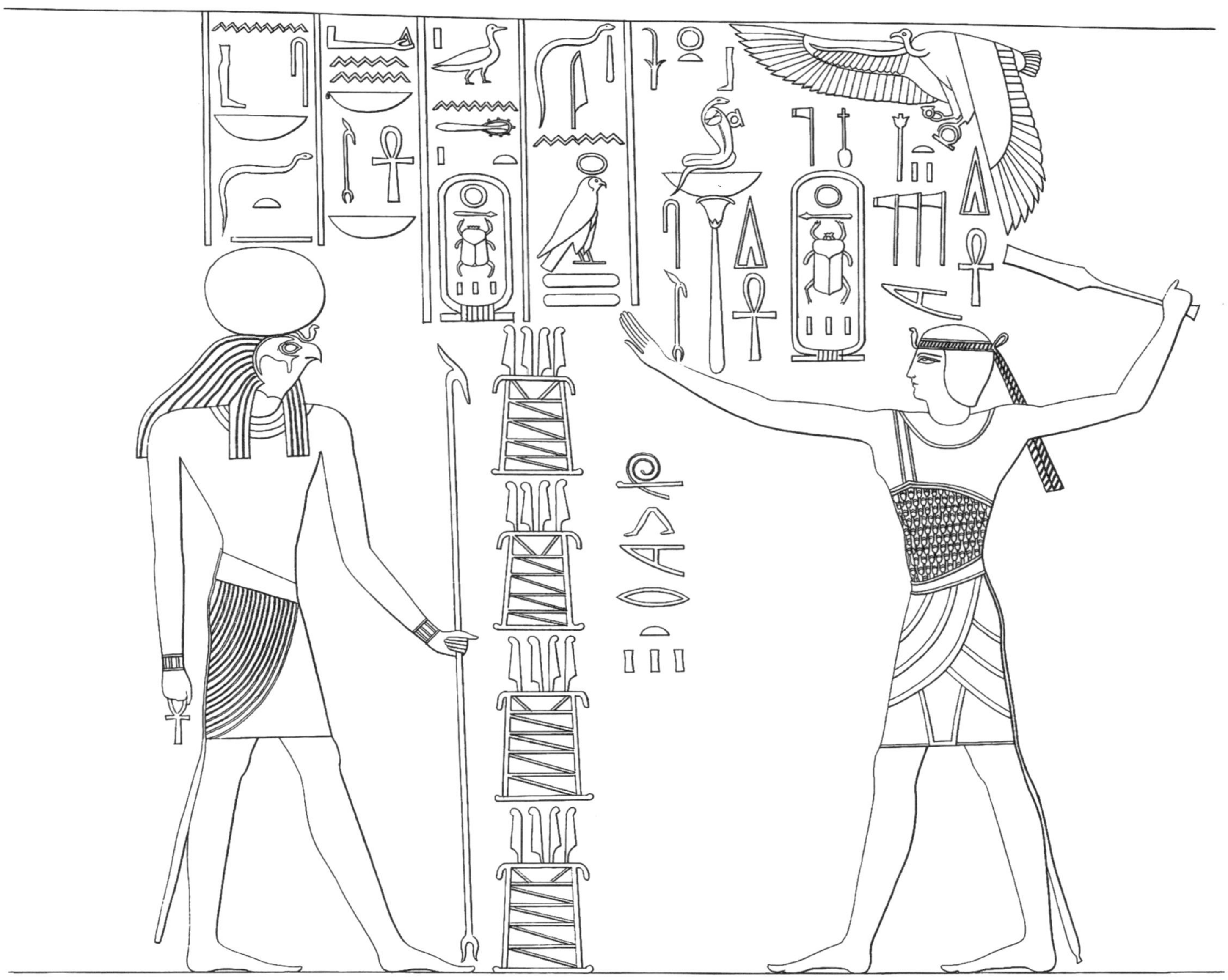

2

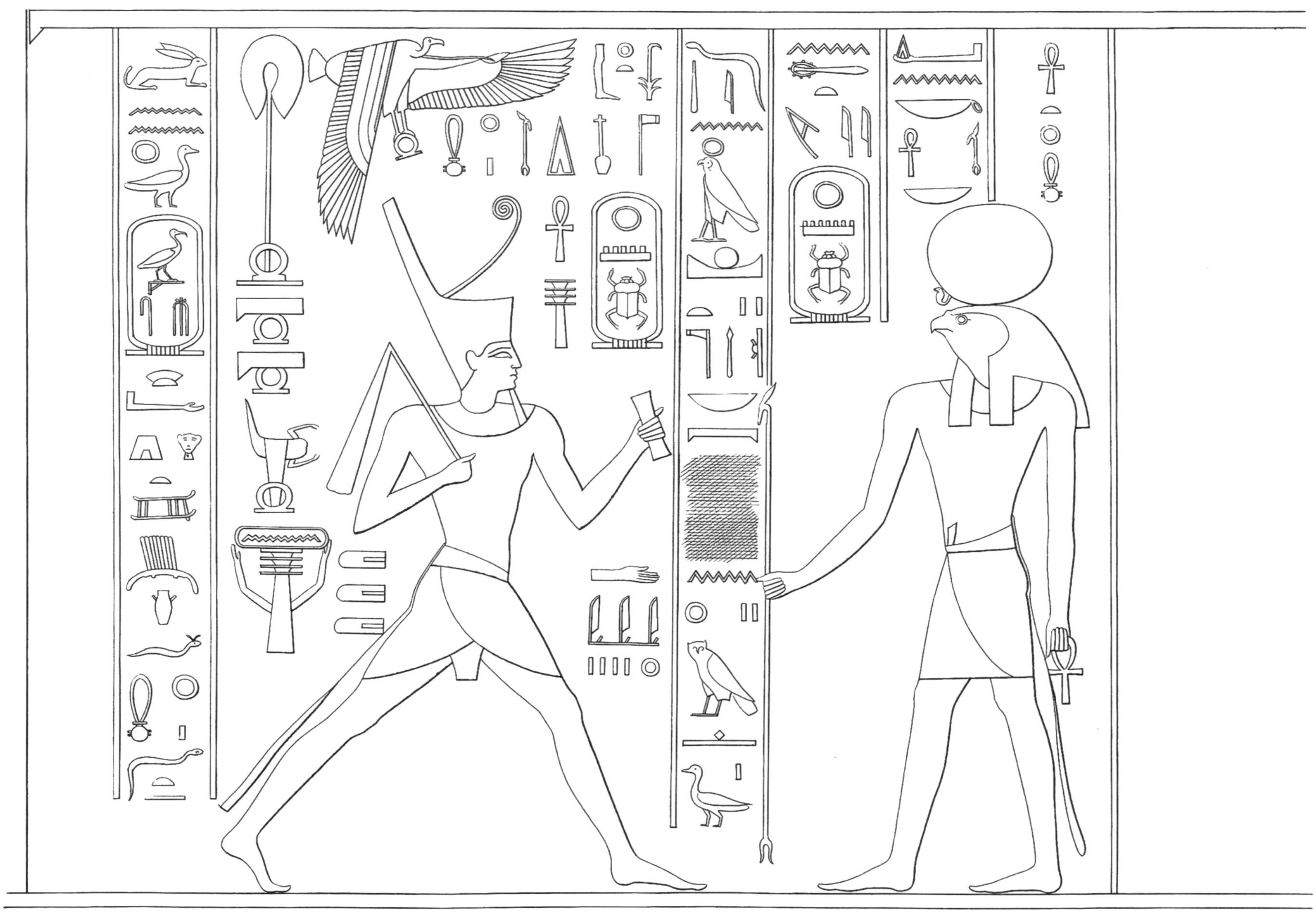

弗雷神庙，右侧厅。1. 右壁（下半部分图案）。2. 同上，左壁（下部）。

图四八

阿玛达

1

2

弗雷神庙，右侧厅。1. 左壁（上半部分图案）。2. 同上（下半部图案）。

阿玛达

1

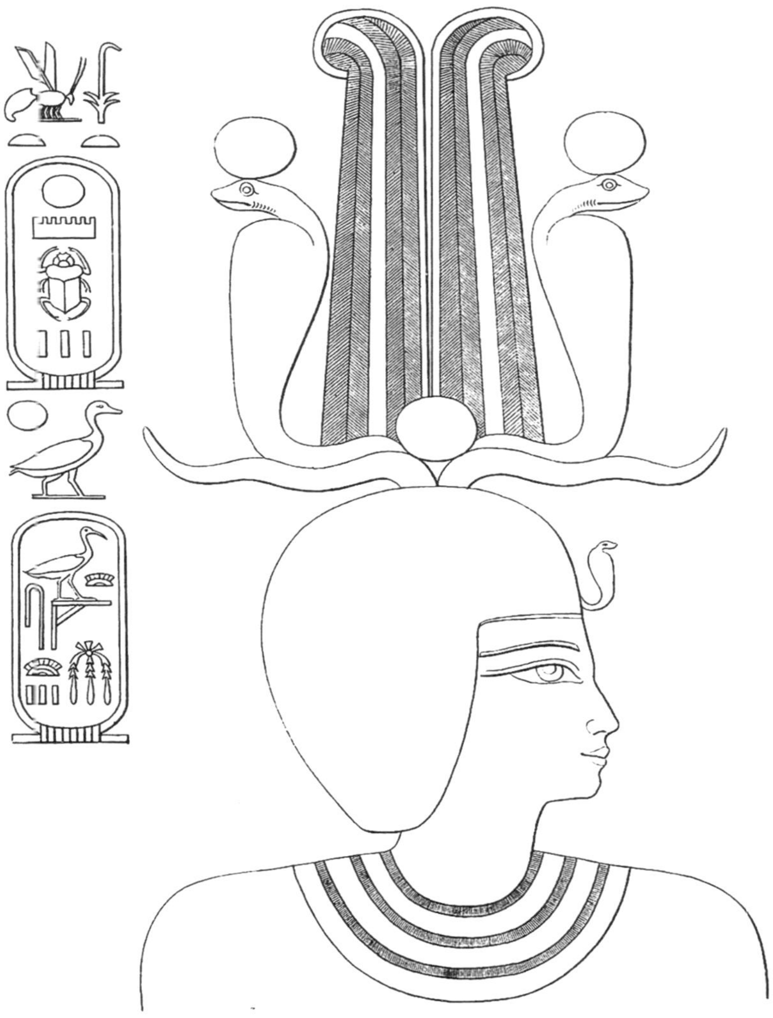

2

3

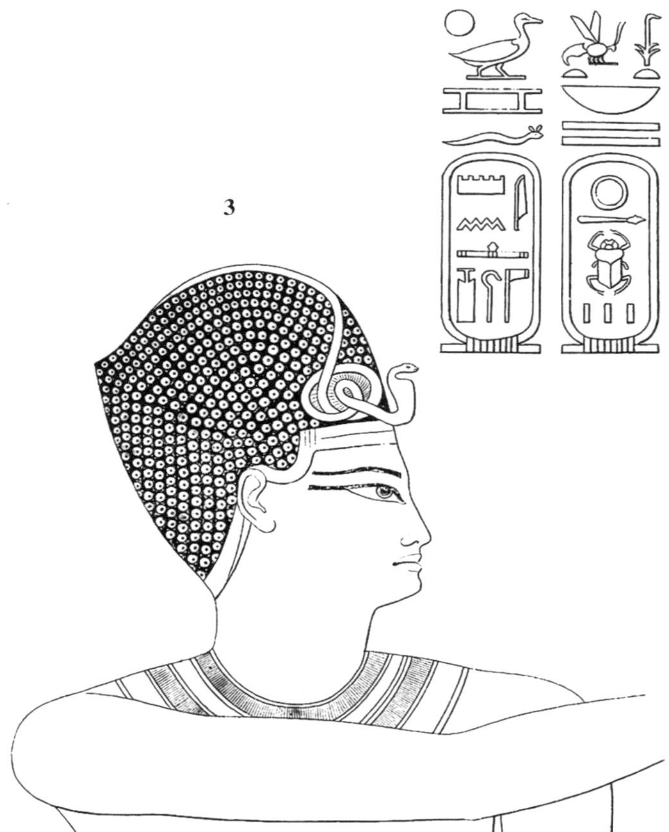

4

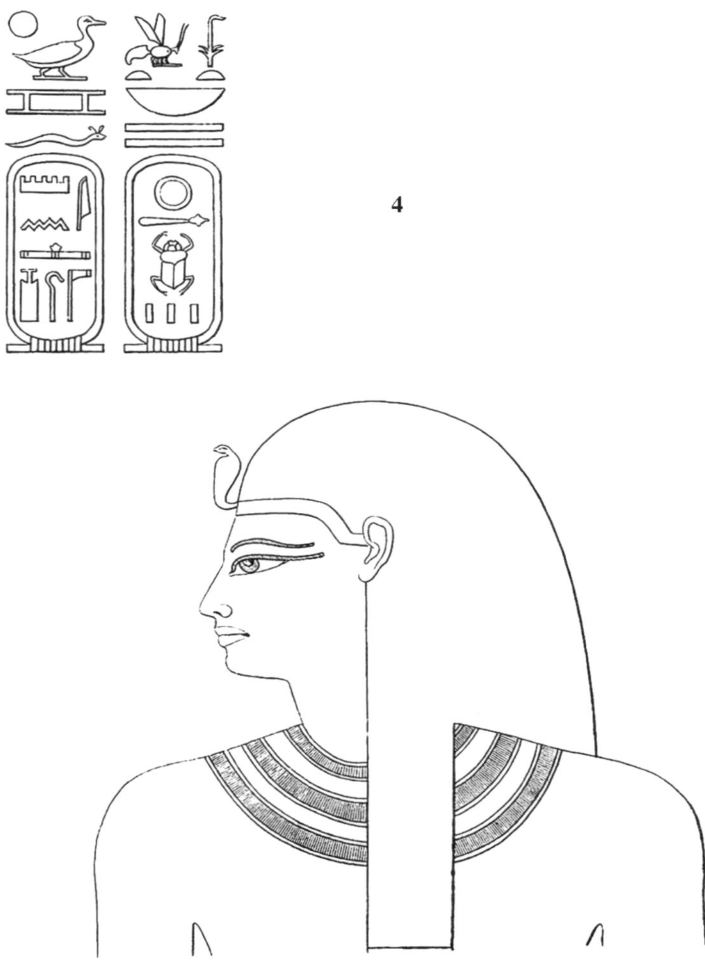

弗雷神庙。1. 第一厅，左侧第二根石柱。2、3、4，同上，神殿右壁。

图五〇

瓦迪埃塞布阿、达卡

1

2

3

1. 瓦迪埃塞布阿半岩石结构神庙，塔门右侧台基。2. 同上，庭院台基底部。3. 达卡神庙，第一圣所右壁第二行。

图五一

达卡

1

2

3

1. 门廊内侧右边的石柱。2. 同上，右侧石柱。3. 小厅最里面的墙壁。

图五二

达卡

1

2

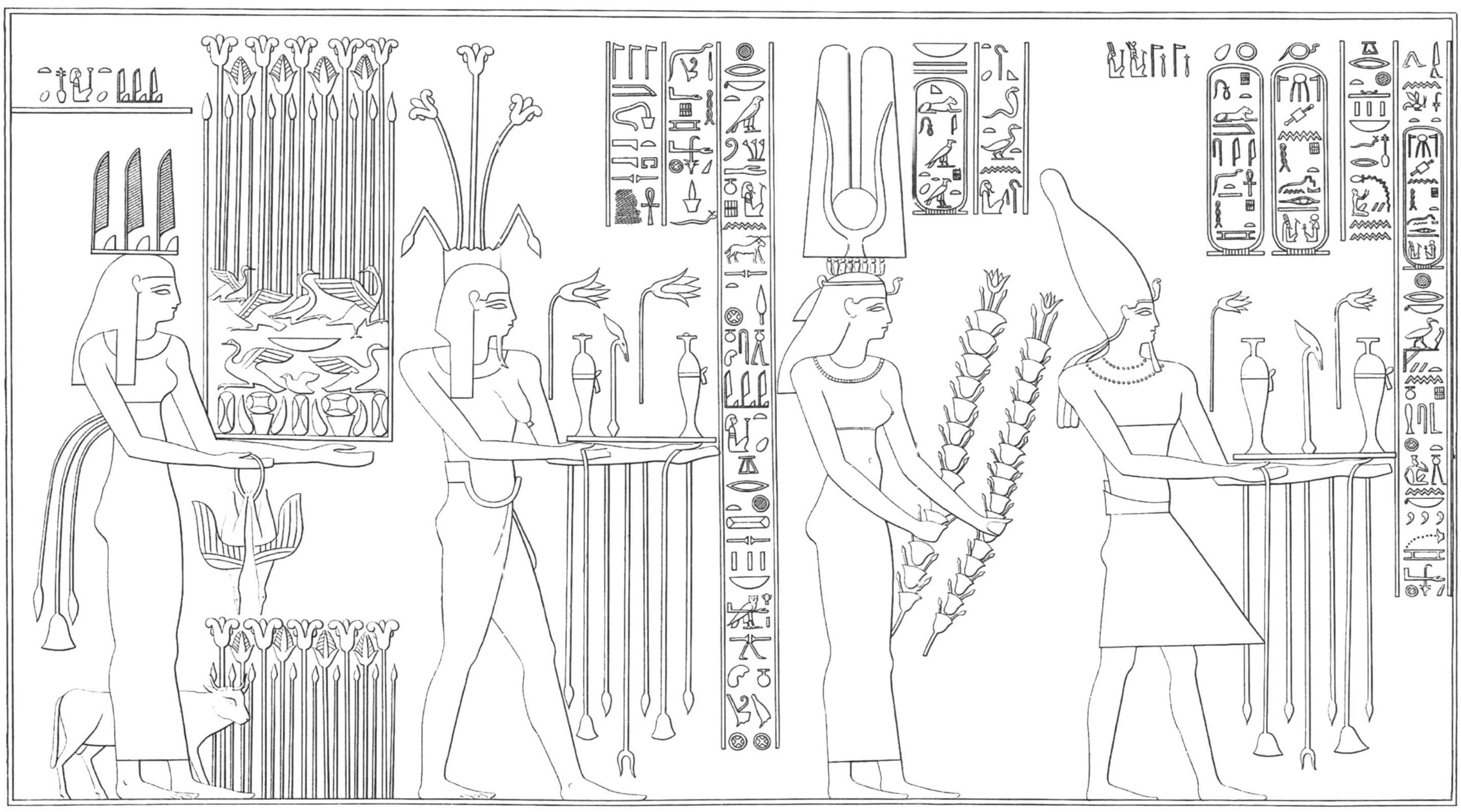

1.门廊，右侧柱。2.同上，左侧柱。

达卡

1

2

1和2，圣所大门的右侧。

图五三乙

达卡

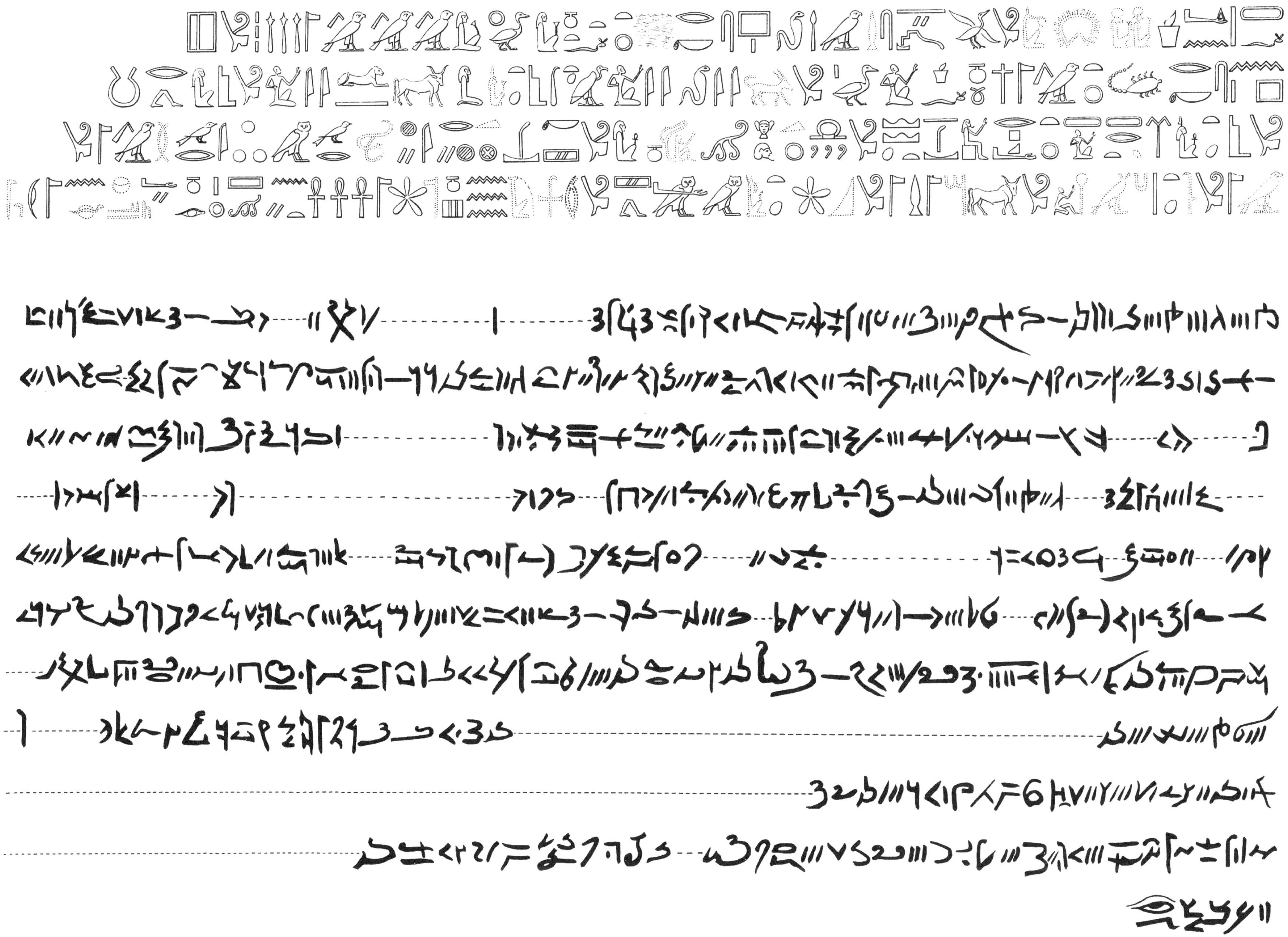

摹本。

图五四甲

卡拉布什

1. 神殿左壁。2. 圣所左壁。3. 门廊最里面左侧。4. 圣所东壁。

图五四乙

卡拉布什

1

2

1.门廊最深处墙壁第二行。2. 第二个门廊东壁。

图五五甲

达卡、卡拉布什、德布

1

2

3

1. 达卡，圣所右壁。2. 卡拉布什，门廊大门左侧。3. 德布，门廊右壁。

图五五乙

达卡

1

2

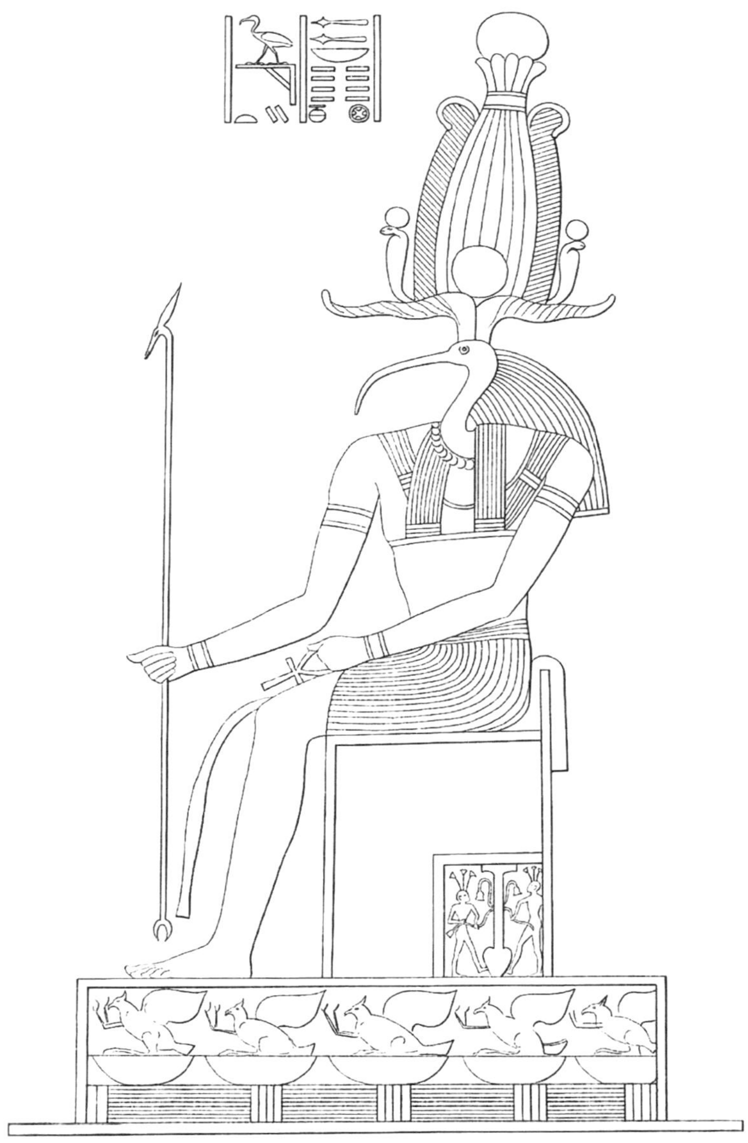

3

4

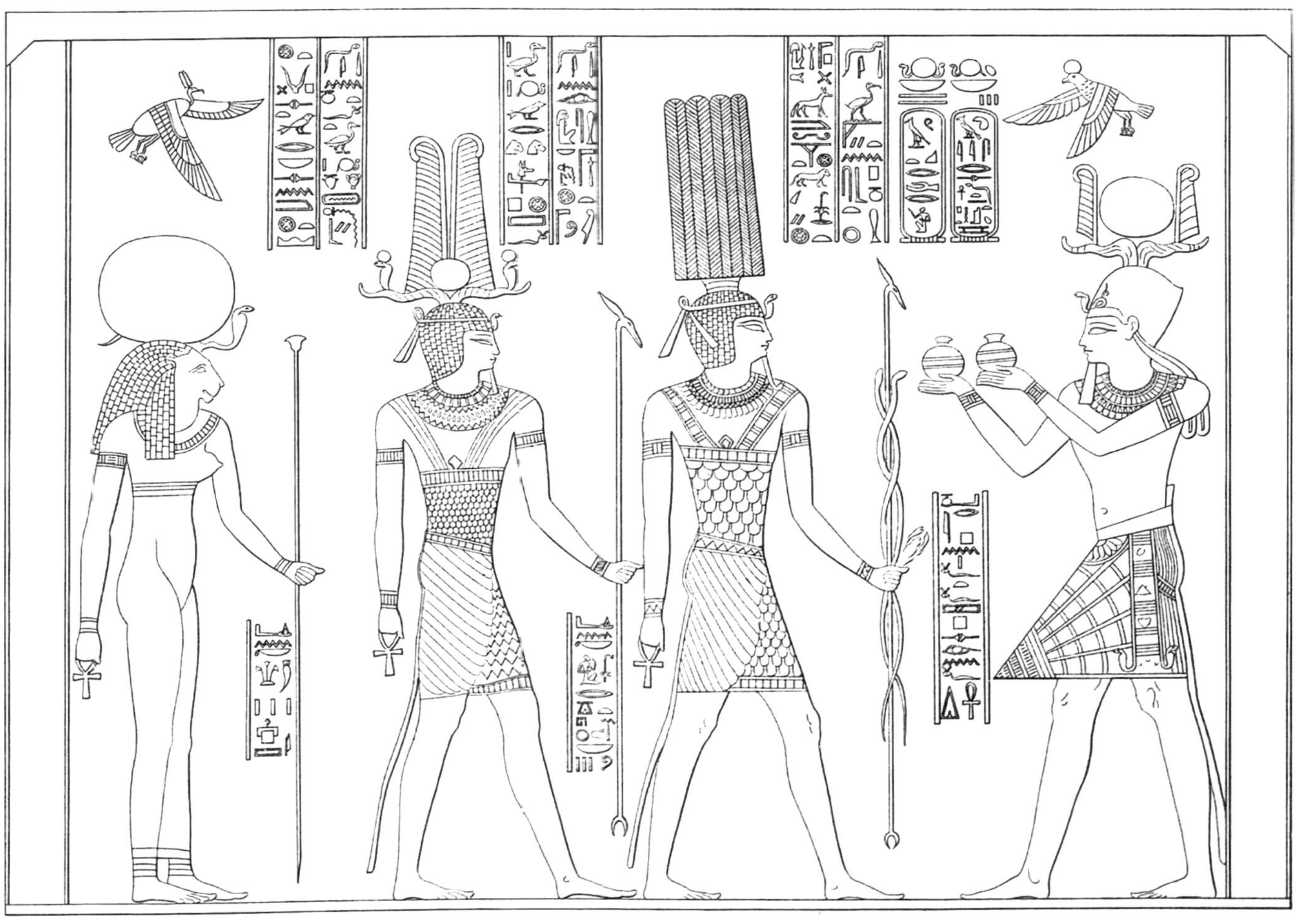

1. 埃尔盖曼的圣所，右壁。2. 同上，上部。3. 奥古斯都的圣所，门的上方。4. 同上，门廊。

图五六

吉尔什、丹杜尔、达卡

3

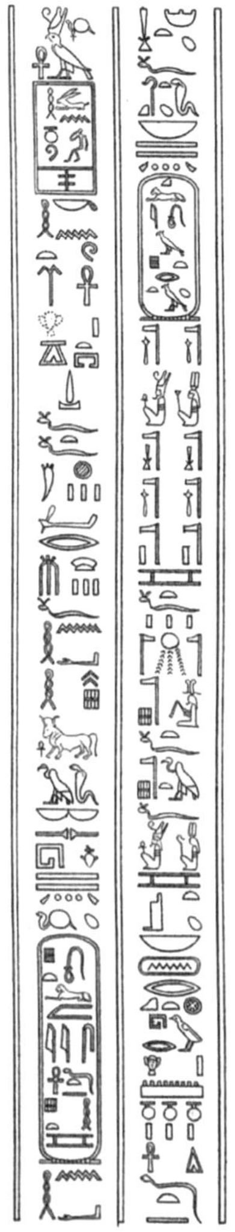

1

4

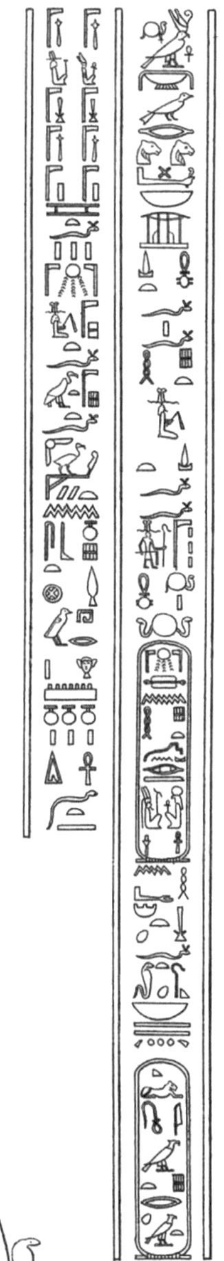

5

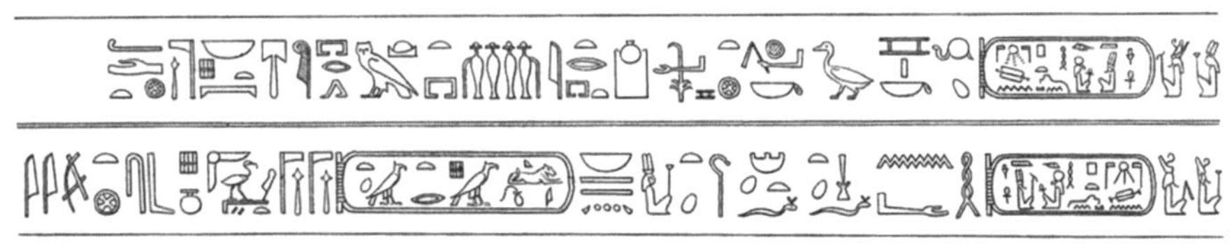

6

ΥΠΕΡΒΑΣΙΛΕΩΣΠΤΟΛ
ΘΕΩΝΕΥΕΡΓ

2

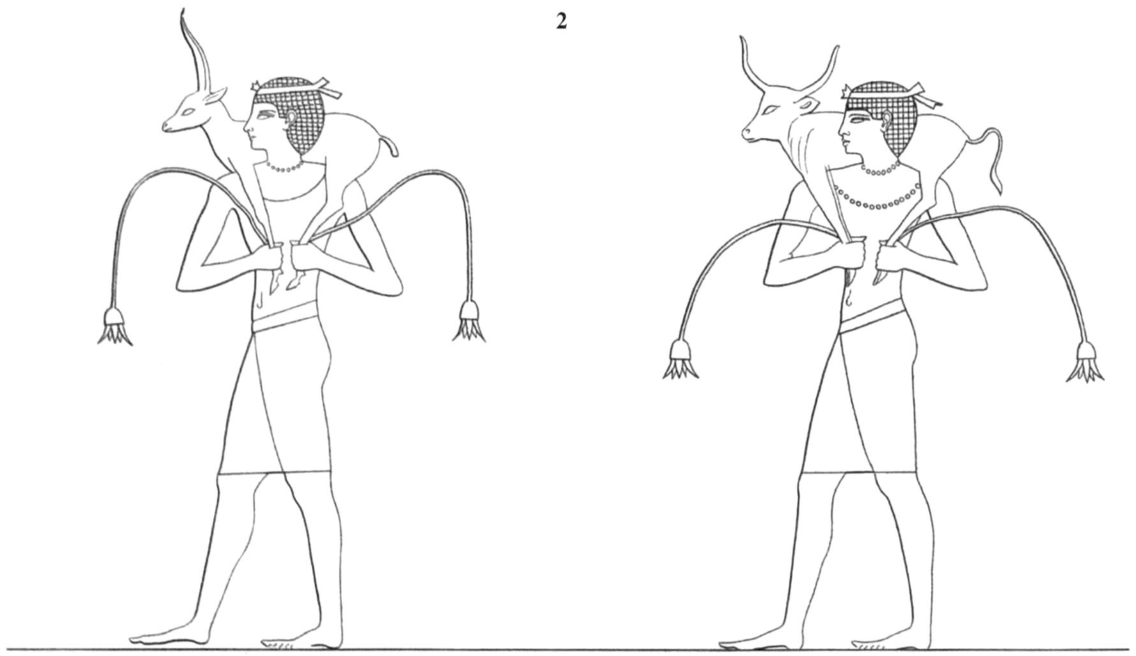

7

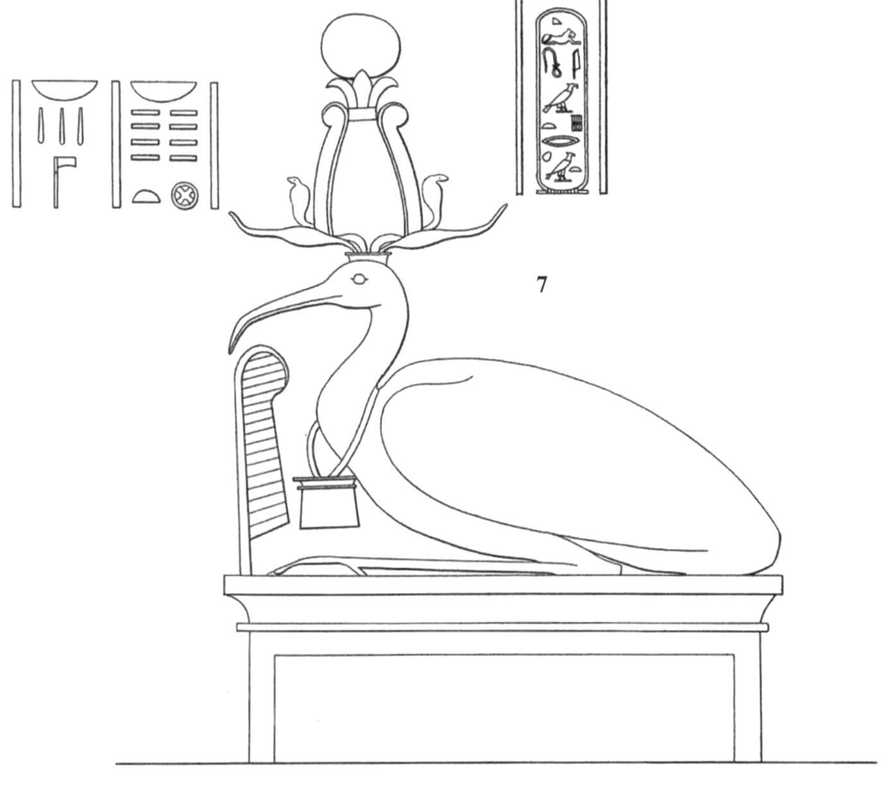

1. 吉尔什，圣所深处。2. 丹杜尔，门廊。3、4、5、6、7. 达卡，托特神庙。

吉尔什、卡拉布什

吉尔什。1. 第一个门口内侧右边。3. 岩庙内部，右壁。4. 同上，左壁。卡拉布什。2. 门廊最里面左壁。

图五七乙

丹杜尔

1

2

3

4

1和2，神庙塔门前方入口处的外墙。3和4，同上，内墙。

图五七丙

达卡、丹杜尔、吉尔什

1

2

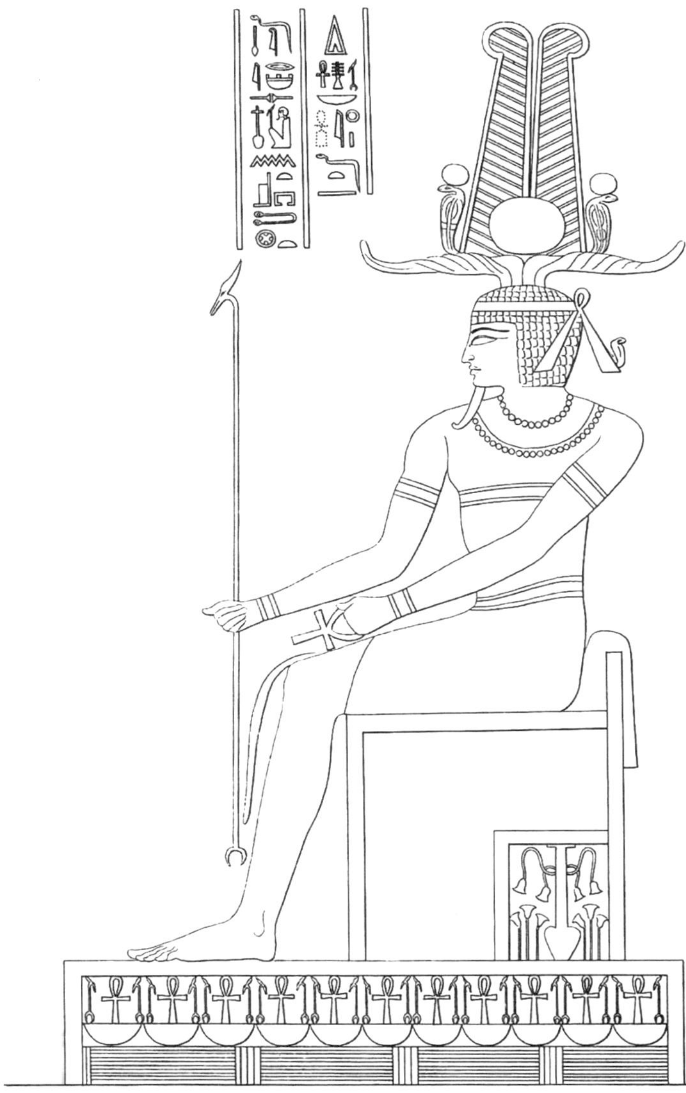

3

4

1. 托特神庙，第二圣所右侧墙壁。2. 同上，埃尔盖曼的神殿的大门。3. 丹杜尔。4. 吉尔什，普塔神庙左侧大门内壁。

卡拉布什

1

2

3

1. 最内部圣所门口，左壁。2. 同上，右壁。3. 同上，第二门廊大门左侧。

图五八乙

卡拉布什

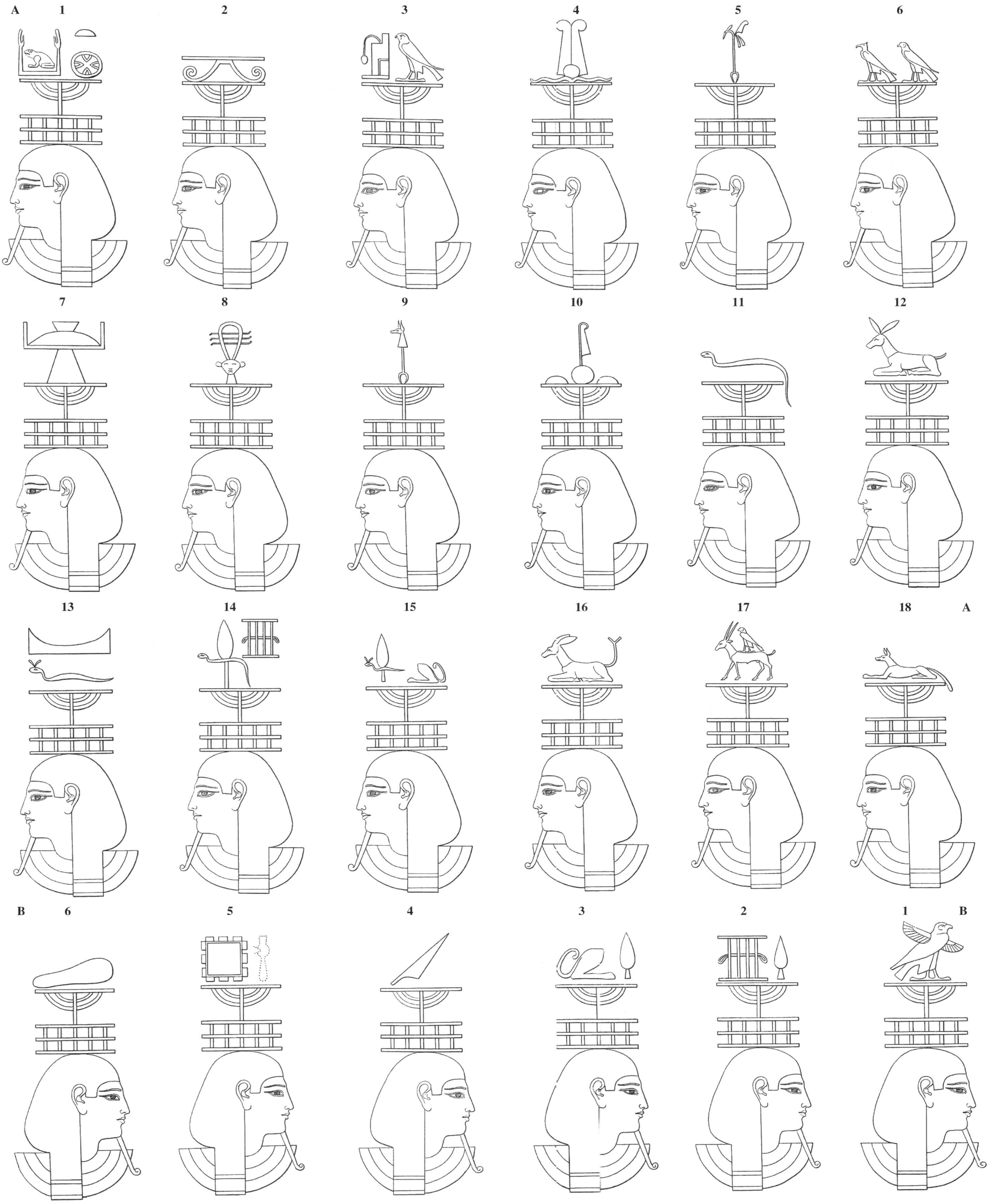

曼杜里神庙。A. 1—18，第二门廊最里面右侧的基座上。B. 1—6，左侧基座。

卡拉布什、阿玛达、达卡、德布

1

3

2

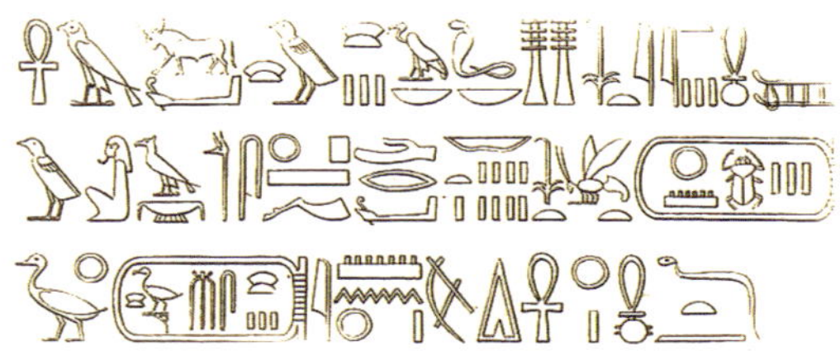

4

5

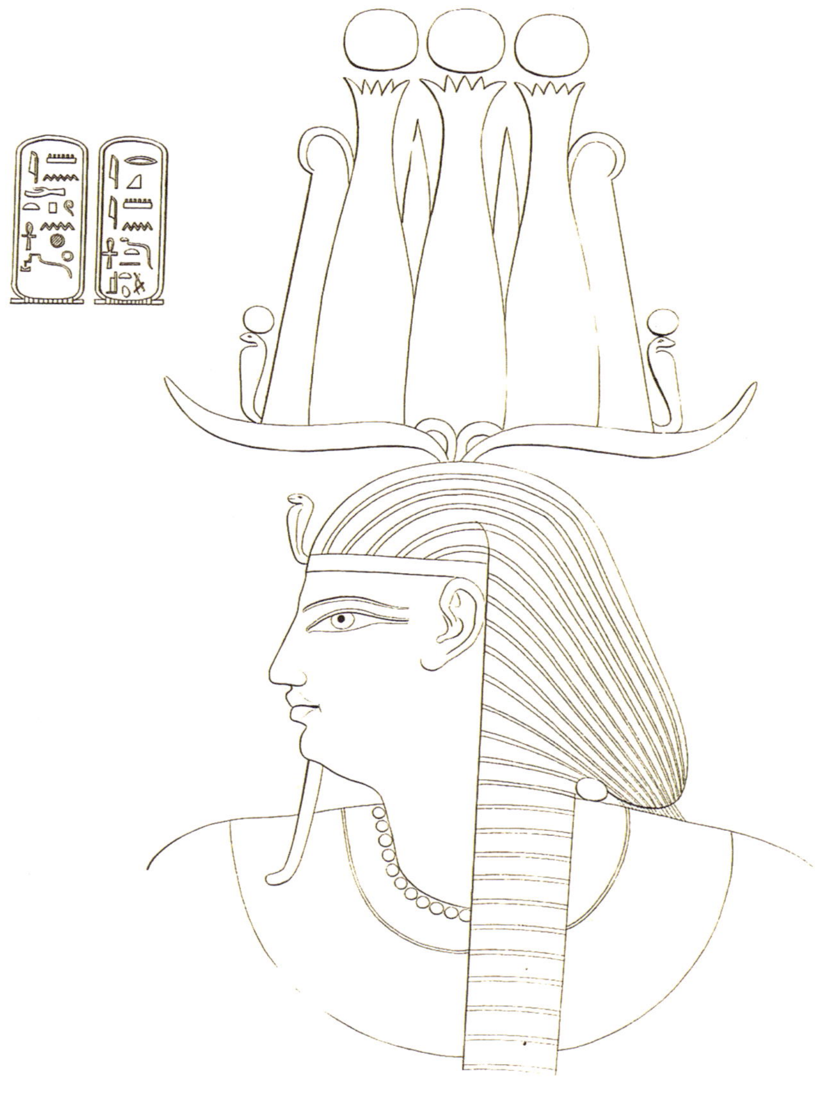

1. 卡拉布什。2 和 3，阿玛达，神庙下楣。4. 达卡，埃尔盖曼的神殿，大门左侧。5. 德布，神庙门口左侧的东壁上。

图六〇

德布、达卡、菲莱

1

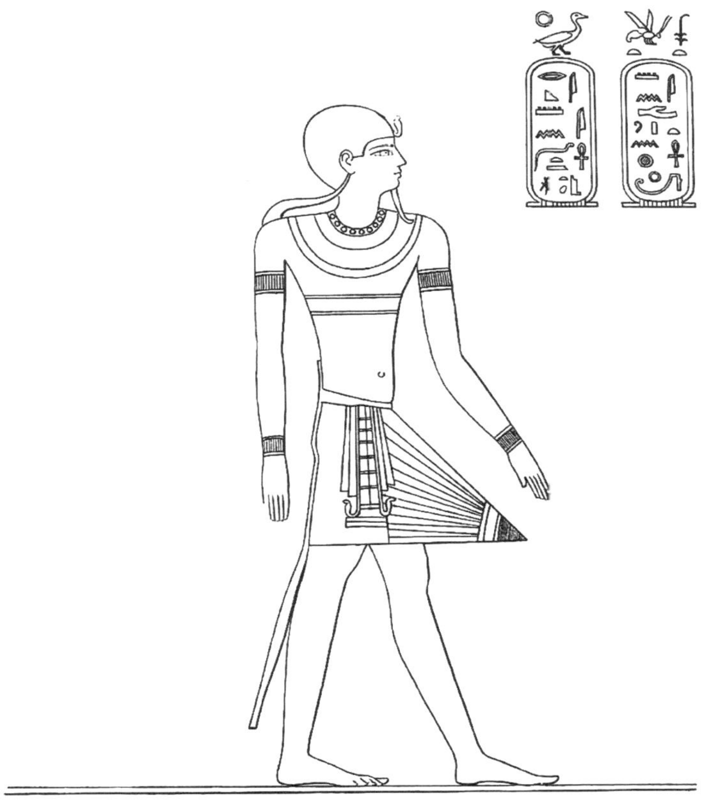

2

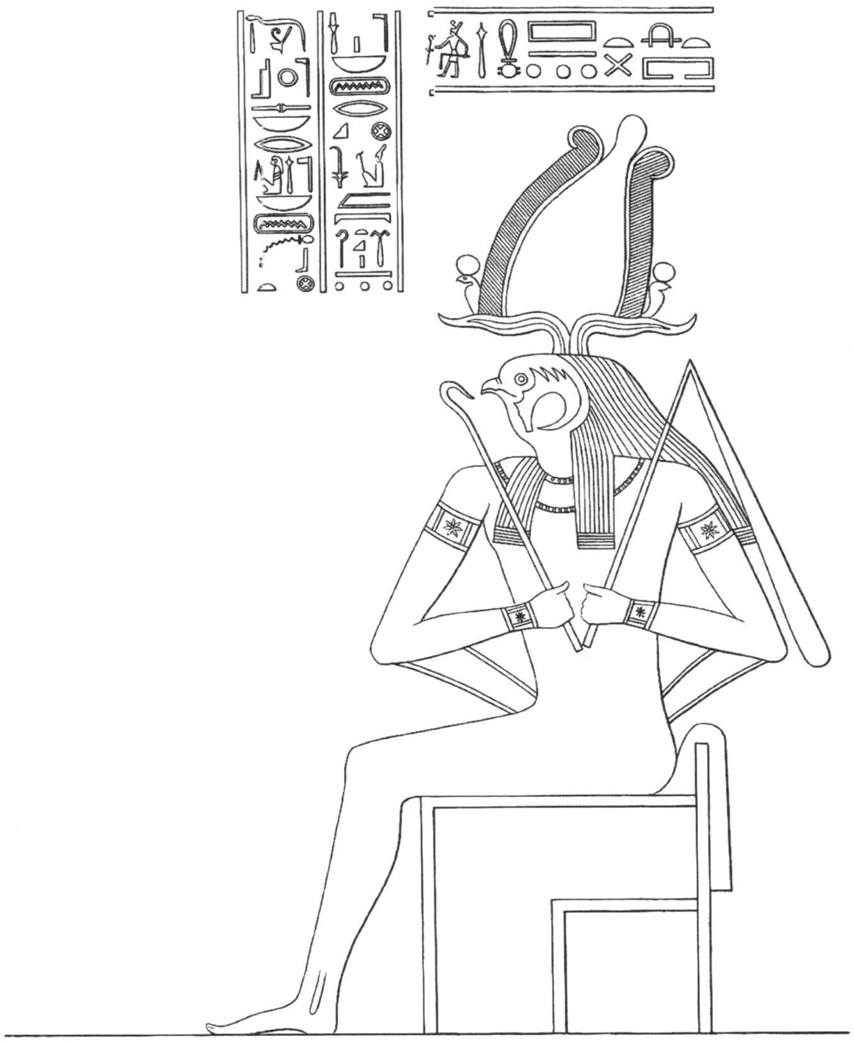

3

4

1. 达卡，托特神庙。埃尔盖曼神殿大门左侧。2. 菲莱，大神庙外墙西侧。3 和 4，德布，阿蒙神庙，神殿，门口左侧。

图六一

德布、拜特伍利

1

2

3

1. 拜特伍利。阿蒙岩庙，圣所，大门右侧。2. 同一座建筑物，圣所大门左侧。3. 德布。阿蒙神庙，门廊右侧墙壁。

拜特伍利

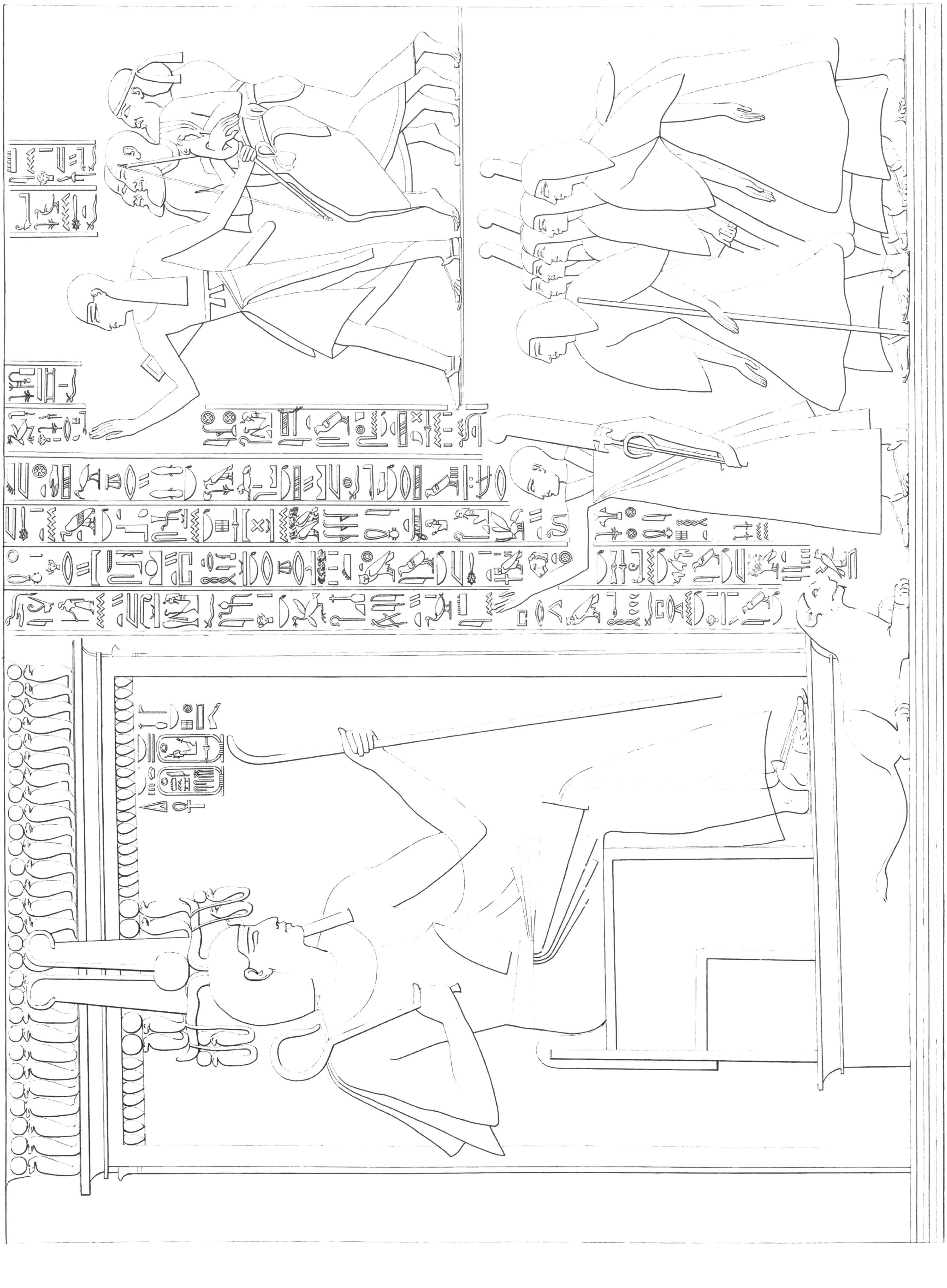

图六二

阿蒙岩庙。右侧第一幅图。

图六三

拜特伍利

同一座岩庙。右侧第二幅图。

图六四

拜特伍利

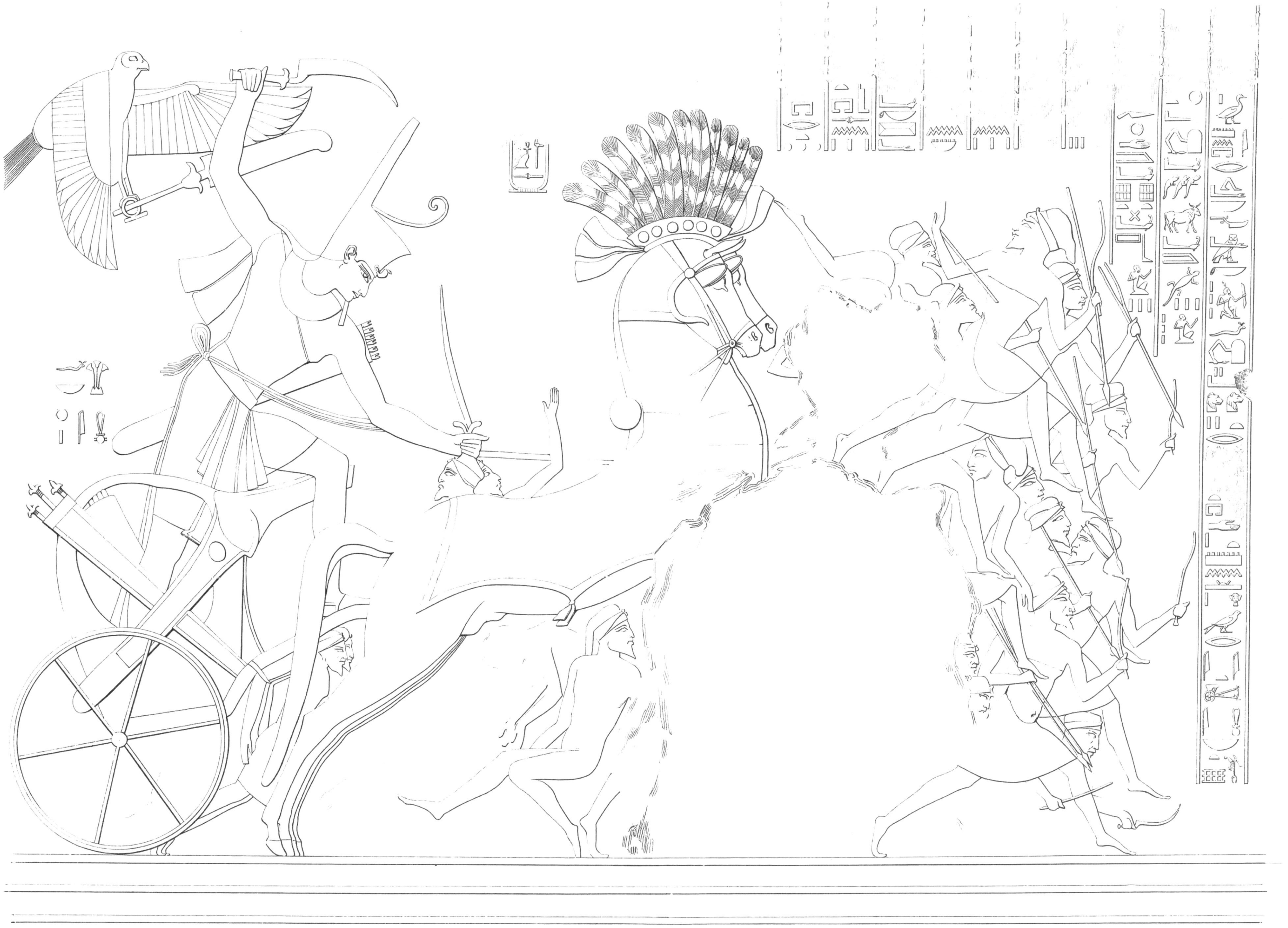

同一座岩庙。右侧第三幅图。

图六五

拜特伍利

同一座岩庙，右侧第四幅图

图六六

同一座岩庙。右侧第五幅图。

图六七

拜特伍利

同一座岩庙，右侧第五幅图。

图六八

拜特伍利

阿蒙岩庙，左侧第一幅图。

图六九

拜特伍利

阿蒙岩庙。左侧第二幅图。

图七〇

拜特伍利

同一座岩庙。左侧大图。

图七一

拜特伍利

a

同一座岩庙。左侧大图。

同一座岩庙。左侧大图。

图七三

拜特伍利

同一座岩庙。进门处左侧墙壁。

图七四

达卡、丹杜尔、拜特伍利

2

1

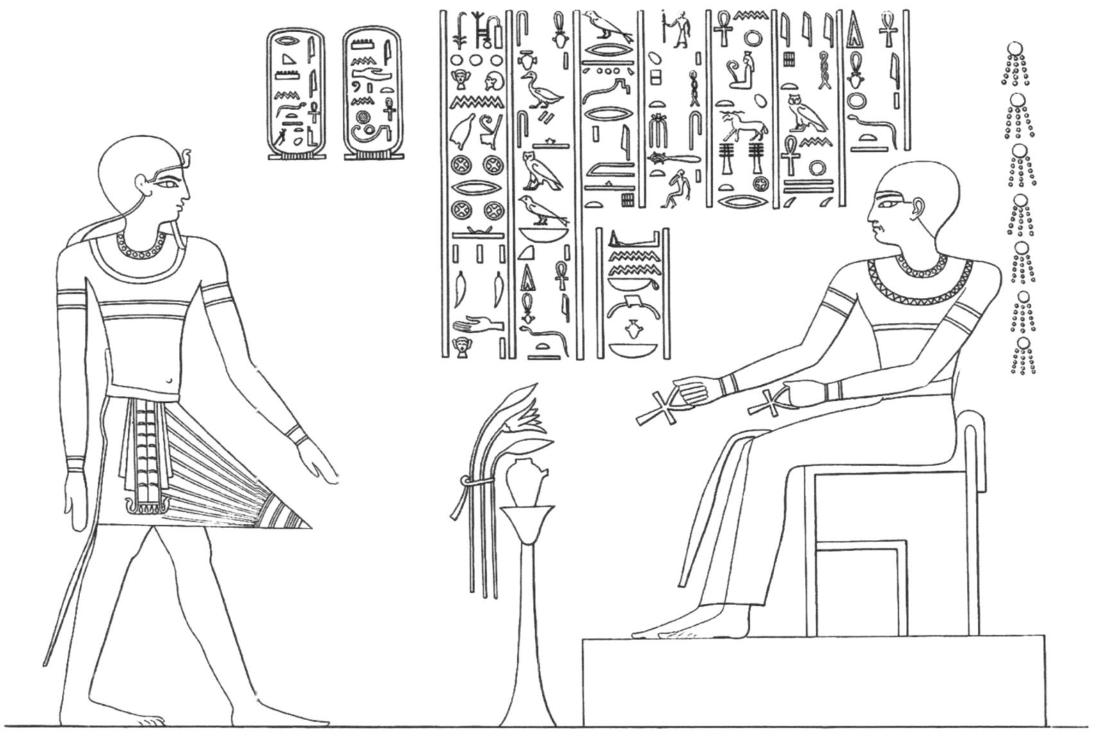

3

5

4

1. 拜特伍利，阿蒙神庙。中间大门内壁左侧。4. 同上，圣所门口。2. 达卡，埃尔盖曼的圣所。左侧墙壁第二幅图。3. 丹杜尔，奥西里斯神庙。门廊南面侧门上方。5. 同上，北面侧门第六幅图。

图七五

贝格、菲莱

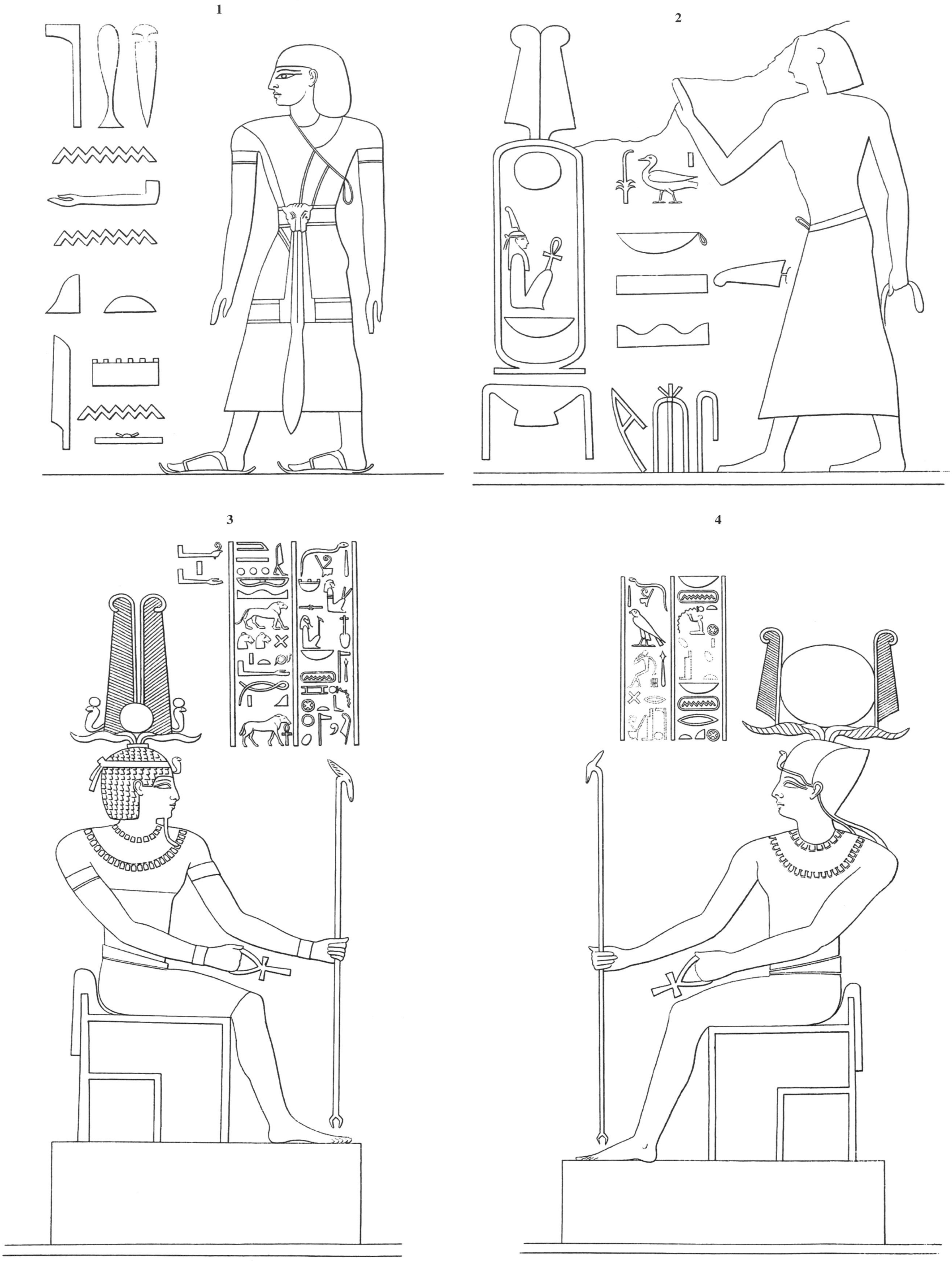

1 和 2，贝格岛，花岗岩石刻。3. 菲莱，哈托尔神庙两侧的外墙。4. 同上。

图七六

菲莱岛

1

2

1.（埃皮法那）哈托尔神庙，门廊右侧。2. 神庙后面的部分。

图七七

菲莱岛

1

2

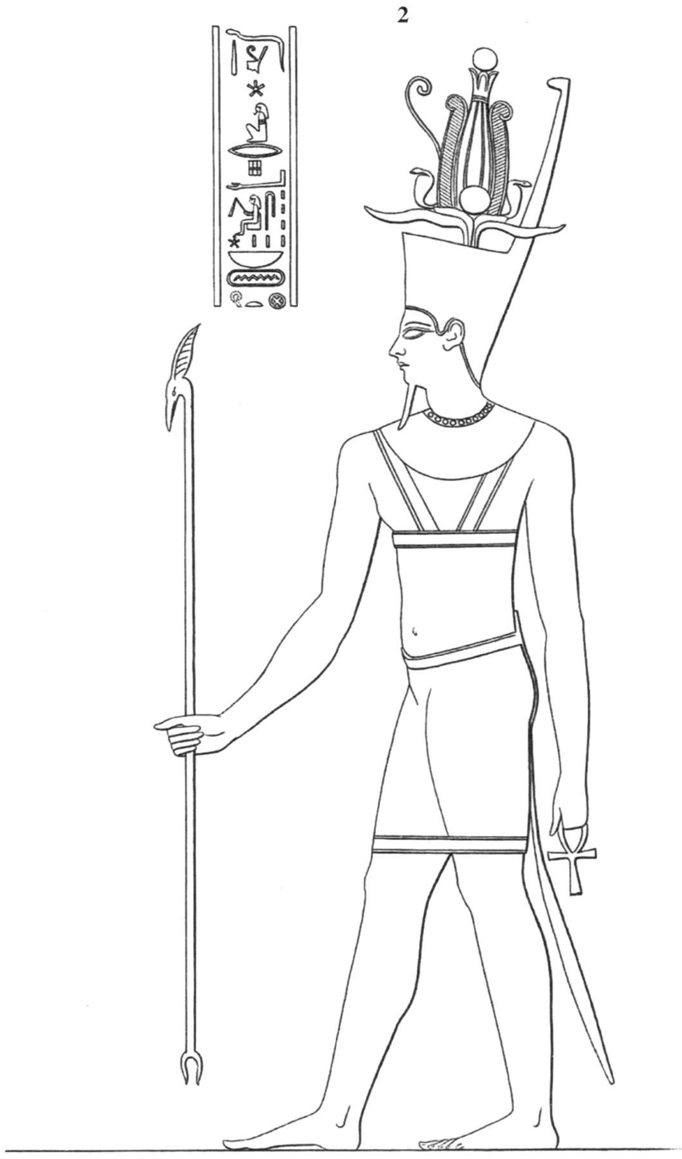

3

4

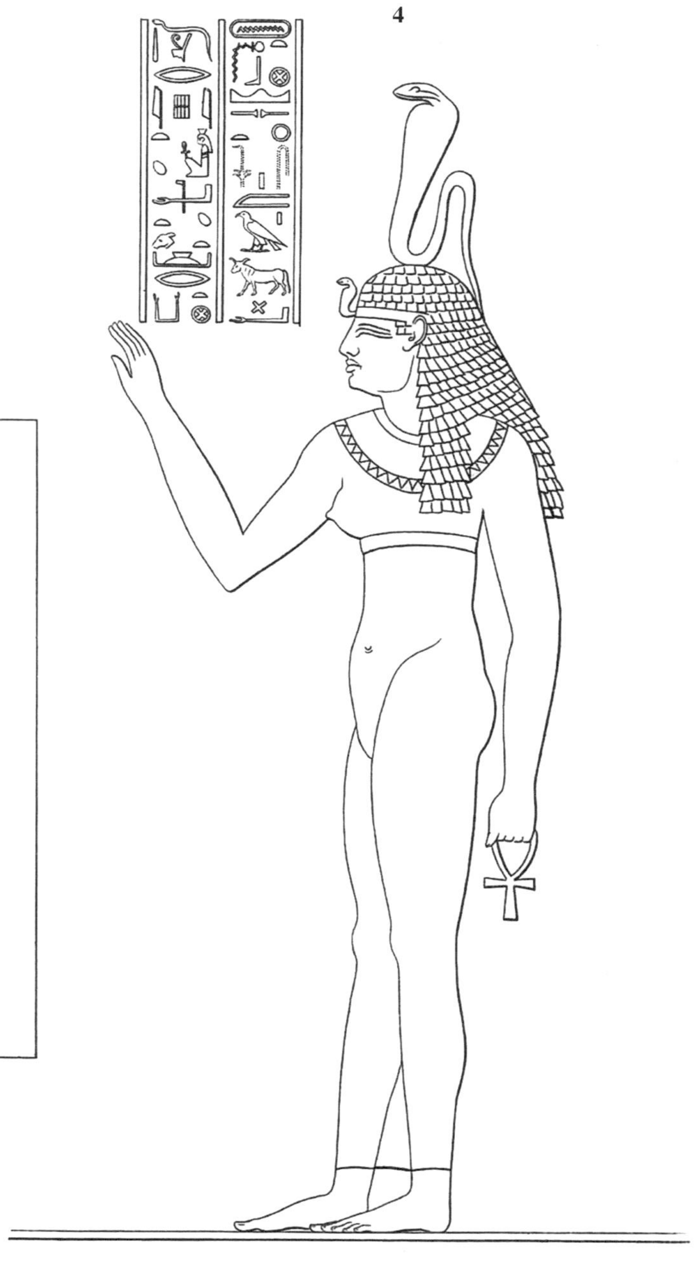

5

L'an 6 de la République
le 13 Messidor
une armée francaise commandée
par Bonaparte est descendue
à Alexandrie
L'armée ayant mis, vingt jours
après, les Mamelouks en fuite
aux Pyramides
Desaix commandant la
première division les a
poursuivis au delà des
Cataractes où il est, arrivé
le 18 Ventose de l'an 7

Les généraux de brigade
Daoust Friant et Belliard
Donzelot chef de l'état major
Latournerie commd. l'artillerie
Eppler chef de la 21e Légère
le 13 Vntose an 7 d la République
3 mars an de Js. Ct. 1799.

Gravé par Castex sculpteur.

1. 大神庙，外墙西侧。2. 右边的建筑。3. 同上。4.（内克塔内布的）哈托尔神庙。5. 大神庙，内克塔内布的塔门前的入口。

图七八

菲莱岛

1

2

3

4

1. 大神庙的门廊。2. 同上，东壁。3. 同上。4. 费拉德尔甫斯的塔门西壁。

菲莱

1

2

1. 哈托尔神庙，由费拉德尔甫斯建造，圣所内部。2. 同一座神庙，后部的墙壁左侧第一幅图。

图八〇

菲莱岛

1. 伊凡杰特二世的哈托尔神庙，门廊。2. 哈托尔神庙，塔门前面的入口。3. 同上，圣所。4. 伊西斯大神庙，圣所深处。

图八一

菲莱岛

1

2

3

4

1. 大神庙，门廊。2、3、4，同上。

图八二

菲莱岛

1

2

3

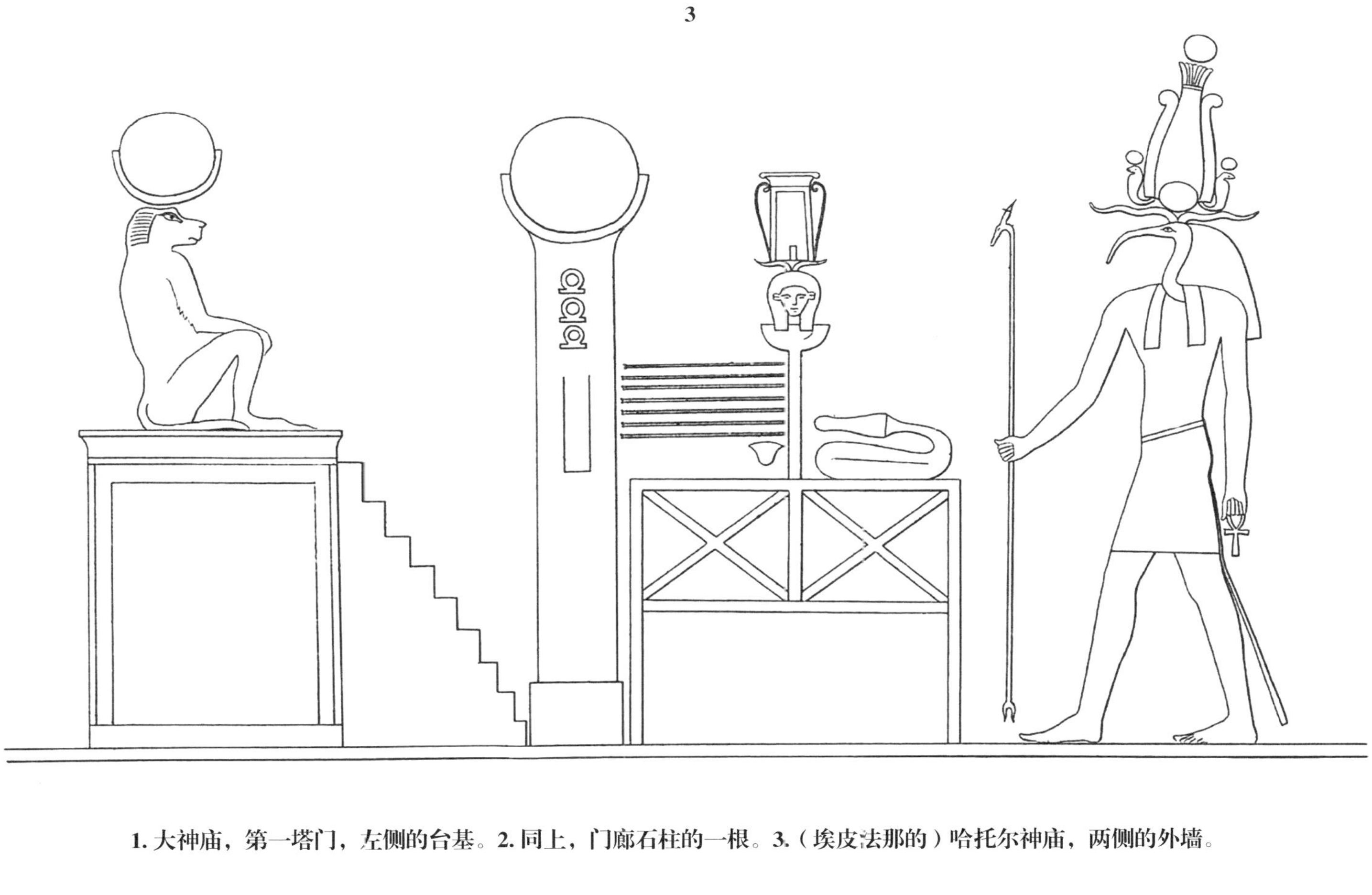

1. 大神庙，第一塔门，左侧的台基。2. 同上，门廊石柱的一根。3.（埃皮法那的）哈托尔神庙，两侧的外墙。

菲莱岛

1

2

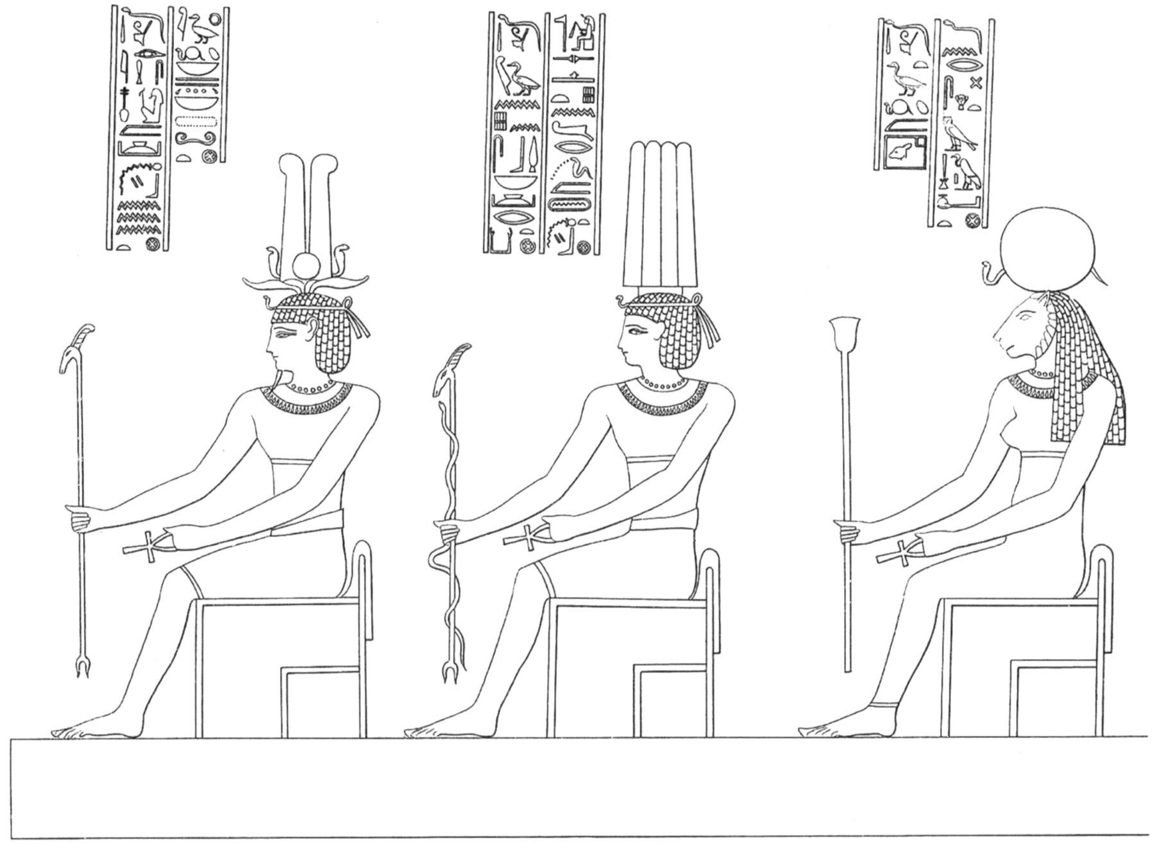

3

4

1. 小房间的庭院。2. 右侧的建筑，右数第二幅画。3. 同上，大房间。4. 伊西斯神庙，门廊里面左右两侧。

图八四

菲莱岛

1

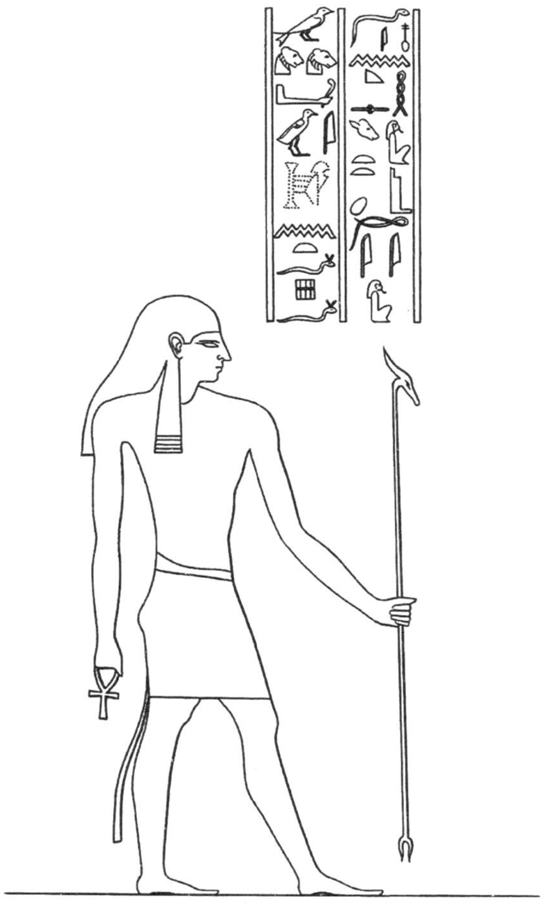

2

3

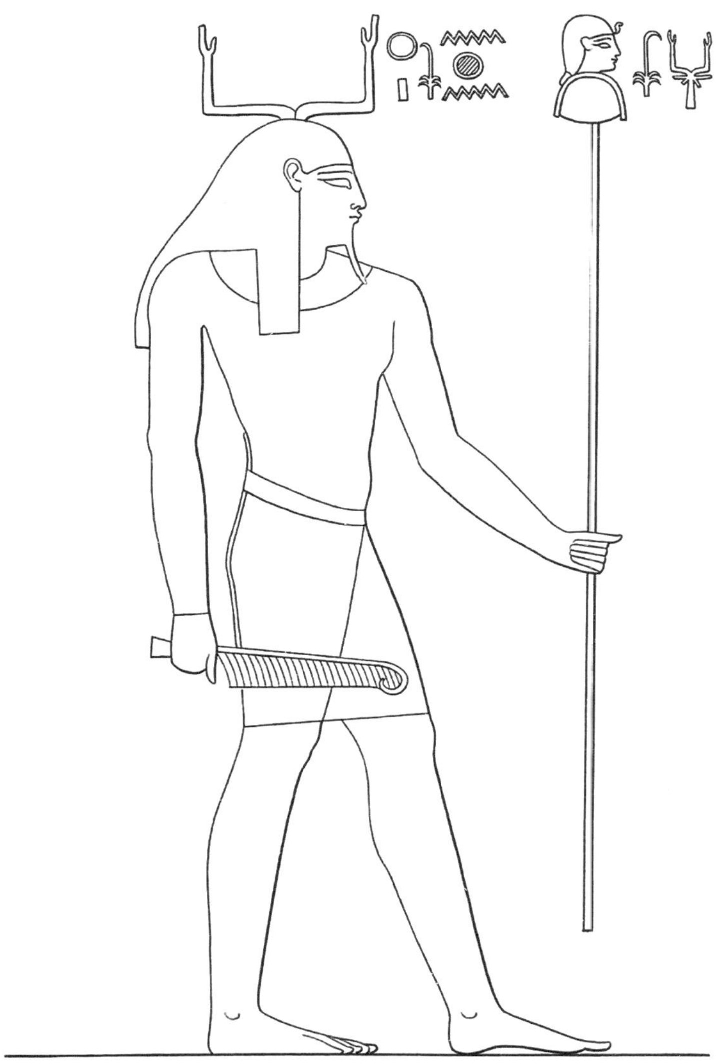

4

1、2、3，第一塔门，右侧的台基。4. 某一个门的右侧。

图八五

菲莱岛

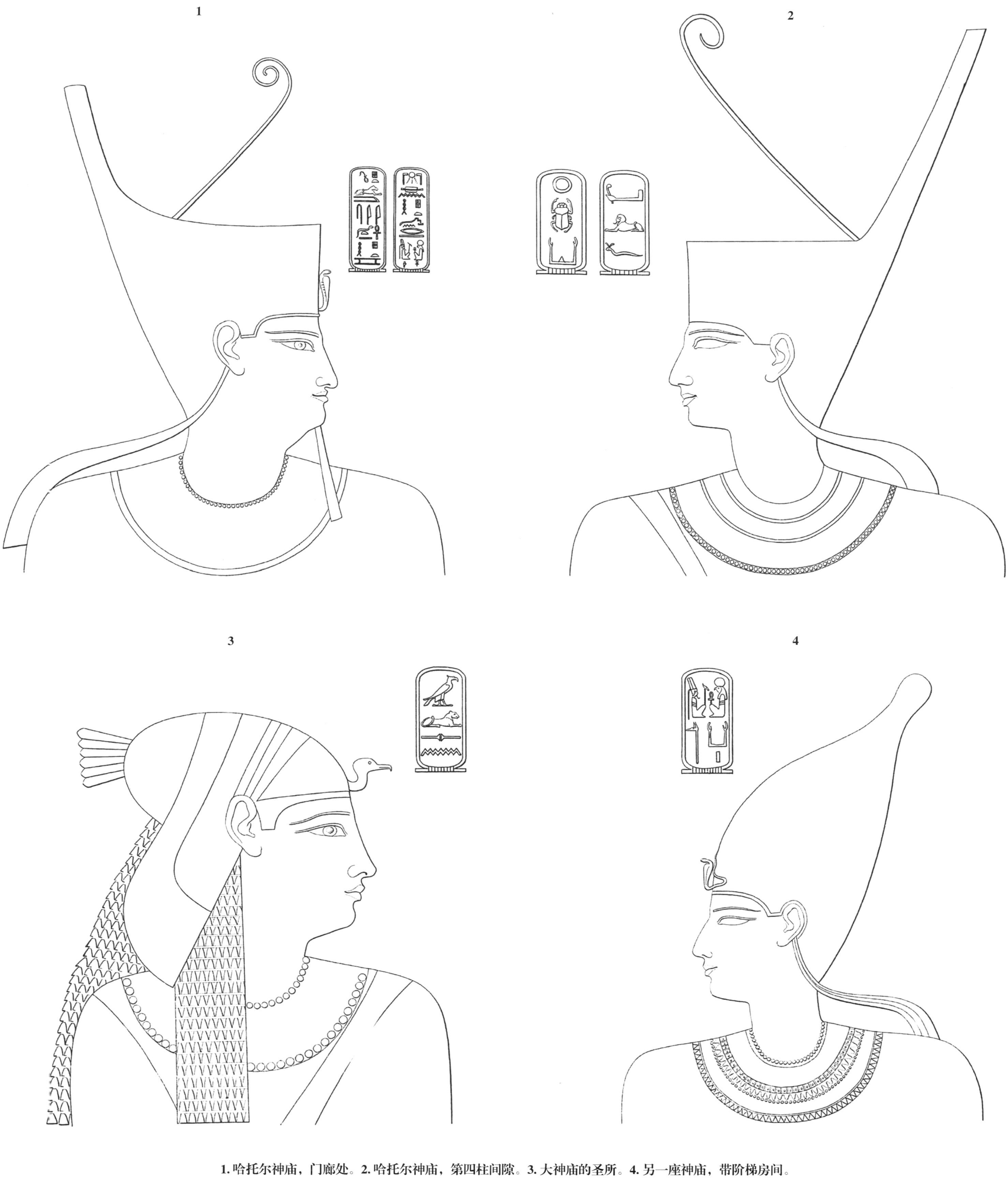

1. 哈托尔神庙，门廊处。2. 哈托尔神庙，第四柱间隙。3. 大神庙的圣所。4. 另一座神庙，带阶梯房间。

图八六

菲莱岛

1

2

3

1. 大神庙，西壁。2. 同上，奥西里斯的墓室。3. 同上，圣所的底部。

菲莱岛

1

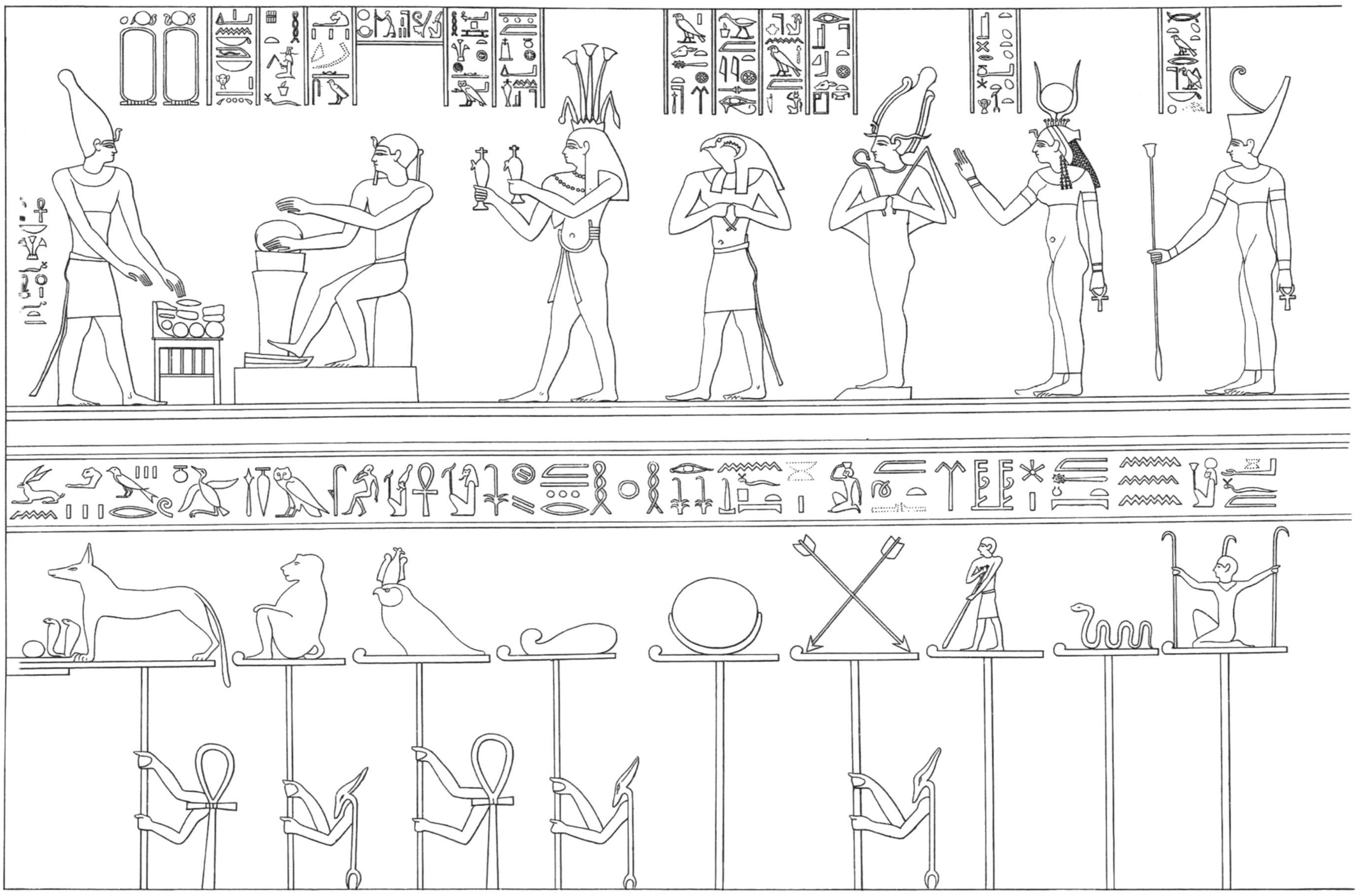

2

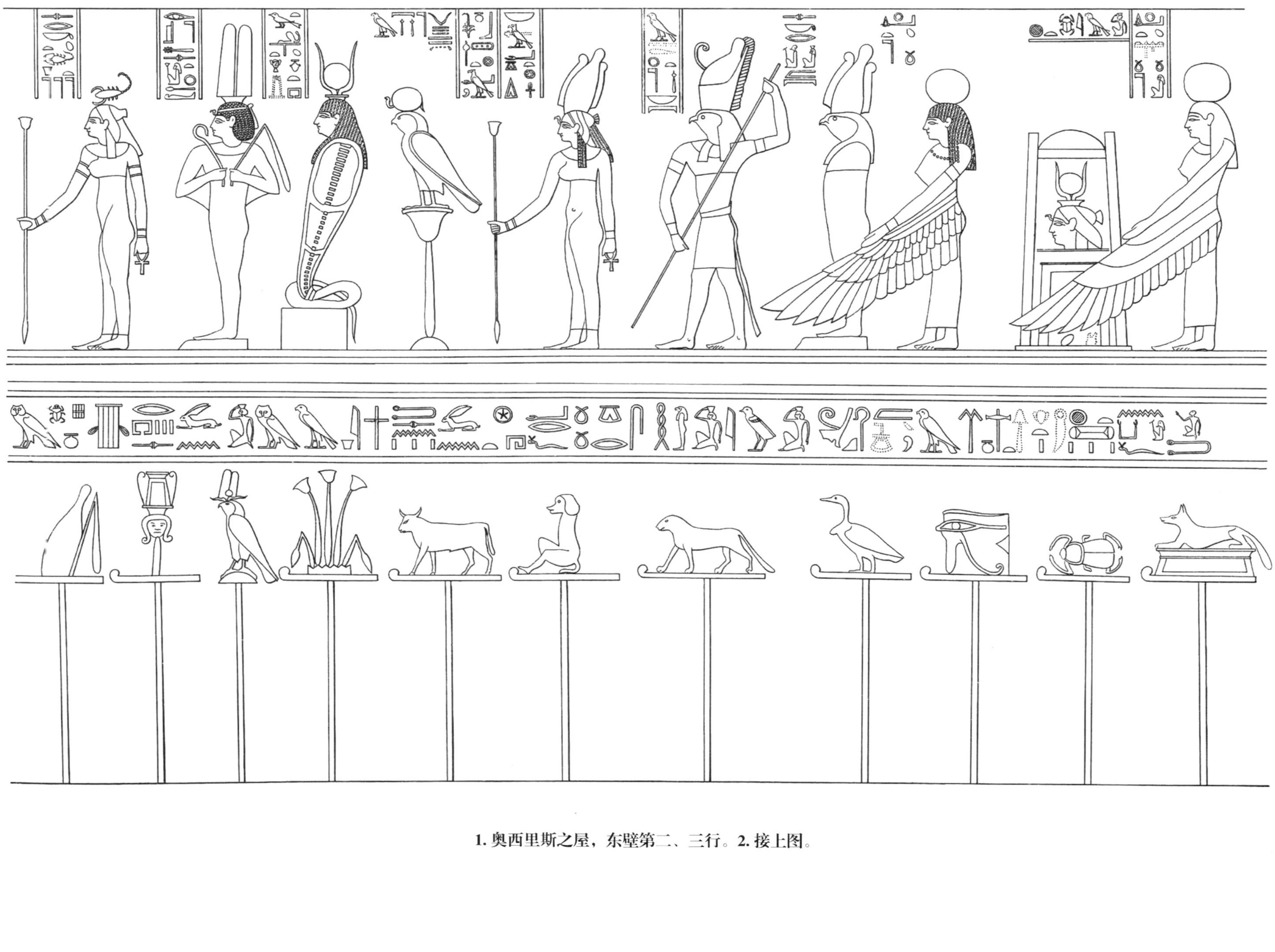

1. 奥西里斯之屋，东壁第二、三行。2. 接上图。

菲莱岛

1

2

1. 奥西里斯之屋，北壁浮雕上半部分。2. 同上，为上图下方的浮雕。

菲莱岛

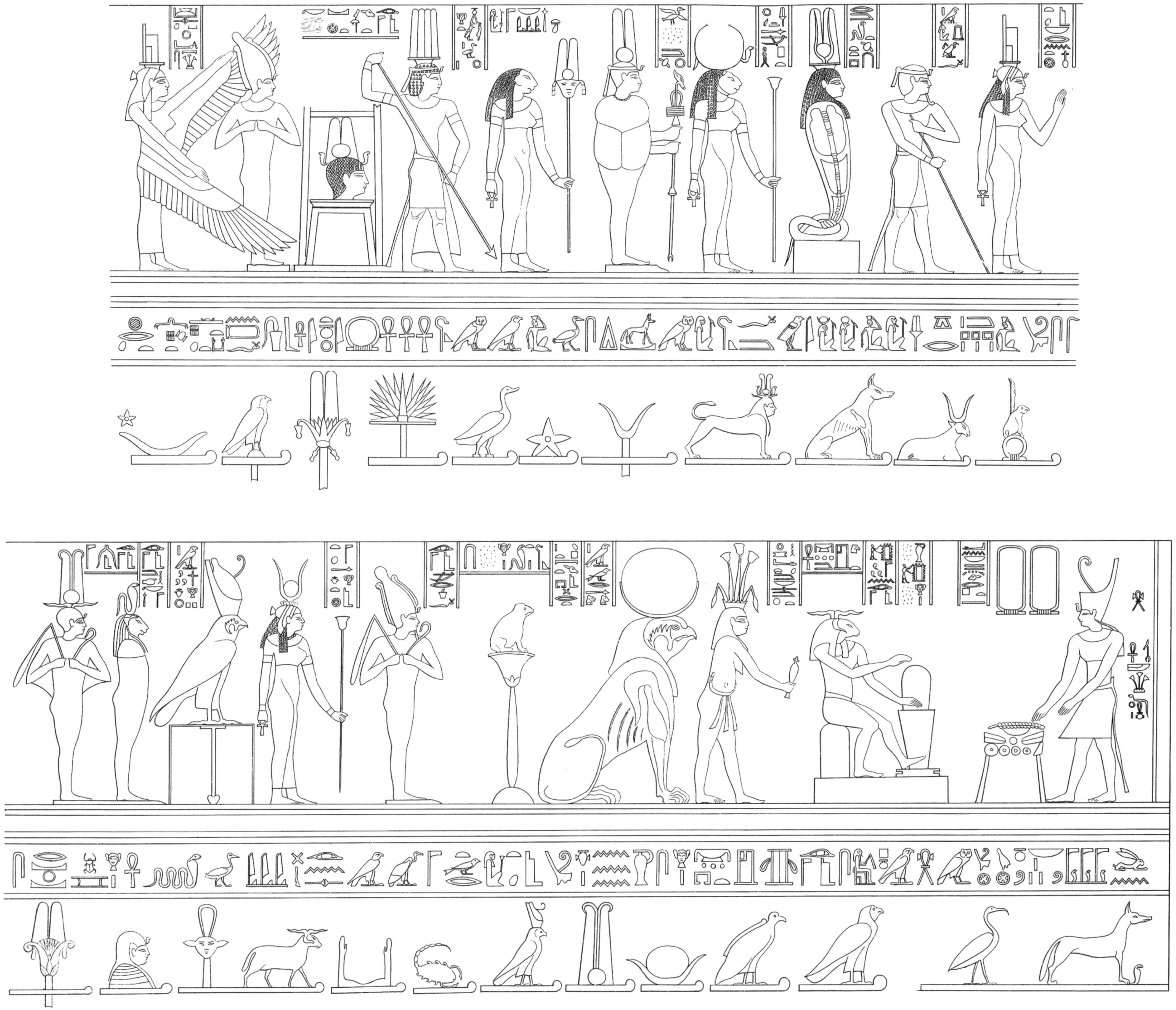

奥西里斯之屋，西壁第二、三行。

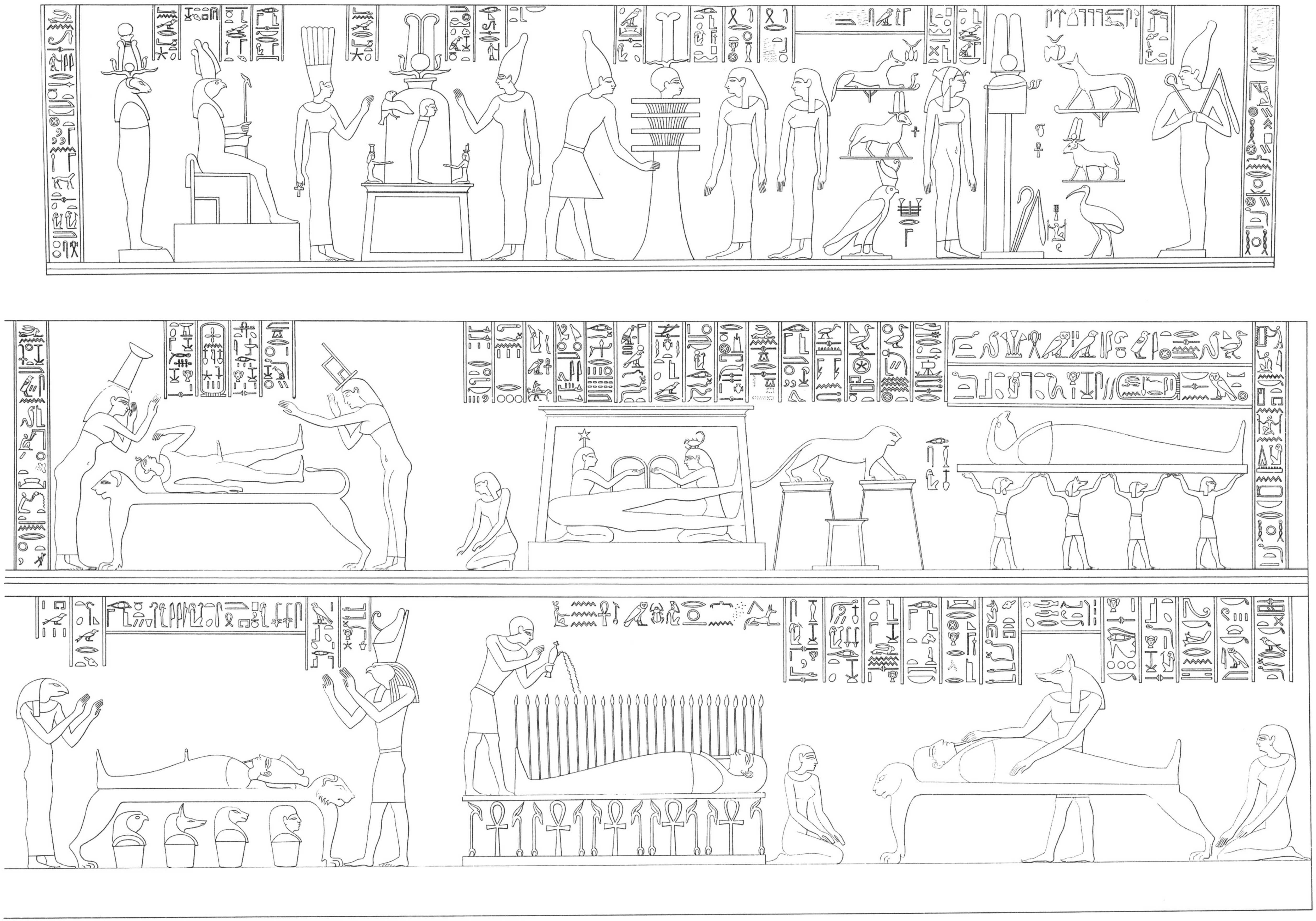

奥西里斯之屋，南壁第一、二、三行。

菲莱岛

1

2

3

4

1. 伊西斯神庙，门廊后面的房间大门右侧。2. 大神庙，位于长廊的一根石柱上。3 和 4，同上，位于门廊的两根石柱上。

菲莱岛

1

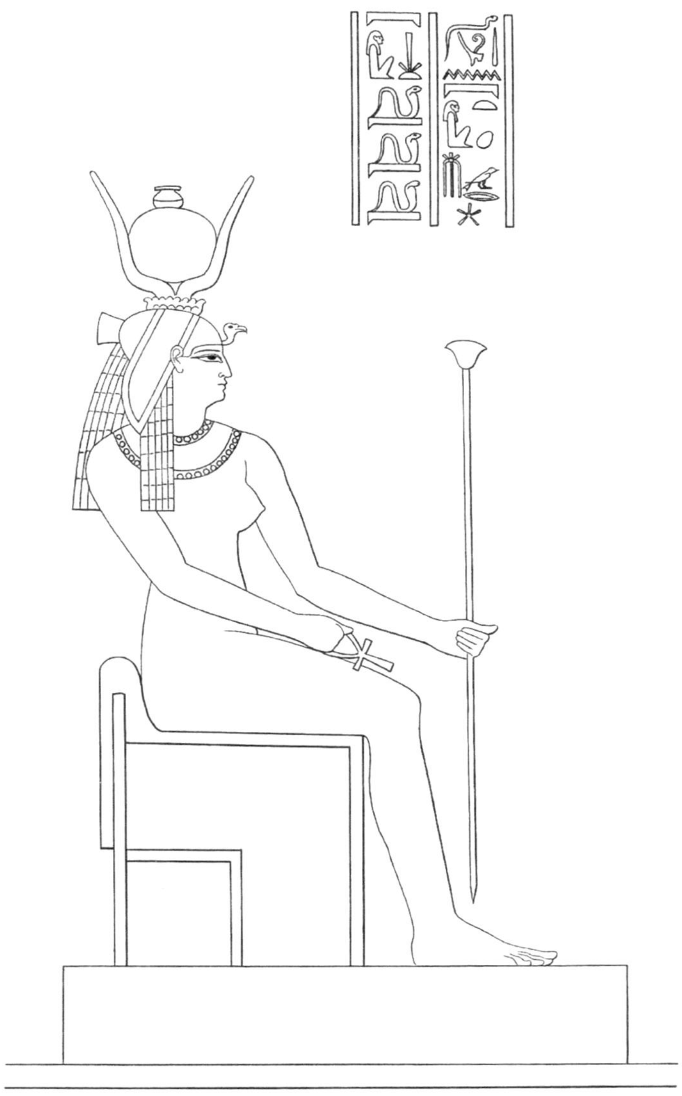

2

3

1. 右侧建筑，提贝里乌斯所建的厅。2. 同上。3. 大神庙，圣所旁边的小房间。

图九一丙

菲莱岛

1

2

3

4

1. 大神庙，神殿门廊墙壁上。**2** 和 **3**，同上，门廊北壁第二行。**4.** 同上，神殿的墙壁。

图九二

菲莱岛

1

2

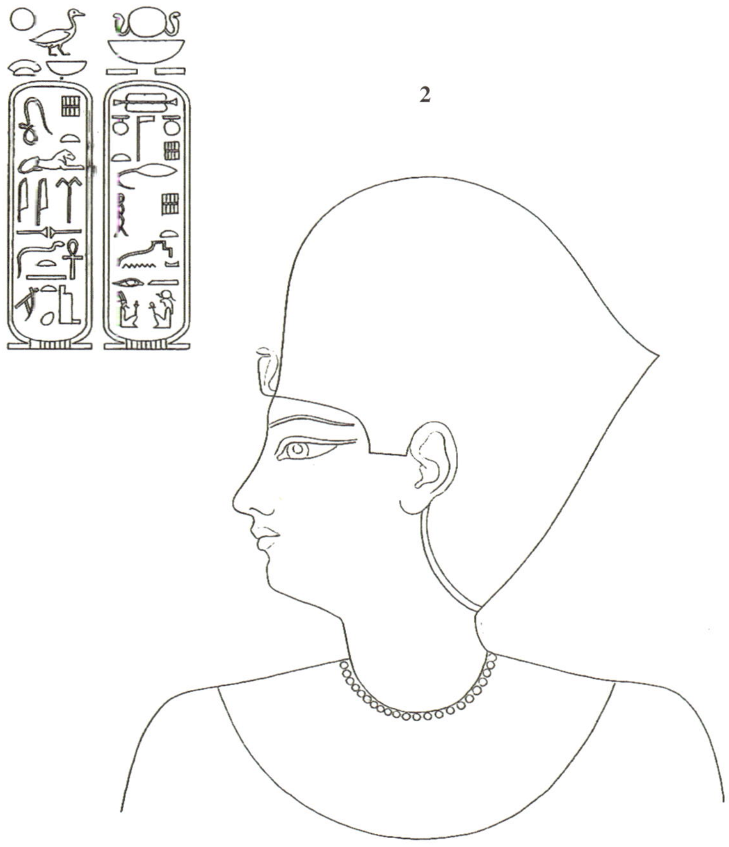

3

4

1.（伊凡杰特二世）哈托尔神庙，门廊西壁。2. 同上，第一塔门旁的整个部分。3. 伊西斯神庙，圣所右壁。4. 拜特伍利，岩庙，右侧第一厅。

图九三

菲莱岛

1

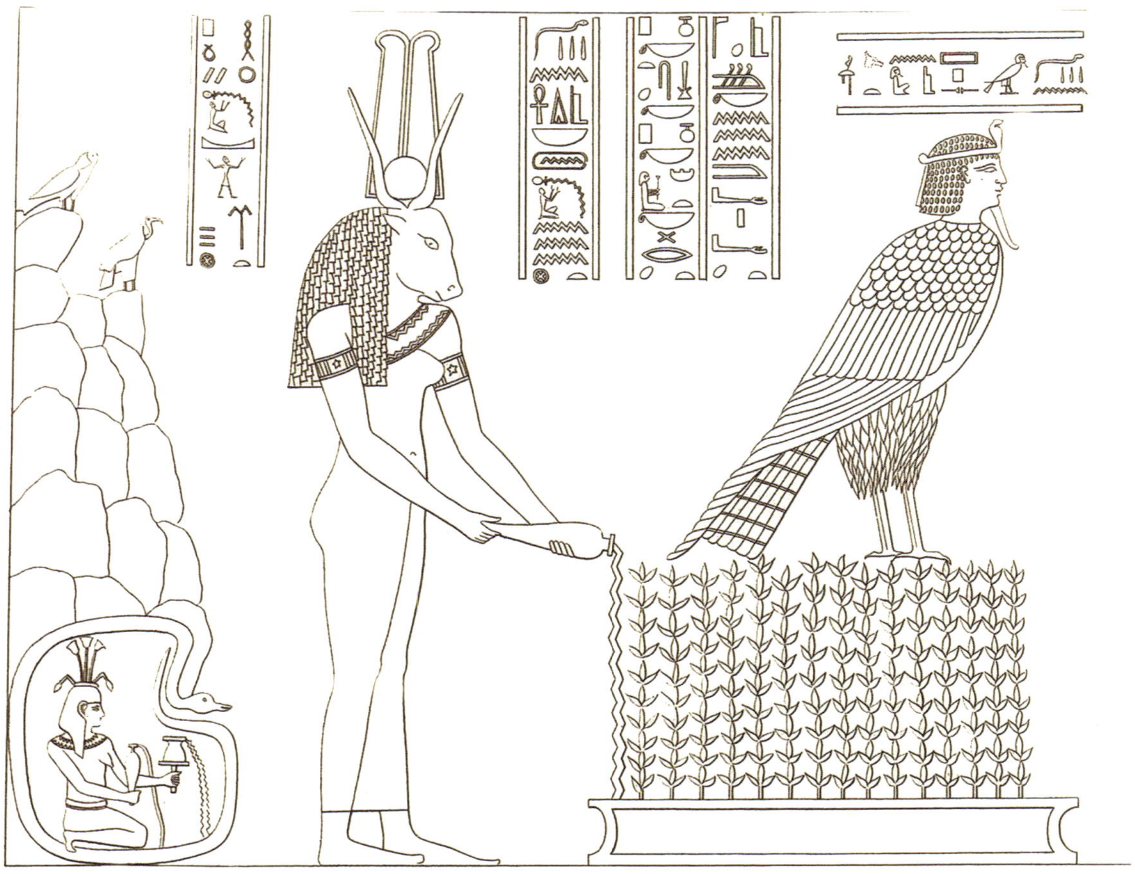

2

3

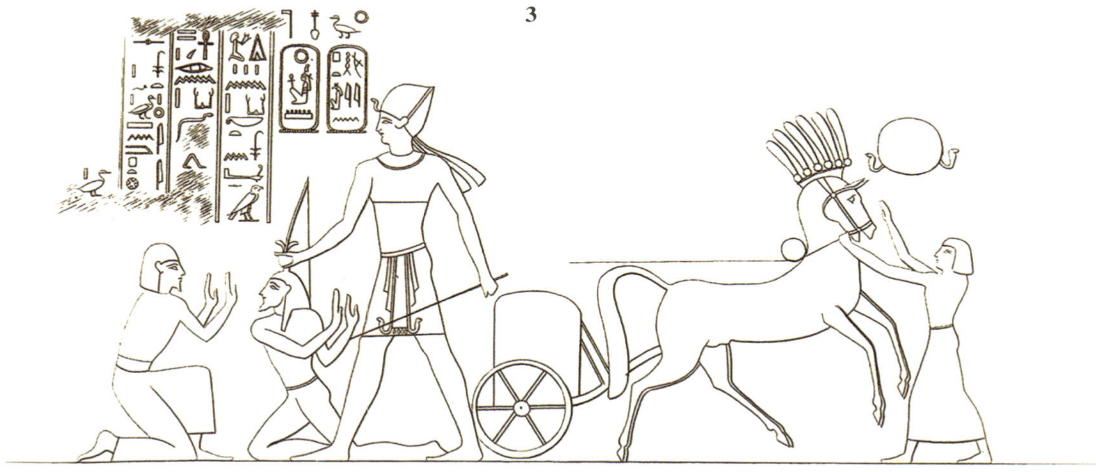

1. 西边的建筑物遗址。2. 标志性的主题。3. 菲莱和西埃纳之间的一大块花岗岩。

图九四

菲莱岛

1

2

3

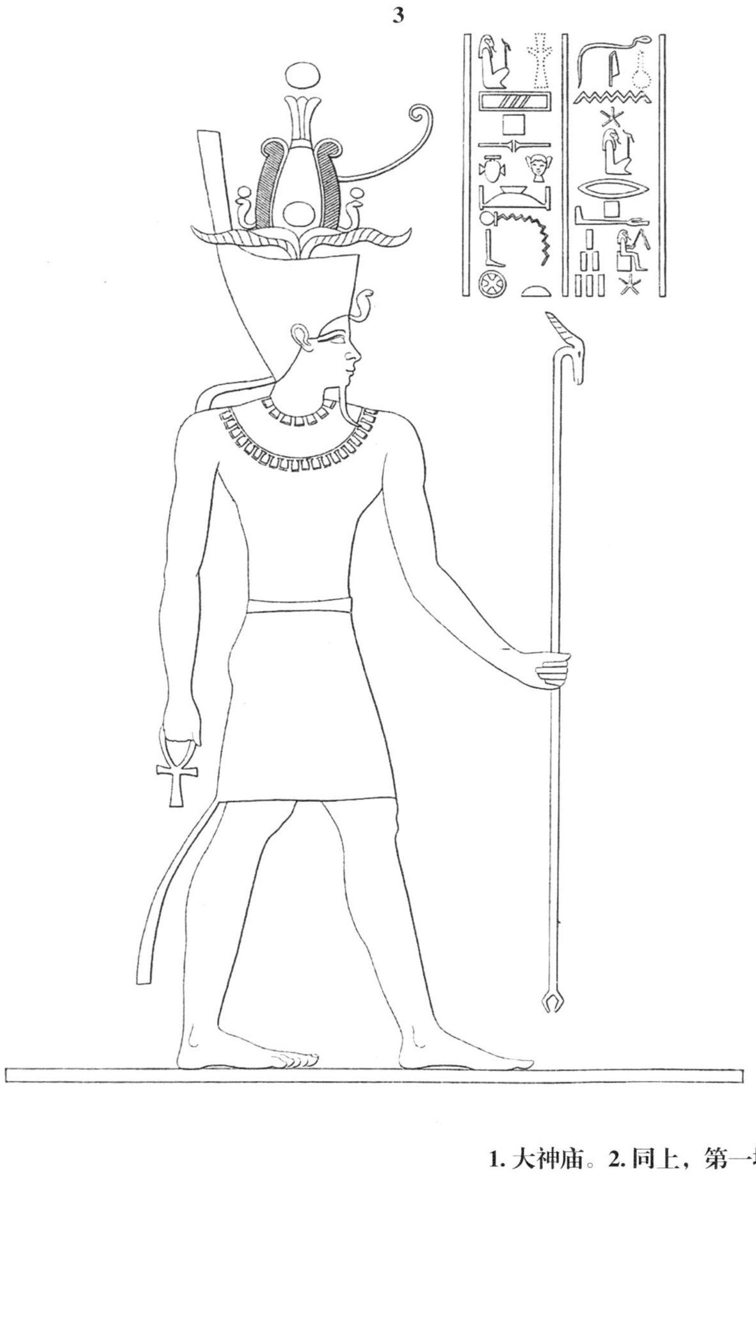

4

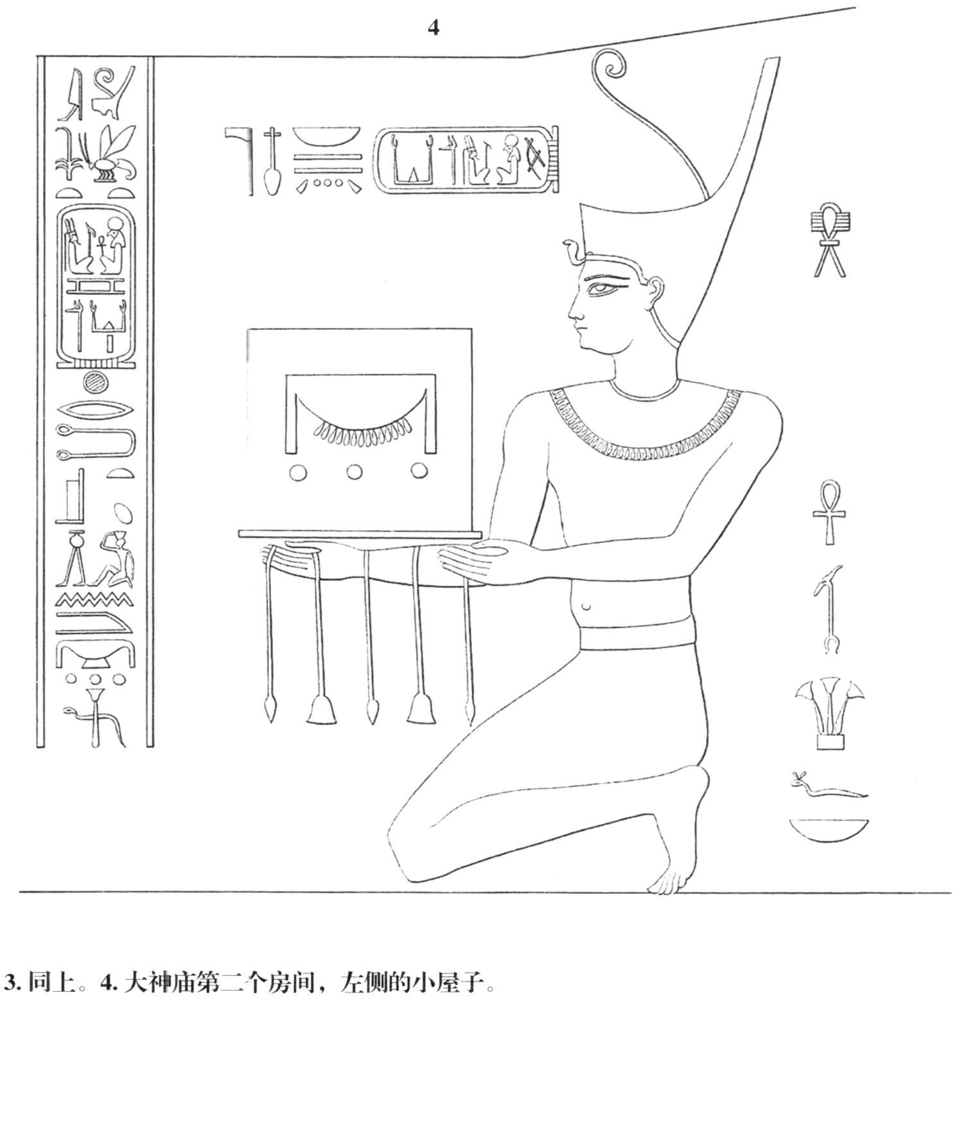

1. 大神庙。2. 同上，第一塔门右侧台基。3. 同上。4. 大神庙第二个房间，左侧的小屋子。

菲莱岛、西埃纳之间

1

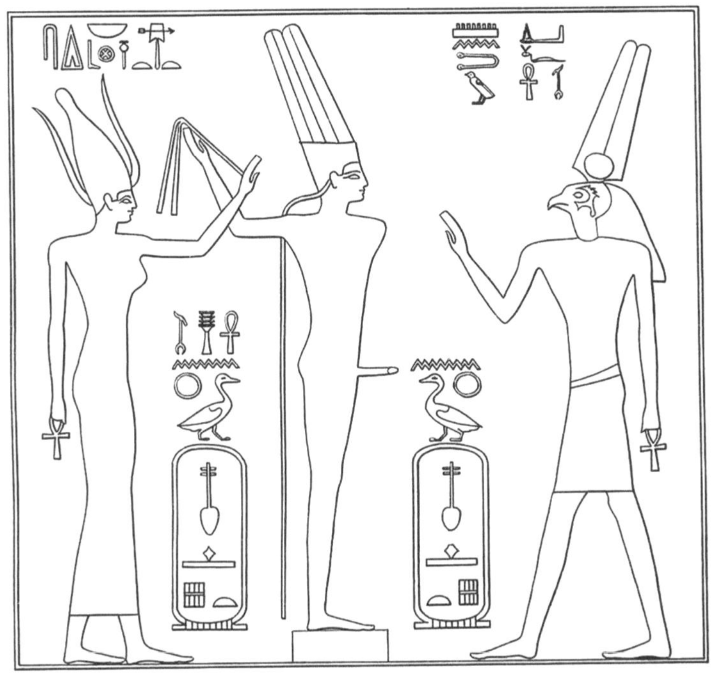

2

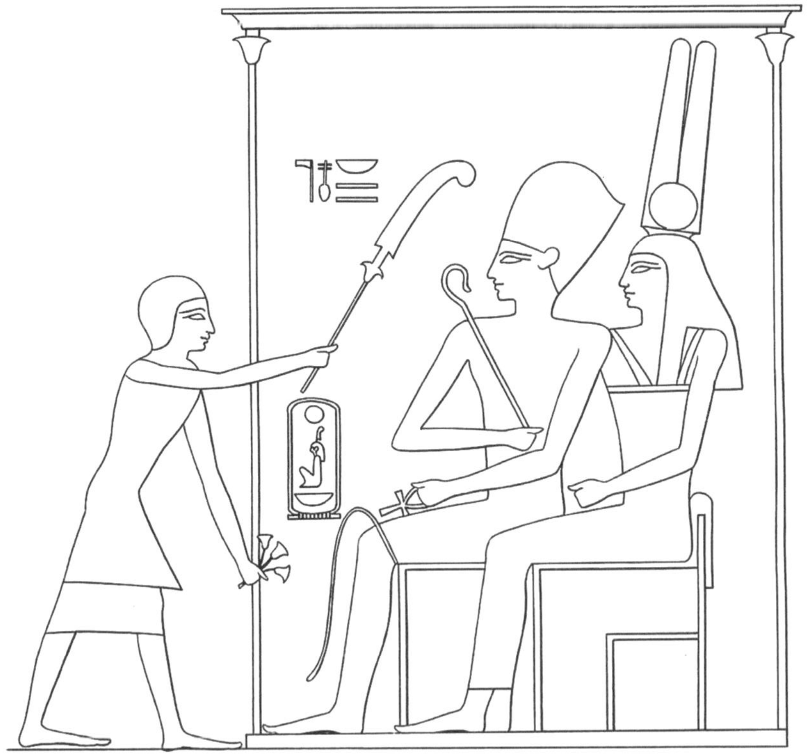

3

4

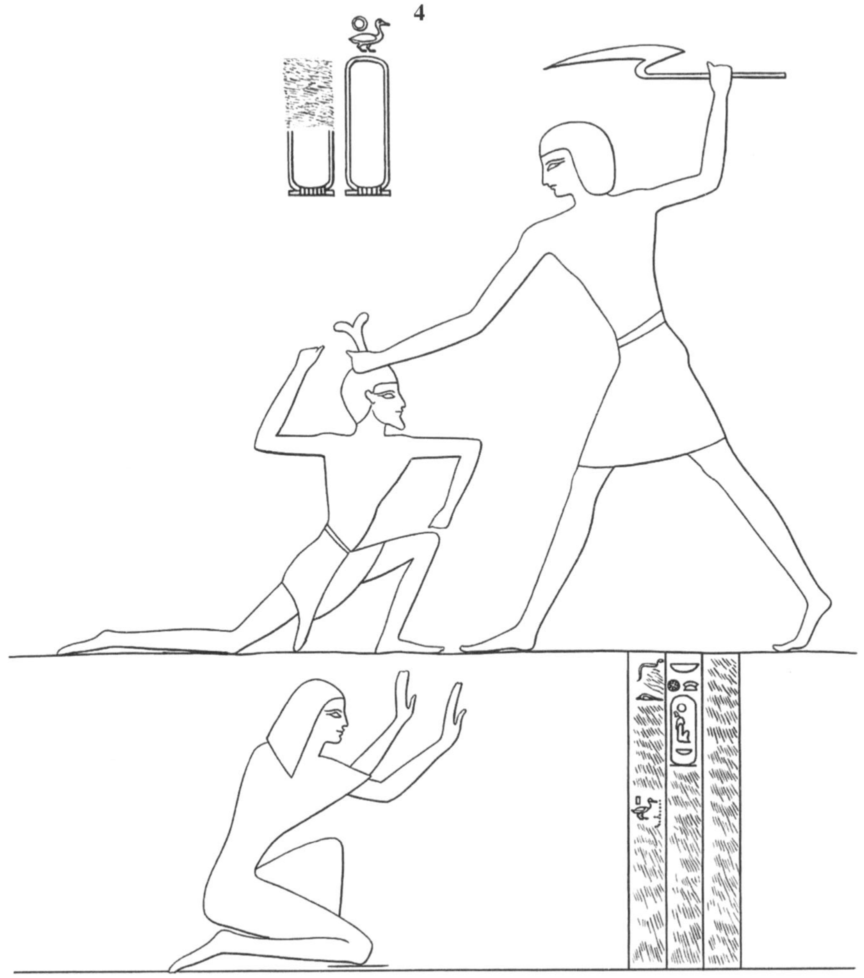

1. 菲莱附近的花岗岩壁。2. 尼罗河岸边的岩石板，西埃纳附近。3. 菲莱对面的石壁。4. 菲莱岛、西埃纳之间的路上。

图九六甲

菲莱岛、西埃纳之间

1

2

1. 菲莱，位于西边的建筑。2. 奥姆波斯，大神庙的门廊。

图九六乙

菲莱岛

1

2

4

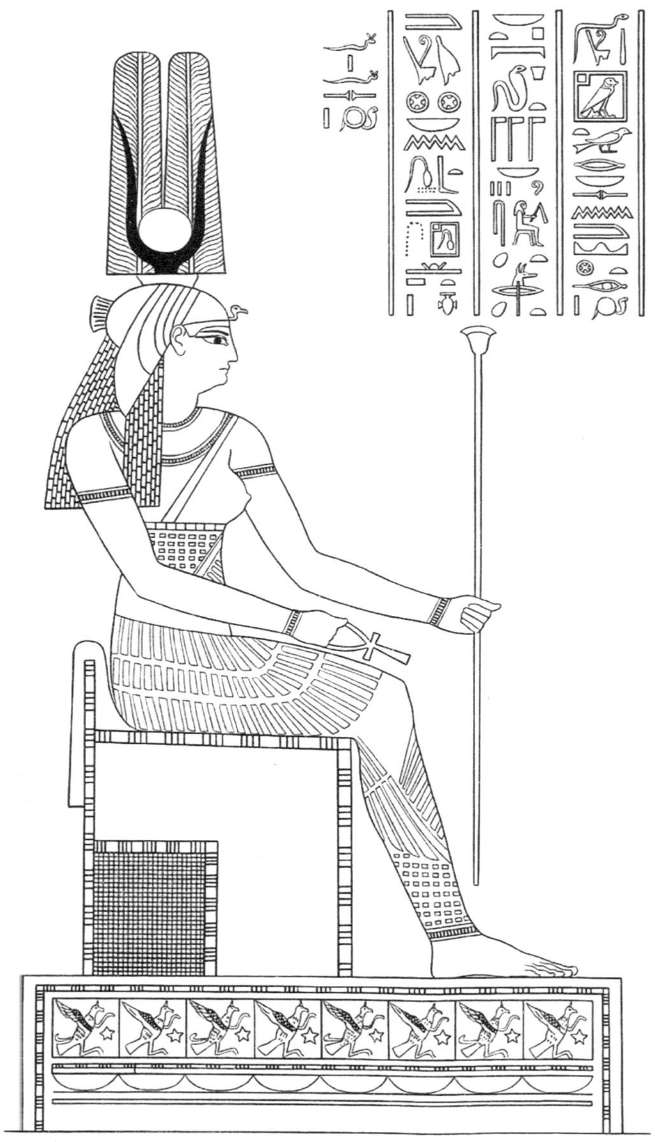

3

1. 大神庙，门廊东壁。2. 同上，西壁。3. 同上，北壁。4. 同上，神殿的墙壁。

图九七

奥姆波斯

1

2

3

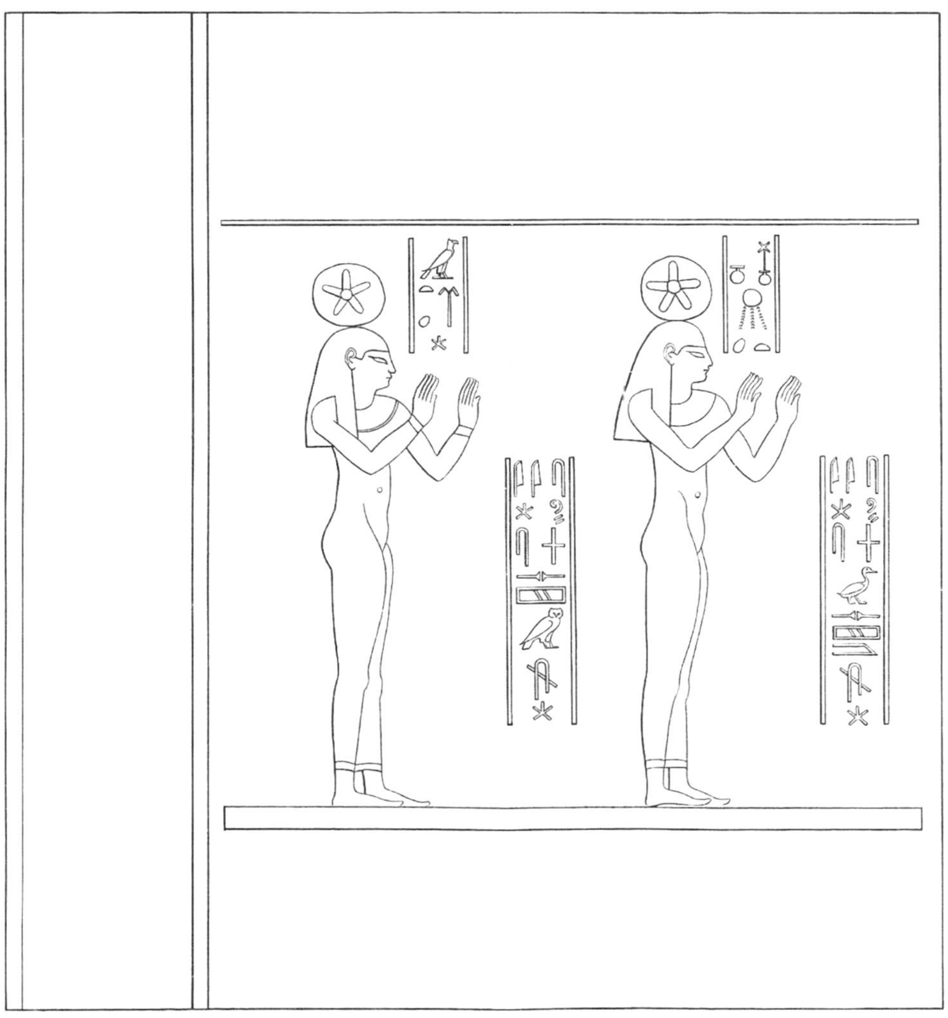

4

1. 大神庙，门廊后的第一厅。2. 同上，门廊尽头，门口上方。3. 同上，门廊上楣。4. 同上，神殿和门廊之间，右侧。

图九八

奥姆波斯

1

2

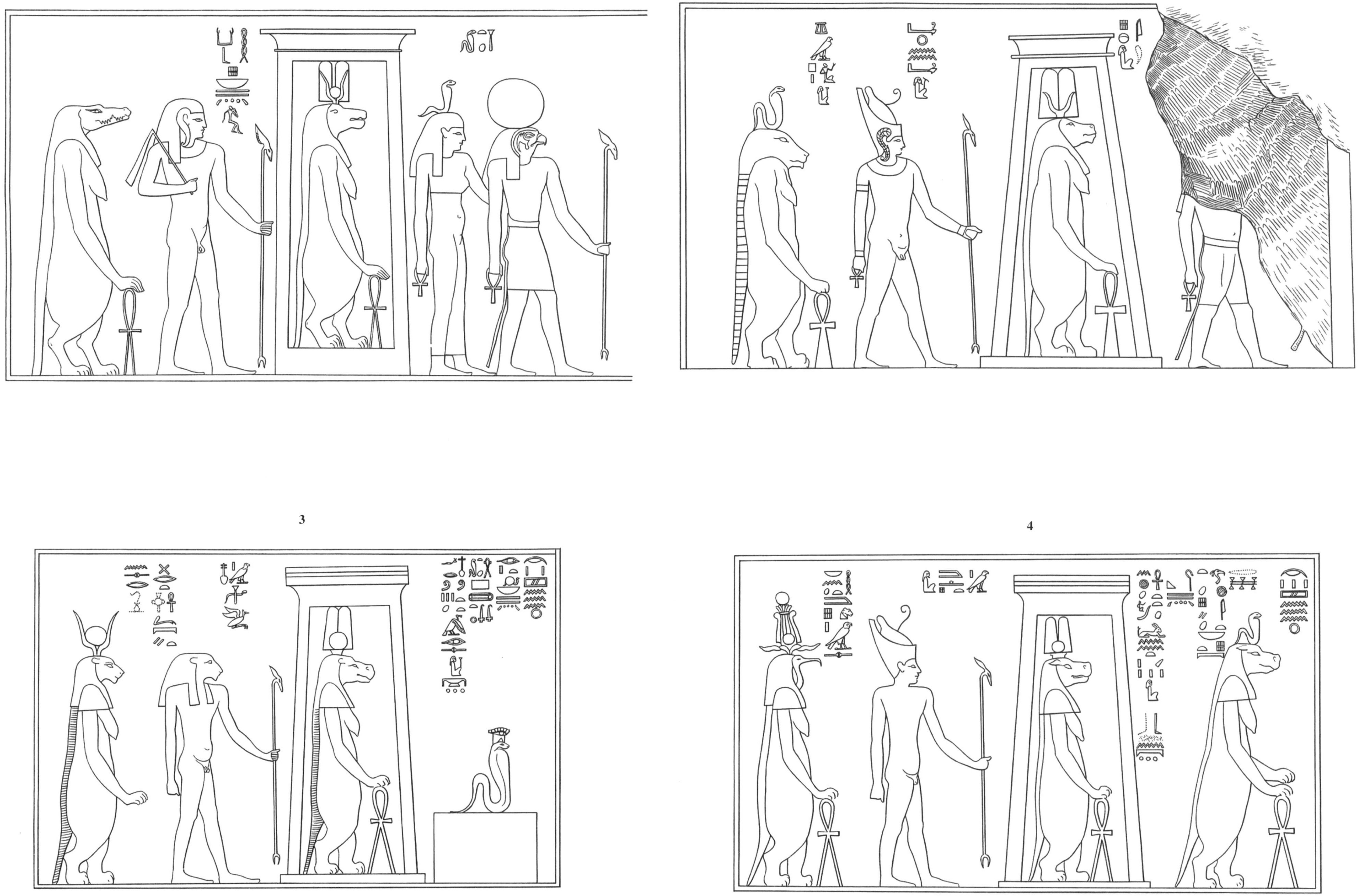

3

4

1. 小神庙，第二幅画。2. 同上，第三幅画。3. 同上，第四幅画。4. 同上，第五幅画。

图九九

奥姆波斯

1

2

3

4

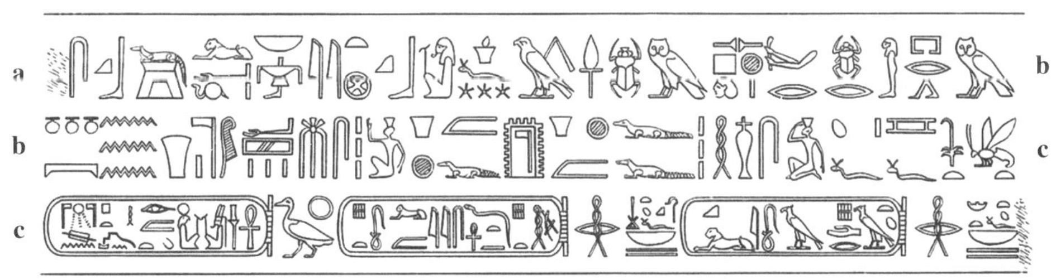

5

1. 小神庙，第七幅画。2. 同上，第六幅画。3. 同上，第八幅画。4. 大神庙，右侧中楣，门廊深处。5. 同上，左侧中楣。

奥姆波斯

1. 大神庙，门廊局部 2. 同上 3. 同上，最后一个房子门口的左侧 4. 同上

图一〇一甲

奥姆波斯

1

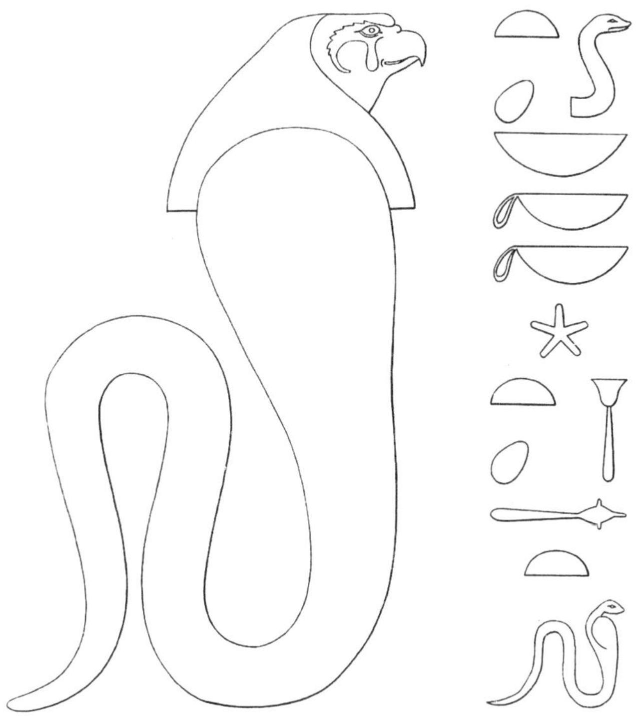

3

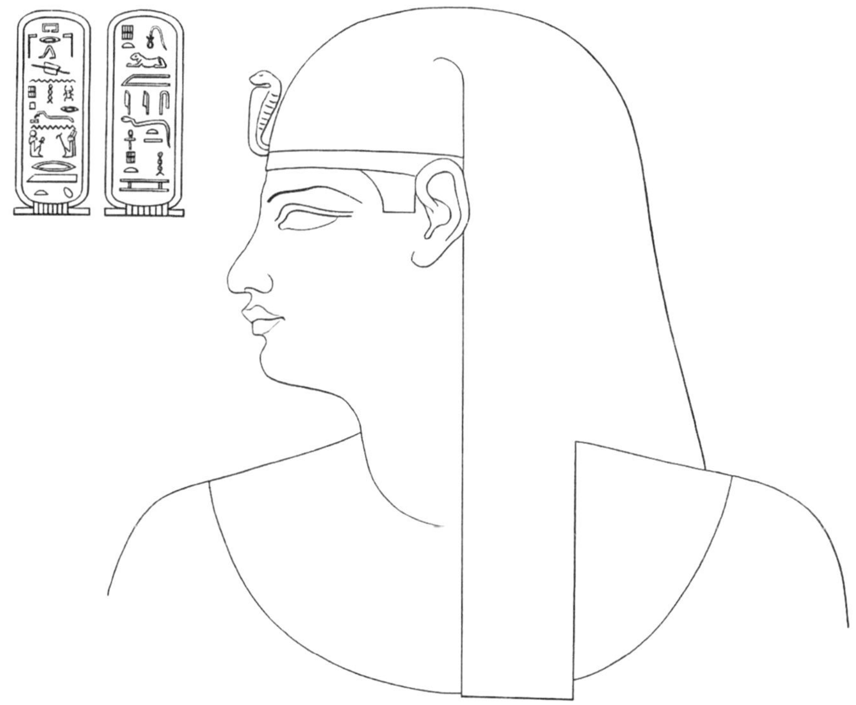

2

4

5

1 和 2，大神庙，门口上方的图画。3. 同上，门廊后面的第四厅。4. 同上，门廊后面的第二厅。5. 同上，门廊的天花板。

图一〇一乙

奥姆波斯

1

2

3

4

1. 大神庙，门廊最里面。2. 同上，门廊墙壁处。3. 同上，门廊后面第三个房间。4. 门廊柱子上。

图一〇一丙

奥姆波斯

1

2

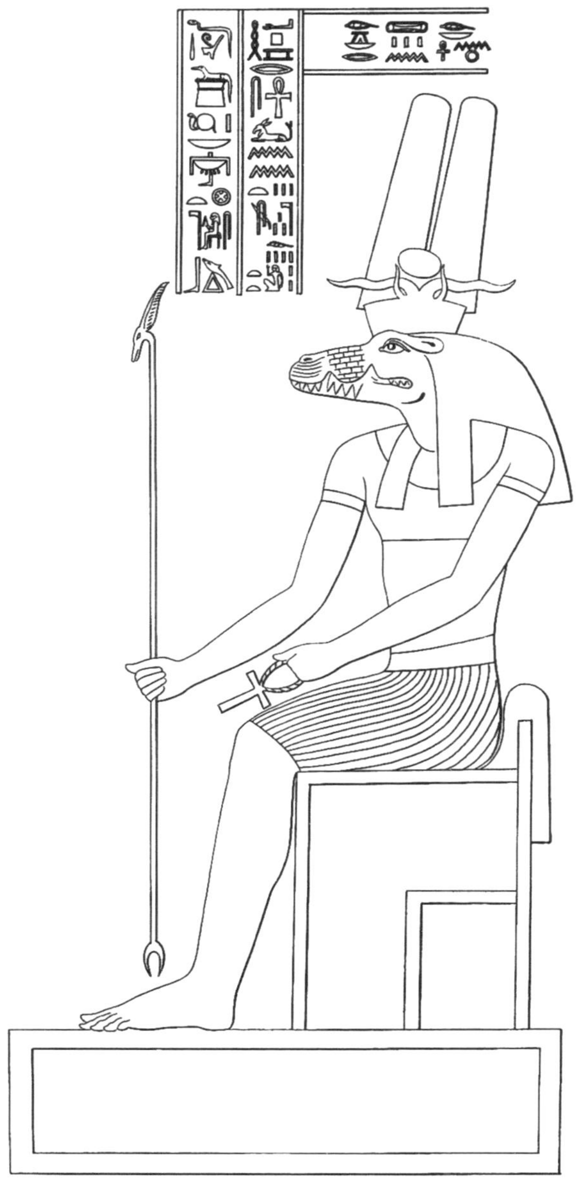

3

4

1. 大神庙，门廊最里面。2. 同上。3. 同上。4. 同上，门廊后面的房间。

图一〇一丁

奥姆波斯

1

2

3

4

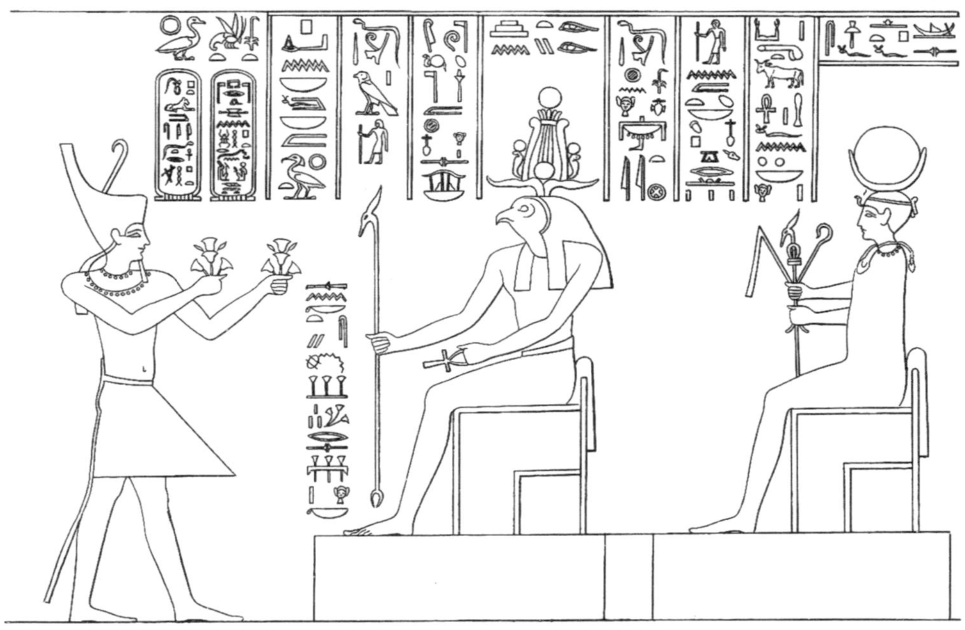

1. 大神庙，门廊某门框。**2.** 同上。**3** 和 **4** 同上，门廊右侧的门。

杰贝尔赛尔赛兰

1

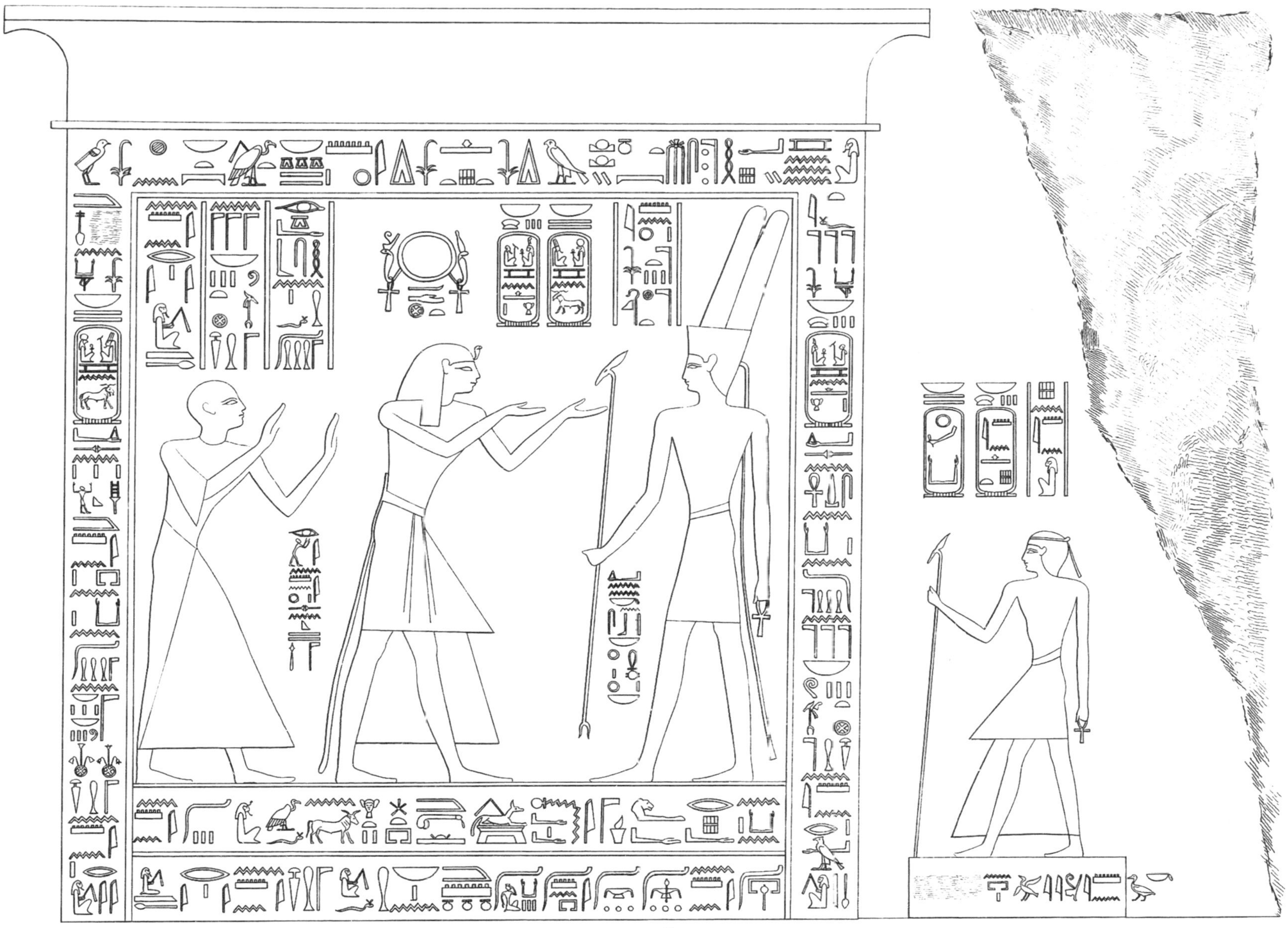

2

1. 拉美西斯二世神殿旁的岩壁上。2. 拉美西斯二世神殿，最里面的墙壁。

图一〇三

杰贝尔赛尔赛兰

1 2 3 4

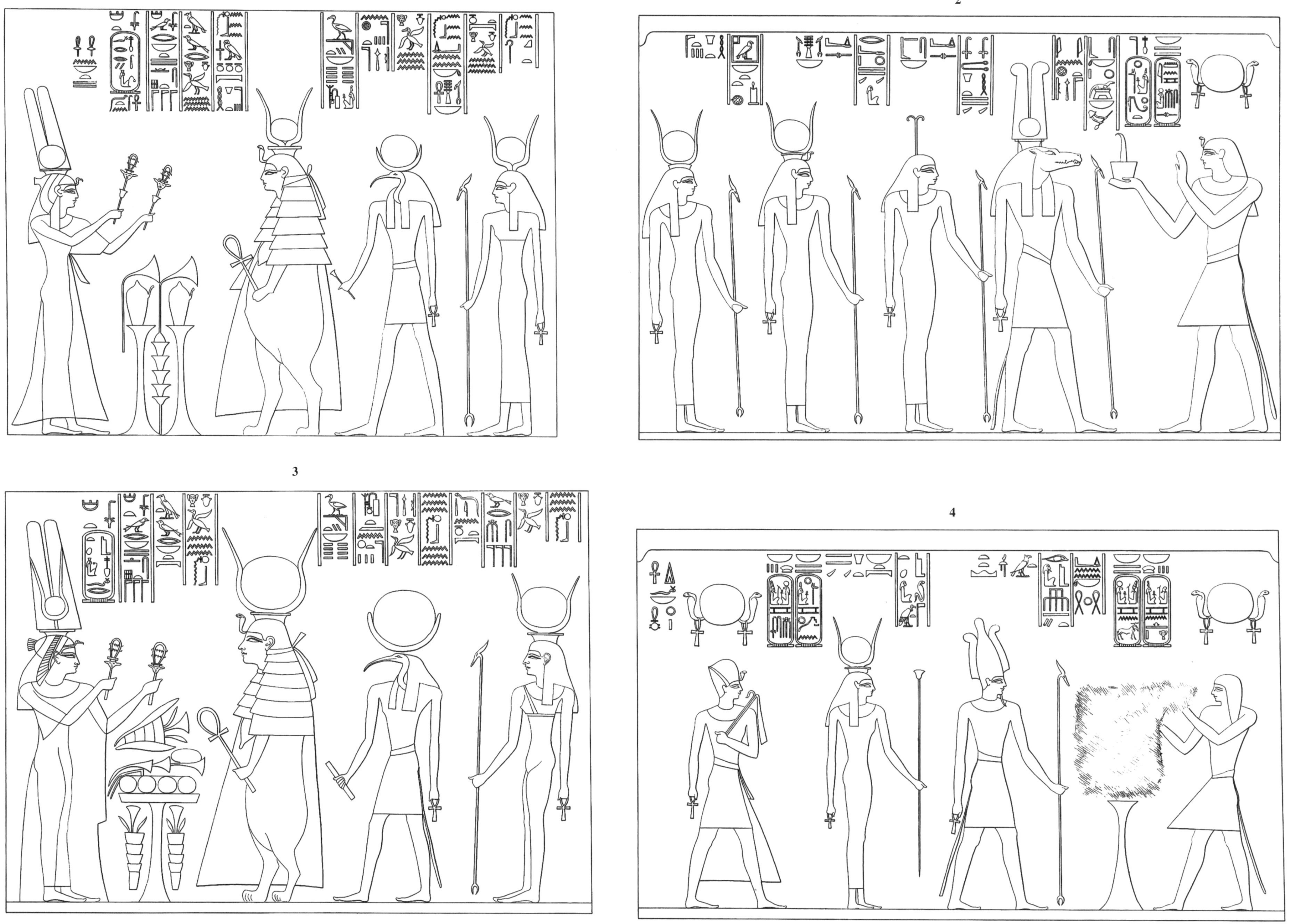

1. 拉美西斯二世神殿，右侧岩壁。2 和 4，普塔霍特普神殿，右侧岩壁。3. 同上，左侧岩壁。

图一〇四

杰贝尔赛尔赛兰

刻于南侧岩壁上。

图一〇五

杰贝尔赛尔赛兰

岩壁碑刻，在拉美西斯二世神殿和佩图巴斯特神殿之间。

杰贝尔赛尔赛兰

大岩庙，其中一扇门的内侧墙壁。

大岩庙，北面最后一扇门的内侧墙壁。

图一〇八

杰贝尔赛尔赛兰

1

5

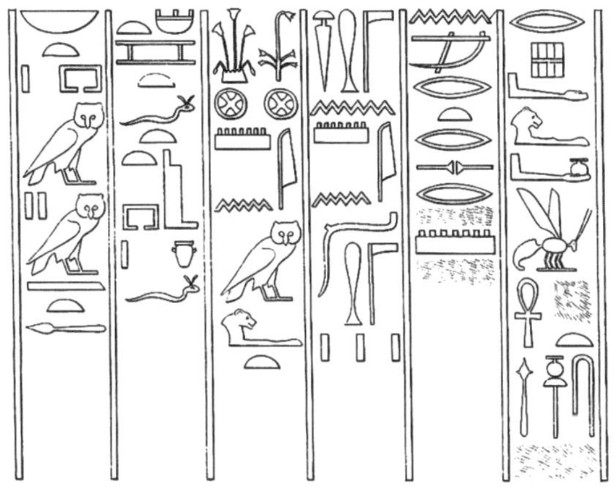

6

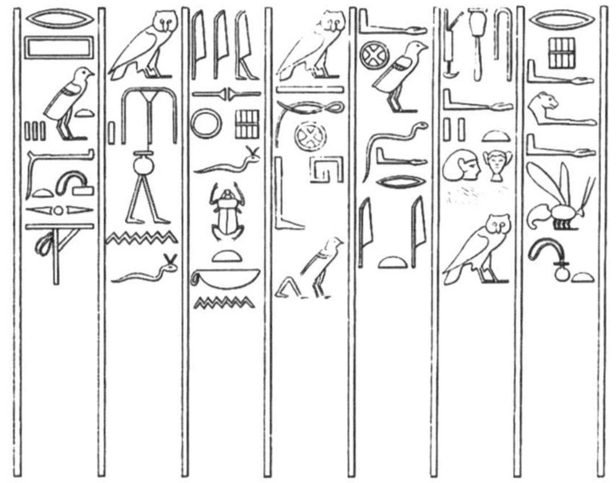

4

2

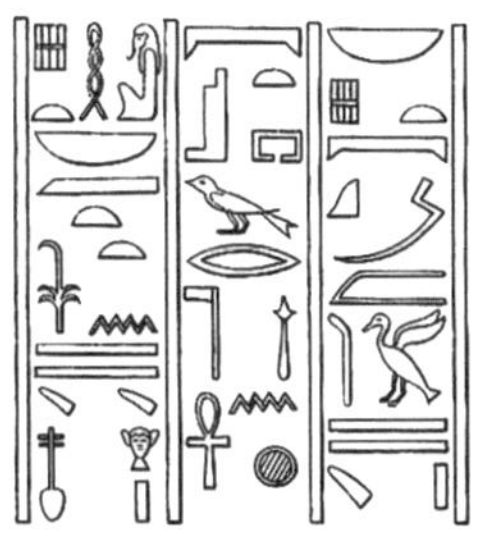

3

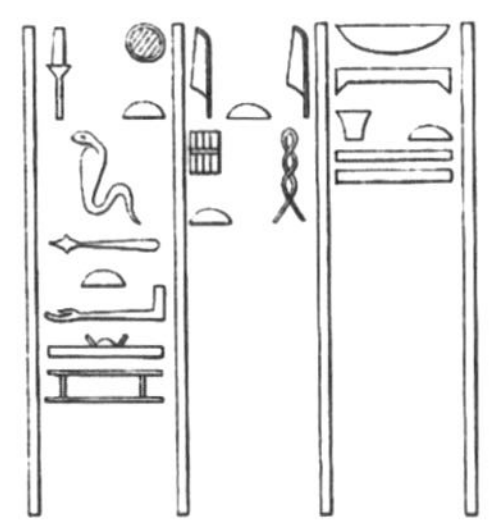

1. 大岩庙，正门。2 和 3，同上，同上，左壁。4. 同上，右侧第一个门和第二个门之间的墙壁上。5. 阿蒙奈姆杰姆的墓葬。6. 南部一座墓葬。

图一〇九

杰贝尔赛尔赛兰

1

2

3

1. 大岩庙，正门旁边。2. 同上，右侧第二根壁柱。3. 同上，左壁。

图一一〇

杰贝尔赛尔赛兰

大岩庙，西墙。

图一一一

杰贝尔赛尔赛兰

大岩庙，西墙。

图一一二

大岩庙，接上图。

图一一三

杰贝尔赛尔赛兰

大岩庙，西墙。

图一一四

杰贝尔赛尔赛兰

大岩庙，西墙左数第二块石碑。

杰贝尔赛尔赛兰

大岩庙，神殿正门左起第一块石碑。

图一一六

杰贝尔赛尔赛兰

大岩庙，神殿入口右起第一块石碑。

图一一七

杰贝尔赛尔赛兰

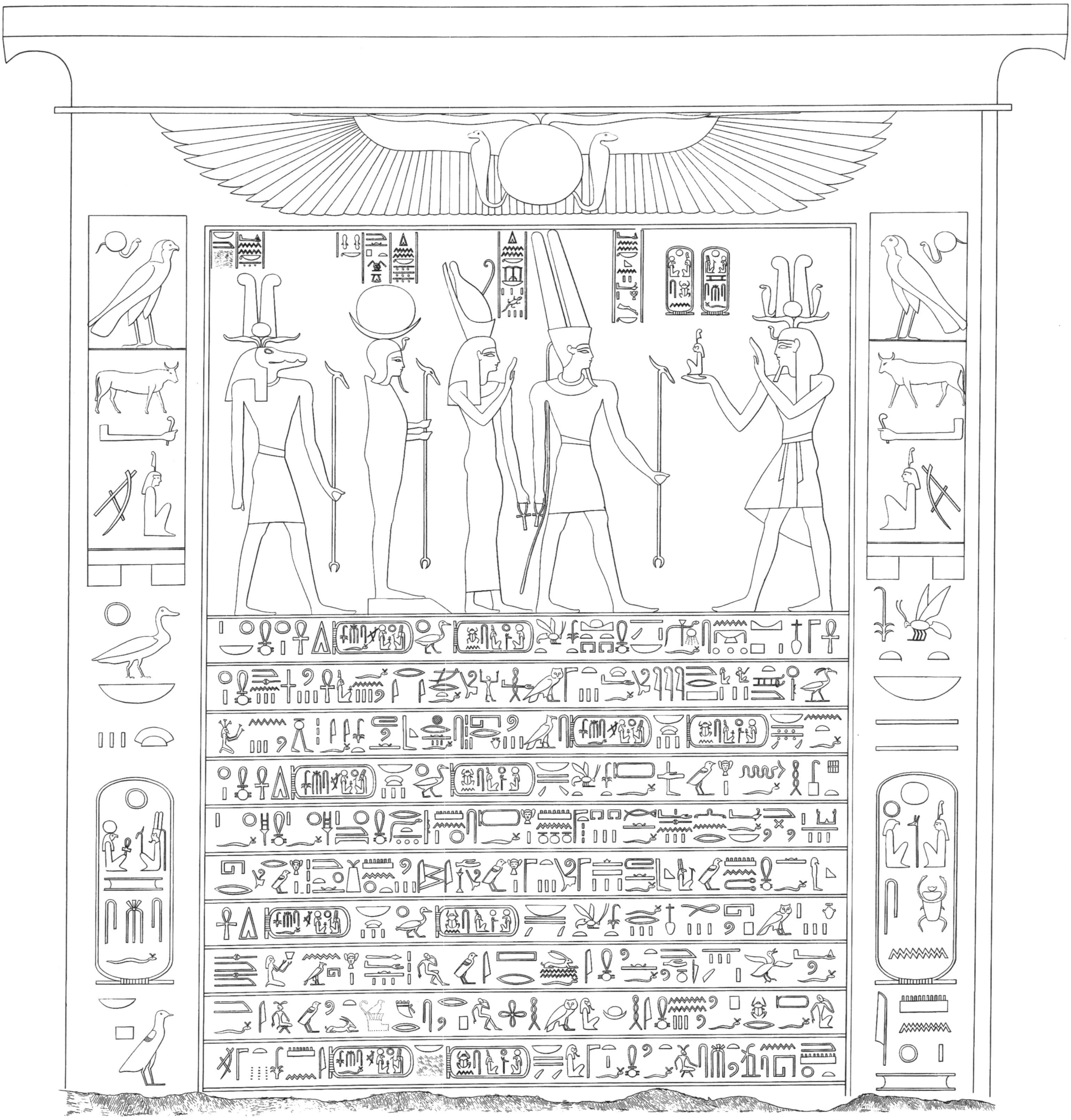

岩庙南边的石碑。

图一一八

杰贝尔赛尔赛兰

大岩庙，神殿正门右起最后一块石碑。

图一一九

杰贝尔赛尔赛兰

大岩庙，走廊右起最后一块石碑。

图一二〇

杰贝尔赛尔赛兰

1

2

4

3

1. 大岩庙，神殿正面左侧的边框。2. 同上，最里面的墙壁。3. 舍尚克石碑旁边的浮雕。4. 大岩庙，最深处左侧最后一扇门的对面。

杰贝尔赛尔赛兰

大岩庙，右壁其中一个门的内侧。

杰贝尔赛尔赛兰

大岩庙，右侧最后一个门旁边的走廊。

图一二二乙

埃塞布阿、丹杜尔、吉尔什

1

2

3

4

1. 埃塞布阿，神庙门楣。2. 丹杜尔。3. 杰贝尔赛尔赛兰，拉美西斯二世的神殿。4. 奥姆波斯大神庙，门廊后面的第二间。

图一二二丙

杰贝尔赛尔赛兰

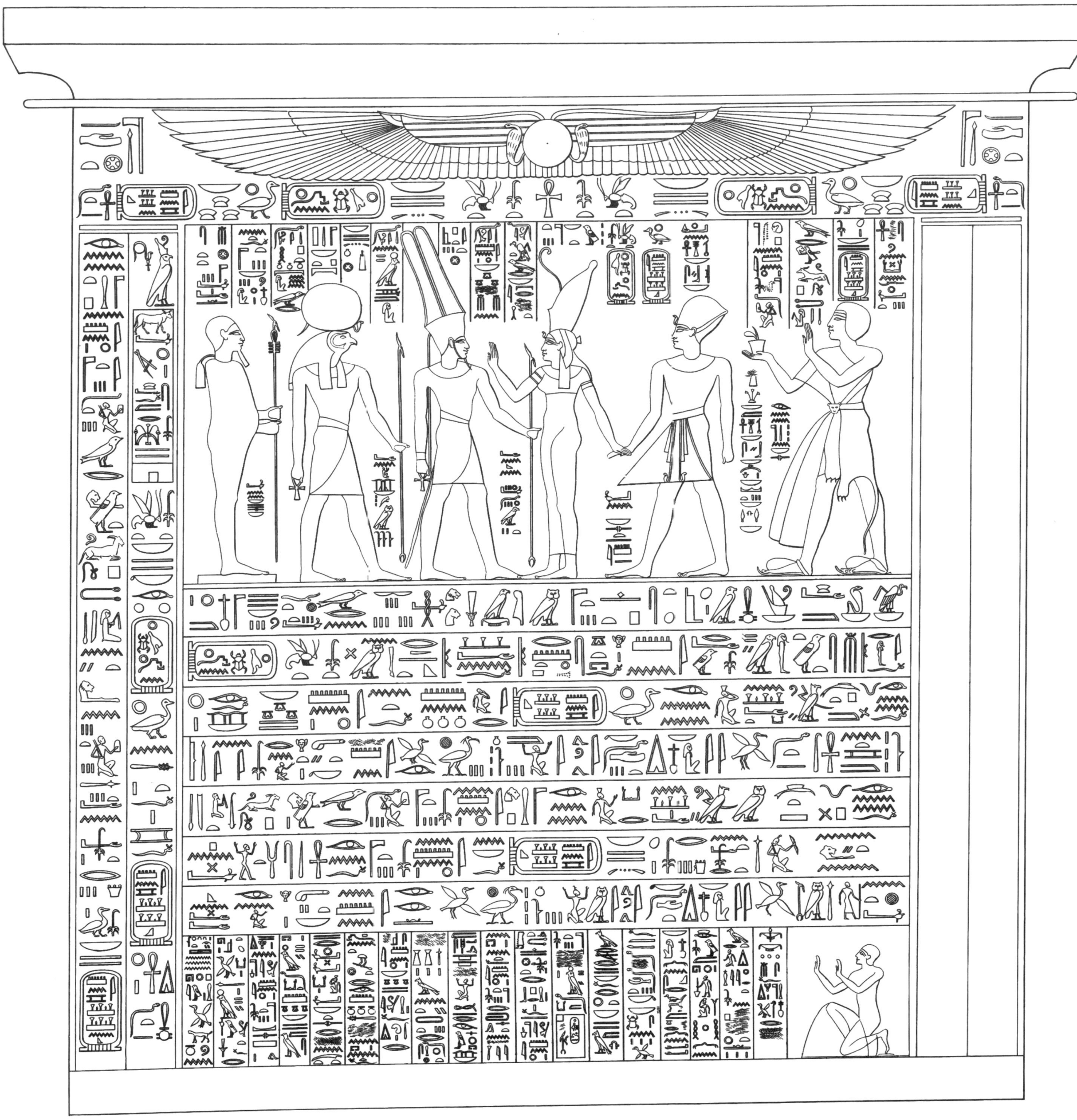

石灰岩质地的石碑。

图一二三

艾德福

1

2

1. 大神庙，门廊内侧。2. 同上，同上。

图一二四

艾德福

1

2

1. 大神庙，门廊内侧。2. 同上，同上。

图一二五

艾德福

1

2

1. 大神庙，外墙，北面。2. 同上，同上。

艾德福

1

2

1. 大神庙，右数第三幅图，门廊东南角。2. 同上，第二柱廊右侧，神殿大门左侧。

艾德福

1

2

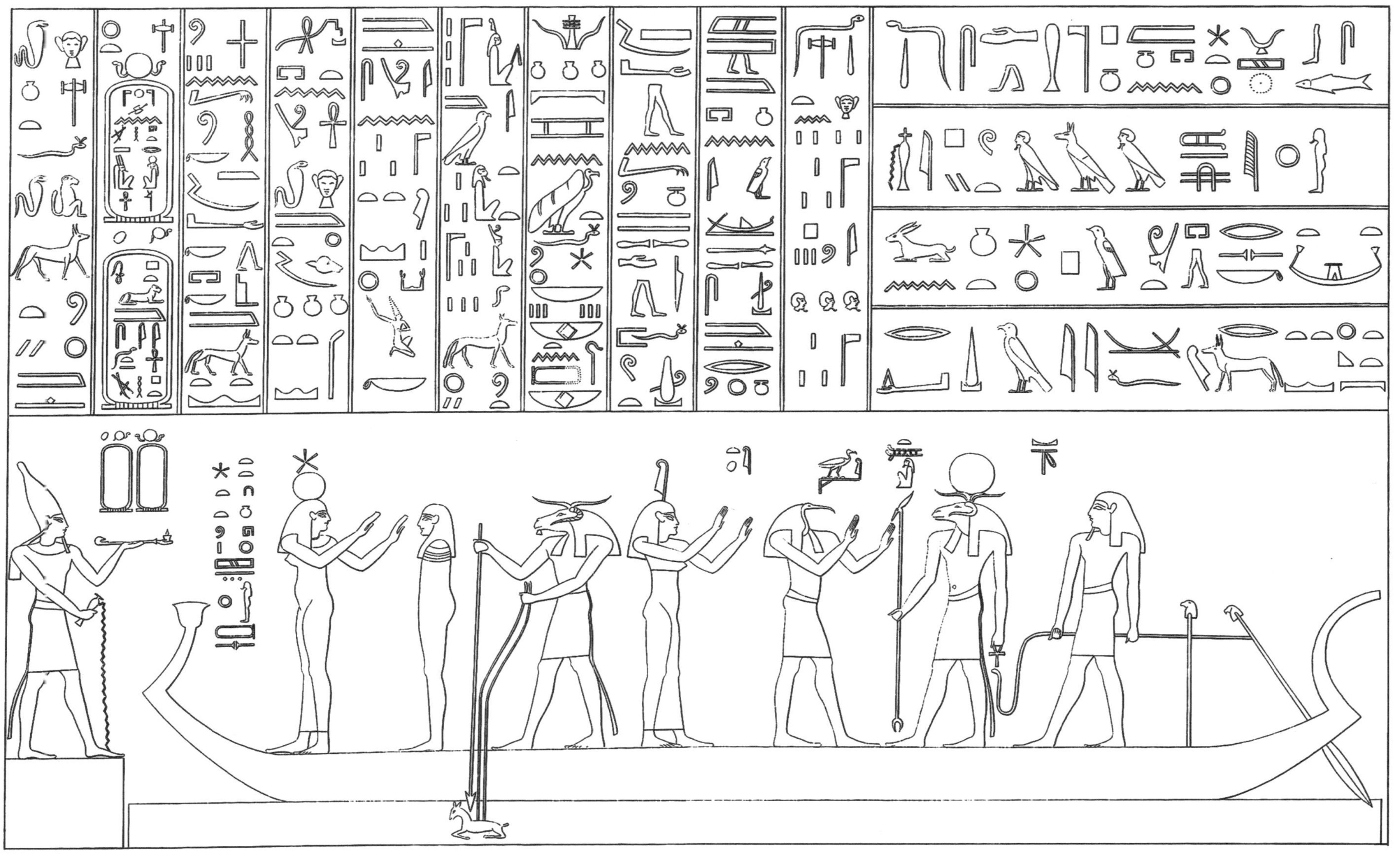

1. 大神庙，大门右侧第一幅图。2. 同上，神殿大门上面第一个柱子间隔。

艾德福

1

2

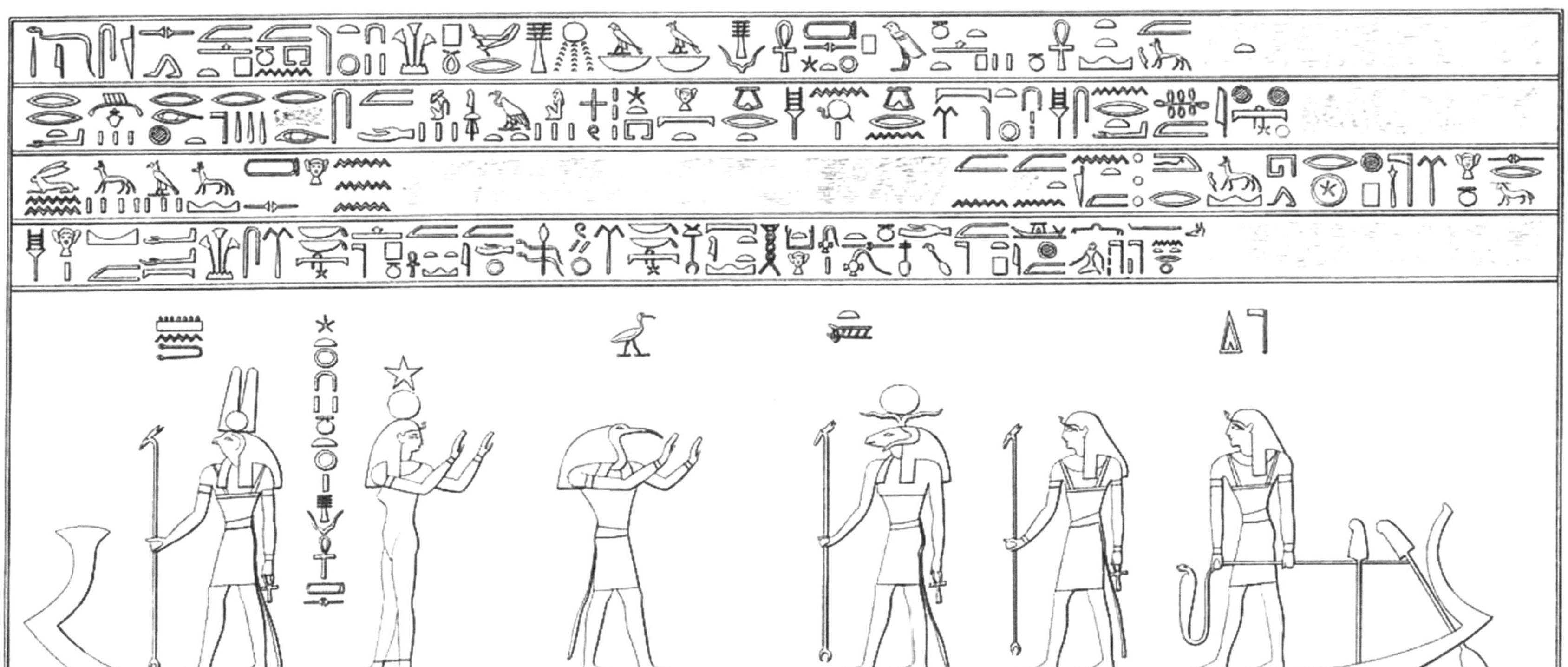

1. 大神庙，门廊深处，左数第二个圣船。2. 同上，神殿深处左面第一幅图。

图一二九

艾德福

大神庙，门廊右壁。

艾德福

1

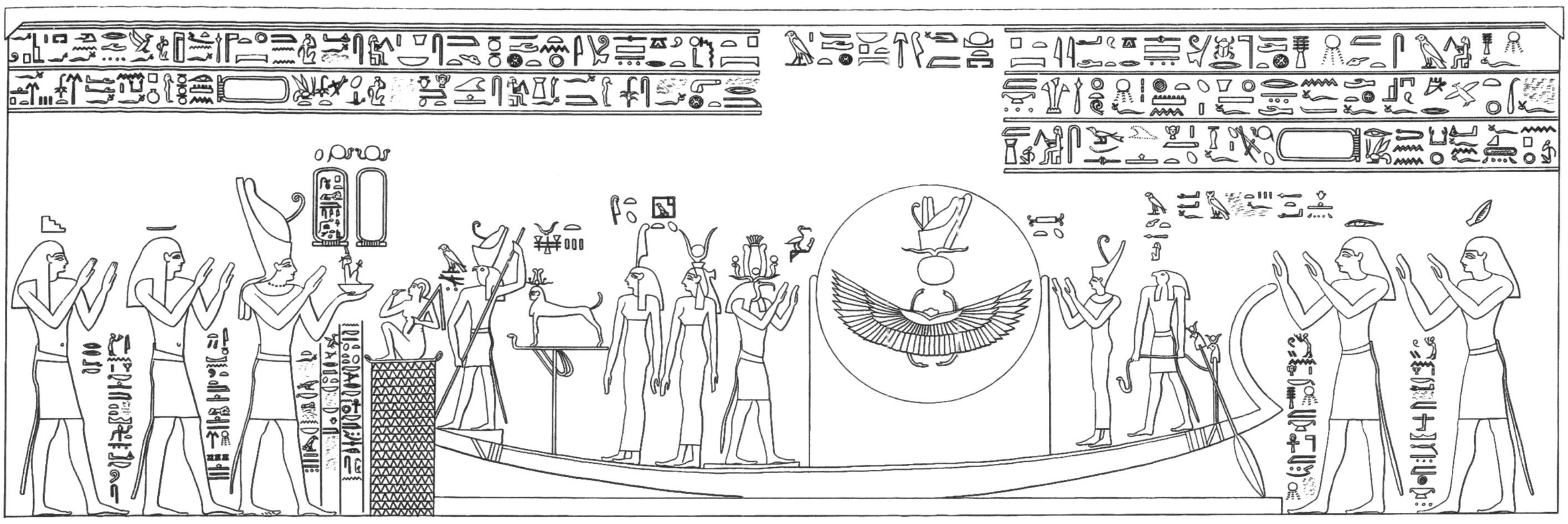

2

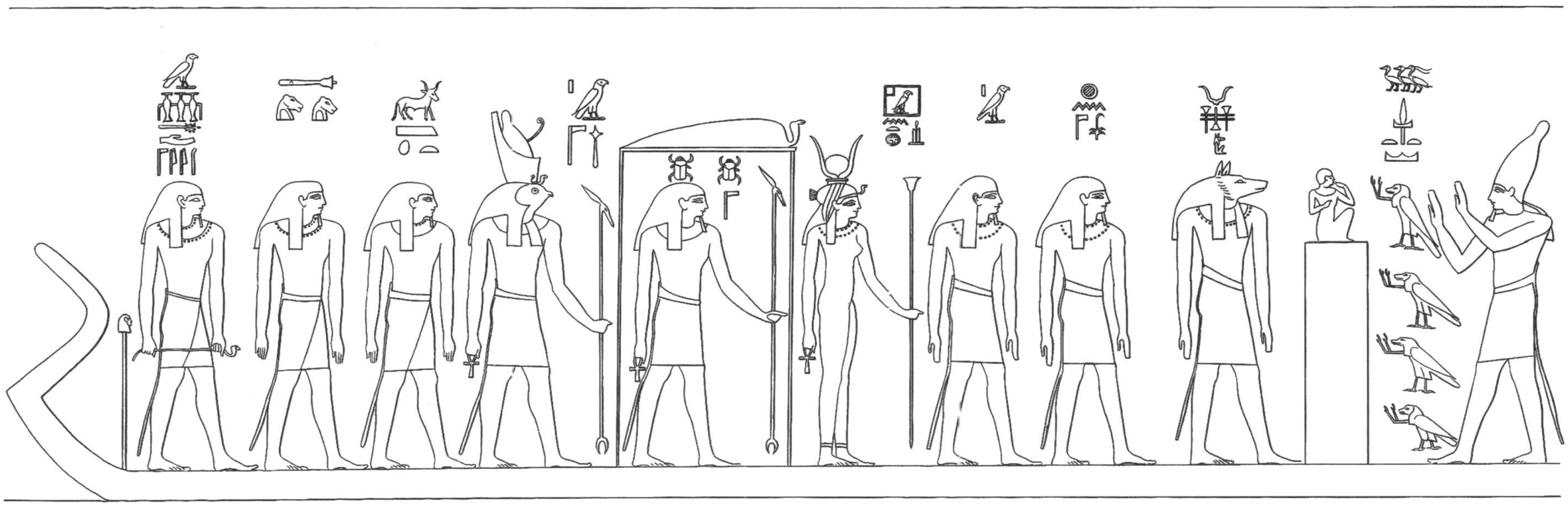

3

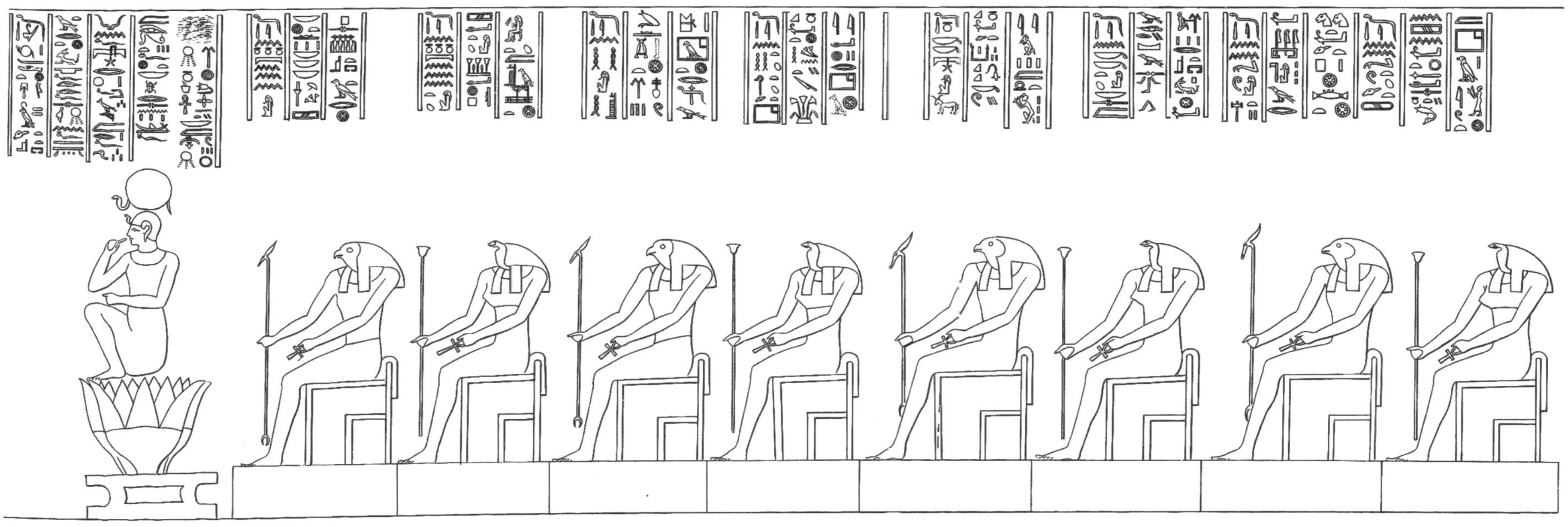

1. 大神庙入口上方。2. 同上，门廊右侧墙壁。3. 同上，左侧走廊。

艾德福

1

2

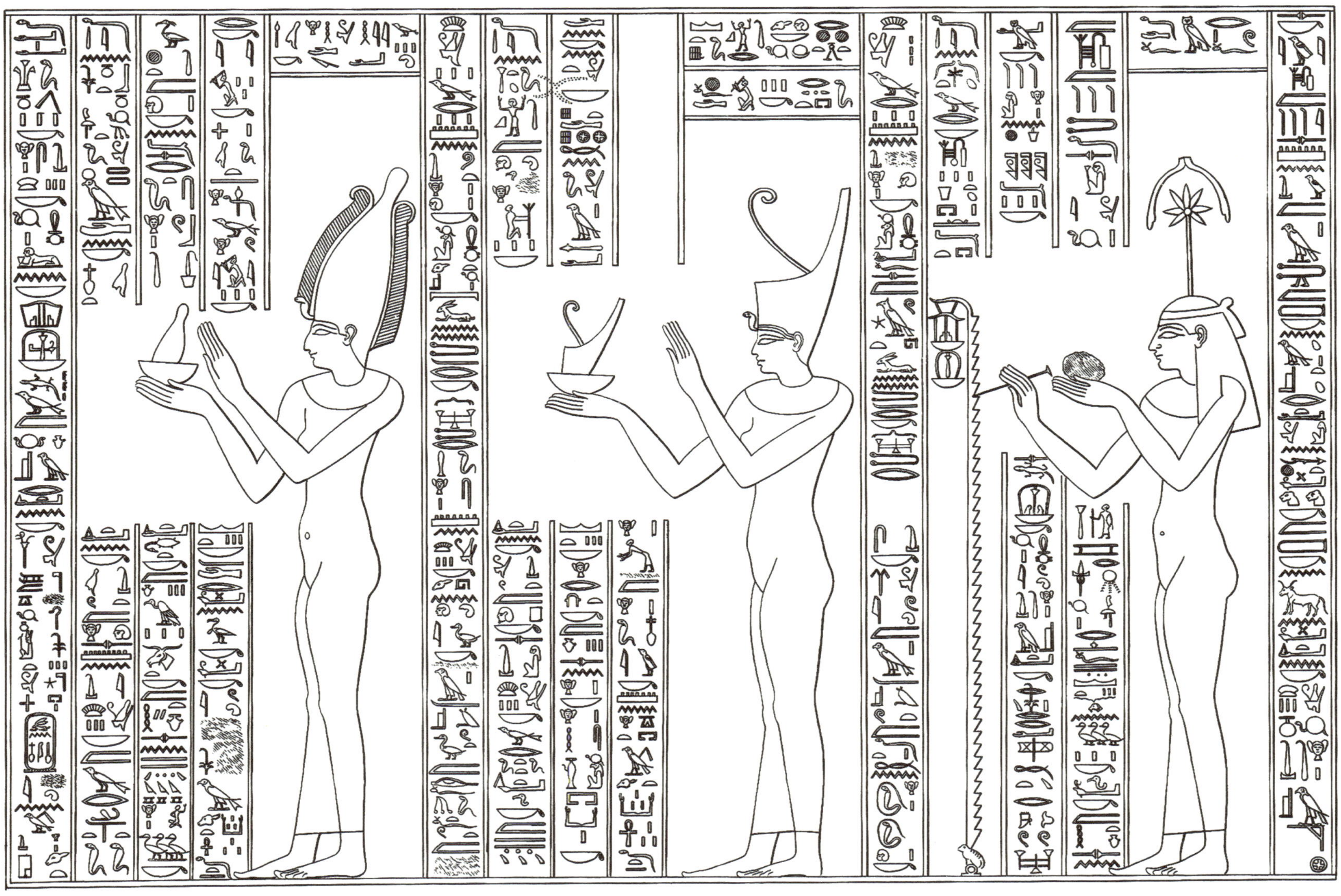

1. 大神庙围墙后面的外墙。2. 同上。

图一三二

艾德福

1

2

1. 大神庙，围墙内侧。2. 同上，门廊左侧墙壁。

图一三三

艾德福

1

2

3

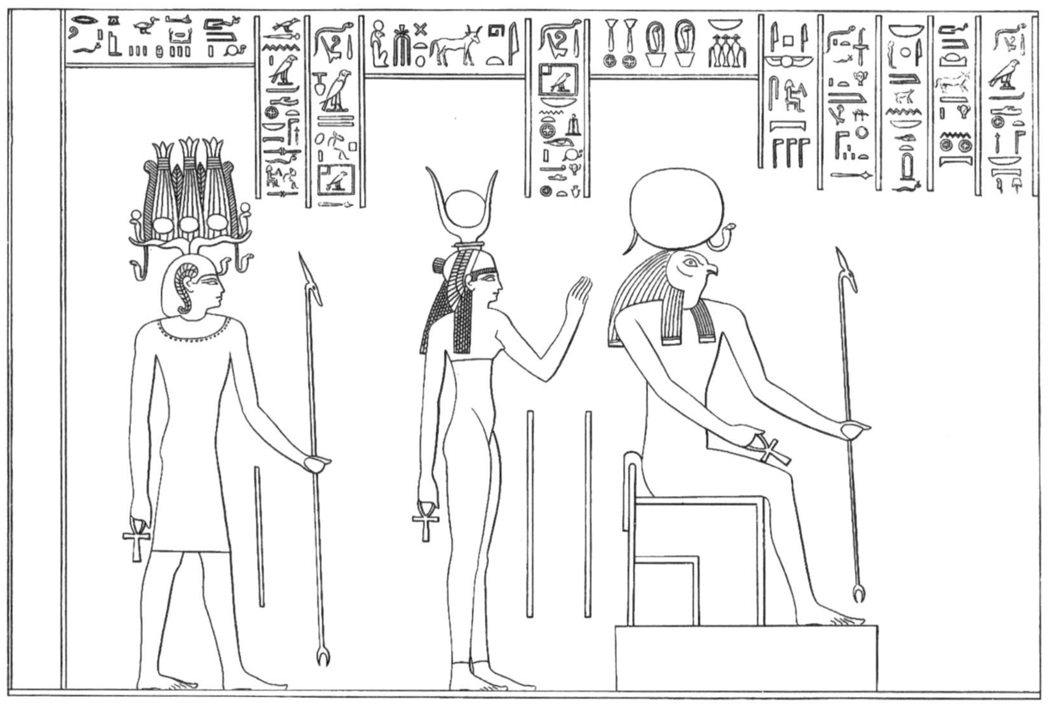

4

1. 大神庙，内墙右侧墙壁。2. 同上，同上。3. 同上，围墙后面的内墙。4. 同上，内殿左侧外墙。

图一三四

艾德福

1

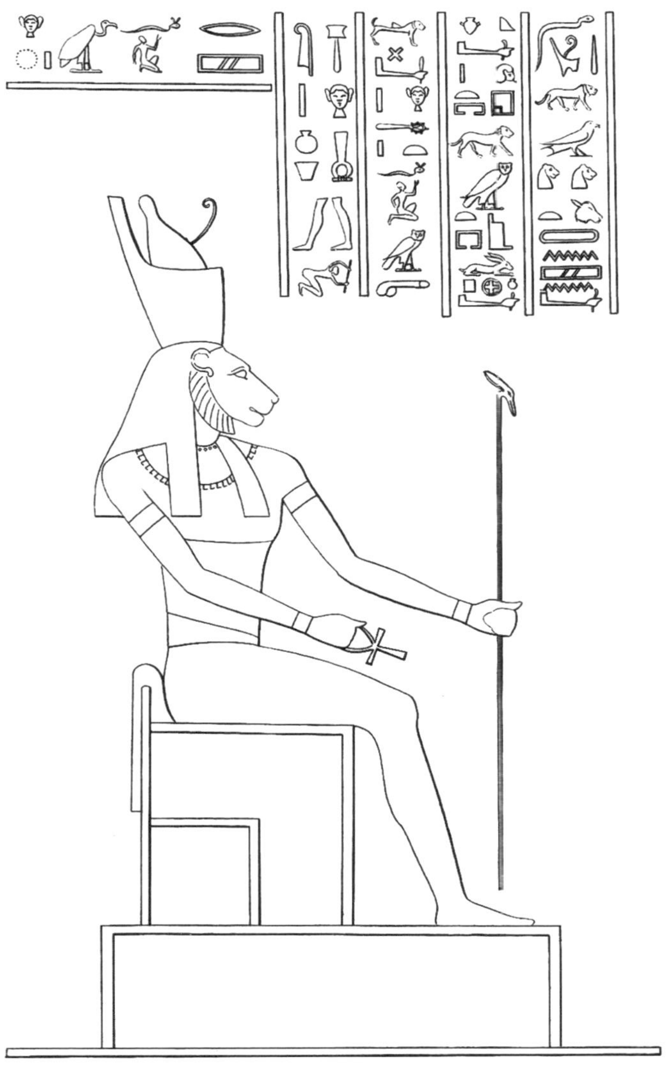

2

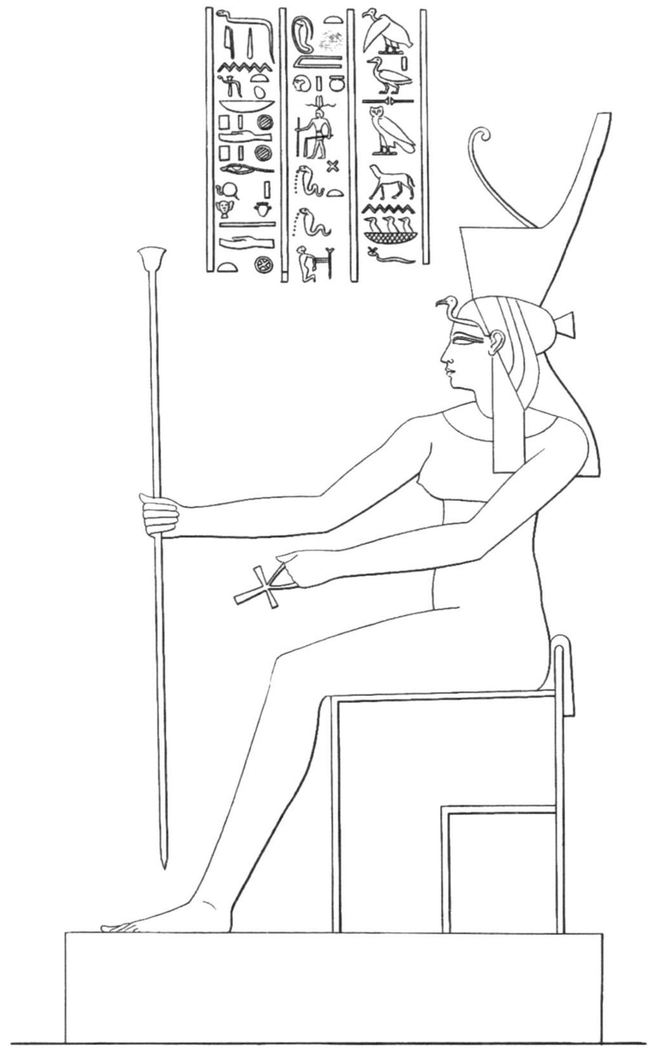

3

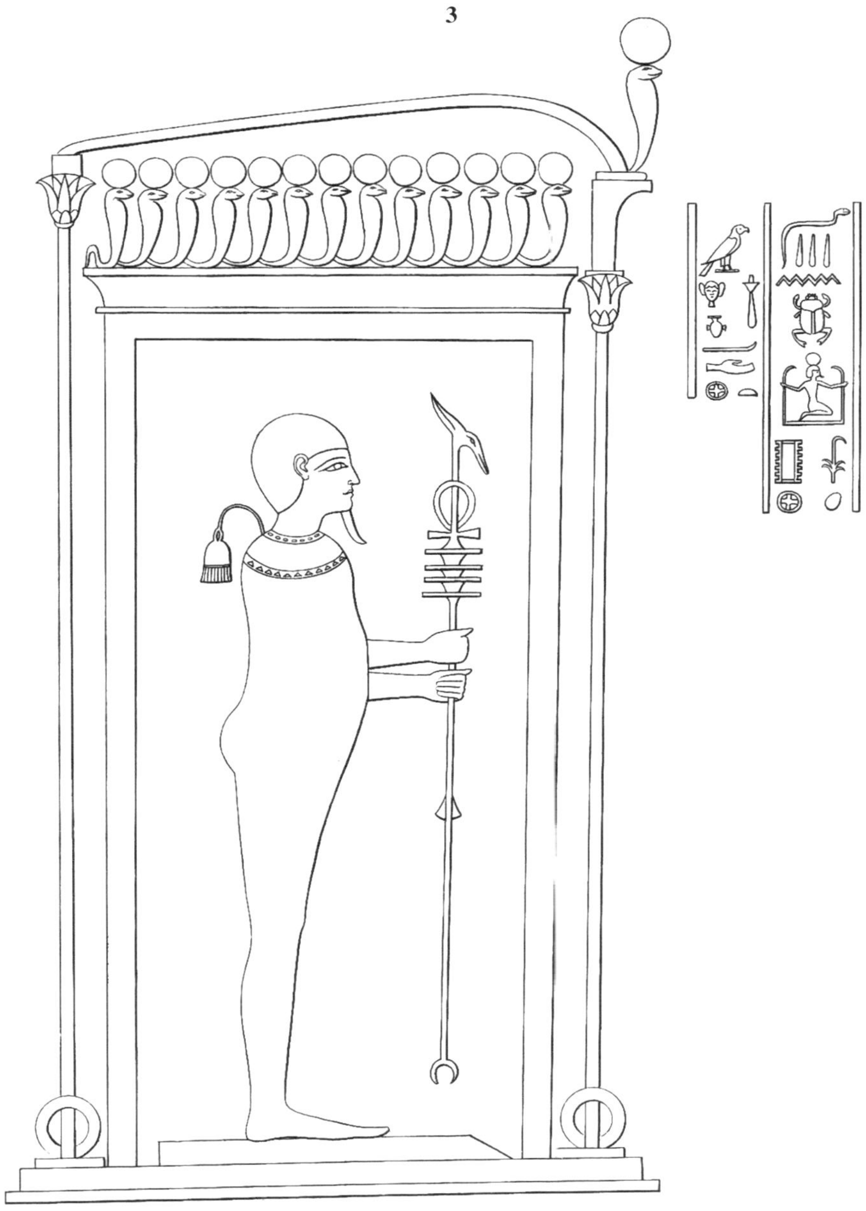

4

1. 大神庙，外墙北侧。2. 同上，庭院的左侧柱廊。3. 同上，外墙西侧。4. 同上，庭院左侧的走廊。

艾德福

1

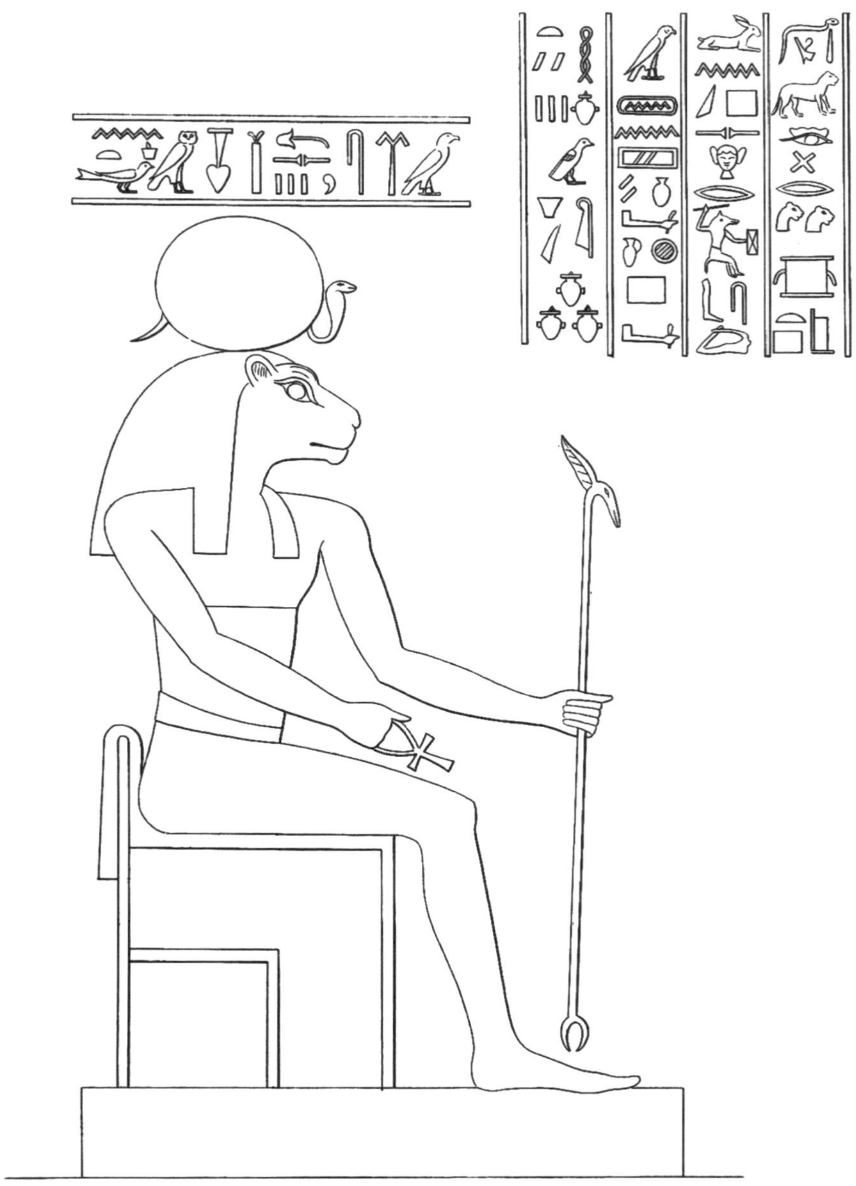

2

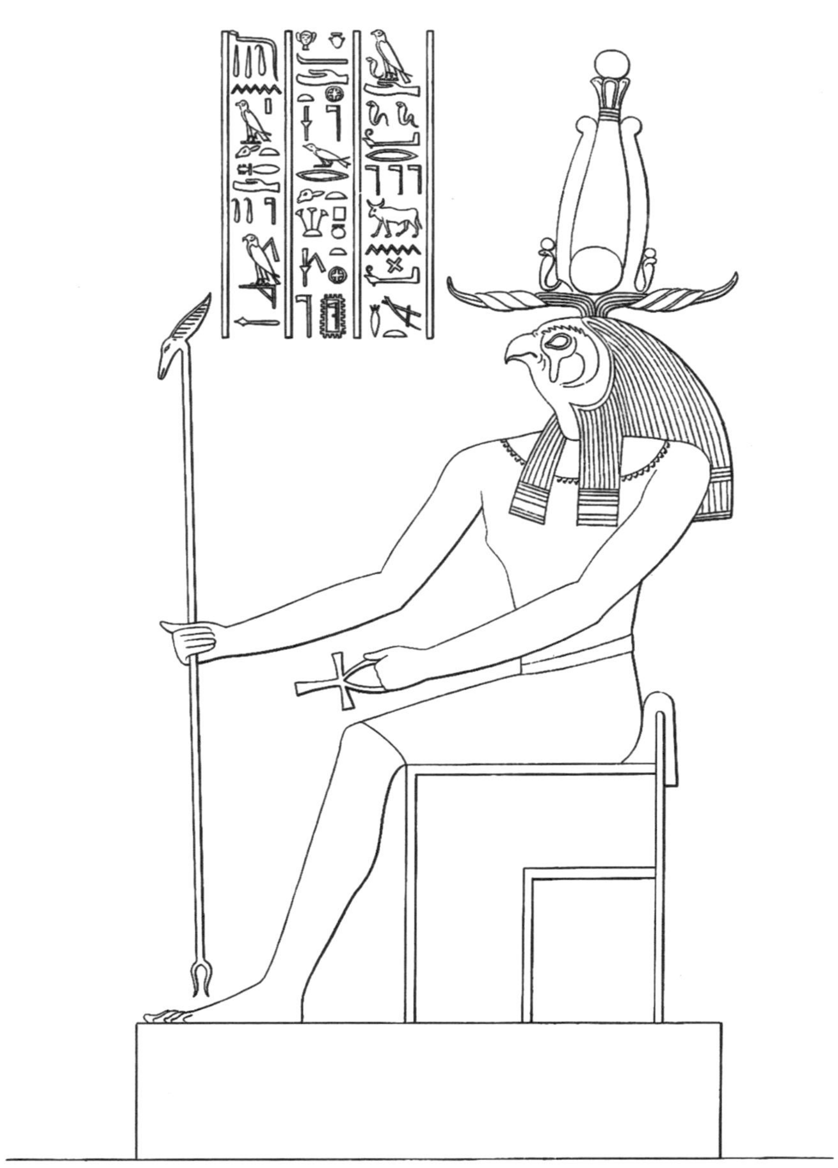

3

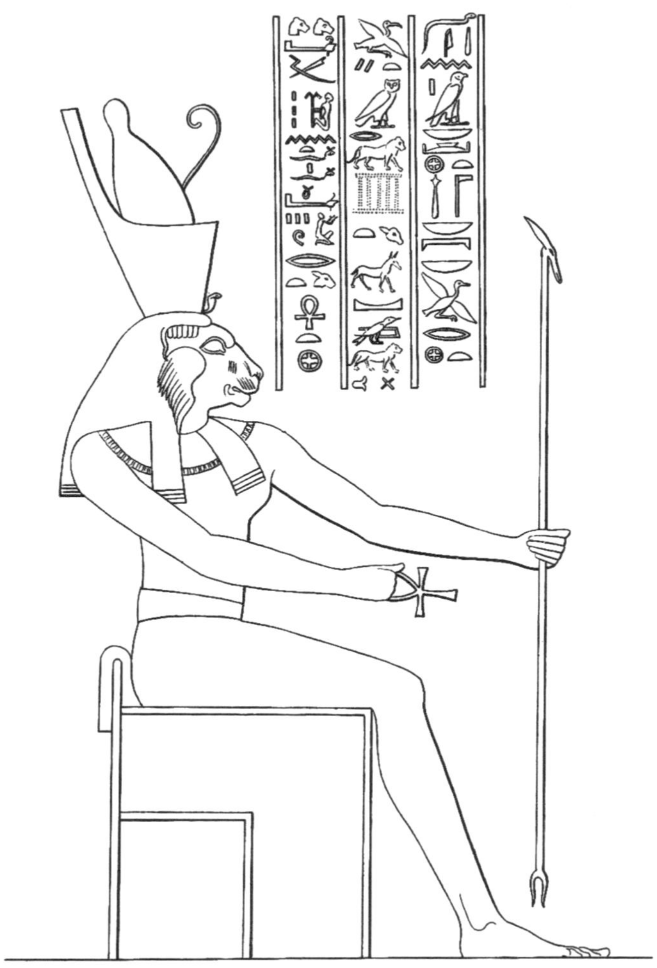

4

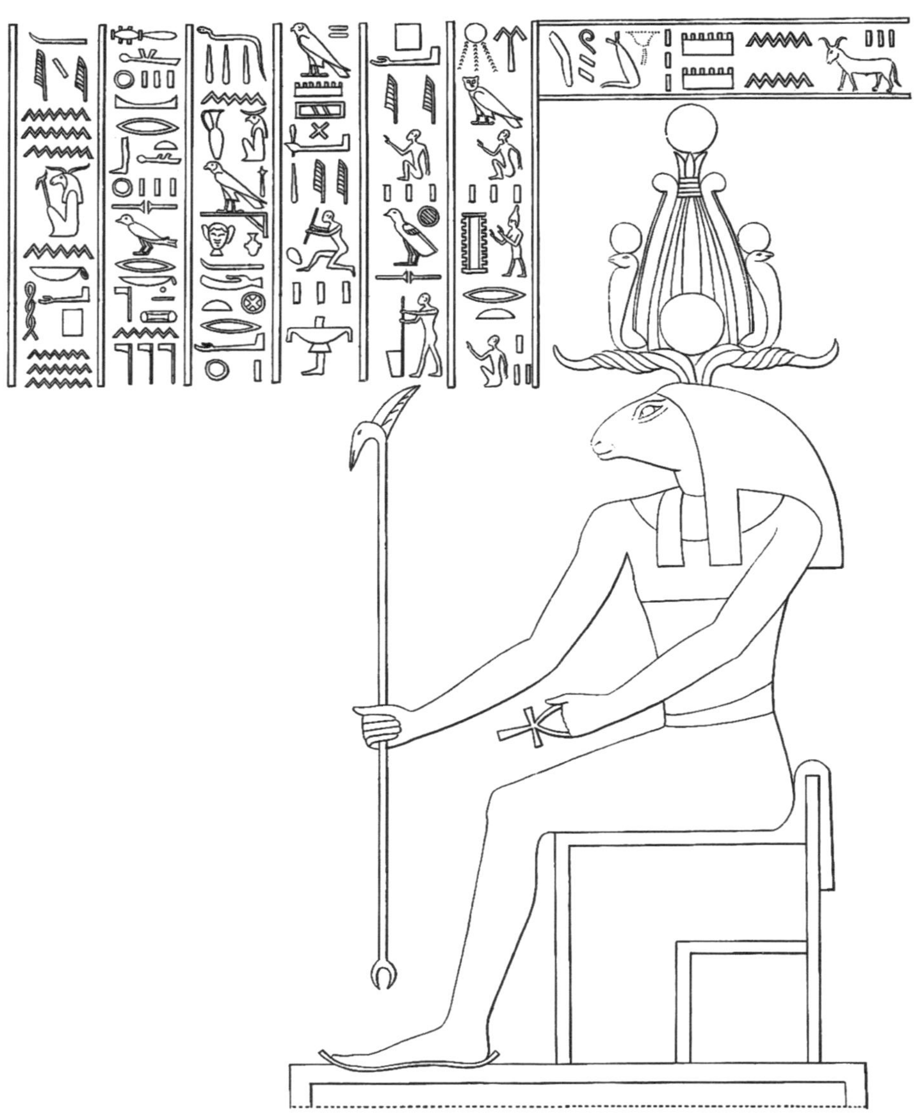

1. 大神庙，庭院左侧走廊。2. 北侧外墙。3. 神庙左侧塔门。4. 西侧外墙。

图一三六

艾德福

1

2

5

3

4

1 和 2，神庙外墙左侧。3. 神庙门廊旁左侧的走廊。4. 围墙，外墙。5. 同上，内侧。

图一三七

艾德福

1

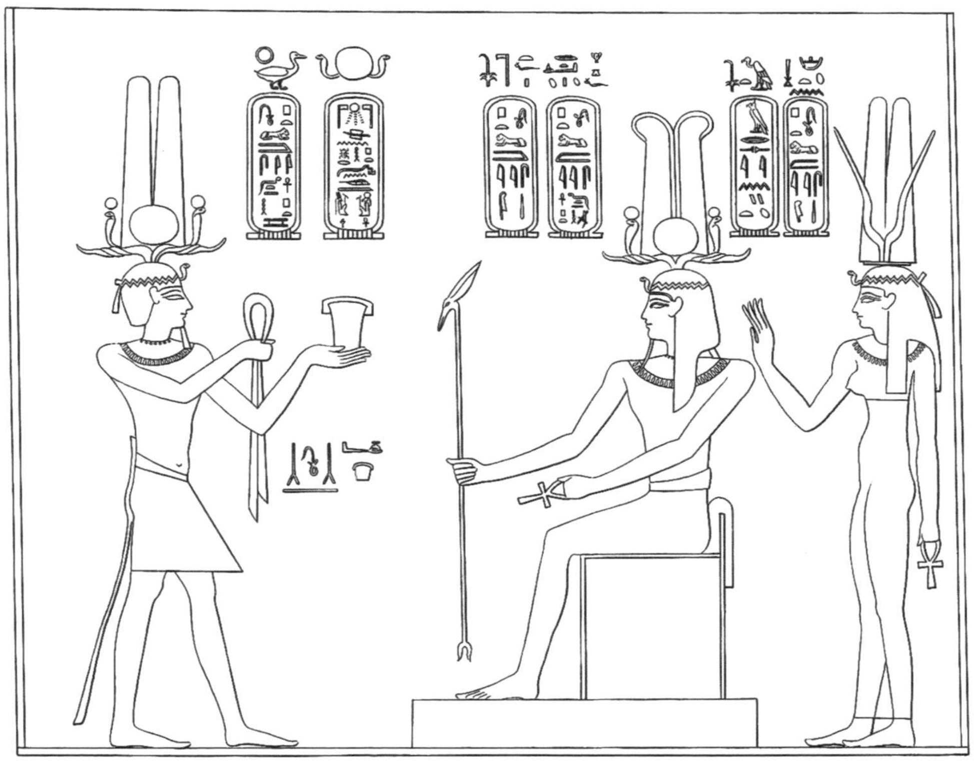

2

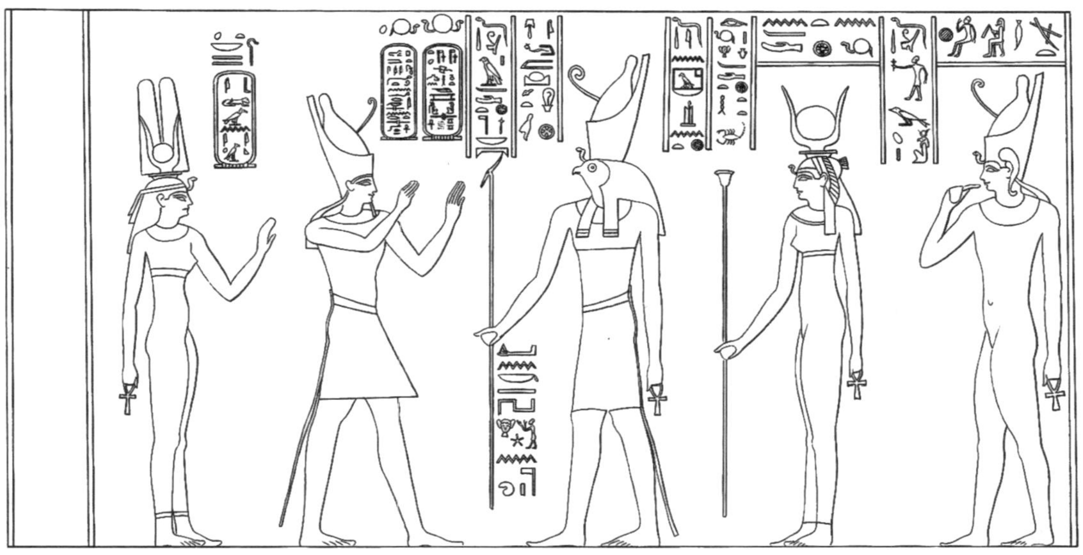

3

4

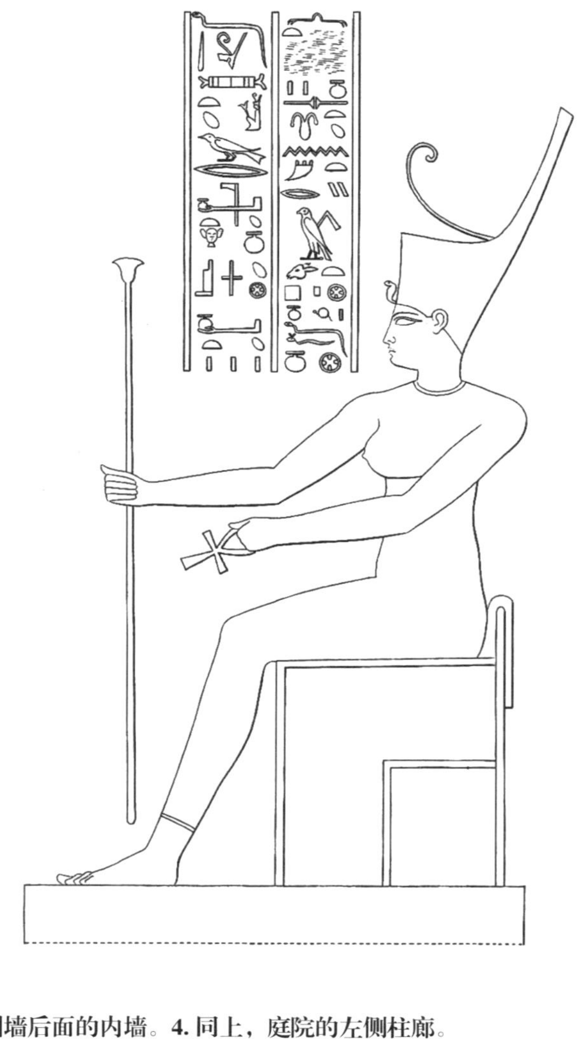

1. 大神庙，门廊左边第二行。2. 同上，围墙后面的外墙。3. 同上，大神庙围墙后面的内墙。4. 同上，庭院的左侧柱廊。

艾德福

1

2

3

4

1. 小神庙，神殿左侧墙壁第二行第一幅图。2. 同上，同上，第二幅。3. 同上，同上。4. 同上，同上，右边第一行。

艾德福

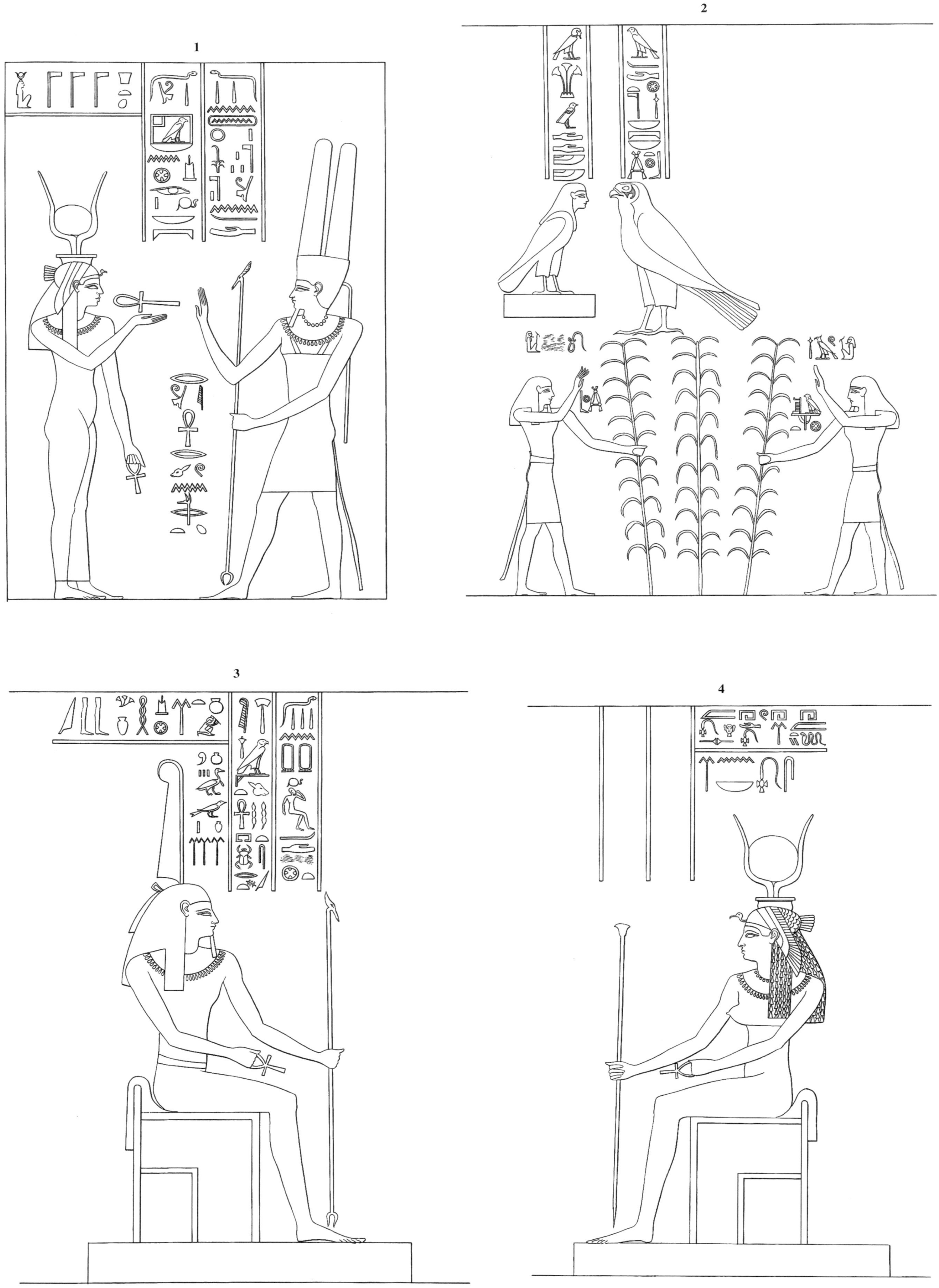

1. 小神庙，左边的门廊墙角。2. 大神庙，围墙内侧。3 和 4，同上，门廊。

图一三九乙

艾德福

1

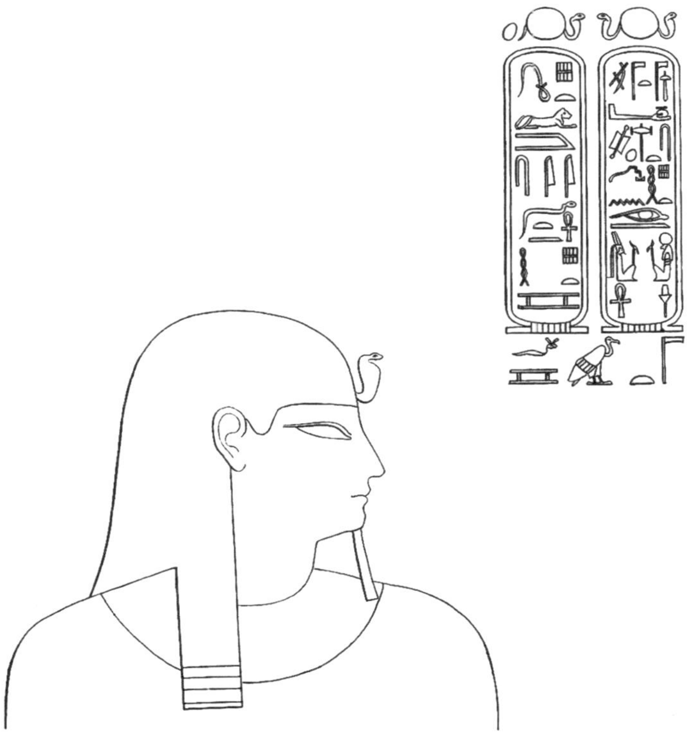

2

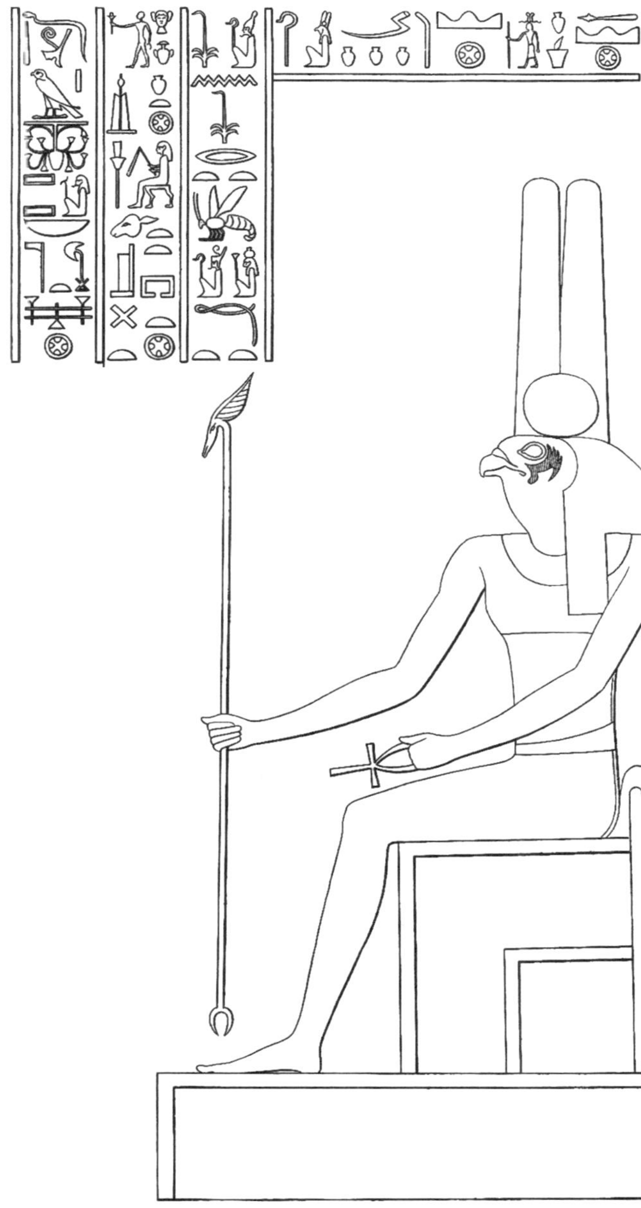

3

4

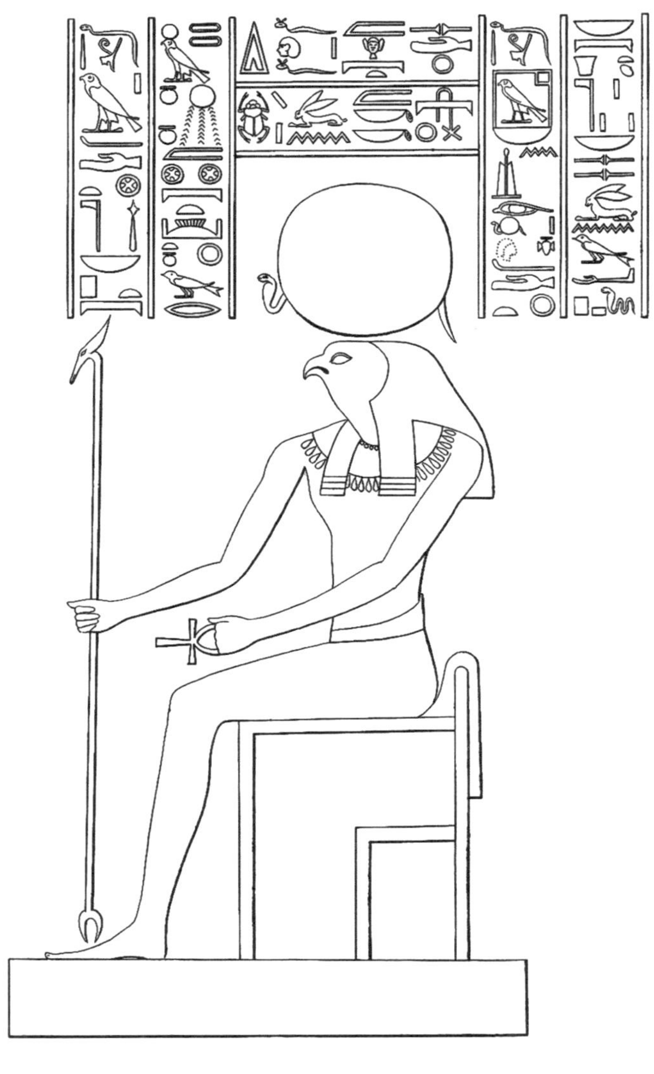

1. 神庙，庭院右侧走廊。2. 同上，后面左侧。3 和 4，同上，门廊左侧墙壁。

图一三九丙

德布、艾德福

1. 德布，阿蒙神庙的门廊处。2、3和4，艾德福，神庙后方围墙的外侧。

图一四〇

埃尔提亚

1

2

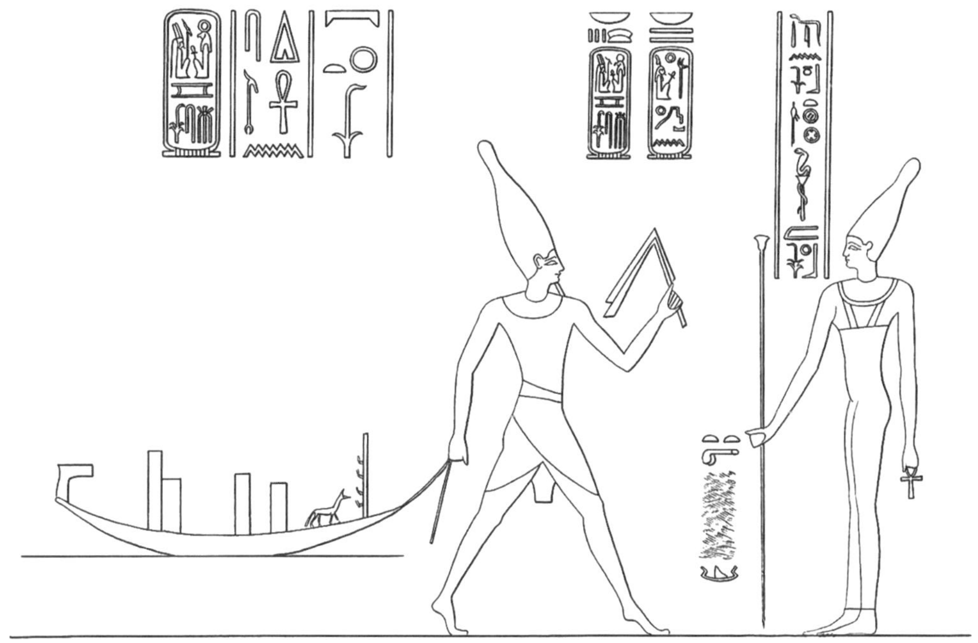

3

4

1和2，塞维克神庙遗址的石刻残片。3和4，同一墓室中的左侧墙壁上。

图一四一

埃尔提亚

1

2

1. 其中一间墓室的左壁。2. 帕费的墓室，左侧墙壁。

埃尔提亚

2

1

3

1. 帕费的墓室，右侧墙壁。2 和 3，另一座墓里的浮雕。

图一四三

埃尔提亚

1

2

1 帕费的墓室　2 另一座墓

图一四四

埃尔提亚

1

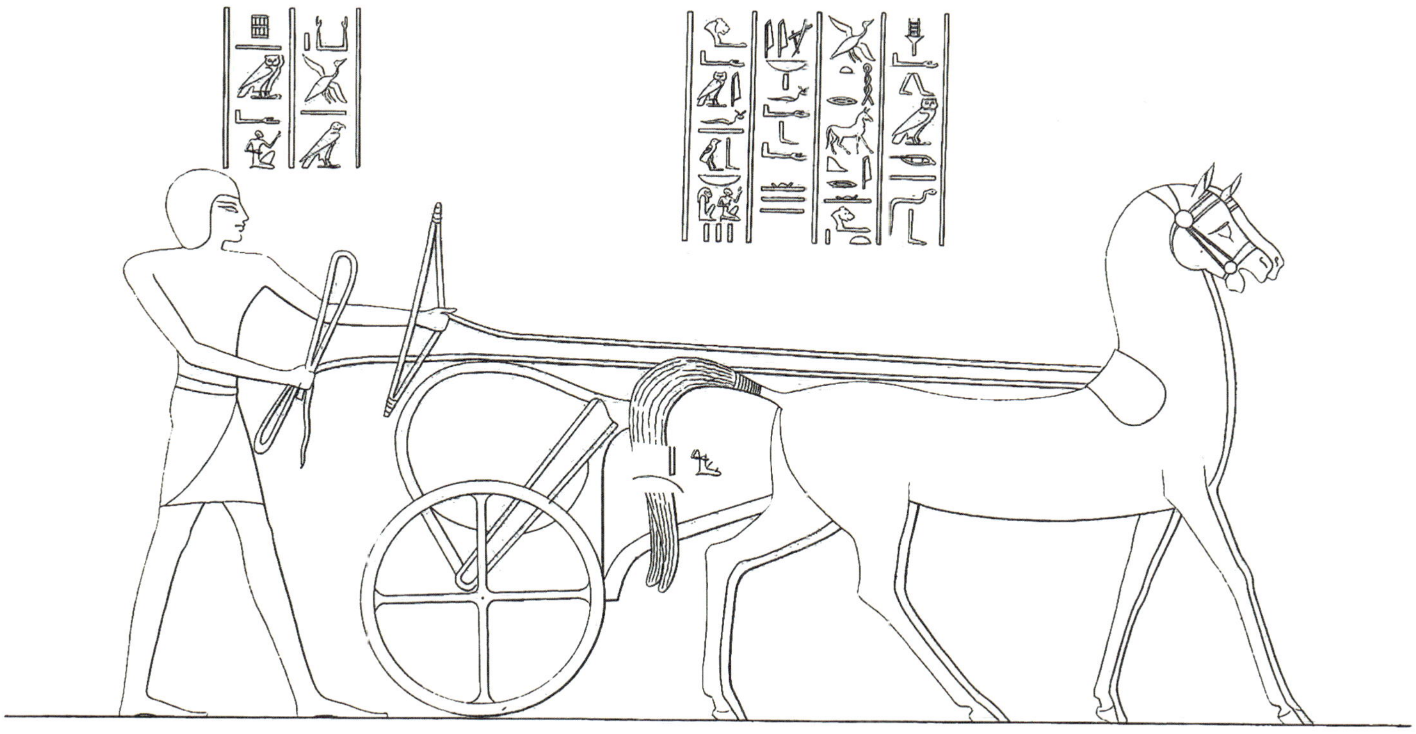

2

1. 一座墓中的左侧墙壁。2. 帕费的墓室。

图一四五甲

埃尔提亚

1

2

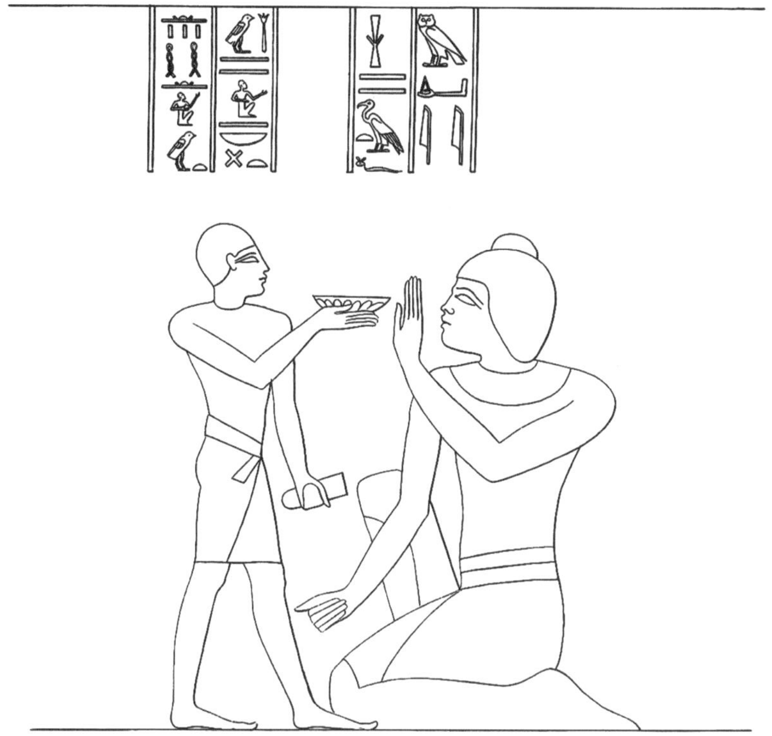

3

4

图一四五乙

艾斯那

1

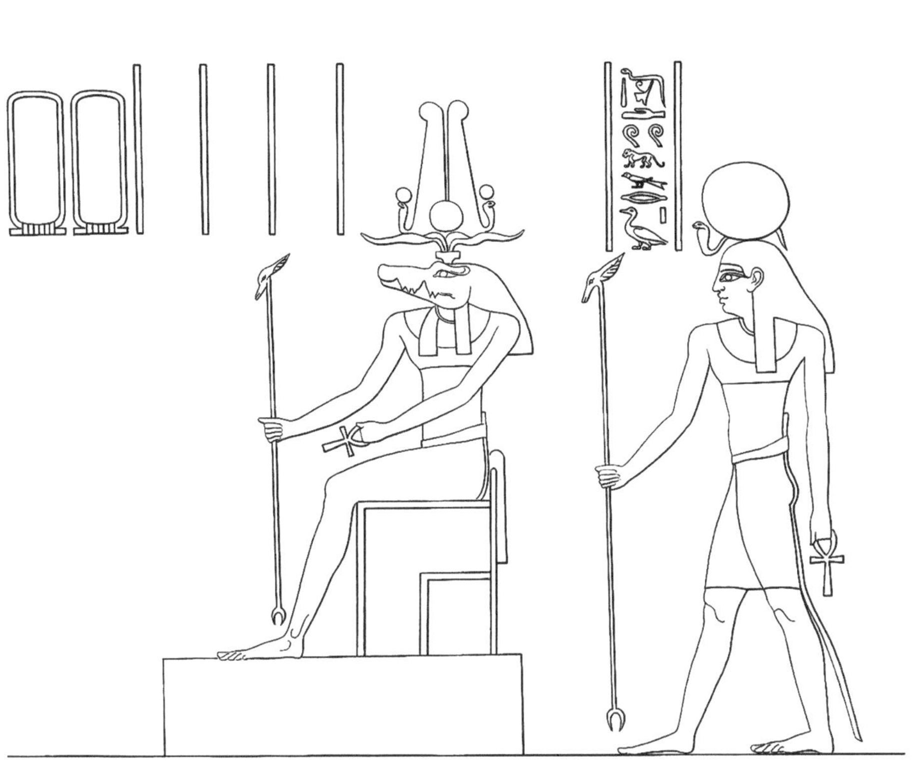

2

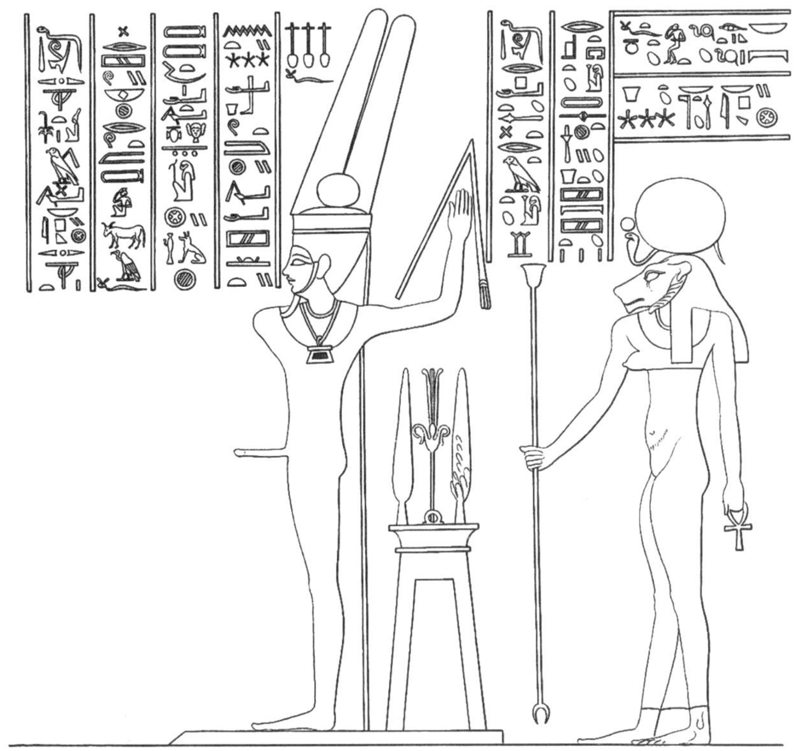

3

4

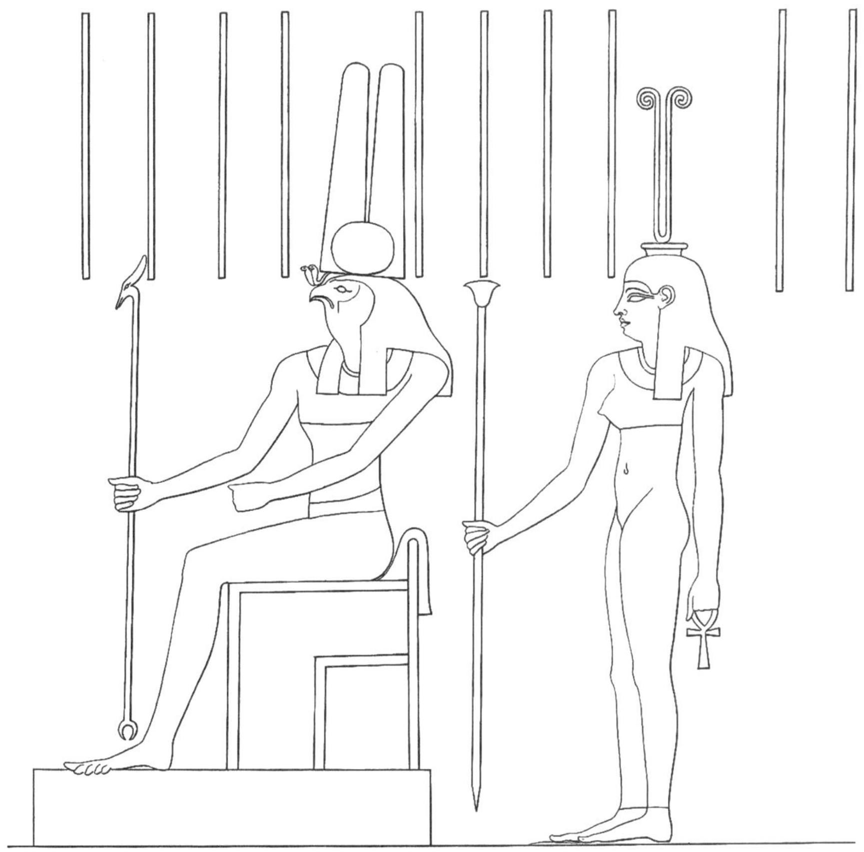

1、2和3，克努菲斯神庙前厅。4. 同上，大门底部。

艾斯那

1

2

3

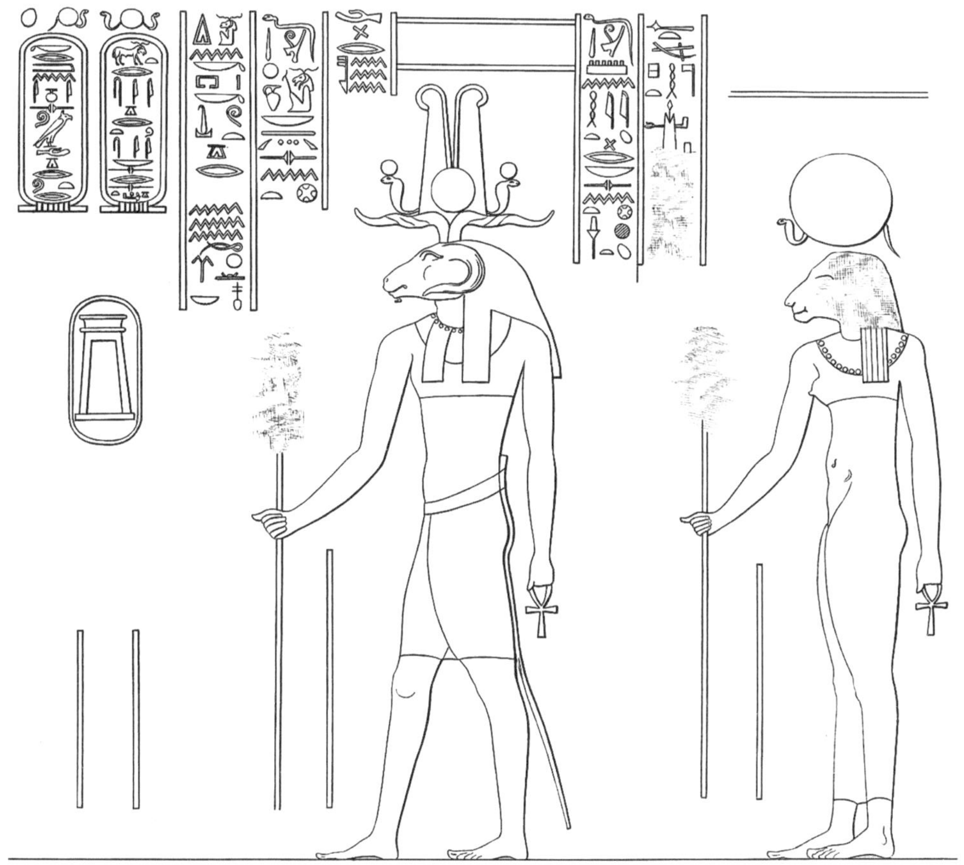

大神庙，前厅浮雕。

艾斯那

1

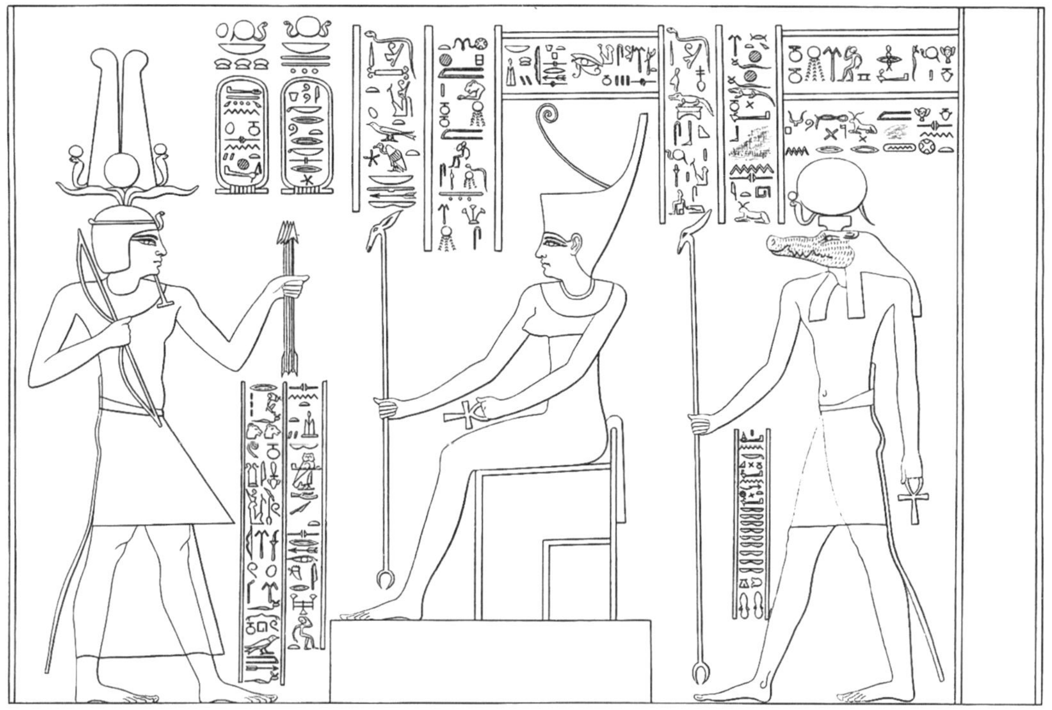

2

3

4

大神庙，前厅浮雕。

艾斯那

1

2

3

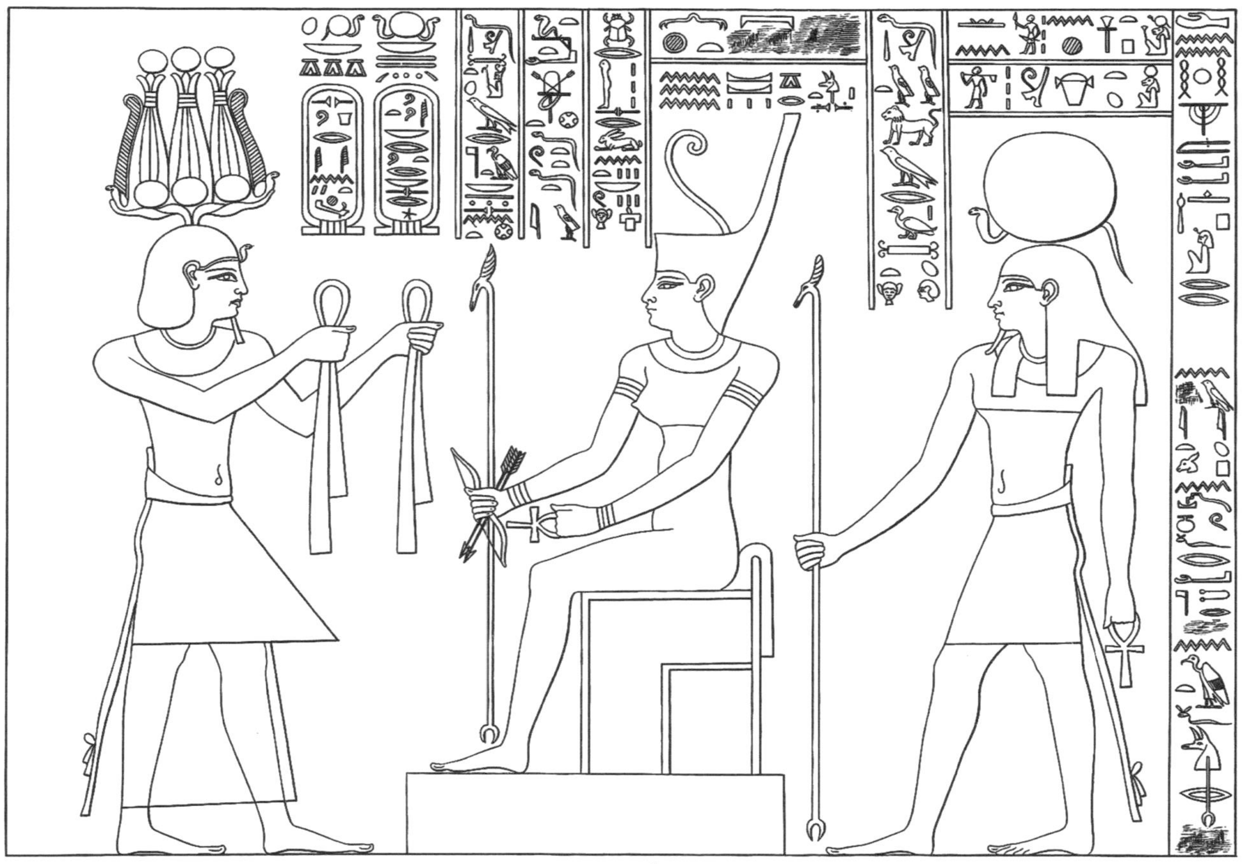

4

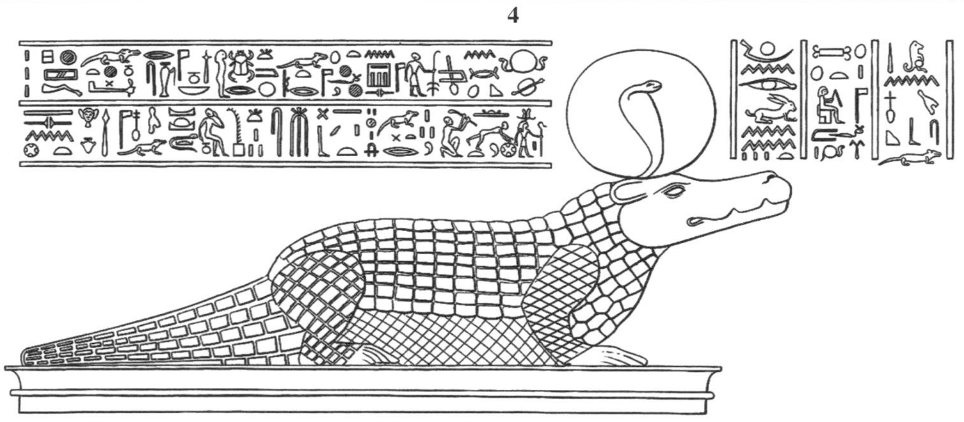

大神庙，前厅浮雕。

图一四五己

艾斯那北部神庙

1

2

3

这座神庙各个位置的浮雕。

艾斯那北部神庙

1

2

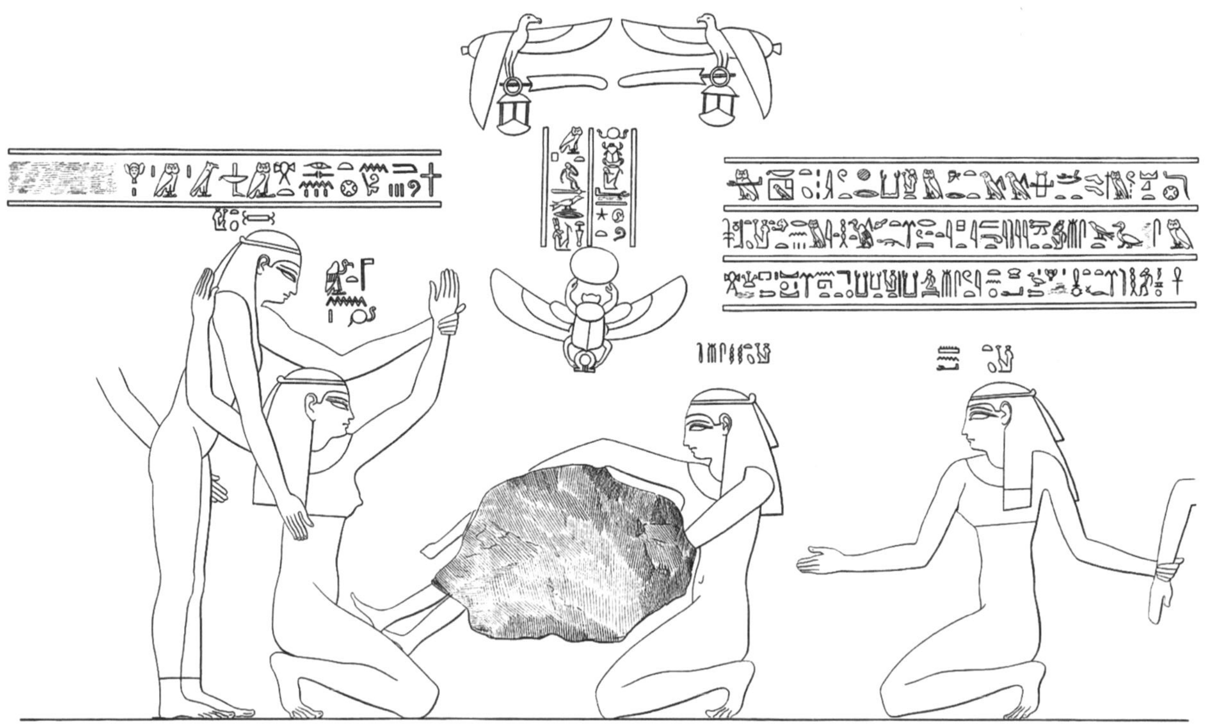

3

4

这座神庙各个位置的浮雕。

图一四五辛

图费昂（克鲁克洛波利斯）和赫尔蒙代斯

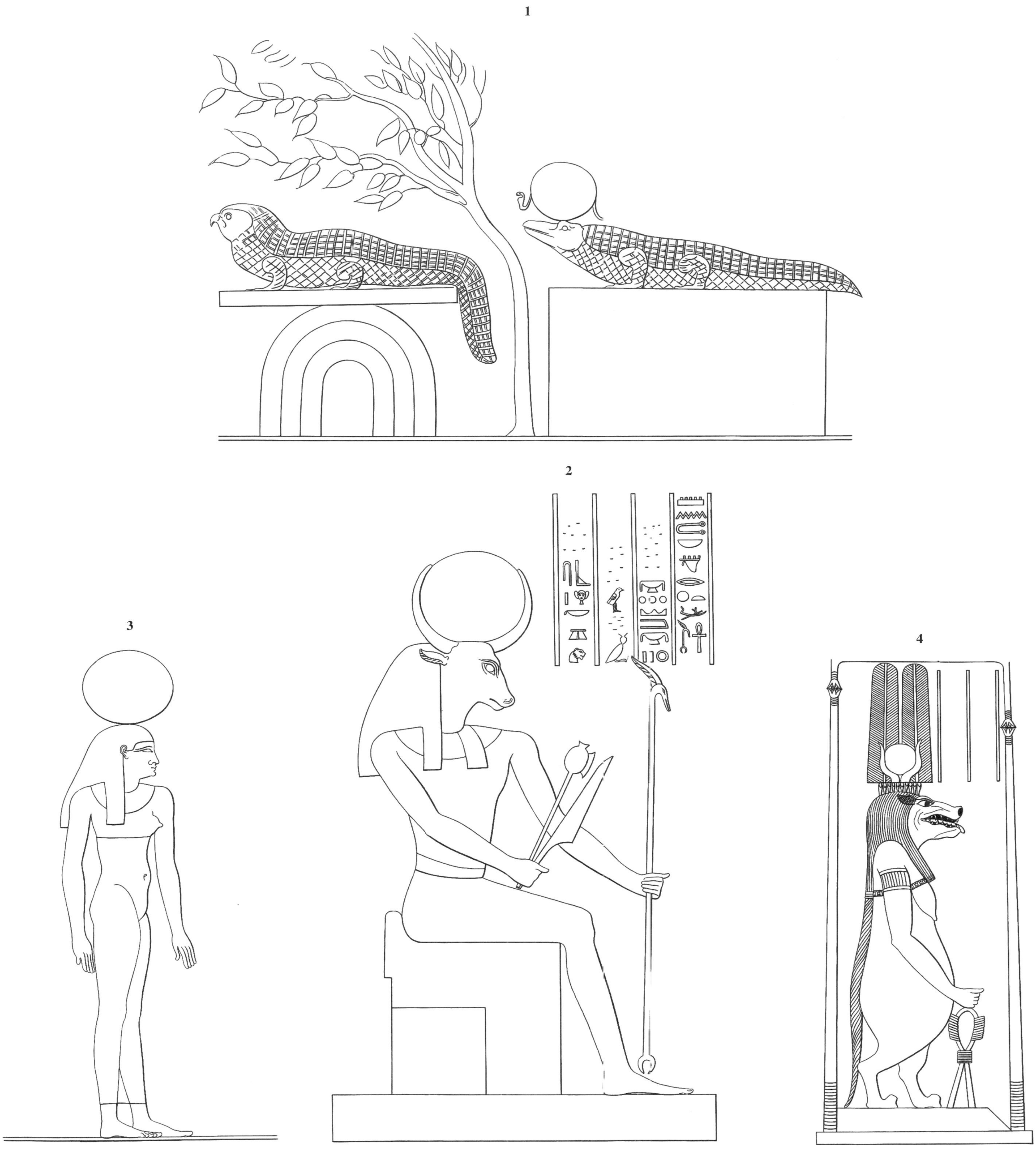

1 和 2，图费昂。3. 赫尔蒙代斯，西壁。4. 同上，神殿。

图一四六

赫尔蒙代斯

1

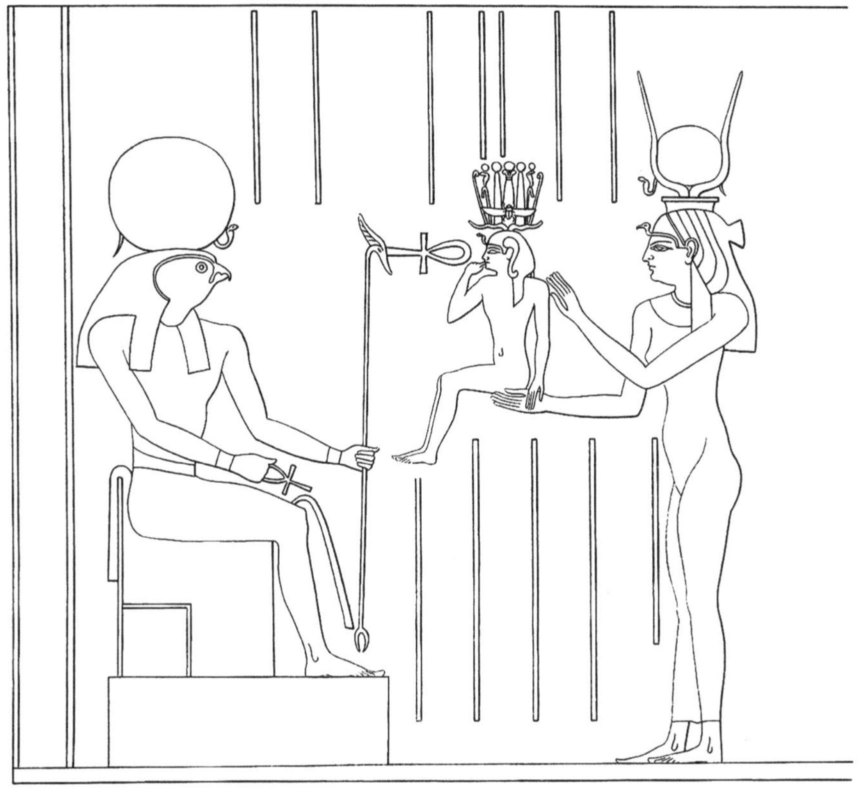

2

3

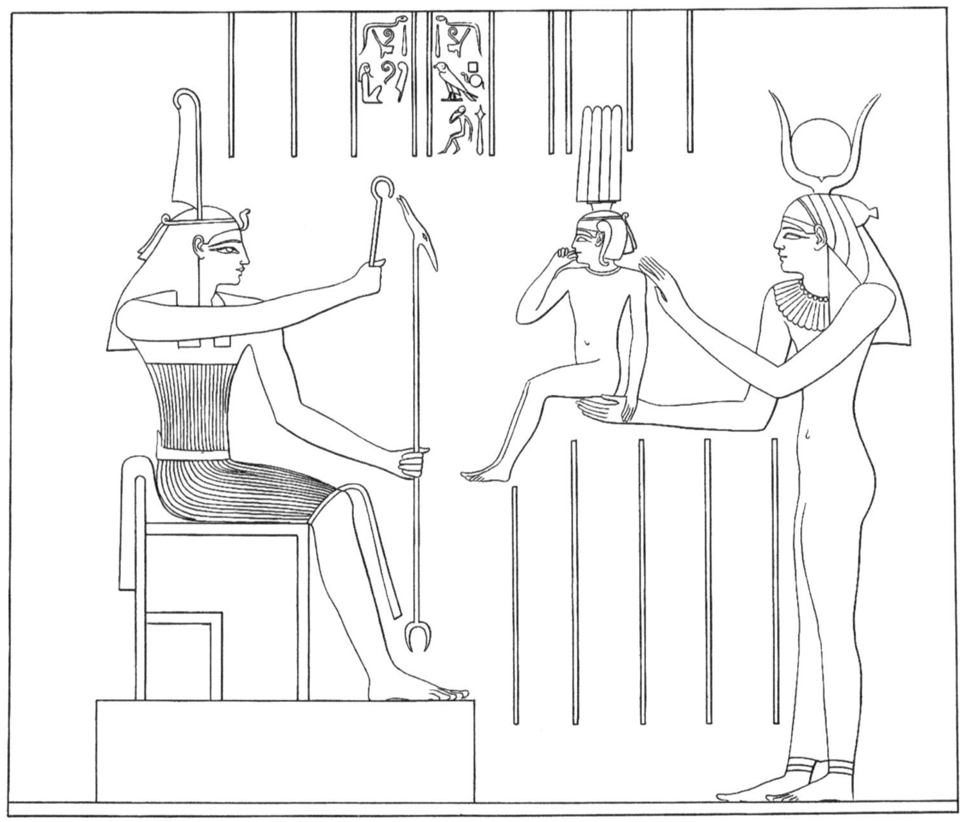

4

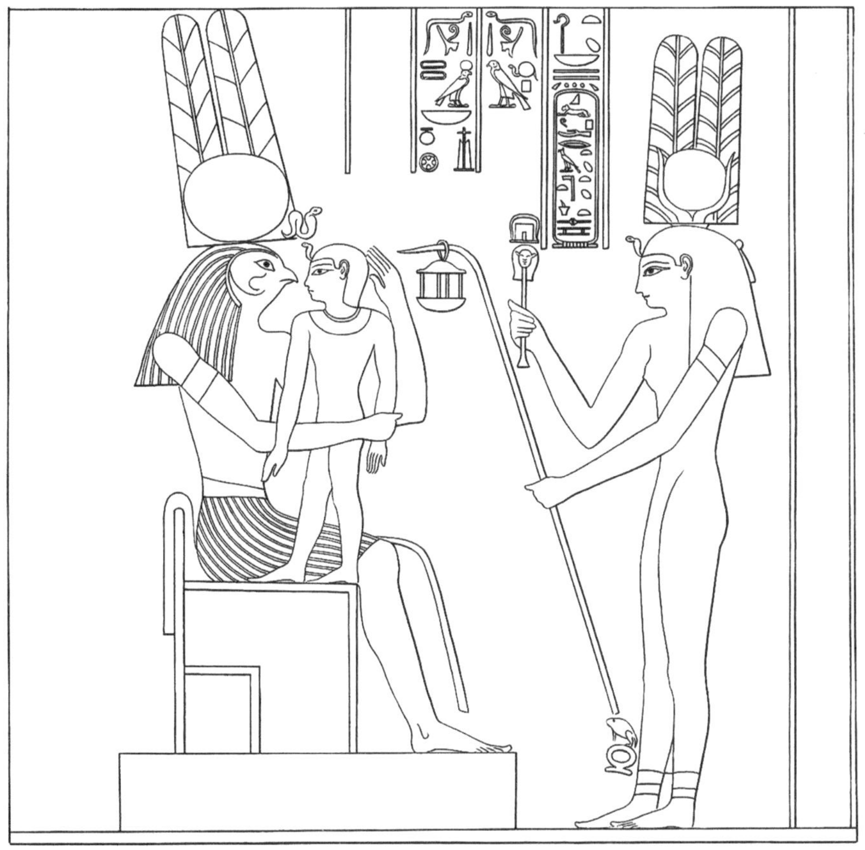

1、2、3、4，诞生室右侧墙壁。

赫尔蒙代斯

1

2

3

4

1. 诞生室，右侧墙壁。2、3、4，同上，左侧墙壁。

赫尔蒙代斯

1

2

1和2，神庙外墙（今日的……）

图一四八乙

赫尔蒙代斯

1

2

3

4

1. 西侧墙壁的第一行。2. 右侧墙壁。3. 恺撒里昂，克里奥帕特拉和恺撒大帝的儿子。4. 外侧墙壁。

图一四八丙

赫尔蒙代斯

1

2

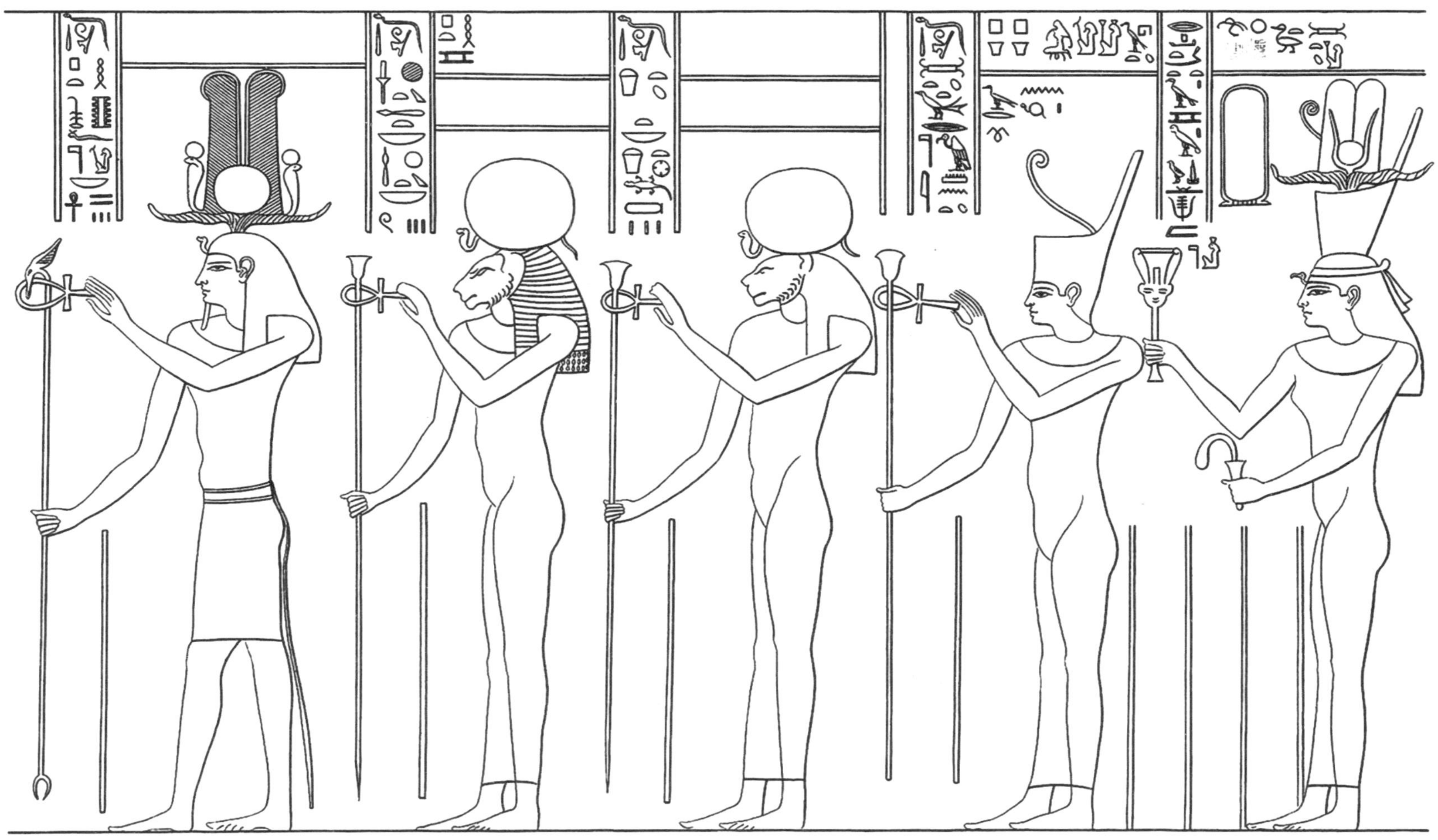

1和2，神殿大门外部东侧的墙壁上。

图一四九甲

底比斯库尔那

1

2

1. 蒙内普塔神庙，主厅左边第一个房间。2. 同上，同样位置第二个房间。

图一四九乙

底比斯库尔那

拉美西斯神庙第二塔门。

图一五〇甲

底比斯库尔那

拉美西斯神庙第二塔门。

底比斯库尔那

1

2

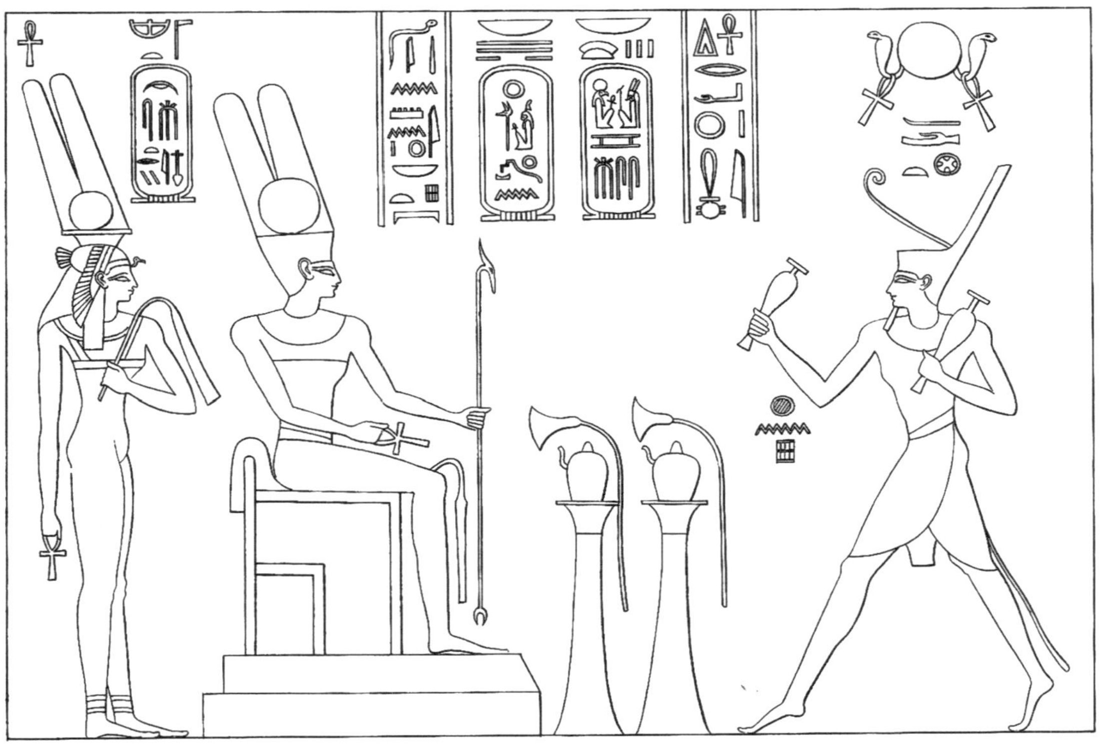

3

1. 蒙内普塔神庙，其中一个房间门口的上方。**2.** 其中一个庭院门口的右侧墙壁上。**3.** 同上。

底比斯库尔那

拉美西斯三世宫殿，多柱厅后面的内室。

图一五〇丁

底比斯库尔那

拉美西斯三世宫殿，多柱厅后面的房间。

底比斯库尔那

1

2

3

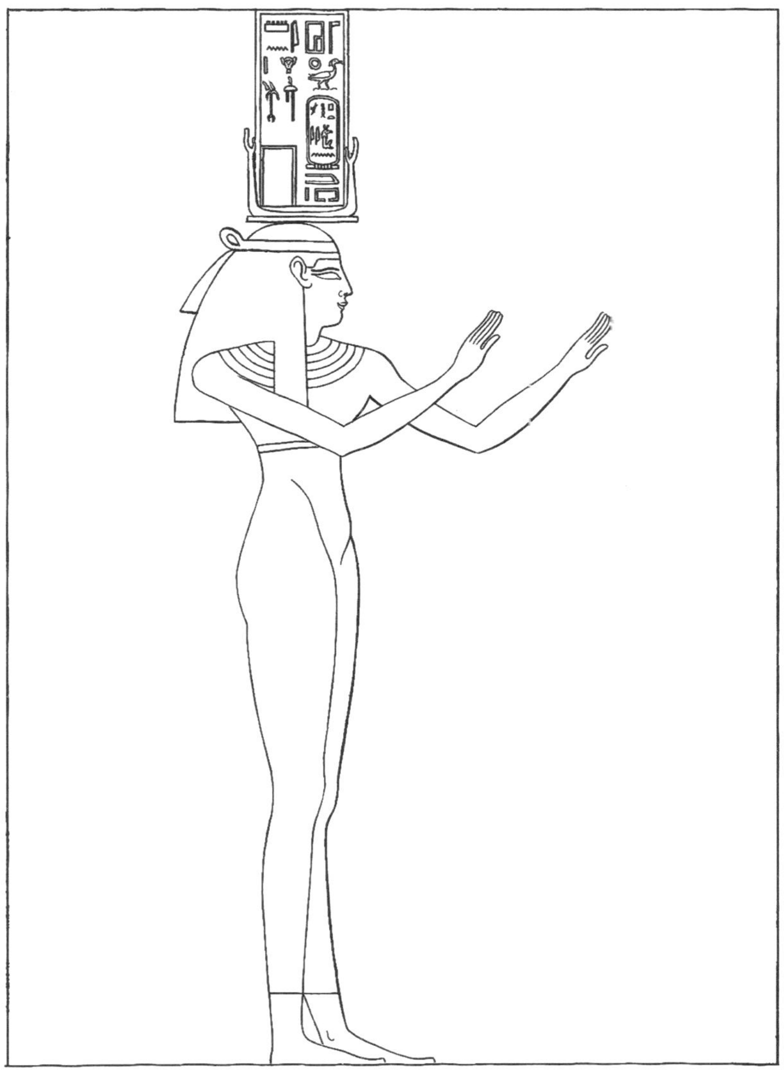

4

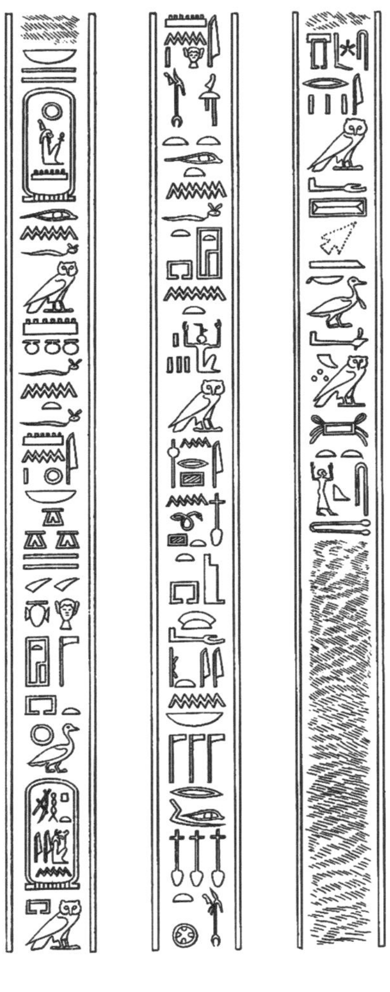

5

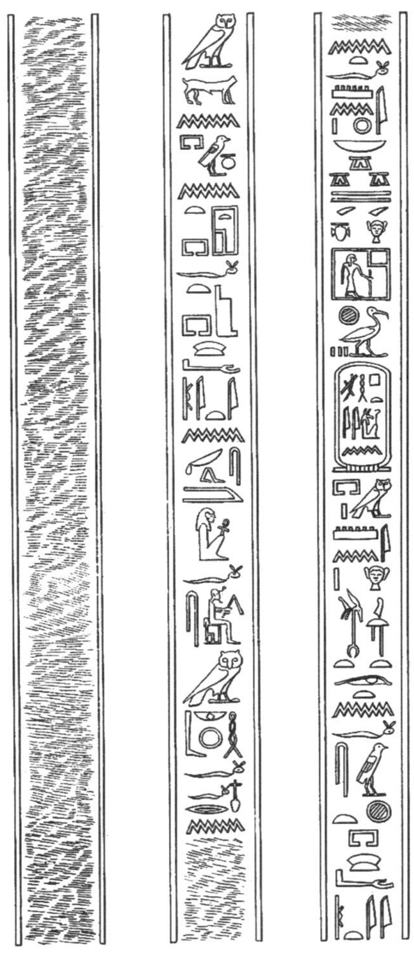

1 和 2，蒙内普塔神庙的雕刻。3. 同一座建筑，大厅右侧第一间屋子。4 和 5．同上，大厅，右侧墙壁和左侧墙壁。

图一五二

底比斯库尔那

1

2

3

4

1. 蒙内普塔神庙，其中一个门的门楣。2. 同上，另一个门的上方。3. 同上，庭院右侧墙壁。4. 同上。

底比斯阿萨斯夫河谷、库尔那

1

2

3

4

1. 阿萨斯夫河谷，其中一座墓的墓门。2、3、4，库尔那，同一座墓中的形象。

图一五四

底比斯库尔那

1

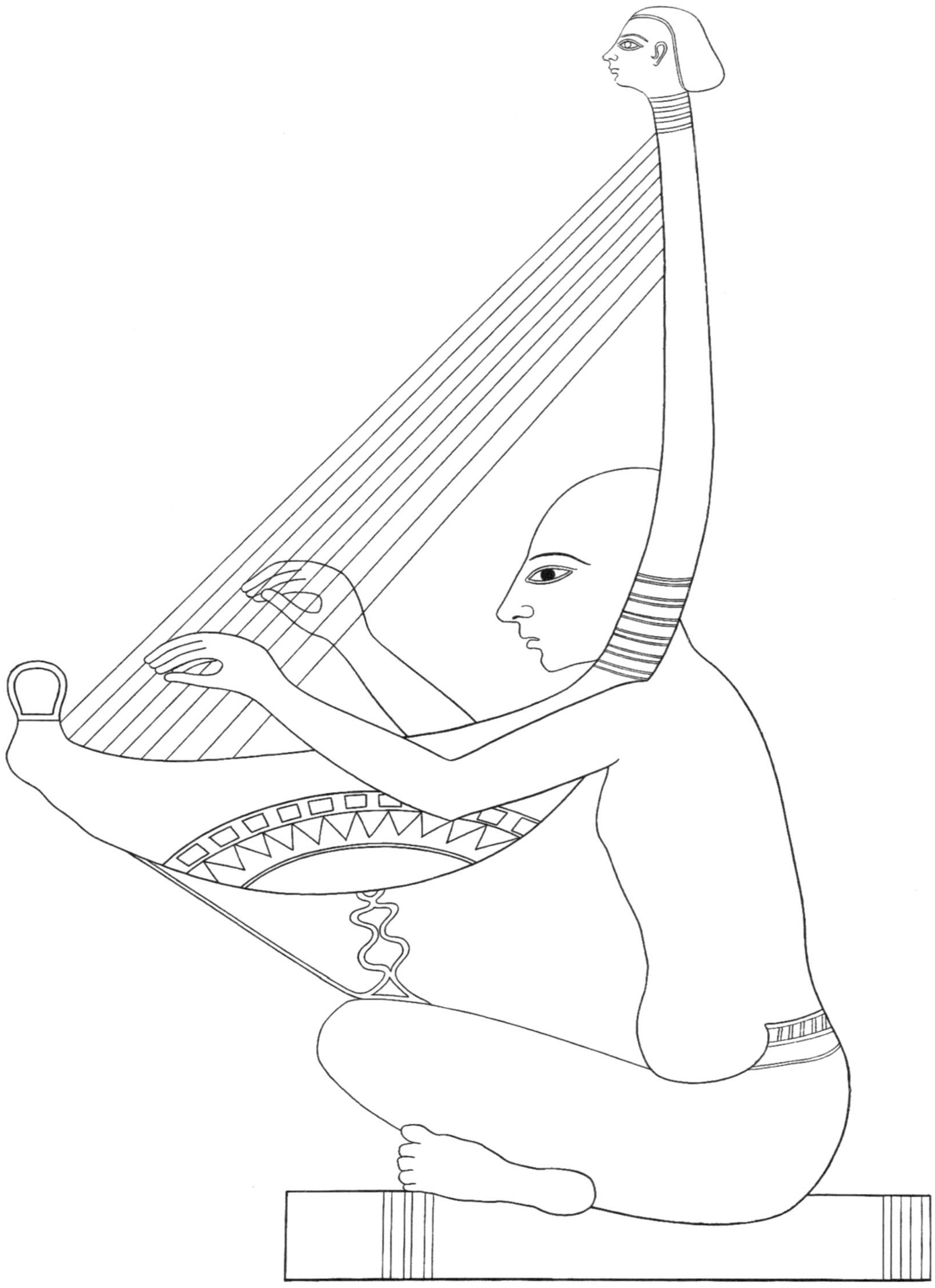

2

3

墓葬内的壁画。

图一五五乙

底比斯库尔那

2

1

3

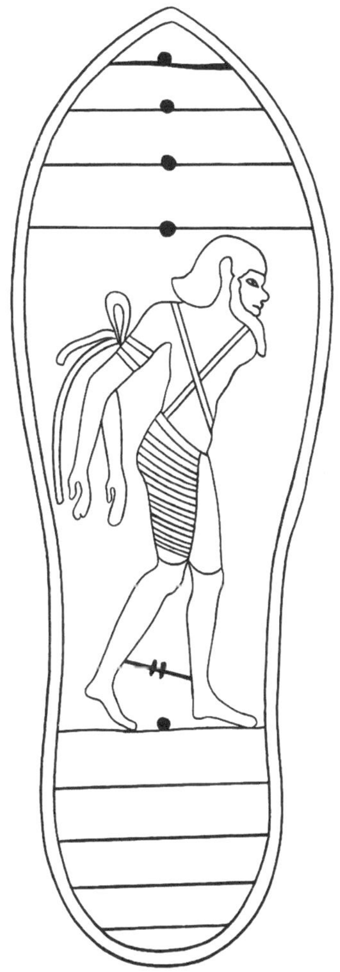

1. 墓葬的描图。2和3，来自木乃伊面具上的描图。

图一五六

底比斯库尔那

1

3

2

来自墓葬的图像。

图一五七

底比斯库尔那

第三座墓的壁画。

图一五八

底比斯库尔那

1

2

1和2，第四座墓中的檐壁浮雕。

图一五九

底比斯库尔那

1

2

3

4

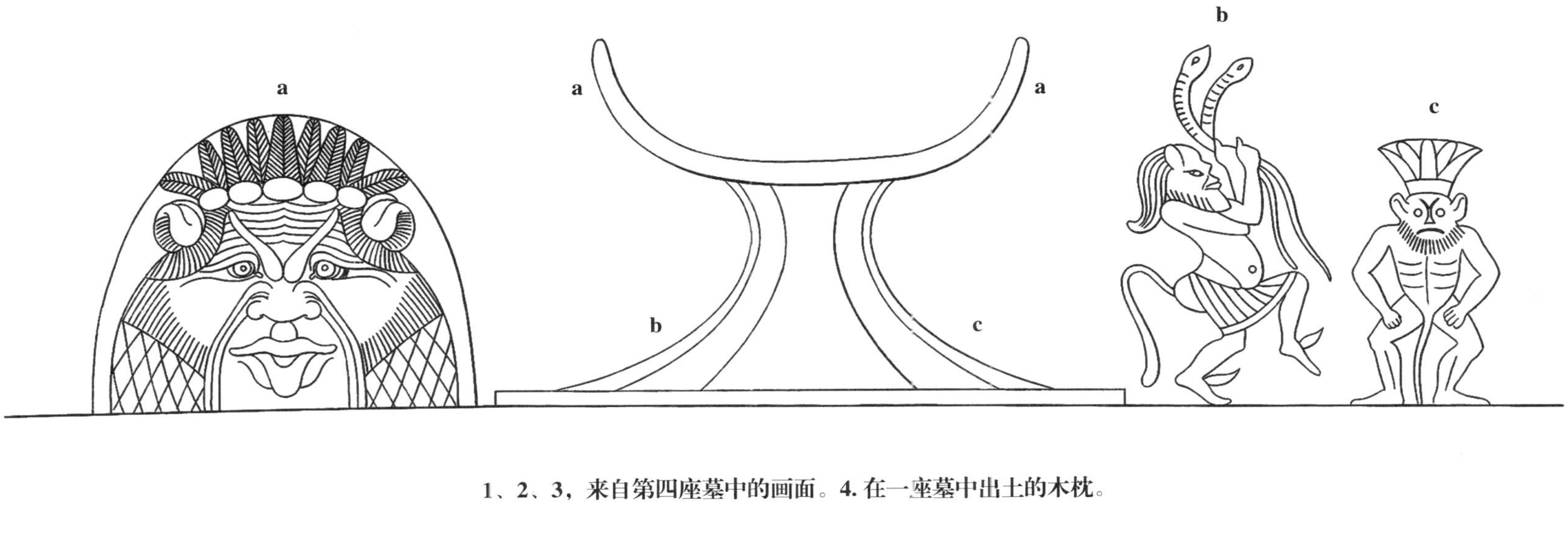

1、2、3，来自第四座墓中的画面。4. 在一座墓中出土的木枕。

底比斯库尔那

1

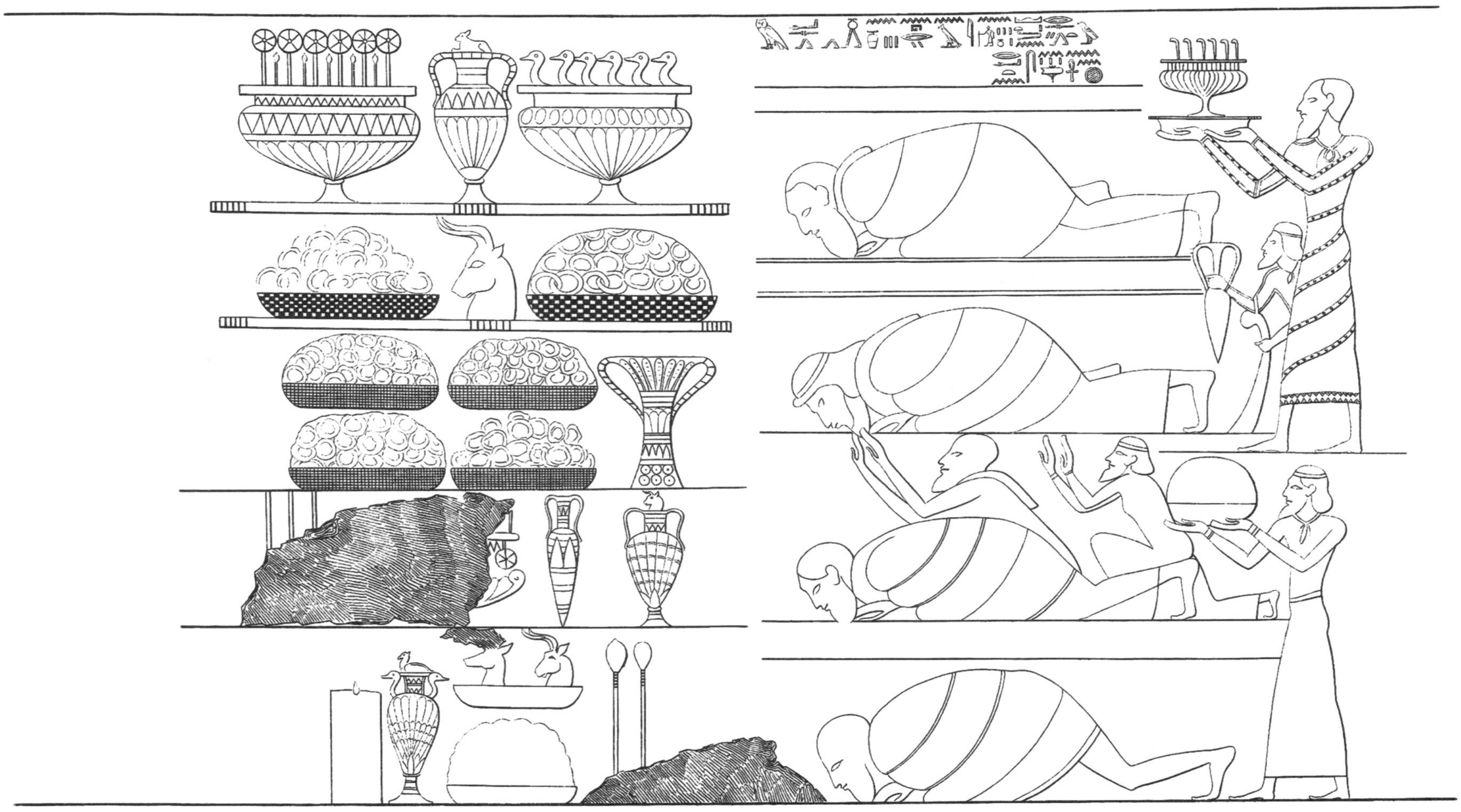

2

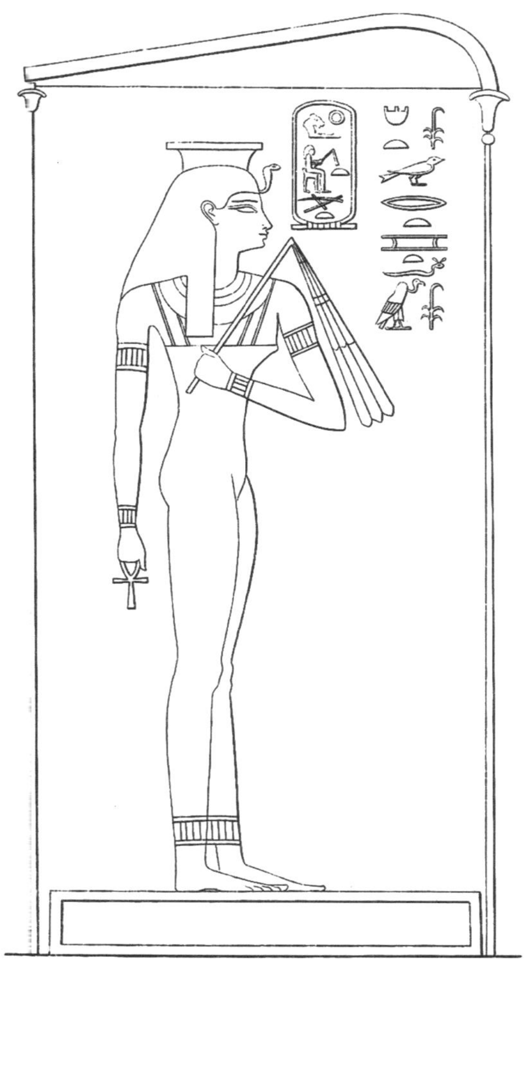

3

1、2、3，第八座墓中的图像。

图一六一

底比斯库尔那

1

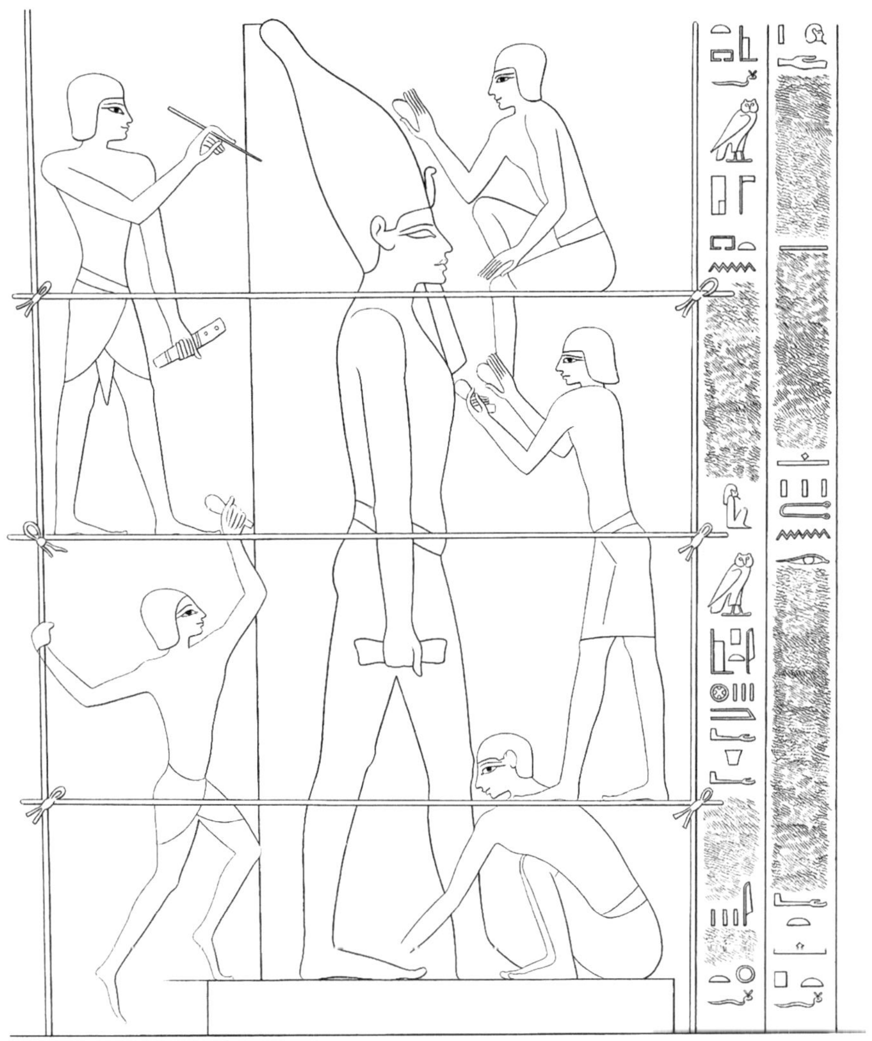

2

3

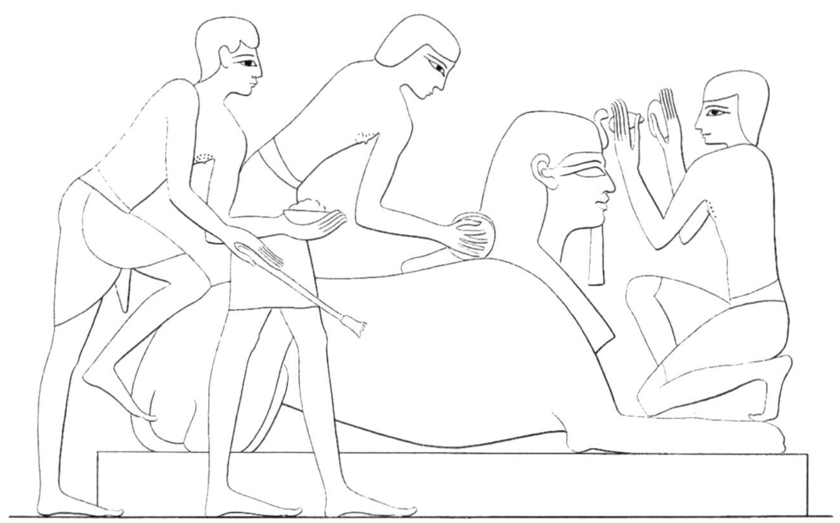

4

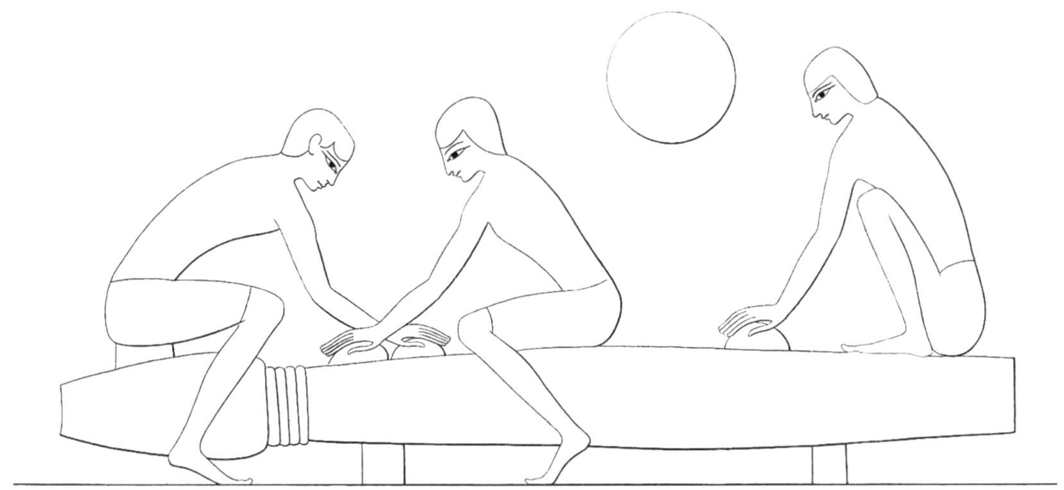

1、2、3、4，第十五座墓中的图像。

图一六二

底比斯库尔那

1

2

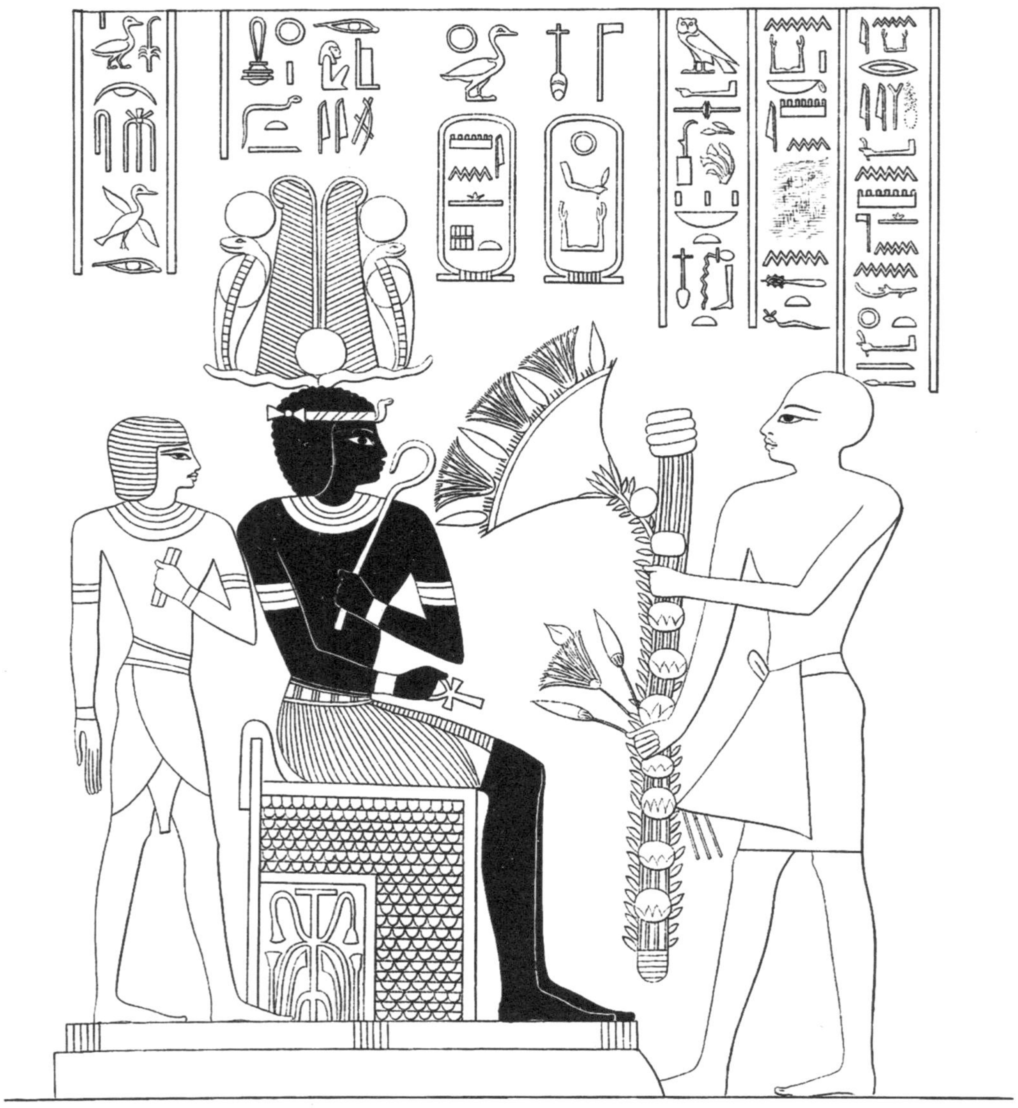

墓室内的图像。

图一六三

底比斯库尔那

1

2

3

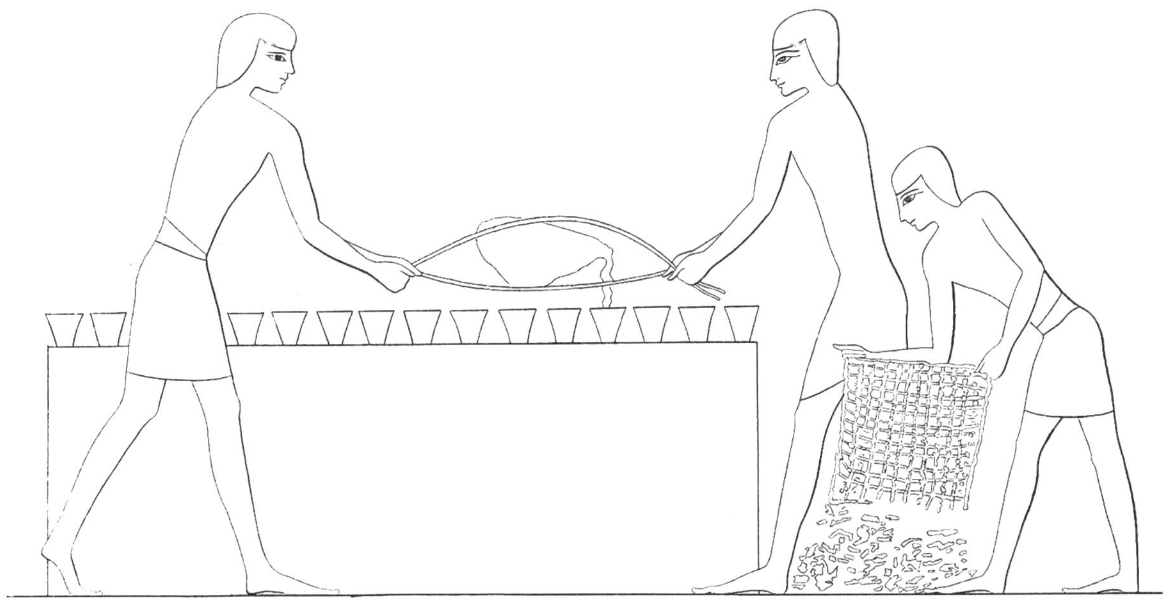

4

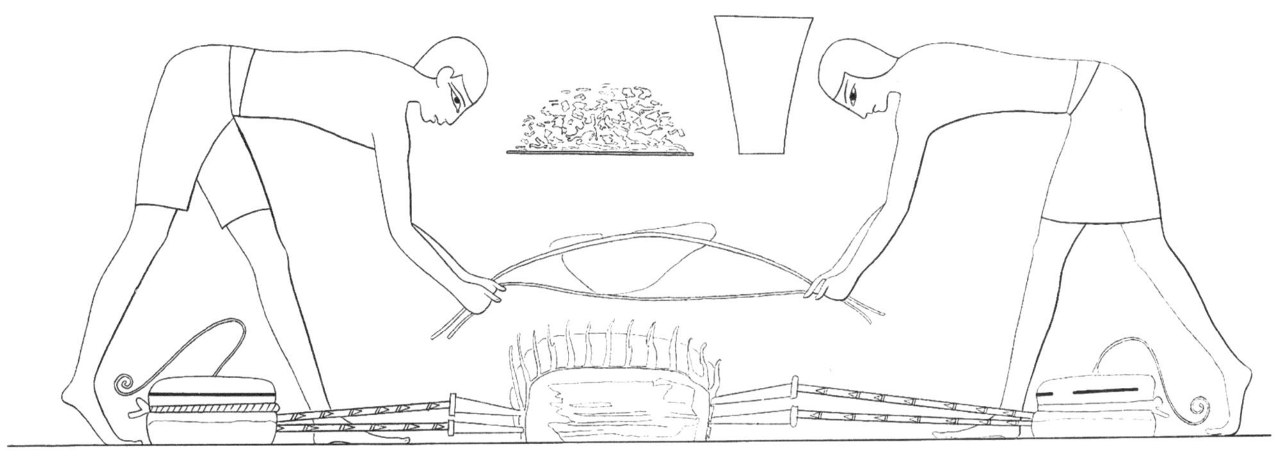

1、2、3、4，第十五座墓中的图像。

图一六四

底比斯库尔那

1、2、3、4，其中一座墓中的图像。

图一六五

底比斯库尔那

1

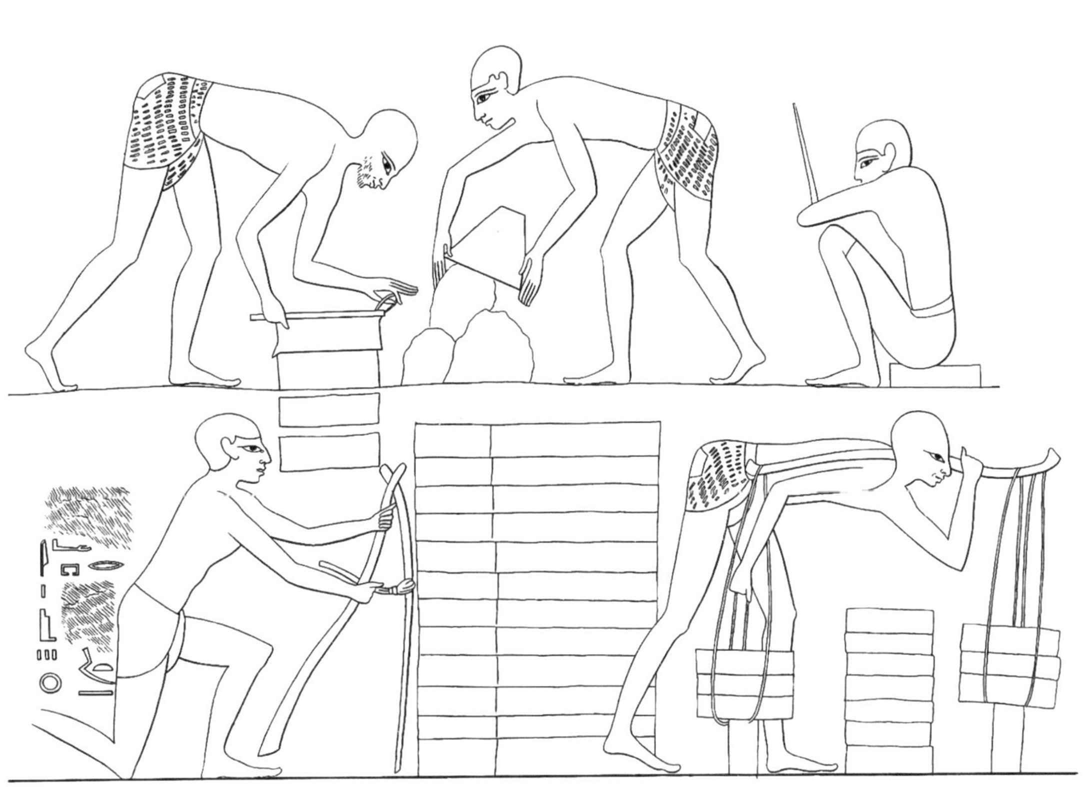

2

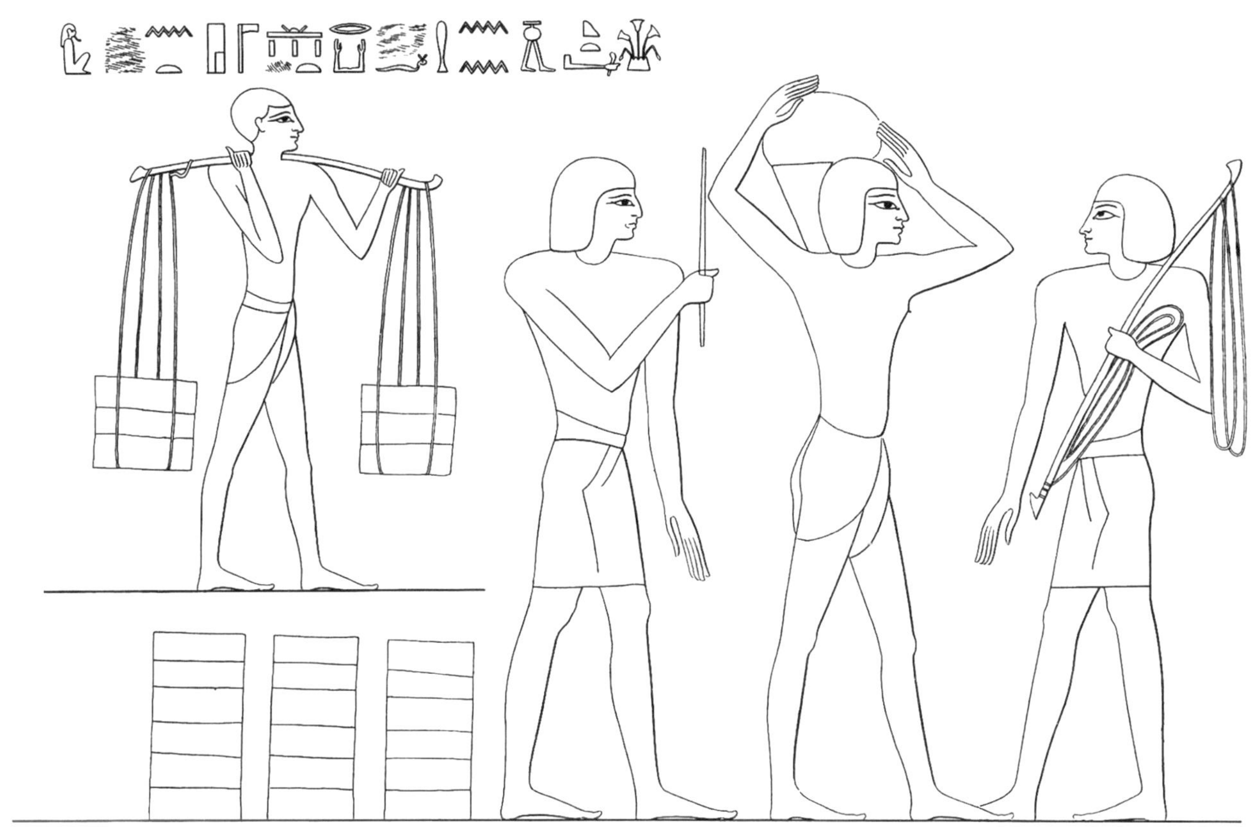

3

4

1、2、3、4，第十五座墓中的图像。

图一六六

底比斯库尔那

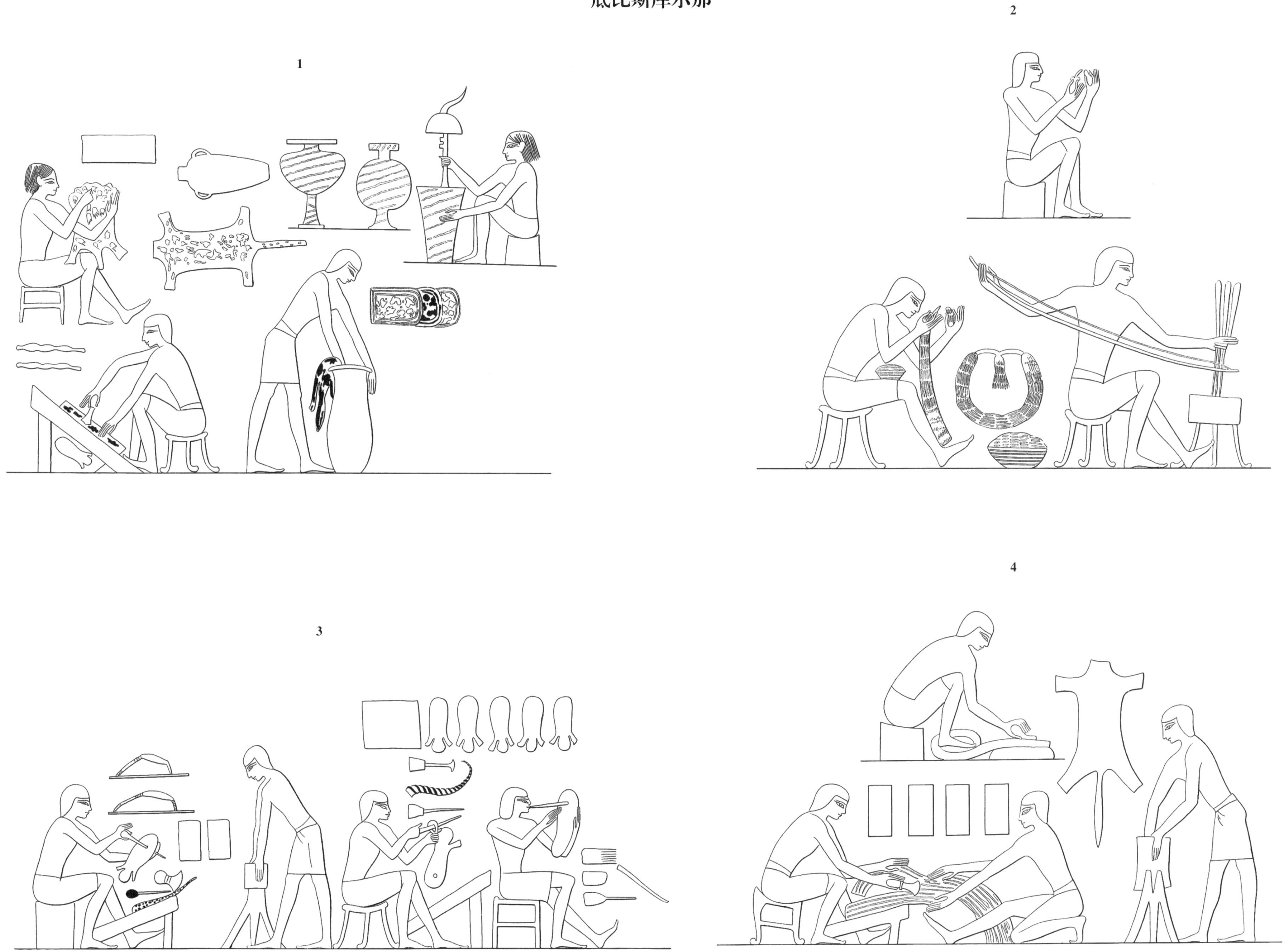

1、2、3、4，第十五座墓中的图像。

图一六七

底比斯库尔那

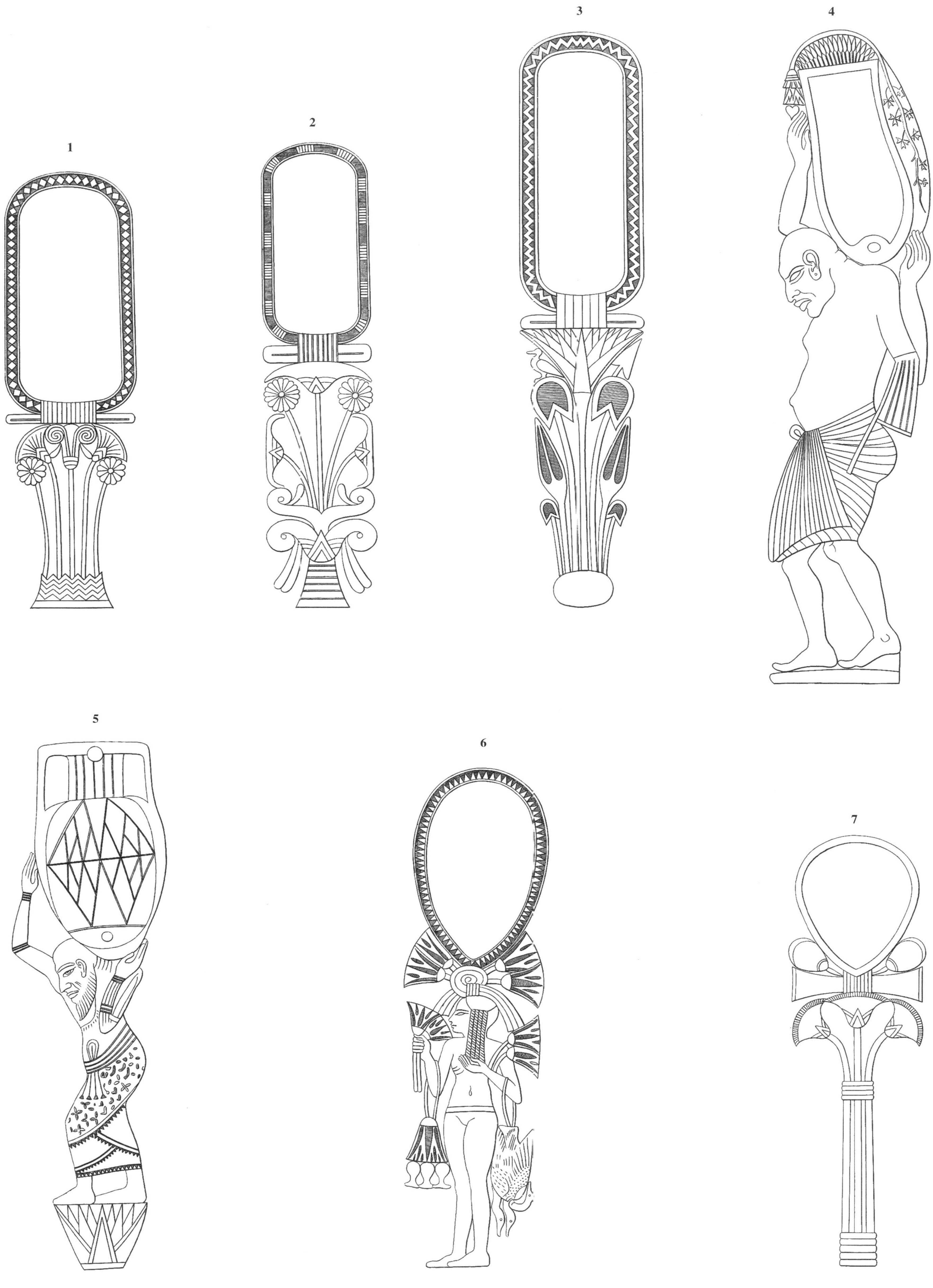

墓中出土文物。

图一六八

底比斯库尔那

1

2

3

4

1、2、3、4，同一座墓中出土的文物。

图一六九

底比斯库尔那

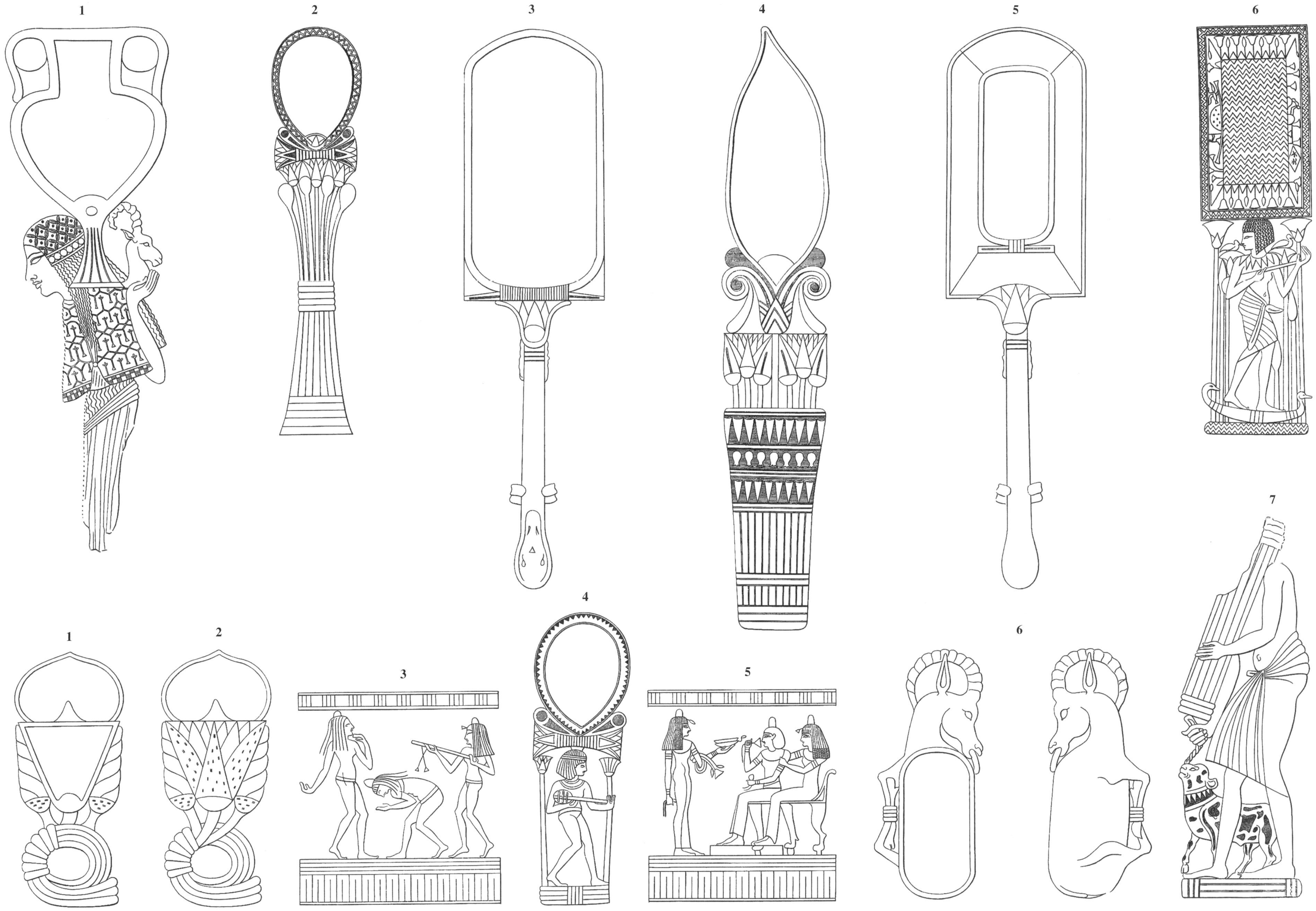

墓中出土的文物。

图一七〇

底比斯库尔那

1

2

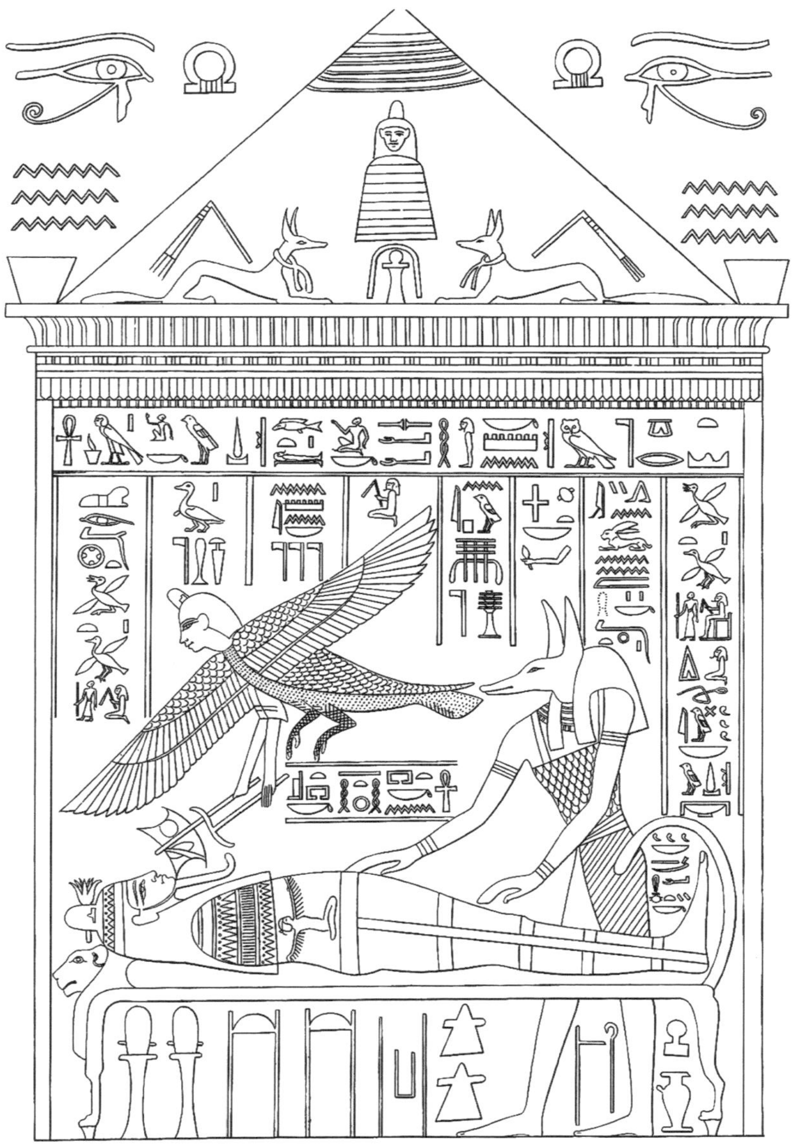

第三十二座墓中的图像。

图一七一

底比斯库尔那

其中一座墓中的图像。

图一七二

底比斯库尔那

1

2

1 和 2，其中一座墓中的图像。

图一七三

底比斯库尔那

1

a

2

a

1和2，接前图。

图一七四

底比斯库尔那

其中一座墓中的图像。

图一七五

底比斯库尔那

1

2

3

墓葬中的图像。

图一七六

底比斯库尔那

1

2

3

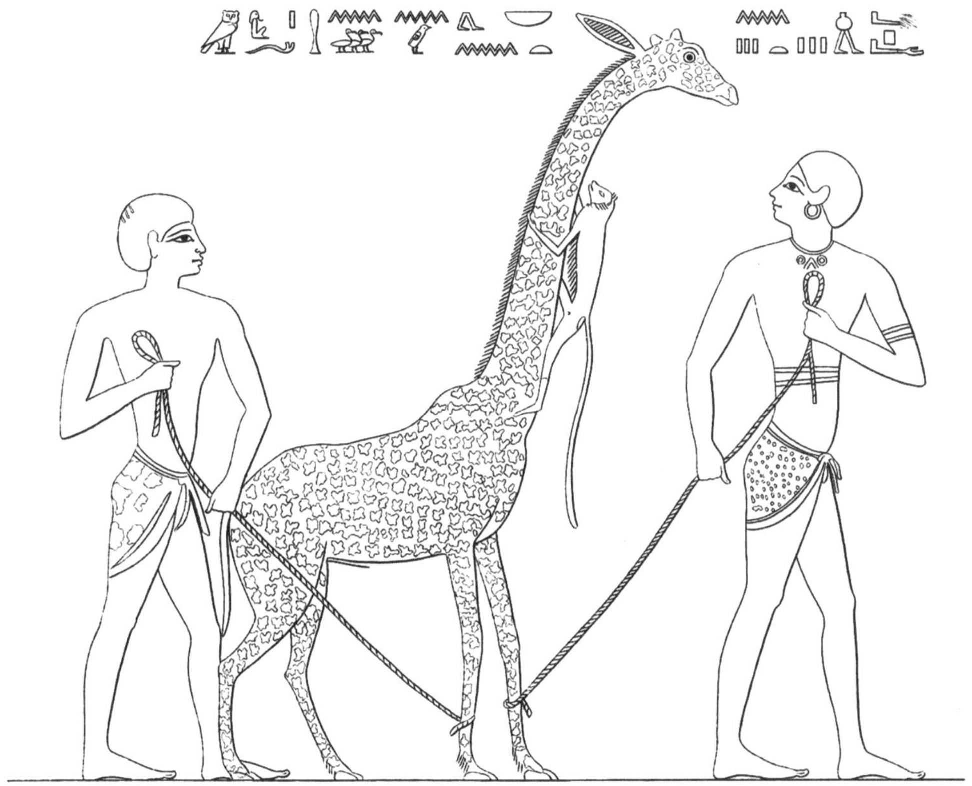

4

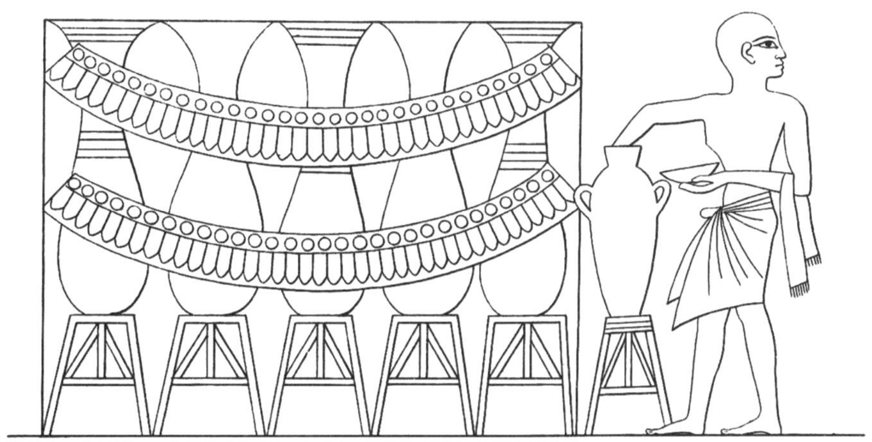

墓葬中的图像。

图一七七

底比斯库尔那

1

2

1和2，第五十二座墓葬中条形彩绘部分。

图一七八

底比斯库尔那

3

4

前图后续内容。

图一八〇

底比斯库尔那

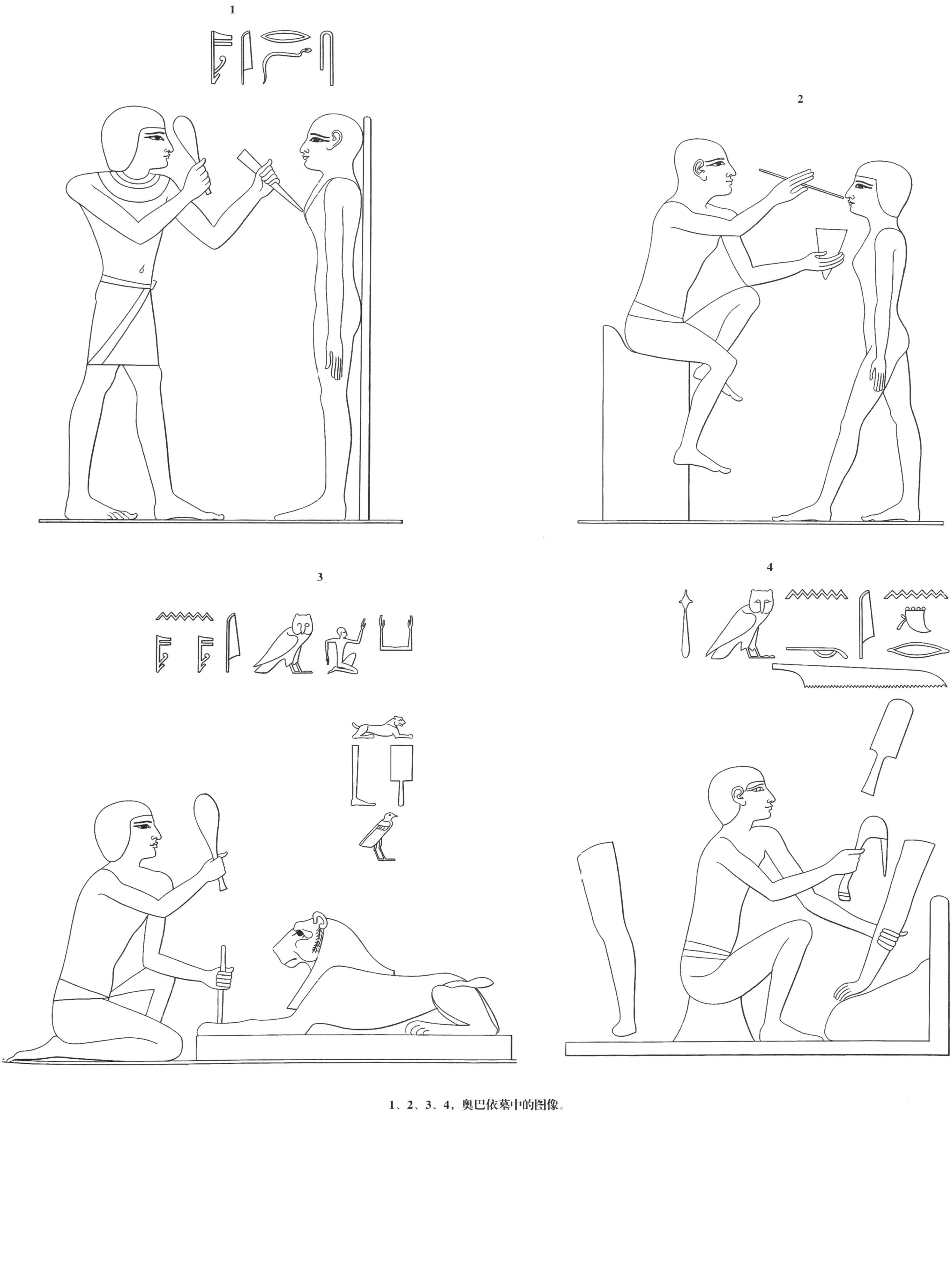

1、2、3、4，奥巴依墓中的图像。

图一八一

底比斯库尔那

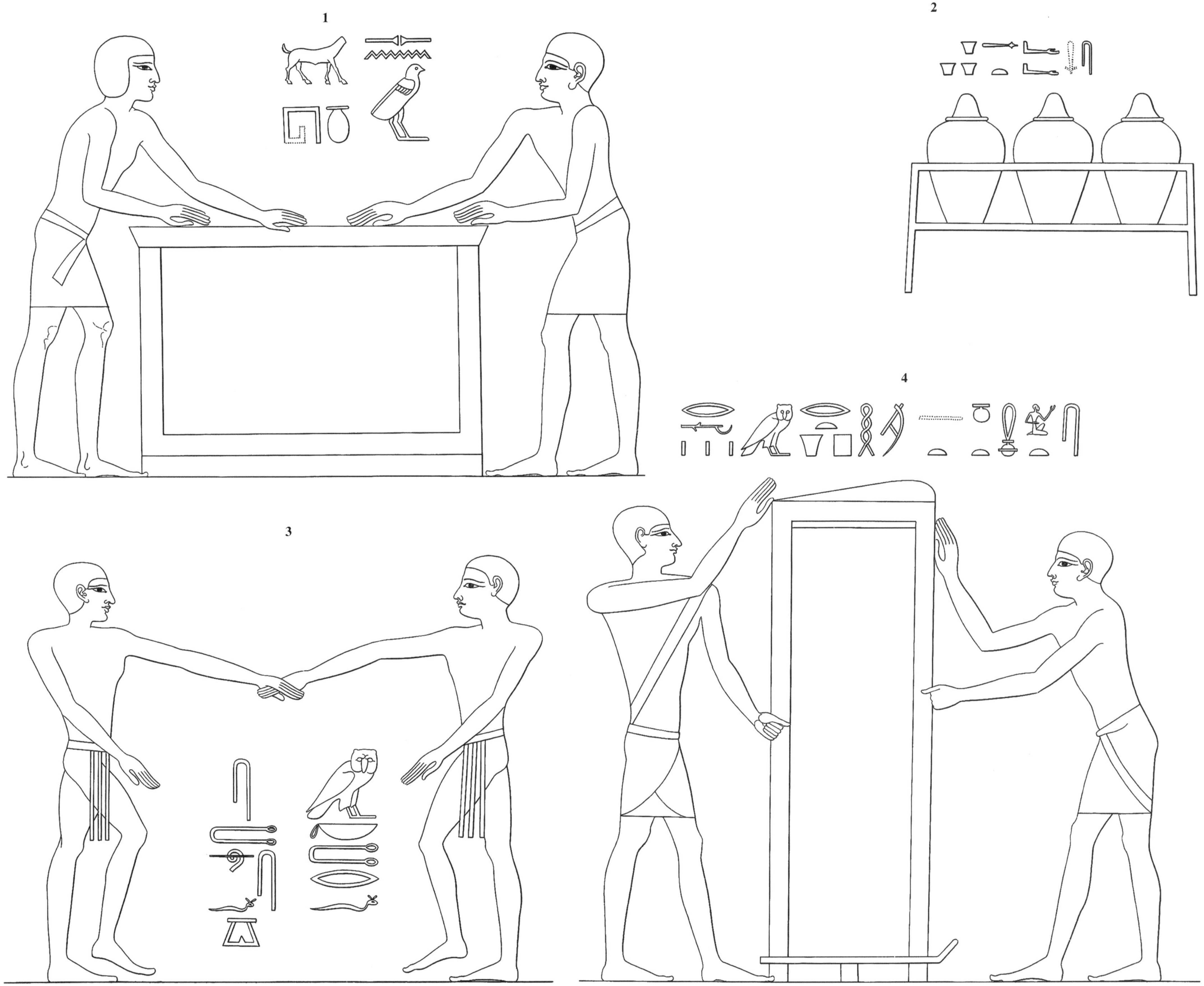

1、2、3、4，其中一座墓中的图像。

图一八二

底比斯库尔那

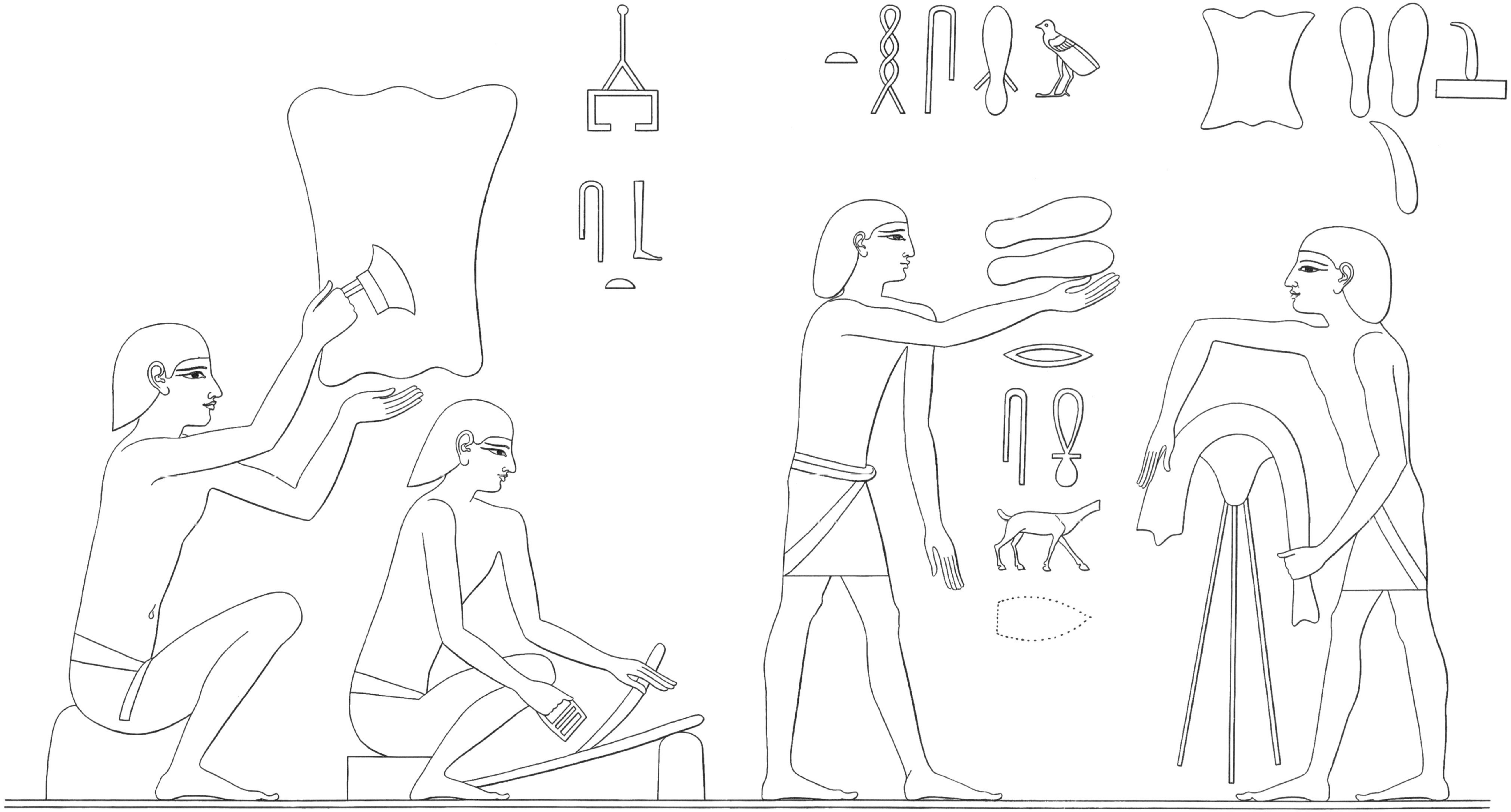

奥巴依墓中的条形图案。

图一八三

底比斯库尔那

1

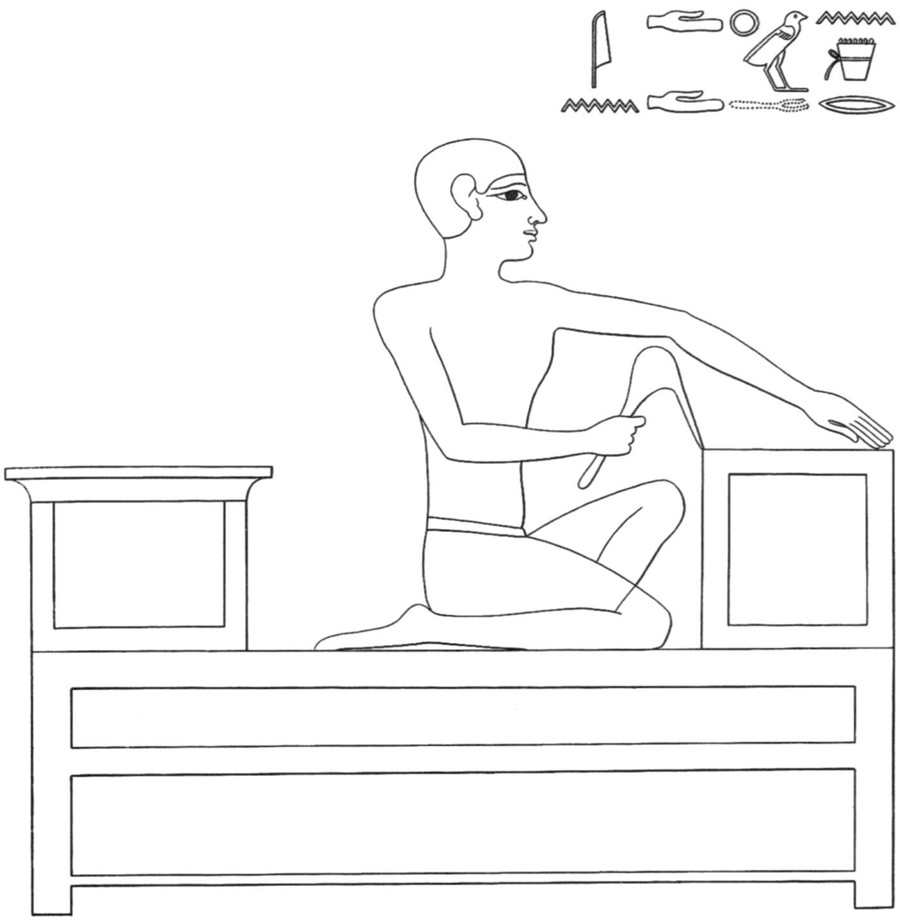

2

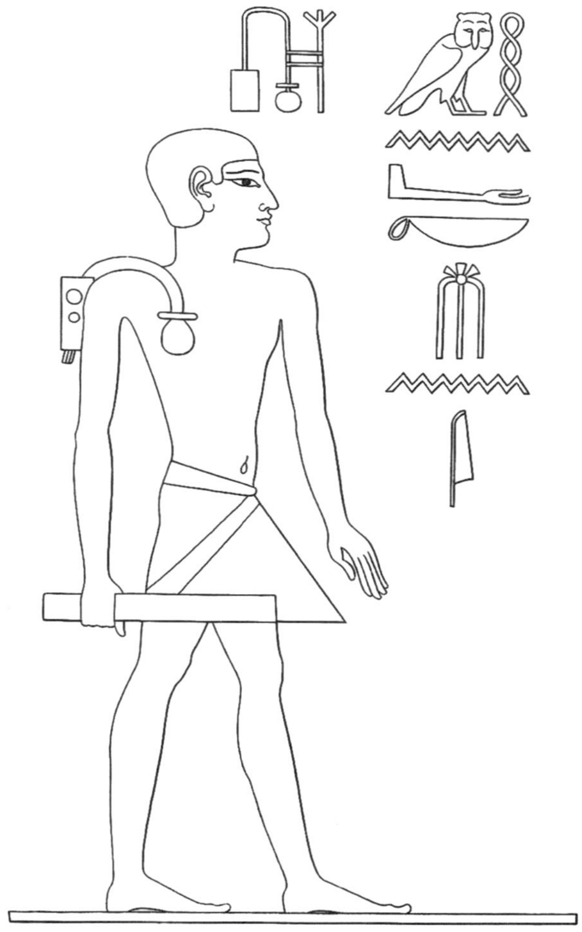

3

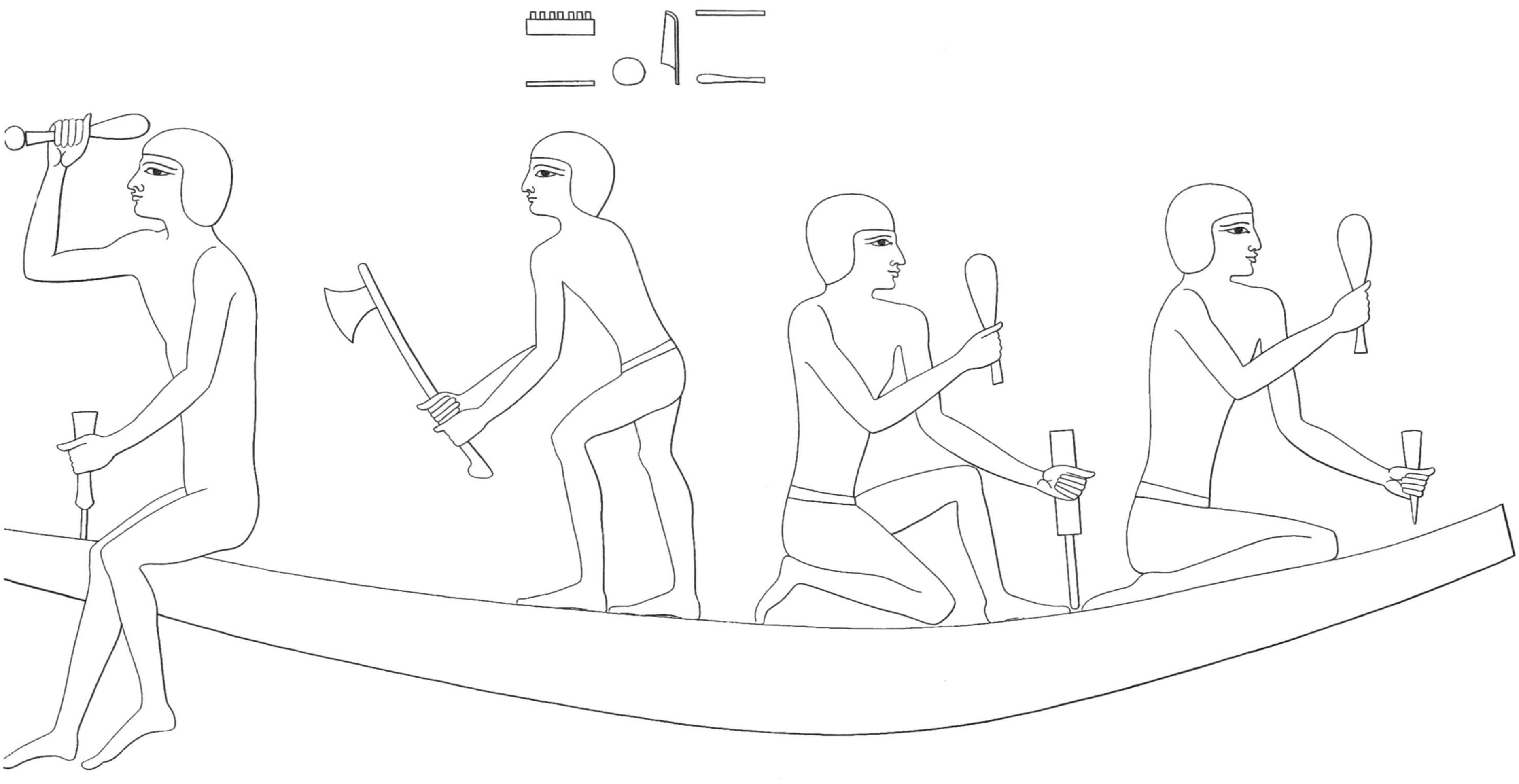

1、2、3，其中一座墓中的图像。

图一八四

底比斯库尔那

1

2

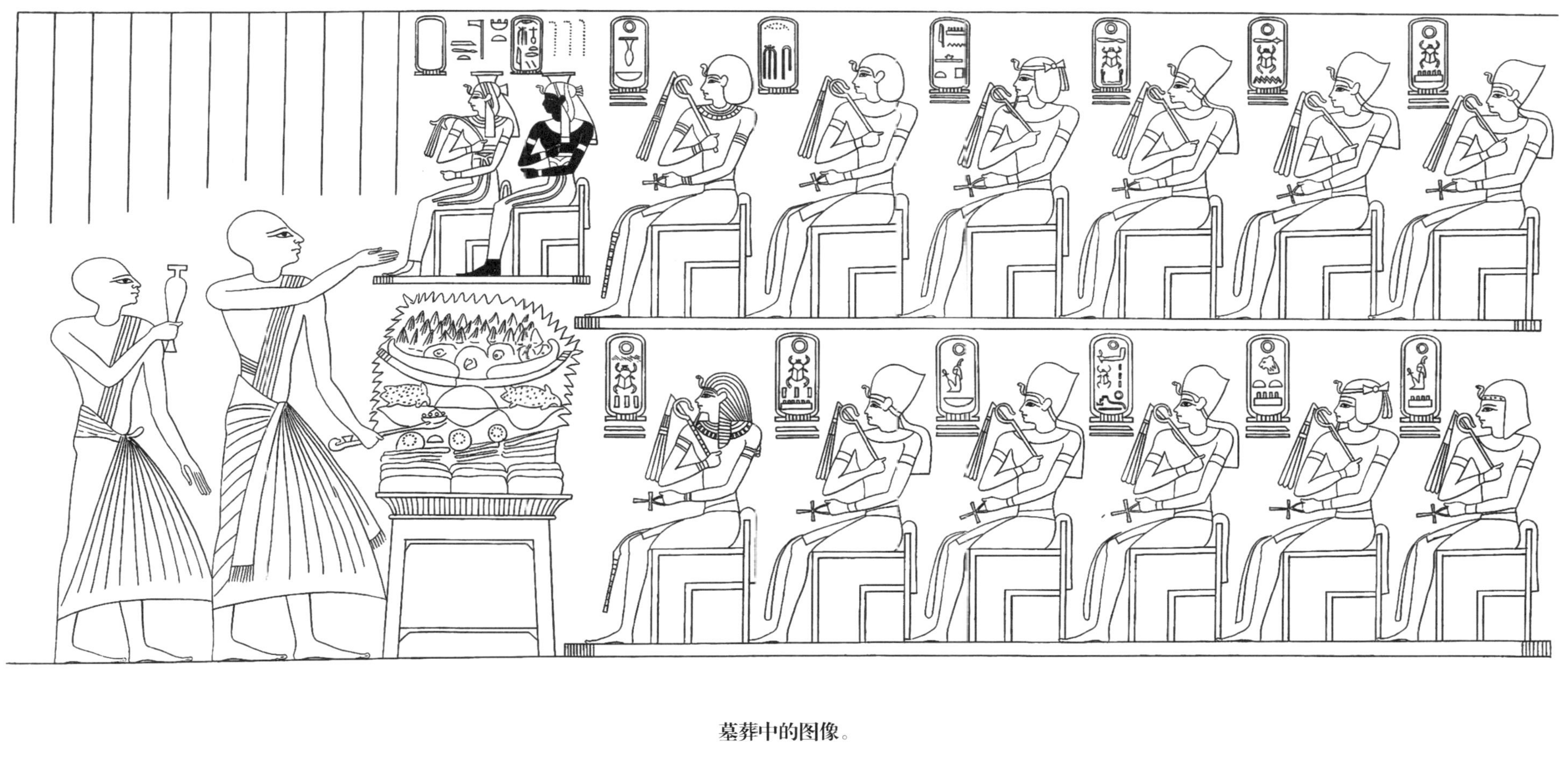

墓葬中的图像。

图一八五

底比斯库尔那

1

2

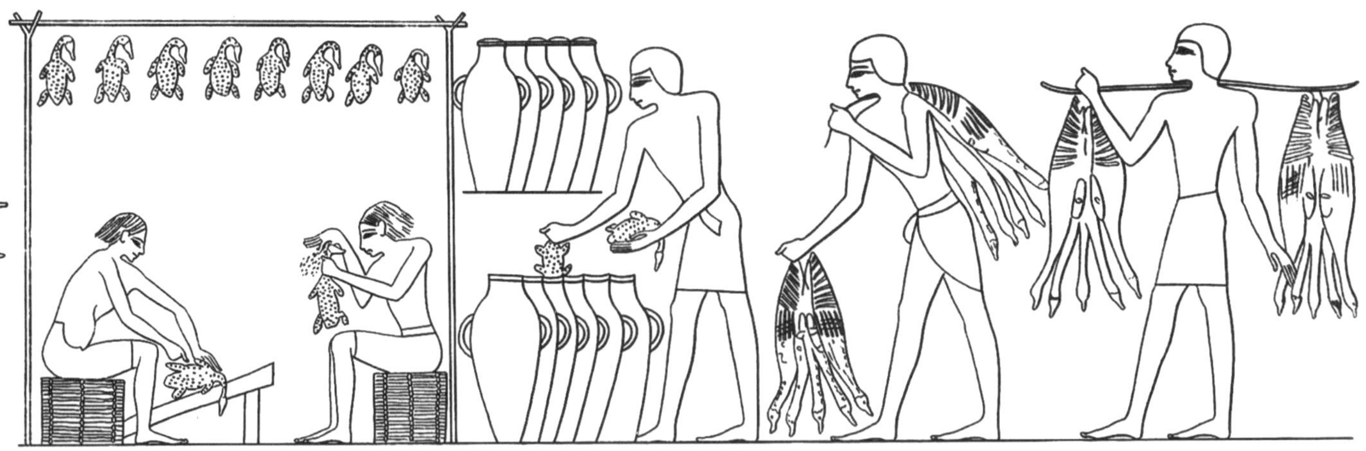

3

4

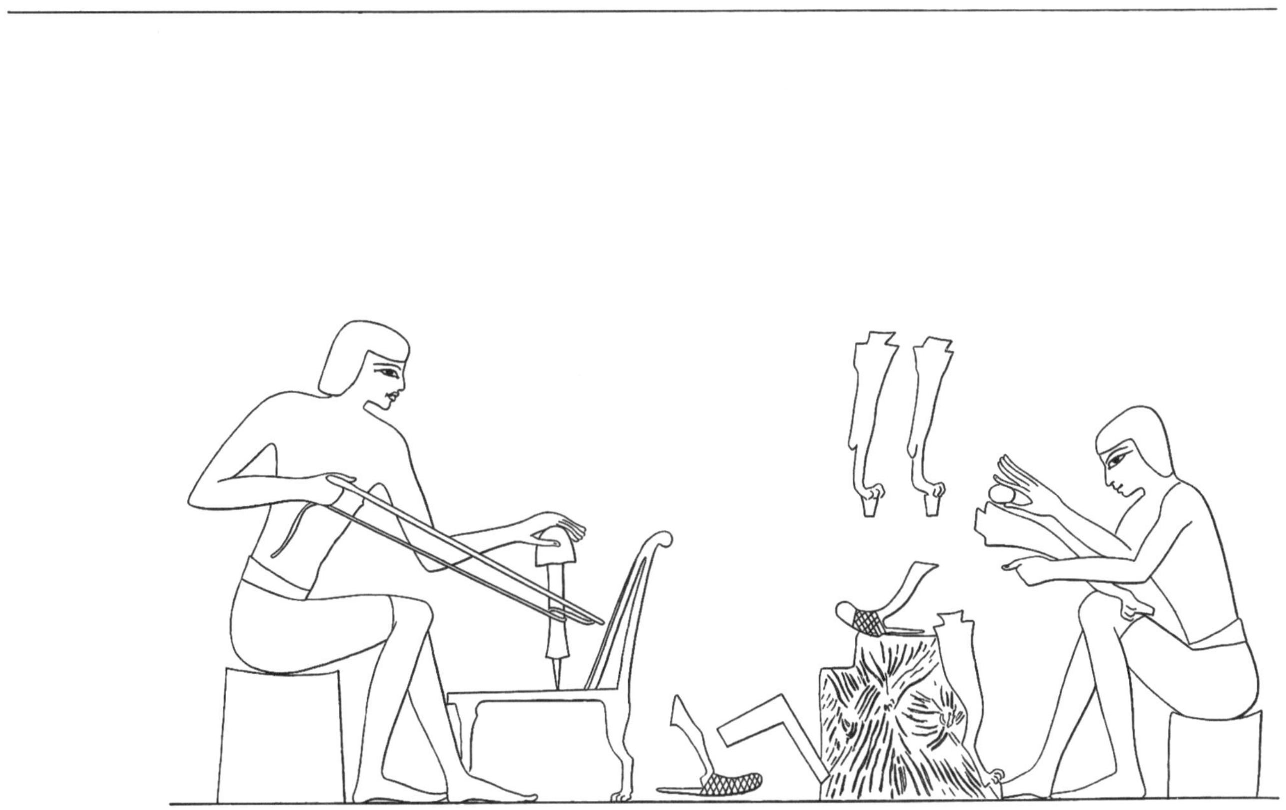

墓葬中的图像。

图一八六

底比斯库尔那

1

2

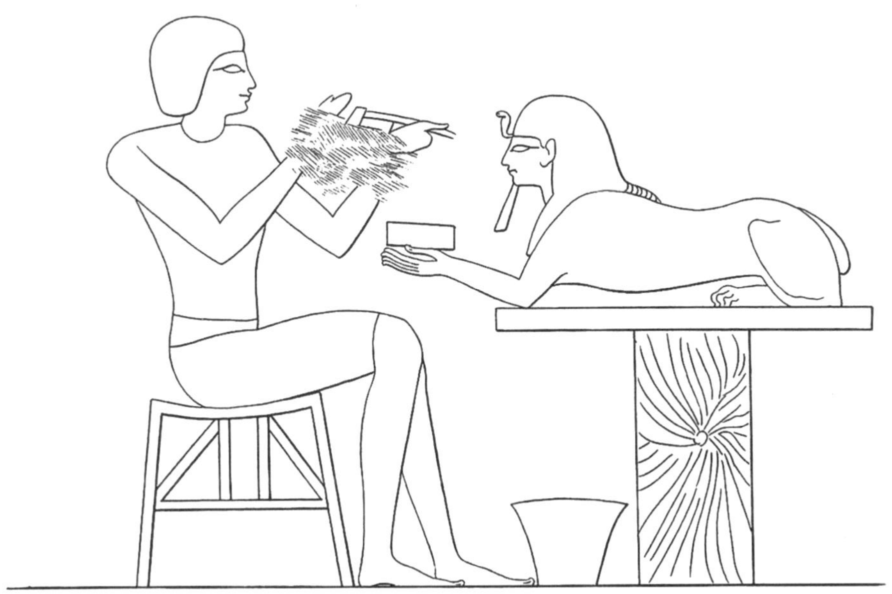

3

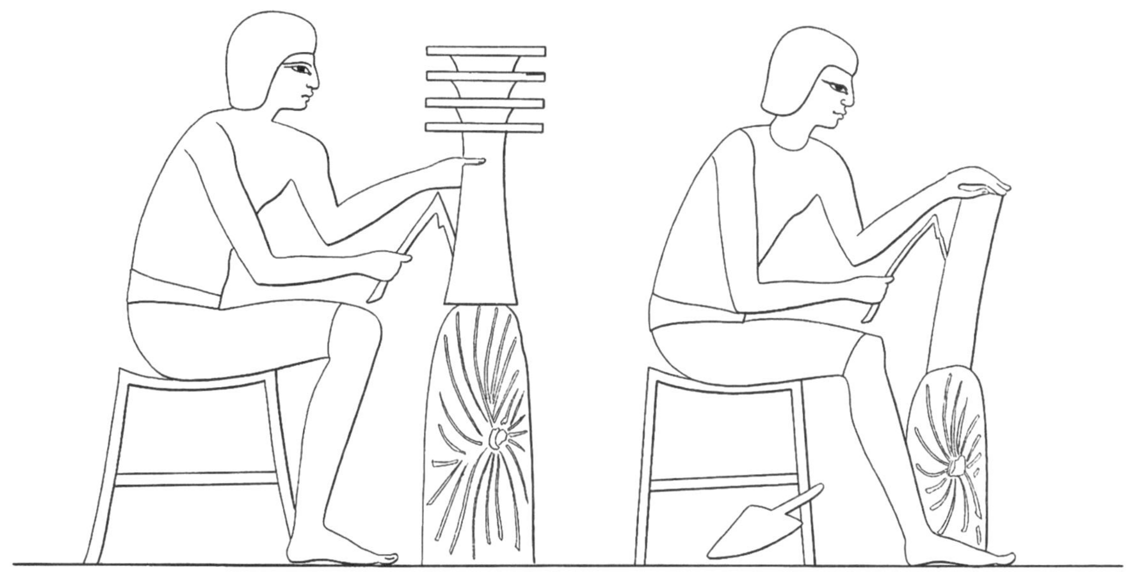

墓葬中的图像。

图一八七

底比斯库尔那

其中一座墓中的图像。

图一八八

底比斯库尔那

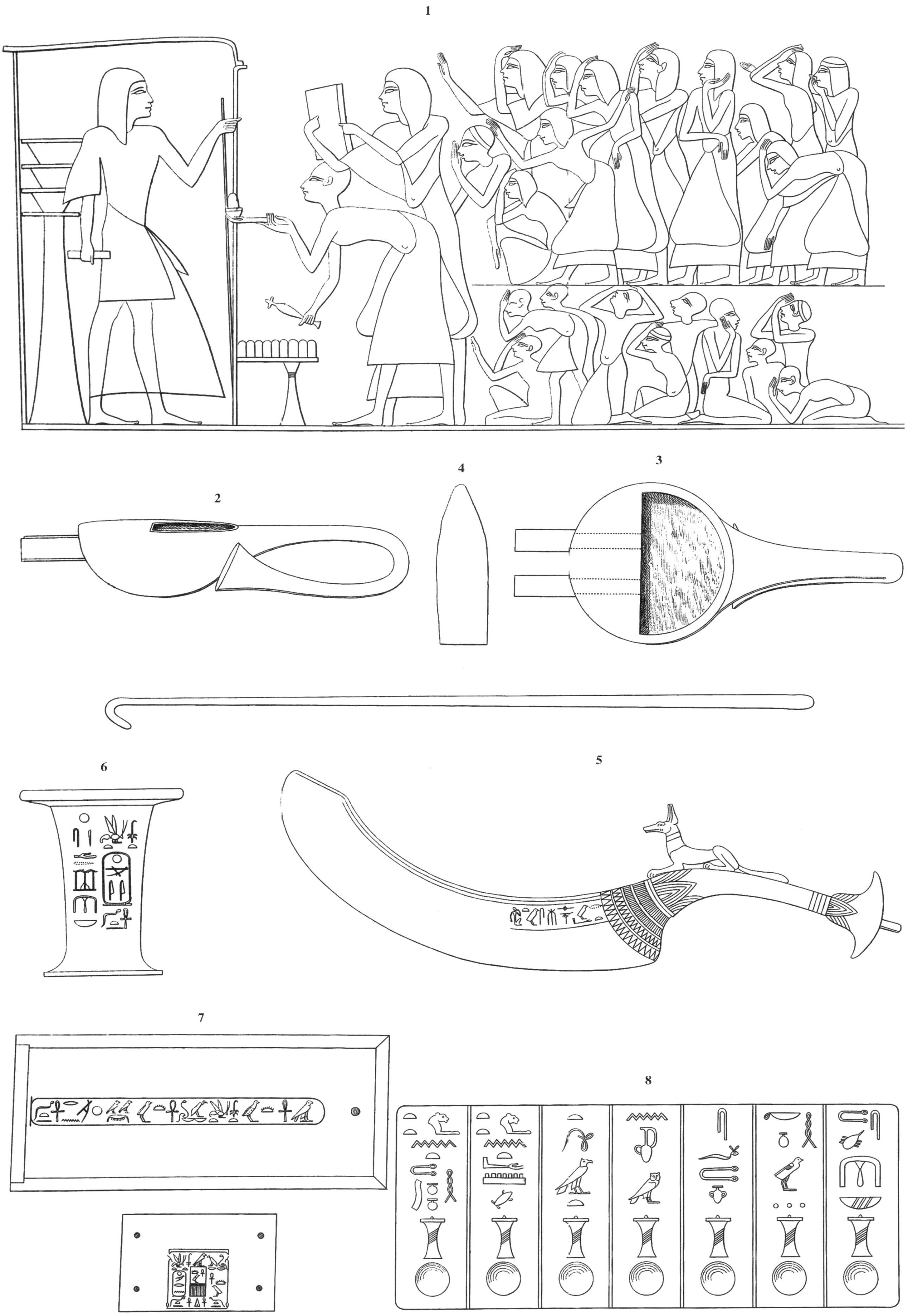

1. 其中一座墓中的图像。2、3、4、5、6、7、8，不同墓葬中出土的文物。

图一八九

底比斯库尔那

第十五座墓中的图像。

图一九〇

底比斯库尔那

1

2

1. 第十五座墓中的图像。2. 从第十六座墓中描绘的草稿。

图一九一甲

底比斯库尔那

1

2

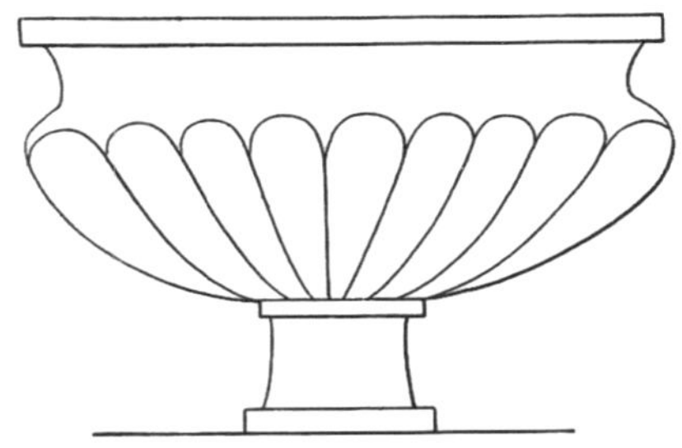

3

4

5

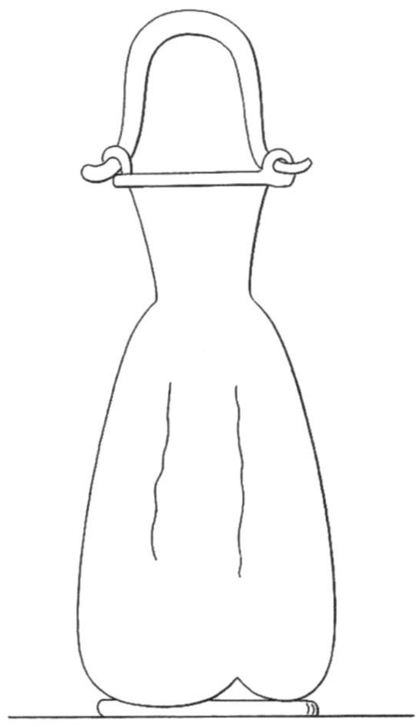

6

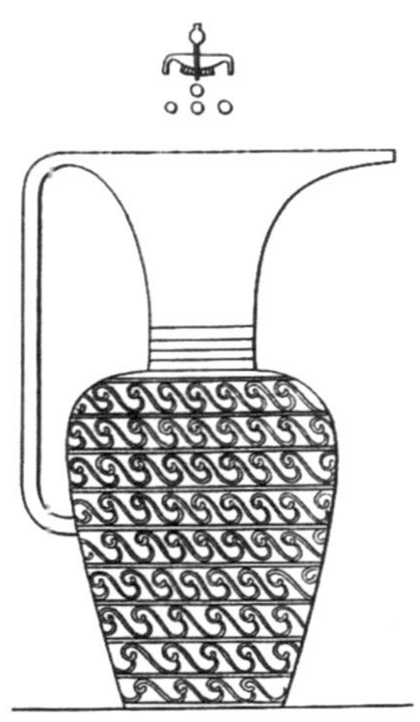

7

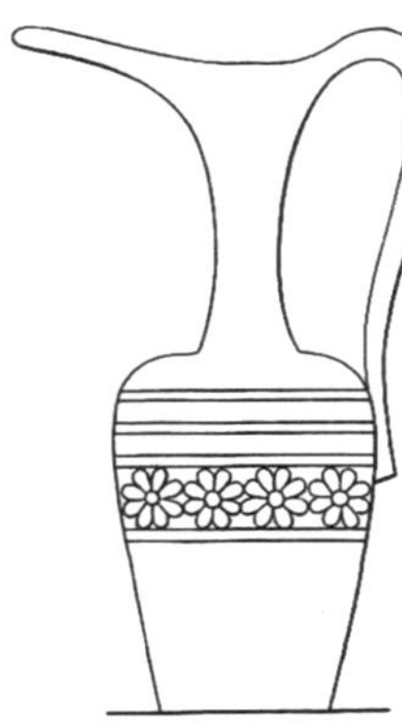

8

9

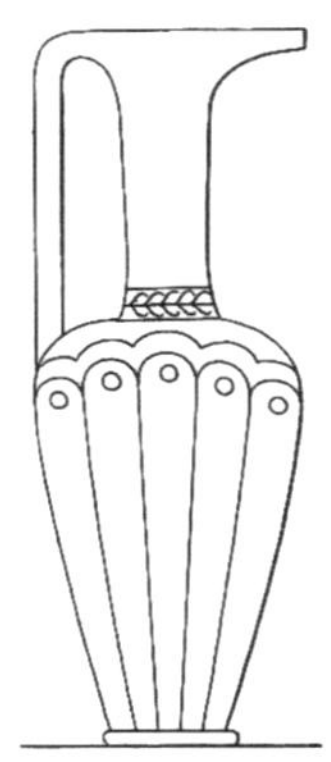

10

11

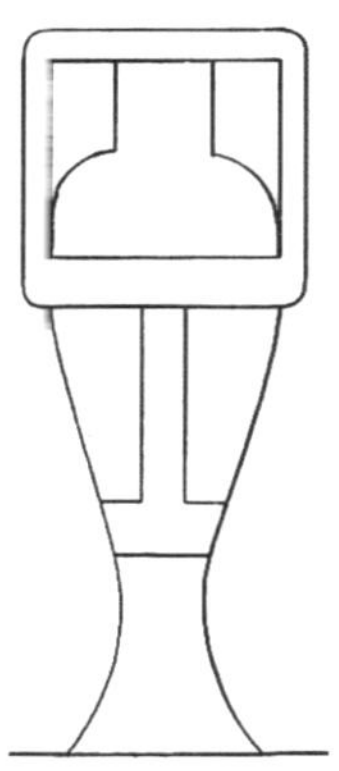

12

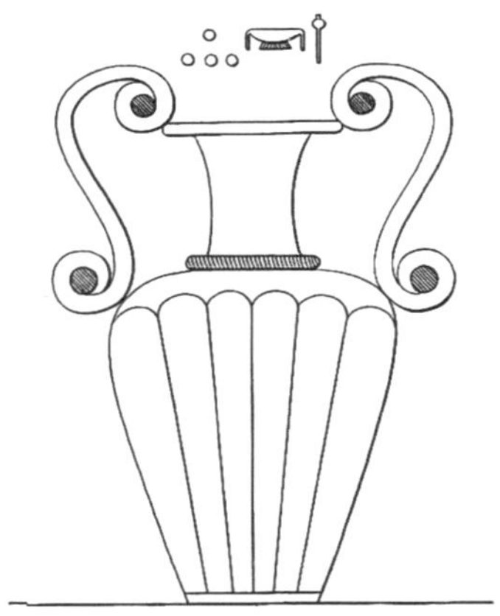

13

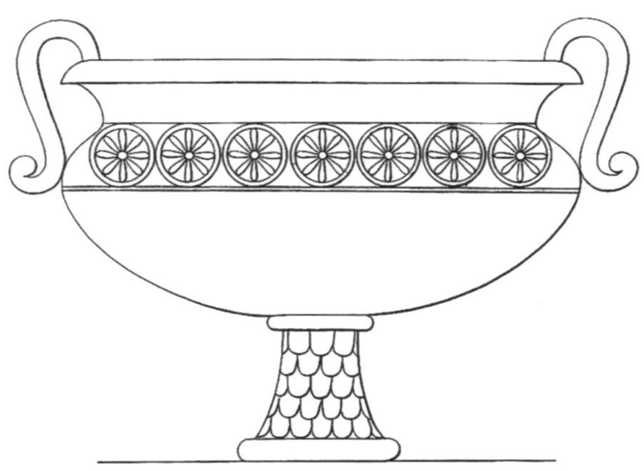

14

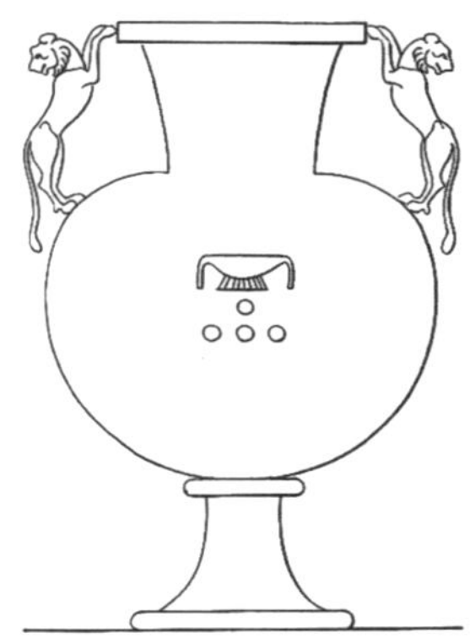

15

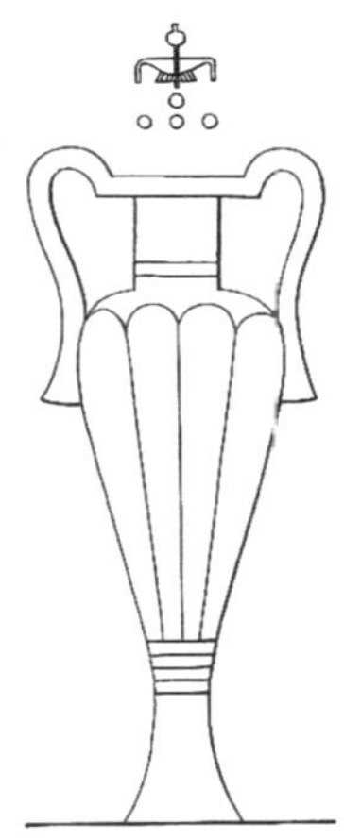

第十五座墓中的图像。

图一九二

底比斯阿萨斯夫河谷

1

2

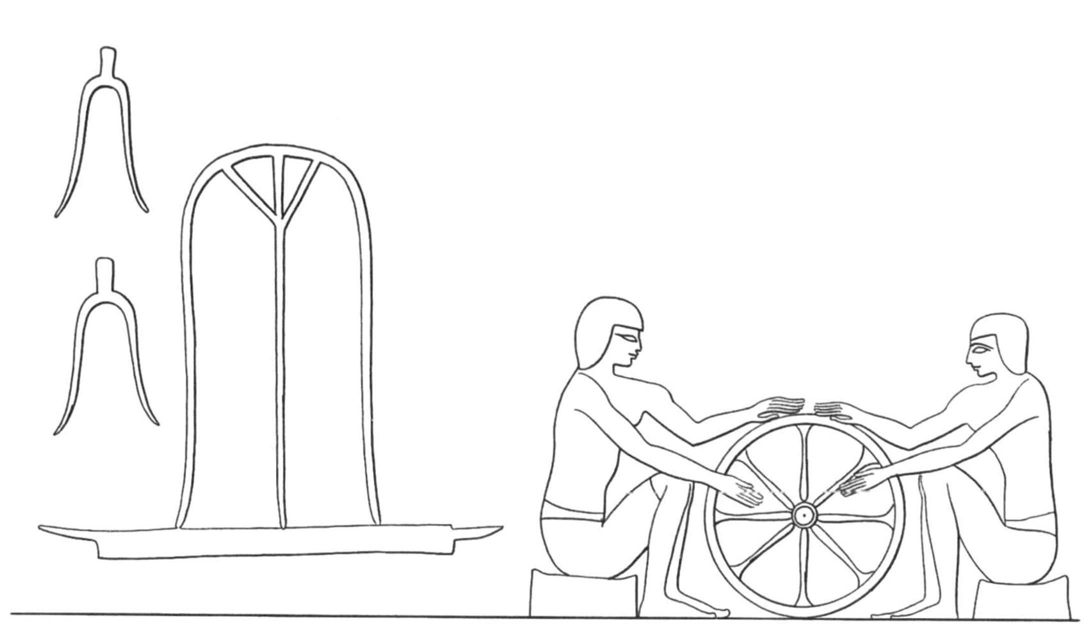

3

4

5

1和2，一座墓葬中的石刻。3、4、5，图特摩西斯三世的建筑。

图一九三

底比斯阿萨斯夫河谷

1、2、3、4、5，图特摩西斯三世的建筑。

图一九四

底比斯阿萨斯夫河谷

1

2

3

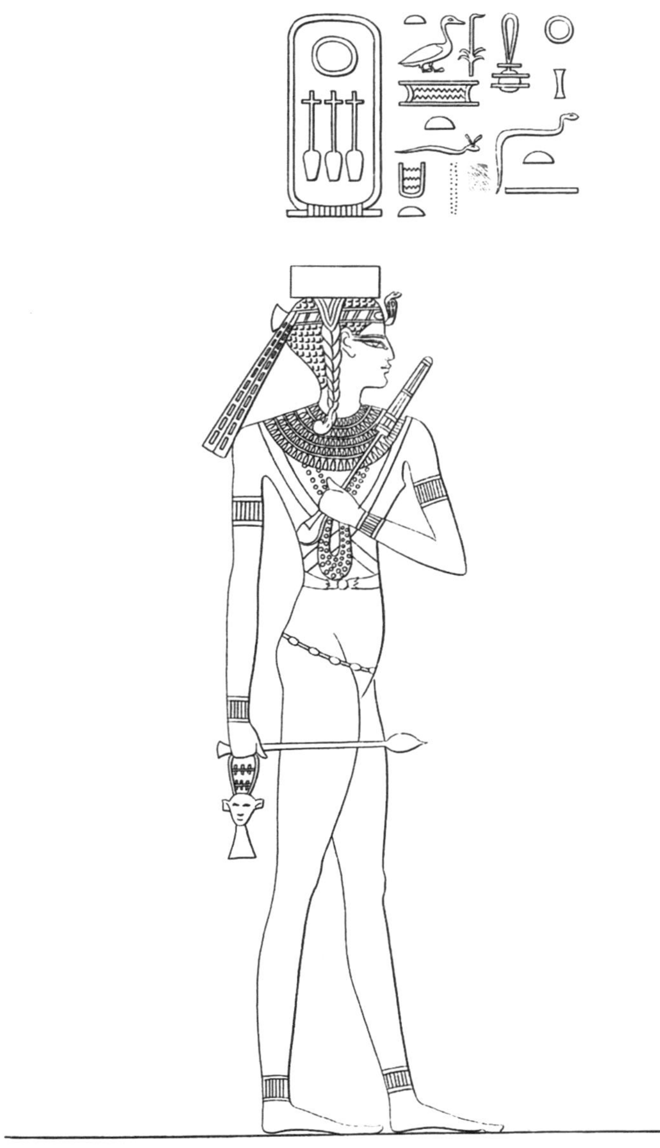

4

1、2、3、4，图特摩西斯三世的建筑。

图一九五

底比斯麦地那哈布

1

2

3

4

1. 图特摩西斯三世小神殿的长廊。2 和 4，同上，门的右侧墙壁。3. 同上，右侧最后一个房间。

图一九六

底比斯麦地那哈布

1

2

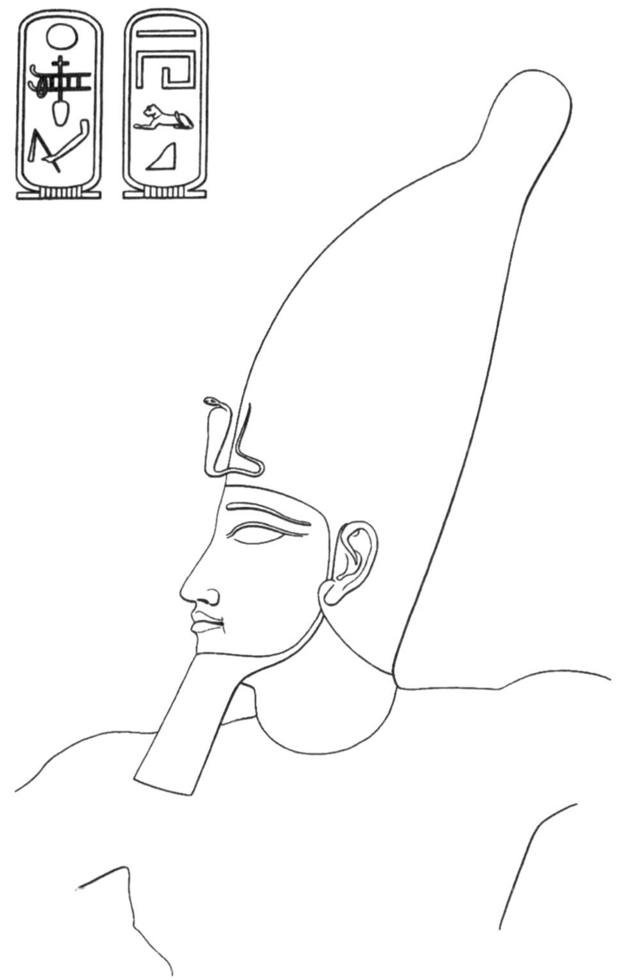

3

4

1. 内克塔内布建筑，门右侧外墙。2. 塔哈尔卡塔门的右侧台基。3 和 4，托特神庙，神殿内部，门的左右两侧。

图一九七

底比斯麦地那哈布

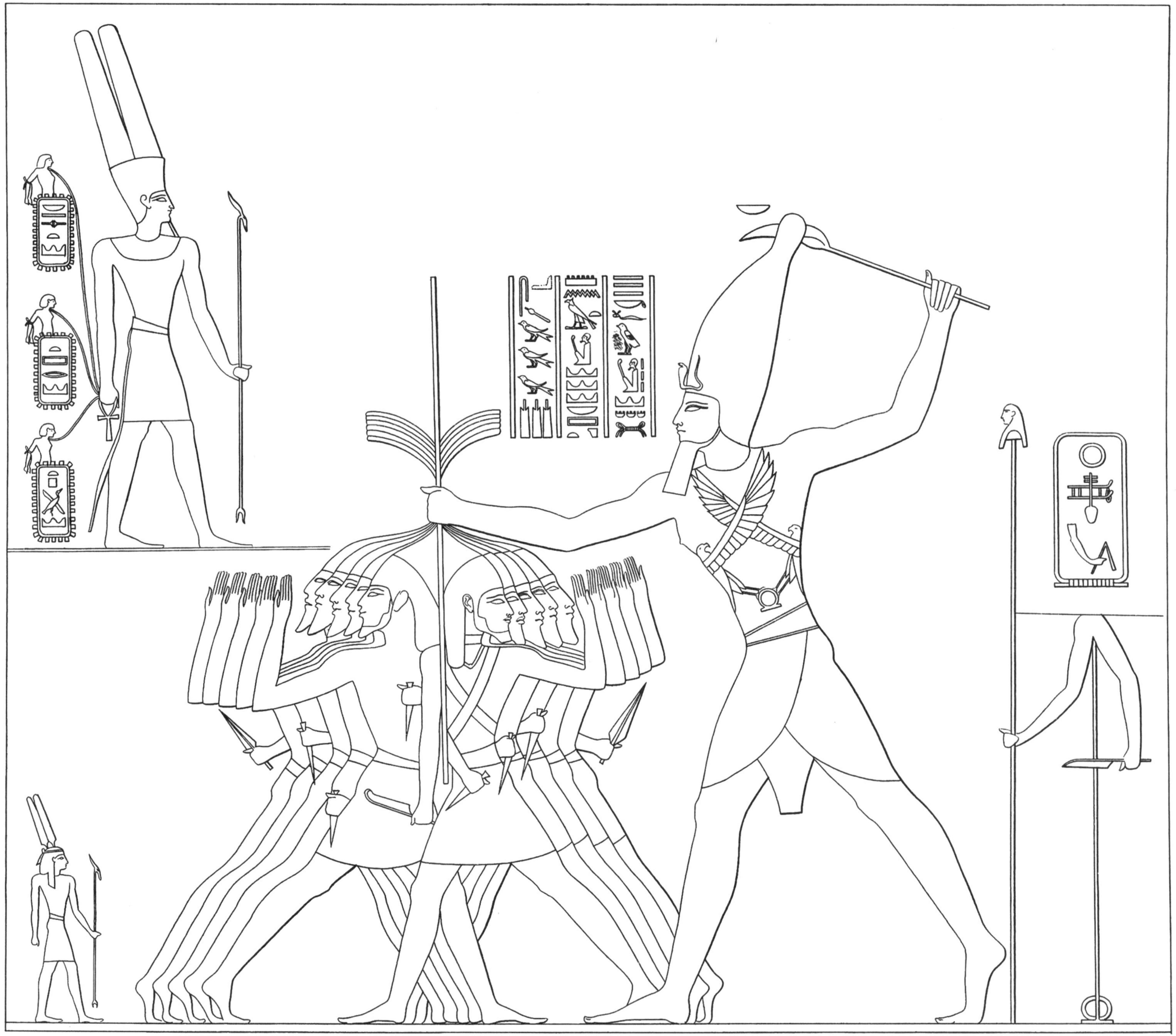

塔哈尔卡塔门。

图一九八

底比斯麦地那哈布

1

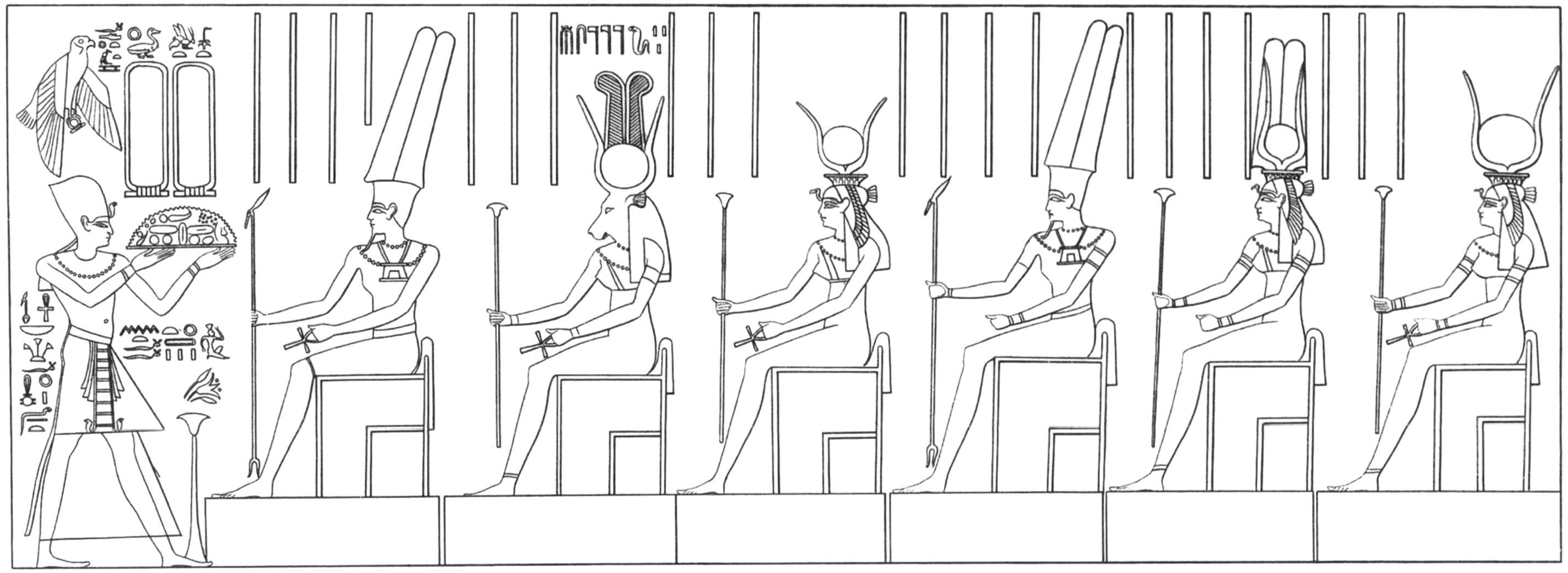

2

4

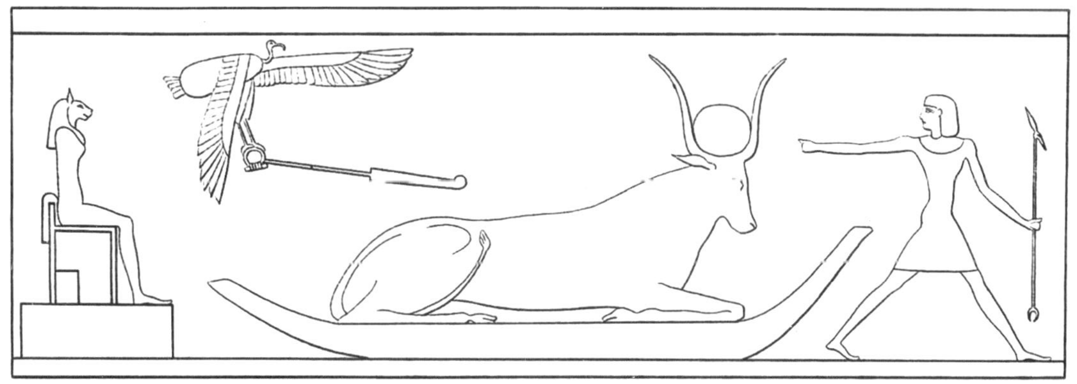

3

6

5

1、2、3、4、5，哈托尔神庙和特美伊神庙。6. 竞赛场南侧的建筑。

图一九九

底比斯麦地那哈布

1

2

3

4

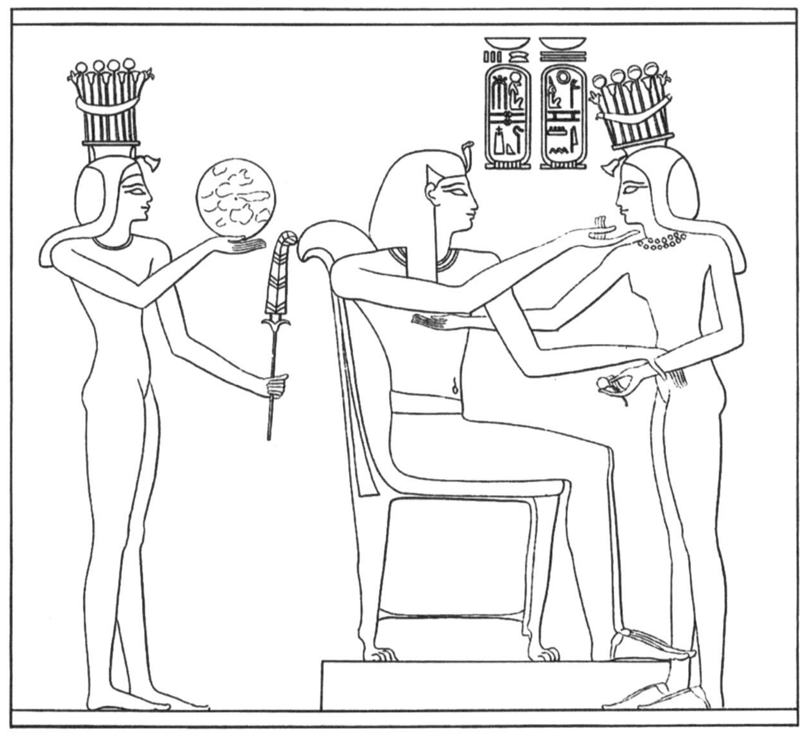

1、2、3、4，拉美西斯四世的小神殿。

底比斯麦地那哈布

1

2

3

4

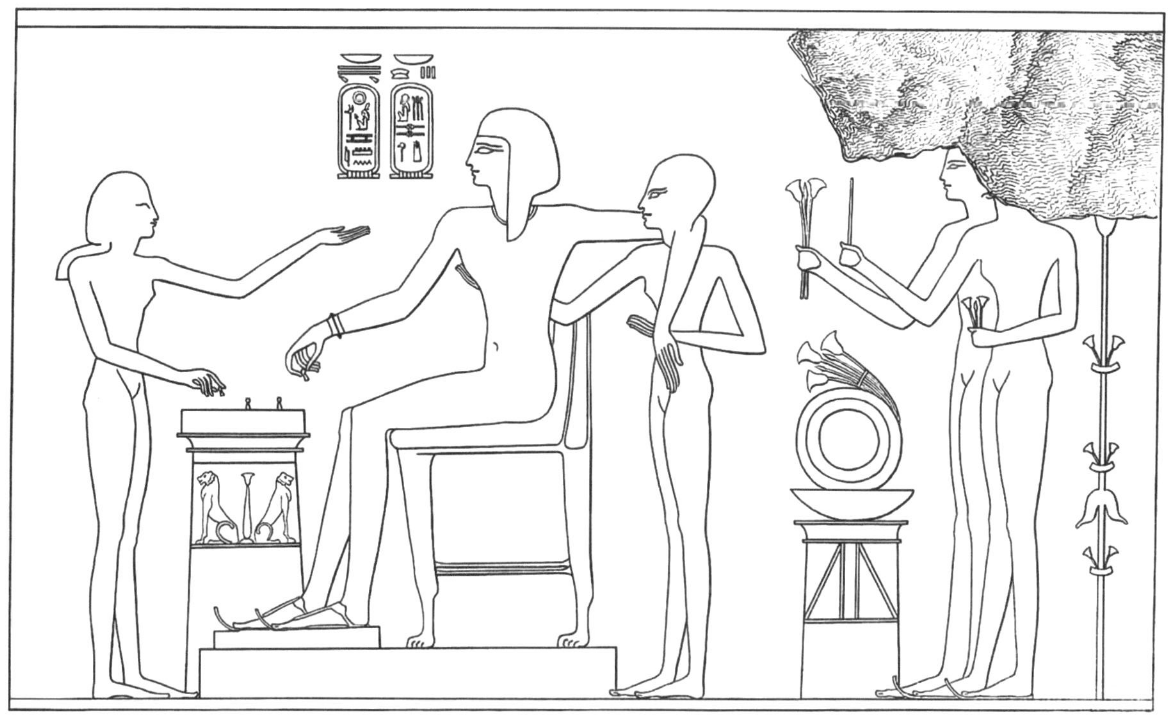

1、2、3、4，拉美西斯四世的小神殿。